人民的胜利

毛泽东

丁晓平 —— 著

人民的胜利
新中国是这样诞生的

中国青年出版社

江山就是人民　人民就是江山

江山

无数革命先烈为了人民的利益牺牲了他们的生命，使我们每个活着的人想起他们就心里难过，难道我们还有什么个人利益不能牺牲，还有什么错误不能抛弃吗？

　　成千成万的先烈，为着人民的利益，在我们的前头英勇地牺牲了，让我们高举起他们的旗帜，踏着他们的血迹前进吧！

毛泽东

为什么是人民的胜利

(前言)

很久了,我一直想为我的祖国写这样一部作品,告诉我的朋友尤其是比我更年轻的朋友们——我们的祖国多么伟大,不因她的美丽,也不因她的富饶,不因她的辽阔,也不因她的强盛,而因她走过的路多么不易!因为在我的身边,还有许许多多的朋友跟我一样,对祖国的历史,是那么熟悉,又是那么陌生。

在20世纪中国历史乃至世界历史上,除了中国共产党领导的中国革命取得胜利、建立新中国之外,再没有哪个事件在当时看起来是如此的不可能,但事后却成为中国历史的必然。毛泽东领导的中国共产党带领中国人民用"小米加步枪"打败了日本帝国主义,又打败了蒋介石,推翻了"三座大山",成为中国历史上迄今为止最为引人注目的政治成就,塑造了中国历史的新纪元,包括我们自己的当代史。

1949年,在那个历史创造的现场,或者说在那个创造历史的现场,新中国的开国元勋们和中华民族众多有识之士,他们都有一个广泛的共识,用伟人毛泽东的话来说,那就是:"我们有一个共同的感觉,这就是我们的工作将写在人类的历史上,它将表明:占人类总数四分之一的中国人从此站立起来了。"

是的,中国人从此站立起来了!全世界的中国人从此站起来了!多么自信,多么豪迈,多么铿锵!这是一声压抑了一百多年的呐喊啊!那一刻,终于冲出了中国人的胸膛!

没有人能够怀疑,1949年,是中国近现代史上最为关键、最具影响的年代。作为新中国历史的第一个年代，她是开创性的，她彻底结束了旧中国——那个比贫穷、落后、愚昧更驱使我们一代又一代的先辈们抛头颅洒热血的——饱受帝国主义列强侵略的屈辱的旧中国。我们可以看到，在1949年那个历史的现场，以毛泽东、周恩来等为代表的那一代中国共产党人是如此的自信，他们始终把个人的前途和命运与祖国的前途和命运紧紧地联系在一起，他们始终用自己整个的生命贡献给他们所从事的伟大事业，他们始终把他们集体获得的成就作为人民的胜利回报这片古老而年轻的土地，同时他们也自己塑造了自己。

说句实在话，他们多数在当时的中国，并非出身于上层社会、官僚贵族或政治精英阶层，有的甚至出身贫寒，与他们的对手相比，在政治、经济、社会地位上都黯然失色。是帝国主义的侵略、封建主义的腐朽、官僚资本主义的腐败带来的危机和压力，是民族的救亡图存和国家的奋发图强带来的危险和动力，把他们召唤在一起，把他们的才智凝聚在一起，从而促使他们把人民组织起来，把人民团结起来，排除万难，不怕牺牲，争取胜利。就任何公正的、正义的、良知的、可靠的人类标准而言，他们都算得上是中国历史上最具政治才能的一代，因为他们为中国人民创造了一个崭新的中国，让中国人民告别苦难和耻辱的同时放飞光荣和梦想。

没有天，就没有地；没有地，就没有家。家是最小的国，国是最大的家。今天，我之所以怀着敬仰、敬畏、敬重的心，重述共和国创立的这一段历史，重温这一段伟大不凡的年月，由表及里地去抚摸、呵护她的灵魂，是因为她，对热爱她的我和我们来说，有着一种强烈的吸引力，就像流淌在我心中的血液，既有历史的基因也有心理的基础——因为从最为现实的角度来说，我们至今仍然继承着1949年的历史遗产，享受着开国元勋那一代给我们创造的福利。这就是我和我的祖国，就像孩子和他的母亲——为什么我的眼中总是饱含着泪水？为什么我的心中总是热血澎湃？

因此，本书的主题，自然而然地具有极强的政治色彩，且对绝大多数当代中国人来说，这种色彩是最鲜艳的红色——那是革命的颜色，那是我们血液的颜色，也是国旗的颜色！当然，对于那些对中国如今的样子或者我们如何达到今天这种样子颇为不满的批评家（他们为数不多但声音却很响亮）来说，这个主题肯定是他们历史虚无的对象，他们或者以完全忽略主流政治的方式来回避围绕着这段历史的论述，或者断章取义地充当事后诸葛亮，用马后炮的方式说三道四。对热衷搞历史虚无主义的那点把戏，我曾在《捡了故事，丢了历史——谈谈今天我们如何避免误读历史》[①]的文章中给予了回答。毫无疑问，本书所要回答的是：新中国到底是如何诞生的？为什么说新中国的诞生是人民的胜利？

我知道，要回答这个问题不是一件容易的事情。幸运的是，我能够看到众多的革命者给我们留下了十分精彩的回忆录，还有更多的前辈历史学家和作家们给我们提供了他们的研究成果。在我写作的道路上，他们都是一座座山峰。作为后来者，我必须做一个勤奋的攀登者，必须站到他们的肩膀上，才能眺望更远的远方。当然，仅仅用眼睛眺望还是不够的，还要做一个安静的思想者，做一个理性的捍卫者。更重要的是，我还希望，我脑海中已经燃起的这小小的思想的火花，能够点燃更多的人尤其是年轻的朋友们的思想之火炬。

星星之火，可以燎原。归根结底，历史，不仅仅是历史，而是一种世界观、人生观，也是一种文化观和价值观。因此，什么是中国革命者的世界观？或者说，开国领袖毛泽东那一代中国共产党人的世界观、人生观和价值观是什么？这才是值得我们今天思考的问题。

写作本书的过程中，我也始终在思考着这个问题。一个很偶然的机会，我遇见了北京大学中文系教授韩毓海先生。因为他读过我的作品《中共中央第一支笔》，那是我十多年前为胡乔木写的一部传记，因此他与我进行了愉快的交流。我则在他的著作《五百年来谁著史——1500年以来的中国与世界》中找到了一个应该可以回答我自己的答案。他在书中写道："在毛泽东那里，正如在康德和马克思那里一样，'世界'并不是需要我们去屈服、臣服、认同、膜拜的'表象'，而是我们必须去努力改造和创造的'对象'。而套用马克斯·韦伯的说法，什么是理性？所谓理性，并非是指'欲望''感性'的节制或者对立面，我们所说的理性，乃是一种在时间中、在

---

① 《捡了故事，丢了历史——谈谈今天我们如何避免误读历史》刊载于《文艺报》2017年4月26日，荣获中国文艺评论"啄木鸟杯"奖。

历史中才能展开的'责任伦理'：即只有那些面对前人的牺牲感到深深的愧疚，而对后来者怀有巨大责任的人，才是置身于历史中的人，才是置身于真实世界中的人，正是这种愧疚、正是这种责任，要求、命令我们把有限的生命，投入到无限地为后来者造福的事业之中去。因此，只有这样的人，才配称为理性的人，对历史负责的人，只有这样的工作，才配称为理性的事业。"[1]

说得多好啊！

做一个理性的人，做一个对历史负责的人，多好啊！

开国元勋们已经用他们的人生信仰、革命实践和高尚的牺牲，证明他们是一个对历史负责的人了。而今天的我，则只需要做一个理性的人来写他们的历史，传承他们的红色基因，告慰他们纯粹的灵魂。我们不妨听一听毛泽东主席是怎么说的。他在1945年召开的党的七大上，就曾经这样告诫全党：

> 无数革命先烈为了人民的利益牺牲了他们的生命，使我们每个活着的人想起他们就心里难过，难道我们还有什么个人利益不能牺牲，还有什么错误不能抛弃吗？
>
> 成千成万的先烈，为着人民的利益，在我们的前头英勇地牺牲了，让我们高举起他们的旗帜，踏着他们的血迹前进吧！[2]

——在这样的文字面前，我们的身体和灵魂都必须保持肃静，致敬！

——在这样的文字面前，我们内心想到的一定是责任、担当和使命。

看得见多远的过去，就能看得见多远的未来。

1949年，距离我们并不遥远。今天，当我们翻开这段历史，共和国的开国元勋和无数有名无名的英雄人物，以及普通的人民大众和士兵，他们清晰的富有质感的或已渐渐变得模糊的背影，神态安详又富有尊严的脸庞，以及他们穿越历史时空的眼神，如同天安门城楼上伟人毛泽东的画像

---

[1] 韩毓海：《五百年来谁著史：1500年以来的中国与世界》，九州出版社2011年版，第223页。
[2] 毛泽东：《毛泽东选集》第3卷第2版，人民出版社1991年版，第1097—1098页。

一样，以他那张"大中华"脸孔，与我们保持着一种可亲可敬的距离。他在全天候地注视着我们，观察着他的祖国，恰似一种图腾或象征，显得如此的肃穆且充满着神秘的英雄气概。或许他和他们会想到，我们会来瞻仰他们，阅读他们，聆听他们的教诲。

新中国是如何诞生的？我在今天提出这个问题或许让人感到幼稚可笑，但我是多么希望我以我的方式和结构来叙述的共和国最初的这段历史，能够给读者朋友在阅读中带来不一样的快乐和思考。有人说"一切真历史都是当代史"，更何况，本书所写的故事就是当代史，或者说就是我们自己的历史。尽管我的写作突破了传统的编年史的套路，但依然还是循着编年史的路径，用心地讲述了一些大历史中的小插曲，让我们既能看清历史长河的主流，也能看见河面上那一朵朵洁白又美丽的浪花……当然，任何个人都是没有资格为新中国诞生的这段历史涂光抹彩或者盖棺定论的，但英国广播公司（BBC）的一则报道，还是引起了我深深的思考。

2015年11月25日，英国财政大臣奥斯本向英国议会提交新的政府开支计划，在他陈述完毕后，反对党工党的影子财政大臣麦克唐奈突然从上衣口袋里拿出一本《毛主席语录》来教训他，场面令人惊讶。他说，让我来引述一下中国前国家领导人毛泽东主席的话，这在这个大厦里是不多见的。他的举动引起一片哗然，迫使议长伯科大声呼喊："肃静！我想听听书里是怎么说的。"接着，麦克唐奈打开手里的"红宝书"读了起来："我们必须向一切内行的人们（不管什么人）学经济工作。拜他们做老师，恭恭敬敬地学，老老实实地学。不懂就是不懂，不要装懂。"

翻开《毛泽东选集》，我们很容易找到麦克唐奈先生朗读的这段话。它出自毛泽东的著作《论人民民主专政》，写作时间是1949年6月27日前后，发表在6月30日的《人民日报》上。这篇万字长文，毛泽东整整花了两天时间在北京香山双清别墅完成——一天思考、一天写作。在这里，请允许我摘录其中的两段文字，当然也包括英国人朗读的这一段：

> 党的二十八年是一个长时期，我们仅仅做了一件事，这就是取得了革命战争的基本胜利。这是值得庆祝的，因为这是人民

的胜利，因为这是在中国这样一个大国的胜利。但是我们的事情还很多，比如走路，过去的工作只不过是像万里长征走完了第一步。残余的敌人尚待我们扫灭。严重的经济建设任务摆在我们面前。我们熟习的东西有些快要闲起来了，我们不熟习的东西正在强迫我们去做。这就是困难。帝国主义者算定我们办不好经济，他们站在一旁看，等待我们的失败。

  我们必须克服困难，我们必须学会自己不懂的东西。我们必须向一切内行的人们（不管什么人）学经济工作。拜他们做老师，恭恭敬敬地学，老老实实地学。不懂就是不懂，不要装懂。①

  瞧！毛泽东主席说："因为这是人民的胜利，因为这是在中国这样一个大国的胜利。"而为了"人民的胜利"，中国共产党人花了28年的时间，"仅仅做了一件事"，那就是赢得了"人民的胜利"，建立了新中国。

  读到这里，朋友们或许已经明白我为什么立志要写这本《人民的胜利》了。如果本书中的故事确实说明了我和我的祖国某个更宏大的意义的话，那么要把握和理解这个意义的最可靠的方法，就是阅读这些故事本身了。

  好吧，既然打开了这本书，那就开始阅读吧——

---

① 毛泽东：《毛泽东选集》第4卷第2版，人民出版社1991年版，第1480—1481页。

目 录

第一章　前　夜　001

1. 小米加步枪能打败飞机加坦克吗?
   不是"稻草人"而是"纸老虎" / 001
2. 粉碎蒋介石的重点进攻，毛泽东"不打败胡宗南，
   决不过黄河" / 025
3. "天下为公，地上为私。"蒋介石被他
   所宣布为敌人的力量所包围 / 052
4. 提出十大军事原则，毛泽东宣布"打倒蒋介石，
   建立新中国" / 060
5. "他们确实没有办法了，只能等着
   我们去收拾他们了" / 085

第二章　翻　身　105

1. 谁赢得农民，谁就赢得中国；
   谁能解决土地问题，谁就能赢得农民 / 105
2. 改变几千年来的土地关系
   "真跟推倒一座大山一样不容易" / 115
3. 强力纠"左"，毛泽东批判绝对平均主义思想
   是农业社会主义思想 / 129
4. "有了土地改革这个胜利，
   才有了打倒蒋介石的胜利" / 146
5. "有了自己的银行货币，这才真正是
   人民当家做主的共和国哩！" / 166

第三章 决 战　　179

1. 毛泽东说："西柏坡果然是个好地方，
   这个总指挥部选得好！" / 179

2. "军队向前进，生产长一寸，
   加强纪律性，革命无不胜" / 189

3. 运筹于小村之中，帷幄于斗室之间，
   决胜于千里之外 / 204

4. 一不发枪，二不发粮，三不发人，
   只靠天天发电报，叫部队打胜仗 / 220

5. 将革命进行到底！毛泽东警告全党
   "不要使胜利冲昏了自己的头脑" / 243

第四章 统 战　　251

1. "太阳就要出来了！"中共发布"五一口号"，
   揭开筹建新中国的序幕 / 251

2. 司徒美堂发表《国是主张》：
   谁为爱国爱民，谁为祸国殃民，一目了然 / 269

3. 西柏坡—香港，周恩来密电连连：
   绝对保密，保证安全，万无一失 / 276

4. 众星拱北，哈尔滨达成协议；
   情动浦江，宋庆龄命驾北上 / 296

5. 召开"城市工作会议"，毛泽东告诫
   "这只是万里长征走完了第一步" / 327

第五章　外　交　338

1. 莫斯科神秘客人访问西柏坡，
   毛泽东说：打扫好屋子再请客 / 338

2. 炮击英舰"紫石英"号，毛泽东捉刀
   "李涛将军声明"，另起炉灶 / 350

3. 中美关系碰撞师生关系，
   毛泽东周恩来掌握司徒雷登的动向 / 360

4. 决策"一边倒"，美国送来白皮书，
   毛泽东为黄炎培声明叫好 / 378

5. 刘少奇秘密访问苏联，斯大林说
   革命的中心由西方转向东方 / 396

第六章　开　国　413

1. 进京赶考：毛泽东说，共产党人
   要考一个好成绩，决不做李自成 / 413

2. 协商建国：共襄盛举，肝胆相照；
   工作艰苦，前途光明 / 432

3. 大业跫音：我们的工作将写在人类的历史上，
   中国人站起来了 / 458

4. 绘制蓝图：全票通过《共同纲领》，
   毛泽东最后一个起立鼓掌 / 481

5. 开国大典：毛泽东说，胜利来之不易啊！
   这样才对得起人民啊！／ 492

第一章　前　夜

1
小米加步枪能打败飞机加坦克吗？不是"稻草人"而是"纸老虎"

回到1946年，就解放战争（或者叫内战）来说，当时确实几乎没有人能够相信中国共产党、毛泽东和他的军队能够打败国民党、蒋介石——无论是美国，还是苏联；也无论是国民党和蒋介石本人，还是中国共产党内部——小米加步枪能够打败飞机加坦克吗？

——这确实是一个问题。

按照历史教科书的说法，大规模的内战是从1946年6月26日国民党军队大举进攻中原解放区起算的，但实际上国共两党完全的、真正的破裂还在其几个月之后。可以说以美国驻华特使马歇尔将军与美国大使司徒雷登在8月10日发表的联合声明宣布调停失败为标志，以国民党在11月15日召开一党包办的"国大"关闭和谈的大门为分界，国民党蒋介石决心把内战进行到底。

蒋介石为什么如此自信，或者说为什么如此嚣张呢？战争是政治的继续，但战争没有经济的支撑也是绝对不可能胜利的。蒋介石之所以敢冒天下之大不韪发动全面内战，主要就是由于他自恃拥有远较共产党方面强大的军事力量和经济力量。我们不妨来看看当时国共双方在军事和经济实力上的对比。

从军事力量上来看，国共双方兵力的对比是3.37∶1。国民党蒋介石当时的兵力总数达430万人，包括陆军的正规军、非正规军，海军、空军、特种部队以及后方机关、军事院校。而共产党的兵力总数只有127万人，包括61万人正规军（野战军）、66万人地方部队（军区、军分区、县属武装）和后方机关人员，没有海军，也没有空军。

从军事装备上来看，国民党蒋介石的军队由于接收了侵华日军100万人的武器装备，再加上美国政府在抗日战争期间和抗战胜利后给予的大量援助，装备先进、武器精良。他的正规军，约有四分之一是用美械装备起来的，一半以上是日械装备，四分之一是混合装备。国民党军队不但拥有大量的炮兵，而且还拥有相当数量的坦克、作战飞机和海军舰艇。而共产党领导的军队只装备有抗日战争时期缴获自日军的各种步兵火器（主要是步枪、轻重机枪、迫击炮）以及极少数量的山炮、野炮，没有坦克，没有飞机，更没有作战舰艇。

从社会经济上来看，蒋介石控制着全国几乎所有的大城市和主要交通干线，控制着全国76%的土地和71%的人口，控制着几乎全部的现代工业，军火工业也有相当规模。而共产党方面，却只有全国土地的24%和全国人口的29%，除哈尔滨外没有一个大城市，经济上主要依靠农业和手工业生产，交通运输只靠肩挑、背扛、大车拉、小车推，军工生产基础极为薄弱，只能制造远不能满足作战需要的机步枪弹、手榴弹、炸药以及极少数量的迫击炮。当时人们往往把这些自制的弹药加上一个"土"字，来说明它的技术性能之落后。抗战期间，连八路军都被侵华日军和国民党人称为"土八路"。

蒋介石之所以敢于挑起大规模内战还有一个特别重要的原因，那就是美国政府对蒋介石的大力援助。据统计，仅国共停战的1946年上半年，美国政府就向国民党政府提供了价值13.5亿美元的各类物资。时任美国总统杜鲁门承认，美国在抗战胜利后给予蒋介石政府的物资援助，是抗战胜利前美国援华物资的两倍。美国前后为国民党军队训练了各种技术军官15万人，重新装备了45个陆军师（旅），为空军配备了各类飞机936架，其中大部分是在抗战胜利后移交给国民党军队的。在全面内战爆发后，美国政府又向国民党军队移交了舰艇131艘。从日本投降到1946年6月，由美国海、空军帮助输送到内战前线的国民党军队达54万人。大规模内战爆发前夕，美国国务院除向国会提出《继续对华军事援助法案》请求通过外，又着手同国民党政府进行谈判，准备把储存在西太平洋的价值20亿美元的战争剩余物资以5亿美元的低价出售给国民党政府。①

不比不知道，一比吓一跳。无论是政治、经济，还是军事力量，国共之间的对比，足够让蒋介石信心倍增。从表面上看，共产党领导的"土八路"与美式武装的国民党军队相比，无疑是用鸡蛋碰石头。1946年6月，蒋介石在一次会议上对他的部属这么说道："我们军队的长处是什么呢？就是我们有特种兵以及空军、海军，而共产党没有这些兵种。"因此，他提出了"速战速决"的战略方针，声称"因为我们有空军，有海军，而且有重武器和特种兵，而是他们匪军则绝对没有的"，因此"我们就一定能速战速决，把奸匪消灭"。

在那个历史的现场，一般来说，又有谁能够怀疑蒋介石的"速战速决"呢？国共之间如此悬殊的力量对比，这对共产党对毛泽东来说，无疑是生死存亡的大决战。中国人民解放军能不能、敢不敢战胜国民党蒋介石军队的大规模进攻呢？这个问题，不仅仅是毛泽东等中共中央领导人面临的严峻现实，也同样是解放区军民心目中感到忧虑的中心问题。

毫无疑问，中国共产党能不能打败国民党反动派？毛泽东能不能打败蒋介石？这个问题的答案当然只有三个：一、不可能，二、可能，三、能。如果这是试卷上的一道选择题，甚至可以说，在那个时候的中国，绝大多数人选择的答案或许都是第一项——不可能。不仅蒋介石国民党人不相信，就连美国人、苏联人也不相信，而且中共党内的许多高级干部也不是特别相信在三五年内能够打败国民党蒋介石，有怀疑，有担心。

就在蒋介石撕毁重庆谈判达成的《双十协定》及国共两党签订的《停战协定》，下令30万大军围攻中原解放区，挑起全面大内战的时候，中共党内有两位高级领导同志给党中央写了一份关于国际国内形势的报告，提出了他们的看法、疑虑和不成熟的政策建议。一方面，供中央参考；另一方面，希望中央能做出判定。

关于国际形势，报告认为，经过第二次世界大战，全世界各

---

① 中共中央文献研究室编：《毛泽东传：1893~1949》，中央文献出版社2013年版，第776页。

国人民的势力有了很大的发展；但人民革命势力的中心苏联却严重受伤了，需要休息与巩固已取得的胜利。全世界帝国主义势力在战争中打死打伤，极大地削弱了，但美国却相对地打强了，成为世界反动势力的中心；目前世界帝国主义各国都依赖美国来恢复自己的元气，帝国主义战胜国与战败国之间的矛盾暂时相对地潜伏着与减弱着。这两方面情况造成的结果是，第二次世界大战后人民力量无法发动有力的进攻，形成有如第一次世界大战之后那样的大规模解放运动；帝国主义内部则暂时地相对平静，未发生有如第一次世界大战之后那样严重的危机；以美国为中心的帝国主义与以苏联为中心的人民势力的矛盾，更加尖锐了。目前世界反动势力，特别是美国的反动势力，采取全面的扩张政策，世界人民革命势力特别是苏联则采取防御巩固的状态。报告估计，这个级别形势可能持续三年或五年；此后，苏联元气恢复，美国经济大恐慌，英法与战败国恢复元气，已解放各国全面巩固之后，世界形势才又能发生基本的变化。

　　关于国内形势，报告认为，经过八年抗战，人民的势力得到空前的发展与壮大，但还没有形成几个省区联成一片的根据地，尚缺少一个更有实力、更坚强的中心，目前也不可能得到来自国际革命的实力援助。中国整个反革命势力在抗战中削弱了，但反革命的中心势力蒋介石CC派反而在抗战后加强了，嫡系军队增多，特务网遍布全国，官僚资本有所发展，又得到美国空前的军事、政治、经济的援助。反革命势力也面临着严重的困难，例如经济恐慌、内部矛盾、人民不满等，但目前均不足以制其死命。今后数年内，在美国的强大援助下反革命派还可能克服困难，加强军事、政治、经济各方面的力量。但是，随着中国更殖民地化，人民群众灾难更加深重，反抗运动也将更有组织地不断兴起。[①]

---

① 胡乔木:《胡乔木回忆毛泽东》，人民出版社2003年版，第429—430页。

基于上述对国际和国内形势的分析，这两位同志建议中共中央应采取力求保存力量，等待时机的方针，并提出了三种对策供中央考虑：一是让步以达和平；二是拖延以待时机；三是坚决打下去以分胜负。他们认为：目前和战已到最后关头，拖延下去的可能性已很小，只有一、三两条路可走。如采取第一个让步以达和平的方针，若能求得全师而退，保存干部，保持部分军队与部分解放区，求得全国范围内部分民主改革，还是让步以求和平为宜。但他们估计，蒋介石不会因为中共让步就放下屠刀，相反他会把刀拿得更稳，随时可能发动大屠杀，杀得鸡犬不留，铲草除根而后已。这样，则不如采取最后一个坚决打下去的方针。但这个方针也有危险，胜利把握不大，如打得好则可能打打停停，求得长期坚持以待国内外形势的根本变化。

在延安，坐在王家坪的窑洞里，毛泽东认真阅读了这份报告。在他看来，这份报告的观点和所反映出的疑虑，在当时带有普遍性。他当即做出批示，指出：报告提出的许多观点是合乎实际的，是好的；但缺点是对美帝国主义及蒋介石的困难条件估计不足，对国际国内人民民主力量所具备的顺利条件也估计不足。毛泽东认为，第二次世界大战后，各国革命力量所处的地位，比第一次世界大战后要好得多，而不是要差一些。对美蒋的压力与要求，我们应当有所让步；但主要的政策不是让步而是斗争，如果我党既有相当的让步，而对其无理压迫与无理要求又能予以坚决斗争，其结果比付出更多更大的让步反而要好些；如无坚决斗争精神，结果将极坏。

毛泽东是清醒的。伟大的战略家都是辩证法的大师。大敌当前，如果没有对敌我双方势力准确、全面、完整、清晰的分析和判断，就无法做出正确的战略决策。在国民党蒋介石6月26日大举进攻中原解放区前一个星期，也就是6月19日，毛泽东对国内形势就做出了客观分析："观察近日形势，蒋介石准备大打，恐难挽回。大打后，估计六个月内外时间，如我军大胜，必可议和；如胜负相当，亦可能议和；如蒋军大胜，则不能议和。"据此判断，毛泽东得出结论："因此，我军必须战胜蒋军进攻，争取和平前途。"①

共产党的"小米加步枪"能打败国民党的"飞机加坦克"吗？

7月20日，毛泽东在为中共中央起草关于粉碎蒋介石进攻的指示中做出了响亮的回答："我党我军正准备一切，粉碎蒋介石的进攻，借此以争取和平。蒋介石虽有美国援助，但是人心不顺，士气不高，经济困难。我们虽无外国援助，但是人心归向，士气高涨，经济亦有办法。因此，我们是能够战胜蒋介石的。全党对此应当有充分的信心。"②瞧！毛泽东竟然罕见地用了"粉碎"二字，这需要怎样的气魄和伟力！

怎样战胜蒋介石呢？毛泽东的回答是一切从实际出发。在军事上，一是"战胜蒋介石的作战方法，一般地是运动战"；二是"集中优势兵力，各个歼灭敌人"。在政治上，他要求"必须和人民群众亲密合作，必须争取一切可以争取的人"；在经济上，他要求"必须作持久打算，必须十分节约地使用我们的人力资源和物质资源，力戒浪费"，要"努力生产"，要"艰苦奋斗，军民兼顾"。总之，"我们是一切依靠自力更生，立于不败之地，和蒋介石的一切依靠外国，完全相反。"③

单单这些，毛泽东觉得还是不够的。坚信"枪杆子里面出政权"的他，也是一个善于用"笔杆子"的公关大师。在与国民党蒋介石决裂和决战的过程中，除了军事上的斗争之外，共产党、毛泽东还特别善于在谈判桌上进行斗争。重庆谈判后，国共双方成立了北平军事调处执行部，并成立了马歇尔、周恩来和张治中组成的"军事三人小组"。在这项工作的完成程度上，没有人能超越周恩来，毛泽东极其放心。现在，他还要发挥自己更擅长的思想舆论方面的斗争。卓有成效的宣传战线和军事战线、统一战线一样，它一方面担负着迅速向全国说明形势、教育群众、争取中间力量的任务；另一方面也是打赢美、蒋的舆论战的重要武器。

---

① 中共中央党史研究室：《中国共产党的九十年》，中共党史出版社、党建读物出版社2016年版，第280页。
② 毛泽东：《毛泽东选集》第4卷第2版，人民出版社1991年版，第1186—1187页。
③ 同上，第1187、1188、1197页。

延河的水涨起来了。

陕北的雨跟南方的雨不一样,那节奏就像陕北老汉蹲在地上吃面条,呼哧呼哧哗哗啦啦的,风卷残云。

1946年8月6日,雨过天晴,云卷云舒。下午3时,毛泽东在杨家岭居住的小院迎来了一位美国客人。她的名字叫安娜·路易斯·斯特朗(Anna Louise Strong)。说起斯特朗这个名字,或许现在大多数中国年轻人已经不是很熟悉的了,但一说起毛泽东的"一切反动派都是纸老虎",大家都不会陌生。而毛泽东的这个著名论断就是在这一天,在与斯特朗的谈话中提出来的。

十年前的1936年,那也是一个夏天,毛泽东邀请美国记者埃德加·斯诺来到陕北保安(今志丹县),通过斯诺的笔打破了国民党的新闻封锁,向全世界包括中国人民报道了共产党和红军的真相,赢得了世界人民的同情与支持。《红星照耀中国》(中文译本又名《西行漫记》)和《毛泽东自传》《二万五千里长征》等著作至今依然是中国人了解中国革命的必读书。现在,1946年的这个夏天,毛泽东又该如何让世界人民认清蒋介石和美帝国主义的虚弱本质,树立起共产党人和解放区人民必胜的信念呢?

这是斯特朗第五次中国之行。此前,抗日战争末期,美国向中共控制区的延安派出了美军观察组。因为赫尔利的"灾难性"外交斡旋,导致了在美国国务院爆发了外交官谢伟思"美亚事件"。受"麦卡锡主义"迫害,谢伟思这样真正忠诚负责于美国利益和前途的"中国通"们,在"失去中国"的问题上遭到错误的追究和惩罚。在这样的背景下,斯特朗加快了第五次去中国的步伐,她自己甚至感觉到"任何拖延都只能更增加她的这种迫切感"。

1946年6月,斯特朗托国务院的熟人,提出"紧急申请",并声明她打算继续在中国采写关于联合国善后救济总署、红十字会以及美国商业等方面的文章,并表明她的计划是"有利于美国的国家利益"的。于是她的申请得到了批准。6月29日,她终于登上了海军航空运输服务队的飞机,于7月6日抵达上海,在和周恩来短暂会面听取了中国国内战争形势的介绍后转道北平,并于7月31日乘美军观察组的飞机抵达了延安。

这是斯特朗第一次抵达红色圣地——延安。

1946年的延安与十年前的1936年相比，中共控制区已经是过去的20倍，人口总数已经是那时的100倍。飞机降落，一踏上延安的土地，斯特朗觉得今天的她似乎要比斯诺更幸运——因为绝大多数记者都只仅仅到过其中一个城市，而她却可以乘美军观察组的飞机访问共产党的一切管辖区，采访报道一幅共产党人奋斗成果的全面图景。

斯特朗住进了美军观察组总部的窑洞。她对这个简朴、清洁又讲究实效的住处十分满意。而当她把自己的计划迫不及待地告诉朱德时，得到的答复是："军事形势将会使局外人产生错觉，蒋介石即将发动侵占我们已经解放地区的战争。"

"总司令先生，你的意思是说蒋介石又将像过去一样来'围剿'，和你们打仗，那你们该怎么办呢？"

"蒋介石破坏团结，不愿意与我们合作，不想建立联合政府，势必发动战争。但我们的战略是将放弃这些城镇，避免严重伤亡，保存有生力量。你要知道我们用了六万人才换来了十七个城镇哟。"朱德意味深长地解释道，"打个比方说，国民党军队好比一条大船，而我们则像大海。大船来临时，大海不平静。但是，船过后，海水又流回来了。"

斯特朗的采访计划经朱德提交中共中央，很快就被批准了。但中央同时建议，在8月底以前，斯特朗最好还是留在延安，尽可能多访问、会见一些人，这样她就能对延安有个总体的印象。斯特朗接受了这个建议。

在提供给斯特朗的采访安排中，其中有一项是在8月5日会见中共中央委员会的一位重要成员。当斯特朗问这个人究竟是谁时，安排采访的中共中央宣传部部长陆定一开玩笑地说："现在不能告诉你他是谁，我只能说这是一个你从未见过的领导人。"

转眼间，8月5日会见的时间就到了，可天公偏偏不作美，这天延安突降暴雨，延河水暴涨，汽车无法渡过汹涌的河水，会见只好作罢。

8月6日，斯特朗又等了一个上午，直到下午3时美军观察组大院里的载重卡车才开过来，拉上她开上了泥泞不堪的河堤。汽车在砾石上颠簸着越过深谷，停在了杨家岭。来迎接她的，除了陆定一之外，还有一位美国人。那是十年前陪同斯诺闯入红区的马海德博士，他担任这次采访的临时翻译。在两人的陪同下，沿着一段两旁生长着玉米、高粱等农作物的陡峭小路，斯特朗在爬上一个小小的陡坡之后，来到了一个有四座窑洞的小院门前。直到这时，斯特朗才发现，站在门口迎接她的正是中共最高领导人——毛泽东。

为了表示对客人的礼貌，毛泽东今天特意找了一件没有补丁的蓝色衣服。等他准备迈步上前迎接斯特朗的时候，却被紧缠着他的小女儿李讷抱住了移动的腿。

毛泽东给斯特朗留下的第一印象是："态度从容不迫，沉着而友好，身材魁梧，毫无拘束，举止缓慢、有力而从容，很像一位美国中西部的农民。他那略带扁平的圆脸上，有一种平静而含蓄的表情，微笑起来则显得生动而幽默。在蓬密的黑发之下，宽阔的前额和敏锐的眼睛表明他思想活跃，富有洞察力，很难有什么东西能逃过他的注意。在一种深邃而机敏的理智的驱使下，他周身充满活力。"

两个星期前，斯特朗刚到延安的时候，蒋介石的空军向这里投掷的第一批炸弹就落在毛泽东曾居住过的窑洞附近。因此，延安有许多人认为轰炸是对准毛泽东的。可是，当看到共产党的头号人物毛泽东在延安大街上无拘无束地随意走动时，斯特朗感到很吃惊。

和毛泽东的谈话是在傍晚时分开始的，雨过天晴，夕阳的余晖让延安凤凰山铺上了一层金黄色的光芒。毛泽东招呼斯特朗坐在窑洞前苹果树下的一张石桌旁。谈话刚刚开始的时候，穿着细花布衣服的小女儿李讷在父亲身边蹦蹦跳跳，一会儿爬上毛泽东的膝上亲热着，一会儿大胆地跑过来把手伸向斯特朗，好奇地看着这个大鼻子的外国女人，一派天真活泼的样子。

就在这时，毛泽东居住的窑洞上方的草丛中有了一阵骚动。斯特朗有些惊诧地问道："谁在上面？"

毛泽东平静地笑着说："没关系。是另外一户人家。他们的孩子对我的外国客人感到好奇。"

斯特朗有些紧张而又担心地瞄了一眼窑洞上面的草丛，心想：要是一枚炸弹从上面扔下来该是多么容易，也不知道毛泽东的家是否有警卫加以保护。她后来把这个细节写进了自己的书中。她说："很少看到一个人自己如此愉快而随和地习惯于他的环境。多数知识分子因工作而需要一种不受打扰的私人生活，而毛却像一个农民，根本没有什么私人生活的要求。他需要的那种私人生活已经从周围邻居对他的尊敬之中得到满足。上面的孩子们向下窥看，但并没有发出声音。在会见时，毛的小女儿对自己该做什么也很有节制。当他集中思想进行我们之间的谈话时，她依偎在爸爸的身边安静地玩着，一点也不闹。"

毛泽东划了一根火柴，点燃用卷纸卷的自己种植的烟草。斯特朗首先问起了国共两党之间政治解决的前景："你觉得在不久的将来有什么政治解决和平的希望没有？"

"这要看美国政府的态度来决定。如果美国人民拖住那帮助蒋介石打内战的反动派的手的话，和平是有望的。"毛泽东回答。

斯特朗问道："如果美国除了已经给的以外，不再援助了，那么蒋介石还可以打多久？"

"一年以上。"毛泽东说。

"蒋介石在经济上能继续那么久吗？"

"如果他要的话，可以的。因为从现在来看还没有什么迹象表明蒋介石有任何在短时间内停止战争的愿望。"

"如果美国说明此后不再有什么帮助了呢？共产党又能够坚持多久？"

毛泽东说："如果他们今后不再给予任何新援助，蒋介石就不得不在半年到一年的时间内谋求政治解决。就我们自己的愿望来说，我们连一天也不愿意再打下去。但是如果迫使我们不得不打的话，我们是能够一直打到底的。"

"如果美国人民问起来共产党是为了什么要打的，我们怎样回答呢？"

毛泽东说："因为他们要杀死热爱和平的人民，想屠杀我们，我们要活命，就必须自卫。这是任何人包括美国人都能够理解的。"

这时，斯特朗把话题转移到共产党胜利的源泉以及土地改革的政策问题上来。"你们的土地政策有什么改变吗？"

毛泽东说:"是的,因为农民的要求有所改变,他们要求实现孙逸仙博士的原则——耕者有其田。这个要求是正当的——分配地主的土地。我们对汉奸、劣绅与中小地主是有区别的。对前者较严,对后者较宽。可是我们的确也要给一切地主留有出路,维持生活,这有许多办法可想,我们正在考虑发行农业债券等这些办法。"

谈话进行得非常顺利。马海德翻译得既迅速又自然,几乎让斯特朗感觉不到语言的隔阂。从土地改革又转向了谈论国际关系,毛泽东首先询问了斯特朗有关美国的情况,然后思想轻松地囊括了全世界,他的观点涉及许多国家和许多时代。斯特朗意外又吃惊地发现毛泽东对许多在美国发生的事情比她自己还了解。十年来,毛泽东从未走出延安这个山沟沟与外界接触过!但毛泽东有计划地获取情报知识,其用心程度不亚于对军事战略的重视。清凉山上那些落后陈旧的通信设备为他收集到那么全面的情报,实在使人感到意外。他还利用同军调部飞机短暂接触的机会,带进了许多国家的书籍和小册子。许多近期出版的美国的书籍已被全文翻译或摘译。而外国来访者来到延安时,毛泽东也总要求他们介绍本国的情况。

在谈论美苏关系时候,毛泽东拿起桌子上的茶杯和小酒杯来进行说明。他认为,把美苏敌视、对立视为世界政治的最重要大事是错误的。就目前来说,美国反动派的情绪倒很像二战前的希特勒和日本,他们的反苏言论和口号都仅仅是一种烟幕,这是美国反动派想隐藏当前的矛盾而放的烟幕。美国欺负不了苏联,而只能欺负其他资本主义国家。当前更大的矛盾便是美国反动派与美国人民之间,以及美帝国主义与资本主义世界其余地方之间的矛盾。

毛泽东拿起一只大杯子稳稳地放在石桌上,说:"比如,这就是美国反动派,在他们周围首先是美国人民。"接着,他又在大杯子边上摆放了一圈小酒杯,在桌子另一边又放上一只茶杯说,"这就是苏联。在苏联和美国之间都是其他资本主义国家。"毛泽东又拿起火柴和香烟放在其间,笑着说道:"现在美帝国主义者怎样能同苏联打呢?首先,他们必须进攻美国人民。美国反动派已经在进攻美国人民了,美国反动派从政治上经济上压迫美国的工人与民主分子。美国反动派为了想发动战争,就将不得不更厉害得多地进攻美国人民。他们准备在美国实施法西斯主义，美国人民应当起来抵抗美国的反动派，我相信他们会这样做。"

说到这里，毛泽东哈哈大笑起来，深深地吸了一口烟，继续说："现在美国在全世界已经建立与准备建立的所有的海军基地和空军基地，有人说这都是反对苏联的。不错，这些可以用去反对苏联。但是，在现时，首先受到美国压迫的不是俄国人，而是所有其他资本主义国家的人。美国用财政去控制英国和各资本主义国家，美国用商业去压迫一切资本主义国家的经济。不要很久，英国人将会想到真正压迫他们的是谁。美国反动派总有一天将发现他们自己处在全世界人民的反对中。我不是说，美国反动派不要打苏联。他们是要的，他们梦想消灭这个社会主义国家。美国反动派企图统治全世界，包括苏联在内。苏联是阻碍美国反动派建立世界霸权的强有力的因素，因此美国反动派非常恨苏联。但是在目前，在第二次世界大战结束不久的时候，美国反动派如此强调美苏战争，大吹大擂，闹得烟雾满天，不能不使人怀疑他们的目的。大家知道，美国要打苏联，必须经过英国、法国和中国，也就是说，美国反动派正在计划首先在实际上灭亡这些国家，将这些国家变为美国的殖民地或附属国。在这种情形之下，难道这些国家的广大人民愿意坐以待毙吗？绝不会，他们将起而反抗。我以为在美帝国主义的压迫下，美国人民与一切资本主义国家的人民应当团结起来，反对美帝国主义及其在各国的走狗的进攻。只有这个斗争胜利了，第三次世界大战才可以避免，否则不能避免的。"

毛泽东在说完这一大段之后，又用商量的语气问斯特朗："你觉得我说的怎么样？"

斯特朗对毛泽东这种"不独断，喜欢讨论"的谈话方式表示了欢迎。

说到这里，晚饭的时间到了。在斯特朗的记忆中，这一顿晚餐是可口的。有番茄、洋葱、青豆和辣椒，都是山坡菜园里自己种的绿色食品。毛泽东爱吃辣椒是出名的，但今天他还特意为斯特朗准备了一份点心——"八宝饭"。由于延安的条件限制，今天的"八宝饭"却只有"四宝"——花生、胡桃和毛泽东小院里的梅子、延安的红枣。对毛泽东的"款待"，斯特朗吃得津津有味。

席间，毛泽东告诉斯特朗："延安并不产稻米，但我们在黄河岸边种植了水稻。十二年前，我们南方人来到这里的时候发现北方的小米很难下咽，非常想念家乡的大米。最后，我们终于在一处地势较低、气温较暖的山谷找到了一块地方，在那里种植水稻获得了成功。"

吃完饭，重新沏上新茶，待毛泽东把小女儿送到隔壁的另一间窑洞里，让她上床睡觉之后，他们继续谈话。毛泽东直率的谈吐、渊博的知识和诗意的描述，让斯特朗感到这是她所经历过的最激动人心的谈话。后来，她回忆说："我从未遇见过有人使用比喻如此贴切而充满诗意。"比如，在斯特朗谈到人民解放军从国民党蒋介石军队缴获了大量美国武器时，毛泽东形象地称之为——"输血"。在说到"美帝国主义"时，毛泽东说："它变得孤独了。它的朋友中有那么多人已经死亡或病倒，即使是盘尼西林也不能治好他们。"

这时，斯特朗忽然想起8月6日这天正好是美国向日本广岛投放原子弹一周年纪念日，便问道："说起原子炸弹，请问美国会从他们在冰岛、冲绳岛以及中国的基地上，用原子弹直接进攻苏联吗？"

"的确，这些基地会用来反对苏联。但是，首先遭受压迫的人民并不是俄国人，而是所有其他资本主义国家的人民。这些国家的广大群众不喜欢原子弹，他们会抵制它。"毛泽东手中夹着烟卷，用手在面前挥舞着，"美国反动派只不过是一只……"说到这里，毛泽东停顿了一会儿，他在思考用一个什么比喻更加形象，停留了两三秒钟之后，他忽然大声说道："纸老虎！"

坐在一旁的陆定一思考了一会儿，翻译给斯特朗说："Strawman。"（稻草人）

斯特朗有些困惑，疑惑地问了一句："Scarecrow？"（竖在田野里吓唬鸟的稻草人）

正在坚持每周学一点英语的毛泽东，觉得翻译似乎没有准确表达出他的意思，就补充说："我不是这个意思，'纸老虎'不是插在一块田里的，它吓唬的是孩子而不是乌鸦。它的样子像是一只可怕的老虎，但实际上是纸糊的，一下雨，水一泡，就烂了。"

听了毛泽东的解释,坐在一旁的马海德领会了毛泽东的想法,就用英语对斯特朗说:"毛主席说的是Paper-Tiger!"

"Paper-Tiger! Paper-Tiger!"斯特朗恍然大悟般地哈哈笑起来,"我明白了,这个比喻太恰当太精彩了!"大家都为毛泽东的"发明"开心地笑了。

"Paper-Tiger!"毛泽东也尝试着用自己不标准的发音说了一句。接着,他说:"在俄国二月革命以前,沙皇看上去是强大而可怕,但一场'二月的雨'就把它冲走了。希特勒也被历史的暴风雨冲倒了。日本帝国主义也是如此。他们都是'纸老虎'!"

这时,毛泽东深深地吸了一口烟,笑着说:"一切反动派都是'纸老虎'!看起来可怕,但经不起风吹雨淋。从长远的观点来看,蒋介石——"他又停下来,吸了一口烟,眼光变得更加深邃起来,接着用英语说了一句,"蒋介石也是Paper-Tiger!"说完,毛泽东开心地问斯特朗:"我这个理论,你觉得怎么样?"

听毛泽东这么一说,斯特朗立即问道:"等一下,我是一个记者,我能够报道说毛泽东称蒋介石是一只'纸老虎'吗?"

"不要只是那么说,"毛泽东一手夹着香烟,开心地笑着,露出整齐的牙齿,像一个力求把话说得十分准确而恰当的孩子一样,慢条斯理地说,"你可以这样说,如果蒋介石拥护人民的利益,他就是一只'铁老虎'。如果他背叛人民并向人民发动战争——这一点他现在正在做——他就是一只'纸老虎',雨水也会把它冲走!但十多年来蒋介石所做的,正是后者。"

在斯特朗看来,毛泽东应该对共产党的胜利进行一个预测,并希望给她一个准确的答案时,毛泽东却说:"我们已经打了二十年的仗,如果需要,我们可以再打二十年。"

显然,毛泽东已经预见到中国内战或许出现大规模外国武装干涉的可能性,并做好了最坏的打算和准备。对毛泽东来说,推翻蒋介石政权并不困难,但在蒋介石的背后有外国势力。自从1842年英国通过鸦片战争侵略中国以来,这些外国势力就一直在阻止中国取得完全的独立。毛泽东不会说需要多久才能取得完全的胜利,他也不必要去做这种盲目地预测,因为他知道这取决于许多国家，取决于世界范围内"民主力量"的发展。

"什么是帝国主义的力量？它之所以有力量，只是由于人民还没有觉悟。主要的问题是人民的觉悟。力量不在于炸药、油田或原子弹，而在掌握这些东西的人，而这些人还有待于接受教育……"毛泽东喝了口水，歇了一会儿，接着说，"共产党之所以有力量是因为他们唤醒了人民的觉悟。在中国，我们共产党人只有小米加步枪，但最后将证明，我们的小米加步枪要比蒋介石先生的飞机加坦克强大得多哟！"

"还有原子弹哩！"斯特朗疑惑地说。

毛泽东对原子弹是否再次用于战争表示了怀疑，他说："原子弹也是'纸老虎'，没有什么用处。它在广岛的大爆炸毁灭了它自己。全世界人民都反对它。即使在比基尼[①]他们也没有能够杀死所有的羊羔。"显然，毛泽东不相信原子弹能解决最后的问题。说这些话时，毛泽东面带自信的笑容，但表情中却含有一种说不出的冷峻。

"一切反动派都是纸老虎！"——与斯特朗在枣园苹果树下的这个谈话，就这样成历史上毛泽东最著名的名言之一。这次谈话，也让斯特朗重新认识了中国共产党，认识了毛泽东。她清楚，毛泽东绝对不是对新武器的威力无知，而是相信美国的原子弹已经完全改变了历史的进程，而且给了反动派一种无敌的力量的。当时斯大林劝告中共要缓和与国民党的"敌对关系"，因为俄国人害怕原子弹真的会使用到苏联的土地上。但毛泽东更有远见卓识，他要在中国尤其是在共产党内部扫除这种失败主义的阴霾，同时也向斯大林表明，中共不但不同意而且绝不可能按他的建议与蒋介石和一切反动派投降。

毛泽东坚定地告诉斯特朗："美国的反动派也是纸老虎。提起美国反动派，人民似乎觉得它是强大得不得了的，中国的反动派正在拿美国的'强大'来吓唬中国人，但是它也和一切历史上的反动派一样，将被证明并没有什么力量。在美国，只有一类人真正有力量，这就是美国人民。虽然中国人民前面还存在着许多困难，在美国帝国主义与中国反动派的联合进攻

---

① 比基尼岛为位于太平洋的马绍尔群岛中最北端的一个珊瑚岛，1946年美国曾在该岛进行核试验。

之下将要受到长时间的苦难，但是一切的反动派总有一天要失败。我们总有一天要胜利。这原因就在于反动派代表反动，我们代表进步。"

在这次谈话中，毛泽东还首次提出了"中间地带"的观点。谈话结束时，已经接近午夜了。毛泽东亲自提着一盏马灯，送斯特朗下山。延安的夜晚是那么和平安宁，星星也格外明亮。昏黄的灯光照在崎岖不平的山路上，蛐蛐们、青蛙们正在水边或草丛里开着音乐会。毛泽东一直把斯特朗送到路上停靠的卡车旁，然后相互道别。汽车开动了，斯特朗从车窗探头回望，发现毛泽东仍然提着那盏昏黄的马灯站在山道边，注视着她的汽车颠簸着开进了延河的河床，四周溅起了水花。她忽然觉得那昏黄的灯光已经与夜空明亮的星星融为一体，照耀着延安的土地和村庄，也必将在不久的将来照耀中国的大地和村庄……

是的，那是一个创造历史的时刻。那是一个创造历史的现场，也是一个历史创造的现场。更重要的是，毛泽东已经清楚地意识到他和他领导的共产党正在创造着历史。

1945年抗战胜利后，中国人民迎来了民族复兴的伟大转折，蒋介石也宣称中华民国已经跻身于四大国之列，国民政府的威望一度达到高峰。建立民主联合政府，实现和平建国目标，成为全国各政治党派的共同呼声。中共甚至计划，在国民政府从重庆迁回南京后，也把自己的首脑机关从延安搬到南京附近的江苏淮阴，以便就近商量国家大事。然而，蒋介石在1946年5月回到阔别8年的南京总统府后，情势便急转直下。这年6月，国民党军队派出22万人向中国共产党的中原解放区发起进攻。人们说："一觉醒来，和平就已经死了。"

1946年7月7日，是"七七事变"九周年。毛泽东指示，中共中央要发表宣言，着重强调美国反动派与中国反动派正在合作将中国变为美帝国主义的殖民地，中国人民的任务仍是争独立、争民主，表明共产党坚决反对内战的立场，坚信历史不会开倒车。宣言动员和号召解放区军民，粉碎国民党的军事进攻。宣言写好后，毛泽东亲笔加了一句非常有分量的话："中外反动派的反动企图是可以被打败的。"

全面内战的爆发，破灭了人们和平建国的梦想。包括中国民主同盟在内的所有进步人士都看清了一个事实：民主和自由之花不会在旧有的体制土壤上自动地生长。诗人学者闻一多此时的感受，就像他在一首诗里曾经高唱的那样："我来了，我喊一声，迸着血泪，'这不是我的中华，不对，不对！'。"1946年7月15日上午，闻一多在参加被国民党特务杀害的李公朴追悼会上再次"迸着血泪"喊出：历史上没有一个反人民的势力不被消灭！当天下午，他就倒在了特务的枪口之下。生前他曾经在诗里唱道："我要赞美我祖国的花，我要赞美我如花的祖国。"

从1946年5月底开始，中共不仅面临着与国民党关系全面破裂的问题，而且面临着与美国关系破裂的问题。尽管不论是合作还是决裂，中共都做好了准备，可下决心立即面对这两个破裂，绝对不是一件容易的事情。胡乔木回忆说："我在毛泽东身边工作20多年，记得两件事是毛主席很难下决心的。一件是1950年派志愿军入朝作战（毛主席思考了三天三夜），再一件就是1946年我们准备同国民党彻底决裂。当然，决裂的不是我们，而是国民党。只要还有一线希望，我们还想在不放弃原则和人民既得利益的情况下寻求妥协，原则是人民的利益寸土必争。这是重庆谈判的观点。一方面维持和平局面，一方面达到妥协，妥协有原则。"

就在形势转折的关键时刻，毛泽东做出了坚决斗争的决策，使中国新民主主义革命走上了通往最后胜利的道路。与战场上你死我活的军事斗争、谈判桌上的斗智斗勇的较量一样，宣传舆论战线上的斗争同样也是毛泽东极其重视的一个重要武器。对此，毛泽东一直直接领导并参与其中，自己"不仅向党内发出许多指示，还根据情况，发表声明、谈话。延安《解放日报》上的重要社论、文章也往往由他提出立意，指定人撰写"。

内战爆发前夕，毛泽东领导中共打响了宣传舆论战的第一炮——反对美国援蒋。为此，毛泽东再次指定"爱将"胡乔木为《解放日报》撰写了两篇社论，即6月5日的《美国应立即停止助长中国内战》和6月25日的《要求美国改变政策》。而毛泽东本人也在6月22日发表了《关于反对美国军事援蒋法案的声明》，指出：美国对华军事援助法案，加强对国民党政府的各种军事援助，派遣庞大的军队，驻在中国的领土领海之上，这实际上就是干涉中国内政，是以强力支持国民党独裁政府，是目前中国大规模内战爆发与继续扩大的根本原因。中共对此坚决反对，并坚决要求美国立即停止与收回对华的所谓军事援助和立即撤回在华的美国军队。

7月20日，毛泽东亲自起草了一份党内指示《以自卫战争粉碎蒋介石的进攻》，再次强调"我们是能够战胜蒋介石的，全党对此应当有充分的信心"。8月16日，毛泽东再次指示《解放日报》撰写了社论《全解放区人民动员起来，粉碎蒋介石的进攻》。

内战爆发后，中国共产党一时还没有退出谈判，马歇尔的调解依然还在进行。但到了8月10日，马歇尔宣布调停失败之后，毛泽东开始转变宣传策略，把宣传重点从澄清对美幻想转为以澄清悲观情绪思想为主。8月29日，《解放日报》发表社论《一年的教训》，点名批评美国政府是中国人民的一个"新教师"，一个反面教员。社论指出："美国政府过去讲给我们听的，是罗斯福的四大自由，是中美平等，美苏合作，肃清日本侵略势力"；但是这一年来，美国的所作所为"不过是帮助蒋介石'漂亮'地实现独裁和消灭中华民族的独立和中国人民的民主"。

9月29日，毛泽东接受了美国纽约《先驱论坛报》记者斯蒂尔的采访。谈话中，当被问到美国调解中国内战是否已告失败时，毛泽东尖锐地指出："我很怀疑美国政府的政策是所谓调解。根据美国大量援助蒋介石使得他能够举行空前大规模内战的事实看来，美国政府的政策是在借所谓调解作掩护，以便从各方面加强蒋介石，并经过蒋介石的屠杀政策，压迫中国民主力量，使中国在实际上变为美国的殖民地。"不过，毛泽东也同时指出："蒋介石如能按照今年一月间的停战协定和政治协商会议的共同决议处理中国政治军事经济等项问题，而不是按照所谓'五项'或十项违反上述协定和决议的片面要求，那末，我们是仍然愿意和他共事的。"[①]

也就是说，在这个时候，毛泽东对国共彻底决裂，并没有下最后的决心，他是希望和平的。但是，国共两党最终是否决裂主要并不取决于中国共产党的态度，而是要看国民党看蒋介石，甚至要看美国的态度。但毛泽

---

① 中共中央文献研究室编：《毛泽东年谱：1893~1949》修订本下卷，中央文献出版社2013年版，第138页。

东对此也做好了充分的斗争准备。他告诉斯蒂尔:"中国人民必将团结起来,保卫自己的生存,决定自己的命运。不管怎样艰难困苦,中国人民的独立、和平、民主的任务是一定要实现的。任何本国和外国的压迫力量,不可能阻止这一任务的实现。"①

毛泽东为什么如此自信?

我们可以在战场上的较量中寻找答案。

在1946年7月至10月这4个月里,国共双方"热战"的结果如何,我们也可以在一些具体的数据上得到比对。

首先,从占领的地域上来看。国民党军队占领了解放区县以上城市153座,其中包括张家口、菏泽、淮阴、安东(今丹东)这些当时解放区的中心城市。解放军只收复或攻占了48座县城。两相比较,共产党方面丢失了105座县级以上城市,包括大片土地。

其次,从军力增减上来看。解放军共歼灭国民党正规军32个旅,总数达30万人。其中起义、被俘的和毙伤的约占一半。解放军损失兵员12万人,其中负伤9万多人,且伤愈后大多归队。国民党军损失是解放军损失的2.4倍。更重要的是,被俘的国民党军队士兵,大多脱下国军服装换上解放军服装,转为"解放战士",调转枪口对准国民党反动派,成为解放军兵员的重要来源和补充。解放军中也有被俘的,但仅占总人数的3%,且国民党军队没有也不敢将他们补入部队。

面对这样的军事形势,不同的人当然有不同的看法。毛泽东和蒋介石亦是如此。

在蒋介石看来,他自己要进行的是一场"现代作战"。他的根本观点是:"无都市即无政治基础,无交通就无政治动脉",所以"最要紧莫过于交通,而要控制交通就先要控制都市"。于是,他要求部队"必须把匪军所占领的重要城市和交通据点一一收复,使共匪不能保有任何根据地"而成为"流寇",然后再加以"清剿"。现在,在占领了解放区的105座城市后,蒋介石自以为是,感到胜利在望,战略目标已经接近实现。基于对形

---

① 毛泽东:《毛泽东选集》第4卷第2版,人民出版社1991年版,第1202页。

势的这种判断，蒋介石在10月10日下达了恢复征兵制的命令。10月11日，也就是在占领张家口的当天，他就急急忙忙地宣布第二天就召开"国民大会"，制定"宪法"，准备出任"总统"。随后，他对第一战区司令长官胡宗南下达了进攻延安的命令。

如果仅仅从战绩上来看，蒋介石的这种决策似乎也无可厚非。但仅仅从看得见的摸得着的事物上来思考问题，那就过于简单了。战争自然有着战争的规律。而不同的战争也有着不同的特征，打赢战争自然也就有不同的战略战术。毛泽东深谙此道，因此他与蒋介石的判断截然相反。

从物质上来说，这绝对是一场以弱战强、以劣战优的较量。毛泽东到底有什么神奇的妙招高招呢？他要用什么样的战争来对抗蒋介石发动的内战呢？

10月1日，毛泽东全面总结了三个月的战争实践经验，在一份党内指示中指出：

> 七月二十日中央对时局的指示上说："我们是能够战胜蒋介石的。全党对此应当有充分的信心。"七、八、九三个月的作战，业已证明此项断语是正确的。
>
> 除了政治上经济上的基本矛盾，蒋介石无法克服，为我必胜蒋必败的基本原因之外，在军事上，蒋军战线太广与其兵力不足之间，业已发生了尖锐的矛盾。此种矛盾，必然要成为我胜蒋败的直接原因。
>
> 向解放区进攻的全部正规蒋军，除伪军、保安队、交通警察部队等不计外，共计一百九十几个旅。此数以外，至多再从南方抽调一部分兵力向北增援，此后即难再调。而此一百九十几个旅中，过去三个月内，已被我歼灭二十五个旅。
>
> 蒋军一百九十几个旅中，须以差不多半数任守备，能任野战者不过半数多一点。而这些任野战的兵力进到一定地区，又必不可免地要以一部至大部改任守备。敌人的野战军，一方面不断地被我歼灭，另一方面，大量地担任守备，因此，它就必

定越打越少。

今后一个时期内的任务,是再歼灭敌军约二十五个旅。这个任务完成了,即可能停止蒋军的进攻,并可能部分地收复失地。可以预计,在歼灭第二个二十五个旅这一任务完成的时候,我军必能夺取战略上的主动,由防御转入进攻。那时的任务,是歼灭敌军第三个二十五个旅。果能如此,就可以收复大部分至全部失地,并可以扩大解放区。那时国共军力对比,必起重大变化。欲达此目的,必须在今后三个月内外,继续过去三个月歼敌二十五个旅的伟大成绩,再歼敌二十五个旅。这是改变敌我形势的关键。①

"知己知彼,百战不殆。"毛泽东抓住了战争的关键因素——不断消灭敌人的有生力量。对如何粉碎蒋介石的进攻,毛泽东稳扎稳打,步步为营,有着自己独特的、具体的、可行的计划。这样的计划贴近实际,实事求是,不仅表现出了胸有成竹的自信,更赢得了全党上下、全军上下的信任。

此时此刻,蒋介石又是如何准备的呢?

10月18日,蒋介石在南京召开的秘密军事会议上,信誓旦旦地宣布"五个月之内打垮中共"。白崇禧在会上说,必须实行蒋介石在江西的"剿共"战术,"三分军事,七分政治"。而国民党的军政部部长陈诚在北平召开的另一次军事会议上,也自信地宣称"三个月至多五个月完成以军事解决问题"。在记者招待会上,有记者问:"如果打起来,总长认为要多长时间才能解决?"陈诚毫不犹豫地回答:"三个月。"

国民党反动派们确实为在三个月内打败共产党"苦练内功"。蒋介石、宋子文、孔祥熙、陈立夫陈果夫兄弟为首的"四大家族",继续加紧对人民的经济剥削和掠夺,集中全国的财力物力,为发动内战做准备。

11月15日,国民党一手炮制的"国民大会"正式召开。这标志着蒋介石正式关闭了和谈的大门。

这是20世纪中国历史转折的关键时刻,中国共产党别无选择,毛泽

---

① 毛泽东:《毛泽东选集》第4卷第2版,人民出版社1991年版,第1205—1206页。

东别无选择，做出了艰难却又坚定的决策——中国人民只剩下一条道路可走——那就是经过战争推翻蒋介石的统治，使中国新民主主义革命走上了通往最后胜利的道路。

11月16日，毛泽东致电中共驻南京代表团，要代表团主要领导人周恩来率代表团飞返延安，只留下董必武等少数人同国民党保持某种接触。

11月18日，毛泽东又为中共中央起草了一份党内指示，向全党指出：

> 蒋介石日暮穷途，欲以开"国大"、打延安两项办法，打击我党，加强自己。其实，将适得其反。中国人民坚决反对蒋介石一手包办的分裂的"国民大会"，此会开幕之日，即蒋介石集团开始自取灭亡之时。蒋介石的军队在被我歼灭了三十五个旅之后，在其进攻能力快要枯竭之时，即使用突袭方法，占领延安，亦无损于人民解放战争胜利的大局，挽救不了蒋介石灭亡的前途。总之，蒋介石自走绝路，开"国大"、打延安两着一做，他的一切欺骗全被揭破，这是有利于人民解放战争的发展的。[①]

蒋介石不要和平，要战争。毛泽东毫无惧色，以战争终止战争。但毛泽东的战争与蒋介石的战争完全不同。在这份指示中，我们可以看到毛泽东与众不同地提出了一个新的概念——"人民解放战争"。此前一段时间，他一直使用的是"自卫战争"这个名称。

是的，不可否认，中国共产党、毛泽东领导的中国革命是一场农民战争，但以毛泽东为核心的那一代中国共产党人，改变了中国历史，改变了中国农民起义始兴终亡的周期率，把农民战争创造为人民战争（农民战争与人民战争，仅仅只有一字之差，却是天壤之别！这是一个伟大的差别！），从而使得抗日战争和解放战争像美国人"将美国独立战争看作是美国服从天定命运的第一步"一样，具有伟大的历史意义。我们知道，在那个创造历史的现场，作为中国农民的儿子，毛泽东不是也根本算不上中国

[①] 毛泽东：《毛泽东选集》第4卷第2版，人民出版社1991年版，第1219—1220页。

政治的精英阶层，与蒋介石及其领导的国民政府高层官僚、"四大家族"或蒋介石的任何一个拜把子兄弟相比，他都黯然失色。但是历史也同样告诉我们，在那个历史创造的现场，毛泽东在黑暗中创造的光明、在苦难中创造的辉煌、在大无中创造的大有，也令他的敌人或对手望尘莫及。因为毛泽东相信——人民群众是创造历史的真正动力。

11月19日，周恩来结束了与国民党历时一年多的谈判，回到延安。21日，毛泽东、刘少奇、周恩来三个人在枣园召开了一次会议。由胡乔木做记录。这是一次非常重要的决策性会议。

在会上，周恩来报告了国共谈判的情况、美国对华政策、蒋介石集团内部情况以及蒋管区的形势等。周恩来说，经过谈判，中国共产党的和平民主方针与蒋介石的独裁内战方针已为群众所认识，我们和平民主的方针以武装斗争为根本。

对南京谈判，毛泽东给予了高度的肯定。他说，谈判是有成绩的，达到了教育人民的目的。代表团不能早回来，一定要在开"国大"以后，这样战争与分裂的责任才清楚，才不至失去人心。毛泽东意味深长地说：教育人民是我们党成立以来的任务，对党本身、对党中央本身也有一个教育的过程。过去，在人民中间，在我们党内，都有一个"打不打"的问题，现在这个问题解决了，剩下的问题便是：胜不胜？许多人希望我们胜，但是害怕我们不胜，怪我们失掉许多地方，失掉了长春、张家口以及现在可能失掉的延安、烟台等地。因此，现在揭露蒋介石的阴谋、清除和平幻想已退为第二位的问题了。第一位的问题就是要建立坚定的胜利的信心。要胜利就要统一战线，就要孤立敌人。敌人也想孤立我们，但敌人是孤立的。我们在国际国内都有广大的统一战线。但统一战线不能直接援助我们，而美国反动派则直接援助蒋介石，这就是我们的困难所在。

接着，毛泽东说：蒋介石对共产党的方针是一无自由，二要消灭，他是不允许共产党在保持一块地方的条件下签订城下之盟的。因此，"我们的方针是战争的方针，这是确定了的"，而且过去几个月内消灭了国民党军队38个旅，使有些战场上的国民党军队停止了进攻，证明打歼灭战是可能的，也是足够改变战局的。

以战止战。在会上，毛泽东对未来的战争蓝图做了进一步的勾画——我们的问题是要熬过明年一年，后年就要好转。经过半年到一年的时间，消灭国民党军队七八十个旅，就可以消耗掉美国七八年中援助蒋介石的所有积蓄，使国共双方的力量达到平衡。"达到平衡后就很容易超过。那时我们就可以打出去，我们就可以反攻，首先是安徽、河南、湖北、甘肃，然后就可以再向长江以南"，大约用三到五年的时间达成这一目标。毛泽东是清醒的。他同时指出：当然，我们还是应该把事情估计得严重一些，我们不但要准备三到五年，还要准备十到十五年，最坏就得打得我们连一个县城也没有。一方面，要藐视他们，非此不足以长自己志气，灭他人威风，另一方面，又要重视他们，每一仗都要谨慎。对于现在是不是要马上提出打倒蒋介石的口号，毛泽东主张可以按这个目标去做，但不必急于提出这个口号。①

对国内形势的正确判断只是取得斗争胜利的一个方面，中国内战问题从某种角度来说，也是国际问题。毛泽东对此也有着自己清醒的认知。就在这一天的会议上，毛泽东说：在七大时我们即估计，在日本投降后不克服蒋介石与中国的斯科比②，则中国内战不可避免。在今年一二月间似乎变了，后头还是证明七大的估计是正确的。战后的世界变为美国反动派与世界人民的对立，在中国也反映这种对立，因此中国的斗争与世界有密切的联系。世界上三块地方：美国、苏联、美苏之间，这三块地方的人民都反对美国反动派。世界在进步，苏联在高涨，美国在面临危机。毛泽东估计，美国与资本主义世界的矛盾还会上升为世界的主要矛盾。

毛泽东对国内和国际问题的判断不可谓不是高瞻远瞩，抓住了矛盾的主体和主要方向。为了向全党、全国人民说明中国共产党对形势的看法，彻底肃清悲观思想，树立必胜的信念，毛泽东要求中宣部部长陆定一就战后国际形势问题写一篇大文章，等到1947年新年的时候发表。

---

① 中共中央文献研究室编：《毛泽东传：1893~1949》，中央文献出版社2013年版，第793—794页。

② "斯科比事件"发生在1944年年底至1945年年初，英国首相丘吉尔指令驻意大利前线的英军在司令斯科比的带领下，进入希腊，指使和协助希腊反动政府军进攻希腊共产党领导的军队，干涉希腊内政。毛泽东在这里借喻美国干涉中国内政。

1947年1月2日，经过毛泽东数次修改的文章《关于战后国际形势中几个基本问题的解释》在《解放日报》发表了，署名陆定一。在全文的最后，毛泽东加了一段结束语："总而言之，第二次世界大战后，一切都变了，并正在继续变。在人民方面，是变得如此坚强，如此有觉悟，有组织，有决心，有信心。在反动派方面，则已变得如此横蛮猖獗，但又如此外强中干，众叛亲离，对于前途完全失去信心。可以预断，三年至五年后的中国与世界，其面目将比现时大不相同。全党同志与全中国人民，都应当为一个新中国与新世界而坚决奋斗。"[1]

风雨欲来，大兵压境。在国民党军队进攻陕甘宁边区即将达到高潮的时刻，毛泽东却安静地坐在枣园的窑洞里，写下上述磅礴的宣言。这需要怎样超凡的勇气和智慧，又需要何等超群的气派和魄力？这不正是那个"激扬文字，挥斥方遒，粪土当年万户侯"的诗人毛泽东吗？事实恰如他所预料的那样，三年后，中国共产党带领中国人民把背信弃义发动内战的蒋介石反革命集团赶出了中国大陆。历史也的确证明，毛泽东的"小米加步枪"打败了蒋介石的"飞机加坦克"。

2
粉碎蒋介石的重点进攻，毛泽东"不打败胡宗南，决不过黄河"

冬天的枣园，安静，肃穆。高大笔直的枣树繁华落尽，舒展的枝丫像无数舞蹈者的手，倔强地伸向天空，彰显着铁质雕塑般的苍劲。

1947年2月1日，中共中央政治局会议在枣园召开。这是全面内战爆发之后，毛泽东亲自主持召开的中共中央第一次重要会议，也是中共中央在延安召开的最后一次政治局会议。参加会议的人比较多，除了刘少奇、周恩来、朱德、任弼时、彭德怀在延安的这些政治局委员和中央委员之外，也有从中原突围到达延安的李先念等高级干部。

会议是在华东战场的鲁南战役刚刚获得胜利后召开的。华东地区包

---

[1] 中共中央文献研究室编：《毛泽东年谱：1893~1949》修订本下卷，中央文献出版社2013年版，第158页。

括山东和苏皖两大解放区。在毛泽东的指挥下，华东、晋冀鲁豫两大主力协同作战，要求山东和华中两个野战军在淮北和苏中战场上"于二月至三月内务歼薛岳七至十个旅"，收复两淮，转变局势，准备将来向中原出动。根据这个设想，毛泽东与陈毅、粟裕、谭振林频繁磋商，完成了宿北战役和鲁南战役的任务。鲁南战役经过18昼夜的激战，于1月20日结束，共歼灭国民党军队整编第二十六师、第一快速纵队以及整编第五十一师，计两个师部、五个旅共5万余人，俘虏中将师长马励武、周毓英以下3.6万人，缴获105毫米榴弹炮48门，山炮、野炮41门，坦克24辆，汽车474辆。

在这样胜利的氛围中，毛泽东在会议上预言：中国革命的新高潮将要到来，现在是它的前夜。

毛泽东所指的"高潮"是什么呢？他说：20年前，1927年的北伐，是有共产党以来的第一次革命高潮。10年前，1937年的抗日战争，是第二次革命高潮。现在，1947年，将要出现第三次革命高潮。北伐是第一次国共合作的产物，形式上以国民党为主体，最后以国民党的叛变而失败。抗日战争是第二次国共合作的产物，国民党消极抗日、积极反共反人民，共产党却坚持抗日，壮大了人民的力量，成了抗日的主体。北伐、抗日，国共两党分掌领导权，这次不同了，重庆谈判之后，国民党放弃与共产党的合作，不愿意成立联合政府，蒋介石背信弃义发动内战，国民党反动派成为人民革命的目标，共产党成为中国革命的唯一领导者。

为了开好这次会议，毛泽东为中共中央起草了《迎接中国革命的新高潮》的党内指示。会议主要就是讨论这个指示。它明确宣布："目前各方面的情况显示，中国时局将要发展到一个新的阶段。这个新的阶段，即是全国范围内的反帝反封建斗争发展到新的人民大革命的阶段。现在是它的前夜。我党的任务是为争取这一高潮的到来及其胜利而斗争。"

毛泽东的预言，绝不是凭着主观的想象。倡导实事求是的毛泽东，绝不是书生意气，也不是画饼充饥的幻想家。他从两个战线的基本事实进行了具体的分析：

一是在军事斗争上，解放区人民解放军的胜利。从1946年7月到1947年1月，人民解放军7个月内共歼灭蒋介石进犯解放区的正规军56个旅，平均每月歼敌8个旅。如果今后几个月再歼敌四五十个旅,连前共达100个旅,几乎要占进犯解放区的国民党正规军的一半,军事形势已明显向有利于人民的方向发展。

二是在政治斗争上,蒋管区人民运动蓬勃发展。1946年11月上海市民骚动和12月北平学生运动,标志着蒋管区人民斗争的新高潮。因"沈崇事件"引起的北平学生带头开展的抗议美军暴行运动,向全国各大城市发展,参加人数达数十万,超过了"一二·九"抗日学生运动的规模。蒋介石的反动政策迫使中国各阶层人民处于团结自救的地位,反蒋统一战线不断扩大,和抗日统一战线相比较,不但规模扩大,而且有更深刻的基础。

毛泽东在这份指示中写道:"解放区人民解放军的胜利和蒋管区人民运动的发展,预示着中国新的反帝反封建斗争的人民大革命毫无疑义地将要到来,并可能取得胜利。"[1]

在政治局会议的讨论中,毛泽东说:发这个指示很需要。这种文件,去年还不能发。总的形势是说革命高潮要来了。"革命的动力是两个战线,解放区与蒋管区人民运动,而以解放区为主。解放区胜利愈大,高潮来得愈快。"他又说:"我们的文件没有塞死和平的可能,因为我们没有提出打倒美帝国主义和推翻蒋介石的口号。"

会议结束时,毛泽东说:革命胜利的时间,还要准备相当长,五年到十五年,五年已过了一年半。但大革命高潮到来的时间也许就在今年、明年、后年。这个指示在干部中应该普遍散发,但不公开发表。

在这次会议上,中共中央政治局通过了毛泽东起草的这个仅限党内传达的《迎接中国革命的新高潮》的指示。但文件下发后,对中央第一次提出的"迎接中国革命新高潮"的提法,不仅党内一般干部难以理解和接受,即使在党的高级干部当中也存有疑虑,有的甚至还专门打电报问中央:"高潮"到底是什么意思?可以说,当时大多数共产党人看到的是敌人的强大和凶狠,面临的是生死存亡的威胁。尽管他们内心深处也相信中国革命一定会取得最终的胜利,但那只是一种强烈的愿望和信念。[2]

---

[1] 毛泽东:《毛泽东选集》第4卷第2版,人民出版社1991年版,第1212页。
[2] 胡乔木:《胡乔木回忆毛泽东》,人民出版社2003年版,第471页。

毛泽东的预见，符合现实吗？

毛泽东的预见，能成现实吗？

尽管中共中央政治局对毛泽东的提议达成了共识，对未来充满着必胜的信心，预见中国革命的新高潮就要到来，在战略上、在全体上藐视敌人，敢于和敌人做斗争，但在战术上，在每一个局部上又重视敌人，采取十分谨慎的态度。用毛泽东的话说，就是要"兢兢业业"。特别是，当时人民解放军还不强大，在数量上还处于劣势，而国民党反动派的力量还很强大，还处于优势地位。因此，毛泽东说"成败两个可能还在斗争"，对许多事情总是"估计"，或者说"可能"，而不是也不能更没有肯定地做出结论。但正是在大家怀疑、犹疑的关键时刻，毛泽东善于通过表面现象抓住事物的本质，对时局做出清醒的估量，能预见事物的变化和发展，因势利导地组织和调动一切力量促成事物由量变转为质变，一步一步地使中国革命走向新的高潮。这就是毛泽东的英明之处。

形势依然严峻，延安危在旦夕。

蒋介石不是糊涂蛋。为了摆脱战线日益延长而兵力日益不足的被动局面，他开始缩小进攻的正面，在东北、晋察冀、晋冀鲁豫战场上采取守势，而把兵力加强调配到山东和陕北两个主要战场，力图控制两个核心地区，再集中兵力解决华北和东北。应该说，蒋介石的如意算盘打得还是不错的。因此，当山东战场的战斗正在激烈进行的同时，他发了狠心，严厉要求部属一定要对"匪军老巢"延安实行"犁庭扫穴，切实占领"。也正因此，他把围困陕甘宁边区的西北战区确定为第一战区，司令长官由长期坐镇西北、手握重兵的"西北王"胡宗南担任。

1947年2月9日，胡宗南召开进攻延安的作战会议，声称"两个月内解决陕甘宁边区的军事问题"。

2月28日，蒋介石急电召胡宗南到南京，密谋确定进攻延安的基本设想。接到蒋介石的训示，胡宗南立即通过国民党保密局副局长毛人凤把正在杭州度蜜月、随后准备赴美留学的机要秘书熊向晖找回来。

熊向晖是1936年12月在清华大学读书时就秘密加入中国共产党的老党

员，在1937年12月报名参加湖南青年战地服务团，到国民党第一军胡宗南部"服务"。随后，在周恩来、董必武的布置下，熊向晖深入虎穴，秘密潜伏在胡宗南身边。因才华出众，他深得胡宗南的信任和器重，被委任为胡的机要秘书。1943年6月18日，时任国民党第八战区司令长官的胡宗南在洛川召开秘密军事会议，阴谋实施蒋介石反共军事部署"闪击延安"。这是自皖南事变之后国民党发动的第三次反共高潮。7月2日，胡宗南命令所属各部于10日前秘密行动。在这关键时刻，正是熊向晖秘密向时任八路军驻西安办事处主任周子健传递了情报，使得中共中央及时进行了军事部署和发动政治宣传攻势，揭露了蒋介石的阴谋，制止了胡宗南的军事行动。

3月2日早晨，熊向晖匆匆赶到南京。来到胡宗南临时办公室的时候，这位蒋介石特别倚重的上将正与参谋长盛文在看地图。

一见到熊向晖，胡宗南哈哈大笑，说："来得好快，新娘子呢？"

"她在上海等着我，送我上船。"熊向晖说。

"推迟三个月。要打延安了。打完这一仗，你再走。明天就回西安。你写信告诉新娘子，就说我有急事需要你处理，不提打延安。"胡宗南说。

接着，盛文告诉熊向晖："前天总裁急电胡先生来南京，胡先生不知什么事，把我带来。当天下午总裁就传见。总裁说，美苏英法四国外长内定3月10日在莫斯科开会，已经获得确实情报，马歇尔、莫洛托夫又要重新提出中国问题。总裁当机立断，命令胡先生直捣共产党的老巢延安，选在3月10日四国外长开会的这一天发起进攻。外交交涉由外交部办。总裁训示，现在剿共，仍要'三分军事，七分政治'。胡先生马上想到你，把你请回来。"

胡宗南说："军事进攻和政治进攻要同时进行，先准备好传单、布告、宣传品，着重准备一份告陕北民众书，提出施政纲领，'要比共产党还革命'。"

"好。我先做考虑，到西安再同政治部王超凡主任商量。"熊向晖回答。

胡宗南说："不要找他们，他们只会骂娘，不懂革命。"

随后，胡宗南带着熊向晖来到盛文的住房，叫勤务兵给他端来早餐和茶水，说："我现在和盛文参谋长要去国防部开会，下午总裁还准备传见。"

一边说一边递给熊向晖一个公文包,"我们走后,你把房门反锁好,根据公文包里的文件,画一份草图,中午交给我,供总裁参阅。"

熊向晖点点头。

"你一定要把门锁好,不准任何人进来。"临走时,胡宗南又再三叮嘱。

等胡宗南走后,熊向晖赶紧打开公文包,发现里面装着两份绝密文件,一份是蒋介石核准的攻略延安方案,一份是陕北共产党兵力配置情况。那还用说,熊向晖赶紧照抄不误。

对熊向晖绘制的草图,胡宗南表示满意,一副对进攻延安稳操胜券的样子,说:"赶紧着手抓'七分政治',先起草一份施政纲领出来。"

"施政纲领应该有一个帽子。"盛文说,"我建议它的全称应该叫'国军收复或光复延安及陕北地区后施政纲领'。"

"不要用'收复''光复',那不是革命的字眼,要用'解放',就用这两个字,这才是革命的字眼。"胡宗南信心满满地说。

按照胡宗南"不要骂娘""要比共产党还革命"的要求,熊向晖把"彻底实行三民主义"作为"施政纲领"的主旨。要点还包括:"实行政治民主,穷人当家作主""豁免田赋三年,实行耕者有其田""普及教育,村办小学,乡办中学,县办大学"等。在这些传单中,自然也包括高调宣传国民党的内容,比如:"拥护中国国民党""拥护蒋主席",也有"不吃民粮,不住民房,不拉民夫,不征民车"等等。

胡宗南看了看,说:"好,再向共产党那里借用一些,据此补充定稿,不要再送我审阅了。你定稿后就直接交给刘大军秘密印刷,待进攻开始时,广为散发。"刘大军是胡宗南下属的特务头子。

紧接着,胡宗南告诉熊向晖:"你随我回西安后,再办三件事:第一,给我买一架最好的收音机,我每天都要听听延安共匪电台的广播;第二,找几个可靠的人随同行动,专门抄收新华社播发的关于陕北战况的消息和评论,全部送我审阅;第三,你随身带上《水浒传》《三国演义》《西游记》《精忠说岳传》等小说。"

"胡先生,带这些书干什么?"

"我下达作战命令后,由军、师、旅长执行,由幕僚人员监核,我只需等着看捷报。在此期间，翻翻小说，闲情逸致，才显出大将风度嘛！"

"是！"熊向晖一听，心里乐了，原来胡宗南看小说是为了装点门面。

3月2日，胡宗南外出，熊向晖反锁房门，再次仔细阅读蒋介石确定的攻略延安方案的抄件。方案规定：右兵团指挥官整编第一军军长董钊，率整编一师三个旅、整编二十七师两个旅、整编九十师两个旅、工兵两营，于宜川北面平路堡至龙泉镇之间就攻击准备位置；左兵团指挥官整编二十九军军长刘戡，率整编三十六师三个旅、整编十七师两个旅、工兵一营，于洛川北面段仙子至旧县之间就攻击准备位置；总预备队整编七十六师三个旅，配属战车一营，驻洛川待命。以上共15个旅，总兵力14万余人。另由整编三十六师副师长指挥一个旅及陕、甘保安团约一个旅，组成陇东兵团。发起进攻时间为3月10日拂晓，并在此前一日调集上海、徐州飞机94架，分批轰炸延安地区，监视黄河各渡口。发起进攻时，陇东兵团向保安方向佯攻，眩惑敌人；右兵团占领临真、金盆湾等地后，沿金延大道两侧，向延安攻击前进；左兵团占领鄜县（今富县）、茶坊、甘泉等地后，向延安攻击前进；右兵团依左兵团协力，以闪击行动迅速夺取延安，并会同左兵团于延安附近歼灭共军主力。

熊向晖仔细默读了几遍，烂熟于心后，将抄件焚毁，余烬投入抽水马桶冲掉。

3月3日，胡宗南、盛文和熊向晖一道，乘坐专机回到西安。当晚，熊向晖来到新华巷1号的联络点，在申振民（健）、陈忠经（翘）等地下党员的共同努力下，向联络员王石坚（赵耀斌）详细说明了胡宗南进攻延安的作战计划。不久，因美军观察组驻在延安尚待撤离，进攻日期推迟了三天。熊向晖又在第一时间通过地下交通向延安的毛泽东、周恩来做了报告。随后，他和胡宗南换上普通士兵的灰布棉军服，于3月8日晚秘密离开西安，前往洛川。

蒋介石孤注一掷，下定决心要把战火烧向中国革命的大本营延安。3月10日晚10时，胡宗南在洛川中心小学礼堂召集整一军及整二十九军的军、师、旅长开会，指授蒋介石核准的攻略延安方案，下达作战命令，决定于3月12日晚6时前就攻击准备位置，13日拂晓攻击前进，兵分两路进攻延安。

此时,国民党共调集了39个旅,共23万人,在陕甘宁边区周围集结,即南面胡宗南的15万人,西南马鸿逵、马步芳的"马家军"7万人,北面榆林地区邓宝珊部1万余人,完成了"围剿"中共中央驻地的包围圈。

真是火烧眉毛,迫在眉睫,战斗马上就要打响。此刻,陕甘宁边区最初的兵力只有1万余人,如果再加上警备区(军分区)的地方旅,全部兵力加起来也只有3万人。敌我兵力悬殊实在太大了。毛泽东、周恩来通过熊向晖提供的情报,审时度势,认为保卫延安的最好办法就是外线配合内线作战。

3月6日,毛泽东电令陈赓率五个旅渡河攻占陇海路上的潼(关)洛(阳)线,以调动和打击胡宗南的军队。他在电报中说,胡军17个旅正向宜川洛川中部之线疾进,"我现在布置内线纵深防御,可能迟滞十天时间,主要依靠外线解围,估计陈谢五个旅切断潼洛必能引起变化,即使突入延安亦难持久"。为配合陈谢纵队渡河作战,毛泽东又电令刘(伯承)邓(小平)同时攻击平汉线以"直接援助陈谢"。3月8日,中央军委电令王震率两个旅从晋绥解放区西渡黄河参加保卫延安之战。

3月9日下午,在洛川的胡宗南打开了熊向晖给他新买来的收音机,收听延安新华广播电台的新闻。这天广播的内容是3月8日下午4时"延安各界保卫边区、保卫延安动员大会"的新闻。广播称,到会群众共万余人,林伯渠致开会辞,朱德、周恩来相继讲话,邓颖超代表妇女界讲话。当天,在胡宗南的催促下,他看到了工作人员整理油印的五则"新华社延安9日电"的抄件,包括大会综合消息、大会通电全文、"朱总司令讲话"全文、"彭副司令讲话"全文、"周恩来将军讲话"全文。这些文件一式两份。胡宗南要熊向晖和他一起阅读分析。

看完这些抄录油印件,胡宗南兴奋地对熊向晖说:"从周恩来和朱德的讲话看,共产党毫无准备,和平观念很深,事到临头,开个动员大会也扭转不过来,只剩下几天,来不及坚壁清野,谈不上长期作战。我就要出其不意,攻其不备,正好乘虚闪击突袭,迅速拿下延安。"

"胡先生的分析,很有道理。他们的讲话大多是政治宣传。"熊向晖附和一句。

胡宗南想了想，兴头突降，忽然问道："怎么毛泽东没有出席讲话？"

"我怎么知道？"熊向晖回答。

胡宗南又问道："是将军大还是总司令大？"

熊向晖坐在对面，一时间不知如何回答。胡宗南见状，自言自语道："朱德是总司令，但他在共产党里资历比周恩来浅，周恩来是朱德的入党介绍人，'南昌暴动'是周恩来领的头，现在称周恩来为'将军'，其中大有文章，一定是让周恩来指挥作战。周恩来这个人……"胡宗南没有接着说下去。他对周恩来非常熟悉，1943年他们在西安还交过锋。坐在一旁的熊向晖明白，胡宗南的潜台词大概是"周恩来这个人很难对付"。

胡宗南分析得没有错。3月10日，毛泽东派彭德怀到南线视察部队的战备情况后，听取了彭德怀的汇报，当场研究决定由彭德怀和中共西北局书记习仲勋到前线指挥西北人民解放军作战，由周恩来代理军委总参谋长。

3月12日，当常驻延安的美军联络官赛尔斯上校等三人乘美军飞机离去才7个小时，国民党的飞机就开始大规模轰炸延安，历时七天七夜的延安保卫战开始了。

3月13日，胡宗南的部队在其"前进指挥所"主任裴昌会的指挥下，第一线部队10万人，从洛川、宜川之线全面向北出击。此时，用于保卫延安的人民解放军只有5000多人，敌我兵力悬殊，为20：1。这天，国民党空军出动飞机45架对延安进行轰炸。彭德怀急调新四旅一个团守卫延安机场，准备歼敌空降兵。

彭德怀劝说毛泽东："主席，我们势单力薄，您要尽早撤离延安。"

毛泽东镇定自若地说："我是要最后撤离延安的。"

这天下午，一枚重磅炸弹就在毛泽东所住的窑洞前爆炸，气浪冲进室内，击倒桌上的热水瓶，开水流了一地。毛泽东毫无惧色，依然若无其事地坐在那里批阅文件，始终不提什么时候离开延安。

在得到国民党军队的有关情报后，毛泽东正确地做出判断：蒋介石组织这次进攻的军事企图是"首先解决西北问题，割断我党右臂，并且驱逐我党中央和人民解放军总部出西北，然后调动兵力进攻华北，达到各个击破之目的"。根据这个分析，毛泽东和中共中央定下了"必须用坚决战斗精神保卫和发展陕甘宁边区和西北解放区"的决心，并确定：西北人民解放军必须从长期战争着眼，依靠自身的力量部署一切；在当前，应诱敌深入，必要时主动放弃延安，同胡宗南部主力在延安以北山区周旋，陷敌于十分疲惫、十分缺粮的困境，然后乘机集中兵力逐次加以歼击，以达到钳制并逐步削弱胡部，从战略上配合其他解放区作战，最终夺取西北解放战争胜利的目的；驻延安的党政机关及群众立即紧急疏散。

中共中央、毛泽东为什么决定必要时主动放弃延安呢？

时任中央书记处办公室主任的师哲在延安保卫战打响后的一天晚上，特地从枣园骑马疾行几十里赶到王家坪去见毛泽东，忧心忡忡地问："毛主席，备战工作到底应该怎样做？一定要疏散吗？可否设法保住延安而不撤退？"

毛泽东点燃了一支烟，转过来微笑着打开了话匣子："你的想法不高明、不高明。不应该拦挡他们进占延安。你知道吗？蒋介石的阿Q精神十足，占领了延安，他就以为自己胜利了。但实际上只要他一占领延安，他就输掉了一切。首先，全国人民以至全世界就都知道了是蒋介石背信弃义，破坏和平，发动内战，祸国殃民，不得人心。这是主要的一面。不过，蒋委员长也有自己的想法：只要一占领延安，他就可以向全国、全世界宣布：'共匪巢穴'共产党总部已被捣毁，现在只留下股'匪'，而他只是在'剿匪'，这样，也就可以挡住外来的干预。不过这只是蒋委员长自己的想法，是他个人的打算，并非公论。但此人的特点就在这里。他只顾想他自己的，而别人在想什么，怎么想的，他一概不管。另外须知，延安既然是一个世界名城，也就是一个沉重的包袱。他既然要背这个包袱，那就让他背上吧。而且话还得说回来，你既然可以打到延安来，我也可以打到南京去。来而不往非礼也嘛。"[①]

对当地的老乡，毛泽东用更通俗的语言解释道："譬如有一个人，背

[①] 师哲口述，李海文著：《在历史巨人身边：师哲回忆录》，九州出版社2014年版，第245—246页。

个很重的包袱，包袱里尽是金银财宝，碰见了个拦路打劫的强盗，要抢他的财宝。这个人该怎么办呢？如果他舍不得暂时扔下包袱，他的手脚很不灵便，跟强盗对打起来，就会打不赢，要是被强盗打死，金银财宝也就丢了。反过来，如果他把包袱一扔，轻装上阵，那就动作灵活，能使出全身武艺跟强盗对拼，不但能把强盗打退，还可能把强盗打死，最后也就保住了金银财宝。我们暂时放弃延安，就是把包袱让给敌人背上，使自己打起仗来更主动，更灵活，这样就能大量消灭敌人，到了一定的时机，再举行反攻，延安就会重新回到我们的手里。"①

对"誓死要保卫延安"在思想上还没有转过弯来的干部、战士、学生，毛泽东说："我们在延安住了十年，动手挖了窑洞，开荒种了小米，学习了马列主义，培养了一大批干部，指挥抗日战争取得了胜利，领导了全国革命。现在中国、外国都知道有个革命圣地——延安。延安不能不保，但保卫延安不能死保。战争不能只限于一城一地的得失，而主要在于消灭敌人的有生力量。存人存地，人地皆失；存地失人，人地皆失。蒋介石打仗争地盘，要延安，要开庆祝会。我们打仗要俘虏他的兵，缴获他的武装，消灭他的有生力量。他打他的，我打我的。大路朝天，各走一边。蒋介石占延安，是搬起石头砸自己的脚。等他背上这个很重的包袱，我们再收拾他，他就倒霉了。等蒋介石算清这笔账，后悔也迟了。"

大兵压境，从容不迫的毛泽东谈笑风生，幽默风趣，睿智过人。

3月14日，延安新华广播电台被迫停止播音，由预先设在瓦窑堡附近的备用电台接替。中央书记处书记刘少奇、朱德、任弼时已经按照计划，于3月12日凌晨离开延安，率领一部分中央机关人员自枣园北上子长县的王家坪。毛泽东和周恩来依然留在延安，搬到王家坪解放军总部办公。他们在防空洞里开会，指挥延安和全国各个战场的作战。至17日清晨，蒋介石共动用100架飞机（占其空军兵力的五分之三）轰炸延安。他们分别从西安、郑州、太原机场起飞，对延安地区狂轰滥炸，投下的炸弹达59吨，延安成为一片火海。

---

① 阎长林：《警卫毛泽东纪事》，吉林人民出版社1992年版，第31页。

3月16日，毛泽东以中共中央军委主席的名义发布《关于边区各部队保卫延安的部署的命令》：敌人"经三天猛烈攻击，突破我第一线阵地，由于我军坚决英勇抵抗，敌伤亡甚大，困难增加，颇疲劳，今后更甚"；"我边区各兵团有坚决保卫延安的任务，必须在三十里铺、松树岭线以南甘泉、南泥湾、金盆湾地区，再抗击十天至两星期（16日至29日），才能取得外线配合粉碎胡军进攻延安的企图"。为了达到这个目的，中央军委决定，特组织由张宗逊、廖汉生指挥的右翼兵团，由王震、罗元发指挥的左翼兵团，新四旅为中央兵团，上述各兵团及边区一切部队自17日起，统归彭德怀、习仲勋指挥。命令称："在防御战斗中疲劳与消耗敌人之后，即可集中五个旅以上打运动战各个歼灭敌人，彻底粉碎敌人的进攻。"

这个仗，具体该怎么打呢？毛泽东发明了一个新战术，而且还取了一个世界战争史上从未有过的奇怪名字——"蘑菇战术"。

毛泽东把刚刚调到延安的新四旅政委黄振堂、副旅长程悦长、团长袁学凯等找到王家坪住处面授机宜。毛泽东告诉他们："我们部队数量和装备都比不上敌人，因此，我们采取的办法是先打弱敌，后打强敌，先打分散孤立的敌人，后打集中强大的敌人。好比你面前有三个敌手，一个强手，两个弱手。你先把两个弱手一一打倒，剩下那一个强的，前后失去了照应，他就孤立了，胆怯了，强手就变成了弱手，一打就能倒。把弱的消灭了，强的也变弱了，把分散的打了，集中的又要分散。我们这次打仗，采用蘑菇战术。你们的任务，是做磨心，牵敌人，磨敌人，使他们疲劳饿饭，再寻机歼灭它。一个月歼灭它几个团，过上一年光景，情况就会好转。"

谈话中，毛泽东再次重申自己准备留在陕北继续战斗。他说："我们在延安住了十几年，都一直是处在和平环境之中，现在一有战争就走，怎么对得起老百姓？所以，我决定和陕北老百姓一起，什么时候打败胡宗南，什么时候再过黄河。我不离开陕北，还有一个理由，现在有几个解放区刚刚夺得主动，如果蒋介石把胡宗南投入别的战场，那里就会增加困难。中央留在这里，蒋介石就会多下些本钱。这样，咱们负担重些，就能把敌人拖住，不让他走，最后还要消灭他。"①

不能不佩服毛泽东！

然而，敌人确实太强大了。面对胡宗南的正面强攻，毛泽东亲自制定的保卫延安的作战部署未能实现。陈谢纵队没有渡河从外线加以配合，边区部队在极端困难的情况下英勇奋战。胡宗南在飞机加大炮的掩护下，从无人山区向延安猛攻，于3月18日早晨逼近延安城郊。

山外炮声隆隆，城内鼓角相闻。敌人已经越来越近了。毛泽东和周恩来仍在王家坪的窑洞中与刚刚从晋绥赶到延安的王震谈话，就撤离延安后的作战方针问题做进一步深入的交流。枪炮声越来越近了。彭德怀和身边工作人员不停地催促、劝说毛泽东早些走，毛泽东笑着说："走这么早干什么？我还想在这里看看敌人究竟是个什么样子。"

就这样，毛泽东、周恩来、彭德怀和王震一直谈到黄昏。随后，毛泽东起身和周恩来、彭德怀一起察看了王家坪的几孔窑洞，叮嘱道："把房子打扫一下，文件不要丢失。"

吃过晚饭，晚上8点钟，撤离的时间到了。毛泽东接见了参加保卫延安的人民解放军部分领导干部，语重心长地说："敌人来了，我们准备给他打扫房子。我军打仗，不在一城一地的得失，而在于消灭敌人的有生力量。存人失地，人地皆存；存地失人，人地皆失。敌人进延安是握着拳头的，他到了延安，就要把拳头伸开，这样就便于我们一个一个地切掉它。要告诉同志们：少则一年，多则二年，我们就要回来，我们要以一个延安换取全中国。"

说完，毛泽东与大家一一握手告别。和彭德怀握手时，毛泽东说："彭大将军啊！辛苦啦，我们撤离后，你就下命令让阻击部队立即撤出阵地。"

"放心吧，老毛！"彭德怀和毛泽东两个人的手握得更紧了。

吉普车的马达已经发动了。在延安窑洞里整整住了十年的毛泽东，和周恩来一起登上汽车，依依不舍地离开了王家坪，告别了延安。

3月19日凌晨，毛泽东、周恩来一行转移到延川县永坪镇西南面的刘

---

① 中共中央文献研究室编：《毛泽东传：1893~1949》，中央文献出版社2013年版，第805—806页。

家渠。这天傍晚,他们从这里出发,于深夜转移到清涧县徐家沟。

这天晚上,毛泽东在转移的路上送别王震将军。他握着王震的手,坚定地说:"我和你们一起坚持在陕北斗争,不打败胡宗南,决不过黄河!"

就在毛泽东刚刚抵达刘家渠的这个早晨,7时许,在洛川胡宗南"前进指挥所"的熊向晖接到了"前指"主任裴昌会的电话,告知整编一六七旅已经占领延安宝塔山,要他告诉胡宗南并问是否立即向蒋介石报捷。胡宗南回答:"不!"8时许,整编九十师到达延安市郊。熊向晖再次向胡宗南做了报告。胡宗南仍然不向蒋介石报捷。这让熊向晖觉得非常奇怪,不知这个矮个子浙江人葫芦里卖的是什么药。10时许,整编一旅进入延安。胡宗南闻讯后大喜,立即亲自拟电向蒋介石报捷,说"整一师之整一旅率先夺取延安"。

电报发出后,熊向晖问胡宗南:"胡先生,这是何故?"

胡宗南哈哈大笑,说:"这是为整一旅恢复名誉。"

原来,去年胡宗南的整一旅在晋南进攻人民解放军的时候被歼灭,旅长被俘。这对胡宗南来说是奇耻大辱。今天,整一旅进入延安,就等于给他洗刷了屈辱。

现在,胡宗南终于终止了自己看小说的"闲情逸致",召集前进指挥所成员开会,研究如何向蒋介石报告战绩。如今,莫斯科四国外长会议还在进行,按照蒋介石的要求迅速夺取延安的任务也按计划在时间内完成,大功告成的胡宗南当然喜上眉梢。他也十分清楚,尽管占领了延安,但歼灭陕北"共匪"的主力任务远未完成。如果谎报战绩,一旦陕北的人民解放军主力出现,他就无法交代。而据裴昌会报告:自发起进攻至占领延安,只打了两个硬仗,人民解放军死伤和被俘人员不超过一千人。如果照实讲,战果平平,也无法向蒋介石交代。

怎么办?胡宗南经过反复推敲,直至这天午后,才通知参谋长盛文,告国民党中央社在3月19日下午4时和5时分别发布两则"急电"。在这两则新闻通稿中,胡宗南竟然公开造假,一方面把他们挑起内战的责任推卸给共产党,一方面谎报战绩。

3月20日，国民党《中央日报》以《国军收复延安，生俘共军一万余人》为题，在头版头条位置刊登了中央社19日下午发布的两则电讯。同时还以胡宗南提出的"解放"作为主题词，配发了题为《国军解放延安》的社论。社论说："国军本无意进攻延安，一直延到本月13日，共军贺龙、陈赓率部12万余人，由陕北出发对西安采钳形攻击的后两天，才决定于迎头痛击之余，更进一步去解放延安"；"共党这一次发动全面攻势，实用以配合莫斯科会议中外人酝酿国际干涉中国内政的外交攻势……政府对于这种出卖国家的第五纵队，自有严厉教训的必要，而最能收教训的效果者，莫过于扫荡延安。"

胡宗南有一个习惯性的毛病，合乎他心意的，他哈哈大笑；道出他心病的，他也哈哈大笑。现在，更让胡宗南哈哈大笑的是，他接到了蒋介石"手启寅马府机电"的贺电："延安如期收复，为党为国雪二十一年之耻辱，得以略慰矣。吾弟苦心努力，赤忱忠勇，天自有以报之也。时阅捷报，无任欣慰。各官兵之有功及死伤者应速详报。至对延安秩序，应速图恢复，特别注意其原有残余及来归民众与俘虏之组训慰藉，能使之对共匪压迫欺骗之禽兽行为，尽情暴露与彻底觉悟。10日后，中外记者必来延安参观，届时使之有所表现，总使共匪之虚伪宣传完全暴露也。最好对其所有制度，地方组织，暂维其旧，而使就地民众能自动革除，故于民众之救护与领导，必须尽其全力，俾其领略中央实为其解放之救星也。"

同样是在3月20日这一天，延安新华广播电台改名为陕北新华广播电台。在收到蒋介石贺电的同时，胡宗南也从收音机里收到了共产党送来的"礼物"——

新华社延安20日电 卖国贼蒋介石进攻民主圣地延安，经我陕甘宁边区军民坚强抗击，予以重大杀伤，19日我人民解放军任务已达，撤出延安……蒋介石使用于第一线的部队达九个整编师，十三个整编旅，把胡宗南所有的主力都集中起来，企图以突然袭击占领延安，打击伟大的中国共产党的首脑机关。蒋介石这次进攻延安的政治目的，显然是对其内部振奋消沉已极之士气，和在国民党三中全会上替其党内主战派壮胆；在国际上则配合美帝国主义的"大棒"政策和使马歇尔在莫斯科外长会议中渡过难关。我人民解放军的战略向来不死守一城一池，而以歼灭敌人有生力量为目的。此次保卫延安则着重于破坏其突然袭击，保证首脑机关的安全转移。现在可以宣告于世人者，就是此项目的已经完满达成，而蒋介石企图在3月10日以前窜抵延安的计划，已被打破。中国共产党中央机关完好无损，并且仍留陕北指导全国的爱国自卫战争。①

新华社发布的这则电讯，的确令胡宗南忧心忡忡。因为它发布的地点竟然依然在延安，并称中共中央仍留在陕北。

3月24日凌晨，"西北王"胡宗南身穿普通士兵灰布棉军服，在机要秘书熊向晖和一名卫士的陪同下，乘吉普车北上，于中午抵达延安。先期抵达的幕僚已经为他安排的行辕是延安最好的房子——边区交际处。小心谨慎的他，考虑此处不够隐蔽和安全，就选定在边区银行的窑洞居住、办公。

3月25日早晨，胡宗南在熊向晖的陪同下，由一名先遣人员引导，先后看了王家坪、杨家岭、枣园的毛泽东、周恩来、朱德等人的住处。胡宗南看得非常认真仔细。在枣园毛泽东住过的窑洞里，胡宗南打开窑洞桌屉，发现里面有一张纸条，上面写着一行字："胡宗南到延安，势成骑虎。进又不能进，退又退不得。奈何！奈何！"他拿起来小声念了一遍，然后哈哈大笑，把纸条揉捻得粉碎。

也就在3月25日这一天，毛泽东又送给胡宗南一份厚礼——他的精锐部队整编三十一旅在青化砭被彭德怀、习仲勋指挥的西北野战兵团歼灭，旅长李纪云被俘。胡宗南依然每天坚持阅看新华社发布的消息，收听陕北新华广播电台的新闻广播。这一天，他听到了共产党的捷报："人民解放军总部新闻发言人指出，这一歼灭战有三个特点：第一是快，从战斗开始到结束，只用了两个钟头；第二是干净彻底，该部敌人自旅长到士兵，没有

---

① 熊向晖：《我的情报与外交生涯》，中共党史出版社1999年版，第52页。

一个逃脱；第三，敌我伤亡是二十比一。综合以上三点，堪称模范战例。此次歼灭战距我军撤出延安仅六天。"胡宗南本想命令知情者保密，不外传、不上报，但共产党新华社发布的消息中地点、番号、人数完全正确，他无可奈何地授权前进指挥部的裴昌会：报不报、怎么报、报给谁，由他们酌定，自己不再过问。

更令人啼笑皆非的是，还是在3月25日这一天，国民党《中央日报》再次发布新闻，公开造谣说毛泽东、周恩来等"已迁佳木斯，或已潜逃出国"。实际上，这一天，毛泽东率领中共中央领导机关转移至子长县王家坪，与先期到达这里的朱德、刘少奇、周恩来、任弼时会合。在这里，毛泽东从任弼时那里听到了年仅15岁的山西文水县云周西村妇救会秘书、中共候补党员刘胡兰英勇就义的故事，深受感动，挥笔写下了"生的伟大，死的光荣"八个大字。

就在国民党《中央日报》发布假新闻的同时，胡宗南也在忙着在延安制造"假新闻"。按照蒋介石"三分军事，七分政治"的意见，中外记者马上就要来延安参观采访，大力报道胡宗南"解放"延安的事迹。"前进指挥所"政治部主任王超凡向胡宗南报告说："为显示共军被击毙，已造了一些假坟，立了一些真碑。但被俘共军人数少，包括伤兵只有几十个人，他们思想顽固。为此已向城防部队整二十七师选调几百名官兵，穿杂色服装，冒充共军俘虏，经几天训练，可应记者提问。"对此，胡宗南十分不满意，道貌岸然地说："接待记者工作要做好，我不赞成弄虚作假，但为了革命，不得已而为之。凡事要有重点，作假也要有重点。"胡宗南要王超凡选两个人装作人民解放军的团长，选一个人装成旅长，要装得像，这是重点，先做好准备，他将亲自查问。

4月4日，由国内外39家报馆、通讯社的中外记者55人组成的代表团，乘专机抵达延安。按照胡宗南的指示，他重点查问了一个会演戏的湖南人装扮的被俘"共军"旅长。谁知，这人一见胡宗南，立正、敬礼，点头哈腰。胡宗南没问几句，就十分恼火地离开了。

胡宗南把王超凡带到自己在边区银行的住处，严厉批评道："你根本不懂革命，选的人就像绵羊一样，满口国民党腔调，一问就露出了马脚，根本不像共产党，更不像共产党的旅长。共产党的旅长态度应该强硬，讲话要骂娘。"

"胡先生，您早就有指示，说不要骂娘。"王超凡感到十分委屈。

"不是要他骂他们，是要他骂我们，骂得越凶才越像，越往上骂才越像。"胡宗南气得脸色发青，转身对熊向晖说，"他不在行，你去当导演。"

熊向晖不好推辞，就领着王超凡来到自己的窑洞，对他说："胡先生指示的关键是，越往上骂才越像，他不好说透，意思就是骂国民党、骂总裁。要我导演，得有个条件。"

"什么条件？你说吧。"

"此事你知，我知，那个'旅长'知，传出去对胡先生不利，对革命不利。你同意，我才干。"

"行，你要怎么办就怎么办。"

于是，王超凡把那个扮演解放军的"旅长"找来，熊向晖告诉他说："胡先生对你的表现不满意，你在西安'战时干部训练团第四团'受过训练，一定听过胡先生的精神讲话，'被俘不屈''宁死不投降'。你又演过戏，要合乎共军旅长的身份，态度就要强硬，姓名职务不要自己讲，不要有问必答，要用共产党的语气，把总裁叫作蒋介石，骂蒋介石是卖国贼，骂国民党是刮民党。"

"我不敢。"那位"旅长"哆哆嗦嗦地回答。

王超凡急了，厉声说道："必须服从命令，如果你听话，现在就按旅长标准开伙食，做得好，升你的官，但是你要是说出去是谁布置的，就砍你的脑袋。"

"是，是。"

一切安排妥当后，熊向晖又交代了几句，让他装上胡子，并要王超凡安排这位"旅长"在一间较暗的屋子里见记者，防止露出马脚。

中外记者团来了，这位"旅长"顺利过关。且看当时《中央日报》记者龚迭舞在延安采访这位"旅长"的报道："屋子里住的是中共一个旅的副司令员，胖胖的，腮下黑黑的，是二十天来没有'清算'过的胡子。他不愿讲话。讲起话来却是一大堆硬派的名词：'斗争'、'消灭国民党军'、'你们阵地战,我们就运动战','你打进我们延安,我们也可以打下你们西安'。当记者向他透露瓦窑堡已被国军克服的消息时,仍是摇头喷鼻,表示不相信这是事实。"①

胡宗南制造"假新闻"骗过了中外记者,也瞒过了蒋介石,同时也不忘兴高采烈地庆祝一番,给记者们的采访增添一笔亮色。留守西安的第一战区参谋长盛文也随同中外记者采访团来到延安,带来了蒋介石颁给"解放"延安有功将领的勋章。胡宗南获"二等大绶云麾"勋章,裴昌会、盛文、薛敏泉、董钊、刘戡及有功师、旅、团长分获三、四等"云麾勋章"或一、二、三等"干城勋章"。胡宗南命令盛文,在延安机场举行阅兵典礼,在边区礼堂组织讲述占领延安作战经过,并答记者问。胡宗南本人只接见了记者团团长沈昌焕和《大公报》记者周榆瑞。

当胡宗南在延安举行阅兵典礼的时候,毛泽东其实并没有走远。

3月27日,就中共中央和解放军总部留在陕北的问题,毛泽东在同刘少奇、周恩来等人交换意见后,致电晋绥的贺龙、李井泉并告彭德怀、习仲勋:"中央率数百人在陕北不动,这里人民、地势均好,甚为安全。目前主要敌人是胡宗南,只要打破此敌即可改变局面,而打破此敌是可能的。"

3月28日,中共中央在子长县的王家坪正式决定留在陕北。毛泽东、朱德、刘少奇、任弼时则率领中共中央机关在29日凌晨抵达清涧县北部石咀驿附近的枣林沟。

一下车,毛泽东一行连觉都顾不上睡,就继续开会,讨论中央机关的行动问题。在这次会议上,发生了激烈的争论。任弼时主张党中央离开陕北,迁往更加安全的解放区。而毛泽东坚决不同意,反复阐述党中央留在陕北的必要和意义。

中共中央和解放军总部向何处去?这是一件举世瞩目关系全局的大事。这也确实是一次重大的决策。各解放区军民都非常关心中共中央的去向和前途,也都在为党中央和毛泽东的安全担心。任弼时主张离开陕北的

---

① 熊向晖:《我的情报与外交生涯》,中共党史出版社1999年版,第51—52页。

建议，不能说没有道理，也是许多中央高级干部的普遍心声。不得不承认，在三面临敌且兵力悬殊的情况下，中共中央和毛泽东留在陕北确实带有极大的"冒险性"，而且后来确实两次遇到了危险。"明知山有虎，偏向虎山行。"毛泽东确实在下一步"险棋"。

然而，毛泽东透过现象看到了问题的本质。在他看来，蒋介石妄图一举消灭中共中央，消灭不成便赶过黄河，迫使中共中央离开陕甘宁边区，从而在政治上打击中国共产党。正是从革命的全局出发，从整个战略上考虑，毛泽东坚持中央在撤离延安后必须留在陕甘宁边区。之所以下这步"险棋"，毛泽东有两点考虑：一是在政治上，不但使蒋介石的计划破产，灭了敌人的威风，而且对各解放区军民和全国人民，尤其是处在患难之中的陕甘宁边区人民，是一个极大的鼓舞，长了自己的志气，同时也让全世界都看到中国共产党是不可征服的。二是在军事上，中共中央、毛泽东留在陕北，必然要牵制住蒋介石的最后一张王牌——胡宗南的二十几万大军，使其不能东调来进攻东北，从而为粉碎蒋介石的重点进攻并为以后从战略防御转入战略进攻创造极其有利的条件。

毛泽东力排众议，坚持要把中共中央留在陕北，这确实是一个了不起的伟大战略部署，不仅是他人生历史辉煌篇章中的"得意之笔"，也是中国革命征程中的"得意之作"。

经过长时间的热烈讨论，枣林沟会议最后决定：中共中央、中央军委仍然留在陕甘宁边区，中央书记处的多数同志，即毛泽东、周恩来、任弼时留在陕北，主持中央和人民解放军总部的工作；同时，为着工作上的便利，刘少奇、朱德过黄河，组织中央工作委员会，前往晋西北或其他适当地点进行中央委托之工作。留在陕北的中央机关、解放军总部工作人员以及警卫部队，共八百人，统归"直属司令部"指挥，毛泽东笑称它为"八百人的国家"。除警卫人员之外，所有工作人员分成四个大队，一大队为作战部门，二大队是中央机要部门，三大队是军委通信部门，四大队是新闻部门（新华社工作队）。

也就是在这次会议上，毛泽东化名李得胜，周恩来化名胡必成。从"得胜"和"必成"这两个意味深长且意义非凡的名字上就可以看出，毛泽东和周恩来对解放战争必胜、中国革命必成的雄心和信心。

随后，在4月11日，中共中央根据当前的战争形势，发出了《中共中央关于中央工作机构分为三部分及其人员分配的通知》，决定："朱、刘先至晋察冀指导工作一时期，董（必武）经五台即转太行参加财经会议，准备担任华北财经办事处主任。"同时决定："中央及军委大部工作机构，暂留晋西北，组织以叶（剑英）为书记、杨（尚昆）为后方支队司令的后方委员会……"

中共中央兵分三路，是在战争年代做出的一种特殊安排，既保证了中央最高指挥机构的高效运作，又保证了中央高层的安全。我们不妨看一看这三个机构的人员名单：

一、中共中央

毛泽东、周恩来、任弼时

二、中央工委

书 记：刘少奇

副书记：朱 德

常 委：董必武（后加彭真、康生）

委 员：陈伯达 邓颖超（全国土地会议后留工委）

秘书长：安子文（后加伍云甫）

三、中央后委

书 记：叶剑英

副书记：杨尚昆

常 委：罗 迈（李维汉） 李克农 邓颖超（前在工委）

委 员：李 涛 戴镜元 王 诤 帅孟奇

秘书长：杨尚昆（兼）

此时，作为西北野战军司令员的彭德怀，最为关心的就是中共中央和毛泽东的去向。因为中央和毛泽东留在陕北，他不但要消灭十倍于己的敌人，而且还要负责保卫中央和毛泽东的安全。毛泽东非常了解彭德怀的心情，3月27日在离开王家坪时他就电告彭老总："中央决定在陕北不走。"28

日，为了部署中央后方机关的工作，也为了有意迷惑敌人造成党中央东渡黄河的假象，以掩护毛泽东在陕北向安全地带转移，周恩来从王家坪过了黄河到达晋西北，还特意在群众场合公开露面。枣林沟会议一结束，毛泽东立即电告彭德怀、习仲勋："我们昨夜移至绥德以南地区，为迷惑敌人之目的，先向东移，下一步则准备向西移。"

3月31日，刘少奇和朱德东渡黄河，前往晋绥解放区。毛泽东和任弼时率领中央机关离开枣林沟，经田庄，转移至子洲县邱家坪。到达田庄的时候，是夜间。大家以为要向东走，过黄河，不料毛泽东命令队伍在深夜悄悄地向西走。第二天凌晨，大家看见毛泽东挂着柳条棍走在队伍的最前面，既没有乘车，也没有骑马，而是背着太阳往西走，无不感到奇怪，有人甚至怀疑是不是走错路了。

这天下午，任弼时召集各大队负责人召开了第一次会议，正式宣布党中央、毛泽东留在陕北，由中央机关组成的中央纵队代号为"昆仑纵队"随即成立，由任弼时担任司令（代号史林），陆定一任政委（代号郑位），参谋长为叶子龙，副参谋长为汪东兴。

人们一定还记得，在江西井冈山的时候，王明、李德这些共产国际的"传声筒"们讽刺毛泽东"山沟沟里出不了马克思主义"。现在，在陕北的山沟沟里，中共中央和毛泽东能够做些什么，又是如何做的呢？

毛泽东的回答是：中央留在陕北靠文武两条线指挥全国的革命斗争。武的一条线是通过电台指挥打仗，文的一条线是通过新华社指导舆论。

能打仗不用说，关键是如何多打胜仗。这是在山沟沟里转战的毛泽东最关心的事情。3月25日的青化砭战役，彭德怀、习仲勋全歼了胡宗南的整编三十一旅，打了中共中央撤离延安的第一个大胜仗。这一仗，一下子扫除了人们心头的雾霾，对解放军能否以弱胜强、党中央留在陕北是否安全的担心和怀疑做了很好的回答，振奋了士气民心，可谓是为中共中央留在陕北举行了"奠基礼"。为此，毛泽东在26日打电报给彭德怀、习仲勋："庆祝你们歼灭了三十一旅主力之胜利。此战意义重大，望对全体指战员传令嘉奖。"

在山沟沟里，无论队伍走到哪里，毛泽东到了宿营地的第一件事，就是要求部队立即架设电台，一方面抄收各战场上来的电报，一方面拍发毛泽东起草的给各战场的电报。到了1947年4月，全国各战场形势已经发生了很大变化。蒋介石在冀鲁豫和晋南两个战场已处于完全的劣势，在晋察冀与东北两个战场上已经开始变为劣势。东北民主联军在4月3日完成了"三下江南，四保临江"战役，晋察冀部队在4月9日发起了正太战役，晋南攻势也继续发展，连克霍县、芮城等20余城并控制禹门口、风陵渡两个重要黄河渡口。

对于蒋介石的收缩和集中兵力的所谓重点进攻，毛泽东曾经打着手势形象地比喻说："蒋介石两个拳头（指陕北和山东）这么一伸，他的胸膛（指中原）就露出来了。所以，我们的战略就是要把这两个拳头紧紧拖住，对准他的胸膛插上一刀！这一刀就是我刘邓大军挺进中原。"毛泽东是战争艺术的大师，也是语言艺术的大师。这个形象的比喻生动地反映了他在撤离延安前后逐步形成的战略构思和战略部署，也一下子让解放区人民和解放军将士看明白了。

4月10日，毛泽东和任弼时在靖边县青阳岔与周恩来会合。这一天，他在修改新华社社论稿《中国人民伟大斗争的二十年（为四·一二惨案二十周年纪念作）》时，加写了一段话："过去的二十年是中国人民伟大斗争的二十年。这个斗争快要结束了，这就是蒋介石反动统治的灭亡。因为蒋介石要灭亡中国人民，因此中国人民必须团结起来灭亡蒋介石。"[1]这是抗日战争胜利后，毛泽东第一次号召灭亡蒋介石反动统治。

4月12日下午，毛泽东、周恩来、任弼时转移到靖边县王家湾。在这里，毛泽东停留了56天。"昆仑纵队"从此改名"三支队"。此前一天，毛泽东致电彭德怀、习仲勋："清涧之二十四旅一个团本日调赴瓦窑堡。该团到瓦后，一三五旅很可能调动，或往安塞，或往蟠龙，望注意侦察，并准备乘该旅移动途中伏歼之。"

在青化砭战役后，胡宗南才发现西北人民解放军主力在延安东北山区，立刻部署部队转向延川、清涧挺进，准备"先切断黄河各渡口，尔

---

[1] 中共中央文献研究室编：《毛泽东年谱：1893~1949》修订本下卷，中央文献出版社2013年版，第181页。

后向左旋包围匪军于瓦窑堡附近而歼灭之"。毛泽东准确分析了胡宗南的这个动机,认为现在关键是"不怕胡军北进,只怕胡军不北进",只要胡宗南北进钻入延安、子长、清涧、延川之间的山沟沟,解放军就可以发挥自己隐蔽精干、灵活机动的特长,利用有利地形和群众基础,饥疲饿困敌人,然后寻机各个歼灭。

毛泽东还有言在先,要彭德怀放手打仗,不要因为中央的安全而有后顾之忧。根据毛泽东的这个意图,彭德怀用小股部队不即不离地吸引敌人在千山万壑中兜圈子,上坡下坎,睡野地,啃干粮,历时12天,行程400多里,致胡宗南的部队人困马乏,一无所获。正如毛泽东在一份电报中所形容的那样:敌军"以十个旅组成横直四五十里左右之方阵,不敢走大路,专走小路,攻安塞,攻两延,攻瓦窑堡,到处扑空,现已显现疲困,逃亡颇多。我军仍在待机击敌"。

4月14日上午10时,胡宗南整编一三五旅南下进入羊马河以北高地,早已在此设伏的西北野战军迅速将其包围,激战8小时,俘获少将代旅长麦宗禹,全歼该旅4700余人,取得了撤离延安后的第二个胜利。

当胡宗南的整编一三五旅被彭德怀的西北野战军全歼的时候,蒋介石安排的中外记者团还没有结束延安的采访行程。依然沉浸在授勋、阅兵等热闹喜庆氛围中的胡宗南,强作笑颜,只字不提。幸亏新华社手下留情,没有在第一时间发布羊马河战役胜利的消息,而是在中外记者团离开延安后才发出电讯,这多多少少给胡宗南留了脸面。

4月17日,新华社发布了"陕北前线17日急电",报道了羊马河战役大捷。对三天前的败仗,胡宗南似乎也不太在意了,反而特别关注同一天新华社播发的社论《战局的转折点——评蒋军一三五旅被歼》。社论说:"一三五旅的歼灭,标志着胡宗南从此走下坡路","胡军每次进攻,全军轻装,携带干粮,布成横直三四十里的方阵,只走山顶,不走大路,天天行军,夜夜露营,每日前进二三十里。据俘虏讲:这是所谓国防部指导的新战术";"又据俘虏讲:胡宗南又新发明了所谓'钻隙战术',遇到我军,绕道而过,以求迅速。这实际上就是不打仗只走路的战术";"胡军所集中的主力像瞎子一样,只能到处扑空,白天武装大游行,晚上几万人集中大露营";"由于粮食缺乏,将士疲劳,减员异常巨大。据俘虏供:胡军每天只吃一顿稀饭,一顿干饭";"在陕甘宁边区军民方面,情形就完全相反。游击战争很快发展,人民解放军的战斗力很快提高,军民团结很快加强,歼灭敌人有生力量的作战方法,很快被领会,因而愈战愈强"。"一三五旅的全部歼灭"是"西北战局的转折点,同时也是全国战局的转折点",因为"胡宗南军是蒋介石的最后一张王牌"。

胡宗南不会想到,在这篇社论发表前,毛泽东在最后又亲笔增加了如下两段话:"可以预计,四月开始两三个月内,蒋军将由攻势转变为守势,人民解放军将由守势转变为攻势";"历史事迹的发展表现得如此出人意料,蒋介石占领延安将标志着蒋介石的灭亡,人民解放军的放弃延安将标志着中国人民的胜利。"①

青化砭战役和羊马河战役,连连战败,盛文就建议胡宗南放弃延安。然而,胡宗南已经骑虎难下,觉得放弃延安走得太远,对国内外观瞻影响太大,蒋介石肯定不会同意。怎么办?最后经反复商量,胡宗南筹划了一个方案,借口陕北地形复杂,部队不易展开,又不能就地取粮,后方补给艰难,而解放军时聚时散,不知其主力所在,难以"围剿",为此准备仿效李鸿章"剿捻"办法,以主力守延安,将宁夏和青海的二马兵力推进至陇东要地,北依邓宝珊在榆林的据点,东以黄河为障,迫解放军就范。

胡宗南想好这个计划后,准备在5月初亲自飞赴南京向蒋介石报告。谁知,还未启程,5月4日又传来新的消息——他的整编一六七旅在蟠龙镇被彭德怀的野战军歼灭,旅长李昆岗被俘。

5月8日,胡宗南在延安收听到了陕北新华广播电台播发的新华社社论《评蟠龙胡军被歼》,其中有一段讥讽他的顺口溜,让他按捺不住怒火又无可奈何地哈哈大笑——"胡蛮胡蛮不中用,延榆公路打不通,丢下蟠龙去绥德,一趟游行两头空,官兵六千当俘虏,九个半旅像狗熊,害得榆林邓宝珊,不上不下半空中。"

5月12日,新华社再次发表社论,点名道姓地批评胡宗南,标题更是

---

① 中共中央文献研究室编:《毛泽东年谱:1893~1949》修订本下卷,中央文献出版社2013年版,第183页。

罕见地臭骂他是《志大才疏阴险虚伪的胡宗南》。社论说："蒋介石最后一张王牌，现在在陕北卡着了，进又进不得，退又退不得，胡宗南现在是骑上老虎背"；"事实证明，蒋介石所依靠的胡宗南，实际上是一个'志大才疏'的饭桶"；"胡宗南'西北王'的幻梦必将破灭在西北，命运注定这位野心十足，志大才疏，阴险虚伪的常败将军，其一生劣迹必在这次的军事冒险中得到清算，而且这也正是蒋介石法西斯统治将要死灭的象征。"看完新华社的社论，胡宗南这次再也哈哈大笑不起来了，而是脸色气得发青，愤怒地拍了桌子，震倒的茶杯摔到地上，碎了。

其实，这篇社论是周恩来把新华社的同志叫到王家湾，亲自口授的。毛泽东也从收音机里听到了陕北新华广播电台的这篇广播，感到非常高兴，连声夸女播音员讲得好！因此，他提议要开一个庆祝会，决定派周恩来、陆定一到真武洞（今安塞县城）去，代表他和朱德总司令"慰问全军将士并致祝贺之忱"。

5月14日晚上，胡宗南的军事谍报头目刘庆曾派人送来一份特急情报，说：今日，周恩来在真武洞公开露面，出席陕甘宁边区军民庆祝青化砭、羊马河、蟠龙镇"三战三捷"五万人参加的祝捷大会。会上，周恩来公开庄严宣布："党中央、毛主席仍然留在陕北！"

看到这份情报，熊向晖赶紧打电话给刘庆曾核实："这是真的吗？"

"千真万确。"刘庆曾说。

听到党中央和毛主席还在陕北，熊向晖心中不禁暗暗吃惊和佩服。当他怀着激动的心情把这一重要情报告诉胡宗南时，胡宗南反而比他更加平静，既没有提问题，也没有谈意见，一声不响地坐在沙发上。熊向晖悄悄地退出来，他发现胡宗南的两只眼睛好像失去了昔日的光彩。如果用四个字形容，那就是气急败坏。

在随后的几天，胡宗南不再收听陕北新华广播电台的广播，也不再阅看抄录的新华社发布的新闻和社论，开始变得沉默不语，总是一个人把手揣在裤袋里，在边区银行窑洞前的小院里踱来踱去。毛泽东、周恩来就近在咫尺，他"龟缩延安只守不攻"的方案泡汤了。

两天后，山东战场也传来了惊人的消息——5月16日，华东野战军陈粟大军在沂蒙山区之孟良崮，全歼蒋介石五大主力之一的"王牌师"——整编第七十四师全部及八十三师一部共3.2万余人，击毙蒋介石的得意门生七十四师师长张灵甫。孟良崮大捷标志着山东战局的转变，敌人被迫停止进攻，人民解放军开始夺得战争的主动权。从此，蒋介石的"两只手"被紧紧地捆住了。

5月20日，胡宗南突然对熊向晖说："我这里没有什么事了，你还是去美国读书吧，明天一早就走。"熊向晖站在他的面前，不知该说什么才好。临行前，他向胡宗南告辞，胡宗南也只是伸出手来轻轻地握了一下，什么也没说。

从此，熊向晖和胡宗南再也没有见过面。胡宗南或许一辈子也不知道，他身边的机要秘书竟然是共产党员；或许知道了，这个死要面子的人也不敢公开，这种丢脸的事情怎么向蒋介石交代呢？痛骂一顿或许都解决不了问题。难怪毛泽东曾经对周恩来说：熊向晖一个人"顶得几个师"。

——胡宗南垮了。此时此刻，胡宗南或许终于明白毛泽东在枣园窑洞桌屉中给他留下的那张纸条的真正含义。1949年美国政府发表的《白皮书》曾对这段历史有过这样的评述："攻占延安曾经被宣扬为一个伟大的胜利，实则是一个既浪费又空虚的、华而不实的胜利。"

5月25日，胡宗南飞赴南京见蒋介石，27日返回西安，28日在西安南郊王曲张学良的原住所悄悄地结了婚。婚前一天，他才报告蒋介石。婚宴上，胡宗南也只邀请了盛文等8个亲信。婚后三天，年已52岁的胡宗南就与新婚的妻子分袂去了延安。一年后的1948年3月27日，在蒋管区上海出版的《观察》周刊，发表了一篇题为《现阶段的战局总检讨》，对胡宗南在这个阶段的表现作出了如下论述，今日读来也很有趣味。历史给胡宗南开了一个滑稽的玩笑——

> 胡宗南这个神秘的不娶将军，居然因为延安攻下，素志得偿而结婚了（抗战胜利时他并没有结婚）。他该是如何兴奋高兴，以为西北可以稍安了，十年戎守自此可以稍松一口气，哪晓得当时就有晋南富饶之区的易手，山西人讽刺他是以一只肥牛换来了

几条鸡肋。中共中央始终没有离开陕北，新华广播电台还在那里呼喊……

3
"天下为公，地上为私。"蒋介石被他所宣布为敌人的力量所包围

从1947年的夏天开始，蒋介石的日子开始不好过了。

蒋介石的日子不好过，国民党军队的日子也不好过。就在这个夏天的一个上午10时30分，400多名中央训练团的将官们分乘卡车一起来到了南京中山陵，整齐列队站在博爱坊前，向革命先驱孙中山哭诉，来要一碗饭吃。

400多名国民党将军没饭吃，岂不是天大的笑话?!

这简直是打蒋介石的脸！

集体前来哭陵的总指挥是黄埔一期生黄鹤将军。站在队列前，黄鹤一脸严肃，悲愤地说："今天我们不是谒陵，是哭陵。为了我们的国家、我们的同胞，我们要大哭，一哭、二哭、三哭！现在我们的政府对我们一千多个将官不加理睬，简直要断绝我们的生路，我们也是一个人，我们要求活着的时候有一碗饭吃，死的时候有一块板！"

说完，黄鹤转身带领大家，一步一步走上台阶到中山陵前献花献祭，诵读祭文："今白骨成狱，碧血为渊；嫠妇夜泣，羁魂不昧，皆莫非为主义之实现及民族之复光，借知国运维新，大敌扫除，宪法颁行，飞鸟尽兮良弓弃，训政结束兮还民，军人之职责已尽？……念及先烈之血迹未干，遗族之孤寡谁矜？成仁者固死得其所，成功者也应返归故里……"念到这里，400名国民党将官放声大哭，最后大家一起高呼："打倒贪官污吏！"

参加这天哭陵的，还有三个月前刚刚病逝的第十军一九〇师副师长陈天民的太太和5个孩子。陈天民在长沙会战中荣立过战功，死后4天却因家贫无法买棺入土，全体受训学员每人捐6000元办理后事。可是物价飞涨，买一担米就得费资50万元，每人6000元只能是杯水车薪了。参加哭陵的还有一位53岁的老华侨奚泽。奚泽早年是华侨富商，参加同盟会追随孙中山革命时，曾变卖家产，得银170万两，捐献给革命。他后来在一个集团军里任参谋长，因年老体衰，不善理财，家境窘迫，举家挨饿，太太留书"今生不能见面了"，径去自杀。不堪刺激，奚泽这天竟在陵前晕厥。

国民党蒋介石发动全面内战后，国民政府军费开支越来越大，以致收入远远不敷支出。1946年全年支出法币8至10亿元，但收入仅为2亿元；1947年全年支出法币100万亿元，但收入只有13万亿元，赤字高达90%。怎么办？国民政府只好靠印钞票过日子，财政部在上海的5家印钞厂几十台机器24小时不停机，但依然不够用，只好借美国、英国的印钞厂印刷后空运回国。后来，蒋介石索性印刷10万元一张的大钞，像雪花一样飞入市场。

恶性通货膨胀的结果，就是使国民党统治区的物价，像断了线的风筝飞入云霄，就连蒋介石的行政院院长张群，也不得不承认物价的飞涨宛如"脱缰之马"。美联社当时有个统计，以抗战前夜的物价为标准，到1947年7月，上涨了6万倍，年底更达到145万倍；法币100元，在1937年能买两头牛，1938年只能买一头牛，1941年能买一头猪，1943年能买一只鸡，1945年能买一条鱼，1946年能买一个鸡蛋，到1947年只能买1/3盒洋火。1947年一年，物价普遍上涨了20倍左右，有的更涨到30倍以上。以上海的米价为例，1月初每担价格为6万元，6月便涨到50万元，12月中旬更上窜到110多万元。市民买米，要用成捆的钞票。这一年，国统区发生了6次大涨风。

1947年6月，上海有新闻报道说，法币1万元仅值港币2元4角，但冥钞1万元钞票的卖价是港币4元8角。很多居民敬祖烧纸，就干脆用比冥钞便宜得多的法币来代替。国民党统治区物价一日数涨，弄得人民痛苦不堪，有时一觉醒来，物价就涨了十几倍。人们对法币产生了极度的憎恨，一到手就像接到蒋介石政府的"传票"一样恐怖，赶快设法买些物品存积起来，稍一耽搁就会贬值。有人形容物价的飞涨说："发了工资往外跑，过了马路跳三跳。"一个工人的收入，不够买一担米，不够养活两个人，许许多多的工人只好在吃光、当光、卖光的悲惨情况下，在饥饿线上挣扎。

当时，有两首民歌唱出了挣扎在饥饿线上的人民的心声。一首歌唱道："物价旋头风，来势汹汹，吹上半天；怕你不嶙峋，饿倒街中。操纵获奇功，大显神通，笑了富家翁，但见他算盘在握，成竹在胸！"还有一首歌谣唱道："薪水是个大活宝，想和物价来赛跑，物价一天一上涨，薪水半年赶不到。赶不到呀赶不到，公教人员怎开交？这个日子天知道，怎么能够过得了？年老的爹娘要活命，小小的孩子要温饱，自己突然得了病，那时有谁来照料？过不了啊吃不消，竟有人旁哈哈笑。可恨可恨又可恼，这样的日子要改造！"

这样的日子怎么能不改造呢？

在通货膨胀的打击下，在美货的大量倾销和"四大家族"的压制下，中国本土的工业企业大量倒闭，民族工商业日趋破产。在上海，当时的纺织厂如"中国""泰记""勤益""华安""华丰"和大伦毛皮厂、新大织造厂、源通绸厂都相继倒闭。在天津，原有大小工厂5000家，1947年保持全部开工的仅占1%，15%陷入半停工状态。在四川，中小工厂1200家，80%关了门。工厂的纷纷倒闭，使大量工人因此而失业。1946年下半年，仅北平、上海、南京三地，失业和无业人员即高达260万人。到1947年，仅上海一地失业、半失业人数，骤增到近200万人。那时，国统区人民群众口口流传着这样一个段子："有条（指金条）有理，无法（指法币）无天。"还有人为当时失业工人写了一副对联，上联曰："日日了日，日日不了，愁何日能了不了日，"下联曰："年年过年，年年难过，想哪年无过难过年。"在国统区的农村，农民负担的田赋也成倍增长，各种苛捐杂税，更是名目繁多。1946年9月16日的南京《大道报》报道说，浙江绍兴县的非法摊派达276种。四川农民缴纳的捐税多达一百几十种。东北流传着一首民谣说："中央来了上税，骑警队来了开柜。"湖南老百姓送给国民党"挺进队"一副嘲讽的对联："挺鱼挺肉挺鸡婆正当道理，进金进银进法币义不容辞。"

这样的日子叫老百姓如何能活下去！

哪里有压迫，哪里就有反抗。

严重的经济危机，把各阶层人民推上了饥饿和死亡的绝路，迫使他们不得不团结起来，为生存而斗争。

1947年年初，上海三区百货业工会根据广大职工的要求，开展"爱用国货，抵制美货"运动。他们利用纪念中国国货公司成立十四周年之机，举办座谈会，目的是发动群众，并通过会刊《百货职工》开展"爱用国货，抵制美货"的宣传。2月5日，他们成立了"爱用国货抵制美货筹备委员会"（简称"爱抵会"）。9日，"爱抵会"召开成立大会，邀请郭沫若、邓初民等到会演讲。国民党特务们手执凶器，逢人便打，破坏会场，永安公司职工梁仁达遭特务暴行伤重身死。

高压政策激起了更大的反抗。1947年4月，京沪铁路工人3000多人，全部"卧轨罢工"，使得这一主要动脉陷于瘫痪。5月，上海工人展开要求解冻生活指数的反饥饿运动，电信局职工又进行"饿工"斗争，提出"物价高，收入少，吃不饱，做不动"的响亮口号。参加这些斗争的前后达50万人。在斗争中，工人们响亮地提出"内战不停，我们的任务一天没有完"；电信局工人还提出"内战不停，电话不灵"的口号。这年3月至8月，还有38个城市的贫民掀起了抢米风潮，参加人数达17万，其中包括国民政府的首都南京、全国第一商埠上海、华北军政中心故都北平，以及鱼米之乡的杭州、无锡、芜湖、成都等地，酿成了一系列的流血惨剧。因此，当时有人还编了一首反内战的"四字经"：

八年抗战，一旦光明；可是不幸，内战降临！
抛头流血，直到如今。东北烽烟，遍地饥馑，
束手待毙，三千万人。四项诺言，没有下文，
政治协商，更等于零。工业崩溃，厂家关门；
工友失业，告贷无门。美国货物，市面盈盈，
官僚买办，笑脸相迎；民族工业，大喊救命！
关税主权，交与外人；门户开放，内河航行。
原因何在？内战残忍！半月休战，进兵不停，
表面敷衍，实际野心。好战老爷，哪里肯行！
人民呼声，充耳不闻。长此以往，中国何存！
亡国灭种，歧途已临！全国同胞，不能再忍，

团结起来！救国图存！人民力量，制止内争！
从此停戈，永久和平，同胞安乐，建设竞争。
促进民主，和平安宁！

随之，上海工人的反抗从游行、请愿、抗议、呼吁，迅速发展成大规模的格斗，形成全市性的反蒋群众运动。随后，天津、北平、武汉、杭州、宁波、青岛、济南、唐山、广州、汕头等20余个大中城市的水电、邮务、海关、交通铁路、机器、纺织、化工、丝织、卷烟等50个产业部门的工人320万人，加入了英勇斗争的行列。

4月28日，中共上海局致电中共中央，分析了国统区的形势，提出了对群众运动发展趋势的看法和做法。他们认为：继抗暴运动后的第二个高潮很快到来，5月份可能是新高潮的开始，这一高潮比抗暴运动具有更广泛、更坚强的社会基础。上海局决定发动群众，首先从生活斗争中突破，逐渐发展到反对国民党"借外债，打内战"的政治斗争上去。也就是说，中共中央为领导这一新的高潮，把国统区的爱国民主运动向前推进，在思想上、组织上、策略上已经做好了所有的准备。

5月5日，中共中央发出指示，强调在国统区大城市的工作方针，"就是要保护我党及民主进步力量，以继续加紧开展人民运动"；要求党的地下组织"要时时注视情势的发展，坚持我党放手动员群众进行反美反蒋的方针，灵活地既结合又分别合法与非法的斗争。将适合群众迫切要求、提高群众斗争情绪的口号，均经群众面目提出，以发动群众；将党的宣传工作，侧重于以群众中有职业有地位人物，利用公开刊物、报纸、集会，批评时政，增强不满；而将党的广播言论、解放区胜利消息，经过极可靠关系，辗转秘密散布"。中央强调指出："蒋管区城市工作，一切要从长期存在打算，以推动群众斗争、开展统一战线，如此，方能配合解放区胜利，推动全国新高潮的到来。"

青年学生始终站在斗争的前列。5月份，在他们的带动下，全国又掀起了一场新的运动——"反饥饿、反内战、反迫害"。

由于国民党政治危机、经济危机的加深，教育危机也日趋严重，教育经费仅占全部财政的3%，各大高校处于风雨飘摇之中。因薪金拖欠，物价狂涨，党棍治校，特务横行，教师们纷纷高呼："活不下去了！"学生的膳食无法保证，很多学生被迫辍学。

为了发扬五四精神，向反动派做斗争，1947年5月初，南北各大学纷纷举行五四纪念会。

5月2日，南京的中央大学决定自即日起罢课，要求增加公费，由每月2.5万元增至10万元。短短一小时内，就有1500人在请愿书上签了名。15日，中大、剧专、音专、东方语专等四校学生3000余人，唱着"我们要饿死了"的歌词，举起"朱门酒肉臭，路有冻死骨"的旗帜，冲入国民党教育部请愿。部长朱家骅被迫出见，一派官腔之后，拒绝了学生的要求。接着，学生们再到国民党行政院请愿。他们在行政院的金字匾额上贴了"民瘦炮肥"四个大字，并质问副院长王云五："国家的钱到哪儿去了？""国家财政有困难，为什么还要打内战？"王云五一味搪塞。学生们不耐烦，高唱"你！你！你！你这个坏东西！"把他轰走了。请愿斗争没有结果。

上海各大学的学生除举行不同形式的纪念会外，在"五四"当天还进行了反对内战、反对卖国的社会宣传，国民党警察把正在街头宣传的两名上海法学院学生打成重伤，又无理拘讯他校学生多人。于是，上海法学院学生立即罢课抗议，各校群起支援。9日，上海各校学生齐集国民党上海市政府示威，揭开了5月斗争的序幕。

5月16日，北京大学院系联合会确定斗争的目标为反饥饿、反内战。随后提出六项要求：一是立即停止内战，反对武力统一；二是恢复政协路线，组织民主的联合政府；三是停止征兵征实征购；四是清算豪门资本，彻底挽救经济危机；五是实现"四项诺言"，保障人权，保障自由；六是提高教育经费，提高教育界待遇，全国学生普遍享有公费待遇。17日，清华大学为反饥饿、反内战，宣布罢课。同日，北大决定罢课，朝阳、中法、燕京、汇文等校相继响应，天津的南开、北洋等高校也跟随罢课。

5月18日，清华、北大等校学生分队进行街头宣传。在西单活动的宣传队正集体高唱着"这年头，怎么得了，一百元的钞票无人要……"，突然，100多个美式装备的青年军冲进了人群，围殴学生，打伤十几个人。

当晚，北大、清华、南开等学校学生代表在北大召开紧急会议，成立了"华北学生反饥饿反内战联合会"，准备迎接开展更大的斗争。

学生运动的蓬勃开展，如同在中华大地刮起了强劲的大风暴，立即引起反动派的恐慌。也就在5月18日这一天，国民政府颁布所谓"维持社会秩序临时办法"，严禁人民群众十人以上的请愿和一切罢工、罢课、游行示威，认为学生的做法已经超出"国民道德"，"形同暴徒"，将采取"必要措施"和"紧急处置"。

5月20日，华北、京沪两地学生没有被国民党反动派的恐吓吓倒，分别在北平、南京举行了反饥饿、反内战、反迫害大游行，汇成了全国学生运动的高潮。这一天，北平参加示威的学生高达7000多人，南京高达6000多人。他们决定把6月2日确定为"反内战日"，号召全国学生在这一天游行示威。学生们借用著名歌曲《打倒列强》的曲子，重新填词，唱道："烧饼油条，烧饼油条，天天涨，天天涨！都是为了内战，都是为了内战，所以涨，所以涨！"也正是在这一天，南京的示威学生在鼓楼遭到国民党宪警的暴力打压，50余名学生流血，8人重伤，500余人遭到毒打，制造了"五二〇惨案"。

这天中午，蒋介石在南京黄埔路的官邸宴请部分参政员。席间，金陵女子大学校长吴贻芳向蒋介石建言，说："我刚刚在街头路过看到学潮，宪警怎么能殴打我们手无寸铁的学生，我看这位警察厅长应该撤换掉。"

吴贻芳是巾帼精英、著名的女教育家，蒋介石还是勉强压抑住了心中的怒火。他双手战抖，脸色铁青，恶狠狠地说："这些学生都是受共产党欺骗，不把共产党从学校赶出去，这学校是没法子办下去了！"

第二天，立法委员张西曼在一次会议上严厉谴责国民政府的高压政策，慷慨陈词："学潮政治性不可否认，要求和平则是全国人民的愿望。当心！玩火者必自焚！"

5月23日，新华社为"五二〇惨案"发表时评《蒋介石的末路》，指出："蒋介石在进攻解放区的军事战线上遭遇了严重的危机，在压迫剥削人民的经济战线和政治战线上同样遭遇了严重的危机。由于粮价狂涨引起的五月初旬以来各地的粮食危机和'米骚动'刚在开始，京、沪、汉、平、津、青、浙、赣等地以反内战反饥饿、挽救教育危机为中心口号的学生运动，又达到一新的高潮。"

学生运动的兴起，促进了知识界的觉醒。大学教授们也纷纷加入这场运动中来。清华大学教授80余人、北京大学教授30余人、燕京大学教授30余人、南开大学教授20余人、上海各大学教授30余人，纷纷联名发表书面意见，同情学生，指责国民党反动派的恶劣行径。

6月2日，全国学生在这一天统一罢课。国统区各大城市宣布戒严，日暮穷途的国民政府出动大批军警上街巡逻。"反饥饿、反内战、反迫害"运动前所未有地实现了工人、学生、农民、市民斗争的大联合，形成了第二条战线，不仅有力地配合了人民解放军的作战，而且使得国统区更多的青年和知识分子清楚地认识到——要生存、要和平、要自由，除了团结起来推翻国民党蒋介石之外，没有第二条道路。

作为抗战期间参加中国远征军浴血奋战的老战士，美籍华人历史作家黄仁宇在他的著作中，曾深刻谈及他当年内心挥之不去的深刻屈辱感。他说：中国最不名誉之处在于，蒋介石的行为使美国人觉得是中国把他们拖入了战争，以为如果没有美国人的拯救，中国一定会被日本灭亡。而国民党的最不名誉之处更在于：美国人加入太平洋战争后，华府曾赠予中国三亿美元，用以稳定通货，制止通货膨胀，但是，这笔巨款却落入国民党要人及其亲友手中，最后被转入美国投机市场，并在美国广为购置不动产。而重庆的国民参政会竟然天真建议，请美国代为列出这些人的姓名与资产，以便课税——而这就是中国国民党所谓"民主"的最大笑话，它使中华民族在全世界面前蒙羞。[①]令黄仁宇深感羞辱的，其实是这样的事实：由于奉行"有权斯有钱"的财政政策，国民政府始终把"印钞票"即通货膨胀作为筹集资金、解决财政问题的基本方式。到了1942年，美国宣布对华贷款提高到5亿美元，国民政府却将此款用于购买美国货物，到中国销售赚钱，结果"四大家族"将这笔贷款再次中饱私囊，"发国难财"。诚如马寅初所言："国民党政府口头上奉行的是孙中山先生'天下为公'宗旨，

---

① 戴建兵：《金钱与战争——抗战时期的货币》，广西师范大学出版社1995年版，第293页。

实际执行的是'地上为私'四个大字。"

革命胜利的条件已经在全国范围内成熟了。1947年5月30日，转战陕北途中的毛泽东，在靖边县的王家湾（今属延安市安塞区），为新华社撰写了时评《蒋介石政府已处在全民的包围中》，一针见血地指出：

> 中国境内已有了两条战线。蒋介石进犯军和人民解放军的战争，这是第一条战线。现在又出现了第二条战线，这就是伟大的正义的学生运动和蒋介石反动政府之间的尖锐斗争。
>
> 和全民为敌的蒋介石政府，现在已经发现它自己处在全民的包围中。无论是在军事战线上，或者是在政治战线上，蒋介石政府都打了败仗，都已被它所宣布为敌人的力量所包围，并且想不出逃脱的办法。①

4
提出十大军事原则，毛泽东宣布"打倒蒋介石，建立新中国"

列宁说："神奇的预言是神话。科学的预言却是事实。"

1947年的中国事实，让人们不得不由衷地赞叹毛泽东是一个伟大的预言家。5月30日，毛泽东在《蒋介石政府已处在全民的包围中》还这么写道：

> 蒋介石的军队，无论在哪个战场，都打了败仗。从去年七月到现在共计十一个月中，仅就其正规军来说，即已被歼灭约九十个旅。不但去年占长春、占承德、占张家口、占菏泽、占淮阴、占安东时候的那种神气，现在没有了，就是今年占临沂、占延安时候的那种神气，现在也没有了。蒋介石、陈诚曾经错误地估计了人民解放军的力量和人民解放军的作战方法，以为退却就是胆

---

① 中共中央文献研究室编：《毛泽东年谱：1893~1949》修订本下卷，中央文献出版社2013年版，第194页。

怯，放弃若干城市就是失败，妄想在三个月或六个月内解决关内问题，然后再解决东北问题。但在十个月之后，蒋介石全部进犯军已经深入绝境，被解放区人民和人民解放军所重重包围，想要逃脱，已很困难。①

毛泽东说得没有错，绝对不是夸张的政治宣传。从1947年7月开始，在中国内战的战场上，人民解放军由战略防御转入了战略进攻。它以刘邓、陈粟、陈谢三路大军挺进中原，开创新的中原解放区为主要战略重心。而随着人民解放战争的发展，国民党统治区的爱国民主运动不断高涨。全国60多个大中城市出现了学生罢课、教师罢课、工人罢工、商人罢市，各界人民反美反蒋斗争如火如荼。

为了揭露蒋介石的反动面目和战场真相，毛泽东把秘书胡乔木叫到身边，要他为新华社撰写一篇社论，评国民党五月底召开的第四届第三次国民参政会。胡乔木写好后，毛泽东将标题改为《破车不能再开》，并亲自进行了修改，加上了两段话，说国民党的这个参政会连同蒋介石政府在一起是辆破车，而且已经抛锚了。社论说：“这次参政会一切都是假的，只有借外债、打内战两件是真的。”"蒋介石的污水曾经妨碍人民认识事物的真相，但是现在污水下降了，水落则石出，于是什么战事责任呀，征兵征粮呀，'匪区民众水深火热'呀，和平谈判呀，参政会呀，参政员呀，蒋介石呀，一切事物的真相和一切人物的真相，就迅速暴露在人民的万目睽睽之前。真面目的斗争一天比一天代替了混淆不明的斗争，这就是蒋介石的最大恐惧，这就是人民胜利的最大保证。"

6月6日，也就是《破车不能再开》发表的第二天，危险真的降临了！国民党的飞机到"三支队"住地王家湾一带盘旋侦察。早在5月15日真武洞祝捷大会之后，毛泽东一边在院子里收听广播，一边说："胡宗南要来拜访我们了。"

果不其然，当蒋介石得知毛泽东仍在陕北，立即从南京派保密局研

---

① 毛泽东：《毛泽东选集》第4卷第2版，人民出版社1991年版，第1226页。

究室主任魏大铭来到洛川，带来了美国最新侦测无线电台的测向仪和操作人员，编为一个分队，配属给胡宗南。结果，他们发现王家湾一带有电台群。于是，蒋介石给胡宗南下了一道死命令：不惜一切代价围追捕杀。一直犹豫不决的胡宗南也下了狠心说："就是牺牲两个师也要捕捉中共首脑！"

王家湾是一个小村庄，紧贴着半山坡，只有十几户人家。贫农王老汉腾出了自家的两间半窑洞，毛泽东夫妇、周恩来、任弼时、陆定一和胡乔木等就一起住了进来。这个一进两开的"套窑"又旧又破又黑，里面还放着老乡腌制酸咸菜的缸，屋子里四处弥漫着浓烈的酸味。毛泽东和江青住在左边一间，土炕上放着一张破旧的木桌，他日夜就在上面办公。周恩来、陆定一和胡乔木三个人就挤在迎门过道的这间窑洞，三个人同睡在一张土炕上。任弼时带着儿子住在右边这间半截窑的小土炕上，进出都要弯着腰从洞口爬进去。因为狭小，平时说话即使声音不大也都能互相听见。在这里，大家一起喝榆叶掺面做的糊糊，啃榆叶窝窝头，生活的艰苦可想而知。起草电报、写文章，只好找来一块小木板垫在膝盖上面，或趴在土炕上写，或伏在锅灶上写。

6月7日，国民党第二十九军军长刘戡率四个半旅从西边和南边向王家湾扑来。"三支队"危在旦夕，立即紧急动员组织转移。但向哪个方向转移呢？是往东？还是往西？为此，毛泽东和任弼时发生了激烈的争论，而且两个人的嗓门都很大。

任弼时："我军主力远在陇东作战，远水救不了近火，不能调兵来掩护中央；敌军四个半旅两三万人，而我们中央警备团只有四个半连，才两百多人；敌人从西边来，如果我们向西走，万一和敌人相遇怎么办？除了刘戡军，西边还有马鸿逵的八个骑兵团，向西回旋余地小，有被敌人包围的危险；越往西，人烟越少，粮食也越困难。我认为，往东走比较安全，万不得已时还可以东渡黄河。"

应该说，任弼时的担心和考虑不是没有道理。但毛泽东一听到"过黄河"，就很生气，甚至发了火。把蒋介石两个"拳头"紧紧拖住，是保证刘邓大军千里挺进中原的重大战略。而中央毛、周、任三位书记留在陕北，刘、朱两位书记另成立中央工作委员会，先过黄河去晋察冀解放区，这是中央书记处已经开会决定的。如今见敌人在屁股后面追，就吵吵着要过黄河，胸有成竹的毛泽东怎能不生气！

"过黄河，我们迟早要过的，现在不是时候。现在向东是绝路，因为敌人早已算好了的，就是要我们落入陷阱。"毛泽东进一步解释说，"我们不能向东转移，敌人就是想要把我们向东面赶，妄图在东面的大川设下圈套，把我们赶进去，然后前后夹击消灭我们，消灭不了就把我们赶过黄河，我们不能上当。现在我们向西移，向靖边城内的马鸿逵部靠拢。胡宗南打算利用马鸿逵的部队配合刘戡合击我们，但马军听不听胡宗南的指挥还很难说。我们避开刘戡，利用马鸿逵的地方主义，走一段沙漠路。胡宗南想让我们向东走，我们偏偏往西行。天下的路多得很，他走他的大川，我走我的沙漠，谁消灭谁，咱们走着瞧！中央机关的安全，不用担心。这点队伍算什么，再大的队伍我也能指挥。"[1]

毛泽东和任弼时差不多争论了一天。

天快黑了，"三支队"打前站的已经向东出发走了，大队人马正原地待命。雷声隆隆，眼看着就要下雨。敌人离王家湾越来越近了。这时周恩来出面打了圆场，提出先向北走一段，然后再向西北转移。

毛泽东平静地笑着对周恩来说："莫要急，莫要慌，我要看到敌人才走呢！"

任弼时急了，对毛泽东说："你别的意见我们都照办，就是这个意见不能办，你得听支队的安排，马上走！"

剑走偏锋的毛泽东不紧不慢地说："敌人着急消灭我，我不着急。要走，你们先走，我看到敌人再走也不迟。"说着，毛泽东点着一支烟，走出窑洞，眺望远方。

最后，经过商量，双方妥协，毛泽东同意委派副参谋长汪东兴带领一个加强排替毛泽东留下来等候敌人，并对敌人进行了有力的还击。这时，天已经黑得伸手看不见五指，毛泽东率领"三支队"出发了。电闪雷鸣，大雨如注。山高坡陡，雨大路滑，马不能骑，警卫战士们连拉带推，有时

---

[1] 汪东兴：《汪东兴日记》，中国社会科学出版社1993年版，第39页。

架着毛泽东往山上走，一个个浑身淋得透湿。任弼时传下话来："一个拉着一个人不许掉队，不得打手电筒。"

毛泽东走在前面。夜，黑漆漆的。闪电没有了，风雨却更大了。警卫班班长李文魁个头小，眼睛好，他主动地走在毛泽东前面，在背上背了一块白布，让毛泽东看到前面有一片白，以便迈开步子。

这时，队伍从后面传话来，胡乔木掉下去了。幸亏山谷不深，说话声很清楚，大家揭开绑带结在一起，把他拉了上来。风雨交加，大家冷得牙齿上下打战。这时，一头驮电台的骡子滚下山摔死了，大家摸黑爬到山下把电台拖上来。半夜，雨终于停了，队伍在一个小山村里休息。

毛泽东的决策，果然让敌人扑了一个空。刘戡掉头上山，向北追去。

这次惊险的战斗经历给全支队留下了难忘的印象，提高了对毛泽东游击战争的认识，心理承受能力大大地提高了。

"三支队"冒着大雨到达了靖边县的小河村。6月9日，刚要做午饭、架电台，敌机就来低空盘旋，骑兵侦察员也来报告，敌人从王家湾追来了，只有十来里。毛泽东不得不率"三支队"离开小河村，向西北方向的天赐湾转移。

队伍刚刚走出村口，一阵霹雳闪电，大雨又下起来了。小河水暴涨，把原有的小桥也冲走了，只能临时搭建浮桥。这时，天空已完全黑下来了，敌人就在附近，队伍不能有一点亮光和声音，只能在大雨中摸黑从羊肠小道爬上山顶。

站在山顶，只见左边山沟里和山头上，敌人燃起了一堆一堆的篝火，连敌军的人喊马叫都听得清清楚楚。此情此景，毛泽东笑着说："隔了一个山，就像隔了一个世界哩。"的确如此，尽管敌人离得这么近，但陕北地形之险、地区之大，敌人没有群众如同瞎子、聋子，在山上、山下只能瞎碰乱撞。"三支队"有老乡做向导，在敌人的眼皮子底下悄悄地走过，于6月10日早晨到达天赐湾宿营。

不料，敌人紧追不舍，也向天赐湾逼近，和"三支队"只隔一个山头，隐隐传来机枪声。情况十分紧张，各大队紧急动员，干部、战士纷纷表示决心，要以自己的生命保卫党中央。除一部电台坚持工作外，全部人员整装待发。雨过天晴，烈日当空，"三支队"在一条狭窄的光秃秃的小山沟里暴晒，闷热无比。这时候，最要紧的当然是了解敌情，连毛泽东身边的内卫排也派出去侦察了。

毛泽东临危不惧，把地图摊在面前，仔细分析敌情。他说："敌人向山上来，我们立刻就走。敌人顺沟过去，我们就住下。我估计，敌人并没有发现我们，因此12点钟以后可能要退。"

果然，侦察小组纷纷回来报告，敌人在东南方没有发现我一兵一卒，便不再继续西进，而是通过尖山一带顺山沟沟向保安（今志丹县）方向去了。

大家都惊叹毛主席神机妙算，成功地唱了一出"空城计"。毛泽东指着地图介绍其中之奥妙："我们现在的位置，正好处于胡宗南和马鸿逵防线的接合部。胡马钩心斗角，矛盾很深，各人都想保存实力，削弱对方，所以他们谁也不想来，让我们钻了空子。"

天赐湾是一个只有二十几户人家的小山村，毛泽东和周恩来挤在一个窑洞里住，很多随从人员只能露宿。

一个星期后，6月17日，毛泽东率领"三支队"返回小河村。小河村坐落在靖边县城东南三十公里一条南北走向的沟壑内，沟壑两侧是陡峭的红胶泥崖，谷底深处是茂密的杨树、柳树和槐树，依山傍水，掩映在东侧半山腰的树林之中，风光秀丽。

6月30日夜，刘邓大军7个纵队13万人在鲁西南、郓城等长达150公里的地段乘120余只木船强渡黄河，揭开了中国人民解放军战略进攻的序幕。消息传来，中共中央所在地的小河村一下子沉浸在一片欢乐之中。

这时，蒋介石害怕人民解放军主力部队打到国民党统治区的身后，就让中央社发了一则电讯，公开造谣说：刘伯承、邓小平反对毛泽东。毛泽东看到新华社转来的译电稿后，在空白处眉批了两个字：放屁。

7月1日，中央机关在小河村召开了庆祝建党26周年大会。周恩来做报告，指出中国共产党的五大特点：一是最彻底的革命的党，二是群众的党，三是武装的党，四是有理论的党，五是团结的党。

7月4日，国民党反动政府通过了蒋介石的"国家总动员提案"，随即下达了所谓"戡平共匪叛乱总动员令"。为此,毛泽东要胡乔木为新华社赶写一篇社论。两天后,胡乔木将写好的《总动员与总崩溃》一文交给毛泽东修改。新华社在7月14日播发了这篇社论。胡乔木从军事、经济和政治三个方面进行了具体分析和批驳,得出一个结论:蒋介石的总动员救不了他的总崩溃。事实上,蒋介石的真正总动员老早实行过了,在以前他只做不讲,现在他讲了却无法做,他已经没有什么可动员的了,只能等着一个总崩溃了。他却偏要大讲特讲,企图用这个象征的总动员来挽救那个实际的总崩溃。

7月4日,彭德怀、习仲勋刚刚结束了收复定边的战斗,便接到了毛泽东于当日凌晨4时发来的电报,征求夺取大西北的方案,希望他们在收复盐池后来小河村会商一次。因为此时山东战场的局势明显向好,刘邓大军控制了黄河南岸的广阔地区,与陈粟大军形成夹运河相互呼应的作战态势。随后,毛泽东又派中央军委秘书长杨尚昆专程到张家畔西北野战军司令部驻地,向彭德怀、习仲勋送交他的亲笔信。

杨尚昆后来回忆说:当时我有点纳闷儿,同彭德怀那里电报是通的,为什么要郑重其事地派我专程去送信?原来彭德怀、习仲勋指挥的部队已赶走了马鸿逵的骑兵,收复了三边地区,司令部就设在三边的张家畔。那里已经是古长城外了,我带了11个人,骑马走了5天。每人身上背着装水的葫芦,像八仙里的"铁拐李"。信的主要内容是决定由彭德怀在前线管打仗,由贺龙统管后方。当时彭德怀看后说了一句话:"一个韩信,一个萧何嘛!"[①]11日,毛泽东致电催促彭德怀、习仲勋:陈赓19日到小河,请你们于此时到达或提前数日先来。16日,彭德怀、习仲勋安排好部队由定边东移宁条梁一带短期休整,便策马扬鞭前往小河村。

7月21日至23日,中共中央召开了中共中央扩大会议,史称"小河会议"。

毛泽东本来住在山坡上的三孔窑洞中,但为了开好这次会议,他就搬到山坡下的贾秀廉家和周恩来住在一起。烈日炎炎,没有会场怎么办?警

---

① 杨尚昆:《杨尚昆回忆录》,中央文献出版社2001年版,第253页。

卫人员就因陋就简，把会场设在贾家窑洞前院子里一棵粗大的槐树下，用树枝、柳条在树上做架子，又用树叶和草席搭起了一个凉棚，再借来几张桌子和椅凳，这样一个上遮阳光、四面通风的"礼堂"就落成了。参加会议的有周恩来、任弼时，有中央部门和西北地区领导人陆定一、杨尚昆、彭德怀、贺龙、习仲勋、贾拓夫、张宗逊、马明方、王震、张经武，还有从晋南前线赶来的陈赓。会议的中心议题是如何进一步组织和发展战略进攻。毛泽东在会上三次发言。

从1946年11月到1947年3月，毛泽东曾多次电令陈赓纵队渡河保卫延安，但这个计划因形势变化均未实现。是否继续调陈赓纵队过黄河到陕北作战呢？在这次会议上，毛泽东接受彭德怀和陈赓商量的意见，考虑到西北粮食的困难，加上陈赓率部南进豫西、陕南更有利于从外线钳制胡宗南军和配合刘邓大军出中原，因此决定陈赓率部南渡黄河作战。陕北战场还是依靠彭老总独力作战。同时会议决定晋绥、陕甘宁两区合并，由贺龙以陕甘宁晋绥联防军司令员的资格统一指挥，解决统一后方、精简节约、地方工作三个问题，并决定在边区成立以彭德怀为首的前委。

毛泽东说："以晋冀鲁豫野战军主力和华东野战军主力南进，将战争由内线打到外线去，引向江淮河汉敌占区去。调动敌人第一线部队回援，在运动中歼灭敌人的有生力量。"

周恩来最后说："我们每一位同志心中一定要有主席为我们制定的这样一个大局。刘邓大军直插大别山，陈赓南渡黄河挺进豫西，陈毅、粟裕挺进豫东。这三路大军在战略上形成了一个品字阵势，互为犄角，协力配合。我们南起长江，北至黄河，西从汉水，东到黄海，在这片广阔的中原大地上，向敌人展开大规模的进攻。"

会场上，掌声一片。

在小河村的生活，又紧张又活泼。转战陕北，毛泽东、周恩来一路上对身边警卫战士和机要战士都十分关心。每逢前线打了胜仗，他们总是让后勤部门把缴获的战利品，如罐头、压缩饼干等，分给大家吃。吃完的罐头盒子，大家都不舍得扔掉。有的把盛花生酱的美国大罐头桶用来打饭提水，有的用装牛奶的美国小罐头桶打磨成茶碗喝水漱口，克服了缺盆少碗的困难。

有一次，毛泽东起草电报习惯用的"施德楼"牌铅笔用完了，让支队参谋长叶子龙到机要科来借。叶子龙说："主席的'施德楼'用完了，要我向你们借几支。主席说，快胜利了，进北平后加倍偿还，奖励你们。"撤离延安时，机要处的战士们每人只发了一支"施德楼"，一直都舍不得用。天天收发电报的他们知道毛主席就是用"施德楼"牌铅笔指挥雄兵百万，都纷纷慷慨解囊，赶紧从包袱里取出来，集中了一大把"施德楼"交给叶子龙，看着他高高兴兴地给毛主席送过去。在小河村，毛泽东还主动邀请机要人员在贾家大院照了一张合影，感谢他们的辛勤劳动。

8月1日清晨，太阳刚刚起山，毛泽东就率领中央机关人马离开生活工作了46天的小河村，向西北野战军总部所在地靠近。从这天起，中共中央的代号由"三支队"改名"九支队"。经过连续19天的长途行军，再次遭遇"前有黄河，后有追兵"的险境。

转战途中，毛泽东或骑马，或步行。为了保卫毛泽东的安全，有人曾向附近的西北野战军发电报，示意中央机关的危险处境。毛泽东看到后，非常生气，当即把电报稿撕碎，说："以后不准再发类似电报，不得干扰野战部队的作战行动！"他还开玩笑说："大道朝天，各走各边，我很想看看胡宗南的模样呢！"

与前些日子不同，现在毛泽东也有意在白天行军，目的是引诱敌人北上，捆住胡宗南，有利于陈赓纵队南渡黄河。彭老总也开始围攻榆林。果不其然，胡宗南发现了毛泽东的动向。

8月7日，蒋介石匆匆来到延安，立即召集军事会议，决定由钟松率整编三十六师北上解榆林之围，又派董钊、刘戡率胡宗南全部机动兵力的九个半旅"尾随毛泽东"，企图将中共中央、毛泽东消灭或赶过黄河。

8月8日，国民党军飞机迅速出动，尾随毛泽东，在"九支队"行进途中侦察、扫射、轰炸。

8月9日，彭德怀致电中央："榆林城坚，东北两面河，西南两面水坑、水道，不易进行攻城，最快也要十五日才可攻克。"考虑到钟松增援来势迅猛，故决定"集中六个旅先歼灭援军后再攻城"。毛泽东接到电报后，立即回复同意彭老总的意见,先打钟松后攻榆林。

然而,让人没有想到的是,狡猾的钟松并没有直接向北,而是率部从横山出长城,沿沙漠急行军,绕过了解放军的伏击圈,三天就赶到了榆林,使得彭德怀既打援扑空,又攻城不下。这时,胡宗南神气十足,急令董钊、刘戡抢占绥德以拦截毛泽东率领的"九支队"。

形势急转直下,战机稍纵即逝。8月13日,毛泽东率领"九支队"日夜急行军,赶在敌军之前到达绥德,过了无定河大桥,终于把胡宗南的追兵甩在身后,暂时脱离了危险。

8月14日凌晨1时,毛泽东急电彭德怀,建议集中8个旅迎击刘戡。7个小时后,毛泽东在得到钟松部早晨在榆林接受空投粮食的情报后,再次致电彭德怀:钟松估计下午可能向南走二三十里,明日必向镇川堡前进,其目的是占米脂,如集中8个旅打钟松于归德堡、镇川堡以东以北山地是好机会,但不知部署是否来得及。彭德怀当即复电毛泽东:刘戡令钟松率三十六师向米脂前进,我军准备迎击该敌。

不出所料,钟松率三十六师离榆林南下。一方面,这给彭德怀歼灭钟松创造了机会,但另一方面也使"九支队"处于十分危险的境地。摊开军事战斗形势地图,不难发现,现在黄河以西无定河以东,南北三四十里、东西五六十里的狭长地带,作战双方集中了十几万的大军。钟松南下,刘戡北上,将毛泽东率领的"九支队"和彭德怀的主力压迫在佳县及其西北一隅,形成了南北夹击的态势。这自然是兵家大忌,是险境,也是绝境。弄不好,这里就成了死地。

怎么办?为了摆脱被敌人包围的危险,也为了让彭德怀放手打仗而不必顾及中央"九支队"的安全,毛泽东原想渡过无定河向西,再次返回小河村一带,插入敌人后方。然而,屋漏偏逢连夜雨,竟然连一只船也找不到,无法涉水渡河。无奈,"九支队"只好向东北方向转移,于8月16日到达神泉堡附近。

敌情越来越紧张,刘戡紧追不放,距离"九支队"只有半天的行程。站在山上一抬眼,就看见黄河滚滚东流去,奔流到海不复回。此情此景,正如毛泽东所形容的那样——"前有黄河,后有追兵"。谈笑间,"樯橹灰飞烟灭"的诗意又被激发。

军情不是儿戏。情况紧急，任弼时再次建议"过黄河"，就连原先不赞成东渡黄河的周恩来，也不能不劝说毛泽东，暂时过河避一避，以保证党中央的安全。周恩来甚至说："等打了胜仗，我们再过河来。兵不厌诈嘛！"

"不打败胡宗南，我决不过黄河！"毛泽东坚定地说，"不过，我同意让西北局机关和伤病员东渡黄河，确保他们的安全。"

置之死地而后生。就这样，"九支队"又沿着黄河边继续北上。行军途中，周恩来因劳累过度而病倒，在毛泽东、任弼时的劝说下，才上了担架。

8月17日，尾随毛泽东的刘戡部队在黄河边又扑了个空。于是，他们兵分几路向佳县、神泉堡等地围追，咄咄逼人，"九支队"再次陷入了刘戡大军的包围之中，情况十分危急。中央警备团一早接到三道命令，派团长率一个连赴前沿侦察、警戒。

这一天，毛泽东率领队伍又一次冒雨夜行军，沿佳芦河向西北方向潜行。中午，"九支队"抵达白龙庙。眼看人困马乏，一个个筋疲力尽，毛泽东往石头上一坐，说道："不走了，就在这里休息，敌人上山来，打他三个钟头再走也不迟。"

8月18日，刘戡和钟松两支大军愈加靠拢，将中共中央、毛泽东夹在当中，就像两块大石头中间的一条缝，已经可以清楚地听到枪声。"九支队"又出发了，中央警备团大部留在山上，准备阻击敌人。谁知，就在此时，山洪暴发，奔腾的佳芦河拦住了"九支队"的去路。在这万分危急的关头，周恩来、任弼时亲自指挥战士和老乡们架设浮桥。毛泽东却若无其事地坐在河边一块大石头上，拿着"施德楼"铅笔专心致志地批阅电报。木桥架好后，周恩来在桥上来回走了两趟，才让毛泽东过河。毛泽东却要机要人员把电台、文件先运过河，然后他才慢腾腾地走过桥去。

令大家胆战心惊的是，"九支队"刚刚过河不久，只见雷雨大作，浮桥瞬间被洪水冲垮了。看着浑浊的洪水裹挟着泥沙像脱缰的野马咆哮而过，大家站在岸边，想想都有一丝后怕，不禁倒吸了一口凉气，庆幸苍天有眼，让他们逃过了一场生死劫。"九支队"继续在大雨中行军，在电闪雷鸣中默默前进。

8月19日晚11时，彭德怀电告中央：准备在20日拂晓包围沙家店附近敌之两侧而歼灭之，因此不能到中央驻地去，请中央转移到刘全塌（离梁家岔20里）以靠近主力。

8月20日凌晨3时，毛泽东致电彭德怀，完全同意他提出的歼灭敌三十六师的作战计划。区政府报告：刘全塌西北15里之刘庄到有小股敌人，因此今天在梁家岔不动，如该敌向梁家岔前进，我们拟向槐树湾方向转移。可见，当时中共中央、毛泽东的处境是何等险恶，稍一不慎即有落入虎口的危险。尽管彭德怀主力已经在沙家店附近将钟松的整编三十六师分割包围，但刘戡的主力部队也近在咫尺，敌人两支人马加在一起共有十万大军，而人民解放军只有8个旅共3万多人，这一仗能不能打赢，还要做两手准备。

雨后的早晨，起了风，吹散了满天的乌云。一股股白色的雾气，从山谷里升起。"九支队"从杨家园子出发，继续往前线靠拢。天黑之前赶到了梁家岔。这里距离沙家店才20里路，只有六七户人家。现在好几百人挤在了这里，简直没有立足之地。勉强给毛泽东、周恩来借到两间窑洞，又给秘书、通信等工作人员弄了一间小窑，其他人员全部露宿。于是，河滩边、崖畔下、山坡上，都住满了人。安置好了以后，毛泽东下令"九支队"各大队轻装简行，备好7天干粮，把文件烧毁，随时准备向西突围。

毛泽东的这个命令，让大家一怔。一路走来，几次遇到紧急情况，都没有轻装，如今钟松已成了"瓮中之鳖"，为什么还要轻装呢？

毛泽东说："沙家店一带要打大仗，两军主力都集中在这里，地区狭小，打得好，我们转危为安，不走了；打不好，我们就过无定河，再往西走，出长城，进沙漠。"

听毛泽东这么一说，大家恍然大悟。事情要往最好的方面努力，从最坏的方面设想。尤其是指挥作战，总要同时设计几个方案——打好了怎么办、打不好怎么办，条件起了变化又怎么办？把各种情况考虑周全，才会争取主动，立于不败之地。现在，两军对垒，人马麇集，敌军困兽犹斗，一定会做垂死挣扎。钟松因为"援榆有功"受到蒋介石嘉奖，气焰正盛。毛泽东也做好了两手准备。于是，大家按照毛泽东的指示，该烧的烧，该埋的埋。

这时，毛泽东下令立刻架好电话线，他要和西北野战军前线直接通电话。

不一刻的工夫，司令部与前线指挥部的彭老总联系上了。

"丁零零，丁零零……"电话铃响起来了。电话就放在外窑的木桌子上。毛泽东大步走到跟前，拿起电话就说："是呀，我是毛泽东！"

"我是毛泽东！"守在窑洞前的"九支队"的人们又惊又喜，毛泽东的这一声响亮、沉着、坚定的回答，犹如一声春雷，炸开乌云，阳光四射，万木生春。要知道，自撤离延安以来，毛泽东一直使用化名"李得胜"，一年过去了，今天才第一次使用自己的真实姓名。无疑，这说明一个道理，形势已经大大改观，我们已经爬到山顶，敌人走下坡路了！

当彭德怀在前线指挥部报告钟松的整编三十六师已经被包围的情况时，毛泽东大声说："好！和全体指战员讲清楚，这是对整个战局有决定意义的一战，要坚决、彻底、干净、全部地消灭敌人，不让一个跑掉！"

夜幕降临。放下电话，毛泽东又接着和周恩来、任弼时等人开会，饭也顾不得吃。窑洞的墙上挂满了地图，炕上、桌上也都铺满了地图，毛泽东和周恩来拿着红蓝铅笔在作战地图上圈圈点点，做着标记。他们守在电话机旁，一步也不离开。随身的蜡烛已经点完了，窑洞里只点了一盏棉油灯，灯花闪烁，光线幽暗，只能照到半径一米左右的地方。

电话铃一阵阵地响着。毛泽东和周恩来通宵达旦，一夜未眠。作战参谋人员拿着资料出出进进，警卫人员都围上去打听前线来的最新消息。作战参谋只笑嘻嘻地摆摆手。警卫人员围着，你一句我一句，不放参谋人员走。

这时，毛泽东听见了，放下手中的电话，走出窑洞，神采焕发地说："你们到山上听炮声吧！炮声激烈时，来向我报告！"

原来，清晨的炮声是从常家高山方向传过来的。当钟松整编三十六师的前卫部队一二三旅向乌龙铺一带进犯时，钟松才发觉自己被解放军包围了。匆忙之中，他命令一二三旅回援。让他没有想到的是，当一二三旅回头进入常家高山一带，又自投罗网进入了解放军的埋伏圈，被两个旅团团围住。解放军用了不到两个小时就全歼了一二三旅，活捉了旅长刘子奇。在彭德怀的指挥下，西北野战军把企图增援钟松的刘戡部队，成功阻击在葭县（今佳县）一带。钟松惊恐万状，急着突围。胡宗南在无线电话中指名道姓地把钟松大骂一顿，叫他"固守待援"。刘戡因为"援榆不力"早已遭到训斥，现在胡宗南又下令让他星夜驰援钟松，在途中遭到了解放军的阻击，生怕中了埋伏被消灭，就不敢轻举妄动，故意在黄河边上打转转。胡宗南终于发火了，在电话中直嚷嚷要把刘戡撤职查办。

正式的战斗还没有打响，胡宗南内部已经乱作一团。

雨过天晴。一轮红日从山坳中喷薄而出，灿烂的光芒给山川增添了无比的亮色。四野静悄悄的，只有风吹茅草发出沙沙的响声。得到毛泽东的指示，警卫排排长阎长林带领几个警卫人员飞奔爬到山顶。大家怀着激动又难耐的心情，一直等到黄昏，然而既没有听到炮声，也没有等到战斗的号令。这是怎么回事儿？

有人来换班了。阎长林有些失落地走下山顶，回到窑洞，只见毛泽东仍手握电话与前线通话。身边的战士告诉他，毛主席一整天都没有离开电话机，前线上发生的一切变化，都及时传到了这里。毛泽东还抽空询问警卫排的战士们："工事挖得怎么样？"看样子，一场恶仗即将来临。

走进窑洞，阎长林向毛泽东报告说："主席，我们一天也没有听见炮声呢。"

"莫要着急，还不到时间呢！这就快了！"毛泽东移开话筒笑着说道。

话音未落，只听西南方向轰隆隆一阵巨响，紧接着隆隆的炮声如同黄河壶口瀑布的怒吼，霎时间天崩地裂，震得窑顶的土块唰唰落下。沙家店战役打响了！

毛泽东、周恩来、任弼时都站了起来，走出窑洞，向西方眺望着。在山顶瞭望的人也一路飞跑下来，兴奋地叫喊着："打响喽！打响喽！"

一时间，山上山下的人们仿佛从地下冒出来似的，在四面八方发出了热烈的欢呼。毛泽东笑着说："好！这回看胡宗南怎么交代！"

"丁零零，丁零零……"电话又热闹了起来。捷报不断传来，一会儿是敌人全部落网，一会儿是正在清查钟松……经过8小时的战斗，钟松整编三十六师被完全歼灭。毛泽东、周恩来工作了整整一夜。

天亮了，运送伤员的队伍从沙家店战场下来了。毛泽东、周恩来立即把机关人员全体动员起来，或烧开水，或煮稀饭，或抬担架，医护人员忙着给伤员换药、包扎。大家废寝忘食地工作，沉浸在胜利的喜悦之中。

毛泽东、周恩来、任弼时稍稍喝了两口稀饭，就骑马从梁家岔匆匆赶往西北野战指挥部驻地佳县的前东原村，向参加沙家店战役总结会的旅以上干部祝贺胜利，研究部署新的战役。彭德怀、习仲勋等前线将士远远地站在路口迎接，大老远地招手致意，每个人的脸上都洋溢着胜利的笑容。一见面，毛泽东握着彭德怀的手，大声地说："彭老总，打得好啊！"

大家争着走上前与毛泽东握手，都说："主席瘦了！"

毛泽东笑吟吟地说："瘦了好，走路轻松方便！"

彭德怀说："主席呵，你们几次遇险，我们可真担心呢！"

"我也替你们担心呢！那么多敌人，如果你们打了败仗，陕北战争的胜利就要推迟了！"毛泽东说。

"那也不怕！打得赢就打，打不赢就走，走路敌人是比不过我们的！拖也把他拖死！"彭德怀哈哈大笑着说道。

习仲勋笑着说："我们的胃口也大了，敌人以为我们只能吃它小股，都往一处集中，恰好叫我们吃上大头！只是便宜了刘戡！"

"不会便宜他的！还得把他拖住，来个会战！"毛泽东笑着说，"原来我们计划消灭他十几个旅以后，就可以反攻，现在还没有消灭这么多，看来敌人的日子不大好过了！胡宗南是个没有本事的人，阴险恶毒，志大才疏。他那么多军队，拿我们没一点办法！我们打了这么多次，没吃过一次败仗。他的本事，就是按我们的计划行动。"

站在毛泽东身边的周恩来补充一句，说："那有什么办法，我们那样想，他就那样办。"

大家一听，都哄然大笑，一边走一边笑着进了窑洞。

窑洞很小，炕上坐满了人，有的只好把着窑洞门口坐着，聆听毛泽东为下一步的战斗作新的部署。毛泽东抽着烟,笑容像云彩一样堆在脸上。他深深地吸了一口,长长地吐出一口,不紧不慢地说:"沙家店这一仗确实打得好,对西北战局有决定意义,最困难的时期过去了。用我们湖南话来说,打了这一仗,就过坳了,最吃力最困难的阶段已经过去了。战争的主动权,掌握在我们手里了。当然,我们还有困难,不是军事力量的对比方面,而主要是粮食方面,没有粮食是不能打仗的。边区粮食少,我们就不在这里打了,我们要打出去!"

"那打到哪里去呢?"有旅长问道。

毛泽东笑着说:"到胡宗南家门口和他打,还要吃他的东西,这是个便宜事哩!"

又是满屋子的笑声。

毛泽东说:"沙家店一战,侧水侧敌,本是兵家所忌,而我们彭老总指挥的西北野战军英勇奋战,在短短一天时间里,就取得了空前的胜利,把敌人的嚣张气焰完全打掉了!形势对我们非常有利,我们要找机会再打几个这样的漂亮仗!到那时候,陕北的敌人,就没有立足之地了。"

"好!好!毛主席指到哪里,我们就打到哪里!"旅长们异口同声地表态说。

开完会,毛泽东、周恩来、任弼时在彭德怀的陪同下,来到村南的制高点,视察了沙家店歼灭钟松整编三十六师的阵地,详细询问了战斗进行的细节。

回到梁家岔,已经天黑了。因为村子太小了,中央机关已经转移到朱官寨。毛泽东、周恩来、任弼时没有再停留,也摸黑向朱官寨赶去。他们顺着河道走,全都是石头子,跌跌撞撞的。

漆黑的夜,星星好像也睡着了。马蹄不时与石头摩擦碰出火星。20多里路,好像总也走不完似的。这时候,偏偏大青马的铁掌被磨掉了,这让毛泽东十分心疼,不肯再骑,和警卫人员一起步行。走到在半路上,已经三天三夜没有睡觉的毛泽东忽然晕倒了。饲养员侯登科心里感到过意不去,就和阎长林等警卫员赶紧支好担架,把毛泽东抬上去。等毛泽东醒来后,他坚决不肯上担架,站起来活动了一下身子,半开玩笑地说:"我休息了一会儿嘛。"说完,又大步向前走去。

尽管战场上的形势的确像毛泽东在5个月前所预见的那样,迎来了中国革命的新高潮,但在朱官寨,"九支队"却遭遇了转战陕北过程中粮食最困难的时期。毛泽东、周恩来也和当地农民一起,只是吃米糠、秕谷和瓜果合在一起再加几把黑豆片片熬成的"钱钱饭",而且每天只吃两顿,还不敢吃三顿,因为没有那么多黑豆。

毛泽东的老厨师周少林,看到毛主席每天那么辛苦,又吃不好,十分担心毛主席的身体被拖垮了。于是,他就想办法弄来一点小米,蒸了一碗小米饭给毛泽东送过去。看到桌上这碗小米饭,毛泽东马上叫人把周少林叫过来,问道:"这碗小米干饭是你送来的吗?"

"是!"周少林回答。

毛泽东又问:"你能吃上小米干饭吗?"

"我吃不上。"

"大家能吃上小米干饭吗?"

"吃不上。"

"既然大家都吃不上小米干饭,你专门给我弄一碗小米干饭叫我吃,我能吃得下吗?我不吃,你拿走!"

看到毛泽东有点生气了,周少林没有办法,只好把这碗小米饭端回去,放到煮黑豆的大锅里,让大家一起吃掉了。

在朱官寨,毛泽东住了一个月时间。至此,毛泽东也渡过了转战陕北"前有黄河,后有追兵"的最艰难、最危险的三个月。胡乔木回忆说:"即使在如此险恶的环境下,毛主席也时时都在关心着、注视着全国各战场敌我形势的变化,逐步形成了一个完整的'三军配合,两翼牵制'的战略部署。为了实现这一战略部署,毛主席日夜辛劳,呕心沥血。他经常一边拿着电报,一边看着地图,或者一个人踱步,苦苦思索,或者和恩来、弼时同志一起交谈,直到深夜。单在6、7、8三个月毛主席为中央军委起草的给各个战场的电报就有200多份,占1947年他起草的全部电报稿的三分之一。在最危险的8月,毛主席利用行军间隙起草的电报就将近90份,几乎每天平均起草三份电报。通过这些电报,毛主席作为我军的最高统帅,指挥各路大军从劣势变为优势，从防御转为进攻。"①

何谓"三军配合，两翼牵制"？

"三军"就是指人们非常熟悉的千里跃进大别山的"刘邓大军"，陈毅和粟裕率领的"陈粟大军"，以及陈赓、谢富治、秦基伟、孔从周等领导的太岳兵团两个纵队和一个军。所谓"两翼"，一翼即陕北，由彭德怀挥师北上打榆林，牵制胡宗南北调，以便陈赓兵团从晋南挺进豫西，配合刘邓大军向大别山进军；另一翼即山东，毛泽东电令陈粟大军吸引敌人向滨海、胶东前进，华东野战军组织东兵团司令部，许世友、谭震林带领四个纵队在胶东发动进攻，把敌人15个旅吸引在海边，胶东战场转入进攻。

与此同时，在东北战场、华北战场和中原敌后，人民解放军各部队英勇作战，整体联动，相互配合，下活了"一盘棋"。

9月21日，"九支队"移驻神泉堡，大家一起度过了一个胜利欢乐的中秋节。在这里，"九支队"生活了52天。

在神泉堡，毛泽东起草了著名的《中国人民解放军宣言》，第一次提出了"中国人民解放军"的全称，第一次以宣言形式郑重向中外宣布"打倒蒋介石，解放全中国"的口号，宣布了中国人民解放军也就是中国共产党的八项基本政策。具体如下：

一、联合工农兵学商各被压迫阶级、各人民团体、各民主党派、各少数民族、各地华侨和其他爱国分子，组成民族统一战线，打倒蒋介石独裁政府，成立民主联合政府。

二、逮捕、审判和惩办以蒋介石为首的内战罪犯。

三、废除蒋介石统治的独裁制度，实行人民民主制度，保障人民言论、出版、集会、结社等项自由。

四、废除蒋介石统治的腐败制度，肃清贪官污吏，建立廉洁政治。

五、没收蒋介石、宋子文、孔祥熙、陈立夫兄弟等四大家族

---

① 胡乔木：《胡乔木回忆毛泽东》，人民出版社2003年版，第495页。

和其他首要战犯的财产，没收官僚资本，发展民族工商业，改善职工生活，救济灾民贫民。

六、废除封建剥削制度，实行耕者有其田的制度。

七、承认中国境内各少数民族有平等自治的权利。

八、否认蒋介石独裁政府的一切卖国外交，废除一切卖国条约，否认内战期间蒋介石所借的一切外债。要求美国政府撤退其威胁中国独立的驻华军队，反对任何外国帮助蒋介石打内战和使日本侵略势力复兴。同外国订立平等互惠通商友好条约。联合世界上一切以平等待我之民族共同奋斗。

在这里，毛泽东还审定了准备以人民解放军名义公布的政治口号。在67条口号中，他又加写上了15条，更加突出了"打倒蒋介石"和人人"有地种""有粮吃""有衣穿""有屋住""有工作""有书读"等反映人民现实要求和渴望的内容。在"坏人悔过自新"后边，毛泽东还加上了一句"准许将功赎罪"。

在这里，毛泽东还起草了《中国人民解放军训令》，要求全军指挥员、战斗员对这67条口号"逐条讲解牢记，认真实行"，并在所到之处"普遍地书写、张贴、印发、宣讲，务使他们完全了解，万众一心，打倒蒋介石，建立新中国"。

在这里，毛泽东还重新修订了"三大纪律八项注意"，起草了《中国人民解放军总部关于重新颁布三大纪律八项注意的训令》，要求全军"以此为准，深入教育，严格执行"。

一个宣言，两个训令，既是中国共产党的革命誓言，也是鼓舞党、军队和人民继续战斗的号角。显然，在这些文件中，最为重要的还是《中国人民解放军宣言》，其实它就是中国共产党的宣言。这个宣言公开提出了"打倒蒋介石，解放全中国"的目标，而这些文件中规定的方针政策，全部都是围绕实现这个目标而制定的。为什么在这个时间节点上提出这个目标呢？主观上讲，中国共产党在军事、政治上已经迎来了革命新高潮，由战略防御进入了战略进攻；客观上讲，也就是在三个月前，国民党南京政府在7月上旬通过了蒋介石提出的《国家总动员案》，并颁布了所谓《戡平共匪总动员令》。显然，毛泽东起草这些文件，也是对国民党蒋介石政府的一个回应。

10月10日，新华社向全国、全世界公布了《中国人民解放军宣言》，首次正式公开宣布"打倒蒋介石，解放全中国"。之所以选定在这一天发表，毛泽东也是深思熟虑的，因为这一天是南京政府确定的"国庆"日。

完成这些，毛泽东心情轻松畅快了很多，再也没有了"前有黄河，后有追兵"的危险。考虑到还没有彻底打败胡宗南，陕北还没有完全胜利，中共中央决定仍不过黄河，留在陕北。

冬天到了。11月22日，毛泽东、周恩来、任弼时率领中央机关全体人员转移到陕北米脂县杨家沟，"九支队"代号从此改为"亚洲部"。

俗话说："米脂的婆姨绥德的汉。"米脂是陕北经济比较富裕、文化比较发达的地方。杨家沟是一个典型的封建地主庄园，距县城20公里左右，全村270多户人家，有72户地主，占有周围四五个县的18万亩土地。其余200多户人家，除一户中农外，全部是贫雇农。这里不通大道，偏僻安静，容易保密，窑房又多，便于长期居住。毛泽东和周恩来同住在杨家沟西边山峁上一个叫"扶风寨"的院子里。这个大院子比较新，一排齐刷刷的九孔窑洞，窑面均用方方正正的石块砌成，窑顶是中西结合，建筑形式新颖，看上去有点"富丽堂皇"的感觉，可谓是陕北山村最好的院落了。毛泽东住的是三孔相通的窑洞，周恩来住的是一明一暗两孔窑洞。陈设非常简单，桌子上摆着手摇电话机，一只墨盒，一只笔筒，几份文件、报纸，俭朴实用。这里也是毛泽东转战陕北驻扎的19个村庄中的最后一个。

12月25日至28日，中共中央在杨家沟召开会议，史称"十二月会议"。参加会议的人比小河会议时又增加了，除了毛泽东、周恩来、任弼时、陆定一、彭德怀之外，还有叶剑英、贺龙、林伯渠、张宗逊、习仲勋、马明方、张德生、甘泗淇、王维舟、李井泉、赵林、王明、谢觉哉、罗迈（李维汉）、李涛等。

在撤离延安8个月之后，战争形势发生了这么大的变化，毛泽东喜出望外，兴奋不已，用很大的精力起草作为会议主题报告的《目前形势和我们的任务》。会议开始前,周恩来、任弼时广泛收集情况,准备资料,分别对军事形势、土改情况做了深入研究。从12月7日至24日,大家先用18天时间召开了预备会议,与会者分成政治、军事、土改三个小组对有关问题交换意见。正式会议开始前,毛泽东把《目前形势和我们的任务》的书面报告发给大家讨论。

12月25日上午,会议开幕。毛泽东在这天上午就讲了话。他就敌我形势、统一战线和英美苏关系等问题做了深入阐述。

关于敌我形势,毛泽东从政治、军事、经济三个方面对当前形势的特点做出了明确的判断。他说:政治方面,人心动向变了。蒋介石被孤立起来了,群众站在我们方面。这个问题长期没有解决,内战时期我们孤立,抗战时蒋介石逐渐失掉人心,我们逐渐得到人心,但仍未根本解决,直到这一两年来才解决。军事方面,蒋介石转入防御,我们转入进攻。过去我们把它称为反攻,不完全妥当,以后都讲进攻。经济方面,蒋介石困难严重,我们也困难,特别是山东、陕北,但可以解决,根本上出路是土改,而蒋介石没有出路,况且我军主力又打出去了。解放区的土改和整党也已走上轨道。他归结说:革命已经进到了高潮,将来还会更高。高潮主要表现在战争的胜利。战争需要是不间断的,不让蒋介石得到休息、整训、补充。

关于统一战线,毛泽东说:其原则是孤立敌人而不是孤立自己。北伐时期,本来不孤立,但脱离了农民,脱离了军队,因为右倾而孤立了。内战时期,主要的特点是"左",在城市中不但被孤立,而且后来立也立不住了。农村中赤白对立,对中小资产阶级的过左政策,片面的工人利益,把工商业很快搞垮。地主不分田,富农分坏田,损伤了一部分中农。当然,我们在农村中还是有群众的,不能说在农村中完全孤立。总之,内战时期的结果没有孤立蒋介石,而是孤立了我们自己。在抗战时期,我们孤立了蒋介石(要在抗战以后再孤立他就来不及),又团结又斗争,坚决与他的反人民政策做斗争,这是反右。但是,如果只有斗争而不与蒋介石合作,不停止没收土地改取减租减息、"三三制"等政策,则群众不能了解我们。抗日时期实行这些政策是完全必要的,吸引一些绅士到政府中来是完全必要的，将来在西安、太原、上海等地这样做还是需要的。人民解放军宣言中所规定的对蒋方人员的不同政策也是完全必要的。劳资两利，公私两利，这就不"左"不右。对学生知识分子不要犯冒险政策，延安审干是一个宝贵的教训。

关于英、美、苏关系，毛泽东说：有两种提法，一种是英、美、苏或者妥协或者破裂，另一种是在若干问题（包括某些重大问题）上早一点妥协或者迟一点妥协，我看应该是第二种提法。妥协也不是在一切国际问题上妥协，这是不可能的。总的趋势是要与苏联大做生意。但不是大国妥协就要影响中国在国内妥协，各国人民的方针是按照不同情况进行不同的斗争。①

会议讨论非常热烈，周恩来、彭德怀、林伯渠、王明、贺龙、任弼时、习仲勋都先后发言。周恩来说，半年转入进攻，各战场无例外地转入主动。现在切忌骄傲，我们才四分天下有其一。彭德怀说，毛主席的报告现在发表很好，在胜利中易于轻敌，在受挫中易于怯敌，军事上如此，地方工作亦如此。华北各根据地土地问题未能彻底解决，均由"大体上已解决"的估计而来。

在12月28日会议闭幕时，毛泽东做了结论。他说：这次会议是很令人高兴的一个会，20年未解决的优势问题，今天解决了，局面开展，胜利可期。不但领导者，群众也看出来了。反对美帝国主义、打倒官僚资本、打倒封建制度，这三个目标是立得正确的。团结中农，团结中、小资产阶级以共同反对三个敌人，这个方针是正确的。

在谈到《目前形势和我们的任务》时，毛泽东说，这篇文章是当作一个时期的政治纲领，"打倒蒋介石，建立新中国"的纲领。它比《新民主主义论》《论联合政府》更进一步。它所要回答的问题是：怎样打倒蒋介石？怎样建立一个新中国？

为了把解放战争胜利地进行到底，实现打倒蒋介石的目的，毛泽东在报告中总结了人民军队的作战经验，提出了十大军事原则：

---

① 中共中央文献研究室编：《毛泽东年谱：1983~1949》修订本下卷，中央文献出版社2013年版，第261—262页。

（一）先打分散和孤立之敌，后打集中和强大之敌。

（二）先取小城市、中等城市和广大乡村，后取大城市。

（三）以歼灭敌人有生力量为主要目标，不以保守或夺取城市和地方为主要目标。保守或夺取城市和地方，是歼灭敌人有生力量的结果，往往需要反复多次才能最后地保守或夺取之。

（四）每战集中绝对优势兵力（两倍、三倍、四倍、有时甚至是五倍或六倍于敌之兵力），四面包围敌人，力求全歼，不使漏网。在特殊情况下，则采用给敌以歼灭性打击的方法，即集中全力打敌正面及其一翼或两翼，求达歼灭其一部、击溃其另一部的目的，以便我军能够迅速转移兵力歼击他部敌军。力求避免打那种得不偿失的、或得失相当的消耗战。这样，在全体上，我们是劣势（就数量来说），但在每一个局部上，在每一个具体战役上，我们是绝对的优势，这就保证了战役的胜利。随着时间的推移，我们就将在全体上转变为优势，直到歼灭一切敌人。

（五）不打无准备之仗，不打无把握之仗，每战都应力求有准备，力求在敌我条件对比下有胜利的把握。

（六）发扬勇敢战斗、不怕牺牲、不怕疲劳和连续作战（即在短期内不休息地接连打几仗）的作风。

（七）力求在运动中歼灭敌人。同时，注重阵地攻击战术，夺取敌人的据点和城市。

（八）在攻城问题上，一切敌人守备薄弱的据点和城市，坚决夺取之。一切敌人有中等程度的守备、而环境又许可加以夺取的据点和城市，相机夺取之。一切敌人守备强固的据点和城市，则等候条件成熟时然后夺取之。

（九）以俘获敌人的全部武器和大部人员，补充自己。我军人力物力的来源，主要在前线。

（十）善于利用两个战役之间的间隙，休息和整训部队。休整的时间，一般地不要过长，尽可能不使敌人获得喘息的时间。①

"十大军事原则"全文才595个字，毛泽东用精辟的语言，把人民解放军的战略战术原则讲得清清楚楚，既易懂又易记，全然不同他的对手蒋介石那样掉书袋般的长篇大论。从井冈山的"十六字诀"到陕北的"十大军事原则"，标志着人民军队战略战术理论的日臻完善，标志着毛泽东军事思想在解放战争时期达到了一个空前的高度。由此，人们不难理解，为什么曾是留学日本军校的优秀士官生、黄埔军校校长的蒋介石，最终完败于一个没上过一天军事院校的毛泽东的手下。英国军事问题专家巴特曼评价道："毛泽东是掌握打开这个时代军事奥秘之锁的全部钥匙的一个时代人物。"

"十二月会议"通过了毛泽东《目前形势和我们的任务》的报告和他亲自撰写的《关于目前国际形势的几点估计》。毛泽东特别重视这份报告，反复思考，修改了好几遍。"当把文稿交秘书抄写时，还书面提出要求：不要写错字，不要写草字，不要写怪字，不要写别字，不要写简字。"②随后，新华社在第一时间将这份报告播发出去。因为报告很长，译电员一边译，新闻通报台一边发，3名报务员和12名摇机员花了整整12个小时才完成任务。这也是他们跟随毛泽东转战陕北期间发报字数最长的文稿，从晚上9时开始，报务员每人发两小时一换手，摇机员两人一班轮流干，大家齐心协力浑身有使不完的劲儿，一直干到第二天上午9时结束。

那个时候，没有打字机，也没有复印机，工作全部都是手工劳动。毛泽东撰写的《目前形势和我们的任务》，由机要秘书室的几位同志用复写纸复写，而后再分送其他领导同志提出修改意见。看到机要人员抄写非常辛苦，毛泽东特意告诉叶子龙："复写很辛苦，完成任务后，奖给他们一斤肉吃。"

会议期间，恰逢毛泽东过54岁生日，身边工作人员都想给他做寿。毛泽东坚决不答应，说了三条理由：一是战争时期，许多同志为革命流血牺牲，应该纪念的是他们，为一个人祝寿太不合情理；二是部队和群众都缺

---

① 毛泽东:《毛泽东选集》第4卷第2版，人民出版社2009年版，第1247—1248页。
② 阎长林:《警卫毛泽东纪事》，吉林人民出版社1992年版，第206页。

少粮食吃，搞庆祝活动会造成浪费，脱离群众；三是我才五十多岁，往后的日子长着哩，更不用做寿。做寿是不会使人长寿的。

在12月26日这天，白天主持会议的毛泽东，晚上和大家一起观看了贺龙从晋绥带来的评剧团演出的《恶虎村》。

1947年就这样转眼过去了。毛泽东把"亚洲部"各大队负责人召集在一起辞旧迎新。大家的心情非常激动，他们跟随毛泽东一起亲身经历、见证了自己从撤离延安之后，转战陕北，行军千里，亲眼看见了毛泽东的伟大和创造的传奇，更加佩服毛泽东是一个胸有成竹的伟大预言家，是一个用兵如神的伟大军事家，是一个雄韬伟略的伟大政治家。

这一年，诚如毛泽东在《目前形势和我们的任务》中所言：这是一个伟大的事变。这个事变所以带着伟大性，是因为这个事变发生在一个拥有四亿七千五百万人口的国家，这个事变一经发生，它就将必然地走向全国的胜利。这个事变所以带有伟大性，还因为这个事变发生在世界的东方，在这里，共有十万万以上人口（占人类的一半）遭受帝国主义的压迫。中国人民的解放战争由防御转到进攻，不能不引起这些被压迫民族的欢欣鼓舞。同时，对于正在斗争的欧洲和美洲各国的被压迫人民，也是一种援助。

正是在这一年，如毛泽东在新中国成立后一次谈话中所说："胡宗南进攻延安以后，在陕北，我和周恩来、任弼时同志在两个窑洞里指挥了全国的战争。"周恩来补充说："毛主席是在世界上最小的司令部里，指挥了最大的人民解放战争。"

正是在这一年，在毛泽东的领导下，中国人民解放军已经在中国大地上扭转了美帝国主义及其走狗蒋介石的反革命车轮，使之走向覆灭的道路；推进了自己的革命车轮，使之走向胜利。

正是在这一年，人们亲眼看到，一次又一次地预言"三个月到五个月""半年之内"要"消灭共军"的蒋介石，所有的话都成了阳光下的肥皂泡而破灭；而毛泽东一次又一次地预言中国革命的新高潮"毫无疑义地将要到来""也许今年、明年、后年"等等，最终都变成了事实，而且变成了比预计还要提前实现的活生生的事实！

1948年新年钟声敲响的时刻，蒋介石在南京总统府发表元旦广播讲话,又一次预言:"一年内消灭共军主力。"不过,这一次恐怕连他自己也不相信了。而在陕北的杨家沟,毛泽东和蔼可亲地举起酒杯,对"亚洲部"的同志们语重心长地说:"1947年是胜利年,也是辛苦的一年,大家要好好地过这个年。1948年,我们要以更大的努力取得更大的胜利!"

5
"他们确实没有办法了,只能等着我们去收拾他们了"

春天来了。黄河开封了。

转眼就到了1948年的3月。

"莫照了!过河吧。"当叶子龙①从背包里举起相机,把镜头对准毛泽东时,毛泽东忽然转身说道,"这次过去,争取不再回来,事不过三嘛!"

叶子龙一辈子也忘不了那一个镜头,只见毛泽东伟岸的身影与苍茫的黄土高原、汹涌澎湃的黄河融为一体,雄浑壮阔,气势磅礴,但却没有留下来。

是啊!第一次过黄河,那是12年前的事情了。那时,毛泽东带领着衣衫褴褛的红军走过二万五千里长征,历千难走万险,跨越黄河,从江南的井冈山来到了陕北的黄土高原。此时此刻,他站在陕西吴堡县这个名叫川口的渡口,面对滚滚奔流的黄河,不禁思绪万千。

1936年的那个冬天,陕北是"北国风光,千里冰封,万里雪飘。望长城内外,惟余莽莽;大河上下,顿失滔滔,山舞银蛇,原驰蜡象,欲与天公试比高"。如今,从1947年3月18日离开延安,经过一年的转战,当初立下"不打败胡宗南,决不过黄河"的毛泽东,践行了自己的诺言。今天,他胜利了!"看红装素裹,分外妖娆。江山如此多娇,引无数英雄竞折腰。"他决定过黄河!而且发誓不再回来!真是"数风流人物还看今朝"啊!

镜头里的视线从清晰到模糊,又从模糊回到清晰。听毛泽东说不照相

---

① 叶子龙时任中共中央书记处办公处副处长兼机要室主任。

了，叶子龙举起相机的手又放下。

渡船早已经准备好。十几条大木船一字排开，煞是壮观。

毛泽东登上了第一艘船。

"嗨！嗨！嗨——"随着老船工的一声号子，木船解缆缓缓地离开岸边。毛泽东站在船尾，向送行的人群挥手致意。木船绕过顺流而下的冰块，冲破激流，向对岸前进。

这时，毛泽东突然喊了一声叶子龙："子龙，还是照张相，留个纪念嘛！"

叶子龙赶紧高兴地举起相机，以黄河西岸为背景，给毛泽东拍了一张照片。航行中，叶子龙又连续为毛泽东拍了好几张照片。然而，让叶子龙终生感到迷惑不解的是，照片冲洗出来后，却怎么也找不到毛泽东叫他拍摄的那一张照片了。

半个小时后，木船抵达了黄河东岸的山西临县碛口镇高家塔村。走上岸，毛泽东站在黄河东岸的卵石滩上，用手里的木棍指着东边，说："这一次，没有任何力量能够阻止我们前进了！"

说完，毛泽东又转身回头再看看黄河，满怀深情地说："黄河真是一大天险啊！如果不是黄河，我们在延安就住不了那么长时间，日本军队打过来，我们可能又到什么地方打游击去了。过去，黄河没有很好地得到利用，今后，应当利用黄河灌溉、发电、航运，让黄河为人民造福。"

这一天，是1948年3月23日。至此，毛泽东、周恩来、任弼时率领的中央机关结束了转战陕北的游击战斗生活。在371天中，他们走过1000多公里，居住过12个县境内的38个村庄。不到一个月后的4月21日，毛泽东在东进的路上收到了西北野战军收复延安的电报。

3月20日，毛泽东在过黄河前起草了一份长达4000字的长电，向党内通报了战争形势、全党执行政策的情况和土地改革纠偏的情况，并且告诉他们：年内不准备成立中央人民政府，成立的时机大约在1949年。目前正将晋察冀区、晋冀鲁豫区和山东的渤海区统一在一个党委（华北局）、一个政府、一个军事机构的指挥下工作。中央也准备转移至华北，同中央工作委员会合并。这份通告后来被收入了《毛泽东选集》，题目就叫《关于情况的通报》。

这天下午3时，中央办公厅机要秘书李智胜接到了毛泽东的电话，毛泽东让他立即去办公室一趟。李智胜三步并作两步跑到了毛泽东的窑洞，只见毛主席在房间里一边散步一边抽烟，办公桌上摞着一叠厚厚的文稿。他知道，又是一份特别重要的文件等着他抄写了。

没等李智胜说话，毛泽东就要他坐在他办公桌的椅子上，自己也紧挨着他身边坐下，拿起书桌上的文稿，一页一页地翻着，认真地告诉他修改的地方，应该怎样抄写。最后，毛泽东叮嘱李智胜，说："晚饭后，将抄好的稿子送来再修改，然后送恩来、弼时阅后，当晚就要用电台发到各个解放区和各个野战军。"

"请主席放心，保证按时完成好任务！"李智胜拿着文稿迅速回到了自己的窑洞。铺开纸，拿起笔，一个字一个字地抄写，窑洞里只听见笔和纸摩擦的沙沙声。写着写着，他的直接领导叶子龙走了进来，轻轻地拍了拍李智胜的肩膀，说："小李，明天我们就要离开陕北，东渡黄河了，西北中央局和西北野战军的领导同志来为毛主席等中央领导送行。晚上有个宴席，我知道你手头有工作，如果你完成了，就可以参加宴席；如果你完成不了，当然就不参加了。"

"好的，好的……"尽管叶子龙说得轻言细语，但李智胜知道这就是最高命令，满口答应下来。但他心中也美滋滋地想：这可是个好机会。孟子曰，鱼和熊掌不可兼得。如果在宴席之前抄完文稿，二者不就可以兼得嘛！于是，他急中生智，采取两条措施：一是把门倒插上，在门外贴上"今晚值班，正在休息，请勿打扰"的纸条；二是将自己全身的细胞调动起来，聚精会神，力争在宴席开始时，把文稿抄好。说到做到，李智胜凭着自己给自己制定的两条措施，顺利地完成了毛泽东交给他的任务。

宴席马上就要开始了，等任弼时的秘书丁农来敲门叫李智胜的时候，他只剩下最后一个段落了。而等他抄好文稿，急急忙忙赶到餐厅推开门的时候，三桌宴席已经坐满了人。再仔细看看，东南角一桌，以任弼时为主，有陆定一、胡乔木和西北野战军的几位负责同志；西南角一桌，以江青为主，有徐业夫、丁农等，都是办公室的同志。李智胜赶紧向西南角的桌子走去。刚刚走近，只听江青喊道："小李，这桌已经坐满了，你就坐在你跟前一桌的位子上吧。"

李智胜站定一看，西南角的桌子的确没有空位置了，再抬头看看跟前的一桌，正对面坐着陕甘宁边区政府主席林伯渠，他的左手边是周恩来，而留下的这张空位子，左手边是习仲勋，右手边是毛泽东。怎么办？恭敬不如从命，23岁的李智胜也不客气，就一屁股坐下来。

这时，周恩来问叶子龙："人到齐了没有？"

"到齐了。"叶子龙回答说。

"人都到齐了，我们请毛主席讲话！"周恩来开了场。

毛泽东站起身来，满面春风，开门见山，没有客套，说："那就开始吃饭吧，先请大家把酒满上。"说着，他拿起酒壶环视一圈，自己当起了"酒司令"，顺势左转身，一边给李智胜斟酒一边说："就先给你这个年轻人满上吧！"

清洌洌的酒液伴着浓浓的酒香缓缓地流进酒杯。激动的心，战抖的手，李智胜从来没有体会到过这种幸福。当酒杯快要斟满的时候，毛泽东忽然停顿下来，看着李智胜。李智胜也兴奋地有些受宠若惊又有些不知所措地看着毛泽东。两人互相对视着，不说话，空气似乎凝固了一般。大概就这么停顿了五六秒钟，还是毛泽东打破了沉默，操着他那浓重的湖南口音说："看来你这个年轻人的酒量很大哟，好！给你斟得满满的！"李智胜激动地笑着，也不知该怎么回答。毛泽东提着酒壶接着给林伯渠、周恩来等人斟满酒，最后也给自己斟上酒，端起酒杯，对着大家说："在这全国革命形势大好的时候，我和恩来、弼时同志以及其他部分同志，明天就要离开陕北这块根据地了，今天我们喝的是走向全国胜利的酒！好！我们干杯！"

大家都站起来，举杯，干杯！互相庆祝，说起转战陕北的这一年，真是历尽千难万险吃尽千辛万苦。毛泽东也十分兴奋，幽默风趣地说："我们将延安一座空城让给蒋介石、胡宗南，我认为他们进驻延安后，暂时就不敢北进了，但是他们冲昏了头脑，继续北进。这样，就给了我们机会组织了沙家店等几个战役，把他们的乌龟头斩断了，把他们打退了，消灭了。由此说明，蒋介石、胡宗南真是愚蠢！"

说完，毛泽东接着给大家斟酒。他用余光扫了一圈，发现大家酒杯中都还剩余了一些，只有坐在身边的这个年轻人李智胜酒杯中空空如也。毛泽东提着酒壶，笑着说："小鬼，我看别人酒杯里都还有酒，就是你的酒杯里是空的，事实证明，你的酒量是很大的，来，我给你再满上，再干杯！"

李智胜哪里见过这个场面，坐在毛主席身边一起吃饭，亲耳聆听毛主席的讲话，毛主席还亲自给他斟酒，本来并不会喝酒的他一时间激动得找不着北了。每次毛主席提议"干杯"，打定主意不要喝光的他，总是控制不住自己，一饮而尽，喝得满脸通红，自己也感觉脸有点发烫、头有点发晕了。这时，毛泽东亲切地问道："小鬼，你是什么地方人？"

"报告主席，我是陕北神木县人。"

"你叫什么名字呢？"

"我叫李智胜。"

李智胜话音刚落，毛泽东突然哈哈大笑起来，说道："啊！原来你是我弟弟呀！李得胜，李智胜，不是兄弟吗？"

毛泽东的笑声，引得满屋子的人都开心地笑起来。

大家都知道，中共中央撤离延安后，中央前委的番号改称"昆仑纵队"。周恩来化名"胡必成"，任弼时化名"史林"，毛泽东化名"李得胜"——谐音"离得胜"——离开延安即胜利。

平易随和，妙语连珠，毛泽东、周恩来、习仲勋的谈吐、风度给李智胜留下了一辈子美好的回忆。就在这样欢乐、愉悦、轻松的气氛中，毛泽东在生活了13年的陕北吃了最后一顿晚餐。

踏上黄河东岸，毛泽东一行来到一个名叫寨则山的小村子，在这里过了一夜。第二天一早，他们继续东进，抵达临县三交镇双塔村，与中央后方委员会会合。这个时候，因主持中央后委工作的叶剑英已经先赶赴河北中央工作委员会，毛泽东一行与留在这里主持工作的中央后委副书记杨尚昆会面。

席间，毛泽东对中国局势做出了新的判断。他告诉杨尚昆，同蒋介石的这场战争可能要打六十个月。六十个月者，五年也。这六十个月又分成两个三十个月：前三十个月是我们"爬坡""到顶"，也就是打到我们占优势；后三十个月叫作"传檄而定"，那时候我们是"下坡"，有的时候根本不用打仗了，喊一声敌人就投降了。①

在双塔村，毛泽东住了两个晚上。毛泽东决定中央和军委的大部机关人员由杨尚昆率领前往西柏坡，自己则带领少数电台、机要、警卫人员乘吉普车东行。转战陕北，毛泽东很久没有坐汽车了。

坐在车上，毛泽东一改平时不爱说话的习惯，转头对秘书叶子龙说："嗯，这车比那个'红十字'好！这车你会不会开呀？"毛泽东说的"红十字"，是指在全国抗战爆发后宋庆龄送给他的一辆车身印刷有"红十字"的救护车。

"还不会呢。"叶子龙笑着回答。

"你刚刚三十多岁，新的东西还是要学嘛！"毛泽东说。

"嗯，等主席带我们进了北平，我就去学。"

"两年时间就足够了。"毛泽东不紧不慢地说。

3月26日，毛泽东、周恩来、任弼时抵达晋绥解放区领导机关所在地兴县蔡家崖村。贺龙把自己住的房子让给毛泽东住。这是一间坐北朝南的院落，十分宽敞。在这里，毛泽东听取了贺龙、李井泉关于晋绥解放区战争、土改、整党和工农业生产、工商业政策和支前工作情况的汇报，还先后召开了贫农团代表、土改工作团代表和地方干部代表座谈会，详细调查了农村各阶级的比例、土地占有、土改工作团等怎样发动群众的情况。

停留了8天，毛泽东又上路了。白天坐车，晚上工作。找地方干部谈话、主持召开各类人员参加的座谈会、访问群众。批阅和撰写各类电报，是毛泽东路途上的日常工作。

4月10日，毛泽东在为中共中央起草的电报中指出："中国新的革命高潮的到来，我党已经处在夺取全国政权的直接的道路上，这一形势要求我

---

① 杨尚昆：《杨尚昆回忆录》，中央文献出版社2001年版，第259页。

们全党全军首先在一切政治上的政策及策略方面，在军事上的战略及重大战役方面的完全统一，经济上及政府行政上在几个大的区域内的统一，然后，按照革命形势的发展，进一步地考虑在军队的编制和供应上，在战役行动的互相配合上，以及在经济上在政府行政上（那时须建立中央政府）作重大的统一。总之，革命形势要求我党缩小（不是废除）各地方各兵团的自治权，将全国一切可能和必须的权力统一于中央，而在各地区和各部分则统一于受中央委托的领导机关。"[1]

4月13日，毛泽东抵达城南庄。在这里，毛泽东住了35天。

4月30日至5月7日，中共中央书记处在这里召开了扩大会议，史称"城南庄会议"。毛泽东、朱德、刘少奇、周恩来、任弼时出席了会议。这是撤离延安之后，五位书记第一次集体参加正式的中央会议。距离上一次，中共五大书记已经一年多没在一起开会了。这次会议的主题非常清晰，那就是要研究怎样促使中国革命全面胜利的到来和怎样迎接这一胜利的到来。

怎么办？毛泽东提出了三点战略性的意见：第一，把战争引向国民党区域。没有这一条，不能胜利。第二，胜利使人欢喜，但目前民力负担很重。要使后方的农业和工业长一寸，才能适应战争需要。土改、整党、人民代表会议的终极目的，是为了生产的发展，要使人民的负担适当减轻。第三，反对无政府无纪律状态，适当缩小地方权力。

会上，经毛泽东提议，中共中央决定：华北、中原分别成立统一的领导和指挥机构；准备邀请各民主党派、人民团体和社会著名人士来解放区参加新的政治协商会议，并就此问题立即同有关人士交换意见。

尤其值得一提的是，在前线指挥作战的粟裕应毛泽东之邀参加了城南庄会议。也就是在这次会议上，中共中央做出了粟裕率领的三个纵队暂不渡江、先在中原地区打几个大仗的战略部署。这是毛泽东在军事指挥上罕见地接受下属建议，改变自己重大战略决策的一次会议。

---

[1] 毛泽东：《毛泽东文集》第5卷，人民出版社1993年版，第86—87页。

粟裕斗胆直陈军情，毛泽东虚心接纳妙谏，成为历史的美谈。我们不妨来回顾一下这一段大决战前夜的历史。

从1947年冬季开始，人民解放军一面开展攻势作战，一面开展了以诉苦（诉旧社会和反动派所予劳动人民之苦）和三查（查阶级、查工作、查斗志）为中心的新式整军运动。这是解放战争爆发以来的规模最大、时间最集中、成效最高的整军运动，对提高中国人民解放军的素质和战斗力起了难以估量的重要作用。

从攻势作战上来讲，从1947年12月中旬起，东北民主联军发起冬季攻势，到1948年3月中旬结束，共歼灭国民党军队15万多人，把东北的国民党军队压制在锦州、沈阳、长春这三个互不相连、仅占东北总面积百分之三的狭小地区内。毛泽东对这次攻势作了很高的评价。他以中国人民解放军总部发言人名义指出：我东北野战军在冬季攻势中，冒-30℃的严寒，歼灭大部敌人，迭克名城，威震全国。西北野战军在取得被毛泽东称为"改变了西北的形势，并将影响中原形势"的宜川大捷后，又攻占宝鸡，光复延安。华东野战军的山东兵团，中原地区的陈士榘、唐亮、陈赓、谢富治所部，华北的徐向前兵团和杨得志、罗瑞卿、杨成武兵团，也在1948年的3、4月间分别进行了周村战役、潍县战役、洛阳战役、临汾战役、察南绥东战役等，各自歼灭了为数不少的国民党军队。

正是在上述胜利的基础上，毛泽东又指挥人民解放军在全国五个作战方向上先后开始了1948年的夏季攻势作战，即：中原战场上的豫东战役和襄阳、樊城战役，华东战场上的津浦路中段战役，华北战场上的晋中战役和冀热察边战役。其中，豫东战役对推进南线战局发展具有重要的战略意义。而这个战役的形成，在决策上经历过一个曲折的过程。

早在毛泽东部署晋冀鲁豫野战军主力千里跃进大别山的时候，他就同时考虑到以当时已进入鲁南作战的华东野战军第一、第四两个纵队（纵队司令员分别为叶飞、陶勇，因此也叫叶纵、陶纵）渡过长江、直出闽浙赣地区建立根据地，以便把战线进一步推向国民党军战略后方的构想。他在1947年7月23日的一份电报中说到，在刘邓率部千里跃进大别山、陈谢南渡黄河挺进豫陕边的同时，由陈毅、粟裕、谭震林率华东野战军主力留置山东（包括鲁西南）"担负整个内线作战任务"，另以第一、第四两个纵队经过整补和政治动员后，第一步"出至皖西，建立临时根据地"；第二步"相机渡江至皖南，建立第二临时根据地"；第三步跃进至"闽浙赣目的地"。为了加强这支部队出击后的领导，毛泽东还提出以邓子恢、张鼎丞、曾山组成东南分局的建议，要华东局考虑。

刘邓大军千里跃进大别山，开创新的中原解放区，是毛泽东独具匠心布下的棋局。它从根本上扭转战局，使人民解放军由防御转为进攻。但是，全局中最关键的一着棋——向大别山地区挺进的刘邓大军，虽有陈谢集团进入豫西从右侧辅弼，力量仍嫌不足，在强大敌人的围追堵截下，还有被迫撤回的可能。经过再三考虑，毛泽东在1947年8月7日和8日两次致电陈毅、粟裕并告刘邓，修改了原来考虑的华野主力全部在山东内线作战而以第一、第四纵队分步骤挺进闽浙赣边的构想，决定由陈毅、粟裕立即赴鲁西南，统一指挥包括第一、第四纵队在内的华野六个纵队，组成华野西线（也叫外线）兵团，进行直接配合刘邓大军挺进大别山的作战任务。毛泽东估计，在刘邓大军向南跃进时，国民党军必然会以重兵追堵。在这种情况下，陈粟西线兵团立即尾随敌军南下，就可以从"反对方向钳制敌人"，有效地掩护刘邓大军的挺进并在大别山地区立足生根。

毛泽东对他经过深思熟虑后所下的决心，是不会轻易改变的。他执着地认为，只有适时地和有步骤地把战线向蒋介石统治区推移，使人民解放军所需的大部人力、物力取之于对方，才能使新解放区逐步扩展，使老解放区得到进一步巩固，经过跃进和巩固的几次反复，最终取得革命战争的胜利。因此，他在根据战局的发展适当调整陈粟大军的作战部署后，还多次致电刘邓、陈粟，要他们继续准备以一部分主力在第二年的适当时机渡江南进，吸引部分国民党军从中原地区转援江南，以利于中原解放区的巩固。

在1947年的"十二月会议"结束后大约一个星期，从中原前线赶赴陕北中央的陈毅，同毛泽东在杨家沟见面了。这是他们随着抗战胜利而在延安分手后的第一次见面。毛泽东在同陈毅谈到1947年7月以后的全军作战行动时，强调它的性质已不再属于"自卫防御"，而是一种"革命的进攻"，是把战争的主要战场推向蒋管区、以求解放全中国的作战行动，所以叫"战略进攻"。毛泽东说：蒋介石已处于防御地位。黄鹤一去不复返，他要回到战争初期那种形势是不可能的了，今后是我们如何转入江南、四川、两广的问题。

1948年1月18日起，毛泽东主持召开中共中央会议，讨论并通过了由他起草的《关于目前党的政策中的几个重要问题》的决议。从19日下午开始，会议连续三天听取了陈毅关于日本投降以来华东地区和华东野战军的各方面情况、中原战场当前形势的汇报。

卧榻之旁，岂容他人安睡？刘邓、陈粟、陈谢三军挺进中原，对蒋介石的长江防线和沿江重镇南京、武汉构成了严重的威胁。蒋介石无论如何都想把他们从自己的卧榻之旁赶走。1947年12月初，国民党政府国防部部长白崇禧根据蒋介石的命令，在九江设立国防部前进指挥所，调集33个旅的兵力，对大别山地区的刘邓军展开大规模"围剿"。大别山地区的反"围剿"斗争，坚持了一个多月，虽然取得重大胜利，但还没有取得决定性胜利。国共两军在整个中原地区，基本上处于胶着相持的状态。

怎样打破这种僵持局面？毛泽东和周恩来、陈毅最初商定的南线三军在三个月内的作战方针，是以刘邓军主力位于大别山内线，"分遣坚持，多休息，多打小仗"，待正由晋冀鲁豫南下的3万新兵到达以充实部队后，再打中等规模之仗；以粟裕所部并指挥陈谢军在1948年2月、3月和4月三个月内，在中原地区寻求打几个中等规模的歼灭战，以配合刘邓军坚持大别山区的斗争。他们还设想以山东兵团的许世友、谭震林率两个纵队南下苏北、苏中，会合原在这两个地区活动的华东野战军两个纵队，"形成一个重要战场，威胁京沪"，迫使蒋介石从大别山抽调一部力量向东。"三个月后，南北配合行动，可能进入打大歼灭战之阶段。"1月26日，毛泽东以军委的名义把华东野战军主力挺进江南的这个战略构想传达给刘邓、粟裕和陈谢等。27日，又以毛泽东、陈毅两人的名义，就山东兵团的使用问题提出两个方案，要求华东局研究提出意见。

为此，陈毅曾经兴奋地提笔作诗，名为《失题》。诗曰：

> 小住杨沟一月长，评衡左右费思量。
> 弯弓盘马故不发，只缘擒贼要擒王。
> 北国摧枯势若狂，中原逐鹿更当行。
> 五年胜利今可卜，稳渡长江遣粟郎。

诗中最后一句"稳渡长江遣粟郎"，所言正是毛泽东准备派粟裕先遣渡江挺进江南一事。

就在这期间，1月22日，中央军委接到了一封秘密电报。发报人正是时任华东野战军副司令员粟裕。电报的标题为《对今后作战建军之意见》。在电报中，粟裕说："我军必须高度集中兵力，打更大规模的歼灭战，才能逐次歼灭敌军主力，迅速改变中原战局……"这封史称"子养电"的电报立即引起中央军委的高度重视，军委副主席兼参谋长的周恩来在右上角上批语："再送毛。"

粟裕是根据自己近半年来外线作战的实践，考虑到了只有打更大规模的歼灭战，消灭国民党的有生力量，才能改变战场形势。他在电报中还使用了"斗胆直陈"四个字，向中央提出不同建议，表达了"暂不渡江南进，集中兵力打几个大规模的歼灭战"的战略构想。这一构想与毛泽东当时一再强调的不要后方的战略跃进以及避免打大仗的意图不同。

对粟裕的来电，中央军委在再次反复研究后做出决定，原来的作战计划维持不变，让粟裕率部渡江作战。打破大别山乃至整个中原的僵持局面，是关系全局的一篇大文章。对这样的重大问题，毛泽东在发出电报后，仍在反复思索，并同周恩来、陈毅继续商议。毛泽东所担心的是：这样的布局能不能有把握打破中原的僵持局面？是不是还有其他更积极、更大胆、更能震动敌人的方案呢？毛泽东又想到了由粟裕率领华东野战军三个纵队渡江南进这一着棋。本来，他是准备在1948年秋季中原战局基本上得到改善后再走这一步棋的，现在考虑要提前实行。周恩来、陈毅也同意这个设想。

设想虽然提出了，但对采取这样重大的行动，毛泽东下决心还是十分慎重的。1月27日，也就是前一个电报发出后的第二天，毛泽东又亲自以中央军委名义给粟裕发出第二份电报，再次下达命令，要他率领三个纵队渡江南进，执行机动作战任务。电报说：关于由你统率叶、王、陶三纵渡江南进，执行宽大机动任务问题，我们与陈毅研究有三个方案。即：甲，休整半月后立即渡江；乙，2、3、4三个月在中原地区歼灭一部分敌军，然后休整一个月再渡江；丙，按原议先在中原作战，于1948年秋季再行渡江。

这是一份仅限极少数领导人阅读的绝密电报，毛泽东要求"作极机密讨论不让他人知道"，并希望粟裕"熟筹见复"。在电报中，毛泽东分析了三个方案各自的利弊后指出："你率三纵渡江以后，势将迫使敌人改变部署，可能吸引二十至三十个旅回防江南。你们以七八万人之兵力去江南，先在湖南、江西两省周旋半年至一年之久，沿途兜圈子，应使休息时间多于作战时间，以跃进方式分几个阶段达到闽浙赣，使敌人完全处于被动应付地位，防不胜防，疲于奔命。"①毛泽东还同陈毅研究了准备成立东南分局，由粟裕任书记，叶飞、金明任副书记；准备组成东南野战军，由陈毅任司令兼政委，粟裕任副司令，邓子恢任副政委。

粟裕虽然有自己的想法，但他深知服从命令是军人的天职。在收到毛泽东电报后的第四天，也就是1948年1月31日，粟裕在同参谋长陈士榘、政治部主任唐亮共同研究后，回电中央军委和毛泽东，就一、四、六纵队的渡江时间提出了两个方案：一是三个纵队先北开陇海铁路附近休整一个半月，3月下旬即可出动；二是三个纵队仍先参加中原作战，3月中旬开始休整，5月中旬出动南下。"以上两案，以第一案为最好。"

回电中，粟裕还就渡江路线、渡江后留在中原各部队的作战方针等问题提出了自己的看法。

接到粟裕的电报后，中央军委再行仔细研究，复电粟裕，表示完全同意他提出的第一方案，在3月下旬出动。"渡江路线，争取走湖口当涂之间，或南京江阴之间。"

---

① 中共中央文献研究室编：《毛泽东年谱：1893~1949》修订本下卷，中央文献出版社2013年版，第272页。

就这样,一个重大的战略行动计划就决定下来了。也正是这一决策为以后的淮海战役战略决战、决策的形成做了准备。

但计划赶不上变化。到了1948年春季,中原战局出现了重要变化。

第一,由于刘邓军实行了集结和分遣相结合的灵活战略,加上华东野战军外线兵团和陈谢部的积极作战,不但基本上粉碎了白崇禧对大别山区的围攻,而且开辟了桐柏、江汉和沙河淮河之间的三个新解放区,拦腰切断了中原地区两条交通大动脉——陇海铁路和平汉铁路,攻克中原重镇洛阳,中原战局已逐步走向稳定。

第二,中原三军成功地保持了从豫北经过鲁西南、豫皖苏区通往大别山区和由晋南进入豫西、陕南这两条重要通道,使晋冀鲁豫解放区一部分军需物资和三万新兵得以补充在千里跃进大别山过程中损耗较大的刘邓军,使他们的战斗力逐步恢复,也保障了中原各军在此后的作战中能得到后方的支援。

第三,中原新解放区经过半年经营,特别是纠正了执行党的土地政策、城市政策、工商业政策中某些"左"的偏向后,各项工作逐步走上轨道,拥有三千万人口的中原新区开始得到巩固。

第四,解放军一部分主力进入中原并吸引国民党军部分主力回援后,坚持在内线的解放军乘机相继发动攻势,取得重大战果,尤其是西北野战军在宜川战役中一举歼灭胡宗南集团两个整编师近三万人,迫使胡宗南从中原战区抽调一个兵团回援西安;同时,由于苏北兵团的积极作战,也吸引了部分国民党军队从大别山东麓调往苏中地区,从而相应地减弱了他们在中原战区的兵力。

总之,解放军在中原地区已经渡过最困难的时期,逐步具备打大歼灭战的有利条件。中原战局的这些变化,引起执行跃进闽浙赣边计划的主要负责人粟裕的反复思考。[1]

---

[1] 中共中央文献研究室编:《毛泽东传:1893~1949》,中央文献出版社2013年版,第859页。

时年41岁的粟裕，在当时各战略区领导人中，是一位身经百战、有着丰富作战经验的年轻将领。他根据中央军委批准的方案，率一、四、六纵队从平汉铁路东侧的临颍地区北上，到达濮阳地区，准备经过一段时间整训后执行渡江南下的任务。同时，派出先遣小分队到预定渡江的地段先期侦察，并密切注视着不断变化中的中原战局。以往的作战经历使他熟知苏浙皖赣地区的地形条件，这种河流交错、稻田密布的水网地区对装备较重的第一、四、六纵队的机动作战很不利。同时，也考虑到大兵团远离后方作战，不仅在群众和地方工作上得不到较好的配合，而且在补给和伤病员安插上也有许多困难。

在江南地区作战，粟裕一点儿也不陌生。1934年，他随方志敏的红七军团北上，在江南地区长期坚持游击战争。1940年6月、1944年12月，粟裕曾连续渡江作战多次。他深知，红军抗日先遣队在皖浙赣边地区的失败，重要原因之一就是没有根据地作为依托。他还具体地分析了中原战区国民党军各部队的具体情况，认为他率领三个纵队渡江南进后，可以调动一部分国民党军队回防江南，但估计调动不了敌人在中原战场的主力第五军、第十八军和桂系主力第七军、整编第四十八师，这样，中原战局会在比较长的时间内继续呈现僵持局面，而难以实现预定的战略意图。战争在某种意义上说，是一种数学的竞赛。粟裕算了一笔细账，认为解放军三个纵队10万人进入江南后，在没有根据地作依托的条件下作战，减员必大又无法得到补充，必将陷入被动，且完成不了中央的战略意图。如果留在中原地区作战，以同样的代价可以歼敌3至5个整编师，这对打开中原战局将更为有利。

在陈毅去中央汇报的这段时间里，粟裕对渡江南下的利弊进行了反复思考，他常常拿着中央军委的电报认真阅读、沉思，在地图面前观察、测算，反复分析敌我兵力部署，力求寻找一种改变中原战局、发展战略进攻的最佳方案。经过一个多月的反复比较和思考，他逐渐形成一个主力暂不渡江南进而留在中原作战的构想。尽管构想有充足的根据，但他深知对一个中央已经确定并正在付诸实施的战略决策，是不宜轻易提出不同建议的，尤其是在当时中央正十分强调组织纪律性的情况下。

对中央军委、毛泽东如此重视的重大战略决策，连续提出自己的不同意见，粟裕当时的心情也是复杂忐忑的。"虽然我有以上的考虑，但要不要向中央提出建议，开始我是有顾虑的。主要是担心自己看问题有局限性，对中央如此重大的战略决策提出不同看法，会不会干扰统帅部的决心。"①

"不唯书，不唯上，只唯实"是粟裕的性格，但粟裕向来办事谨慎、稳重。因此，在濮阳休整期间，他先向刚从中央回来的陈毅做了汇报。4月1日，陈毅从杨家沟回到华野后，兴致勃勃地向干部传达了中央指示精神：中央的意图是"变江南为中原，变中原为华北，胜利就来了"。会议休息时，粟裕找到陈毅，汇报了自己的想法，希望中央改变已经决定挺进江南的战略决策。

粟裕的汇报，无疑让"稳渡长江遣粟郎"的陈毅大感意外。两人推心置腹地交流之后，陈毅接受了粟裕的建议。4月16日，粟裕又致电刘邓，报告了自己的构想。此时恰逢朱德前来检查指导工作，也鼓励他向中央如实讲出自己的想法。尽管得到了大家的支持，但粟裕清楚，毛泽东也不是轻易改变自己主张的人，更何况这是一个关系到全国胜利的战略决策。

4月18日，经过慎重考虑，粟裕终于鼓起勇气，以个人名义致电中央军委和华东局，全面详细地陈述了自己的想法。这一次，粟裕在电报中再次使用了"斗胆直呈"这个措辞。但不同的是，上一次写的是"陈"，这一次用的是"呈"。可见，粟裕当时的良苦用心。他1979年在接受采访时回忆说：古时候有这样的话，将在外，君令有所不受。我们只照抄照转上面的命令，这样下去非打败仗不可。高级指挥员不仅是熟练于在战役方面进行指挥，而且应该懂得一些战略问题。要研究战略问题，有三个方面，就是敌情、我情、民情。

粟裕的这份电报长达3000多字。在电报中，他首先充分肯定去年7、8两月先后转入外线以来取得的极大胜利，接着，详细地分析了华野三个纵队执行渡江南下方案后可能面临的种种问题和当前中原战局发生的有利变化，建议华野三个纵队暂不南下，以刘邓、陈谢及华野主力，依托后

---

① 粟裕：《粟裕回忆录》，解放军出版社2007年版，第429页。

方（陇海路北）作战，求得在最近有效地打几个大歼灭仗。他认为，组成"三线武装（野战军主力、游击兵团及远征游击队）依战局之进展向前推移，如能密切配合，则可能使战局得到较快与较大之发展"。粟裕是谨慎的，深知自己这个建议的分量。因此，在电报结束时写道："以上是职个人不成熟的意见，加以对政局方面情况了解太少，斗胆直呈，是否正确尚祈指示。我们对南渡准备仍积极进行，决不松懈。"

接到这份"抗命"电报，毛泽东深感震惊。从某种角度上说，粟裕的来电等于否定了中央军委和毛泽东刚刚下达的渡江南下的命令。此时，毛泽东抵达城南庄也才一个星期。他赶紧召集周恩来、朱德、任弼时等人一起商议此事。

在房间里，毛泽东大口地吸着烟，说："三个月前，中央决定由粟裕渡江南进，开辟东南各省，继续发展战略进攻，吸引国民党军队回师江南，以便减轻刘邓大军在中原的压力。可粟裕来电，建议不去江南，留在中原更好，你们是什么意见？"

对粟裕的来电，周恩来也十分震惊。向来谨慎的他对粟裕也十分尊重，冷静地说："主席，先不要着急。我的意见是，请粟裕立刻向主席当面汇报，讲清他的想法为好。"

"可以叫他来一趟嘛！"朱德也是这个意见。

巧合的是，就在接到粟裕电报的同一天，毛泽东也接到了刘邓在同一天发来的电报。刘邓在电报中表示，在粟部自身准备尚不充分和渡江有较大困难的情况下，自以"迟出几个月为好"。这样，粟部可以"加入中原作战，争取在半后方作战情况下多歼灭些敌人，而后再出，亦属稳妥，亦可打开中原战局"。

4月21日，中央军委电告陈毅、粟裕，让他们在4月25日至30日内向中央军委当面具体汇报，以便中央对行动方针做出最后决策，并把这个问题列入中央书记处扩大会议的重要议程，要求刘少奇、朱德、周恩来、任弼时等先做研究。

4月30日，陈毅和粟裕风尘仆仆地抵达了城南庄。毛泽东也就在这一天主持召开了中央书记处扩大会议。

粟裕来了，毛泽东大步走出门外，与这位湖南老乡长时间地握手，朗声大笑着，说道："我们的英雄回来了！欢迎你！"接着，他激动地说："17年了啊！有17年没有见面了吧？"

毛泽东的记忆力相当的好。没错，17年前，粟裕只有24岁，先后担任红十二军六十四师师长、红四军参谋长，参加过中央苏区五次反"围剿"，打了一个又一个胜仗。17年后，这位当年的"青年战术家"已经成长为担负战略区指挥重任的军事家，在解放战争中又打了许多令敌人闻风丧胆的大歼灭战。见到比自己小14岁的粟裕，毛泽东抚今追昔，激动之情溢于言表。他说："你们打了那么多漂亮的大胜仗，我们很高兴啊！你们辛苦了。这次要好好听一听你的意见哩！"

会议中，大家听取了粟裕的汇报。1979年，粟裕回忆了当年向毛泽东汇报的情形。他说："我带三个纵队下江南，其直接目的是要调动敌人跟着我们的部队去，而减少刘邓在大别山的压力。我考虑到，固然能够调动一部敌人，但是敌人的四个主力军，战斗力比较强的主力部队调不动，蒋介石不会把它调到江南，去跟我们打游击。在中原战场上这四个主力军调不动，就不可能减轻敌人对刘邓在大别山的压力。恰恰相反，我们这三个纵队也算是主力之一吧，我们恰恰在中原战场减弱了三个主力纵队。"

粟裕坦诚地讲述了自己暂缓渡江的全部想法，有理有利有据。说完，他抬头看看毛泽东。毛泽东坐在沙发中，微微侧身，夹在手中的烟头上燃着一截长长的烟灰。他深深地吸了一口，缓缓站起来，若有所思地说道："今天就谈到这里吧！"

当天晚上，受毛泽东所托，聂荣臻特意为粟裕安排了晋察冀文艺剧社演出的专场晚会。晚会结束后，毛泽东、周恩来等五大书记又坐在一起，深入讨论粟裕的建议。这一晚上，他们几乎通宵未眠。经过讨论，与会同志一致同意接受粟裕的建议，做出了粟裕兵团暂不渡江的决定。

5月5日，毛泽东在城南庄会议正在进行期间，为中央军委起草电报，指出："将战争引向长江以南，使江淮河汉地区之敌容易被我军逐一解决，正如去年秋季以后将战争引向江淮河汉，使山东、苏北、豫北、晋南、陕北地区之敌容易被我军解决一样，这是正确的坚定不移的方针。惟目前渡江尚有困难。目前粟裕兵团(一、四、六纵)的任务,尚不是立即渡江,而是开辟渡江的道路,即在少则四个月多则八个月内,该兵团加上其他三个纵队,在汴徐线南北地区,以歼灭五军等部五六个至十一二个正规旅为目标,完成准备渡江之任务。"①

毫无疑问,这是对重大战略决策所做的关键性的变动。根据这一决策,陈毅赴中原局工作,由粟裕任华东野战军的代司令员和代政治委员。显然,这一改变,对此后南线作战的整个进程,包括豫东战役、济南战役、淮海战役、渡江战役等,产生了深远的影响。作为第一线高级指挥员的粟裕,在经过深思熟虑后,敢于实事求是地大胆地对中央重大战略行动部署提出不同意见,是难能可贵的。作为最高统帅的毛泽东,能实事求是地重视并采纳部属的不同意见,根据实际情况果断地调整重大战略部署,也表现了高度的智慧和勇气。对需要高度集中的军事指挥来说,这可以说是决策民主化和科学化的典范。

城南庄决策,为中原会战擂响了战鼓!

在城南庄生活的日子里,毛泽东是开心的。

但在这里,毛泽东也经历了人生中的又一次危险。

5月18日,因晋察冀军区后勤部所属大丰烟厂副经理、特务分子孟宪德,勾结拉拢军区司令部小伙房司务长刘从文投敌叛变,向国民党保定和北平的特务情报机关报告了中共中央和毛泽东在城南庄的消息。这一天,两个特务偷偷地在毛泽东所住大院门外的路边秘密放置了玻璃片,用玻璃折射太阳光的方式向国民党飞机提供了坐标方位。两架B25轰炸机共投下5枚炸弹,只有一枚正落在毛泽东住所的小院子里爆炸了。毛泽东住的那两间小房子,门窗的玻璃都震碎了,一些鸡蛋也被弹片击中打碎,两个暖水瓶也被震坏,开水流了一地。

听到敌机轰鸣,正在吃早饭的聂荣臻立即放下碗筷,快步奔向毛泽东的房间。毛泽东是人人皆知的白天睡觉、晚上工作的"夜猫子"。等聂荣臻、赵尔陆和警卫排长阎长林等人赶到时,身穿蓝条毛巾睡衣的毛泽东躺

---

① 中共中央文献研究室编:《毛泽东年谱:1893~1949》修订本下卷,中央文献出版社2013年版,第308页。

在床上睡得正香。

毛泽东最不满意别人打扰他睡觉，睡意蒙眬，不耐烦地问："什么事嘛？"

聂荣臻很轻又很急切地喊道："主席，敌人飞机来了，请你快到防空洞去。"

"敌机丢了炸弹没有？"

"刚才是侦察机，没有丢炸弹。轰炸机一来，就会丢炸弹的。"阎长林说。

"给我点支烟吸。"毛泽东不紧不慢地说。这也是他的习惯，起床后要先抽上一支烟。

"主席，还是快点走吧。"大家催促道。

毛泽东坐起来，若无其事，十分镇静又风趣地说："不要紧，没什么了不起！无非是投下一点钢铁，正好打几把锄头开荒。"

"快！快！飞机来了！飞机来了！"就在这时，门外传来了江青急切的喊叫声。聂荣臻一听，心想：不能再延迟了，当机立断，让警卫人员取来担架。他向赵尔陆递了个眼色，便把毛泽东强行扶上担架。随后，阎长林、石国瑞、孙振国和李银桥等人一起七手八脚地架起毛泽东、一溜小跑地奔向屋后的防空洞。聂荣臻跟在后面，边跑边催促。毛泽东不想跑，说："放开我！莫要着急，它轰炸的目标是房子，我们出了院子就安全了。"刚刚到达洞口，身后就传来了轰轰的几声巨响，小院升起了一团团滚滚浓烟。

站在防空洞口，毛泽东笑着对聂荣臻说："看，我一来敌机就把你的大院轰炸了。"

聂荣臻哪里有毛泽东那么轻松，根本顾不上开玩笑，一脸凝重地催促说："主席，快到防空洞里去吧。"

"好。"毛泽东嘴上答应着，但依然站在那里没有挪动脚步。

聂荣臻又催道："主席，快进防空洞吧。"

"等一等，在这里保险，飞机的炸弹炸不到这里。在这里，我看他们丢炸弹最清楚。"

敌机飞走后，警卫人员发现院墙外还有一枚没有爆炸的炸弹。毛泽东知道后，说："对，我清清楚楚地看到，丢在那里的炸弹没有爆炸嘛。走，咱们看看去。"

阎长林说："不要去了，那有什么好看的。"

"你这样就不对了，你们能看，我为什么就不能去看呢？"毛泽东说。

"我们担心敌人丢的是定时炸弹。"

"是定时炸弹也不要怕。敌人怎么会知道我们现在去看炸弹呢？没有事，你们不要有那么多的顾虑。"

拗不过毛泽东，大家就陪着毛泽东去看。没走多远，就看见了院墙外有一个深深的大坑，没有爆炸的炸弹像死猪一样，一动不动地待在坑里面。

站在土坑边上，毛泽东笑着说："敌人不愿意叫我们在这里住，那就再搬个家吧，可惜，他们的目的没有达到，他们失败了。"

走到大院门口，阎长林指着哨兵对毛泽东说："在敌人丢炸弹的时候，我们警卫班的哨兵和带班的两个同志都一直坚守在岗位上，他们利用院内的流水沟作掩护，没有受伤。"

毛泽东信心满满地说："很好嘛。敌人没有什么可怕的，丢了几颗炸弹就跑了。看来，他们是没有炸弹了。如果他们的炸弹多，又发现了我们这个目标，就会把这里炸平。这样，他们才好到蒋委员长那里去领功受奖呀！这次来了几架飞机，才炸坏了两间平房，连个哨兵也没有炸到。这说明他们确实没有办法了，只能等着我们去收拾他们了。"

就在这天傍晚，踏着夕阳的余晖，毛泽东在聂荣臻的陪同下，转移到离城南庄20多里外的一个很隐蔽的小山村——花山村。

花山村依山傍水，一条小河穿村而过。在小河南面的山脚下，有几间宽大亮堂的平房。毛泽东在这个山清水秀的小村住了9天。

5月27日，毛泽东乘车离开花山村，抵达西柏坡，与朱德、刘少奇、周恩来、任弼时会合，在中共最后一个农村指挥所，开始指挥前所未有、闻所未闻的大决战……

# 第二章　翻　身

1

谁赢得农民，谁就赢得中国；谁能解决土地问题，谁就能赢得农民

"你对取得最后的胜利有过怀疑吗？"

"那就要看我们的土地改革工作完成得好不好。如果我们能够解决土地问题，那么我们就一定会胜利。"

一问一答。这场对话发生在1947年2月10日晚间，地点是延安。

问话者是美国著名女记者斯特朗。

没错！回答者就是毛泽东。

这天，斯特朗接到了周恩来的邀请，到杨家岭的礼堂去看戏。戏演完了以后，周恩来带着她走进山边的一个窑洞，那里已经摆好了一张桌子和几把椅子，还有茶和花生。

此时，国民党蒋介石挑起全面内战已经半年多了，在向解放区的全面进攻遭到失败后，改为向山东和陕北两个地区发起重点进攻。中共中央、毛泽东从敌我力量对比的实际情况出发，决定撤离延安。但毛泽东对中国革命充满信心，号召全党迎接中国革命的新高潮。他大胆地断言中国时局将要从全国范围的反帝反封建斗争发展到新的人民大革命的新阶段，现在是它的前夜。

毛泽东说："解放区的胜利越大，则高潮来得越快。"

这个时候，《大公报》主笔王芸生在政论周刊《观察》创刊号上发表《中国时局前途的三个去向》，指出中国的三个前途：第一，政治协商的前途，意即"由政治协议的路线过渡到民主宪政的大路，这是中国时局前途最好

的一个去向"；第二，南北朝的前途，就是以江淮为界，国共分治中国；第三,十月革命的前途，就是"国家大乱"，不过"中共现在还没有这么大的野心，因为他们的主观力量还没有那么大"。

尽管，这份中间派的报纸也同样认为蒋介石不可能统一全中国。不过，历史也证明，王先生对中国前途的三种去向的预测，一个也没有猜对。中国在经过1947年的大转折、1948年的大决战之后，于1949年合乎逻辑和历史规律地迎来了千年未有之大变局。

撤离延安之前，毛泽东没有忘记来延安采访的斯特朗，与她告别。毛泽东告诉斯特朗，中共愿意同国民党恢复谈判，条件是：双方恢复1946年1月10日停战协定时的实际控制区域；取消1946年11月由"国大"通过的"宪法"，恢复一年前各党派一致通过的政治协商会议决议。

当斯特朗获悉中共中央将要撤离延安时，立即表达自己也想跟毛泽东一起参加战斗。

"你肯定不能与我们一起到山里去。"毛泽东委婉地说，"你已经知道了外界需要知道的关于我们所有地区的情况，现在你应该带着这些情况走向世界，特别应该把这些情况带到美国去。"

"那我们什么时候还可以见面呢？"

"当我们再同外界取得联系时，大概需要两年的时间。到时，你还可以再回来。"毛泽东点燃一支香烟，不紧不慢地说，"你离开延安以后，一定会听到敌人传布的许多关于我们的所谓'暴行'的谣言。不过你一定记得你在许多地方看到过我们的部队，它是世界上最有纪律的部队之一。"

面对大兵压境，毛泽东谈笑风生，对军事斗争只字不提，在被斯特朗问及对取得最后胜利是否有过怀疑的时候，却转而提出了土地改革的问题，这的确让斯特朗感到特别的吃惊。

其实，土地改革问题始终是中国革命的核心问题。我们知道，在中国共产党领导的新民主主义革命史上，1927年8月至1937年7月的第二次国内革命战争时期，就被称为土地革命战争。旧中国是一个半殖民地半封建的大国，农民占全国人口的80%以上。土地制度极不合理，约占农村人口10%左右的地主、富农，占有约70%至80%的土地，借以残酷剥削广大农民，过着"寄生虫"生活。而人口约占90%的雇农、贫农、中农及其他人民，却总共只占有约20%至30%的土地，终年辛勤劳动，却缺衣少食，逃荒要饭，不得温饱。这种不合理、不平等、不正义的封建土地制度不进行彻底改革，广大农民得不到解放，中国的新民主主义革命就不可能取得胜利。因此，中国民主革命的基本问题是农民问题，而农民问题的核心是封建的土地所有制的改革问题。中国共产党、毛泽东正是紧紧地抓住了中国革命的关键问题和关键矛盾，也就抓住了开启革命胜利之门的钥匙。

11年前的1936年，毛泽东在陕北也同样接受了一位美国记者的采访。那是毛泽东第一次与美国记者打交道。出于信任，毛泽东还高高兴兴、原原本本地把"自传"和长征的故事告诉了这个名叫埃德加·斯诺的年轻人，后者则完成了巨著《红星照耀中国》，成为闻名世界的"记者之王"。

那时，毛泽东住在保安的一间破旧的石孔窑洞里，四壁简陋，只挂了一些地图，卧室的财物只是一卷铺盖，几件随身衣物。在斯诺眼里，毛泽东唯一的奢侈品就是一顶蚊帐。

7月19日晚上，毛泽东与斯诺在一支蜡烛闪耀的火光中，谈到了土地革命的问题。斯诺问毛泽东："在反对日本帝国主义的战争之后，国内最重要的革命任务是什么？"

毛泽东回答道："中国革命作为资产阶级民主革命的性质，有它最基本的任务，就是土地调整的问题——实现土地改革。参考一下目前中国的土地分配数目，就可以对农村改革的迫切性多少有个概念。在国民革命时期，我当时是国民党农民委员会（部）的书记，负责收集二十一个省区的统计数据。我们的调查显示出惊人的不平等，整个农村人口大概百分之七十都是贫农、佃农、半佃农和农业工人，大约百分之二十是耕种自己土地的中农，高利贷者和地主只占人口的百分之十左右，这百分之十里还包括富农和军阀、税吏等剥削者。百分之十的富农、地主和高利贷者总计拥有耕地的百分之七十多，百分之十二至百分之十五的土地掌握在中农手里，占百分之七十的贫农、佃农、半佃农和农业工人只占有全部可耕地的百分之十到十五［……］革命主要是由两大压迫者——帝国主义者和百分之十的地主及中国剥削者所引起。因此我们可以说在我们提出的民主、土地改革和反对帝国主义战争的新要求中,我们只遭到不足百分之十人口的反对,实际不到百分之十,也许只有百分之五左右,因为参加联合'反共协议'计划的这些成为卖国贼的中国人并没有超出这个数目。"

斯诺又问道:"为了统一战线的利益,苏维埃纲领中其他的内容已经在延缓,土地分配是否也有推迟的可能呢?"

毛泽东说:"如果不没收地主的地产,不满足农民主要的民主要求,就不可能为民族解放取得革命斗争的胜利而建立广泛的群众基础。为赢得农民对民族事业的支持,有必要满足他们对土地的要求。"①

"谁赢得农民,谁就赢得中国。谁能解决土地问题,谁就能赢得农民。"毛泽东的这句话,让斯诺明白了中国革命胜利的真谛。后来,他在自传《复始之旅》中这么写道:

> 亚里士多德在《政治学》中说:"无论何时何地,反抗的背后总是有要求平等的愿望。"当然,要求平等的愿望有多种形式。任何革命热情和活力都掺杂了人类的极为复杂的需求和愿望。但是,在始终存在着饿死的危险的东方,辘辘饥肠就足以使数百万穷人起来反抗富人。
>
> 共产党人从不把土地再分配看作是目的。但是,他们看到了,只有先进行"土地改革"才能使农民参加战斗联盟,继而支持他们的主要纲领。在理论和学说上,共产党仍然是无产阶级的政党,但实际上这些共产主义和知识分子成了三分之二的更为贫穷的农民的政党,而国民党同拥护它的地主结合在一起,是无法声称代表农民的。
>
> "我相信,"马克·吐温著的《圣女贞德回忆录》中的年轻侍从说,"总有一天,人们会发觉农民也是人。是的,是在许多方面和我一样的人。而且,我相信,总有一天,他们自己也会发觉——到那时候!嘿!到那时,我想他们会起来要求承认他们是

---

① [美]埃德加·斯诺:《红星照耀中国》,李方准、梁民译,河北人民出版社1996年版,第388—389页。

人类的一部分,而且麻烦事会因此产生!"

共产党人实际上成了一支流动的、武装的、无处不在的宣传队伍,在亚洲数十万平方英里的土地上传播其主张。共产党人使亿万农民首次接触现代世界;他们为青年妇女——她们自始至终是共产党的争取对象——开辟了前所未闻的个人自由和重要作用的新前景。他们答应给穷苦农民分土地,使他们免遭苛捐杂税、高利贷、饥饿和家破人亡之苦。他们要建立一个为每个人提供均等机会的新国家,这个国家以共同劳动、共同享受为哲学基础,没有腐败的现象,为普通百姓谋福利。中文"共产党"字面上的意思是"共享财富的政党"。

开始的时候,这把火在中国燃得慢,但也扑灭不了,其原因是交通落后,缺少公路、铁路和桥梁。由于交通落后,就有可能在先是由外国列强控制,后来由国民党统治的现代工业中心之间的广阔地带建立起武装斗争的根据地。在内地,共产党能够指出农村怨声载道的症结所在,进行领导,激发起新的愿望,并建立起一支为他们的目标而战斗的军队。他们切实分配了土地,消除了一些最不平等的现象,推翻了乡村中豪绅的统治体系,而不为自己谋利,这时,农民就接受了共产党,并且最终同他们联合了起来。

农民过去从来不知"政党"为何物,而共产党却真的希望他们成为"党员",这对农民们来说也是新奇而又有号召力的。因此,他们开始把共产党看作是"我们的"党,还有什么可奇怪的呢?尽管分得土地的农民后来不仅要承担其作为一个阶级要解体的重负,还要担负起革命战争和建设社会主义的重担;尽管父辈分到的土地后来又并入了儿辈的集体农庄,这些都无关紧要。重要的是,人们已发现"农民是人民"而且是和党联结在一起的。农民曾经从宗族制度那里得到保护,这个制度由于工业经济的冲击被粉碎了,他们因而失去了保护,如今是由党取代宗族制度保护他们。

二千二百年前，著名哲学家荀子说过："君者，舟也；庶人者，水也。水则载舟，水则覆舟。"

"我们是鱼，"荀子的后裔——现代共产党人说，"人民是水，我们的生命离不开水。我们不骑在他们的头上，我们和他们鱼水相依。"他们把这作为口号提了出来，而这些口号农民是能接受的。[①]

斯诺对共产党土地革命政策的分析，是令人信服的。作为世界上最大的农业国家，土地是中国农民的命根子。千百年来，处于封建半封建制度下，中国农民最大的愿望就是拥有自己的土地，成为土地的主人。

"三十亩地一头牛，老婆孩子热炕头。"这是中国农民对美好生活的向往。在中国农村土生土长的毛泽东深深懂得农民的渴望和诉求，所以才能一针见血地指出："中国革命的中心问题是农民问题，而农民的中心问题是土地问题。"

也正是因为抓住了中国革命的核心问题，毛泽东才创造性地走出了"农村包围城市"的革命道路。

1945年4月24日，毛泽东在中共七大所做的书面政治报告《论联合政府》中，就土地问题曾经说过这样一段意味深长的话："孙中山是中国最早的革命民主派，他代表民族资产阶级的革命派、城市小资产阶级和乡村农民，实行武装革命，提出了'平均地权'和'耕者有其田'的主张。但是可惜，在他掌握政权的时候并没有主动地实行过土地制度的改革。自国民党反人民集团掌握政权以后，便完全背叛了孙中山的主张。现在坚决地反对'耕者有其田'的，正是这个反人民集团，因为他们是代表大地主、大银行家、大买办阶层的。中国没有单独代表农民的政党，民族资产阶级的政党没有坚决的土地纲领，因此，只有制订和执行了坚决的土地纲领、为农民利益而认真奋斗、因而获得最广大农民群众作为自己伟大同盟军的中

---

① ［美］埃德加·斯诺：《复始之旅》，宋久等译，新华出版社1984年版，第208—210页。

国共产党,成了农民和一切革命民主派的领导者。"①

在七大上,毛泽东在讲到路线问题时指出,就是要放手发动群众,壮大人民力量,其中一个很重要的问题是农民问题。毛泽东说,中国的战争,就是人民战争,农民战争。中国的革命,就是农民革命。如果忘掉农民,你即使读上100本马列主义的书也不管用。在实际工作中,农民是我们党领导的新民主主义革命的主力军,我们的工作对象都是农民。公粮、军需、参军,都必须依靠农民。但他同时强调,不能把党和农民混合起来,不然就不是马克思主义者。

民以食为天。

耕者有其田。

中国共产党和毛泽东把根扎在中国的土地上,带领农民挖掉千年穷根,谋温饱谋幸福,从而成为中国革命的领导者。

1946年4月,薄一波、邓子恢、黎玉到达延安,参加刘少奇主持的汇报会。在会上,他们反映在深入减租减息的运动中,若干地区展开了清算斗争,农民利用清算租息、清算负担、清算抢掠和霸占、清算黑地和挂地、清算劳役及其他剥削等方式方法,使地主以土地偿还农民,地主土地大量转移到农民手中,实际上等于开始实行土地改革。刘少奇听取汇报后,认为各地各搞各的,须要有一个统一的政策,应发一个指示,以便各地有所遵循。于是,由刘少奇主持,薄一波、邓子恢、黎玉参加,胡乔木执笔,起草了《中共中央关于土地问题的指示》。这一文件经毛泽东修改后,在5月4日的中共中央会议上批准通过,所以又称作"五四指示"。

"五四指示"的通过,标志着中共的土地政策从实行减租减息向实现耕者有其田的新阶段过渡。"五四指示"强调解决农民土地问题是"目前最基本的历史任务,是目前一切工作的最基本的环节","坚决拥护群众在反奸、清算、减租减息、退租退息等斗争中,从地主手中取得土地","使各解放区的土地改革,依据群众运动发展的规模和程度,迅速求其实现"。

针对各阶层对待农民运动的不同态度,特别是党内存在的认识分歧,

---

① 中共中央文献研究室编:《毛泽东在七大的报告和讲话集》,中央文献出版社1995年版,第71—72页。

"五四指示"要求各地党委在广大群众运动面前，要有"五不怕"精神："不要害怕普遍地变更解放区的土地关系，不要害怕农民获得大量土地和地主丧失土地，不要害怕消灭农村中的封建剥削，不要害怕地主的叫骂和诬蔑，也不要害怕中间派暂时的不满和动摇。相反，要坚决拥护农民一切正当的主张和正义的行动，批准农民获得和正在获得土地。"对于各种反动和错误的认识和言行，"五四指示"明确地指出了党的态度："对于汉奸、豪绅、地主的叫骂应当给以驳斥，对于中间派的怀疑应当给以解释，对于党内的不正确的观点应当给以教育。"

作为一个过渡性的文件，"五四指示"要求在土地改革中组织和领导反封建的统一战线，必须在不损害多数农民根本利益的前提下，照顾统一战线内各阶级的经济利益，以便率领他们同封建土地制度做斗争，或者减少斗争中的阻力。在坚决支持农民土地要求的基础上，"五四指示"明确规定了18条原则，主要包括：决不侵犯中农利益、一般不变动富农土地、区别对待大中小地主，反对乱打乱杀、保护工商业、团结知识分子和党外人士等。

全面内战爆发后，各中央局和中央分局、解放区各级政府积极贯彻落实"五四指示"，抽调了大批干部组成工作队奔赴农村，广泛发动农民群众，进行土地制度的改革运动。这次土改运动的中心内容是发动并依靠广大农民群众，通过反奸、清算、减租、减息等方式，从地主手中获得土地，实现"耕者有其田"。当时的土地改革取得了很大的成绩。仅在1946年下半年的时间里，晋察鲁豫区、东北、苏皖解放区都有半数以上的农民获得了土地，陕甘宁边区未经土地改革的地区也在1947年基本上完成了发行土地公债、征购地主超额土地分给无地少地农民的任务。经过土地改革，各解放区农民的生活普遍改善了，生产积极性也大大提高了。广大解放区农民革命热情高涨，掀起了参军支前的高潮。仅1946年10月，全解放区就有30万农民参加了解放军。实践证明，"五四指示"所规定的政策是稳妥的、正确的。

毫无疑问，无论在公开场合还是在相对秘密的党内文件中，中国共产党、毛泽东始终坚信，只有经过土地改革，他们才能充分动员农民，在与国民党的斗争中赢得人民群众最大的支持。1946年9月14日，新华社曾经发表过这样一篇评论，准确地表达了实行土地改革的重大意义：

> 过去100年的经验表明，中国人民的民主解放运动之所以会失败，因为它只是极少数人的事。只有在实现"耕者有其田"，真正解放占中国人口80%的农民之后，自由解放运动才能有更坚实的基础，经受住严峻的挑战。在抗战期间，解放区的农民三次要求实行"耕者有其田"。抗战胜利后，他们第四次提出了土地要求。现在，中共中央委员会同意农民的这一合理要求，同时确保地主也能过上较为体面的生活。"耕者有其田"的实行极大地加强了人民解放军的力量……蒋介石接受了美国的大量援助，如果中国共产党不同意农民的这一要求，中国人民争取独立、和平和民主的运动有可能再次遭遇1927年那样的失败。①

也就在共产党通过新华社发布这篇社论，公开表明自己的土地改革决心的时候，第八届中国农业协会年会一个月后在上海召开了。

中国农业协会是一个无党派团体，成员大约有4000人，它的宗旨是促进中国的农业发展、民主和国家现代化建设。但在1946年10月召开的这次会议上，各党派团体的代表对农村问题——中国落后的农业水平和农民的极端贫困——用今天的话说就是"三农"问题，他们的看法和处理意见产生了明显的分歧。一部分人坚持认为，总体而言，城乡关系和农村社会经济体系在本质上是具有剥削性的；另一部分人则主要关心农业的生产技术问题。左翼人士持前一种观点，右翼人士持后一种观点，自由主义者则是分别对这两种观点各表达了一部分的赞成，他们一般都支持"耕者有其田"原则，但在内战期间，地主和农民的关系问题并没有引起他们同等程度的关注。

来自社会部、上海市社会局、国民党中央总部以及国民党上海市党

---

① ［美］胡素珊：《中国的内战：1945—1949年的政治斗争》，当代中国出版社2014年版，第206页。

部的代表们阐述了政府的农村政策。国民党上海市党部代表的发言显示出十足的愚昧无知，他们扭曲了政府最开明的政策。一位绅士情绪激动地坚称，中国的农村没有任何冲突。他声称，和习惯待在家里甚至不知道邻居姓名的城市居民不同，乡下的人情味要重得多。即使是地主和农民，也相互之间保持着友好的关系。而且，城市知识分子从来不能肯定，他们关于农村情况的分析是否是正确的。这位绅士主张教育农民，使他们对自己有一个正确认识。国民党的主要观点是，只要改进农业生产技术，就能解决中国的农村问题。国民党代表特别提到了共产党，谴责后者采取暴力解决农村问题以及出于政治目的操作农村问题的做法。这些发言与其说代表了国民党的官方政策，不如说反映了人们对国民党政策实施状况的普遍态度。

与此相对应的是，共产党代表华岗声称，农业改革是工业化的先决条件，改变生产关系是农业改革的关键。提高生产力和农业技术首先必须改变一小部分不从事生产的人拥有大部分土地和控制广大农民的"封建的生产体系"。中国农民之所以贫困，技术之所以落后，是因为他们的收益都以高额地租、利率、政府限价以及不合理税赋的形式落到了地主、放债者、商人官员的口袋里。

在会议上，华岗列举了共产党为实现农村改革在解放区已经实施或正在实施的实际方法。在抗日战争时期，为了建立联合国民党的抗日统一战线，共产党放弃了土地改革，采取了较为温和的政策和方法，它们包括：减租25％、征收单一的累进税、提供低息农业贷款、鼓励富农从事生产劳动、开荒增产、增加棉花种植面积、通过组织劳务交换和劳务小组协调劳动力的使用、促进农村文化和教育活动。抗日战争结束后，解放区用更为进步的政策取代了减租政策，即完全废除地租并将土地所有权转交给实际耕种土地的农民。完成土地所有权转移的具体途径是：共产党没收中国最后一个王朝（清代）占据的土地；没收日本人和汉奸在抗日战争期间强占的土地；没收所有被强行或非法占有的土地及为逃避税收未登记的"黑地"，然后将这些土地分配给农民。地主被要求对农民进行赔偿，因为农民是各种封建剥削的受害者。那些由于无力支付借款而失去所有权的土地被归还给原主。不仅如此，一些地主自愿将土地所有权转让给佃户，延安当局正在考虑对地主进行赔偿的方案。毫无疑问，共产党正在进行华岗所描述的土地改革。而当时聚集在华北和东北国民党控制城市里的大量失去土地和财产的地主家庭，也印证了华岗的发言。

没有什么能比中国农业协会上国共两党代表的发言，更清楚地显示国共两党在农村政策以及具体做法上的区别了。的确，国民党代表对共产党最尖锐的批评是后者利用农村问题为自己谋取政治优势。但那些真正了解共产党在农村做法的人毫无疑问也了解这种做法的政治意义，无论他们本人持怎样的政治立场。在知识界的观察者看来，土地改革使共产党能够"在农村扎根，并发展壮大"。说得更明白一点，正是因为土地改革，共产党才能有效地完成以下三个重要任务——征粮、征兵和保卫根据地。

1947年2月1日，在鲁南战役结束之后，毛泽东在中央政治局会议上第一次明确指出中国革命的新高潮快要到来了。他为中共中央起草了《迎接中国革命的新高潮》的党内指示，在会议结束时，毛泽东再一次发言，提出要"使一切没有土地的人有土地"。他说：土地政策是不是可以早几年解决？可以的。"现在解决也可以，如果太迟，要犯很大错误。"

2
改变几千年来的土地关系"真跟推倒一座大山一样不容易"

1947年3月31日，中共中央枣林沟会议一结束，中共五大书记就在这里兵分两路：一路由毛泽东、周恩来、任弼时率中央机关和人民解放军总部留在陕北，主持中央工作；一路由刘少奇、朱德、董必武组成中央工作委员会，以刘少奇为书记，前往晋绥西北或其他适当地点，进行中央委托的工作。

随着西北和山东战场的节节胜利，人民解放战争转入战略进攻的新形势，要求解放区更加普遍地开展土地制度的改革运动，以充分调动广大农民革命和生产的积极性，使正在向胜利前进的解放战争在政治、经济和文化上获得源源不断的人力、物力支持。

与此同时，刘少奇也一直没有停止中央确定于5月份召开的全国土地会议的筹备工作。3月19日，也就是中共中央撤离延安的第二天，他就为中共中央发出了致各中央局、分局电。电报称："延安情况紧急，五四土地会议之地点及日期，恐须看以后情况之发展再行决定。望各位出席会议代表暂在原地待命，待中央通知后再起身，但东北代表应即起身到山东或晋察冀待命。"

3月31日下午，毛泽东一行自枣林沟出发，到达绥德县田庄村路口，大家稍作休整之后，毛泽东、任弼时抛开汽车，率"昆仑纵队"向西徒步行军；刘少奇、朱德则率中央工委乘车向东，于次日凌晨在绥德县城南约35公里处的石咀驿渡过黄河。4月2日，刘少奇一行到达黄河东岸的晋绥解放区的临县三交镇双塔村。在这里，刘少奇、朱德与周恩来、贺龙、董必武会晤，半小时后，周恩来即乘车西去回陕北与毛泽东会合。

4月4日，刘少奇、朱德致电毛泽东、周恩来、任弼时，向中央报告了中央机关人员转移的安排情况：从延安出发，中直、军直共5500人，留河西者700人，留晋西北及少数去五台工作者约1000人，决定去太行者3800人，第一批行军走3000人，其余陆续走，并决定经五台山前进。

中央工委这支小分队除了刘少奇、朱德两位中共中央政治局委员、书记处书记之外，还有康克清（朱德夫人）、徐冰（邢西萍，刘少奇秘书）、张晓梅（徐冰夫人）、黄华（王汝梅，朱德秘书）、何理良（黄华夫人，俄文翻译）、潘开文（朱德机要秘书）、齐明臣（朱德的卫士长）、米里尼科夫（苏联内科医生）等。他们沿着山西北部山区向东前进，走过吕梁山、五台山、太行山这些高山峻岭，经过岢岚、五寨、宁武、崞县、五台，到达晋察冀解放区的首府河北省西部的阜平县城南庄，前后共走了20天。

在晋绥，大家看到为抗日做过贡献的老根据地的农民特别贫穷困苦，十分心疼。有些人家五六口人共用一条被子，有些人家四五口人只有一条裤子，谁出门就谁穿。后来曾任新中国外交部部长的黄华回忆说："我们走过的这一带真是中国最贫穷的地方。我本以为陕北是中国的首穷，但晋北有些地方比陕北还穷。我们过了同蒲铁路之后，到了崞县，有一天晚上,住在一个山上的小村子里过夜。老百姓都好奇地挤上前来看我们,问这问那。早春的山区还相当冷,冰雪还未融化,我们看到村民中有一个不怕生,看上去聪明伶俐的小姑娘,十岁左右。她只穿着半截土布单裤,披着一块破碎的羊皮,脚下是破旧的鞋片,脸、手和脚又脏又黑。她对我们说,她难活哩,希望我们带她走。我对她说:你能不能洗洗脸?等了一会儿,一个脸蛋干净漂亮的小姑娘在我们窗口外出现了。她长着一对乌黑明亮的大眼睛,双颊红润,真是可爱。她想要跟我们说许多话,我们就到她家里坐了一会儿,了解到她的父亲是煤矿工人,是从内蒙古那边到这里来落户的。我看到她家除了几个存粮食和腌菜的大缸和炕上两条发黑的被子外,什么都没有。因为战争,因为地主和煤厂老板的剥削,这些赤贫人民的生活实在太苦了。我感慨万千,泫然欲涕。何理良手头没有什么可给她的,只找到了一块约三尺长的包衣服兼做枕头的白布给了她,她高兴地拿走了。第二天早上,她穿着那块布做成的裰子来看我们,说是她姐姐连夜给她缝好的。最使我吃惊的是,当地一个年轻姑娘对我那红宝石色的赛璐珞牙刷把儿很感兴趣。我问她要这个干什么,她说,她想把它磨成耳坠子,戴上好看。哎呀!我真没有想到,这么贫困的生活条件也未能打消女孩儿的爱美之心!当我把牙刷把儿掰断给她的时候,她脸上泛出了特别喜悦的表情。"[1]

一路上,刘少奇、朱德访贫问苦,搞好调查研究。每到一地,他们经常利用晚上的时间召集当地的党政干部开会,调查研究农民的土地占有情况和存在的问题。到了晋察冀,因为土地改革已经展开,每个村子都成立了贫农会,斗地主、分田地、挖浮财。调查中,他们发现因为对划分阶级成分等政策问题不明确,一些地方发生了不少伤害上中农的情况,对地主、富农和工商业者也出现了过"左"的行为,许多村子很不安宁。

在晋绥六分区,刘少奇、朱德在听取地区党、政、军领导汇报后,严肃地指出:我们是共产党,是为人民服务的,对人民的疾苦不能不过问,不能不为他们解决那些实际困难。我们了解到个体商贩把山上的土特产运

---

[1] 黄华:《亲历与见闻:黄华回忆录》,世界知识出版社2007年版,第75—76页。

到山下换回一些食盐、布匹上山，你们发现后，不仅不能表示理解和支持，相反还将他们的东西予以扣压、没收。你们的这种做法，人民能满意吗？百姓们能没有意见吗？阎锡山在山西统治了几十年，压榨人民，不顾人民的死活，成了有名的"土皇帝"，所以人民才起来反对他，打倒他。我们共产党如果不为人民服务，不给人民办实事，不给人民谋幸福，时间一长，人民也会同样起来反对我们的。

离开晋绥六分区，越过同蒲铁路就进入晋察冀解放区了。这一天，中央工委小分队在行军中发现，每隔三里五里就能看见一个开水站，不仅有开水，还有煮熟了的鸡蛋，一盘一碗地放在桌子上。每当他们路过开水站时，就有大娘大嫂端着一碗碗开水请他们喝，捧着一个个鸡蛋让他们吃，好像欢迎打了大胜仗的解放军从前线凯旋归来一样。随行的警卫、通信人员一边走一边小心地议论着："这可能是欢迎中央首长来晋察冀指导工作吧？"晚上，到了宿营地，只见村口搭着松柏树枝彩门，街道打扫得干干净净。

吃过晚饭后，中央工委小分队各党小组突然收到了刘少奇、朱德的指示：立即召开支部党员民主生活会，内容就是一个——今天行军路上吃没吃群众的鸡蛋？凡是吃了鸡蛋的，在小组会上要检讨，作自我批评。

原来，刘少奇、朱德在白天行军时看到沿路的开水站和送鸡蛋的情况后，就在思考为什么有这么多开水站，还有那么多鸡蛋。他们在路上就作了深入的调查研究，体察民情，发现了问题。到了宿营地后，他们立即把县领导找来汇报，县领导竟然还说是群众自愿的，是群众欢迎首长的一片心意。听完汇报，刘少奇和朱德十分生气，当面严厉批评道："什么自愿？是你们以任务的名义布置到各村，每户交两个鸡蛋，没有喂鸡的，也要买两个交上。一路上设了那么多开水站，还搭彩门，欢迎谁呀？我们之间只是分工的不同，但都是共产党员，都是人民的勤务员，你们这样做人民群众是不赞成的，形式主义是脱离群众的，影响很不好。"

4月26日下午，刘少奇、朱德一行30余人安全到达城南庄。短暂停留之后，在5月3日，由晋察冀中央局副书记、军区政治委员刘澜涛陪同，到达平山县封城村，与晋察冀军区司令员聂荣臻、副司令员萧克、政委罗瑞卿会面。在这里，当刘少奇、朱德谈起中央工委准备进发太行山区时，聂荣臻热情要求，希望中央工委留在晋察冀。刘少奇、朱德商议后同意，遂致电中央。5月10日，中央复电同意中央工委留在晋察冀工作。随后，经过安子文、廖承志等到实地勘察后，最后选定中央工委驻地为平山县西柏坡村。

进驻西柏坡后，中央工委对外称"工校"，刘少奇因化名胡服就称"胡校长"，朱德就称"朱校董"，但乡亲们却习惯称呼他们叫"大先生"。

来到西柏坡后，刘少奇继续为筹备全国土地会议而奔忙。经过一系列的调查研究和准备工作之后，召开全国土地会议的条件已经成熟。5月31日，中央工委以刘少奇、朱德联名向各中央局发出通知："全国土地会议急需召开，兹决定七月七日在晋察冀之平山县开会，望各地赴会代表于七月七日以前到平山报到。"通知还要求各区除区党委代表到会之外，各地委也可以出席一个代表。

在筹备会议的过程中，由于工作太过繁忙，刘少奇几次胃病复发。毛泽东对刘少奇的身体状况十分关心。6月14日，毛泽东致电刘少奇、朱德："少奇身体有进步否，望安心休息一个月，病愈再工作。"在这份电报中，毛泽东还对当前的政治、军事形势做出了分析，并对中央工委当前的工作做了进一步的明确，主要是如下三项任务：

> 就全局看，本月当为反攻开始月份，你们在今后六个月内如能：（一）将晋察冀军事问题解决好；（二）将土地会议开好；（三）将财经办事处建立起来，做好这三件事就是很大成绩。

在这里，毛泽东把土地改革问题列入中央工委当前需要解决的三件大事之一。接到毛泽东的电报，刘少奇心情非常激动，郑重地对朱德说："我感到我们的责任太重大了，要推翻几千年的封建制度，要改变几千年来固有的土地关系，真跟推倒一座大山一样不容易。"

中共在不同时期，适时调整了土地政策。土地革命时期提出了"没收地主土地分给农民"，农民喊出了"打土豪，分田地"的口号；抗日战争时期，调整为"减租减息"；蒋介石挑起全面内战之后，颁布了"五四指示"，宣布"坚决拥护农民从地主手中获得土地，实现耕者有其田"。现在为了夺取解放战争的胜利，为了克服"五四指示"中的一些历史局限性和不彻底性，刘少奇受中央委托，筹备召开全国土地会议，制定《中国土地法大纲》，彻底解决土地问题。为了筹备这次会议，刘少奇没有把毛泽东和朱德劝他多休息的话放在心上，而是全身心地投入到筹备工作中去。

7月10日，刘少奇向中共中央、毛泽东报告了全国土地会议的准备情况："我病已痊愈，身体恢复，可以工作。全国土地会议，只待晋绥及陕甘宁代表到达，即可开始。"

按照会议要求，参加全国土地会议的代表共有110人，他们分别从东北、山东、陕甘宁和晋绥等解放区赶往河北平山。他们当中极少数是乘坐汽车，大多数都是骑马或步行，穿过敌人的封锁线，经过千辛万苦的跋涉赶到西柏坡的。

七月流火，正是盛夏，烈日炎炎，酷暑难当。7月17日，全国土地会议在西柏坡开幕了。会场设在西柏坡村西头恶石沟东端的一处废弃的地基上。这块空地平时被农民用来做打麦场，工作人员利用周围的几棵树搭起了一个布棚子，在中央整出一块高于地面的地方作为主席台，上面再放上三张条桌，铺上毡布，又搬来几张长凳，供开会时领导讲话和记录员记录使用。参加会议的代表每人发一个小板凳，开会时自己带来，散会时自己带走。小板凳没有那么多，有的代表只能就地取材，用石块、砖头当凳子。

实在太简陋了！负责会场布置的李长有觉得自己工作做得不够好，就赶紧向刘少奇和朱德请示一下，是否再去借些凳子来让会议代表坐。见到两位首长，李长有小心翼翼地问道："胡服同志，这场上是否再放些桌凳，要不，代表们在哪儿坐，在哪儿记呢？"

农村条件有限，村子里也不可能找到这么多桌子和凳子。刘少奇坐在会场边的一块石头上，然后拍了拍自己的双膝，对李长有说："可以以石头作凳，以膝当桌嘛！"

朱德笑着说："小鬼，你要能弄来那么多桌凳当然好。可是我们没有，用一张桌子也要向老乡借。能开会就行了，能不麻烦老乡，就不要麻烦老乡了。"

会议开始了。刘少奇主持。他站在会场中心土台子上的那张条桌后面宣布开会，他的身后放着一把他从办公室带来的木躺椅。记录员坐在两侧的桌子上记录。卫士给朱德借来一把木板椅，他接过来放在自己的面前当作了桌子，一屁股坐在地上的石块上，埋头认真做笔记。台下的代表们有的坐在小板凳上，有的坐在石块上，有的坐在木墩儿或草墩儿上，有的就干脆席地而坐。座位高高低低，个头大大小小，没有会标，没有标语，没有口号，没有座次，也没有奏乐，没有热毛巾，更没有倒开水的服务员，会场简陋得不能再简陋，程序简单得不能再简单。就在这露天的山沟沟里，在大山的怀抱中，在中国一个普通得不能再普通的田野上，中国共产党人经过几十年的探索、几百天的准备，进行着前所未有的挖断千年穷根的伟大事业。

刘少奇开门见山地说："'五四指示'到现在一年多了，许多地方的农民要求一部分得到了满足，还有些地方不彻底，有些地方的农民并没有起来要求，经过我们发动才有了这个运动。这个运动一年多是轰轰烈烈的，有了很多经验"；"根据群众运动的实践经验来校正我们的'五四指示'是否正确，并制定出一个新的指示交给人民，这个时机已经成熟了。中央为了这个任务召集这个会议，跟各地做实际工作的同志商量商量，共同制定一个新的指示，经过中央批准向全国发布"；"同时也讨论与土地问题有关联的其他许多问题，这是我们会议的目的，会议的任务"。

全国土地会议从7月17日开始，到9月13日结束，历时两个月。这是一个伟大的创举，要知道，这是在战争环境下进行的。

会议分成两个阶段，第一个阶段是从7月17日至8月31日，为汇报讨论阶段。会议代表学习了印发的《马恩列斯论农民土地问题》和中共历次关于农民土地问题的若干文件。同时还集中半个月的时间，各地代表汇报和交流"五四指示"实行以来土地改革和整党工作的情况，着重介绍经验，找出土地改革不彻底的原因。讨论主要集中在党内问题和农民组织、民主问题上。刘少奇每天都要与各地代表进行座谈。会谈前，刘少奇都叮嘱李长有等身边工作人员："跟代表们说话要和气，不能和下命令一样，就说

'少奇请你们到他那里去坐坐'。"

因为工作忙碌，刘少奇的胃病又犯了，痛得厉害。会议期间，他一直抱着一个暖水袋，捂在肚子上。有一次，他坐在主席台上，疼痛难忍，头上冒出了豆大的汗珠，朱老总和与会者劝他休息，他微微一笑，继续坚持着开会。食堂要给他开小灶，他一口拒绝，说："晋察冀边区的经济困难，不能浪费，要节约粮食，支援前线。"有一次，李长有看见刘少奇忙得废寝忘食，就自作主张让伙房给他熬了一碗大米粥，炒了一盘萝卜丝。刘少奇一看，问道："我们饭堂有稻米吃吗？"李长有笑着说："胡服同志，你没见打谷场上成垛的稻子，村边那望不到边的稻田，滹沱河沿岸可富着呢！现在有的是大米吃，还少你一碗粥！"刘少奇这才端起碗，把大米粥喝了，一盘萝卜丝也吃得好像是山珍海味一样，特别的香。吃完了，他轻轻地在腹部按摩了一下，也没再皱眉头，而是愉快地点起一支香烟。

7月21日至23日，就在刘少奇主持的全国土地会议开幕之际，毛泽东在靖边县小河村召开了中共中央扩大会议。毛泽东在讲述了作战问题之后，提出了一个他考虑很久的问题。他说：对蒋介石的斗争，计划用五年来解决，从过去这一年的作战成绩来看，是可能的。于是，他把加强统一战线作为一个重要的问题提了出来。

针对中共党内有些同志存在着的一种错误看法，即以为解放战争时期的人民民主统一战线的社会基础不如抗日战争时期那样广泛了，毛泽东在会上深刻指出：日本投降后，我们同蒋介石进行了和平谈判，这是必要的。虽然没有达到政治解决问题的目的，但确实教育争取了群众，扩大了统一战线。现在统一战线的成分有了变化。减少了一部分，增加了一部分。减少的是解放区的地主，因为现在我们要进行土地改革。但是南方的地主却因为征兵征粮首先同蒋介石闹翻，同我们还没有决裂。增加的中间派，这些人在抗战时期更加相信蒋介石，现在和我们共同抵抗蒋介石，这是十年内战时期所没有的。坚持土地改革不至于吓跑民族资本家，但如果不坚持土地改革，势必丧失了农民，丧失了战争，最后也会丧失民族资本家。土地改革应采取平分的方针，地主不要多分，但不能不分。在城市中，我们是打倒官僚资本而保护民族工商业。

在会议的最后一天，毛泽东又着重谈了土地改革问题。他充分肯定了"五四指示"的正确方面，但也指出了它的某些方面的不彻底性。毛泽东说：我们的土地政策，今天可以而且需要比"五四指示"更进一步。平分是原则，但按情况可以有某些伸缩，如对一些爱国民主人士；但对共产党员不应例外。中农土地应该不动；在群众大潮流中，如果中农同意，富裕中农拿出少许土地是许可的，但不能正式写在文件上。军队打出去时，在新区与其没收土地，不如按阶级路线摊派缴税，暂时利用旧机构有时也是需要的，如果立即实行耕者有其田，势必成为强迫群众去做。

毛泽东在"小河会议"的讲话，给刘少奇正在西柏坡主持的全国土地会议指明了原则和方向。8月29日，新华社发表了经毛泽东修改审定的社论《学习晋绥日报的自我批评》，第一次公开明确地提出了"彻底平分土地"的原则，使无地少地的农民得到土地、农具、牲畜、种子、粮食、衣服和住所，这是战胜敌人的最重要的保证。

以新华社的这篇社论在9月1日见报为标志，全国土地会议进入了第二阶段。9月4日，刘少奇立即做报告，要求与会全体代表郑重对待这篇社论，认真考虑平分土地的问题。于是，整个会议的中心转入对平分土地问题的讨论。以青年会议代表身份出席全国土地会议的李新回忆说：

> 刘少奇8月中的报告中，还是认为大体平分就行了，不要去动中农的土地。可是在9月4日的报告中，刘少奇放弃了原来的提法，强调彻底平分，根本不提中农问题。而彻底平分，就一定要触动一部分中农，这是不言而喻的。从此，讨论的中心转入如何彻底平分的问题。是打乱平分呢，还是在个人原有土地上填平补齐？对地主，是和大家一样平分呢，还是先不分，然后看他的表现再分给他？……对工商业保护到什么程度？地主兼营的工商业动不动？对这许多问题都讨论得很热烈，甚至还有不少激烈的争论。中央工委对讨论中的主要问题请示中央，中央立即给予明确答复。肯定平分土地利益极多，办法简单，群众拥护，外界亦很难反对，中农大多数得利，少数分出部分土地，但同时

得了其他利益，因此土地会议应采取彻底平分土地的方针。同时指出平分的做法是：平地以乡为单位，山村以村为单位，把全部土地、山林、水利等按人口平均分配，数量上抽多补少，质量上抽肥补瘦。除少数重要反动分子外，不分男女老幼，每人一份。对地主富农多余的粮食、耕牛、农具、房屋及其他财富也要拿出来分配给缺少的农民。地主富农所得的土地财产，不超过也不低于农民所得。正是在讨论和中央批示的基础上，全国土地会议于9月13日通过一部土地改革的纲领性文件——《中国土地法大纲》。[①]

会议期间，大会秘书处起草了《中国土地法大纲》和《中共中央关于公布中国土地法大纲的决议》。经过13天的热烈讨论，代表们一致通过了《中国土地法大纲》。会议在总结土地改革的经验时，普遍感到土改不彻底，除了土地政策不彻底外，就是党和群众队伍不整齐。会议认为，党内不纯，严重地阻碍了土地改革的彻底进行。要彻底进行土地改革，整编队伍就成了首要的关键，一个是党的队伍，一个是群众队伍，而决定的一环首先是党的队伍。因此，会议决定在进行土改的同时，必须结合进行整党。

9月13日，全国土地会议在热烈祝贺《中国土地法大纲》通过的掌声中胜利闭幕。在当天的闭幕式上，刘少奇对会议做了结论。他说：

> 实行这样的彻底平分土地的政策，整顿党，整顿作风，直接的目的是为了广大农民的利益，为了把土地改革这一基本任务完成。解决土地问题是直接关系到几百万几千万人的问题，就全中国来说，是几万万人的问题。这直接是农民的利益，同时也是全民族的利益，是中国人民最大的最长远的利益，是中国革命的基本任务。只有发动群众，彻底进行土地改革，把党整纯

[①] 李新，1918年出生，四川荣昌人。时任河北永年县委书记，新中国成立后曾任中共中央党史研究室主任。此处文字选摘自《李新回忆录》。

洁，才能战胜蒋介石。我们解放区有一万万五千万人口，蒋管区有三万万多人口，比我们多，但蒋介石那里农民没有翻身，在反对他。在他的脚下安了"礤子"。我们这里农民翻了身，我们脚跟站得更稳了。这样，就将使我们与蒋介石在力量对比上发生根本的变化。他那里有三万万人，但没有人拥护他，还反对他；我们有一万万五千万人，群众自动参军参战，人力、财力、物力是无穷的。晋冀鲁豫那里，刘、邓带走五个纵队，又组织五个开走了，现在又在组织五个，几十万人参军。负担问题也是一样，农民翻了身，生产提高，从前出三斗公粮还嫌重，现在出六斗也愿意。只要一万万五千万人翻身，我们的力量就比蒋介石大，后备力量就比他大得多。晋冀鲁豫现在仅有七百万人彻底翻身，即有那么大的力量，我们今后搞他七千万或两个七千万，力量是不可限量的呀！中央苏区过去只有二百多万人口，几个县的土地改革搞彻底了，支持了多年战争，抵住了蒋介石，直到现在还在那里搞。土地改革搞彻底，群众发动好，力量是无穷尽的。几个县搞好就有那么大的力量，我们搞他三百个、成千个县，农民都起来革命，蒋介石有什么办法？天王老子也没有办法。解放区搞好了，蒋管区群众也要起来。解决力量对比关系就要实行土地改革。蒋介石靠美国，我们是靠老百姓。但靠老百姓要有两个条件：第一个就是反对地主，平分土地；第二个就是民主，不准许站在人民头上屙屎撒尿。这两个条件我们可以做到，做不到就不像个共产党的样子。实行土地改革是争取爱国自卫战争胜利最基本的一环，有决定意义的一环，我们有信心能做好。大体上半年可以完成一个大概，以后再仔细搞。我们党内虽然有些不好的现象，要洗涮、批评，但多数同志是好的、忠实于人民的，因而一定能够胜利完成土地改革，一定能够战胜蒋介石。最后胜利是属于我们的！①

---

① 张志平主编：《中共中央在西柏坡文献选编》，河北教育出版社1996年版，第26—27页。

刘少奇的讲话，可谓是大实话，也是老实话，说出了共产党人夺取中国革命胜利的心里话。

10月10日，转战陕北的毛泽东在神泉堡亲自修改、审定完成《中国土地法大纲》和《中国共产党中央委员会关于公布中国土地法大纲的决议》，正式颁布实行。中共中央号召展开及贯彻全国土地改革运动，完成中国革命的基本任务。

或许是历史的巧合，或许是有意安排，36年前的这一天——1911年10月10日，也正是民主革命的先行者孙中山先生领导的辛亥革命之武昌起义爆发的日子。而"耕者有其田"也正是孙中山"三民主义"之民生主义的核心内容之一。辛亥革命在推翻帝制的同时，却对其赖以生存的封建土地制度既不动筋骨也未伤毫发，以致最终只能将他美好的"耕者有其田"的愿望镌刻在他的墓碑上，昭示后人，启迪来者。更具有讽刺意味的是，孙中山亲手建立的国民党，等到蒋介石接手的时候，尽管他口口声声继承总理遗训，在1930年也曾发布过地租不得超过粮食年产量37.5%的法令，但却遭到了国民党政府官僚机构的抵制，因为他们本身正是地主阶级和官僚资本的中坚力量和代表。直到1954年，蒋介石败退台湾后，这一政策才得以推行。

但这又绝对不是历史的巧合。就在共产党争取农民，全国土地会议刚刚结束才一个月，中共中央颁发《中国土地法大纲》没几天，国民党也在1947年的10月召开了全国地政工作会议。瞧！国民党和共产党唱起了"对台戏"。这次会议的主持人是刚刚出任"中国土地改革协会"理事长的萧铮。在这次会议上，国民党同样也推出了一份《土地改革方案》，列出了农民得到土地的时间表：

一、自交纳地租清偿地价之第一年起，原土地所有人之土地所有权即行终止，而转移于原耕佃农。

二、原土地所有人应向地方地政机关呈缴其土地所有权证状，换取适当于其七年地租总额之地价券三联单十四份。取得土地之佃农，每年交纳地价十四分之一，换取原土地所有人地价券一份，至第十四年地价清偿完竣后，禀呈地政机关取得其土地所有权。

这就是国民党土地改革的时间表——农民要在自己的土地上耕种14年之后才能获得土地的所有权！说白了，国民党根本不敢触动地主阶级的利益，根本没想把土地分给穷苦的农民，也就根本解决不了中国农民、农村和农业的根本问题。

土地的这块奶酪，国民党是绝对不会主动分给农民吃的。

历史已经证明，在土地改革这场看不见硝烟的战场上，国民党再次不敌共产党。萧铮在南京主持的全国地政会议，不仅不能够与共产党的全国土地会议比拼，其出台的《土地改革方案》也成为废纸一张。不过当年蒋介石委托他进行的地政调查，编辑整理的200册、近600万字的《民国二十年代中国大陆土地问题资料》，却成为一份留给后世的历史文献。萧铮后来在他的回忆录中扼腕写道："自从民国二十一年起，我们发动的各种土地改革步骤，大多遭到反对者'应慎重''再研究'的拖延应付，使土地改革的一切政策都遭到了搁置；以致有大陆整个沦亡的后果。"

中国共产党的土地改革在满足农民对土地要求的同时，也赢得了农民的拥护。就在刊登国民党《土地改革方案》的《国讯》杂志1948年第457期上，同时刊登了一篇译自上海《密勒氏评论报》的题为《解放区的土地改革》的文章。文章说："正因为中国是一个农业国家，80%的人口都是农民和佃农，'谁得到他们的支持，谁会主宰中国'，共产党就想用这个妙计获得农民的支持。"

没错，土地改革的确是一个妙计。但这个妙计，国民党和共产党竟然同时在一个战场上亮剑，既没有剑走偏锋，也没有暗器伤人，全部都在阳光下，真刀真枪硬碰硬。因为共产党全心全意为人民服务，所以人民选择了共产党。

中国共产党颁布的《中国土地法大纲》，是一个彻底反封建的土地革命纲领，共16条，主要包括三个方面的内容。第一，彻底废除封建性及半封建性剥削的土地制度，实行耕者有其田的土地制度。第二，乡村中一切地主的土地及公地，由乡村农会接收，连同乡村中其他一切土地，按乡村全部人口，不分男女老幼，统一平均分配，在数量上抽多补少，质量上抽肥补瘦，使全乡村人民均获得同等的土地，并归个人所有。第三，农民大会及其选出的委员会为土改的合法执行机关，规定可以组织人民法庭来保证贯彻土改的政策法令，维护革命秩序。土地法大纲贯彻了放手发动农民群众自己起来打倒地主，取得土地，同时由人民政府颁发土地证书。这就前无古人地解决了千百年来穷苦农民期盼的土地问题，正如刘少奇所说，解决土地问题，"这直接是农民的利益，同时也是全民族的利益，是中国人民最大的最长远的利益"。

《中国土地法大纲》颁布后，各解放区人民政府无偿地没收了大量土地，把战争的主要目标从保卫解放区转移到在全国范围内打倒地主和买办阶级，促使了国民党军队大批地向人民解放军投诚，推动了中国内地的农民暴动，鼓舞了国统区后方都市中工人、学生、商人和职员的示威运动。后来，刘少奇曾对这一次会议做出这样的评价："全国土地会议，结束了第二次国共合作以来的和平幻想、右倾错误、地主富农思想等等，在某种意义上，相当于历史上的八七会议。"

1947年11月，朱德总司令在出席全国土地会议之后，到冀中农村调查研究，指导搞好土改工作。在耳闻目睹土改后的农村新气象后，感慨万千，赋诗《新农村》一首。诗曰：

> 千门万户喜朝晖，处处村头现紫薇。
> 解放农人歌自得，专横地主莫高飞。
> 平田有份躬耕乐，得地无余心事违。
> 后起青年多俊秀，秋高试马壮而肥。

美国历史作家韩丁在他的著作《翻身》中评论说："新发布的《土地法大纲》在1946年至1950年中国内战期间的作用，恰如林肯的《黑奴解放宣言》在1861年至1865年美国南北战争期间的作用。林肯的《黑奴解放宣言》无偿地解放了价值30亿美元的奴隶，关闭了正在进行军事交锋的工业北方和蓄奴南方之间的和解的大门,把争端的焦点从区域自治转移到奴隶制度,为千百万解放了的黑人投入北军扫清了道路,使战争以摧枯拉朽之势深入到南方境内的各个角落。"①

3
强力纠"左",毛泽东批判绝对平均主义思想是农业社会主义思想

全国土地会议在西柏坡召开的时候,也正是毛泽东转战陕北最为艰难、最为惊险的时刻。

1947年8月1日,毛泽东率中央机关经过连续19天的远距离行军转移,向西北野战军总部所在地靠近,于8月19日抵达佳县梁家岔。23日下午,又转移至朱官寨。9月21日,移驻神泉堡。11月13日,又转移到米脂县的杨家沟,在这里住了三个多月,直到1948年3月21日离开陕北。

自沙家店大捷之后,从佳县的朱官寨、神泉堡到米脂县的杨家沟,陕北和全国的战略形势已经"过坳"反转,一个比较安全自由的环境,给了毛泽东更多思考形势转折之后如何面对新情况新问题的时间。

在这七个月时间里,毛泽东最忙最紧张的是1947年10月上旬。那时,他住在神泉堡。在短短的十天时间里,他除了起草《中国人民解放军宣言》,第一次提出了"打倒蒋介石,解放全中国"的口号,还重新修订了"三大纪律八项注意",起草了《训令》,同时毛泽东还修改审定了《中国土地法大纲》,为中共中央起草了公布这个大纲的决议,明确提出了土地制度的改革是"完成整个革命的基本任务"。

完成这些文件的起草、审定后,毛泽东稍微轻松一些。他把中共中央扩大会议的筹备工作交给周恩来,又要任弼时多收集、了解、研究各解放区执行《中国土地法大纲》的情况和土地改革的具体政策问题,他自己从10月17日到10月30日的两周内,先后对佳县县城、谭家坪、南河塘村、

---

① [美]韩丁:《翻身:一个中国村庄的革命纪实》,韩倞译,北京出版社1980年版,第7页。

白云山等地进行调查研究。

一向反对本本主义，倡导实事求是、一切从实际出发的毛泽东，最喜欢也最擅长搞调查研究。从韶山到井冈山，从古田会议到党的七大，毛泽东一直强调没有调查就没有发言权。

在佳县，毛泽东出席了佳县县委召开的区委书记、区长联席会议的人员，并同县委负责人深入进行了交谈，了解土地改革情况。他参观了峪口纸厂，调查了这个厂的生产情况和工人生活情况。

在谭家坪，毛泽东走门串户，访问了十几家贫苦农民。因为支援前线、敌人摧残，加上庄稼受冻，陕北人民的生活很苦，有些人家眼看着就要断粮了。毛泽东看到这种情况，非常焦急，心情十分难过。他立即把佳县县委书记叫过来，语重心长地说："一定要把群众的生活和生产切切实实地安排好。我讲的切切实实，就是说不是一个区、一个乡地安排，而是要一村一户地安排。"

在南河塘村，毛泽东和农民们一起搞秋收——刨山药蛋，到麦场拿起连枷帮乡亲们打谷子。南河塘村坐落在白云山下，白云山上有座白云寺。毛泽东带着他的卫士李银桥到山上去看看。佳县县长闻讯后也赶来了。

到了山顶，毛泽东俯瞰大地，一脸喜色，深深吸了一口气，说："可惜今天没有云，要不我们就成了腾云驾雾的神仙了。"话音刚落，寺庙的方丈出来了。

毛泽东与他握手，说："老师傅，我们来参观参观你这个大寺庙。"

老方丈一看县长亲自陪同，心想肯定是一位高官，忙躬腰说："欢迎欢迎，首长请。"

"你们过去是称'施主'嘛，不要破坏了规矩。"毛泽东笑着说，"出家人不打诳语，你们是超脱的，更应该讲实话。请问，你们现在的生活怎么样啊？"

老方丈一五一十地把过去和现在的情况向毛泽东做了汇报。因为信神的人减少了，香火钱就少了。人民政府就鼓励他们自力更生，搞农业生产。老方丈说："一开始也不习惯，但现在手脚灵便了，打的粮食够吃，其他穿衣、治病、修理寺庙由政府包下来，再加上布施，生活倒是蛮好的了。出家人不打诳语，确实好了。"

毛泽东听了，笑着说："讲得好！社会变了，人也要变。过去，和尚一不生产人，二不生产粮食。现在要变，不生产人口可以，不劳动不行。边区是保护宗教信仰自由的，但是要劳动。参加劳动，身体好了，也不剥削人了，这就对了。今天我在你这里'取'经了。"

一边说着话，一边参观。看到寺庙年久失修，毛泽东嘱咐县长说："请县里拨一些经费，把庙修一修，一定要好好保护这些历史文化遗产，这是我们民族的宝贵财富。"

临走时，老方丈告诉毛泽东："明天是重阳节，这里有庙会，还有大戏，请毛主席也来看看吧，热闹着呢！"

毛泽东爽快地答应了。第二天一大早，他就兴致勃勃地要去赶庙会。

李银桥有些犹豫地说："主席，人这么多，乱糟糟的……"

"你们又怕不安全吧？赶庙会就是赶热闹，人少了还有什么意思？"毛泽东拿起那根陪伴他转战陕北的柳木棍拐杖，抬起脚就出了门，"看庙看文化，看戏看民情。不懂文化，不解民情，革命是搞不好的。老百姓利用庙会去行善做买卖，我们去可以学到很多知识，了解这一带的民情和习俗，这对我们接近群众有很大好处。今天只留两个人看门，大家都去。"

就这样，警卫排都跟着毛泽东去看庙会了。这天，群众剧团演出的是山西梆子戏《反徐州》。刚刚开场，就有老乡认出了站在人群中的毛泽东，激动得大声喊起来："毛主席，毛主席来了！"于是，大家都围了上来，还有人给毛泽东端来板凳请他坐下看。毛泽东连连摆手，笑着说："不要不要，大家都站着，我一个人坐着，那不是太孤立了吗？"毛泽东的幽默赢来热烈的笑声和掌声。

这时，台上的演员也停止了演出，都想走过来看着毛主席。毛泽东悄声说："看戏吧，老乡们，咱们都是来看戏的。"然后又对台上打招呼说，"你们快演吧，我是来看你们演出的。大家是来看戏的，不是来看我的。"

听毛泽东这么一说，乡亲们都笑了，终于安静下来。毛泽东就这样自始至终站在乡亲们中间，专心致志地看了一场戏。①

第一手的调查研究，让毛泽东对土地改革有了新的认识。就在这个时候，他又从任弼时那里听到了晋绥边区的土改工作情况。不久前，任弼时从《晋绥日报》上看到了一篇斗争开明绅士刘少白的长篇报道，非常吃惊。刘少白是山西兴县黑峪口村人，在抗战期间以开明绅士的身份为建设抗日根据地做出了贡献，曾经三次赴延安学习考察，并且受到毛泽东的嘉勉。土地改革时，他和弟弟都献出了自己的土地和房屋，支持土改。但时隔不久，他却被诬陷为"假开明"，受到无端的批斗。同时，任弼时在《土改通讯》《后木栏杆村调查报告》中还看到一些乱斗乱杀的现象，非常不安。为此，他特地请晋绥分局书记李井泉来汇报情况。

原来，在1947年2月，中央派康生、陈伯达分别到晋绥边区临县的郝家坡和兴县的后木栏杆村搞土改试点。康生所在的临县，据121个行政村统计，被定为地主、富农的占总户数的16.3%；陈伯达在后木栏杆村，为了查一个家庭三代的历史，竟然派人去查看墓碑，全村53户，定为地主、富农的就有21户，占总户数的40%。不少基层干部对康生、陈伯达这样的做法感到不满，提出不同意见。康生却把这些基层干部当成是土改运动的阻力和"绊脚石"，提出要"搬石头"，让"贫雇农打天下坐天下""群众怎么办就怎么办"；抛开党的基础组织，甚至发展到解散党的县委。而在全国土地会议上，康生还大讲他的"土改经验"，把"左"的错误做法系统化、合法化。

晋绥边区的土改工作严重侵犯了中农的利益，甚至大力推广"挖底财"、抓"化形地主"的经验，乱斗乱杀了许多无辜的党员干部、群众和开明绅士，甚至使得一部分中农被错划为地主、富农，被逼得走投无路，有些甚至跑到国民党方面去了，严重破坏了爱国统一战线。而一些流氓、地痞乘"群众自发运动"之机掌握了领导权，掀起了"贫农团代表党支部"进行"搬石头""揭盖子"的轩然大波，打击迫害了很多基层干部。

进入11月，晋绥边区"群众自发运动"呈现失控苗头，甚至出现短期

---

① 李银桥：《在毛泽东身边十五年》，河北人民出版社1991年版，第45—51页。

混乱局面。中央工委、刘少奇也觉察到晋绥边区土改中出现的"左"倾错误，立即致电晋绥分局："关于自发运动与普遍运动不应当作口号去喊，也不要成为固定的名词写成什么'自运''普运'。虽然我们不惧怕群众的自发运动，但我们不只是群众运动的追随者，而必须努力去领导自发运动，使自发运动尽可能更多地变成自觉运动——有系统有目的有步骤有计划的运动……你们再不要去鼓吹与煽动自发运动，你们那里所缺少的是党对这种自发运动正确而有能力的领导。"①

耳听为虚，眼见为实。这时，任弼时也带病来到钱家河，深入驻地附近的三十几个村庄，进行大量的调查研究。他访贫问苦，对农民的生产生活情况逐一了解，参加一些村庄的斗争地主大会，亲身感受广大农民所进行的这场伟大的土地改革运动。对这次平分土地，贫农说是下了场"及时雨"，地主富农说是发了一场"大水"，中农说是刮了一阵"风"。从各阶层的反映可以看出，经过土地改革后，解放区的农村消灭了封建经济，贫雇农土地要求得到了满足，这是一个很大的胜利，但由于缺乏经验，也发生了侵害中农利益的现象。

在听了任弼时有关各区土改情况的汇报后，毛泽东敏锐地发现在顺利发展的形势下，党内"左"的倾向正在抬头。正确地在农村划分阶级是土地改革面临的一项十分复杂、十分细致而又工程极其浩大的工作。可以说，这是保证土地改革沿着正确轨道顺利进行的关键。毛泽东把这个问题看得很重，认为如果不坚决克服正在抬头的这种"左"的倾向，共产党就会在一部分群众中失去同情而把自己孤立起来，也就不能顺利地实现"打倒蒋介石，建立新中国"的目标。

对错误批斗开明绅士刘少白的事情，毛泽东非常生气，立即指示改正对刘少白的错误评价，恢复他的职务。毛泽东还告诫全党："主流向东时，卷起三朵浪花。哪三朵呢？一是侵犯中农利益；二是破坏工商业；第三个，就是把党外人士一脚踢开。不把这些浪花翻掉，它会成为逆流。在这上面，要坚决地反对这种潮流。"

---

① 晋绥边区财政经济史编写组、山西省档案馆编：《晋绥边区财经经济史资料选编（农业编）》，山西人民出版社1986年版，第384页。

在这种情况下，毛泽东请任弼时从档案中找出1933年自己起草的两个重要文件，一个是《怎样分析农村阶级》，一个是《关于土地斗争中一些问题的决定》。他决定把这两个自己15年前从调查研究中得来的成功经验发给全党，以指导当下土改运动向正确的轨道前进。随后，任弼时替中共中央撰写了颁发这两个文件的指示。毛泽东审阅时，又加上了一段重要的话：

> 那时（1933年），凡在土地斗争尚未深入的地方，发生右倾观点，不敢放手发动群众深入土地斗争；凡在土地斗争已经深入的地方，则发生"左"倾观点，给许多中农甚至贫农胡乱戴上地主富农等项帽子，损害群众利益。以上两类错误均须纠正，而这两个文件则主要是为纠正"左"倾错误而发。目前正当各解放区开展与深入土地斗争之时，土地会议之召集，土地法大纲之颁布，给了右倾观点以严重打击，这是完全必须的。但随着斗争之深入，"左"倾现象势将发生。此项文件发至各地，决不应成为妨碍群众斗争的借口，而应在放手发动农民群众彻底平分土地的坚决斗争中，适当地纠正业已发生与业已妨碍群众利益的过左行动，以利团结雇农、贫农，坚决保护中农（这是确定不移的政策），正确地执行土地法大纲，消灭封建半封建制度。①

到了12月，毛泽东在米脂县杨家沟召开的"十二月会议"上，下发了代表中央所做的《目前形势和我们的任务》主题书面报告。这份报告，是在中国人民革命战争已经达到一个转折点的历史时刻，在响亮宣布"打倒蒋介石，建立新中国"的庄严目标下，做出的一份纲领性文件，实质上就是要回答"怎样打倒蒋介石，怎样建立新中国"的问题。

在这份报告中，毛泽东除了在军事上提出了人民解放军的"十大军事原则"外，在经济上也明确宣布了新中国的基本经济纲领，那就是报告中所指出的"新民主主义革命的三大经济纲领"——"没收封建阶级的土地

---

① 中共中央文献研究室编：《毛泽东年谱：1893~1949》修订本下卷，中央文献出版社2013年版，第254—255页。

归农民所有，没收蒋介石、宋子文、孔祥熙、陈立夫为首的垄断资本归新民主主义的国家所有，保护民族工商业。"①

垄断资本，就是通常所说的官僚资本。没收官僚资本，是一项牵动全局、影响深远的大政策。当时，"四大家族"已占有了价值达100至200亿美元的庞大资产，垄断了全国的经济命脉。把它收归新民主主义的国家所有，便使国家经济在新中国经济构成中成为领导的成分，能够有力地推动新民主主义社会向社会主义社会方向发展。

对于保护民族工商业，毛泽东在报告中也做了进一步的阐述。他写道：新民主主义革命所要消灭的对象，只是封建主义和垄断资本主义，只是地主阶级和官僚资产阶级，而不是一般的消灭资本主义，不是消灭上层小资产阶级和中等资产阶级。"由于中国经济的落后性，广大的上层小资产阶级和中等资产阶级所代表的资本主义经济，即使革命在全国胜利以后，在一个长时期内，还是必须允许它们存在；并且按照国民经济的分工，还需要它们中一切有益于国民经济的部分有一个发展；它们在整个国民经济中，还是不可缺少的一部分。"②

毛泽东在报告中对新中国的经济构成做了如下归类："（1）国营经济，这是领导的成分；（2）由个体逐步地向着集体方向发展的农业经济；（3）独立小工商业者的经济和小的、中等的私人资本主义经济。这些，就是新民主主义的全部国民经济。而新民主主义国民经济的指导方针，必须紧紧地追随着发展生产、繁荣经济、公私兼顾、劳资两利这个总目标。一切离开这个总目标的方针、政策、办法，都是错误的。"③

12月25日，在"十二月会议"的开幕会上，毛泽东还着重谈了统一战线问题。他说：统一战线的原则是"孤立敌人而不是孤立自己"。北伐时期，我们本来不孤立，但因为政策右了，脱离了农民，脱离了军队，脱离了群众。土地革命战争时期，由于政策上的"左"，结果孤立了自己，当然我们在农村中还是有群众的，不能说是在农民中完全孤立。抗战时期，

---

① 毛泽东：《毛泽东选集》第4卷第2版，人民出版社1991年版，第1253页。
② 同上，第1254页。
③ 同上，第1255—1256页。

我们对蒋介石实行又团结又斗争，坚决同他的反人民政策做斗争。但又停止了没收土地，实行减租减息和三三制等政策，因此孤立了蒋介石。所以，在统一战线工作中，既要反右，又要反"左"，才能划清界限，避免自己的孤立和失败。毛泽东还详细地列举了在对待美蒋、对待中间派、对待土改和整党工作等方面怎样做到既反"左"又反右。

到了28日，毛泽东在闭幕会上再次强调了反"左"的问题。他说，现在要解决新的问题，就是在对待中农、对待中小资产阶级、对待党外人士问题上出现了"左"的偏向。好比一河水，这河水十个浪头八个都是好的，但在对待中农和中小资产阶级问题上发生了偏向，这两个浪头就不是好的。在"左"倾成为一种潮流的时候共产党要反对这个潮流。地主阶级作为整个阶级是要消灭的，但作为个人就要分情况对待。

"十二月会议"以后，因为战争形势以最快的速度向有利于人民解放军的方向发展，毛泽东为了加快战争胜利的进程，更好地迎接新中国的诞生，把主要精力放在对党的重要政策的研究上。这些政策包括：土地改革、工商业、统一战线、整党、新区工作等。毛泽东明确告诉全党：现在敌人已经彻底孤立了。但是敌人的孤立并不就等于我们的胜利。我们如果在政策上犯了错误，还是不能取得胜利。为此，他一方面深入基层，向县区乡村干部及农民进行调查研究，仔细阅读下面送上来的报告，一方面与周恩来、任弼时和其他领导人一起就政策问题交换意见，同时提出若干问题请中央工委的刘少奇、朱德和各中央局、中央分局、各大军区、各野战军领导人提出意见，还十分注意阅读新华社汇集的国内外新闻报道、评论以及《晋绥日报》刊登的文章。仅1948年上半年，毛泽东亲自撰写、起草和审定的政策性和策略性方面的指示、文章、讲演就有100多篇。在政策问题上，毛泽东有一句名言，他说："政策和策略是党的生命，各级领导同志务必充分注意，万万不可粗心大意。"[①]

在研究政策和策略问题时，毛泽东首先关注的就是土地改革问题。中国共产党领导的革命战争，是依托广大农村逐步展开的。能否给广大农民

---

① 毛泽东：《毛泽东选集》第4卷第2版，人民出版社1991年版，第1298页。

以看得见的实际利益，改善他们的生产和生活条件，是能否取得广大农民支持的关键，也是能否取得革命战争胜利的关键。在1947年10月中共中央颁布《中国土地法大纲》后，土地改革运动已经在各解放区全面展开，废除封建土地所有制，满足广大农民对土地的要求，改变生产关系，提高生产力，在农村中实现根本的社会大变动。这是一个历史性的壮举。但《中国土地法大纲》在实施过程中也暴露出一些问题，主要是"左"的倾向。例如大纲过分强调"平分土地"的原则，没有说明必须按照各地区的不同情况，分期分批地、有计划有步骤地去实行分配土地，出现了不分新解放区、老解放区、中心地区、游击地区而一律强行平分土地的情况。又如由于大纲对有些政策的规定还不具体，不明确，因此在运动中出现了损害新富农和富裕中农的利益、用过激方法斗争地主和搜罗地主"地财"等情况。

这是陕北最寒冷的季节。山风呼啸，迎面吹来，凛冽刺骨。习仲勋聆听了毛泽东"十二月会议"上的报告，还应约到毛泽东扶风寨的住处，汇报了陕甘宁边区战争、生产和群众生活的情况，如实汇报了自己对土地改革中存在的问题和形势发展的看法。在谈话结束时，毛泽东还特别勉励说：你们长期做实际工作，没有时间学习，这不要紧，没有时间可以挤。我们现在钻山沟，将来要管城市，现在就要抓紧理论知识的学习。你一年读这么薄薄一本，两年不就两本了嘛！三年不就三本了嘛！这样，十几年就可以读十几本，不就可以逐步精通马列主义了嘛！毛泽东接着又说：一个人的经验是狭隘的，它受时间、地点、条件的限制，要使经验上升到理论，就得学习。只凭老经验办事，不能适应新形势。习仲勋曾回忆说："毛主席的教诲，像一团火，使我感到温暖，也使我心里亮堂了。"[1]

会议期间，习仲勋参加了由任弼时主持的土地小组的讨论，集中围绕土改政策特别是正确分析阶级问题进行。习仲勋、李井泉等根据自己的调查研究特别讲了陕甘宁和晋绥边区土改中出现"左"的偏差情况。比如：一些农村不加区分地平分一切土地，把财产较多、生活较好的农民当成土改对象，把已转化为农民的旧地富又拉出来斗争，甚至把在共产党内任职

---

[1]《习仲勋传》，中央文献出版社2013年版，第541页。

之公教人员，其家中缺乏劳动力者，也定成地主、富农。凡是动起来的地区，多去强调"贫雇农路线"，反对所谓"中农路线"，都是少数群众（不是真正的基本群众）起来乱斗、乱扣、乱打，乱没收财物，乱"扫地出门"。

听了习仲勋的发言，叶剑英语重心长地说："内战时由于'左'的错误政策，却把自己孤立了。苏区里赤白对立，买不到东西，像海中孤岛，白区里剩下些光棍党员，最后连根都被拔掉。现在我们得到了广大人民的支援，蒋介石集团则日形孤立。但是我们并不是没有被孤立的可能。只有正确地执行联合中农、联合中小资产阶级的政策，才可避免。"[①]

杨家沟"十二月会议"结束后，习仲勋返回绥德义合西北局驻地，在元旦假日期间就带着工作组到绥德、米脂县传达会议精神，开始纠偏。

1948年1月3日，在义合延家川，绥德专员杨和亭向习仲勋报告说，义合和延家川的几个村子反映，有两个地方在土改中斗死了80多人。习仲勋听了心急如焚，当即决定写信向中央、毛泽东报告。

1月4日，也就是"十二月会议"结束后的第七天，习仲勋写了一份报告给西北局并转党中央。习仲勋在报告提出：苏维埃时期的老区，有许多问题与抗战时期情况是不同的。首先是老区成分一般定得高，群众不满意。其次中农多，贫雇农少。平分土地对我不利，最好以抽补方法解决少数农民少地或无地问题。第三，地主、旧富农也比新区少得多。如果在老区再沿用地主富农占中国农村百分之八左右的做法，必然会导致错误。第四，对老区地主，应查其剥削关系及是否参加劳动与时间长短来决定。第五，在老区发动群众运动，要坚决反对"左倾形式主义"。同时，他还指出，在选贫农团、农会领导土改的成员中，要由能代表多数群众利益，并为全村、全乡群众所拥护的人来担任，工作团不能包办代替和搞其他形式主义。许多地方是搞群众自发运动，这种为数不多的、盲目的、而为各种动机不纯分子所鼓动起来的群众斗争，如果任其发展下去，必将造成许多脱离群众的恶。对此，必须派得力干部参加进去，改造和掌握领导，使自

[①] 纪学：《叶剑英元帅》，解放军文艺出版社2007年版，第171页。

发运动变为群众的自觉运动。他在信中特别指出："陕甘宁边区的老区（全国解放区的一块特殊地区）是有许多问题同新区有其基本上的区别，望能在土改方针及方式上，随时注意，适合当地的具体情况。"①

1月9日，时刻关注全国各解放区土地改革发展的毛泽东，看到习仲勋这封反映农村实际又颇具真知灼见的信后，非常重视，十分欣慰，当即批示："我完全同意仲勋同志所提各项意见。望照这些意见密切指导各分区及各县的土改工作，务使边区土改工作循正轨进行，少犯错误。"同时，他提议习仲勋、马明方等同志要到各县巡视。1月20日，根据习仲勋再次汇报的西北老区情况，毛泽东批示，要求华北、华中各老解放区有相同情形的，一定要密切注意"左"的错误，并指出："凡犯有'左'的错误的地方，只要领导机关处理得法，几个星期即可纠正过来，不要拖延很久才去纠正。"习仲勋的建议是针对西北老区的，毛泽东在吸收和采纳这些意见后，将老区的范围扩大至包括抗战时期的所有根据地。

同时，毛泽东考虑更多的是新区土地改革政策问题。

1月14日，毛泽东给邓小平发了一封电报，提出了几个问题请他回答："（一）在新区是否应当分为两种区域，一种是可以迅速建立巩固根据地的，一种是要经过长期拉锯战才能建立巩固根据地的，对两种区域的工作采取不同的政策？（二）新区土改是按土地法大纲平分，还是对富农及某些弱小地主暂时不动？新区中富农及弱小地主态度如何？（三）是否有开明绅士和我们合作？（四）是否有许多知识分子和我们合作或表示中立？（五）各阶层商人态度如何？我军是否可以避免向新区工商业资本家进行筹款？如果筹款，方式如何？（六）如何处理国民党政府、党部、三青团的各种人员？其中是否有些人是可以争取的？如何处理保甲长？"②

毛泽东在政策确定后，总是密切注视着它的实施情况，以便随时发现问题，及时加以解决。当他发现上面所说的这些情况后，立刻为中共中央起草了大量纠正这些偏差的政策指示。

---

① 《习仲勋传》，中央文献出版社2013年版，第545—546页。
② 中共中央文献研究室编：《毛泽东年谱：1983~1949》修订本下卷，中央文献出版社2013年版，第267页。

1948年1月18日，毛泽东在为中共中央起草的《关于目前党的政策中的几个重要问题》中写道："反对党内'左'、右倾向，必须依据具体情况决定方针。""土地改革在群众尚未认真发动和尚未展开斗争的地方，必须反对右倾；在群众已经认真发动和已经展开斗争的地方，必须防止'左'倾。"毛泽东还指出："'贫雇农打江山坐江山'的口号是错误的。在乡村，是雇农、贫农、中农和其他劳动人民联合一道，在共产党领导之下打江山坐江山，而不是单独贫雇农打江山坐江山。在全国，是工人、农民（包括新富农）、独立工商业者、被反动势力所压迫和损害的中小资本家、学生、教员、教授、一般知识分子、自由职业者、开明绅士、一般公务人员、被压迫的少数民族和海外华侨，联合一道，在工人阶级（经过共产党）的领导之下，打江山坐江山，而不是少数人打江山坐江山。"必须避免对中农、中小工商业者、知识分子采取任何冒险政策。"对于那些同我党共过患难确有相当贡献的开明绅士，在不妨碍土地改革的条件下，必须区别情况，予以照顾。"必须将新富农和旧富农区别开来，地主和富农中的恶霸与非恶霸区别开来。"土地改革的中心是平分封建阶级的土地及其粮食、牲畜、农具等财产（富农只拿出其多余部分），不应过分强调斗地财。"关于领导者和被领导者的关系，毛泽东写道："领导的阶级和政党，要实现自己对于被领导的阶级、阶层、政党和人民团体的领导，必须具备两个条件：（甲）率领被领导者（同盟者）向着共同敌人作坚决的斗争，并取得胜利；（乙）对被领导者给以物质福利，至少不损害其利益，同时对被领导者给以政治教育。没有这两个条件或两个条件缺一，就不能实现领导。"①

　　1月22日，毛泽东又就新区土地改革政策给粟裕写了一封长电，初步提出新区土改应当分为两个阶段：第一阶段没收分配地主阶级的土地，富农的土地原则上不动；第二阶段，再平分一切封建地主阶级的土地。他还修改了原先一年内彻底平分土地的设想，提出争取三年内有步骤地完成土改。毛泽东说：土改工作不能性急，平分土地是反封建斗争的最高目标，必须经过几个阶段，几番手续，才能达到目的，不是一次可以彻底完成。

---

① 毛泽东：《毛泽东选集》第4卷第2版，人民出版社1991年版，第1268—1273页。

在杨家沟这个典型的封建地主庄园里，毛泽东经过调查发现，全村270多户人家中，200多户都是贫雇农，而72户地主却占有周围四五个县的18万亩土地。为了把当地的土改工作做好，毛泽东派中央机关人员参加了杨家沟的土改，自己也抽空亲自参加土改会议，听取群众的意见和要求。

一天，在部分区、乡干部和土改积极分子座谈会上，毛泽东听到有的干部随便没收粮食的情况，很是焦心，说："贫雇农生活困难，中农有粮食可以借，将来逐步还，但不能没收。"为了强调团结中农的重要性，毛泽东打了一个十分形象的比方，说："贫农好比骨头，中农是肉。一个人只有骨头没有肉，那就不成其为一个人了。"①

看到陕北农民的贫苦生活，毛泽东难过得掉下眼泪，跟周恩来、任弼时商量决定，中央机关全体人员和中央警卫团的指战员，每人每天从口粮中节约一两粮，帮助群众度荒。毛泽东每天吃饭都要问管理员："今天我的一两口粮节省下来了吗？"他还对坐骑大青马的饲养员侯登科说："把大青马的料减上一半，我以后出门可以少骑马。"

很快，毛泽东率领的中央纵队全体人员节约了70石黑豆和30石小米，分给了杨家沟和邻近各村的贫苦农民。

经过两个多月的冷静观察和总结，在晋绥干部会议上的讲话中，毛泽东做出了更完整的表述："依靠贫农，团结中农，有步骤地、有分别地消灭封建剥削制度，发展农业生产，这就是中国共产党在新民主主义的革命时期，在土地改革工作中的总路线和总政策。"②

根据这个总的指导思想，毛泽东重新厘定一些具体政策：

——他明确规定在老解放区、日本投降后解放的半老区以及转入战略进攻后新解放地区三种不同的地区内，实行土地改革的不同步骤和具体政策，特别强调在新解放区"不要性急"，要分步骤，要区别巩固区和游击区，要"严禁乱杀"，甚至可以"在解放后的相当时期内，实行减租减息和酌量调剂种子口粮的社会政策和合理负担的财政政策，把主要打击对象

---

① 林治波主编：《毛泽东的智慧》，中共中央党校出版社1998年版，第518页。
② 毛泽东：《毛泽东选集》第4卷第2版，人民出版社1991年版，第1317页。

限于政治上站在国民党方面坚决反对我党我军的重要反革命分子"。只有这样才能使"社会财富不分散，社会秩序较稳定，利于集中一切力量消灭国民党反动派"。①

——他要求各地准确地掌握划分阶级的标准，严格地把地主和富农、地主中的大地主和中小地主、恶霸地主与一般地主、地主兼工商业者的封建剥削收入和经营工商业收入、旧式富农和新式富农等严格区别开来，缩小打击面，扩大团结面。他指出要把消灭封建剥削制度、消灭地主阶级和消灭地主个人严格区别开来，前者是革命的对象，是要坚决消灭的，而作为地主个人，应该给予出路，做好对他们的教育改造工作，引导他们参加国民经济生活行列，使之成为自食其力的劳动者。

毛泽东还要求全党注意：土地改革的直接目的，是发展生产增强支援战争的力量，因此，在消灭封建土地制度的斗争中要注意保存一切可用的生产资料，反对破坏，反对浪费；在土地改革完成的地区，要着重调动农民的生产积极性，组织他们全力以赴地投入生产斗争，恢复和发展农业生产。

毛泽东关注的另一个重要问题是统一战线中的各项政策。要建立广泛的民族统一战线，关键在于以什么态度对待资产阶级。针对当时党内在这个问题上存在的一些"左"的偏向，毛泽东为中共中央起草了《关于民族资产阶级和开明绅士问题》的党内指示，告诉全党："中国现阶段革命的目的，是在推翻帝国主义、封建主义、官僚资本主义的统治，建立一个以劳动者为主体的、人民大众的新民主主义共和国，不是一般地消灭资本主义。"这个指示第一次用明确的语言说明民族资产阶级"是人民大众的一部分"。指示还具体分析了民族资产阶级中的右翼、中间力量和左翼的不同政治态度，指出应当争取和团结民族资产阶级中的大多数，孤立其中的少数人。"对这个阶级的经济地位必须慎重地加以处理，必须在原则上采取一律保护的政策。否则，我们便要在政治上犯错误。"②

对土地改革运动中出现的失误，刘少奇也曾实事求是地做出了自我批

---

① 毛泽东：《毛泽东选集》第4卷第2版，人民出版社1991年版，第1326页。
② 同上，第1287—1289页。

评。他说:"土地改革中,各地犯了些错误,中央对此是有责任的,其中大多数与我个人有关。土地会议上主要是反右,也批评了、反对了'左',但做得不够,积极想办法防止'左'做得不够。看到了些无政府、无纪律状态,也提出了批评,但直到毛主席系统地提出批评并规定了纠正办法,才得到纠正。"[1]

特别值得一提的是,在1948年2月转战陕北的最后阶段,在毛泽东的亲自主持下,由他的秘书胡乔木起草了《中共中央关于土地改革中各社会阶级的划分及其待遇的规定(草案)》。这是一份十分重要的历史文献,全文共25章,两万多字。前五章分别论述中国的社会经济形态,目前的阶级关系和人民民主革命,划分阶级的标准,通过阶级成分的方法,家庭成分和本人的成分;以下各章对中国社会各阶级的状况和我党的政策逐一做了详尽的分析和说明;最后两章是关于犯罪分子的处理和人民法庭的工作原则。像这样一份带有很强的理论性和实践性,全面系统地论述中国社会阶级问题的文件,以前还没有过,因此毛泽东对它的重视是不同寻常的。

起草前,毛泽东与周恩来、任弼时开了好几次会讨论,就有关问题还给他们前后写了七封信,并确定由胡乔木起草。在撤离延安之前,胡乔木曾到陇东参加过土改工作,有着基层的实践经验。写作中,毛泽东不断来催,经常是写好了几页就拿走了。毛泽东对这份文件非常重视,亲自进行了修改。在前两章,他增加了较多的理论论述,基本上是他的思想。对后面各章,毛泽东也是逐段做了推敲、修改。2月15日,毛泽东即通过新华社电台将起草的文稿拍发给各中央局、中央分局及野战军前委,要求他们逐条讨论,向中央提出意见。这一讨论,持续了几个月。其间,毛泽东电告刘少奇:"这个文件,实际上带有党纲、政纲、政策几重性质,我们如果取得全国胜利,需要这样一个文件,党内外才有明确遵循的政治、经济与社会生活的章程。"这实在是一个极高的评价。尽管这个文件后来没有公开发表,但其对土改运动还是起到了重要的指导作用,及时解决了土改中亟待明确的政策问题。新中国成立之初,在全国范围内实行土地改革

---

[1] 中共中央文献研究室、中央档案馆编:《建党以来重要文献选编.1921~1949》,中央文献出版社2011年版,第172页。

的时候，毛泽东还特此请刘少奇参阅胡乔木起草的这份文件，制定土改工作政策。

2月3日，在考虑比较成熟之后，毛泽东在致刘少奇的电报《在不同地区实施土地法的不同策略》中，概括地提出了分三类地区实行土改的基本原则，即：在日本投降以前建立的老解放区，只需调整一部分土地，不是再来分配一次土地；占解放区绝大部分的半老区，也就是在日本投降至大反攻两年内所解放的地区，应完全实行土地法，普遍地彻底地平分土地；在大反攻后新解放的地区，应分两个阶段实施土地法。随后，毛泽东又分别致电各大区的领导，征求他们的意见。

2月15日，毛泽东起草了《新解放区土地改革要点》的指示，对如何做好新区的土地改革做出了全面细致的说明。22日，周恩来起草了《老区半老区的土地改革与整党工作》的指示。该指示经毛泽东修改后，公开发表。区分不同地区、采取不同策略实施土地改革的意义重大，它使老区半老区更巩固，解放区的农村工作可以顺利地转向恢复生产，发展经济，有力地支援前线；在新区，避免了"左"的错误，不出乱子，使中共很快站稳脚跟，有条不紊地开展工作，使土地改革走上了正轨。

在土地改革纠"左"的过程中，毛泽东提出了一个重要的理论问题，这就是要划清马克思主义同农业社会主义的界限。这个问题的提出，解决了土改中"左"的错误产生的思想根源。在1948年4月初举行的晋绥干部会议上，毛泽东针对当时农村土地改革中正在流行的错误思想，明确指出：我们赞助农民平分土地的要求，是为了便于发动广大农民群众最迅速地消灭封建地主阶级的土地所有制度，并非提倡绝对的平均主义。他说：现在农村中流行的一种破坏工商业、在分配土地问题上主张绝对平均主义的思想，是一种农业社会主义思想。这种思想的性质是反动的、落后的、倒退的。我们必须批判这种思想。

这年7月，经毛泽东审定，中共中央以"新华社信箱"的形式发表了一篇《关于农业社会主义的问答》的文章，指出：毛主席所批判的农业社会主义思想，是在小农经济基础上产生出来的一种平均主义思想。抱有这种思想的人们，企图用小农经济的标准，来认识和改造全世界，以为把整个社会经济都改造为划一的"平均的"小农经济，就可以避免资本主义的发展，就是实行社会主义。但其结果，绝不是什么社会主义的农业，而是社会生产力的破坏与倒退。因此，新民主主义国家在实行土地改革后，要避免农民群众重新分化，决不能采取平均主义的办法，而是实行在无产阶级及其政党领导之下的一系列的新民主主义经济政策，并在最后实行社会主义的制度。

总之，在内战时期，土地改革在最基本层面上代表了一种简单的政治平衡。毛泽东知道，必须给人民群众以看得见的物质利益，群众才会拥护我们，反对国民党的进攻。否则，群众分不清国民党和共产党的优劣。然而，土地改革在政治上的重要性不仅仅限于它能在经济上吸引穷人，同样重要的是，它具有一种破坏的力量。土地改革不仅消灭了地主和富农经济上的优势，还有效地摧毁了作为他们统治基础和手段的政治权力结构。共产党随后建立起了属于自己，并得到贫农积极支持的政治权威。[1]

在西柏坡纪念馆，收藏有一封东北解放区农民李学思在1947年9月10日写给毛泽东的感谢信。李学思是哈尔滨市顾乡区靠山屯农会会长，曾经给地主家扛过18年的大活，受压迫受剥削最深。土改时，几户地主被打倒了，土地、物品都分给农民，其中有一件紫貂大衣，价格不菲，是当时靠山屯地主许家用卖掉85垧地得来的一万块现大洋从土匪那里换来的。当时土改工作队和农会专门开会研究这件紫貂大衣该分给谁。有人提议分给最受苦受难的人，最终就分给了李学思。李学思说，这么贵重的东西，我们农民用不着，毛主席那里艰苦，我们把这件皮大氅送给毛主席吧。这个建议得到了大家的支持，于是他们就把土改工作队队长郭蕨生和队员柏杰请到李学思家中，请他们代笔给毛主席写了这封信。信里说：

> 毛主席呀！没有您我们真得饿死啦。这回我们都翻身了，分了地，分了马，分了衣服、粮食，都有吃有穿，也都抱团儿了，一定打倒大地主，打倒反动派！

---

[1] ［美］胡素珊：《中国的内战：1945—1949年的政治斗争》，当代中国出版社2014年版，第216页。

眼看到了冬天了，您那里很冷吧？给您捎去了一件皮大氅，一双靴子，一双毛袜，一顶帽子，这是我们的翻身果实，也是我们的一点点心意，请您收下吧。

我们都想看看您，离的又这样远，也见不着您，请您把最近的照片给捎一张来吧。

向您

敬礼！

三十六年九月十日
哈尔滨市顾乡区靠山屯全体翻身农民[①]

李学思口述这封信的时候，毛泽东还在陕北黄土高原的千山万壑中与胡宗南转战周旋，正遭遇"前有黄河，后有追兵"的艰难险境。这封信和送给毛泽东的礼物，最后是在1948年由哈尔滨市委送到了西柏坡。李学思收到毛泽东的回信已经是1949年新中国成立之后的事情了。那一天，东北行政委员会派人骑马来到了李学思家，把毛泽东的来信读了一遍，又把信带走了。信的内容大概是："东西收到了，谢谢农民代表李学思。"

翻身不忘毛主席。李学思的一封信，写出了中国共产党与农民的血肉联系，写出了共产党人与农民的鱼水情。

4
"有了土地改革这个胜利，才有了打倒蒋介石的胜利"

"想从前，好心伤。受剥削，苦难当。风雨里，终年忙。秋天到，谷上场。催粮差，凶似狼。讨租子，大斗量。大恶霸，活阎王。看穷人，像猪羊。交完租，剩把糠。受苦人，死道旁。"

——这是一首题为《受苦》的诗歌。

[①] 张志平主编：《非常史录：西柏坡画传》，河北美术出版社2008年版，第53页。

"地主们，白吃饭。不推车，不担担。收租子，滚利钱。吸人血，喝人汗。年景坏，他不管。少一分，他不干。好田地，他侵占。通官府，逞横蛮。狗腿子，欺压咱。佃贫农，最悲惨。"

——这是一首题为《地主》的诗歌。

"创造者，是工农。大小事，靠劳动。穿的衣，吃的饭。大洋楼，多少层。一块砖，一片瓦。没工农，闹不成。庄稼人，挨了饿。工人们，辈辈穷。工和农，白劳动。旧社会，太不平。"

——这是一首题为《工农》的诗歌。

这三首诗歌都发表在1949年的《战友》杂志上，是《人民军队三字经》的一部分内容，真实表达了广大农民的心声。

长夜漫漫，长夜难明。自1912年起，尽管孙中山先生强调平均地权，但土地向少数人集中的倾向与事实并没有停止，反而仍在加剧。国民党中央农业研究局在1948年公布的数据表明：从1911年到1939年的28年中，佃农增加的百分率是28%至38%，而半佃农增加的百分率是23%至27%。而在四川省，从1937年至1941年，地主土地所有权的增加率为将近70%。

星星之火，可以燎原。历史的火炬传递到中国共产党人的手中。现在，处于历史现场的他们，正以翻天覆地的勇气、惊天动地的决心，改写中国历史的前进方向，用土地改革这支熊熊燃烧的火炬烧毁封建剥削制度，彻底改变中国农村、农业和农民的历史面貌。

20年前的1927年，毛泽东为了答复当时党内党外对于农民革命斗争的责难，回到自己的家乡湖南，从1月4日到2月5日，先后考察了湖南湘潭、湘乡、衡山、醴陵、长沙等五个县的农民运动。回到武汉后，又用一个月的时间在武昌都府堤41号完成了著名的《湖南农民运动考察报告》，提出了解决中国民主革命的中心问题——农民问题的理论和政策。毛泽东说：菩萨是农民立起来的，到了一定时期人民会用他们自己的双手丢开这些菩萨，无须旁人过早地代庖丢菩萨。

1945年春天，延安鲁迅艺术学院的贺敬之、丁毅等多位艺术家根据晋察冀边区白毛仙姑的民间传说创作出的歌剧《白毛女》，已成为家喻户晓的中国文艺经典，长演不衰。《白毛女》讲述了杨白劳和喜儿父女两代人的悲惨遭遇，深刻揭示了地主和农民之间的尖锐矛盾，愤怒控诉了地主阶级的罪恶，热烈歌颂了共产党和新社会，形象地说明了"旧社会把人逼成'鬼'，新社会把'鬼'变成人"的主题，指出了农民翻身解放的必由之路。

《白毛女》的主人公喜儿在遭受地主黄世仁的侮辱之后，决然地告别了父辈委屈忍辱的道路，抛弃了"不能见人"的思想，决心为复仇而活下去。她唱道：

想要逼死我，瞎了你眼窝！
舀不干的水，扑不灭的火！
我不死，我要活！
我要报仇，我要活！

勇敢、倔强的喜儿决心"我就是再没有能耐，也不能再像我爹似的了"。她带着这种强烈的复仇愿望坚持深山生活，在山洞中每熬一天就在石头上划一个道道。她唱道：

划不尽我的千重冤、万重恨，
万恨千仇，千仇万恨，
划到我的骨头——记在我的心！

《白毛女》成为中国农民在中国共产党领导下翻身解放的代言人，它以喜儿的人生命运告诉广大的穷苦百姓自己的命运掌握在自己手中，要当家做主站起来。

全国土地会议结束之后，尤其是《中国土地法大纲》颁布施行之后，轰轰烈烈的土改运动在解放区全面展开。现在摆在共产党人面前的是，制定的法律能否贯彻，土地改革能否落实，又如何落实。这是改革问题的根本所在。

中国革命的最大特点，就是一切从实际出发，实事求是，坚持社会实践是检验真理的唯一标准。正如毛泽东所说:"只要我们能够掌握马克思列宁主义的科学,信任群众,紧紧地和群众一道,并领导他们前进,我们是完全能够超越任何障碍和战胜任何困难的,我们的力量是无敌的。"①因为"战争的伟力之最深厚的根源,存在于民众之中"②。

土地改革更是需要依靠群众,发动群众,引导群众,走群众路线,做到从群众中来到群众中去,从而领导群众。从1947年春开始,中央就决定党政军各级领导机关要立即选派干部,组织工作团,搞好土地改革。那时,工作团在农村了解到群众对土地改革有许多顾虑,主要表现在"七怕":一怕斗争地主后,其家庭中有当共产党干部或国民党官员的进行反攻、报复和暗算;二怕分到地主财产后"福薄命穷",生灾得病;三怕失掉"情面",被斗的地主有自己的本家或亲戚;四怕村干部不团结,不支持群众斗争;五怕斗争半途而废,得到的土地财产无证据;六怕有了土地财产多交税款;七怕因信佛入教,受到神灵的责难。由此可见,几千年的封建社会给农民留下了何等深重又落后的思想烙印。

针对这种现实,在中央工委的指导下,晋绥各地召开工作团会议,"分层次解疙瘩"。广大解放区乡村纷纷召开诉苦会、说理会、清算斗争会,控诉封建地主剥削,烧毁契约,使农民在土改运动中获得了大量的土地,充分调动了解放区民众参加土改的积极性。

在全国土地会议结束后,刘少奇应邀召集前往冀中和渤海地区的中央土改工作团成员做了一次集体谈话,对如何正确地检查落实土地会议精神谈了自己的意见。其中有两个故事③,非常值得一读。

第一个故事,讲的是如何反对官僚主义。

中央土改工作团中大多数都是老革命,但也有像毛岸英、田家英、于光远④这几个比较年轻、工作资历浅的年轻人,他们对到地方去工作就不

---

① 毛泽东:《毛泽东选集》第4卷第2版,人民出版社1991年版,第1260页。
② 毛泽东:《毛泽东选集》第2卷第2版,人民出版社1991年版,第511页。
③ 这两个故事摘自于光远著作《我的编年故事·1945—1949(迎接全国解放)》,大象出版社2005年版,第107—111页。
④ 于光远,1915年出生,上海人。时任中央土改工作团成员,新中国成立后曾任中国社会科学院副院长、国家科委副主任等职。

免有些忐忑。因为到地方去工作，仍然要在当地党组织，比如在地委、县委领导下进行某一个村、某一个乡的土改工作，这时如果碰到当地的领导有严重的官僚主义，工作就肯定会遇到很大的麻烦。于光远就问刘少奇："遇到这种情况应该怎么办？"

刘少奇笑着回答道："你们不要一般地、抽象地反对官僚主义。官僚主义对我们也有一定的用处。国民党法律，从表面上看，对地主和农民也还是'平等'的，但是县政府在办案时，如果地主告状，他们就雷厉风行，没有官僚主义。如果农民告状，他们就搞官僚主义。这样地主就会感到这个县政府、这个衙门是自己的。现在我们搞了一个《土地法大纲》。在这个《土地法大纲》面前，地主农民也是'平等'的。地主也可以根据我们的《土地法大纲》到我们县政府告农民的状。在地主到我们县政府来告状时，我们就可以搞点官僚主义。而农民来告状时，我们的政府就一定要雷厉风行。这样，农民就会感到我们的县政府是他们自己的。"

听了刘少奇的这段话，于光远如同醍醐灌顶，恍然大悟。接着，刘少奇进一步帮他提高工作方法："你们在中央土改工作团做了半年的工作，又参加全国土地会议，中央精神你们是很了解的。你们也有自己的脑子，可以去分析、去判断你去的那个地方的党组织的某些指示是不是官僚主义的。你们应该有把握做出这样的判断，知道哪些批示不符合党中央的精神，是官僚主义的。如果你做出了这样的判断，那么你们就不应该把这些指示当作党的指示，而应该视作官僚主义的'指示'。遇到这样的情况，你们可以向地委、县委讲自己的意思、自己的建议，但是你们也要有准备，尽管你们反对，也不能把人家的官僚主义的指示反对掉。而且，你们也不好老提意见嘛！老提意见也不一定合适。即便如此，你们也要注意不能把他们的指示奉为神明、坚决去贯彻它。至于你们如何去处理才得当，这时要根据具体情况，具体地去处理，要尽量想办法把事情办好。你们要取得好结果，也许不那么容易，要看你们的本事。但是有一条要注意，决不要把官僚主义的指示奉为神明去贯彻。如果你们那样去做，你们自己就成为官僚主义者了。你们应该有自己的见解、自己的作为嘛。"

于光远牢记刘少奇教导的这个方法，并把它当作工作的"锦囊妙计"。

第二个故事，讲的是如何发动群众。

刘少奇讲的这个故事或许不太符合真实的历史，但对在土地改革运动中如何发动群众、组织群众和领导群众具有启迪意义。刘少奇讲了一个什么故事呢？

刘少奇说："当年十月革命取得胜利，赤卫队攻进了冬宫。在冬宫里有几间大厅的墙上挂着俄罗斯历代统治者——这个和那个沙皇、这个和那个大公的油画。油画里的这些皇室贵族，男男女女穿着华丽的服装，表情神气活现。赤卫队一见就非常生气，就想立即动手把这些油画烧掉。当时列宁也在场。"

说到这里，刘少奇停下来了，问道："假如你是列宁，你该怎么办？"

在场的人们你看看我，我看看你，不知回答什么才好。大家都不吭声，等刘少奇接着说下去。见大家没有回答，刘少奇就接着说："在那种情势下列宁是阻止不了的，列宁不许烧，赤卫队偏要烧，列宁就一点办法都没有。当时列宁同赤卫队一样愤慨，指着那些油画里的人说，这些家伙都是喝我们的血吃我们的肉的人，还想在这宫殿里流芳百世，该烧！该烧！赤卫队员们一听高兴了。列宁接着又讲，我们不能简单地一烧了事，应该在烧这些油画时，举行一个群众大会，控诉这些家伙们的罪恶。他问在场的赤卫队员们：是不是这么做比现在就烧好一些？赤卫队员们这时候已经没有激动的情绪，能够冷静地研究思考问题了。于是列宁就和赤卫队员们讨论，不一定非要烧掉那些油画，而是把它们作为博物馆的展品，利用展品旁的文字说明对这些旧俄罗斯的统治者作出恰当的历史评价。"

听到这里，大家不约而同地鼓起掌来。

刘少奇笑着说："列宁就是这样一步一步地引导群众正确地解决了问题。列宁工作方法的原则，就是无论如何我们不能站到同群众对立的位置上去，我们应该每一分钟都和群众在一起。"

就在中央土改工作团和各地党政军机关派出调查组走进解放区农村，帮助做好土改运动的纠偏工作的时候，也有几位外国人跟随他们进入了如火如荼的土地改革运动的历史现场。现在，就让我们跟着他们的脚步，去感受土地改革所激发、凝聚的来自人民群众的磅礴力量。

1947年2月，美国记者杰克·贝尔登（Jack Belden）搭乘联合国善后救济总署的便车，冒充"联总"代表，从北平穿过国民党的封锁线进入华北解放区的邯郸。随后，他在刘伯承、薄一波的支持下，对中国革命做了一次广泛的调查和采访。归来后创作的长篇纪实作品《中国震撼世界》，与埃德加·斯诺的《红星照耀中国》、史沫特莱的《伟大的道路》和韩丁的《翻身》等反映中国革命的名著一样，成为中国革命必然胜利的见证。

在《中国震撼世界》一书中，贝尔登说："蒋介石之所以在这时被打败，是因为在一九四五至一九四九年间中国绝大多数人民的人心向背发生了急剧的变化。"他进一步分析说："蒋介石是被激情，而且主要是被激情搞垮的。中国农民投入战争与革命中的热切的希望和刻骨的仇恨，化成巨大的激情的能量，像在中国社会中爆炸一颗原子弹似的，几乎把中国社会炸得粉碎。从农民蜂拥着冲进地主宅院的脚步声里，从一个其土地被农民分掉、其身躯也被乱棒砸成肉酱的大地主垂死呼号中，从一柄杀猪尖刀向着其祖宗牌位平素受到农民拜祀的族长的心窝猛扎进去的闪光中，从一个被自己的母亲引来的蒋介石特务砍掉脑袋挖出肠子的姑娘的惨叫声中，从阴沉沉地念着'蒋介石来了！'的摆香案降神的巫婆的喃喃咒语中，从妇女们用剪刀剪割一个恶霸身上的肉时发出的咔嚓咔嚓声中，从过去在丈夫拳脚下呻吟、如今在村里组织起妇女会的新媳妇们把她们所痛恨的男人又打又抓又撕时发出的凶狠的复仇叫喊声中，可以感到、看到、听到这种激情的广度和深度。在中国辽阔的国土上，在平原、山区以及田野里，这种激情到处都高涨起来，成为一股不可挡的新力量。在内战和革命中，主要的任务就是如何因势利导这些巨大的激情。"①

农民为什么会爆发出这样排山倒海的新力量呢？贝尔登说："过去蒋介石之所以能够维持其对中国人民的统治，是因为群众的失望和仇恨还不足以激发他们摆脱麻木状态。当出现了新的局面，激愤的农民起来的时候，蒋介石本当理解这种新局面和农民的激愤之情；但这两件事他没有做

---

① ［美］杰克·贝尔登：《中国震撼世界》，邱应觉等译，北京出版社1980年版，第4—5页。

到。事实上他根本不想去了解人民的心情。这就是蒋介石失败的一部分的内因，也是美国对华政策失败的一部分内因。"[1]毫无疑问，中国内战的实质也就是争夺农民民心的战争。而要赢得农民的民心，就必须要开展土地革命。也正因此，农民团结在共产党的"土地与解放"的旗帜之下，尊奉毛泽东为人民的"大救星"。

对于土地改革对战争与革命产生的作用和影响，贝尔登在著作中做出了自己的判断——土地改革直接导致了一场人民战争，是一项无可比拟的革命的和军事的策略。他说：

> 土地的重新分配对农民群众的心理产生了奇异的影响。它不仅改变了解放区农民群众的思想面貌，而且使与共产党为敌的人、特别是蒋军官兵的思想情绪受到极大震动。这种心理变化十分微妙，不时暴露出来。土地改革使中国广大农民摆脱了蒋介石的统治，由于城市在中国人民的生活中所占的比重很小，这就意味着蒋介石的军队实际上被逐渐孤立于中国人民生活的主流之外。共产党关于军队是鱼、人民是水的比喻，用在此处非常贴切。土地改革不仅为共产党创造了适于其生存的环境，而且使蒋军孤立于人民群众之外，困死于社会的真空中。
>
> 由于蒋军被孤立于社会之外，官兵在精神上无所依托。由于失去了广大农村，蒋军如盲人骑瞎马，获取不到足够的情报，无法对形势的发展作出准确估计，乃至铸成致命大错。官兵大大失去信心，他们开始怀疑自己究竟为何而战，又有何必要继续战斗下去。有一种犯罪的感觉在咬噬着士兵的心灵。在社会上，他们像是断线的风筝，感到孤独、迷惘、惶恐，甚至痛苦得快发狂，因此必然要幡然倒戈，脱离苦海。倘若是在另一社会里，在不同的时代，在不同的环境中，这些彷徨者或许会从宗教、精神病院或者浪漫的爱情中寻求慰藉；然而在中国，除了参加革命以外，

---

[1] ［美］杰克·贝尔登：《中国震撼世界》，邱应觉等译，北京出版社1980年版，第6页。

别无出路。①

1947年12月，在《中国土地法大纲》颁布两个月后，来自英国的戴维·柯鲁克（David Crook）和来自加拿大的伊莎白·柯鲁克（Isabel Crook）以国际观察员的身份，来到河北省武安市石洞乡十里店，观察和采访了中国共产党领导下的土改复查和整党运动的整个过程。

在十里店，柯鲁克夫妇住了六个月，他们以"解剖麻雀"的精神，与农民同甘共苦，经历了这个村庄土地改革的喜怒哀乐，最后把在这里发生的故事写成了一本与村庄同名的著作《十里店——中国一个村庄的革命》，真实地记录下中国新民主主义革命的一个重要阶段，使西方人真实了解了中国的土改运动。

像柯鲁克一样，美国人韩丁也在中国华北的一个小村庄工作生活了半年时间，用自己的笔记录了这个村庄的土改运动。韩丁原名威廉·辛顿（William Hinton），1945年以美国战争情报处分析员身份目睹了重庆谈判。1947年，联合国救济善后总署捐赠一批拖拉机给中国，韩丁应召作为拖拉机技师第三次来到中国，被派到东北工作。因不满于国民党的腐败，他自愿来到共产党所领导的华北解放区，在晋冀鲁豫边区的冀南地区负责这项发展计划。同年秋天，联合国在全世界结束了农机救援的工作，把志愿者解散送回美国。但韩丁没有走，决定留在中国的解放区，一如既往地为培训中国第一代农机人员、恢复生产和解放区建设倾心竭力地工作。但由于没有燃料，农机无法使用，韩丁只好离开农村的工作，应在山西长治（潞城）成立不久的北方大学的邀请，成为一名英文教员。

1948年3月，韩丁向时任北方大学校长范文澜提交了参加土改工作组的申请。他说："这是一个伟大的时刻。这个时刻，是我一生中最想看到，最想投身的时刻。"范文澜答应了他的请求，同意他以观察员的身份，随同学校土改工作队来到山西省潞城县张庄村（今属长治市郊区东厂镇），成为中共潞城县委派出的11个土改工作队的一员，对张庄已经进行两年的

---

① ［美］杰克·贝尔登：《中国震撼世界》，邱应觉等译，北京出版社1980年版，第246—247页。

土改运动进行复查。在半年的工作中，韩丁目睹了张庄的人民群众在工作队的帮助下，克服"左"倾危险，纠正土改运动的偏差，重新划分阶级，严格区分中农和富农之间的界限，对利益受到侵犯的中农进行了退赔，把地主团结到革命队伍中来。

作为工作队唯一的外国人，韩丁虽然是一名观察员，但他却尽可能把自己变成一个农民。他同农民一起吃饭，一起劳动，一起学习，一起讨论，身上沾满了泥巴，心中转变了感情。许多农民成了他的知心朋友，向他的耳根说悄悄话，把各种秘密，严肃的和荒唐的，都无保留地交给了他。他也看到了张庄农民在共产党的组织领导下，喜气洋洋地成立了人民代表大会，建立了政权机构。人们在不断地纠正偏差中，也是在残酷的你死我活的激烈斗争中，日益变得聪明和成熟起来，把自己从自然和社会力量的被动的受害者，转变为一个新世界的积极的建设者，完成了亘古未有的事业，把几千年的封建制度送上了历史的祭台，解放了生产力，掌握了自己的命运，翻身站起来。

从3月6日进驻，到8月24日离开，韩丁在张庄生活了168天。

这一天，晴空万里的蓝天上，金色的太阳像一位老朋友那样，静静地照着村庄，韩丁和张庄的农民依依不舍地告别。他和始终与他相伴的土改工作队员兼翻译戚云、谢虹一起，与张庄挥手再见。随后，韩丁独自背着20斤重的采访材料，徒步翻过了太行山，东下华北平原。路上，他遭遇蒋介石的飞机轰炸，他伏在采访材料上，仿佛母亲保护自己的婴儿一般。谁知，回到美国后，他在张庄写下的这1000多页的采访笔记被美国海关和伊斯特兰参议员的国内安全委员会查禁。他和埃德加·斯诺一样遭受了美国麦卡锡主义的迫害，被吊销了护照。韩丁打了好几年官司，几乎倾家荡产，才把材料追了回来。

经过长时间的构思和写作，韩丁以小说家、新闻记者、社会学家和历史学家的笔法，完成了中国一个村庄的革命纪实——《翻身》。等到这部书1966年在纽约每月评论出版社出版的时候，距离韩丁在张庄参加共产党的土改复查工作已经过去了18年。《纽约时报》发表评论说："这是一部非同一般的关于中国革命的书卷……韩丁先生为我们了解共产党取得政权前夜,中国北方农村的生活,做出了有价值的、在某种意义上独一无二的贡献。"

韩丁为写作《翻身》所付出的痛苦代价,有理由获得人们的致敬。

《翻身》的故事是围绕土地问题展开的。韩丁说:"不了解土地问题,就不能了解中国革命,而不了解中国革命,也就不能了解今日的世界。"后来,《翻身》被翻译成十种文字,在不同文化背景的国家传播。韩丁在书中颇为动情地写道:"最后胜利的到来,说到底还要依靠千百万农民对于革命的心甘情愿的支持。这里关键的是土地问题。只要获得了自己的土地,就会有成千上万的农民自愿加入正规军,他们就会为前线提供运输队和担架队,同时在解放区到处组织起非正规的战斗部队。土地所有权不但能使前线和后方的老百姓普遍激发出一种任何恐怖都难以动摇、任何挫折都难以阻挠的决心,而且能使人民群众发挥出无穷的创造力,大搞坚壁清野,骚扰和埋伏奇袭,把敌军指挥官弄得沮丧万分。土地所有权是形成一道堵住敌人耳目、切断敌人情报的隔音墙的基础,它使正规和非正规的革命部队都能灵活自如地集中、分散、进攻、撤退。"[1]

土地改革,让受压迫受剥削的中国农民翻了身,中国大地经受了一场暴风骤雨。什么是翻身呢?韩丁在他的著作中给出了这样的说明:

> 每一次革命都创造了一些新的词汇。中国革命创造了一整套新的词汇,其中一个重要的词就是"翻身"。它的字面意思是"躺着翻过身来"。对于中国几亿无地和少地的农民来说,这意味着站起来,打碎地主的枷锁,获得土地、牲畜、农具和房屋。但它的意义远不止于此。它还意味着破除迷信,学习科学;意味着扫除文盲,读书识字;意味着不再把妇女视为男人的财产,而建立男女平等关系;意味着废除委派村吏,代之以选举产生的乡村政权机构。总之,它意味着进入一个新世界。这就是本书题名为《翻身》的原因。它叙述了张庄农民怎样建立一个新世

---

[1] [美]韩丁:《翻身:中国一个村庄的革命纪实》,韩倞等译,北京出版社1980年版,第226页。

界的经过。①

作为一个美国人，韩丁对中国农民在20世纪40年代的"翻身"所做的阐释，是符合历史唯物主义和辩证法的，有着深刻的历史洞察力。而他在书中对"翻身"又做了更加深刻的引申，使其更具有震撼力。他说："把翻身这个概念运用于一个更广阔的天地时，看来也十分明显：这个词可以用来描述整个国家的再生。正如可以说个人的翻身，集体的翻身一样，也可以说是一个民族的翻身。在这个过程中，整个人民'翻了身'，整个大陆站了起来。"②

韩丁总结得多么精彩啊！

在那个历史的现场，土地改革使整个中国大陆翻了身，站了起来！

瑞雪兆丰年。1948年年初，晋察冀边区下了一场大雪。

《中国土地法大纲》颁布实施后，农村实行了彻底的土地改革，政治和经济面貌有了很大变化。土地改革分田分地之后，发展生产就成为农村的根本任务，也是农民群众的普遍要求。也就在这个时候，中共中央发出了新的指示，为了使农业生产提高一寸，仍需要进一步克服农业发展道路上的若干障碍与困难，特别是要迅速确定地权，改订农业税，改善战勤办法，等等。改订农业税的标准，用老百姓的话说就是"交公粮"，这是关系到千家万户的大问题。现在，贫雇农都分得了土地，但不知道要交纳多少粮、自己能得多少，搞生产的心就不踏实。因此，就必须尽快拿出一个新的公粮征收办法来。

这天晚上，正在阜平县诚信沟村搞土地改革复查工作的李成瑞③，收到了一封信，要他赶快回晋察冀边区财经办事处。第二天一大早，李成瑞

---

① [美]韩丁：《翻身——中国一个村庄的革命纪实》，韩倞译，北京出版社1980年版，第6页。
② 同上，第716页。
③ 李成瑞，1921年出生，河北唐县人。1940年参加革命，时任晋察冀边区驻河北定县吴家庄调查组成员。新中国成立后先后任国家统计局局长、顾问，国务院人口普查办公室主任。

就收拾好行装，踏着皑皑白雪，赶回了机关，直奔办事处主任黄敬[①]的办公室。

掀开土布门帘，一步跨进了屋里。看到风风火火的李成瑞，黄敬高兴地站起来，紧紧握住他的手说："小李，回来啦？土改正搞得起劲，又要给你新的任务了！"

黄敬一边说一边拉过一条板凳让李成瑞坐下来，目光停留在他的脸上，仿佛在等待他对"新任务"的反应。稍停了一会儿，黄敬接着说："现在形势好得很，我军已经由战略防御转入战略进攻。黄河以南不少地方解放了。不久就要打到蒋介石的老窝啦！在这个决战的关头，咱们老解放区必须拿出更大的力量来。最近，咱们边区正在扩军，同时又搞地方军野战化，加紧炮兵建设，兵工费也增加了。我们还要支援陕甘宁边区，他们的困难比我们大得多。去年9月边区财经会议定的财政预算，早就落后于形势的发展了。看来，今年军粮的需要量更大了。因此，我们必须想更多的新办法。"

"什么新办法？"李成瑞问道。

"这个新办法，一方面要更有效地支援战争，一方面要能提高农民的生产情绪。"黄敬停顿了一会儿，"同时，办法要简单明了，让农民人人弄得懂、算得清。你看，这件事该怎么办？"

"我不知道。"李成瑞被黄敬一下子问懵了。

"你不知道，"黄敬笑了笑，"我同你一样也是不知道。要回答这个问题必须搞调查研究，向群众请教。现在决定要你带一个工作组，马上出发去调查，时间20天左右。你看怎么样？"

"完全应当这么办。"李成瑞爽快地接受了这个新任务。

告别的时候，黄敬再三叮嘱说："中央局很重视这个问题，你们下去一定要以甘当小学生的精神好好向群众请教。"

[①] 黄敬，1911年出生，祖籍浙江绍兴，原名俞启威。1932年参加中国共产党。抗日战争时期任冀鲁豫区委书记、中共中央北方局平原分局书记等职；解放战争时期，任晋察冀边区财经办事处主任，晋察冀中央局副书记兼晋察冀军区副政委、华北军区后勤部政委。新中国成立后历任中共天津市委书记兼市长、国家技术委员会主任兼第一机械工业部部长等。

李成瑞点点头，感到心情愉快，更感到责任重大。第二天，他就带着调查组经过三天的行军，来到了定县县城西南的吴家庄进行调研。

一进村，就听到了敲锣打鼓的声音。一问，才知道村西头大场正在开欢送新战士参军的大会。李成瑞一行赶到会场，欢送会已经进入了尾声，只见20多个小伙子胸前戴着大红花，被人群簇拥着坐上大车，扬鞭疾驰，奔向通往城里的大道去了。

走在散会的人群当中，李成瑞听到农民们一边走一路谈。有人说："走的是时候，眼看全国胜利啦，不参军摸不着仗打啦！"有人说："人家上了前方，咱们也得加紧干哪，要兵有兵，要粮有粮，才能早一些打倒老蒋。"

住进了村子，就要和群众打成一片。但在和群众的聊天中，不论贫农和中农，都流露出一种对交公粮问题的担心。一个贫农说："土地还家啦，没有别的说的，就看咱们生产闹得怎么样啦！可是心上总有一个疙瘩：自古按地亩纳粮，如今咱分了地，不知打下粮食交多少公粮？自己落多少？心里老不那么踏实。"一个中农说："过去累进税'累'的是地主富农，现在地主富农打倒了，会不会'累'到俺的头上来了？"

穷人有穷人的烦恼，富人有富人的忧愁。贫农和中农迫切要求和担心的其实都是一个问题——废除农业累进税，重订农业税（公粮）标准。但是怎样才能订出一个适合农村各阶层要求的合理的办法呢？李成瑞知道，只能像黄敬所说的那样，向群众请教，拜群众为师。但是群众并不是随便就会收下这些徒弟的。这不，工作组的调查工作刚刚铺开，就碰上了困难——有些群众用怀疑的眼光看着他们，不说真心话；一些流言也在暗中传开来："后街来了工作组，他们什么都问，问了就记在小本上，说不定给咱村增加公粮负担咧！"

李成瑞耐下心来，反复宣传解释，经过一个时期的实际工作，使群众终于相信工作组确实是老老实实向他们求教，诚心诚意为他们办事，态度转变了，话也不一样了。有的农民说："这些人都是老八路，一心为咱老百姓，有话尽管向他们说。"有的说："政府公粮怎么收法，先让咱们老百姓出主意，这才叫民主咧！"就这样，工作组渐渐地成为群众的知心人了。

正是杨新柳绿的早春时节，一望无际的冀中平原上，春风拂拂，还颇有几分寒意。李成瑞带领工作组的同事们和吴家庄的农民群众一道，一堆堆聚集在北墙根下，一边晒太阳，一边议论争辩。谈话间，有时笑声不绝，有时争得面红耳赤。

工作中，大家集思广益，同村干部、积极分子共同组织了一个临时性的"公粮负担研究会"，进行调查研究工作。工作方法是：进一步了解各阶层家庭收入和支出情况，发动群众对土地改革后负担办法自由地、无拘束地说出各种意见和方案；然后按照各种方案对各阶层的代表户进行试算，把试算的结果发榜公布，发动群众看榜，再进行讨论比较，在讨论中产生新的更完善的方案；再试算，再讨论。这样，使问题一次比一次深入，意见一次比一次集中，一直到找出使绝大多数群众满意的方案为止。当时，工作组还把这种办法取了一个名字，叫作"民主讨论，三榜定案"。

后来，李成瑞把他的这段经历写成文章《生产长一寸》，参加了"中国人民解放军三十年征文"活动，入选了《星火燎原》丛书。他在文章中回忆说：

> 土地改革后，负担办法根据什么原则来制定？大家讨论得很热烈，最后，把意见集中在这么几点上：
>
> 首先一切为了支援战争。群众说：打老蒋是头一件大事，非把它彻底打垮不可。别在这上面计较。八路军天天在前方打仗，流血牺牲，还不是为了咱们老百姓？咱们在后方纳点粮还算什么？
>
> 同时也为了鼓励生产。大家认为土地平分以后，谁都有地种，要紧的是把地种好，多打粮食。不论定什么办法，总得叫勤劳的人沾光，不能叫懒汉讨便宜。在讨论中，有人举出一些勤俭的例子，像劳动模范吴玉合，起早贪黑、省吃俭用，别人锄两遍三遍就挂了锄，他锄四遍五遍。同样的地，他的庄稼比别人的高一头，籽粒饱，打得多。冬天农闲，他在村里拉大锯，做木匠活。像这样的人，负担上决不能让人家吃亏。前街有个懒汉，地里不上粪，不锄草，草比苗儿高，他还洋洋得意地对着细黄的苗

儿说："我不拿粪儿臭你，不用锄儿逗你，大草给你遮凉，小草给你做伴，我对你哪点不好，为什么不好好长呢？"像这号人，决不能叫他讨便宜。

要做到公平合理。譬如水浇地产量高，就应当多纳些粮，旱地产量低，就应当少纳些。高地、洼地、沙土地、黏土地产量不同，要有分别，才算公道。

办法要简便易行，最好叫人一听就明白，一算就清楚。人人都懂，就没人敢闹鬼了。

对这些大原则，大伙的意见是一致的，但是一讨论到具体政策，不同的意见就多了。

贫农同中农发生了争论。一部分贫农的意见是：同样的土地，因为缺少畜力、肥料，要比中农少纳。中农则坚持同样土地，同样纳粮；多打粮食归自己。一部分贫农要求实行"活办法"，各户税额要开会民主评议。中农坚持把办法定死，按政府章程办事；说民主评议没准头，看谁多打了粮食就"抓谁的大头"，会打击生产。

人口多的户同人口少的户也有争论。人口多的户主张沿用过去每人扣除一个"免税点"的办法；人口少的户主张按地亩纳粮，不算人口。

副业多的户同副业少的户也发生争论。副业少的户主张副业要纳税，因为副业赚钱比农业容易。农业要纳税，副业为什么不纳？副业多的户反对，理由是："人家干完庄稼活还不肯歇着，抓空子搞点副业就征税，谁还搞它呢？""自古没听说妇女们纺纱织布也要征税！"

争论越来越广泛，越来越具体，而且相持不下。

这么一大堆看法、主张，究竟采取哪个意见对呢？

调查组连日开会，反复研究。大家认为最好的办法是认真进行各阶层典型户的调查、分析，通过典型户试算，交群众讨论，让群众自己从不同意见的争论中趋向一致。

我们先把群众分组讨论的意见归纳为四个方案，然后把全村四十六个典型户（从各阶层各类型中选取有代表性的农户，有中农，有贫农；有人口多的，人口少的；副业多的，副业少的……）进行了一次详细的试算，列出一张大榜，上面写明每一户有多少土地、人口、产量，按第一种方案应负担多少，按第二种方案、第三方案、第四方案各应负担多少。

这个"负担榜"贴在村中十字街口的小庙前头，很快轰动了全村。许多人争着去看，不识字的要调查组同志念给他们听。一面念，一面讲，大家就你一言我一语地讨论起来。

群众在辩论，在比较，在思考。群众的意见在发展，在深化。

我们把群众意见集中起来，又经过研究试算，公布出去，这样几个反复，终于得出了一个绝大多数人都满意的方案：取消土地改革前的累进税制，改为不加累进的比例税制。农业税按土地的"常年应产量"计算，不按实际收获量计算，即同样的土地，因多上粪、多浇水、深耕细作而增加产量，超过"常年应产量"的部分，一律不加税，以鼓励农民生产的积极性；如因遭受天灾而歉收，政府应酌情减少征税额，或全部豁免；先按户每人扣除一个"免税点"，再按扣除"免税点"的产量计算征税额，使人口不等的农户有所差别，也可以适当兼顾中农同贫农两方面的利益；土地的产量，分别按不同的土质水利等条件，评定等级，过去评议不合理的，加以适当调整；农闲时，作为辅助性收入的家庭副业，不征税；常年经营，成为家庭主要收入的副业生产，按小工商业征收工商税，这样既可使负担大体合理，又可以鼓励农民发展副业的积极性。

一个获得绝大多数农户同意的、合理的征税方案产生出来了。

记得讨论结束的那天，调查组在小学校教室里，围着两盏菜油灯研究总结的时候，许多老乡都自动跑来，参加我们的总结会。他们说："众人是圣人，一点儿也不差。""没有白熬几斤洋油，到底办法想出来了。"

那是一个难忘的夜晚，冀中大平原已经沉睡了，一切是那么安谧、恬静。但是我们的心却激动不已。过去十年的漫长岁月里，整个冀中平原一直是炮火连天、烽烟遍地。这里的人民同民族敌人、阶级敌人作过殊死搏斗。现在，革命战争已经推进到蒋管区去了，这里已经成为远离战区的巩固的后方。但是，这里的战斗并没有停止。土改、参军、生产支前……各种不同形式的战斗还在紧张地进行。一切为了前线！一切为了胜利！二十天来，为公粮负担问题而进行的调查工作，也是后方战线上的一个小小的战斗。这些天来，许多人为了争论的问题思索，成夜成夜睡不好觉；不少人为了计算和整理材料，熬红了眼睛。目的只有一个，就是为了把"生产长一寸"的伟大号召变成现实，为了更有效地支援自己的军队的胜利进军。就在这个深夜，在小油灯底下，一个贫农老大爷抓住我的手，语重心长地说："有了合理的负担办法，我们的心里就亮堂了。请你告诉党和政府，告诉前方的同志们，我们一定下劲搞好生产，多打粮食。不信秋后来瞧吧！"这是后方人民的誓言，也是对我们工作组最大的鼓舞。

在告别吴家庄老乡们的时候，传来了一个激动人心的胜利消息：革命圣地延安收复了！"军队向前进，生产长一寸！……"毛主席这伟大的号召，铭记在全国军民心里，变成巨大的物质力量。①

调研结束后，李成瑞带领调查组回到机关，向黄敬汇报了调查工作。让他想不到的是，原来只准备两三个小时的汇报，黄敬竟拿出了一整天的时间让调查组把话说尽。最后，黄敬说："吴家庄的调查是成功的，情况和意见都有相当的代表性。中央局最近已经初步讨论了土地改革后的负担政策，同吴家庄调查的结论是一致的。负担政策要做到能鼓励生产，支援战争，最重要的是处理好贫农同中农的关系。"

---

① 刘伯承等：《星火燎原》第9集，解放军出版社1997年版，第326—329页。

此后，晋察冀边区财经办事处又组织全边区的12个专区普遍进行了典型调查，根据各地的调查材料，晋察冀边区行政委员会于1948年5月1日发布了土地改革后农村负担政策的布告，宣布废除土改前的累进税，实行不加累进的比例税制；同时公布了其他鼓励农民生产的各项办法。这个布告发出以后，立即受到边区广大农民的热烈欢迎，成为推动生产、支援战争的一个重要的措施。8月，华北人民政府正式颁布了新的农业税法。这一年，在农业增产的情况下，农民群众踊跃缴纳公粮，华北解放区公粮总数高达25.8亿斤。因此，有人笑着说："国民党靠美援，我们就靠'农援'。"

有关华北人民支援前线的动人故事，我们还可以在聂荣臻元帅的回忆录中找到。他说："那时候，正值隆冬，冰天雪地，他们听说要解放北平、天津、张家口，立即掀起了支援前线的热潮。那情景真是非常感人，非常壮观！当我从孙庄去孟家楼平津战役指挥部的时候，一路上看到成千上万的人民群众和广大民兵，赶着满载物资的大车，不分昼夜地朝北平、天津方向前进，真是前不见头，后不见尾，一眼看不到头呵！我还得知大清河两岸的人民群众，昼夜组织四万多人参加突击破冰队，两天内砸开了一百多里冰河，使白洋淀和大清河两岸的船只，能够将物资源源不断地送往前线。"[1]

正像聂荣臻元帅所说的那样，整个解放战争期间，解放战场上处处都有民兵和民工的身影。土改后翻身的农民踊跃参军参战，保家卫国，各解放区出现了"父送子、妻送郎"上前线的支前参战热潮。山西崞县的一位老雇农发自内心地呼唤着："扎碎酱罐子（指蒋介石），捣烂盐钵子（指阎锡山）……穷人大翻身！""前线需要什么，我们就送什么，战争打到哪里，车轮就推到哪里。"人民解放军在哪里，他们就跟随部队野战远征，攻城夺地，有的扛着担架，有的牵着骡马，有的赶着大车，大车上拉着丈把高的云梯，一路上欢歌笑语，声震四野，有的甚至随军转战数月不归。他们除了不穿军装，不携带武器外，几乎与解放军没有什么两样。

---

[1] 聂荣臻：《聂荣臻回忆录》，解放军出版社1986年版，第701页。

据统计，三大战役期间，山东有580万民工支援前线，冀中有480余万民工支援前线。虽然淮海战场上只有60万正规解放军部队，但是共有597万民工参与了支援前线，随军作战的常备民工达100万人。这些解放区的人民喊出了"倾家荡产，支援前线"的口号，他们为解放军提供29万副担架、83万辆车、32万头牲畜、16万根扁担。除东北解放区外，各地没有或几乎没有机械化运输工具，各种物资和伤病员的运输全靠民工以体力或手工工具完成。陈毅曾多次说过："华东战场上的国民党反动派是百姓用独轮车把他推倒的"；淮海战役的胜利是老百姓用小车推出来的。

真的是波澜壮阔啊！

真的是惊天动地啊！

在解放战争战场上发生的这一切，不仅创造了中国历史的奇迹，也创造了人类历史的战争奇观！

为什么呢？

得民心者得天下。上海《密勒氏评论报》当年曾经这样评论说："中共采取了两种斗争方式，一是土改，二是军事。决定最后胜负的在于前者不在后者。"

多年后败退到台湾岛的蒋介石也曾不无后悔地对他的儿子蒋经国说："我错就错在当初没有鼓动农民来帮我，毛泽东就是沾了农民的光。"世上没有后悔药。其实，在那个历史的现场，蒋介石不会也不可能去鼓动农民，因为他的阶级属性和阶级立场决定了他的屁股坐在哪里。他怎么可能会站在农民这一边，为农民说话为农民办事呢？！他不会做，也不可能做到，因此也永远沾不到农民的光。

这就是地动山摇的土地改革所引爆的人民战争的伟力！毛泽东和中国共产党人的这种能力，在斯诺看来是有一种"天命的力量"。他在1936年第一次与毛泽东亲密接触之后，做出了这样的评价："你觉得这个人身上不论有什么异乎寻常的地方，都是产生于他对中国人民大众，特别是农民——这些占中国人口绝大多数的贫穷饥饿、受剥削、不识字，但又宽厚大度、勇敢无畏、如今还敢于造反的人们——的迫切要求做了综合和表达，达到了不可思议的程度。假使他们的这些要求以及推动他们前进的运动是可以复兴中国的动力,那么,在这个极其富有历史性的意义上,毛泽东也许可能成为一个非常伟大的人物。"①

1950年6月,毛泽东在七届三中全会上指出:"我们已经在北方约有一亿六千万人口的地区完成了土地改革,要肯定这个伟大的成绩。我们的解放战争,主要就是靠这一亿六千万人民打胜的。有了土地改革这个胜利,才有了打倒蒋介石的胜利。"

5
"有了自己的银行货币,这才真正是人民当家做主的共和国哩!"

兵马未动,粮草先行。没有财经,一切等于零。

1947年6月14日,毛泽东在靖边县天赐湾发给朱德、刘少奇的电报中,专门交代希望中央工委在半年内做好三件事:一是将晋察冀军事问题解决好,二是将土地会议开好,三是将财经办事处建立起来。

全面内战爆发后,早在1947年1月3日,中共中央在延安就发出了一封"关于召开华北财经会议的指示"的电报,目的是交流各区财经工作经验,讨论各区货物交流及货币、税收、资源互相帮助,对国民党进行统一的财经斗争,并由各区派人成立永久的华北财经情报和指导机关。

这年3月,中央撤离延安后,这项工作就交给中央工委负责。当时,年过花甲的董必武随刘少奇、朱德组成中央工委奔赴华北。4月16日,在行至晋绥边区时,中央工委接到了中央的一封电报:"为着争取长期战争的胜利,中央决定在太行成立华北财经办事处,统一华北各解放区财经政策,调剂各区财经关系和收支,并决定以董必武同志为办事处主任……"

接到电报,过去从未涉足财经工作的董必武感到很吃惊,但欣然从命。作为中共创始人之一,1945年又作为解放区代表参加联合国成立大会并在宪章上签字的元老级人物,董必武在延安与林伯渠、吴玉章、徐特

---

① [美]埃德加·斯诺:《西行漫记》,董乐山译,生活·读书·新知三联书店1979年版,第62页。

立、谢觉哉被誉为"延安五老"。这封电报还指示,董必武立即经五台转太行,赶赴河北邯郸,参加正在那里召开的华北财经会议。

中共中央为什么在这个时刻紧急召开华北财经会议呢?我们知道,在抗日战争胜利之前,中共领导的抗日民主根据地共有19大块。其中华北、华中抗日根据地很接近,但因敌人封锁,切断交通,不得不分成几块,所有财经工作只能分散管理。到日本投降时,八路军攻克几十座小城市和大片铁路沿线及两侧地区,各抗日根据地大多连成一片,可以自由来往。但是,国民党"摘桃子",不准侵华日军向八路军投降,大城市和许多中等城市由国民党空运军队来接收,使中共的抗日根据地依然处于分散状态。以山东省为例,胶东、渤海和大鲁南三个地区连成一片了;济南、青岛、徐州、海州仍被蒋介石军队占领;陇海铁路以南为华中地区,成立苏皖边区政府,津浦路以西则属于晋察鲁豫边区范围。已经连成一片的各个根据地,贸易来往频繁,货币需要互相流通。原来对敌占区的经济斗争办法已经不适应于新的情况,急需相应地改变经济管理办法,由分散管理逐步走向统一。而且,此时解放战争已经进入爬坡阶段,处于转入反攻的前夜,华东野战军和西北野战兵团取得了初步胜利,刘邓大军准备强渡黄河,挺进中原。货币的不统一与解放战争的快速推进,产生了矛盾,导致的结果是后方补给难以保障。尤其是当解放战争进入大兵团作战的阶段后,各解放区的部队将要离开自己的根据地到外地作战,原来就近供应的模式已经不适应新形势下战争的需要,各大解放区联合供应成为必然的趋势。

接到命令,董必武马上带着家眷从陕北一路东行,向邯郸进发。走到山西五台县一个叫大槐庄的村子时,所带的干粮都吃光了,警卫员只好跑到附近的小店买烧饼。不一会儿,警卫员两手空空地回来了。

"怎么啦?"董必武问道。

警卫员攥着手上的钱,一脸委屈地说:"他们不收我们的钱。"

"为什么?"

"他们只收他们这里的钞票,不认我们的。"

原来,这里的私营小商店甚至公营的商店也只收晋察冀边区的货币,根本不收陕甘宁边区的货币。没有吃的,孩子饿极了。董必武的夫人何连芝只好用一块新布料换了两个烧饼。

这件小事，让董必武十分震惊。这让他更加感到统一货币，势在必行。

其实，华北财经会议3月25日就已经在邯郸冶陶镇召开了，因此也称邯郸会议。中央派董必武到会指导的时候，会议已经接近尾声。会议要解决的主要问题就是统一各个边区的财政和金融，支援即将来临的大决战。

华北财经会议之所以选择在邯郸武安县冶陶镇召开，因为这里是晋冀鲁豫中央局所在地，位置适中，而且此时国民党已经没有力量进行全面进攻，改为向山东解放区和陕甘宁边区进行重点进攻了，因为邯郸地区相对和平安全，不受战争干扰。为了开好这次会议，各大解放区都组成了正式的代表团。东道主晋冀鲁豫解放区代表团团长为杨立三、戎子和，晋察冀代表团由南汉宸担任团长，陕甘宁边区代表团团长是白如冰，华中、山东两区合并而成的华东解放区代表团团长为薛暮桥。因为晋察鲁豫中央局书记邓小平正在准备率领刘邓大军突破国民党包围，进行外线作战，会议就由副书记薄一波主持。

3月15日，华北财经会议召开了预备会。3月25日至5月11日召开正式会议。会议分三个阶段进行。第一阶段是各代表团做本地区财政经济情况的综合报告和专题报告。第二阶段分别对财政经济工作的基本方针、财政工作和经济工作中的具体问题进行详尽的讨论。经大家举荐，薛暮桥起草了《华北解放区财政经济会议综合报告》，集中总结了各解放区经济工作的经验。他只用三天时间，就完成了这篇长达2.4万字的综合报告初稿。第三阶段是大会对综合报告进行讨论修改。薄一波向中央做了报告。

董必武是在会议进行到第三阶段的时候抵达冶陶镇的。顾不上休息，他立即连夜听取情况汇报。在阅读会议综合报告后，他大体同意报告内容，但觉得报告全文太长，要求薛暮桥将这个报告压缩成一个只有四千字的会议决议，电报中央。这份决议主要明确了六个方面的问题：一是财经工作首要任务是保证解决爱国自卫战争的财粮供给；二是经济工作要适应战争情况和战争需要，努力发展生产，奖励人民发家致富；三是决定成立华北财政经济办事处，实现由分散到统一的组织领导；四是要解决好独立自主、长期战争、依靠农民为农民服务、照顾整体的思想；五是强调贸易工作和金融货币为生产服务、为战争服务，加强对敌经济斗争，解放区停止使用法币；六是城市工商业政策问题。

8月16日，中共中央正式批准了华北财经会议的决议和综合报告，认为：这次财经会议总结了华北各解放区财经工作经验，并正确地提出和解决了今后财经工作的方针与政策。中央要求各地立即坚决执行。这份决议最突出的贡献，就是研究出一个规律的统计，搞清究竟解放区的财力能养多少兵。因为各大解放区情况各异，负担也不同。一个兵力一年最低的生活保障是多少？老百姓的负担最大能达到什么程度？

董必武说："我们的财经是在战争需要、供给标准和减轻人民负担三个矛盾中跳舞。战争需要必须满足，供给标准必要时还可降低，人民负担已经很重，财政必须统一起来。"

也就是在这次会议后，中央决定并同意设立华北财经办事处，统一领导华北各解放区的财经工作，董必武任主任，各解放区各派一名代表任副主任，分别由杨立三（晋冀鲁豫解放区）、南汉宸（晋察冀解放区）、薛暮桥（华东解放区）和汤平（晋绥和陕甘宁解放区合并而成的西北解放区）出任，薛暮桥兼任秘书长。华北财经办事处的办公地点设在离西柏坡只有一公里左右的平山县夹峪村。随后，董必武向中央上报了《华北财经办事处组织规程》。

经中央工委批准，华北财经办事处主要有八项任务：一是制定华北解放区国民经济建设的方针；二是审查各解放区的生产、贸易、金融计划，并及时做必要的管理和调剂；三是掌握各个解放区的货币发行；四是指导各个解放区的对敌经济斗争；五是筹建中国人民银行；六是审定各个解放区的人民负担；七是审查各个解放区脱离生产的人数及其编制与供给情形；八是审核各个解放区的财政预算并做出必要的调剂方法。组织规程规定，华北财经办事处内部办事机构设秘书处、财政组、经济组、军事供给组、调查研究室五个单位，南汉宸兼任财政组组长，薛暮桥兼任经济组组长，杨立三兼任军事供给组组长，王学文担任调查研究室主任，汤平参加财政组的领导。

9月，南汉宸调查发现，人民解放军各路部队都带当地发行的货币行军打仗，仅解放区就面临八种货币进城，他向董必武建言："我们不能像八国联军一样，各带各的钞票进北平，否则必将引发物价混乱。"董必武来邯郸的路上，就遭遇了这样的尴尬，因此他同意南汉宸的意见，认为建立全国统一的银行和货币势在必行

10月2日，董必武致电中共中央，建议中央批准成立中央银行，并建议使用"中国人民银行"这个名称。半个月后，中央批准了他的建议。随即，"中国人民银行筹备处"的牌子在夹峪村正式挂出，由曾任陕甘宁边区财政厅厅长的南汉宸担任筹备处主任。

筹备处的工作千头万绪，好在南汉宸里里外外都是一把好手。在延安时，毛泽东就把边区的财政工作交给他负责，相当信任。南汉宸随即选调干部，搜集所有的统一货币发行政策，整理分析各解放区的发行指数，筹备足够的发行准备金，确定几种票面的金额与价值含量，设计出票版图案，并请董必武为钞票题写"中国人民银行"字样，建议新发行的钞票命名为"人民币"。

这一天，南汉宸找到董必武，说："董老，中国人民银行成立了，马上就要发行我们自己的人民币了，请您老为咱们的人民银行和人民币题字，可好？"

董必武一听，赶紧推辞说："我的字写得不好，还是请林老、吴老和徐老他们题写吧。"

"董老，您就别推辞了。我到他们那里，他们也一定会推辞，结果还得请您来题写。您想想看，是不是？"

这个时候，毛泽东、周恩来还在转战陕北的途中，请谁题写合适呢？在南汉宸再三坚持下，董必武才答应下来。

晚上回到家里，董必武对夫人何连芝郑重地说："连芝啊，你给我找一套干净的衬衣出来，晚饭后我洗过澡要换上穿的。"

"做么子事？"见董必武这么认真，何连芝好奇地问道。

"我要按照我们中国人传统的习俗，沐浴更衣，净身静心，恭敬书写这幅题字。"

何连芝笑着说:"写什么字,这么庄重啊!"

董必武说:"我要写'中国人民银行'这几个字,可是千金的重要。咱们中国百余年来,一直受着三座大山的压迫,今天革命即将全面胜利,我们要有自己的国家银行,发行全国统一的货币了,这还不是一件大事啊!"

就在这天晚上,在西柏坡这个普通的农家小院里,夜深人静,董必武这位曾获清朝学部授予拔贡学衔的秀才,工工整整地写下了"中国人民银行"六个正正规规的楷书汉字。他前前后后写了几十张纸,最后选择了最喜欢的这一幅。

随后,董必武又亲自打报告请东北局支持,从苏联买来了印刷机和印钞纸,人民币顺利地进入了设计和制版阶段。

按照国际惯例,国家银行发行的纸币通常都把国家元首的头像作为票面主图,印在纸币上。当时,设计人员也把毛泽东的头像作为主图设计绘制在了人民币上,但在方案报请中央审查时,被毛泽东否决了。毛泽东说:"票子是政府发行的,不是党发行的。我现在是党的主席,不是政府的主席,因此不能在票子上印我的像。"毛泽东建议人民币的主图应该反映劳动人民。

事实上,新中国成立后,已经当选中央人民政府主席的毛泽东依然拒绝把自己的图像印在人民币上。时任中国人民银行行长的南汉宸曾经在一次会议上,当面请示毛泽东:"主席,您现在已经是中央人民政府主席了,人民币上可以印主席像了吧?"

毛泽东笑了笑,回答:"中央人民政府主席嘛是当上了,但当上政府主席也不能印。制止歌功颂德,防止骄傲和功臣自居的现象,这几条在西柏坡七届二中全会上就已经做了规定,决定不准用人名命名工厂、城市和街道。因此,现在也不能印我的像。"

不在人民币上印制毛泽东的图像,不是一件简单的事情,它打破了国际惯例和传统习惯,意义十分重大。这是共产党,也是毛泽东,对人民的承诺。按照毛泽东的建议,人民币的图案以反映劳动生产建设和各族劳动人民形象为主要设计原则,这在新中国成立后的第二、第三套人民币中得到了充分体现。这也是在毛泽东生前人民币上从未出现领袖图像的原因所在。

因为毛泽东坚持不印自己的图像,第一次设计的版面作废。随后,钱币票版设计师王益久、沈乃镛奉命调到石家庄,重新设计第一套人民币,最后设计的版面以解放区人民劳动、生产建设图景为主体。不久,首批人民币设计样稿顺利完成,并通过了毛泽东等中央领导的审阅。

到了1948年4月,随着战争形势的发展,石家庄解放,晋冀鲁豫和晋察冀解放区连成一片,陕甘宁边区和山东解放区的形势也从敌人进攻转为人民解放军反攻,各解放区的金融贸易关系再次面临新的情况,必须建立统一指挥,联合行动。为此,遵照中央要求,华北财经办事处在石家庄召开了各解放区的金融贸易会议,制定统一的方针政策和行动计划。贾拓夫率领西北解放区代表团,宋劭文、姚依林率领晋察冀代表团,林海云、胡景云率领晋冀鲁豫代表团,陈穆率领华东代表团参加了会议。

石家庄金融贸易会议主要讨论了支援战争、恢复生产与稳定物价之间的关系,二者的核心是货币的发行政策、使用方法;其次是各地区之间货币的固定比价、自由兑换问题,目标是逐步走向正规人民银行统一发行;再次是撤除各解放区之间的关税壁垒,各解放区之间实行自由贸易,山东的食盐也改为各解放区联合经营。在会上,董必武委托薛暮桥作了综合报告。报告还指出:"在土地改革中要慎重处理私营工商业的问题,坚决保护他们的财产不受侵犯。没收官僚资本应有明确的界限,且应当由高级党政机关决定。"

金融贸易会议是在5月结束的。这个时候,周恩来已经于4月23日抵达西柏坡,毛泽东在27日也来了,从此西柏坡成为中共中央的驻地。周恩来在第一时间听取了华北财经办事处的汇报,在了解华北金融贸易情况后,周恩来说:"不能再搞联合政府了(指华北财经办事处),要搞统一经济。"

5月底,中共中央决定取消华北财经办事处,转而成立中央财政经济部。由董必武担任部长,薛暮桥任秘书长,杨立三调任军委总后勤部长,南汉宸负责筹建中国人民银行,准备发行全国统一货币——人民币。此后,时任中央军委副主席兼总参谋长的周恩来,负责处理中央日常的财政经济工作。

9月8日至13日，中共中央在西柏坡召开政治局会议，史称"九月会议"。毛泽东在主持这次会议时，讲了八个问题。其中第四个就是关于财经统一的问题。毛泽东说："要以华北政府的财经委员会统一华北、华东及西北的经济、财政、贸易、金融、交通和军工生产。"毛泽东所讲的第八个问题是关于社会经济的问题，他说："有人说是'新资本主义'，这个名词不妥，因为它没有说明在我们社会起决定作用的是国营经济、公营经济，我们国家是无产阶级领导的，因而这些经济都是社会主义性质的。农村个体经济加城市私人经济在量上是大的，但不起决定作用。名字还是叫新民主主义经济好。我们反对农业社会主义，所指的是脱离工业的，只要农业来搞什么社会主义，这是破坏生产，阻碍生产发展的，是反动的。但将来在社会主义体系中，农业也要社会化。"[①]

9月20日至24日，由华北临时人民政府大会选举产生的华北人民政府委员会在平山县王子村召开第一次全体会议，选举产生了华北人民政府的领导机构成员，华北人民政府正式成立，董必武出任华北人民政府主席。这个时候，晋冀鲁豫、晋察冀解放区合并为华北区，成立华北局，由刘少奇兼任华北局第一书记。而中央财政经济部实际上由周恩来直接领导。

11月8日，在华北人民政府召开的第三次政务会议上，董必武主席临时增加了一项"关于发行统一钞票的问题"的议程。会上，董必武问南汉宸："汉宸，时不我待啊！你们的筹备工作做得怎么样了？可不可以明天就把中国人民银行的牌子挂出去？"

南汉宸胸有成竹地回答："我看可以了！经过一年的筹备，各项工作已经就绪了，12种面额的票版已经报请中央领导和毛主席审定通过，如果明天挂出中国人民银行的牌子，明天就可以把钞票发行出去。"

"好！"董必武非常高兴，当即拍板，"这样我就定下来，马上对外宣布中国人民银行成立！"

最后，会议一致通过决议："发行统一货币，现已刻不容缓，应立即成

[①] 中共中央文献研究室编：《毛泽东年谱：1893~1949》修订本下卷，中央文献出版社2013年版，第345页。

立中国人民银行，并任命南汉宸署理中国人民银行总经理。"中国人民银行设在石家庄市，办公地点是一座由日本人1940年修建的"小灰楼"。会议最后决定，华北人民政府把成立中国人民银行和发行人民币的时间确定为1948年12月1日。

11月30日，董必武和华北财经委副主任薄一波联名致电中共中央，提出了发行人民币、统一解放区货币的具体方案。毛泽东、周恩来一一回复："同意。"

历史将永远铭记这一天——1948年12月1日，华北人民政府贴出第四号布告，宣告中国人民银行成立，发行全国统一货币——人民币。中华民族五千年历史上一种全新的货币呼之欲出。

布告说：为适应国民经济建设之需要，特商得山东省政府、陕甘宁、晋绥两边区政府同意，统一华北、华东、西北三区货币，决定：一、华北银行、北海银行、西北农民银行合并为中国人民银行，以原华北银行为总行，所有三行发行之货币，及其对外之一切债权债务，均由中国人民银行负责承受。二、于本年12月1日起，发行中国人民银行钞票，定为华北、华东、西北三区的本位货币，统一流通。

那时候，印刷钞票的物质条件非常简陋，南汉宸准备了12种面额的钞票，第一批对外发行的是伍拾元票的人民币。这第一批人民币是在阜平县南峪村的印刷厂制作的。为了印制人民币，南汉宸专门请人在这个只有二三十户人家的偏僻小山村，盖起了三排坐北朝南的土坯房作为机房。为了保密，对外一律称"新大公司"。中央要求他们在1948年年底完成50亿元的印刷任务。

那时候，国民党蒋介石政府87%的收入都用来打内战，而"四大家族"则同时把"美援"转移到个人账户，大发战争横财，日复一日的巨大财政支出使蒋介石不得不靠印刷钞票的办法疲于应付。就在中国人民银行在这简陋的土坯房里一张一张印刷第一批人民币的时候，国民党印刷钞票的速度则创下了每分钟1600万元的罕见纪录。其结果是当时被称为法币的国民党货币极度贬值，在上海街头，就连乞丐也不再稀罕一万元一张的钞票了。

第一套人民币刚刚印刷出来，董必武就拿着几张样票送到毛泽东的办公室。一见董老满面笑容，毛泽东便诙谐地说："老哥亲自前来，一定有喜讯相告啰！"

董必武把刚刚印出的人民币双手递过去，说："主席，我们现在可以带着人民币进北平了！"

接过人民币，毛泽东看了又看，兴奋地说："人民有了自己的武装，有了自己的政权，有了自己的土地，现在又有了自己的银行货币，这才是人民当家做主的共和国哩！"

12月1日，第一批崭新的伍拾元票面、贰拾元和拾元票面的三种人民币首先由河北省平山县银行和石家庄市银行同时正式对外发行。这标志着中国共产党领导下的中央银行正式行使职能，这是中国金融史上开天辟地的一件大事。曾任中国人民银行总行货币发行科科长的石雷，也在这一天做了一件他一辈子也不会忘记的事情，那就是在第一时间收兑珍藏了第一套人民币伍拾元票面的编号为00000001的人民币。

当天晚上，南汉宸特地在石家庄花园饭店设宴庆祝。他兴奋地说："我们这一边是胜利，是巩固和发展；国民党那一边是失败，是崩溃和灭亡。"

1949年1月10日，南汉宸以中国人民银行总经理的身份发表谈话，向人民做出保证："人民政府不但对人民银行新币负责，而且对一切解放区银行过去发行的地方货币负责。将来我们收回地方货币的时候，一定按照现在所规定的比价收兑，兑到最后一张为止。"南汉宸向人民所做的承诺，后来全部兑现。为了使人民群众的利益不受损失，南汉宸领导中国人民银行采取"固定比价，混合流通，逐步收回，负责到底"的方针，有计划按步骤地将各解放区发行的货币逐步收回，消除了人民群众的疑虑和担心。

1949年1月31日，北平和平解放。2月，南汉宸进城接管国民党的金融机构，中国人民银行总行迁往北平。4月20日，人民解放军百万雄师过大江，相继解放南京、上海、杭州等大城市。这些地方曾经是国民党官僚金融资本的控制中心，随之也被人民币所取代。①

---

① 1955年3月1日，国务院决定收回第一套人民币，发行第二套人民币。自1948年12月1日开始发行的第一套人民币在使用7年之后完成了它的历史使命，退出了货币流通领域。

不过,在当时,人民币一开始在大城市流通得并不顺利,几乎没有人接受。在金融中心上海,解放伊始,银圆炒卖之风甚嚣尘上,银价暴涨,通货膨胀非常严重。因此,确立人民币的权威、制止通货膨胀,这是人民币能否站得住、新中国能否站得住的关键所在。1949年5月31日,新的中央人民政府尚未成立,毛泽东即责成成立了以陈云、薄一波为首的中央财经委员会(附属于中革军委)。他们向中共中央、毛主席汇报说:为了解决目前空前的财政经济困难,摆在我们面前的路无非两条:一条是为了支持战争、筹措军费,中央不得不发钞印票,这样做的结果,无异变相征税,势必如国民党政权和历代王朝一样,造成人民困苦、通货膨胀持续,最终就是国家合法货币垮台;而另外一条路是:只有在努力恢复生产、改善人民生活的基础上,方才能适当增加税收,并辅之以严格管理、严格兑现的公债发行,同时更重要的是:必须严格财权、统一财经、迅速制止财政的多头管理,治国先理财、理财先治党,如此才能防止乱花钱、乱招人、乱调拨。一句话——只有形成从中央到地方的严格的财经纪律,才能节约开支、实现收支平衡,在根本上抑制通货膨胀,从而维持人民币的国家法定货币地位。[①]

历史已经证明,并将继续证明,人民币是中国历史上第一套成功的国家货币。而人民币国家主权货币地位的确立,是中国近现代史上伟大的奇迹,是中华民族走向伟大复兴的基石,是一项彪炳千秋的伟业。历史学者黄仁宇先生在深入研究明朝历史后,挑明了一个历史秘密——如果没有白银的大规模引进,明代本来有可能通过制定一个准确的国家预算,通过完善税收制度,建立起一个独立自主的宝钞(纸币)发行制度——反过来说,倘若明代的宝钞最终能够稳定,明朝政府也就完全没有必要通过大规模进口白银来解决货币问题了——进一步说,明代如果不大规模进口白银,即使实施管理严格的国债制度,也可以推动经济的发展,那么,近500年来的世界史也就可能完全改写了,甚至明朝灭亡数百年后,由于白银外流导致的鸦片战争也都不可能发生了!

[①] 李海,李惠贤,成丽英主编:《统一财经,为新中国奠基立业》,当代中国出版社2008年版,第102、107页。

纵观历史，中国的国家货币发行均是因为无法成功进入农村地区，无法为千百万一盘散沙的小农所接受，故而结果总是宣告失败。而中国共产党则是中国历史上第一个成功地在农村建立起了现代组织的政治力量，她所开辟的以农村包围城市的道路，是以村基层的组织化、农村政治的现代化为前提的，这也就为财政金融制度最终在中国基层农村的展开，创造了根本条件。"军队向前进，生产长一寸；加强纪律性，革命无不胜。"这正是毛泽东对于革命党人财政政策的高度概括和总结，而其中最关键的，就在于严格财政纪律，即"加强纪律性"。也基于这样的历史判断和认知，黄仁宇尤其属意于中国共产党创办中国人民银行，发行人民币，以及新中国成立以来为建立独立自主的财政货币体系所做出的努力。他甚至独具慧眼地把这看作是中国历史近500年来头一件大事。他认为：只有上看货币财政独立，下看基层建设，才能掌握中国长期革命的真实性格。

诚哉斯言！

1949年，流传在上海资本家中的话是："共产党军事一百分，政治八十分，经济不及格"，"共产党打天下本领大，治天下可就不如我们"。在西柏坡，毛泽东是这样回答他们的："打天下并没有那么容易，治天下也不见得就难成了那样。""我们不仅善于打碎一个旧世界，我们更善于建设一个新世界！"

的确，共产党接手的上海，是一副用什么语言都难以描述的烂摊子。新上海的第一任市长陈毅走马上任时，他看到的早已不是昔日奢华的"东方巴黎"。国民党军队逃跑时炸沉的船只横在黄浦江上。近代中国工业化进程的象征江南造船所，也成了一片废墟。全市的主要工厂四分之三已经停工。饥饿和失业成了家常便饭。对市民们来说，手里的钞票成了用处不大的废纸。长期的恶性通货膨胀使人们不再相信纸币的价值，市民们大量兑换黄金、银圆和外币。国民党特务还说："只要控制了两白（粮食、棉纱）一黑（煤炭），就能置上海于死地。"

这时候，老资格的共产党人陈云来到了上海，指挥开国过程中经济战线上的第一场战役。在他的谋划下，大量的粮食悄悄地从东北、四川等地运往上海。棉纱和煤的储备也在进行之中。当物价疯长到了市民难以忍受的顶点时，市场上忽然奇迹般地蹦出了人们期望已久的平价的"两白一黑"。此前囤积居奇并以为稳操胜券的投机商们再也吞不下自己制造的苦果，搬石头砸了自己的脚，一些奸商破产甚至自杀。后来，毛泽东说，这场经济战役的意义"不下于淮海战役"。缺乏城市经济管理经验的共产党人初战告捷，对未来执政天下来说，无疑是一个好的兆头。

　　观望的民众生活稳定了下来，对未来开始充满期待。事实上，这种期待在1949年5月29日上海解放的时候就已出现。那天，一位年轻人打开自家大门，看到进城的人民解放军不扰百姓，睡在马路上面，心里感叹道："看来，国民党再也回不来了。"这个年轻人就是民族资本家中的标志性人物荣毅仁。改革开放后，这位"红色资本家"在邓小平的邀请之下，创办了中信集团，后来当选新中国的国家副主席。

第三章 决 战

1

毛泽东说:"西柏坡果然是个好地方,这个总指挥部选得好!"

你不得不承认,这是一盘波诡云谲的围棋。经过20年的包围和反包围,白子和红子的较量现在终于进入了最后的决战。纵横捭阖,点面腾挪,小巧斗力,若愚守拙,落子收官,那绝对是一种艺术。

现在,我们就来看看毛泽东是如何将这场大决战变成了战争的艺术。

与蒋介石在南京黄埔路1号的总统官邸相比,毛泽东办公地所在的小村庄——河北平山县西柏坡,从物质条件上来说那简直可以用天上地下来形容。毛泽东是在经过371天的艰苦转战,行程1000多公里,住过38个村庄后,率领中共中央和人民解放军总部于1948年5月27日进驻西柏坡的。

为什么选择这个名不见经传的西柏坡呢?

这还得从1945年8月重庆谈判的时候说起。那时党中央做出"向北发展,向南防御"的决策,意在抢占东北。在延安负责中央工作的刘少奇征得在重庆的毛泽东的同意,准备把中央机关迁到河北承德,并开始做出具体部署。

承德,不仅是避暑胜地,也曾是清朝皇家的著名行宫之一。但这并非中共中央看中承德的原因,重要的是承德的地理位置——它处于冀热辽与东北的中间地带,是连接华北和东北的主要通道,与苏联有比较便利的交通联系,且是解放区。1945年9月,经中央政治局会议决定,由中共中央副秘书长兼办公厅主任李富春率领中央警备团的一半人马组成先行中央警备团,吴烈任团长、李逸民任政委、樊学文任供给处主任,去承德做党中央搬家的准备工作。但在行动过程中,国民党东北行营主任熊式辉、外交特派员蒋经国和苏军马利诺夫斯基元帅达成协议,苏方允许蒋介石五个军在葫芦岛、营口登陆进入东北,中长路及大城市将为国民党所控制。这一协议使中共原本计划在东北创造独立局面的愿望落空,随之也就放弃选择承德作为中央驻地。

随着重庆谈判的进行,1946年1月10日,国共两党共同颁布了停战令,中国出现了短暂的和平,内战似乎不会再发生了。当时,中共中央认为如果和平局面持续下去,就可以考虑把中共中央的办公地点从延安迁移到离南京附近的地方,淮阴就成为选项。因为考虑到当时华中地区群众基础好,而淮阴又是苏北、苏中、淮北、淮南的政治、经济、文化中心,又是水陆交通枢纽。毛泽东曾在不同场合多次说过:中共中央准备到清江浦,我也准备参加国民政府,做个委员。不过听说南京热得很,我怕热,希望常住在淮阴,开会就到南京,来回跑。后来,因为蒋介石撕毁了双十协定和停战协定,国共合作的前提不复存在,中共中央迁址淮阴的计划也随之取消。

撤离延安后,中共中央决定兵分三路——中共中央、中央工委、中央后委,毛泽东决定率中共中央和解放军总部继续留在陕北作战。1947年3月,刘少奇、朱德和董必武等同志组成的中央工委向晋西北转移,于5月3日抵达河北平山县封城村。在这里,他们与聂荣臻、刘澜涛、萧克、罗瑞卿见面,召开了晋察冀边区干部会议。不久,安子文率大队人马抵达建屏县(今平山县)小觉镇。随后,他即赶赴封城村向刘少奇、朱德等请示到达太行的时间和地点。安子文回忆说:"这时晋察冀的领导同志提出,他们地区存在许多问题:如何打仗问题——石门是平汉、石德、石太三条铁路交叉点,还没有解放,张家口又失守——及土改问题等,想留中央工委在晋察冀。"

中央工委驻地到底选在哪里呢?这个时候,中共中央毛泽东、周恩来也没有拿定主意。朱德的意见是:"要选跟全国各地联系较为方便的地方,也就是交通比较通畅,却又不在大平原上。"刘少奇的想法是:"要考虑到最后指挥大决战的适当位置。"安子文回忆说:"当时有两种意见:一是留在阜平。阜平是革命老区，群众基础好，但是村庄少，居住分散，经济条件差。另一种是到建屏县①。建屏县的东、西黄泥一带村子多、村庄大，距离近，又是革命老区，群众基础好。不利的是日寇烧的房子未修复。"经过讨论，中央工委最后决定在平山、建屏两县的郭苏、柏坡、洪子店一带选址。安子文奉命带人到洪子店，东、西黄泥，东、西柏坡，夹峪及郭苏一带勘察，最后认为西柏坡比较合适。为此，朱德还派秘书潘开文、卫士长齐明臣和聂荣臻的一位副官一起实地考察。潘开文回忆说："我们一行带上地图沿滹沱河骑马向上，边走边看，一直走到洪子店，东、西黄泥，然后又折回来到东、西柏坡，夹峪、柏里、郭苏等。我们认为西柏坡比较合适，尽管许多房子被日本鬼子烧了，但根基很好，全是石头的，也很多，比较容易修复。并将勘察情况绘成草图交首长决策。"②

就这样，中央工委选择了西柏坡。随后，各机关也搬到附近的北庄、南庄等村子，并立即进行建房、腾房工作。从这年5月到6月，经过一个多月的紧张施工，中央工委在7月初正式搬进西柏坡中央大院办公。为了适应战争环境的需要，中央工委对外称"工校"或"劳大"。

万山峨峨，百川浩浩。西柏坡地处太行山东麓平山县的中部，三面环山，一面环水，东部地域开阔，回旋余地大；西部山势险峻，层峦叠嶂，恰在平原与山区的交会地带，俯可瞰华北平原，仰可瞻太行峰巅。村庄北依柏坡岭，西扼冀晋之咽喉，东开平原之通衢。绵长的滹沱河流经平山县，在这里忽然拐了个弯，把西柏坡拥在怀中，静谧而端庄，富饶而美丽。沿着滹沱河河岸大道即可直入平原，向后则可以深入太行腹地，进能攻，退能守，交通便捷，利于机动，历来是兵家必争之地，也是有名的"鱼米之乡"。东、西柏坡原本是一个村子，就叫柏坡村，1946年分为东西两村。1947年的这个时候，西柏坡村共有85户人家，人口达325人，有686亩耕地，盛产小麦、水稻，年产量达27万多斤。早在1938年，这里就建立了中共的党支部，是晋察冀革命老区的"抗日模范村"。

---

① 抗战时期，晋察冀军区四分区司令员周建屏病逝于平山县小觉镇，为了纪念他，抗日政府把平山县西部山区命名为"建屏县"，东部为平山县，1958年后又合为平山县。

② 张志平编著：《感受西柏坡》，中央文献出版社2005年版，第7—8页。

西柏坡所在的平山县，在1937年七七事变爆发的时候，中共党员人数就达到了700人。著名的王震将军来这里征兵时有200多名党员带头参军。这支由2300多名平山儿女组成的"平山团"，后来被编入王震领导的三五九旅，战功赫赫，被誉为"太行山上铁的子弟兵"。而由同一个县的农民一次性组成一个整团建制，也创造了战争史的奇迹。整个抗日战争期间，仅有25万人的平山县，就有9万人参军参战，其中5万人参加了八路军，1万人牺牲在战场上，享有"抗日模范县"的称号。除了著名的平山团之外，平山县还出了大名鼎鼎的平山营、闻名晋察冀的"回舍大枪班"等英雄群体，以及于光汉、栗再温、王昭、焦义林、栗彬成等优秀领导干部。"子弟兵的母亲"戎冠秀、"把一生献给党"的刘汉兴、"战斗英雄"韩增丰、《没有共产党就没有新中国》的词曲作者曹火星、《歌唱二小放牛郎》中的王小二原型阎富华、聂荣臻元帅与日本小姑娘美穗子的故事等等，都诞生在这片英雄的土地上。

在平山这块红色的土地上，1935年5月就建立了它的第一支革命武装队伍——红军北上抗日先遣队第一〇八支队，1937年7月27日就成立了平山县抗日民主政府，成为晋察冀边区最坚强、最活跃的敌后根据地之一。中共中央北方分局，晋察冀军区司令部及二、四分区，北岳区党委，华北联大，野战医院和兵工厂长期驻扎在这里。抗日战争时期，边区党政军机关和八路军部队驻扎在平山的总人数达1万人，多时达5万人，而平山的战勤负担按规定是5000人。八年中，平山县供应军粮4533.6万斤，军草3340万斤，军鞋57.3万双，军袜1948万双，棉衣13.2万套，军单衣16.8万套，棉被1440万床，纺线4万斤。1940年百团大战时，平山县从8月20日至9月1日的13天里，就建立了10个兵站，组织民工6万人，供应粮食374万斤，马料25万斤。当时有一首民谣是这样唱的：

> *最后的一碗米，用来做军粮，*
> *最后的一尺布，用来做军装，*
> *最后的老棉被，盖在担架上，*
> *最后的亲骨肉，送去上战场。*

平山人民用鲜血和生命作为牺牲，奉献给了中国革命的伟大事业。正是因为如此，毛泽东盛赞晋察冀是"抗日模范根据地"，朱德也盛赞晋察冀是"华北战场的堡垒，是全国军民坚持敌后抗战之信心和模范的榜样"。

5月28日，也就是抵达西柏坡后的第二天，毛泽东就来到柏坡岭散步。他坐在一块石头上，用手里的一根木棍指着山下说："西柏坡果然是个好地方，这个总指挥部选得好！"

现在，中共中央自撤离延安兵分三路之后，毛泽东、周恩来、刘少奇、朱德、任弼时中共中央的五大书记在西柏坡会合了。5月23日，在毛泽东抵达西柏坡之前，中央办公厅发出了撤销中央工委和中央后委、调整中央及军委各部门负责人的通知。内容如下：

（甲）中央与军委各机关现已会合，经中央书记处决定，原中工委及中后委两组织即行撤销。中央及军委各工作部门负责人员略有调整，兹特通知如下：

（一）杨尚昆同志为中央副秘书长，仍兼军委秘书长。

（二）彭真同志兼中央组织部部长，并兼政策研究室主任。安子文同志为中央组织部副部长。

（三）陆定一同志为中央宣传部部长，徐特立同志、陈伯达同志、廖承志同志、乔木同志为副部长。

（四）董必武同志兼中央财政经济部部长。

（五）罗迈同志为中央城工部部长。

（六）李克农同志代理中央社会部部长，谭政文同志为副部长。

（七）邓颖超同志代理中央妇委书记。

（八）冯文彬同志为中央青委书记。

（九）李涛同志为军委作战部部长，兼第一局局长。

（十）戴镜元同志为军委作战部第二局局长，王永泸同志为副局长。

（十一）王诤同志为军委作战部副部长，兼第三局局长，王志刚同志、刘寅同志为三局副局长。

（十二）杨立三同志为军委后勤部部长。

（十三）苏井欢同志为军委卫生部部长，傅连暲同志为副部长。

（十四）傅钟同志为军委政治工作研究室主任。

（乙）为统一领导中央直属各机关的行政管理工作，决定成立中央办公厅，由杨尚昆同志负责，并决定：

（一）伍云甫同志为中央书记处办公处处长，叶子龙同志为第一副处长，赖祖烈同志为第二副处长。

秘书处处长曾三，中央机要处处长李质忠，直属卫生处处长黄树则，直属医院院长关汉□，外事组叶、王，法委会，中央警卫团团长张耀祠。

（二）将原中央行政处与王家坪行政处合并为"夹峪行政处"，以邓洁同志为处长，罗道让同志为副处长。

（三）邓典桃同志为中央直属供给部部长，范离同志为副部长。

（四）以杨尚昆同志兼中央直属党委书记，曾三同志、夏之栩同志为副书记。

（丙）为统一指挥中央直属现驻地区的地面警戒与对空警戒，决定成立中央直属警卫司令部，以杨尚昆同志兼司令员，方志纯同志为参谋长。

上列通知，希在有关人员中作口头传达。①

这份通知，非同小可；这份名单，非比寻常。显然，这是中共中央在为即将到来的大决战做准备。

至此，中共中央正式落户西柏坡。

在这里，我们有必要对中共中央和解放军总部机关单位在西柏坡的驻地做一个介绍，列表如下：

---

① 张志平编著：《感受西柏坡》，中央文献出版社2005年版，第123—124页。

中共中央、解放军总部机关单位在西柏坡驻地分布情况
（1948年5月至1949年3月）

	中共中央（书记处）	西柏坡村
中共中央 机关单位	中央办公厅	夹峪村
	中央机要室	西柏坡村
	中央秘书处	夹峪村
	中央机要处	南庄村
	中央警卫处	西柏坡村
	中央管理处	东柏坡村、西柏坡村
	中央交际处	夹峪村
	中央侨办处	石家庄
	中央特会室	东柏坡村
	中央组织部	南庄村
	中央宣传部	北庄村
	中央社会部	东、西黄泥村
	中央统战部	李家庄村
	中央卫生部	朱豪村
	中央供给部	郭苏村
	中央警卫团	洪子店村
解放军 所属单位	解放军总部	西柏坡村
	军委一局	西柏坡村
	军委二局	东、西岗南村、尚家湾村
	军委三局	通家口村、燕尾沟村、窑上村
其他单位	中央党校	郭苏村
	中央马列学院	李家沟口村
	中央司法委员会	李家沟口村
	中央外事组	柏里村
	中央广播管理局	陈家峪村
	中央电台	北庄村
	中央办公厅下属单位	讲里村
	中央医院	朱豪村
	中央保育院	苏家庄村
	新华通讯社	鄈家庄村
人民团体	中央青委	封城村
	中央妇委	东柏坡村
华北局	中共华北局	烟堡村
	华北人民政府	王子村、东冶村
	华北局组织部	高村

毛泽东之所以夸赞西柏坡是个好地方，除了西柏坡地理位置好、物产丰富、群众基础好之外，还有一个非常重要的原因——安全。此时，人民解放军已经解放了石家庄。

西柏坡位于石家庄以西90公里。那时，石家庄叫石门。在20世纪初，石家庄是获鹿县的一个小村庄，历史上属于真定府（今正定）管辖。1900年修建铁路时，车站的地址选在了石家庄。1903年至1907年，平汉铁路、正太铁路相继通车，石家庄迅速发展。1925年，奉系军阀向南扩张，将石家庄镇、休门镇等4个镇合并为市，取石家庄和休门二镇首尾二字，称石门。石家庄西出太原，东接山东，南连豫鄂，北通平津，又处在石德、平汉、正太三条铁路的交汇点，战略位置十分重要。石家庄农业上有粮有棉，工业上有铁有煤。正因此，抗日战争胜利后，蒋介石把他的第三军、第十六军、第九十二军、独立九十五师等嫡系部队集结于这一带。保卫石家庄就是为了保整个华北地区。国民党第一战区胡宗南部第三军在军长罗历戎的率领下，占领石家庄后修筑了碉堡6000多个，铺设环城铁路，并配备装甲车支援作战，声称"凭石家庄的工事，国军可坐守三年"，"没有飞机、坦克，共军休想拿下石家庄"。

1947年10月，遵照中央军委的指示，晋察冀野战军为配合东北民主联军的秋季攻势，寻机歼敌。当时，蒋介石从晋察冀抽调三个师出关，增援东北。毛泽东审时度势，明确要求：晋察冀野战军必须钳制关内敌军，我军在晋察冀地区重要战略部署、战役多为东北战局而展开。17日，在晋察冀军区司令员聂荣臻的领导下，晋察冀野战军司令员杨得志、政治委员杨成武、参谋长耿飚亲临前线指挥，开始了保北战役。人民解放军用最为擅长的"围点打援"战术，在冀晋区党委书记王平带领的地方武装和民兵的协同阻击下，神兵闪击清风店。经过两个昼夜的激战，于20日上午全歼国民党第三军军部、第七师和第六十六团，俘虏了国民党第三军军长罗历戎、副军长杨光钰、副参谋长吴铁铮、第七师师长李用章、第十九兵团团长柯民生以及官兵1.4万余人，共歼敌1.7万人，创晋察冀歼灭战新纪录。战役结束后，聂荣臻专门接见了这几位俘虏的国民党将领，其中罗历戎和杨光钰都是黄埔军校第二期学员，是聂荣臻的学生，师生在战场相见，真是别有一番滋味在心头。

清风店大捷后,保定、正定、徐水等地也先后解放,石家庄成了一座孤城。解放石家庄的时机已经成熟。在朱德、刘少奇和聂荣臻的筹划下,11月6日零时,战斗打响。经过六天六夜的战斗,原先准备打六个月的石家庄,终于插上了胜利的红旗,第三十二师师长刘英被活捉。第二天,朱德即发来贺电:"仅经一周作战,解放石门,歼灭守敌,这是很大的胜利,也是夺取大城市之创例,特嘉奖全军。"对于石家庄的解放,聂荣臻在回忆录中做出了这样的评价:"石家庄解放了,我晋冀鲁豫和晋察冀解放区完全连成了一片,平津地区敌人失去了重要的一翼。石家庄这样的坚城被解放,也标志着我军的攻坚能力已达到相当水平。这些,无疑对华北的战争形势产生了重大影响。"11月16日,新华社发布解放军总部发言人对石家庄大捷的评论:"这是一个重要的胜利,并且是今后一连串胜利的开端。"

的确,这才是一个开始。

1948年5月30日,就在毛泽东抵达西柏坡后的第三天,从城南庄回到中原前线作战的粟裕,率领一、四、六纵及两广纵队(相当于一个师)、特种兵纵队南渡黄河,同中原野战军(由晋冀鲁豫野战军改称)第十一纵队会合。6月3日,第三、第八纵队在陈士榘、唐亮指挥下从漯河地区东越黄泛区,前来会合。6月18日至22日,华东野战军发起开封战役,一举攻克中原名城、河南省会开封,歼灭守军约4万人。接着,又在6月27日至7月6日乘胜发起睢杞战役,在中原野战军主力策应下,歼灭国民党军队的区寿年兵团主力和黄百韬兵团一部5.4万多人,活捉兵团司令区寿年。开封、睢杞两个战役,通常合称豫东战役,解放军在这场战役中共歼灭国民党军9万多人,是继东北冬季攻势以后歼灭国民党军队最多的一次战役。

豫东战役的重要意义,不但在于歼灭了中原国民党军队的大量有生力量,打破了中原战场上的僵持局面,而且证明人民解放军依托老解放区和中原新解放区的支援,已经有可能在这个地区大规模歼灭国民党军队的有生力量,彻底解决中原问题。7月11日,毛泽东要周恩来为中共中央、中央军委起草贺电,指出:这个战役的胜利"正给蒋介石'肃清中原'的呓语以迎头痛击；同时，也正使我军更有利地进入了中国人民解放战争的第三年度"。7月13日，毛泽东又为中共中央起草电报，明确地告诉中原局和粟陈唐："粟兵团应在现地区作战至明年春季或夏季，歼灭五军、十八军等部，开辟南进道路，然后南进。"并且斩钉截铁地写道："不歼灭五军、十八军不走。"

在豫东战役前后，其他几个重要战场的人民解放军在毛泽东通盘筹划下展开的强大攻势作战，也相继取得重大胜利。

——华东战场。为了配合豫东作战，许世友、谭震林指挥山东兵团在济南和徐州之间进行了历时50天的津浦铁路中段战役，全歼整编第十二军等部6万多人，完全孤立了由国民党军第二绥靖区司令官王耀武据守的山东省会济南。韦国清、陈丕显、吉洛（姬鹏飞）指挥苏北兵团在苏北北部发动攻势，歼灭国民党军队一万多人，完全打通了苏北同山东的联系。

——晋中战场。徐向前指挥华北军区第一兵团发起了历时40天的晋中战役，歼灭太原绥靖公署主任阎锡山所部约10万人，完全孤立了山西省会太原城。

——中原战场。中原野战军在7月2日至16日发起襄樊战役，攻克襄阳、樊城，歼灭国民党军2万人，活捉第十五绥靖区司令官康泽。

——华北北部战场。华北军区第二兵团在杨得志、罗瑞卿、杨成武指挥下，先后在保定以北和冀东地区发动攻势，共歼灭国民党军3.4万人，使当时的河北省省会保定陷于孤立。

人民解放军夏季作战的巨大胜利，在很大程度上改变了全国的战局。这五个作战方向上取得的重大胜利，被合称为"五路大捷"。

1948年7月26日，新华社发表社论《祝五路大捷》，指出："解放战争进入第三年的时候，敌人在黄河以北，除了平绥、平锦两条铁路及在这两条路上的城镇外，只有沈阳、长春、承德、保定、太原、安阳、新乡、焦作等稀稀落落的几个据点了。"在黄河以南，山东和陕甘宁解放区超过了战前规模，其余各解放区都在发展或恢复之中。中原战场上的形势，早已不利于蒋介石。"人民解放军在战争中夺取了敌人成千门的大炮之后，就建立了具有强大威力的人民的炮兵，从此，人民解放军不独在运动的野战中是无敌的，就是在阵地战中也是无敌的了。一年来我们攻克了石家庄、运城、临汾、宝鸡、潍县、兖州、洛阳、开封、襄阳、辽阳、鞍山、四平街等坚固的设防地带与设防城市，这就表现了人民解放军的战术，特别是攻坚战术，有了长足的进步。从此，已经没有什么国民党的设防城市打不开的了。"[1]

2
"军队向前进，生产长一寸，加强纪律性，革命无不胜"

距离大决战的时机越来越近了。

秋天，是收获的季节。西柏坡的秋天，山青水绿，金色的田野，滹沱河缓缓地向东奔流，静悄悄地……

从1946年6月蒋介石挑起全面内战以来，国民党先后发起了对解放区的全面进攻和重点进攻。经过两年的艰苦斗争，人民解放军已经由战略防御转入战略进攻，将战争引向国民党统治区域，总计歼敌264万余人。到了1948年8月，国共两党的兵力对比已由解放战争初期的3.4∶1缩小到1.3∶1。现在，国民党军队的总兵力也由战争开始时的430万人减少到365万人，而且被解放军分别钳制在东北、华北、西北、华东等战场上，能够进行战略机动的兵力寥寥无几。人民解放军的总兵力则由战争开始时的127万人发展到280万人，解放区的面积已经扩大到235万平方公里，占全国总面积的四分之一，人口已达1.68亿人，占全国人口的三分之一以上。大部分解放区已经完成了土地改革，翻身农民的革命和生产热情空前高涨，生产也得到恢复。

与之形成鲜明对比的是，国民党内部由于政治腐败，矛盾更加尖锐，经济危机更加严重，人心动摇。蒋介石真是心急如焚。为了阻止人民解放军的胜利发展，阻止国民党内分崩离析的趋势，他焦虑地寻求"局势好转"

---

[1] 新华通讯社编：《新华社社论集（一九四七—一九五〇）》，新华通讯社1960年版，第114—115页。

的计策。国民党内一部分人认为"不能再拖下去"了，主张停战谈判。美国驻华大使司徒雷登也向蒋介石建议：在目前极端危急的局势下，要"产生一个联合宣言"，"与共产党成立协议，以谋求和平"，"把它当作一种思想战争"。蒋介石表示"他要将此事再仔细考虑"。

身在西柏坡的毛泽东，看透了他们在此时突然提出和平运动的目的。他在改定的一份党内指示中一针见血地指出：

> 反动派所谓和平运动，只是战争失败时求得喘息机会以利再战的阴谋计划。国民党反动政府必须打倒，反动军队必须解除武装，人民民主政府必须在全国建立，美国侵略势力必须退出中国，中国对外必须实现完全的独立，中国才能有真正的和平。否则所谓和平必定是假的，只是过渡到更残酷的内战的一种手段。
>
> 我们如果不愿意被敌人消灭，就必须把战争打到底，必须不要上反动派的当。必须向解放区军民人等指出，战争不是无止境的。依据过去两年的作战成绩，加上今后的更大努力，执行正确的军事政治经济文化各项政策，大约再打三年左右，就可以从根本上消灭中国的反动势力，在全国范围内建立人民民主共和国，我们自己及全国人民就可以永远过和平自由幸福的生活了。如果我们不能忍受这大约三年左右的痛苦，接受反动派的欺骗，停战议和，让其休养生息，然后被迫再打，我们就将受程度更大、时间更长的痛苦。[①]

国民党搞的所谓"和平运动"确实只是一种烟幕弹。

与此同时，1948年8月3日至7日，国民党政府在南京国防部礼堂召开了有120人参加的"军事检讨会议"，企望通过检查失败的原因挽回败局。就在这次会议上，蒋介石制定了对中共新的作战部署，出台了决议。其政治方针是："动员全民积极实施总体战，发挥政治、经济、军事及一切力量

[①] 中共中央文献研究室编：《毛泽东传：1893~1976》，中央文献出版社2013年版，第871—872页。

之总和，全力进剿并使党政军民经济一元化，以期步调一致。"在"实施要领"中规定："实施全面动员，确定戡乱第一"；"加强金融管制，实行银行国营、金白银国有，抑制通货膨胀，改革币制"。军事方针是："军事上于东北求稳定，在华北力求巩固，在西北阻匪扩张，在华东、华中则加强进剿，一面阻匪南进，一面攻打匪的主力。"为此，将长江以北、黄河以南划为一个战区，东北、华北划为一个战区，"各置统帅一人节制之"。在西北"应迅速成立西北剿匪总部，统一指挥陕甘宁边区剿匪军事"。将整编师、旅番号恢复为军、师。加强各战略城市的守备，"责成有关总部、绥署构成强固工事"，长期坚守。同时，以精锐主力为骨干，组成若干机动兵团，加强应援力量。

国民党政府国防部还装模作样地发表《半年战局总检讨》，确定了"黄河以北取'守势'，黄河以南取'攻势'"的战略方针。会后，蒋介石和夫人宋美龄还宴请了与会人员，散发了题为《为什么要剿共？》的宣传小册子。这次军事检讨会议，虽然是在极端秘密的情况下召开的，但它的主要内容仍被一些外国通讯社记者获悉，并被公之于众。这样，所谓"和平运动"到底是怎么一回事，国民党统治区内许多人也看得很清楚了。

南京距离西柏坡，比距离延安要近得多了。

在西柏坡，毛泽东、周恩来、刘少奇、朱德、任弼时都住在这个对外称作"工校"的中央大院里。这座大院原来是西柏坡村东头的一片空地，比较空旷。当时这里有13户人家，刘少奇、朱德率领中央工委来了以后，这些当地的农民就主动搬了出去，把房子让给"工校"。"五大书记"的房东都姓阎，毛泽东的房东叫阎受朝，刘少奇和朱德的房东叫阎忠杰，周恩来的房东叫阎忠云，任弼时的房东叫阎受禄。农民们搬走后，中央工委就把这些房子重新修缮，然后又在中间的空地上自己动手建了一些土坯房，陆陆续续围起了一道院墙，自然形成了一个院落，占地24亩。

整个中央大院分为前院和后院，中间东西向的一道山梁被人们称作柏坡岭，岭南叫前院，岭北叫后沟。大院里栽种的花草树木，也都是农家常见的，有梧桐树、槐树、楸树，也有桃树、杏树、枣树，还有香椿和海棠。在中央大院前院的东边，有三家农舍紧紧相连，这三家分别住着毛泽东、周恩来、任弼时。当然，最大的一家是毛泽东居住的地方，分为前后两个小院。前院里有一个磨盘，磨盘旁有一棵楸树，不远处还有一个猪圈和一口水井。前院的两间房子分别是卫士李银桥和警卫人员的宿舍。后院有一个鸡窝，两间相通的北房分别是毛泽东的办公室和寝室，三间西厢房分别是资料室、江青的宿舍和李讷及保姆的宿舍。毛泽东入住后，工作人员曾经想把前院的猪圈和鸡窝拆掉，但毛泽东没有同意。他说："不能拆，将来我们走了之后，老百姓还要用的。"

毛泽东住处的对面是中央机要室，当时的机要室主任是叶子龙。机要室的西边紧挨的几间平房是中央机关小学。中央军委作战室就比邻毛泽东住所的西侧，这是中国人民解放军的作战总指挥部。毛泽东指挥在世界战争史上也留下美名的三大战役，就是在这里进行的。作战室的两边有两排房子，是作战部部长李涛和作战室参谋及工作人员的住处，警卫排也住在这里。其中两间房子是汪东兴和伍云甫的住所。

中央大院前院的西边有两处民房，刘少奇和朱德合住在其中的一个院子里，董必武也住在这里。毛泽东还没有到来之前，住房也紧张，刘少奇和朱德合住在一起。不久，后沟盖好了三间窑洞，本来是想让毛泽东搬过去的，但毛泽东执意让年长的朱老总搬过去住。朱德搬走后，刘少奇住处的前院就成了新华社总编室，胡乔木就搬过来了，廖承志、朱穆之也常住这里。在后沟朱德居住的三间窑洞的西侧，盖起了两排平房，分别是中央政策研究室和中央招待所。

前院和后沟之间的柏坡岭，中间有一个防空洞相通。防空洞全长232米，有四个洞口，分别通往毛泽东、朱德的住处，以及军委作战室和西边的中央机关大伙房。这个大伙房在中央大院的西墙边上，是中央机关自己动手建造的，著名的七届二中全会就是在这里召开的。而在它的南边，还有一座比较大的平房，它是中央机关中灶食堂。

彼时，毛泽东即将在这座中央机关的中灶食堂里召开一次中央政治局会议，史称"九月会议"。这里的条件当然无法与南京国民党的国防部礼堂相比，会议桌就是木板钉的饭桌，白瓷黑边的大粗碗整齐地摆在那里，灶间的炉火烧得正旺，水壶在灶台上咻咻地冒着热气。这次会议是中共中央

1947年3月撤离延安后召开的第一次中央政治局会议，也是自日本投降以来到会人数最多的一次中央会议。毛泽东要求中央政治局委员、候补委员都参加会议，还要求各战略区及军队的领导人参加。为开好这次会议，毛泽东做了充分的准备。

进驻西柏坡之后的两三个月间，毛泽东敏锐地察觉到历史将跨入一个新的阶段，因此着手精心筹划新的方略，这再次凸显了他与众不同的战略家的高瞻远瞩。在军事上，他思考着要打具有决定意义的大仗，开始筹划行将到来的大决战，并开始根据这个目标，盱衡全局，做出全盘的部署。

国民党蒋介石在做战斗失败的检讨，共产党毛泽东也要对胜利做出阶段性的总结，重新确定解放战争今后的战略任务。

作为这场决战的序幕，毛泽东首先考虑的是准备发动济南战役。在"五路大捷"后，济南事实上已成为国民党军队坐困的孤城，蒋介石的重要军事基地徐州也变成直接暴露在最前线的城市。

1948年7月16日，为了保证华东野战军"攻济打援"的胜利，毛泽东要求中原野战军"作有力配合"。接着，又要求粟兵团以歼灭国民党第五、第十八军等部，开辟渡江南进的道路为目标。同一天，他指示华北战场的徐向前指挥华北第一兵团攻取太原。对东北战场，毛泽东批准东北野战军主力由长春地区南下，到北宁线作战。他在7月22日指示林罗刘："向南作战具有各种有利条件。我军愈向敌人后方前进，愈能使敌方孤悬在我侧后之据点被迫减弱或撤退，这个真理已被整个南线作战所证明，亦为你们的作战所证明。"[①]30日，他进一步提出："我们觉得你们应当首先考虑对锦州、唐山作战，只要有可能就应攻取锦州、唐山，全部或大部歼灭范汉杰集团"，[②]以封闭蒋军于东北加以各个歼灭。他还指示华北的杨成武、杨得志两兵团准备发起察绥战役，以配合东北野战军的南下北宁线作战。

8月15日，毛泽东致电西北野战军司令员兼政治委员彭德怀和西北局："九月起全国各区均将有大战，希望你们能配合。"毛泽东告诫各战场高级

---

① 中共中央文献研究室编：《毛泽东年谱：1893~1949》修订本下卷，中央文献出版社2013年版，第326—327页。

② 同上，第329页。

指挥员，要从全局着眼，相互配合地为进行战略决战做好准备，必须加强集中统一的指挥。因此，毛泽东进一步要求各中央局、各野战军前委坚持定期向中央做综合性报告的制度。

但是，在各中央局、分局和前委均严格执行中共中央规定的报告制度的情况下，唯独东北局的林彪没有执行规定，这确实令毛泽东十分恼火。其实，毛泽东是非常器重林彪的。此时的东北是中共中央整个战略部署的重心，干部配备也是最强阵容。中共中央政治局的13名委员中，就有陈云、高岗、彭真、张闻天四人在东北局任常委，但东北局的书记却由并非中央政治局委员的林彪担任。我们再看看其他地方：中原局书记是中原野战军政委邓小平，司令员刘伯承是副书记；华东野战军司令员陈毅担任的也是副书记，书记则由政委饶漱石担任。只有东北野战军司令员林彪同时担任东北局书记，军政一把抓！

委权最重，批评最严。8月15日，毛泽东以中共中央名义起草了一封给林彪和东北局的长达2000多字的电报，他严厉批评林彪在收到中央规定报告制度六个月以来一直没有按规定向中央做综合性报告的行为，"使我们完全不了解你们在这件事上何以采取这样的敷衍态度"。他说：今年5月、7月两次催你们，你们不声明理由，近日再催，你们才声明是常委各同志均极忙碌，事实上只各顾自己所分的工作，并皆对各部门的工作难求得全部了解，对作全貌的报告遂感困难，缺乏向中央做综合性报告的材料来源等等，这些理由是不能成立的。

毛泽东责问林彪："我们五月间即告诉你们，像大别山那样严重的环境，邓小平同志尚且按照规定向中央主席做了综合性报告，并将邓小平同志来电转给你们阅读。你们的环境比大别山好得多，何以你们反不能做此项报告？"毛泽东说："我们认为所以使你们采取此种态度的主要理由，并不是你们所说的一切，而是在这件事上，在你们的心中存在着一种无纪律思想。""你们如果不同意上述批评，可以提出你们的反驳。"[1]

经毛泽东再三批评，林彪不得不就此问题向中央做了检讨，并送来综

---

[1] 谭一青，袁德金：《军事家毛泽东》第2版，中国青年出版社2011年版，第286—287页。

合报告。8月20日，毛泽东复电林彪，说：

> 此种综合报告和各个具体问题的个别报告不但不相冲突，而且必须有此种报告、并要有多次此种报告之后，才能使我们看得出一个大战略区的全貌。对于写作此种报告的同志亦有一种好处，就是他必须在写作时既要联系又要超脱各项具体问题、各项事务工作，在全局上，在共同性上，好好思索一会，而这种思索则是一个领导同志所不可缺少的，缺少了此种思索，领导工作就会失败。[①]

毛泽东为什么把这件事看得如此之重，紧紧抓住不放？

我们可以在他8月22日再次以中央的名义给东北局的电报中找到答案。毛泽东指出："你们这次检讨是有益的。"否则，"就不可能克服完全不适用于现在大规模战争的某些严重地存在着的经验主义、游击主义、无纪律状态和无政府状态"。毛泽东特别强调这个问题在大决战前夜的现阶段有着极端的重要性："这一问题的性质是如此重要。即只有解决这一问题，才能由小规模的地方性的游击战争过渡到大规模的全国性的正规战争，由局部胜利过渡到全国胜利。这是许多环节在目前时期的一个中心环节，这一个环节问题解决了，其他环节就可以顺利解决。"[②]

其实，国民党军队在战场上节节失败的现实，正给共产党给毛泽东提供了最好的反面教材。

也正是在这样的紧迫现实中，毛泽东决定召开"九月会议"。

正像毛泽东批评林彪的电报中所讲的，邓小平到西柏坡之后就带来了一份书面报告《关于今后进入新区的几点意见》，让毛泽东感到十分快慰，觉得这是一份"珍贵的礼物"。

时任中原局第一书记的邓小平，是在7月25日早晨从河南宝丰县的皂

[①] 中共中央文献研究室编：《毛泽东年谱：1893~1949》修订本下卷，中央文献出版社2013年版，第337页。

[②] 毛泽东：《毛泽东文集》第5卷，人民出版社1993年版，第125页。

角村出发的。他乘坐一辆缴获的美式吉普车，穿越封锁线，星夜兼程，经晋城、榆次、石家庄，抵达西柏坡。邓小平来了，毛泽东几次找他促膝交谈。

大决战的前夕，群英汇聚，让这个本来十分平静的小山村变得热闹起来。参加这次会议的除了"五大书记"毛泽东、刘少奇、朱德、周恩来、任弼时之外，中央政治局委员中还有彭真、董必武；中央委员、候补委员共14人，他们分别是贺龙、徐向前、聂荣臻、滕代远、曾山、薄一波、叶剑英、邓小平、饶漱石、陆定一、邓颖超、廖承志、陈伯达、刘澜涛。旁听人员有：罗迈、杨尚昆、胡乔木、傅钟、李涛、安子文、李克农、冯文彬、黄敬、胡耀邦。

中共中央、毛泽东对这次会议极其重视，作了周密安排。特别是设立了执行主席，由政治局委员轮流主持，并规定了每天的会议主题。8月28日至9月7日，先召开了11天的预备会议，讨论了九月会议的有关事项，草拟了有关文件。正式会议是从9月8日开始举行的，原计划3天的会议由于议程较多，实际开了6天，延长到了13日才结束。

九月会议以"军队向前进，生产长一寸，加强纪律性"为中心议题，检查了过去的工作，提出了建设500万人民解放军，在5年左右时间内（从1946年7月算起），从根本上打倒国民党反动派的伟大战略任务。

会议开始了，会场鸦雀无声。大家围坐在饭桌上，安静地听毛泽东做报告。

毛泽东的报告涉及军事、政治、经济等八个方面问题，分析了国际国内形势。他特别强调说："我们的战略方针是打倒国民党，战略任务是军队向前进、生产长一寸、加强纪律性，由游击战争过渡到正规战争，建军五百万，歼敌正规军五百个旅，五年左右根本打倒国民党。"[①]

"军队向前进"，就是要求人民解放军要打更大规模的歼灭战，大量歼灭国民党军，进一步改变敌我力量的对比。

"生产长一寸"，在城南庄中共中央书记处扩大会议上就曾提出来讨论

---

① 毛泽东：《毛泽东文集》第5卷，人民出版社1993年版，第133页。

过,这次重新提出来的目的,就是要求在决战中保证恢复和发展解放区的工农业生产,这是支援决战、战胜国民党的重要环节。所以,一方面必须使解放军向国民党区域发展胜利进攻,将战争所需的人力和物力资源大量地从国民党方面和国民党区域去取给;另一方面必须用一切恢复和发展老解放区的工农业生产,使之在现有水平有若干增长。

"建军五百万",是指人民解放军的数量规模要发展到500万人。为什么不是400万、600万,而是500万呢?毛泽东解释说:"建军五百万是为了全部打倒国民党,一切角落都扫光。根本上打倒国民党,时间五年左右即可以,军力四百万即可以。第三年军队数目上不增加,现在我们有军队二百八十万,加上其他人民武装力量一百四十万,共四百二十万,编制不足的还要补充起来,如只有一万多人的纵队,要补到两万人。第四年、第五年还要扩大,到江南后即可以扩大。五百万是包括这一切的。"[①]

"五年左右根本上打倒国民党",毛泽东在讲话中,预计从1946年7月到1951年7月,用五年的时间根本上打倒国民党,消灭国民党的主力。也就是说,如果从那时(1948年9月)算起,还需要用三年左右的时间。

为了完成上述目标,毛泽东在报告中指出:在军事上,重申了"解放军第三年仍全部留在长江以北和华北、东北作战"的战略方针,要求解放军应进一步进行正规化建设,以适应大规模近代化正规战争的需要。在政治上,决定组织一切民主党派、人民团体和无党派人士的代表人物来解放区,准备于1949年内召开政治协商会议,成立中华人民共和国临时中央政府,以取代国民党反动派政府。在经济上,一方面尽可能地从国民党统治区取得战争所需的大量物资,另一方面要努力增产节流,反对浪费。还提出要注重加强城市工作和工业管理工作,逐步把党的工作重心从乡村转向城市。

会上,中共中央对于如何建立一个新中国进行了思考,就新中国的国体、政体、经济、文化、外交等方面提出了许多重要的指导思想,并勾画出了一幅大致成熟的宏伟蓝图。

[①] 毛泽东:《毛泽东文集》第5卷,人民出版社1993年版,第134页。

打倒国民党后，未来新中国的政权性质是什么？毛泽东在报告中第一次用人民民主专政这个概念来代替过去所提的工农民主专政。他说：我们政权的阶级性是无产阶级领导的以工农联盟为基础的人民民主专政，不仅仅是工农，还有资产阶级民主分子参加，要打倒的是帝国主义、封建主义和官僚资本主义。人民民主专政的国家，是以人民代表会议的政府来代表它的。中央政府的问题，"十二月会议"只是想到了这个问题，这次就必须作为议事日程来讨论。毛泽东强调：我们是人民民主专政，各级政府都要加上人民二字，各种政权机关都要加上人民二字。关于政权制度问题，毛泽东明确指出：要建立民主集中制的各级人民代表会议制度。

关于新中国的社会经济性质，毛泽东批评了"新资本主义"的提法，"因为它没有说明在我们社会经济中起决定作用的东西是国营经济、公营经济，这个国家是无产阶级领导的，所以这些经济都是社会主义性质的"。农村个体经济和城市私人经济在数量上是大的，但不起决定作用。所以，名字还是叫新民主主义经济好。他还说："我们反对农业社会主义，所指的是脱离工业、只要农业来搞什么社会主义，这是破坏生产、阻碍生产发展的，是反动的。"[①]

会议上，参会人员就毛泽东提出的问题，展开了热烈的讨论，先后有20多人发言。依次是胡乔木、邓颖超、冯文彬、陆定一、饶漱石、贺龙、薄一波、聂荣臻、徐向前、叶剑英、彭真、陈伯达、曾山、任弼时、董必武、滕代远、傅钟、周恩来、刘少奇、邓小平、朱德。

在9月13日会议的最后一天，讨论就更加热烈。

刘少奇说：这种估计（对战争前途的估计——作者注），是稳健的、谨慎的、实际的估计，不是冒险的估计，有过去两年做根据。打倒国民党，统一全中国。以前是宣传口号，现在是摆在议事日程上来计划了。

邓小平插话说：我们在战争中打大城市，即真正的带决定性的进攻，这一关还没有过。

刘少奇接着说：现在我们是要准备大的会战，消灭它两三个兵团，这

[①] 毛泽东：《毛泽东文集》第5卷，人民出版社1993年版，第135—139页。

一关也没有过。这两关过了，那就都解决了。锦州、济南的会战，如果他们的援兵来，那是对我们有利的。

朱德插话说：将来攻城打援的大会战在徐州进行有最大的可能。

刘少奇接着又说：攻城打援的思想要在主要将领中大大宣传，解释清楚。

随着讨论的深入，会场气氛更加活跃。周恩来在发言中，分析了形势，就军事计划问题和军队建设问题做了一个系统的发言。他说：争取五年胜利是根据过去两年经验所做的谨慎的估计。如果蒋介石垮台早些，胜利来得更快。如果美国出兵，困难要大些。我们今天，自然还是争取五年胜利。他提出第三年军事计划的要点：要把战争继续引向国民党统治区，使战争负担加之于敌，并且要准备若干次带决定性的大会战。今后仍应力争在运动中消灭敌人，但攻坚战可能增多，使攻坚和野战互相结合。军队组织也要逐渐走向更加正规化、集中化。他还指出：第三年的作战，重心在中原，北线重心在北宁路。他还谈到第三年军队建设的方针：充实野战军，努力建立特种部队，加强地方武装，精简后方机关；统一全军编制的问题，也应该在这次会上确定下来。

开会的时候，毛泽东很少插话，他总是一支接一支地抽烟，始终认真倾听大家的发言和讨论。当听到周恩来说"人民解放军要统一建制"、"必须建立若干正规制度"，任弼时说"要加强统一集中领导，加强纪律"的时候，毛泽东深有同感地点点头。这是他长期以来一直思考的问题。过去共产党和解放军长期处于被国民党分割的、游击战争的农村环境之下，各地方党和军事领导机关曾经保持了很大的自治权、自主权，虽然这让他们渡过了长期艰苦严重的困难局面，但同时也产生了某些无纪律和无组织的状态，滋生了地方主义和游击主义。长此以往，将会造成混乱，失去统制。眼下战略决战在即，要想获得全局胜利，就必须要求军队和作战的正规性。因此，毛泽东要求各级把加强纪律作为头等大事来抓，将一切可能和必须集中的权力集中于中央和中央代表机关手里，使游击战顺利过渡到正规战争。

这次会议要求全党全军加强纪律性的同时，还对进一步加强党委的集体领导问题做了研究，通过了《关于各中央局、分局、军区、军委分会及前委会向中央请示报告制度的决议》。会议为保证政令军令的畅通，各级正确贯彻党的政策，争取战略决战的胜利打下了坚实基础。

什么叫远见卓识？什么是雄才大略？会议结束前，毛泽东做了总结。他说：两年来还没有开过这样的会。这次会上什么都讲了，连前途问题都讲了。关于几年胜利的问题，过去所讲的只是可能性，现在战争已经有两年多了，情况更清楚些，可以带确定成分地来讲了。同时，要充分估计困难和克服困难的可能性，这次会议也做了估计。关于新民主主义和社会主义的问题，两个阶段的过渡问题，少奇同志讲得很好。新民主主义中有社会主义的因素，它的政治、经济、文化各方面都是这样并且是领导的因素，而总的说来是新民主主义的。至于在经济上完成民族独立，还要一二十年时间。[①]

9月的西柏坡正值丰收季节，田野里的农民正在忙碌着。毛泽东和他的战友们也在紧张、愉快的会议中度过了一个又一个夜晚。

会议结束后，毛泽东又分别找各战略区的领导人谈话。在与邓小平谈话时，毛泽东说："我们每年见一次面，每次见面都有很大变化，明年我们再见面时，应该有一个根本性的变化。"

邓小平说："党中央、毛主席高瞻远瞩，我回去后和伯承同志研究一下，我们应该发挥更大的作用。主席给我们的任务，我想一定能够完成。"

周恩来说："你们的位置很重要，要靠你们去消灭国民党蒋介石的命根子，消灭他的主力部队，还要去剿蒋介石的老窝呢！"

邓小平点点头，说："希望这一天早一点到来。"

或许，连他们自己也没有想到，一个多月后，淮海战役就打响了。毛泽东任命邓小平担任总前委书记。

9月20日，毛泽东为中共中央起草了健全党委制的决定。决定指出：党委制是保证集体领导、防止个人包办的重要制度，今后从中央局到地委，从前委到旅委以及军区（军分会或领导小组）、政府党组、民众团体

[①] 中共中央文献研究室编：《毛泽东传：1893~1976》，中央文献出版社2013年版，第876页。

党组、通讯社和报社党组，都必须建立健全的党委会议制度，一切重要问题均须交委员会讨论，由到会委员充分发表意见，做出明确决定，然后分别执行。他还指出，"集体领导和个人负责，二者不可偏废"。①

10月10日，毛泽东为中共中央起草了《中共中央关于九月会议的通知》，将这次会议的基本情况和决定向全党通报。通知强调：人民解放军第三年仍然全部在长江以北和华北、东北作战。为了"使党的工作重心逐步地由乡村转到城市"和"夺取全国政权的任务"，应该迅速地有计划地训练大批的能够管理军事、政治、经济、党务、文化教育等项工作的干部；"准备在一九四九年召集中国一切民主党派、人民团体和无党派民主人士的代表们开会，成立中华人民共和国临时中央政府"；恢复和发展解放区的工业生产和农业生产。②

11月1日，根据九月会议精神，毛泽东审阅并签发了中央军委《关于统一解放军全军组织和部队番号的规定》，决定部队番号纵队改为军，军以上设兵团。全军分为四个野战军，共20个兵团番号。全国分五大军区，与中央局同级并受其领导。与中央分局同级者为二级军区，与区党委同级者为三级军区，与地委同级者为军分区。团和分区以上各部队，均冠以"中国人民解放军"名称，从1949年1月起，全军组织统一。③

历史已经证明，1948年9月召开的九月会议，为最后打倒蒋介石，夺取革命在全国的胜利，建立新中国，从军事上、政治上、组织上和思想上都做了重要准备。党内领导层在重大问题上统一了认识，特别是为了筹划新中国的建设，为组织大决战做了一次有效的总动员。40多年后，徐向前元帅在回忆九月会议时说：我军能在1948年9月以后不到一年的时间，胜利完成了同蒋军的战略决战，消灭了敌人主力，解放了全国大部分土地，九月会议为此奠定的坚实基础，将永存青史。

这一年，毛泽东55岁，周恩来50岁，刘少奇50岁，朱德62岁，任弼

---

① 毛泽东：《毛泽东选集》第4卷第2版，人民出版社1991年版，第1341页。
② 同上，第1346—1347页。
③ 中共中央文献研究室：《毛泽东年谱：1893~1949》修订本下卷，中央文献出版社2013年版，第380—381页。

时44岁。

其实,在九月会议召开的前后,毛泽东始终关注着战场上的变化。在会议正式召开的前一天,也就是9月7日,他亲自起草了关于辽沈战役的作战方针的"AAAAA"电文,特急加速拍发到东北野战军司令部。在电报中,毛泽东指示林彪、罗荣桓、刘亚楼:"我们准备五年左右(从一九四六年七月算起)根本上打倒国民党,这是具有可能性的。""今年七月至明年六月,我们希望能歼敌正规军一百十五个旅左右。""要求你们配合罗瑞卿、杨成武两兵团担负歼灭卫立煌、傅作义两军三十五个旅左右(七月杨成武已歼一个旅在内),并攻占北宁、平绥、平承、平保各线除北平、天津、沈阳三点以外的一切城市。"毛泽东还告诫他们要确立两个决心:一是应"确立攻占锦、榆、唐三点并全部控制该线的决心",二是要"确立打你们前所未有的大歼灭战的决心",同时要"重新考虑作战计划并筹办全军军需(粮食、弹药、新兵等)和处理俘虏事宜"。①

9月9日,也就是九月会议正式召开的第二天,毛泽东专门起草了《关于九月会议参考文件的目录》,要求与会同志认真学习《六次大会政治决议案》、《中国革命与中国共产党》(部分章节)、《新民主主义论》(第六章)、《论联合政府》(第四章)等党的历史文件和理论书籍,统一思想,提高认识水平。

9月11日,正在主持九月会议的毛泽东代表中央军委复电东北野战军,批准他们9月10日18时的来电,同意他们奔袭锦州南北及以西地区、出击北宁线的军事部署。9月12日,东北野战军一部及冀察热辽军区三个独立师按时到北宁线作战,辽沈战役第一阶段从此开始。

9月11日,毛泽东还就济南战役的部署问题,为中央军委起草了致华东局、中原局的电报,对济南战役的作战目的、方法、手段、时间、节点、指挥一一做了详细的说明。他说:"此次作战部署是根据军委指示决定的,即目的与手段应当联系而又区别。此次作战目的,主要是夺取济南,

---

① 毛泽东:《毛泽东选集》第4卷第2版,人民出版社1991年版,第1335—1336页。

其次才是歼灭一部分援敌,但在手段上即在兵力部署上,却不应以多数兵力打济南。如果以多数兵力打济南,以少数兵力打援敌,则因援敌甚多,势必阻不住,不能残其一部,因而不能取得攻济的必要时间,则攻济必不成功。""攻城部署应分两阶段,第一阶段集中优势兵力攻占西面飞机场,东面不要使用主力,此点甚为重要并应迅速部署。第二阶段则依战况发展,将主力使用于最利发展之方向,如果东面利于发展,则应使用于东面。"

对于济南战役的指挥问题,毛泽东在电报中告诉许世友,并告粟裕、谭震林、陈士渠:"整个攻城指挥,由你们担负。全军指挥,由粟裕担负。整个战役应争取一个月左右打完,但是必须准备打两个月至三个月,准备对付最困难的情况,并以此作为一切部署和工作的主要的出发点。"

9月13日下午,九月会议就要结束了。伴着温润的阳光和习习清风,毛泽东和代表们迈着稳健的步伐走出了会场。恬静的空气中弥漫着秋天的味道,秋高气爽,大地芬芳。散会后,毛泽东特意嘱咐,今晚上要加几道菜。吃饭的时间到了,饭桌上除了有自己菜园子里种的茄子、豇豆、黄瓜、辣椒之外,还有滹沱河的大鲤鱼和太行山里的肥猪肉。毛泽东和大家一起有说有笑。心情舒畅,胃口就好,饭菜端上来很快就一扫而光了。

晚上,中共中央特别邀请了华北评剧团在东柏坡村中央大礼堂演出,与会代表们和老百姓一起分享了这个美妙的夜晚。看戏的人特别多,非常热闹。虽然演出的节目已经记不清了,但家住东柏坡村的老党员阎铠一直珍藏着这场演出的戏票,油印的字迹在斑驳中诉说着历史的欢乐,也憧憬着胜利的喜悦。

"军队向前进,生产长一寸,加强纪律性,革命无不胜。"这是毛泽东在九月会议上对全军将士发出的号召,也是誓言。毛泽东这"二十个字"治军格言,成为中共中央和人民解放军相当长时间内的指导方针。

9月24日,距九月会议结束仅仅10天时间,让毛泽东没有想到的是,9月16日才发起的济南战役就传来了捷报——华东野战军攻克济南。大家或许不知道,1948年9月17日是传统的中秋佳节,是千里共婵娟的"团圆节"。正是借着午夜皎洁的月色,许世友下达了作战命令。经过8天8夜的鏖战，解放军以伤亡2.6万余人的代价，共歼灭国民党军10.4万人，其中国民党军第九十六军军长吴化文率2万余人起义，国民党军第二绥靖军司令官王耀武、副司令官牟中珩等23名将领被俘。由于华东野战军的打援力量强大且迅速达成了攻打济南的目的，徐州之敌未敢北援。29日，中共中央发来了贺电，庆祝济南解放。攻打济南，毛泽东亲自点将许世友为攻城主要指挥员，王建安辅之。许、王号称"山东双雄"，是毛泽东的两大虎将。战役胜利结束，许世友以他特有的方式庆祝胜利，在餐桌上喝酒第一口就喝了半斤多。

当然，比许世友更加高兴的还是毛泽东。9月30日，新华社发表了经过毛泽东亲自修改审定的社论《庆祝济南解放的伟大胜利》，指出："济南这个敌人在山东最强大据点的攻克，使华东人民解放军获得了比以往任何时候更大的自由"；"任何一个国民党城市都无法抵御人民解放军的攻击了"。

济南解放，就连为蒋介石撑腰的美国人似乎也认识到了它的重大意义。美国国务卿艾奇逊在国会阐述美国对华政策时称："（国民党）政府在军事上真正垮台是从1948年开始，第一批大规模的叛变和崩溃发生在1948年9月济南战役失守之时。"美联社在1948年9月26日发表评论说："自今而后，共产党要到何处，就到何处，要攻何城，就攻何城，再没有什么阻挡了。"

济南战役的胜利，拔掉了国民党插在华北、华东的这颗"钉子"，把两大解放区连成一片，沉重打击了国民党坚守大城市的信心和幻想，开创了人民解放军夺取国民党重兵坚守大城市的先例，揭开了战略大决战的序幕。

3
运筹于小村之中，帷幄于斗室之间，决胜于千里之外

人们翘首期盼的战略决战终于到来了。

现在，有研究解放军作战史的学者把济南战役与辽沈战役、淮海战役

和平津战役一起，并称为战略决战的"四大战役"。不论是"四大战役"，还是"三大战役"，它们的确是在中国大地上发生的一场前无古人、气势磅礴的大决战。

之所以在决战前加上"战略"二字，我们不妨先来看一组数字——三大战役从1948年9月12日开始，到1949年1月31日结束，历时4个月又19天，歼灭国民党正规军144个师（旅），非正规军29个师，共154万多人。这不仅是中国人民革命战争历史上，也是世界战争史上罕见的壮丽篇章。什么叫兵败如山倒，什么叫用兵真如神，三大战役以雄辩的事实为这些形容词做了最好的注释。

这场战略大决战是由辽沈、淮海、平津三大战役一环紧扣一环地组成的，生动地体现出毛泽东作为卓越的军事家那种高瞻远瞩、全局在胸的战略眼光和多谋善断的惊人胆略。且听时任毛泽东秘书的胡乔木是如何分析的：

> 大约在1948年初，毛主席就开始考虑要打几场大仗，但想法还不明确。此后，经过几个月的反复酝酿，到7月至10月间，三大战役的轮廓陆续变得清晰起来。
>
> 解放战争进入第三个年头，总的战略形势有两个突出特点：第一，国民党军在总兵力上还占有一定优势，但它的大部分力量已被钉死在东北、华北和华东的大城市和交通线上，处于被我军分割的状态，机动兵力比我们要少得多，因此我军掌握着战略主动权。第二，在组织辽沈、淮海、平津这三个决定性战役时，我军在各个战场上面对的都是敌方拥有数十万人的重兵集团，而在各战区的敌我兵力对比上，我军尚未占优势或仅占相对优势。在这种情况下，主动寻求战略决战，每战务求全歼敌军，不仅需要极大的魄力、决心和勇气，还必须全局在胸，有周密细致的安排，并准确把握每次战役的时机以及每个环节的衔接。一旦指挥失当，发觉处境不利的敌人就可能实行战略撤退，与其他军事集团靠拢，重新组织防御，使我军失去大规模歼敌的机会；特别是

每场战役的首战，如果受挫就可能影响整个战役。任务很艰巨，战场形势又瞬息万变。说毛主席的军事指挥艺术高超，高超在什么地方，不了解这些情况就难以理解。①

正如胡乔木分析的一样，当战略决战开始时，国民党军队的数量还多于人民解放军，装备更比人民解放军好，南京政府仍统治着全国四分之三的地区和三分之二的人口。但毛泽东不仅看透了这个表面上的庞然大物其实已异常虚弱，无法摆脱战略上全面被动的地位，并且敏锐地察觉到他们正打算实行战略撤退而一时还举棋不定，难下决心。在8月举行的南京军事检讨会议上，蒋介石曾经议论过撤退东北、确保华中，坚持沈阳至10月底，以观时局发展，原则上不放弃沈阳，同时亦作撤退准备的作战指导计划。在这种情况下，究竟是让敌人实现他们把现有兵力撤至关内或江南的计划，使自己失去机会，从而增加解放军尔后作战的麻烦呢？还是在敌人还没有来得及决策逃跑之前，我们就当机立断，抓住大好时机，组织战略决战，各个消灭敌人的强大战略集团呢？

机不可失，时不再来。对共产党毛泽东来说，就是抓住时机，进行战略决战；对国民党蒋介石来说，就是抓住时机，组织战略撤退。正是在这种稍纵即逝的关键时刻，毛泽东依据对客观形势的冷静分析，当机立断，毫不犹豫地抓住时机，发动了这场人民解放战争历史上从来不曾有过的战略大决战。

关于三大战役的史料已经很多，许多亲身经历的将帅也写了回忆录，电影电视作品也不少，本书因篇幅所限，主要重温中共中央和毛泽东在决策关键之处的段落。

首先，我们来看看决战双方的指挥机构。

---

① 胡乔木：《胡乔木回忆毛泽东》，人民出版社2003年版，第525页。

中国人民解放军和国民党军队指挥机构和人员对比表

中国人民解放军			国民党军队		
最高指挥部	中国共产党中央军事委员会		最高指挥部	总统府	
指挥人员构成	职 务	姓 名	指挥人员构成	职 务	姓 名
	主 席	毛泽东		总 统	蒋介石
	副主席	朱 德 刘少奇 周恩来 彭德怀		国防部部长	何应钦
	总参谋长	周恩来（兼）		参谋长	顾祝同
	副总参谋长	叶剑英		陆军总司令	余汉谋
	总政治部主任	刘少奇（兼）		空军总司令	周至柔
	总政治部副主任	傅 钟		海军总司令	桂永清
	总后勤部部长	杨立三		联合勤务总司令	郭 忏
	秘书长	杨尚昆			
	作战部部长	李 涛			

从人民解放军和国民党军队指挥机构和指挥人员来看，我们不难发现，无论是实力的对比，还是编制的构成，国民党军队比人民解放军都要现代化、规模化、体系化。在战略大决战开始的这个时刻，解放军既没有空军，也没有海军。但从高层指挥来看，中国共产党显然是采取了民主集中制，更加民主更加科学。

现在，人们都知道这场战略大决战，是从9月12日辽沈战役的北宁线作战开始的，比9月16日开始的济南战役也只是早打了4天时间。但毛泽东为什么选择东北战场作为这场战略大决战的起点呢？听听叶剑英怎么说——

> 毛泽东同志在紧紧地抓住决战时机的同时，又正确地选定了决战方向。当时全国各战场的形势虽在不同程度上都有利于人民解放军的作战，但敌人在战略上却企图尽量延长坚守东北几个孤点要点的时间，牵制我东北人民解放军，使我军不能入关作战；同时，敌人又准备把东北国民党军撤至华中地区，加强华中防御。在这种情况下，如果我们把战略决战的方向指向华北战

场,则会使我军受到华北、东北敌人两大战略集团的夹击而陷于被动;如果我们把战略决战的方向首先指向华东战场,则会使东北敌人迅速撤退,而实现他们的战略收缩企图。因此,东北战场就成为全国战局发展的关键。当时东北战场的形势对我又特别有利。在敌军方面:孤立分散,态势突出;地区狭小,补给困难;长春被围,无法解救;或撤或守,举棋未定。在我军方面:兵力优势,装备较好;广大地区,连成一片;土改完成,后方巩固;关内各区,均可支援。东北人民解放军歼灭了东北敌军,就能粉碎敌人战略收缩的企图;就能实施战略机动,有利于华北、华东战场的作战;就能以东北的工业支援全国战争,使人民解放军获得战略的总后方。根据上述情况,毛泽东同志将战略决战方向,首先指向东北战场的卫立煌集团,这就将战略决战的初战胜利放在稳妥可靠的基础上。这是毛泽东同志宏图大略全局在胸投下的一着好棋子。决战首先从局部的优势开始,进而争取全局上的更大优势。由于迅速而顺利地取得了辽沈战役的胜利,就使全国战局急转直下,使原来预计的战争进程大为缩短。[①]

我们知道,抗日战争胜利后,国民党和共产党在抢占东北问题上,步调一致,针锋相对。从1945年8月15日起至11月底,中共中央在确立"向南发展,向北防御"的战略方针后,派到东北的部队达17批之多,人数达到10万多人,再加上由关内各地先到东北的干部约2万人,其中包括20名中央委员和候补中央委员,占第七届中央委员和候补中央委员的三分之一。这些委员里还有4名中央政治局委员。中共中央争取东北的决心之强由此可见。

到1948年8月,东北野战军已拥有正规军12个纵队36个师、17个独立师、3个骑兵师及1个炮兵纵队、1个铁道兵纵队、1个坦克团,共约79万人,另有地方部队33万人,号称百万大军。解放军不光人员充员,武器

---

① 叶剑英等:《星火燎原》第10集,解放军出版社2009年版,第4—5页。

装备也得到了很大的改善。而东北的国民党军队的兵力是4个兵团、14个军、44个师，加上地方武装共计55万人，其中正规军48万人。也就是说，在当时全国各大战场上，东北战场是人民解放军兵力超过国民党军队的唯一战场。毫无疑问，这也是毛泽东把战略大决战的第一仗选择在东北战场的一个重要原因。

现在问题又来了——长春、沈阳、锦州这三块孤立的据点，先从哪里打起呢？

1963年12月16日，时任解放军总政治部主任的罗荣桓元帅不幸病逝。消息传到中央政治局常委会议上，毛泽东心情非常沉重，中断了会议，领头起立默哀。他说："一个人数十年如一日，忠于党的事业，很不容易啊！"几天后的一个深夜，服了安眠药的毛泽东依然不能入睡，躺在床上写下了这首《七律·吊罗荣桓同志》：

  记得当年草上飞，红军队里每相违。
  长征不是难堪日，战锦方为大问题。
  斥鷃每闻欺大鸟，昆鸡长笑老鹰非。
  君今不幸离人世，国有疑难可问谁？

这首七律中所提到的"战锦方为大问题"，讲的正是辽沈战役首先从哪里打起的问题。而罗荣桓在"战锦"这一问题上究竟起了什么作用，还得从一封电报说起。

1948年10月1日，东北野战军司令部按照中央军委的指示，下达了战斗动员令，要求全军以最大决心拿下锦州，不惜付出重大代价争取战役的彻底胜利。随后，攻城大军逼近锦州，总攻进入倒计时。然而，就在第二天，东野总部在南下途中接到了一封电报。

这封电报差一点改变了辽沈战役的历史进程。电文如下：

  蒋介石已决定调用陆海空三军力量，在葫芦岛组成了十一个师的"东进兵团"。由海、空军配合在锦西登陆后向东攻击，增援锦州。

电报发出时，塘沽、烟台港已警报长鸣，一艘艘国民党海军军舰起航待发。也就在同一天，即10月2日，蒋介石又飞赴沈阳——这已经是他在抗日战争胜利后为抢占东北第五次飞到沈阳了。他越过东北"剿总"总司令卫立煌，直接命令第九兵团司令官廖耀湘组成"西进兵团"。蒋介石对廖耀湘说："这次沈阳军队直出辽西，解锦州之围，完全交给你负责，如有贻误，也唯你一人是问。"廖耀湘表示："沈阳主力先集中于新民、彰武地区，完成一切准备，俟锦、葫两地军队会师之后，再东西对进，以夹击共产党军队，才是万全之策。"

也就在当天早晨5时，林彪还收到了毛泽东签发、周恩来起草的对东北野战军的指示：因傅作义部9个步骑师向绥东寻杨成武部作战，杨罗耿兵团不能不到平张段予以配合。你们应靠自己的力量对付津榆段可能增加或出关的北援之敌，而关键则是迅速攻克锦州，望努力争取10天内外打下该城。

在获悉国民党援军四个师已开到葫芦岛，华北的杨罗耿兵团又因傅作义部向绥东进攻而不能开到山海关至天津段作战这两个消息后，林彪震惊了，感叹道："只做了一桌饭，却来了两桌客人。"他深恐打锦州时陷入沈阳、葫芦岛两大援敌的夹击中，攻锦决心再次动摇。

林彪的担心也不是没有道理。向来谨小慎微的他，从不打无把握之仗。他一直担心后方补给困难：部队南下的时候，只带了单程的汽油，后方运输线太长，万一锦州久攻不下，大量汽车、坦克、重炮就因为没有汽油而撤不出来，后果不堪设想。巨大的压力，让他一时间心里没有了底，身系几十万官兵性命和战略决战之命运的重任，他不能不思前想后。

此刻，林彪、罗荣桓、刘亚楼等东北野战军指挥员正处在两难的境地。攻打锦州的计划是中央军委已经确定的，而且已经开始全面实施，上下士气正旺。临阵改变计划，不仅违反中央意图，而且极有可能影响全军士气。然而，面对三面受敌的险境，万一锦州攻不下来，后果将是极其严重的。

思来想去，夜已经很深了。晚上10时，林彪以林、罗、刘名义给远在西柏坡的中央军委和毛泽东发出了一封电报，提出了两个方案：第一个方案，锦州如能迅速攻下，则仍以攻锦州为好，省得部队往返拖延时间。但是，攻锦州需要相当时间，而葫芦岛方向的援敌可集中五六个师的兵力，采取集团行动向锦州推进。我阻援部队不一定能挡住该敌，则该敌可能与守敌会合；在两锦之间，阵地间隙不过五六十里，无隙可图。第二个方案，回师打长春。估计经过几个月的围困，目前如攻长春，则较6月间准备攻长春时的把握大为增加，但须多迟延到半月到二十天时间。在电报中，林彪说："以上两个方案，我们正在考虑中，并请军委同时考虑与指示。"

明眼人都看得出来，林彪提的虽然是两个方案，但他的基本倾向十分清楚，就是放弃北宁路作战，仍然回师打长春。

在"战锦"问题上，林彪突然临阵变卦，这当然让毛泽东非常生气。而毛泽东的果断决策与林彪出尔反尔的执行，其间真是一波三折。

说起抢占东北，早在1948年2月7日，转战陕北途中的毛泽东在杨家沟就曾致电东北野战军林彪等指挥员，说："你们应准备对付敌军由东北向华北撤退之形势。蒋介石曾经考虑过全部撤退东北兵力至华北，后来又决定不撤。这主要是因为南线我军尚未渡过长江及北线我军尚未给蒋军以更大打击的缘故。"毛泽东问道："你们上次电报曾说锦州方向无仗可打，该方向情况究竟如何？如果我军能完全控制阜、义、兴、绥、榆、昌、滦地带，对于应付蒋军撤退是否更为有利？"在电报中，毛泽东着重指出："对我军战略利益来说，是以封闭蒋军在东北加以各个歼灭为有利。"这是毛泽东对东北战场"关门打狗"设想的最早表达。

这的确是一个大胆的设想。那个时候，毛泽东并没有下最后的决断，还是在征求意见之中。林彪对主力从东北北部远道南下攻打国民党军队坚固设防并在周围有若干据点的锦州顾虑重重，担心如果久攻不下，敌人援兵从华北和海上增援，将会陷解放军于被动地位，再三提议先打长春，并在4月18日报告中央军委，强调进攻长春的有利条件，"计划在十天半月左右的时间内全部结束战斗"。4月22日，毛泽东复电同意先打长春，而又指出："我们同意你们先打长春的理由是先打长春比较先打他处要有利一些，不是因为先打他处特别不利，或有不可克服之困难。"5月下旬，东北野战军以两个纵队试攻，发现攻占长春并不像预期那样容易，不得不改用严密围困的办法。

7月20日，林彪、罗荣桓、刘亚楼将东北局常委重新讨论后认为"我军仍以南下作战为好，不宜勉强和被动地攻长春"，"到八月中旬时，我军即以最大主力开始南下作战"的意见上报中央军委。22日，又致电军委："如华北敌人确实空虚，则我军南下与晋察冀配合作战，则有全部歼灭敌人，夺取天津、北平的重大可能；同时，亦必然引起长春、沈阳敌人撤退，达到解放东北的可能。"同时，林、罗、刘提出一个要求："如能将傅作义调动一两个军向西去，我们就有可能全部歼灭北平、天津、张家口、保定、唐山、大同之敌的把握。"

接到这个电报后，毛泽东在22日深夜复电林、罗、刘："攻击长春既然没有把握，当然可以和应当停止这个计划，改为提早向南作战的计划。在你们准备攻击长春期间，我们即告知你们，不要将南进作战的困难条件说得太多太死，以致在精神上将自己限制起来，失去主动性。"同时，毛泽东指示他们要加紧进行政治动员和粮食准备，否则战斗在8月间还不能打响；关于具体作战计划，望他们详加考虑，拟出全盘方案电告。

而为了将傅作义主力向西引开，以配合东北野战军南下北宁线作战，毛泽东8月3日在西柏坡召见华北军区司令员聂荣臻和华北第二兵团第二政治委员杨成武，同刘少奇、周恩来、朱德、任弼时一起向他们交代"东北打，华北牵"的任务。他们是在这天下午3时见面的。一进屋，杨成武看见"五大书记"都已经围坐在屋中一张高脚八仙桌旁，桌子中间用瓷盘装了一盘糖果。毛泽东非常客气地请大家吃糖果，起身给每人倒了一搪瓷缸子茶水，随后把他起草的7月22日给林、罗、刘的两份电报递给聂、杨，说："你们先看看。"

聂荣臻和杨成武看完后，把电报放在了桌子上，听候毛泽东的指示。毛泽东喝了口茶水，问道："有没有问题？同不同意？"待聂荣臻和杨成武表示完全同意后，毛泽东又把自己起草的7月30日的电报递给他们看。这一份电报是前一份电报的具体化，特别把锦州战役明确地提到了议事日程。就这样,毛泽东当场宣布组成华北第三兵团,由杨成武任司令员兼政治委员,进军绥远,开辟新的战场,把傅作义部主力拖到平绥线,配合东北作战。

毛泽东问杨成武:"你们20天内完成一切准备,怎么样? 有没有困难? 有什么要求?"杨成武脱口回答:"没有困难,保证完成中央交给的任务。"毛泽东笑了笑,说:"不对,出兵绥远,困难是很多的!"他一一做了分析:绥远是傅作义的老窝,经营了20多年,他搞坚壁清野,你们去了会吃不上饭,要华北供给支援你们也是很困难的,还有战斗可能很不顺手。毛泽东要他把困难想透,想出解决困难的办法,做好充分的准备,他语重心长地说:"你搞不到粮食,就站不住脚。成武啊,你们到绥远要站住脚,就得准备饿三天肚子,吃两天草啊!"随后,毛泽东对周恩来说:"你交代薄一波同志,给他们10万现洋,让他们背着,揭不开锅的时候,就用它买粮食。现大洋在绥远是很管用的。"

这次会见,杨成武很受感动,他回忆说:"毛主席日理万机,全国各个战场都需要他呕心沥血,真所谓运筹帷幄之中,决胜千里之外。他既向部下交代任务,又为部下把执行任务的困难想透。他是那样了解情况,全国的各个战场上就如同一盘棋,全在他的指掌之中。"[①]

8月8日和11日,林、罗、刘又两次致电中央军委,先是提出东北主力行动时间,须视杨成武部行动的迟早才能确定;后来又提出"南下则因大批粮食的需要无法解决","目前对出动时间,仍是无法肯定"。

8月9日,毛泽东电告林、罗、刘:杨成武部已确定在21日出动,"你们应迅速决定并开始行动,目前北宁线正好打仗,你们所谓你们的行动取决于杨成武的行动,这种提法是不正确的"。12日,毛泽东又电告他们:关于你们大军南下必须先期准备粮食一事,两个月前亦已指示你们努力准备。两个月以来你们是否执行了我们这一指示一字不提。现据来电则似乎此项准备工作过去两月全未进行,以致现在军队无粮不能前进。对于你们自己,则敌情、粮食、雨具样样必须顾虑周到,对于杨成武部则似乎一切

---

① 杨成武:《杨成武回忆录》,解放军出版社2007年版,第711页。

皆不成问题。试问你们出动遥遥无期，而令杨部孤军早出，如被傅作义赶走，对于战局有何利益？至于敌人从东北撤运华中的可能，我们在你们尚未结束冬季作战时即告诉了你们，希望你们务必抓住这批敌人，如敌从东北大量向华中转移，则对华中作战极为不利。

在这份电报的最后，毛泽东严厉地指出："对于北宁线上敌情的判断，根据最近你们几次电报看来，亦显得甚为轻率。为使你们谨慎从事起见，特向你们指出如上。你们如果不同意这些指出，则望你们提出反驳。"

8月13日，林、罗、刘致电中央军委和毛泽东，承认对北宁线的敌情是轻信了一些不确实的消息，做了错误的判断。关于南下问题，"目前仍尽力争取早日出动"。9月3日，林彪、罗荣桓、刘亚楼致电军委报告了南下作战的具体部署：我军拟以靠近北宁线的各部，突然包围北宁线各城，然后待北面主力陆续到达后，逐一歼灭敌人；而以北线主力控制于沈阳以西及西南地区，监视沈阳敌人，并准备歼灭由沈阳向锦州增援之敌或歼灭由长春突围南下之敌。对长春之敌，以现有围城兵力，继续包围敌人，并准备乘敌突围时歼灭该敌。

9月5日，毛泽东为中央军委起草复电，同意林彪、罗荣桓、刘亚楼的部署。指出：北宁线上各处敌军互相孤立，均好歼击，你们可以在北宁线上展开大规模作战。在此线上作战补给较便利，这又是中间突破的方法，使两翼敌人（卫立煌、傅作义）互相孤立，因此你们主力不要轻易离开北宁线。电报中还谈了对敌情的估计：你们主要对付的敌人，目前仍然是卫立煌，因此，你们现以七个纵队又六个独立师位于新民及沈长线是正确的。长春和沈阳的敌军恐怕要在你们打锦州时，才不得不出动。接着，毛泽东便提出一个极其重要的思想：要求东北野战军"确立打你们前所未有大歼灭战的决心"。

9月7日，也就是九月会议的头一天，毛泽东考虑到在东北工作的领导人不能抽身前来参加会议，就以军委的名义致电林、罗、刘，告诉他们中央关于全国战略任务的计划，要他们现在就应该准备使用主力于锦州、山海关、唐山一线，而置长春、沈阳两敌于不顾，并准备在打锦州时歼灭可能由长、沈援锦之敌。如果在你们实行锦、榆、唐战役期间，沈、长之敌倾巢来援，你们便可以争取将卫立煌全军就地歼灭，这是最理想的情况。毛泽东提醒他们应当注意三个问题：（一）确立攻占锦、榆、唐三点并全部控制该线的决心。（二）确立打你们前所未有的大歼灭战的决心，即在卫立煌全军来援的时候敢于同他作战。（三）为适应上述两项决心，重新考虑作战计划并筹办全军军需（粮食、弹药、新兵等）和处理俘虏事宜。

9月10日，林彪、罗荣桓、刘亚楼报告中央军委：完全同意军委所指示的前途与任务，认为可能和应当争取东北与华北战局的根本变化。他们态度明朗地报告说，已在北宁线附近的部队于12日在锦州、义县间打响，北线主力于13日起从四平街、长春附近南下。

这时，在东北国民党军队55万人中，由卫立煌直接指挥的两个兵团共30万人驻守在沈阳地区；由东北"剿总"副总司令郑洞国率领的一个兵团及保安部队共10万人驻守在长春；由另一副总司令范汉杰指挥一个兵团及保安部队共15万人防守义县到山海关一线，主要兵力在锦州、锦西。而在坚守长春、沈阳，还是将长春、沈阳的主力撤至锦州的问题上，蒋介石同卫立煌等东北高级将领之间的争论也日趋激烈。

9月12日，东北野战军发起强大攻势。26日，林、罗、刘报告军委：准备在27日进攻义县，得手后接着打锦西、兴城，再打山海关，如果敌军已逃，就回头打锦州。

9月27日，毛泽东以中央军委的名义致电林、罗、刘，批准他们的计划，同时指出：歼灭义县等五处之敌后，如果先打山海关然后再回头打锦州，则劳师费时，给沈阳之敌以增援时间。不如先打锦州，然后攻山海关、滦县、唐山，如有可能直迫天津城下。同一天，毛泽东为中央军委起草的关于战争第三年全军歼敌任务的电报中，又把原来由东北野战军和华北两个兵团共同担负歼敌35个旅的任务，改为分配东北野战军歼敌36个旅，华北两个兵团另行担负歼敌12个旅。这是预定作战任务的重大改变。

9月28日，林彪等定下了"先攻锦州，再打锦西"的决心。29日，他们将具体部署报告了中央军委和毛泽东，称：锦州是敌薄弱而又要害之处，故沈敌必大举增援，长春敌亦必乘机撤退（已有密息证明）。故此次锦州战役，可能演成全东北之大决战，可能造成收复锦州、长春和大量歼灭沈阳出援之敌的结果。我们将极力争取这一胜利。

9月30日，毛泽东接到这份电报后，十分高兴，立即复电说："决心与部署均好，即照此贯彻实施，争取大胜。"

就这样，随着东北战场局势的实际演进，经过毛泽东、中央军委同东北野战军总部的反复磋商，初定的北宁线秋季攻势终于发展成一举全歼东北国民党军的辽沈决战。

从2月初到9月底，毛泽东为"战锦"问题，进行了长达半年多的精心谋划。然而，东北的国民党军队对此却一无所知，长时间内一直没有察觉东北野战军主力会南下奔袭北宁线，关闭通往关内的大门。直到华东野战军攻克济南、东北野战军包围义县，守在锦州的范汉杰才发现了危机，急急忙忙地接连给蒋介石发电报求援。蒋介石命令卫立煌从沈阳出兵增援锦州，却遭到了卫立煌的拒绝。9月26日，蒋介石派参谋总长顾祝同飞赴沈阳监督卫立煌执行援锦命令，卫立煌仍坚持拒绝执行。无奈之下，蒋介石在30日飞赴北平，调集第六十二、第九十二军等部共5个师，并决定放弃烟台并抽出第三十九军，经海运到葫芦岛登陆，由侯镜如指挥组成增援锦州的"东进兵团"。

然而，就在毛泽东运筹"战锦"的关键时刻，林彪一看到蒋介石的"援锦"计划，又开始打退堂鼓了。他说："只做了一桌饭，却来了两桌客人。"

中央军委是在10月3日凌晨4时，收到林、罗、刘10月2日发的这一份电报的。毛泽东、周恩来看后都感到十分不安。对林彪在电报中提出放弃北宁路作战，仍然回师打长春的方案，毛泽东真的是非常愤怒。要知道，他这半年多来对东北战场所做的战略筹划，或许会因为这一封电报化作泡影。

这天下午，经过深思熟虑之后，毛泽东在17时复电林、罗、刘，斩钉截铁地指出：你们应利用长春之敌尚未出动、沈阳之敌不敢单独援锦的目前紧要时机，集中主力迅速打下锦州，对此计划不应再改。在电报中，毛泽东还委婉地批评道：5月和7月间长春之敌本来好打，你们不敢打；现在攻锦部署业已完毕，你们又因一项并不很大的敌情变化，又不敢打锦州，又想回去打长春，"我们认为这是很不妥当的"。最后，毛泽东十分关切地询问道：你们指挥所现到何处？望迅速移至锦州前线，部署攻锦。

这封电报发出后，毛泽东仍不放心。两小时后，也就是19时，他再次致电林、罗、刘："本日十七时电发出后，我们再考虑你们的攻击方向问题，我们坚持地认为你们完全不应该动摇既定方针。丢了锦州不打，去打长春。"电报中，毛泽东继续分析了先打长春再回头打锦州的诸多不利后，指出："我们不赞成你们再改计划，而认为你们应集中精力，力争于十天内攻取锦州，并集中必要力量于攻锦州同时歼灭由锦西来援之敌四至五个师。只要打下锦州，你们就有了战役上的主动权，而打下长春，并不能帮助你们取得主动，反而将增加你们下一步的困难。望你们深刻计算到这一点，并望见复。"[①]

从凌晨4时，到晚上7时，1948年10月3日这一天的这15个小时，毛泽东真是坐卧不宁，怒而连发两封电报，责问林彪等人为什么说好的事情又临阵变卦，措辞之严厉，在解放战争中也是罕见的。

在毛泽东发出第二封电报之后，只过了一个多小时，中央军委就收到了林彪的电报。不过，这是一封迟到的电报。不知是什么原因，这封原本早晨9时就发出的电报，西柏坡直到晚上9时才收到。

其实，林彪在10月2日晚10时给中央军委的电报发出后，他和罗荣桓、刘亚楼也彻夜未眠，重新聚在一起就"战锦"问题进行了商议。这一次，罗荣桓详细分析了当前的战局，再三考虑，认为不妥，并建议仍然执行"战锦"的决定。刘亚楼同意了罗荣桓的意见。林彪也被说服，决定撤回这个电报。然而，电报已经发出，不能追回，只能待中央军委的指示。

在这种情况下，罗荣桓建议，不要等军委回电，立即重发一份电报，表明"战锦"的决心不变。于是，他便撤销这个电报并亲自起草再增加北宁路作战兵力的电报报中央军委。电报说："我们拟仍攻锦州。只要我军经过充分准备，然后发起总攻，仍有歼灭锦敌的可能，至少能歼灭敌之一部或大部。目前如回头攻长春，则太费时间，且令不攻长春，该敌亦必自动突围，我能收复长春，并能歼敌一部……"

[①] 中共中央文献研究室编：《毛泽东年谱：1893~1949》修订本下卷，中央文献出版社2013年版，第353页。

西柏坡的这个深夜是漫长的,西柏坡的这个深夜是静谧的,西柏坡的这个深夜也是焦急的。经过十几个小时的等待,毛泽东终于收到了林、罗、刘的第二封电报。

看到这封电报后,毛泽东转怒为喜,十分高兴,在10月4日清晨6时亲自复电说:"你们决心攻锦州,甚好甚慰。"他还晓以利害地给林彪讲道理,说:从你们部队开始行动起到今天差不多已有一个月之久,你们才把攻击重点问题弄清楚。从这件事,你们应取得两个教训:第一个教训是你们的指挥所应先于部队移动到达所欲攻击的方向去,由于你们没有这样做,致使你们的眼光长期受到限制;第二个教训是在通常的情况下,必须集中主力攻击一点,而不要平分兵力。毛泽东欣喜地表示:"在此以前我们和你们之间的一切不同意见,现在都没有了。"同时,他还说服林彪:蒋介石已到沈阳,不过是替丧失信心的部下打气。"他讲些做些什么,你们完全不要理他,坚决按照你们三日九时电部署做去。"

锦州,是东北的门户和辽西走廊的咽喉。毛泽东的三封电报,统一了东北野战军指挥员的思想,打消了林彪的顾虑。按照毛泽东的部署,10月5日,林、罗、刘率领指挥所到达锦州西北20公里的牤牛屯。接着,林彪带了担任主攻的纵队领导人详细勘察锦州周围地形后,确定了攻锦步骤。10日,毛泽东为中央军委起草了致林、罗、刘电,指出:你们的中心注意力必须放在锦州作战方面,求得尽可能迅速地攻克该城。即使一切其他目的都未达到,只要攻克了锦州,你们就有了主动权,就是一个伟大的胜利。

10月14日10时,东北野战军向锦州发起总攻,动用了近1000门火炮和15辆坦克,经过31个小时的战斗,至15日18时,攻克了锦州,歼敌10万。在锦州东西两侧进行阻援的部队,以英勇顽强的战斗,打退了国民党军队分别从沈阳和葫芦岛增援的企图,保障了攻锦的胜利。毛泽东充分肯定了作战的成功,他致电林、罗、刘说:锦州作战部队精神好,战术好,你们指挥得当,极为欣慰,望传令嘉奖。17日,中共中央电贺锦州大捷:"这一胜利出现于你们今年秋季攻势的开始阶段,新的胜利必将继续到来。"

锦州攻坚战是辽沈战役中规模最大、最成功的一次战役。锦州的解放,对于辽沈战役的胜利具有决定性的意义,它完成了中央军委、毛泽东

"关门打狗"的战略任务，就像关上了东北的大门，把国民党方面在东北战场和华北战场这两大战略集团分割开来。东北"剿总"副总司令兼锦州指挥所主任范汉杰陆军中将，成为辽沈战役中第一位被俘的国民党高级将领。他在被俘后说：打锦这一招，非雄才大略之人是作不出来的，锦州好比一条扁担，一头挑东北，一头挑华北，现在是扁担中间折断了。

从战斗历程上来说，辽沈战役可以分为三个阶段。第一阶段从9月12日至10月19日，攻克锦州，解放长春；第二阶段从10月20日至28日，转战辽西，围歼廖耀湘兵团；第三阶段从10月29日至11月2日，解放沈阳、营口。在锦州攻克后，困守长春的国民党第六十军举行起义，新七军投诚，郑洞国率领残部放下武器。10月21日，长春和平解放。从沈阳西出后徘徊于新民、彰武地区的廖耀湘兵团十万之众，在蒋介石"光复锦州"的严令下，在10月20日向黑山、大虎山攻击前进。毛泽东批准林彪、罗荣桓采取"诱敌深入"的方针予以歼灭。10月25日，当廖耀湘兵团转向营口撤退时，东北野战军从四面八方将它分割包围，经过两天激战，将廖耀湘兵团全部歼灭，廖耀湘被俘。紧接着，大军又乘胜挥师东进，到11月2日，解放了沈阳和营口。9日，收复锦西和葫芦岛。东北全境获得解放。

辽沈决战历时52天，东北人民解放军百万雄师在人民群众的全力支援下，歼灭了东北国民党军队47.2万人，其中包括由美国装备并训练、曾在印缅战场作战的精锐主力新一军和新六军，取得震惊中外的巨大胜利。辽沈决战的结果，对国民党统治集团是致命的一击，引起了全国战局的急转直下。蒋介石在北平和南京两次吐血。他后来在《苏俄在中国》一书中写道："将我们国军精锐主力调赴东北，陷入一隅，而不能调动自如，争取主动；最后东北一经沦陷，华北乃相继失守，而整个形势也就不可收拾了。"路透社记者评论道："国民党在满洲的军事挫败，目前已使蒋介石政府比过去20年存在期间的任何时候都更加接近崩溃的边缘。"

辽沈决战的胜利，对解放战争来说，大大加速了胜利的进程。人民解放军不仅有了巩固的有较强工业基础的战备后方，拥有一支强大的战略机动队伍——70多万人的东北野战军，而且取得了在战略协同下进行大会战的丰富经验，这对于整个战略决战的进一步展开和胜利有着重要的意义。

时任美国驻华联合军事顾问团团长巴大维评论说："满洲和它的30万左右最优秀的军队的丧失，是对政府的一个令人吃惊的打击。就我看来，军队的丧失是最严重的后果，这实在是国军死亡的开端。"

中共中央在关于全东北解放的贺电中写道："东北是中国工业特别是重工业最大的中心，国民党反动政府在美国帝国主义积极援助下，从一九四五年冬季以来就曾经用极大力量来抢占东北，先后投入兵力及收编伪军胡匪共达一百一十万人。依靠我东北前后方全体军民团结一致，英勇奋斗，并得到我关内各解放区的胜利配合，在三年的奋战中歼灭敌人一百余万，终于解放了东北九省的全部土地和三千七百万同胞，粉碎了中美反动派奴役东北人民并利用东北以挑拨国际战争的迷梦，奠定了在数年内解放全中国，然后将中国逐步建设为工业国家的巩固基础。"[1]

对辽沈战役，美国《纽约时报》给出的评论是："问题不仅是在远东的一场内战的胜败问题，世界的均势变了，而且，它是朝着美国希望的相反方向变化的。"英国《泰晤士报》评论认为："中共占领东北，又将出现一个由南向北的征服形势，以现在看来，中国如果要统一，似乎将从东北出发了。"

4
一不发枪，二不发粮，三不发人，只靠天天发电报，叫部队打胜仗

1948年，中国革命走到了关键时刻。历史注定让这个名叫西柏坡的小山村为一次政权的大交替作证。毛泽东领导的中国共产党决定在这里与已经斗争了20年的国民党进行最后的大决战。

在西柏坡，不慌不忙的毛泽东在这里打了两场战争：一场是"武仗"，一场是"文仗"。"武仗"是辽沈、平津、淮海三大战役，"文仗"是什么？是比武器或许更厉害的用文字表达的思想，是毛泽东在胜利指挥三大战役

---

[1] 《中共中央文件选集》第17册，中央党校出版社1992年版，第445页。

的同时，又通过新华社成功地指挥了中共中央的舆论宣传。在历史的转折关头，毛泽东灵活巧妙地运用新闻宣传这个武器，在政治、军事和新闻宣传上收到了振聋发聩、克敌制胜的非凡效果，取得了重大胜利。

这就叫文韬武略。真是撒豆成兵，指木成阵，怎么打就怎么顺了。在西柏坡，在人们熟知的那架石磨旁，习惯来回踱步抽烟的毛泽东，在争分夺秒亲手写下190多封电报发往前线的同时，还聚精会神全力以赴地撰写了像《中原我军占领南阳》这样震古烁今的新闻、社论、广播讲话等100多篇。这也是他一生中从事新闻工作的辉煌时期。这些作品体现了毛泽东雄伟的风格和激越的情感，几乎都是脍炙人口、名满天下的经典佳作。

10月22日，郑州解放。毛泽东在这天深夜写了郑州前线22日24时急电《我军解放郑州》，曰："郑州守兵薄弱，我军一到，拼命奔逃。"

10月27日，辽西大捷后，毛泽东写下了《东北我军全线进攻，辽西蒋军五个军被我包围击溃》的新闻消息，曰："匪首蒋介石三至沈阳，救锦州，救长春，救廖兵团，并且决定了所谓'总退却'，自己住在北平每天睁起眼睛向东北看着。他看着失锦州，他看着失长春，现在他又看着廖兵团覆灭。总之有一条原则，蒋介石到什么地方，就是他的可耻事业的灭亡。"

笔走龙蛇横扫六合，胸有雄兵决胜千里。在西柏坡，毛泽东不仅自己带头以笔为枪冲锋陷阵，还率领身边的"笔杆子"胡乔木、陆定一、范长江等，以锋芒毕露，犀利如投枪、匕首的文字，粉碎了国民党反动派一次又一次的舆论攻击，写下了许多历史佳话。

西柏坡离石家庄不远。石家庄是1947年11月12日解放的，这是人民解放军转入战略进攻阶段后夺取大城市的一个创例。从此，晋察冀和晋冀鲁豫两大解放区连成一片，成为华北解放区，使得中共拥有更加广大的战略后方。随后，石家庄及其附近地区成为中共中央和政治、经济等有关核心领导机构的所在地。石家庄历来是兵家必争之地，蒋介石多次派飞机狂轰滥炸。1948年5月，他下令阎锡山派兵偷袭，结果以损失一个师的兵力告败。就在辽沈战役激战正酣之际，不甘心失败的蒋介石匆匆从沈阳飞来北平，在圆恩寺行辕召集平津高级军官商议对策，发誓"要端共产党的老窝"。他与华北"剿总"司令傅作义密谋,妄图乘晋察冀主力部队在平绥作战,冀中、冀西兵力薄弱之际,组织一支快速部队突袭石家庄,突袭中共中央驻地西柏坡。

蒋介石对傅作义说:目前东北共军主力在辽西,华北共军主力分散在归绥和太原,共党总部所在地兵力空虚。不如趁此组成一支快速部队突袭石家庄,出其不意,一举捣毁共党总部,一夜间便可扭转北线战局。即使达不到预期目的,也可打乱共军战略部署,配合辽西兵团夺回锦州,也可缓解共军对太原、归绥的围攻。不能不说,密谋偷袭石家庄,确实是一招好棋,狡猾中确实有高明之处。

10月23日上午,傅作义召开了秘密会议,对偷袭石家庄进行了具体部署。他任命第九十四军军长郑挺锋为总指挥,新编骑四师师长刘春芳和新二军二七二师师长刘化南为副总指挥,统帅第九十四军、新编骑四师、第二七二师及鄂友三的骑兵第十二旅等部,组成快速机动部队,于26日在保定集结完毕,准备于27日突袭石家庄。

然而,让傅作义没有想到的是,他神不知鬼不觉的偷袭计划,在10月23日当天夜里就被中共地下党获得。当日,地下党员刘时平(公开身份是国民党《益世报》采访部主任)在他的老乡鄂友三处喝酒,在聊天中探听到这一阴谋。10月24日早晨,刘世平迅速将这一重大情报向北平学委职青支部书记李炳泉(公开身份为《平明日报》采编部主任)报告。随后,李炳泉将这一情况立即报告给北京学委秘书长崔月犁。上午8时许,崔月犁和地下电台的同志破例打开发报机,冒着机毁人亡的危险,把这份紧急情报发送出去。上午10时,中共中央华北局城工部部长刘仁在接到情报后,立即以最快速度报告了华北军区司令员聂荣臻。几乎同时,在傅作义司令部负责刻写蜡板的地下党员甘霖,也获得了这个情报。他在刻完这份命令之后立即搭车前往徐水,从徐水县政府通过电话向华北军区司令部作战处处长唐永健做了报告。唐随即报告了聂荣臻。同日,打入华北"剿总"二处特务组织驻石家庄联络站的地下党员李智(化名殷志杰)也将接到的傅作义偷袭石家庄的"密电"报告了中共石家庄市委领导。

三路情报,一个密谋。来者不善,情况危急。当时华北军区留守在平山县的兵力只有一个团1000人左右，而进犯之敌多达10万。从保定到石家庄只有160公里，敌人只需要两三天就可抵达。此时的西柏坡兵力更是少得惊人，据时任中央警卫团手枪连连长高富有回忆：当时中央警卫团的步兵连、骑兵连和另外一部正在外地执行任务，西柏坡中央驻地仅有一个手枪连，百十来号人。在这种情况下，把仅有的一个机枪班调上去，开始在西柏坡村外构筑工事。中央社会部部长李克农命令高富有带领两个排，到距离西柏坡十几里地外的郭苏镇构筑阵地。大敌压境，为了安全，西柏坡周边的中央机关单位也陆续开始向建屏县的深山里疏散隐蔽。有中央领导还建议毛泽东撤向洪子店西边的深山里，但毛泽东坚持不走。

25日上午10时，毛泽东与周恩来、刘少奇、朱德、任弼时一起分析敌我形势。毛泽东说：如果敌人天亮就来了，我们的主力部队还在途中，敌人就到我们家门口怎么办？《三国演义》上的诸葛亮，用"空城计"瞒过了司马懿。我看在我军主力未到之前，我们也来一个"空城计"，先把敌人的偷袭计划通过电台向全国广播，让他们知道我们已有准备，他们就会大为泄气，甚至干脆不敢来犯，也未可知。

对毛泽东的"妙计"，大家一致叫好。于是，毛泽东立即让他的秘书胡乔木在军委作战室为新华社起草了一则题为《蒋傅匪军妄图偷袭石家庄》的消息。他在修改时，增加了"确息"，并指明参加这次偷袭行动的蒋傅军队的番号，以显示解放军对其阴谋早已如指掌。

25日晚，新华广播电台播发了这则消息。内容如下：

新华社华北25日电 确息：当我解放军在华北和全国各战场连获巨大胜利之际，在北平的蒋匪介石和傅匪作义，妄想以偷袭石家庄，破坏人民的生命财产。据前线消息：蒋傅匪首决定集中九十四军三个师及新二军两个师经保定向石家庄进袭，其中九十四军已在涿县、定兴间地区开始出动。消息又称：该匪部配有汽车，并带炸药，准备进行破坏。但是蒋傅匪首此种穷极无聊的举动是注定要失败的。华北党政军各首长正在号召人民动员起来，配合解放军，坚决、彻底、干净、全部地歼灭敢于冒险的敌军。①

消息播出后，在北平圆恩寺的蒋介石气得暴跳如雷，当即给傅作义打电话，给予严厉训斥，严令立即查办究竟是谁泄露了军事机密。

一手软，一手硬。为彻底粉碎敌人的偷袭阴谋，毛泽东和周恩来在军事上也进行了严密部署。周恩来接连下达了三道命令：命令七纵、三纵和东北野战军等各部队做好迎战或配合作战的准备。为了配合毛泽东导演的"空城计"，朱德亲自赶到石家庄，指示：在解放区被我掌握的敌人电台，要为我们服务，不能光为了解敌人一般情报，要与敌特进行空中战斗，以配合反偷袭行动。于是，在华北军区副司令员萧克和石家庄市公安局局长陈叔亮等人的指挥下，我军利用李智掌握的电台连续向"剿总"二处发送了17封真真假假的电报，在获取敌人情报的同时，以假乱真，迷惑敌人。

10月26日，为了进一步迷惑敌人，引起傅作义部的注意，毛泽东审时度势，为新华社撰写了第二则电讯，题为《华北各首长号召保石沿线人民准备迎击匪军进扰》，同时向全国播发。这篇消息不仅报道了敌人的作战部署和行动进程，而且报道了华北军民紧急动员的备战情况，特别提到了华北军民正在进行打骑兵的训练。果然不出毛泽东所料，傅作义及其部属在兵马未动之时即获悉人民解放军已经对他们的偷袭计划了如指掌，十分惊讶，大为泄气，遂不敢轻举妄动。蒋介石在听到新华社的消息后，命令傅作义：在共军主力赶到石门前，一举捣毁共党总部，此为千载难逢之机，岂可轻易改变，望仍按原计划进行。

在播出第二则消息之后，毛泽东、周恩来、朱德、聂荣臻在军事上再次做了部署。一方面组织部队和20万民兵，展开了断桥、破路、埋雷设障的斗争准备，一方面以游击战、地道战、麻雀战迎击进犯之敌。同时，命令第七纵队自保定至石家庄之间逐次布置阻击阵地，第三纵队受军区直接指挥，协同作战。第四纵队越过平绥线和第七纵队一起赶到易县、望都地区，寻机歼敌。曾任石家庄第一任卫戍司令的郑维山，接到命令后率领三

---

① 张志平编著：《感受西柏坡》，中央文献出版社2005年版，第169页。

纵从平绥线的矾山堡出发，翻越紫荆关，连续急行军两天两夜，跑了600公里，如同神兵天降，终于在10月30日拂晓提前一天赶到望都布防，改变了敌强我弱的战场态势。

29日拂晓，毛泽东在接到傅作义部队到达方顺桥的情报后，立即撰写了第三则新华社消息《关于敌军拟袭石家庄的口播稿》。消息称：傅作义匪军郑挺锋、刘春芳、鄂友三、杜长城（爆炸队长）等部总共不过二万人，昨28日已窜至保定以南之方顺桥。在描述敌军行动的具体情况后，宣告：敌人既然送上门来，我们就一定要干干脆脆地吃掉它。

在平汉线上，敌我双方展开了激烈的阵地战，敌人伤亡惨重。傅作义和他的将领们在听了新华社播发的第三篇电讯后，反复研究，一致认为：共军肯定有重兵埋伏。郑挺锋、刘春芳见势不妙，唯恐被歼，不得不在10月31日匆忙向北平撤退。但为时已晚，其中一部在向北平撤退走到徐水时，被人民解放军南北夹击、聚而歼之，损失官兵3700多人、汽车90余辆、战马240匹及大量战备物资。敌人的进犯以彻底失败而告终。

10月31日，听到敌人撤退的消息，毛泽东乘胜追击，当天又为新华社撰写了新闻评论《评蒋傅匪军梦想偷袭石家庄》，把蒋介石好好地嘲弄了一番：

> 当着国民党军队的将军们都像一些死狗，咬不动人民解放军一根毫毛，而被人民解放军赶打得走投无路的时候，白崇禧、傅作义就被美国帝国主义者所选中，成了国民党的宝贝了。蒋介石已经是一具僵尸，没有灵魂了，什么人也不再相信他，包括他的所谓"学生"和"干部"在内。在美国指令之下，蒋介石提拔了白崇禧、傅作义。白崇禧现在已是徐州、汉口两个"剿总"的统帅，傅作义则是北线的统帅，美国人和蒋介石现在就是依靠他们挡一挡人民解放军。但是究竟白崇禧、傅作义还有几个月的寿命，连他们的主人和他们自己也不知道。蒋介石最近时期是住在北平，在两个星期内，由他经手送掉了范汉杰、郑洞国、廖耀湘三支大军。他的任务已经完毕，他在北平已经无事可做，昨日业

已溜回南京。蒋介石不是项羽,并无"无面目见江东父老"那种羞耻心理。他还想活下去,还想弄一点花样去刺激一下已经离散的军心和人心。亏他挖空心思,想出了偷袭石家庄这样一条妙计。蒋介石原先是要傅作义组一支轻兵去偷袭济南的,傅作义不干。偷袭石家庄,傅作义答应了;但要两家出本钱。傅作义出骑兵,蒋介石出步兵,附上些坦克和爆炸队,由北平南下了。真是异常勇敢,一个星期到达了望都地区;指挥官是郑挺锋。从这几天情报来看,这位郑将军似乎感觉有什么不妥之处,叫北平派援军。又是两家合股,傅作义派的是第三十五军,蒋介石派的是十六军,正经涿州南下。这里发生一个问题:究竟他们要不要北平?现在北平是这样的空虚,只有一个青年军二〇八师在那里。通州也空了,平绥东段也只稀稀拉拉的几个兵了。总之,整个蒋介石的北方战线,整个傅作义系统,大概只有几个月就要完蛋,他们却还在那里做石家庄的梦! ①

嬉笑怒骂皆文章。你不得不佩服毛泽东!三篇新闻电讯加上一篇新闻评论,把蒋介石、傅作义偷袭石家庄的背景、内幕、兵力、装备以及指挥人员的姓名说得清清楚楚,把解放区军民的战争准备、组织、士气、重点说得明明白白,确实把蒋傅军搞得糊里糊涂了。真真假假、虚虚实实,解放区军民听得备受鼓舞、士气大振、歼敌心切,敌人听了不知所措、进退失据、一片惊慌。从10月23日偷偷密谋,到10月31日草草撤兵,仅仅一个星期的时间,蒋介石、傅作义企图出奇制胜偷袭石家庄的阴谋,就这样破产了。

等到傅作义的部队撤回北平,蒋介石就得到了确切情报,石家庄西部山区驻有中共首脑机关,而且确无守兵。这一次,蒋介石把肠子都悔青了。有人建议他杀一个"回马枪",蒋介石长叹一声说:"晚了!这一次共军真是有准备了。"不过,让蒋介石和傅作义绝对没有想到的是,仅仅4个

---

① 中共中央文献研究室、新华通讯社编:《毛泽东新闻作品集》,新华出版社2014年版,第400—401页。

月之后，傅作义就被毛泽东请到了西柏坡，成为中国共产党的座上宾。蒋介石没有机会到西柏坡。1975年，在生命最后的日子里，住在台北草山别墅的他，竟然没有忘记太行山下的这座小山村。

在西柏坡，在指挥三大战役的间隙，毛泽东导演了这曲空前绝后的"空城计"，用新闻舆论战打赢了偷袭战，用"笔杆子"指挥"枪杆子"，使中共中央转危为安，写下了世界战争史的传奇。

自古以来，人们都用战国时期赵括"纸上谈兵"的故事，讽刺只知道根据兵书办事、只在纸面上谈论打仗的人。这种人空谈理论，不能解决实际问题。一切从实际出发、坚持实事求是的毛泽东，在西柏坡这个小山村里，却凭借着电报，在"纸"上谈兵，指挥千军万马，决胜于千里之外。

从辽沈战役的运筹策划到最后胜利，毛泽东共起草了77封电报发往前线。战役打响后，位于西柏坡的中央军委总指挥部和前线的往来电报就有31件。毛泽东依靠电报指挥作战，谁能说"纸上谈兵终觉浅"呢？据有关方面统计，三大战役期间，中共中央平均每个月收发电报的总字数达到140万字。周恩来曾经诙谐地说："我们这个指挥部一不发枪，二不发粮，三不发人，只是天天收发电报，叫部队打胜仗。"用毛泽东的话说，那就是用"文房四宝"打败了国民党的"四大家族"。

在西柏坡，我们可以看到在中共中央发出的众多电报中，它的右上角一般都标有不同数量的英文字母"A"。数量的不同，表明电报内容的轻重缓急。其中1个"A"的为平报，限3天内发出；2个"A"的为急报，限2天内发出；3个"A"的为加急报，限1天内发出；4个"A"和5个"A"的为特急电报，AAAA级限6个小时内发出，AAAAA级限2个小时内发出。有时，"A"后面还会有一个"毛"字，这就表明电报是毛泽东起草的，要立即发出。三大战役期间，西柏坡与各前线指挥部来往最多的是4个"A"级的电报。只要是4个"A"，则表示刻不容缓，必须立即呈送周恩来，随即签发，并注上毛、朱、刘、任阅。

那个时候，周恩来是中央军委副主席，同时兼人民解放军总参谋长。毛泽东曾经跟周恩来说："我们转战陕北，打了一年多的疲劳战，习惯了，现在我们五个再打一段疲劳战,为的是彻底打败蒋介石,解放全中国。"周恩来说:"这个疲劳战是很辛苦的,但是效率也是很高的。"

在西柏坡,中共中央五大书记是一个十分和谐的集体,也是一个十分高效的统帅部。毛泽东、周恩来为了及时处理前方来电,常常是通宵达旦地工作。有时候,他们一个小时内就要起草两三份电报。电台工作人员常常是这份未发完,下一份又送到了,只好将最紧急的AAAAA级的发出,再依次发级别低的电报。一个电报从毛泽东、周恩来起草,到机要室登记,通讯员送出,电台发出,三环紧紧相扣,保证了收发都在第一时间,为胜利提供了保证。考虑到朱德年纪最大,刘少奇患有胃病,消化系统不好,任弼时患有高血压,常头晕,许多发往作战前线的电报,都是由毛泽东、周恩来直接办理,重大问题才由书记处集体研究决定。

在大决战的日日夜夜里,时时刻刻伴随毛泽东左右的除了周恩来,就是军委作战室、机要室的参谋人员了。时任军委作战室副主任的张清化回忆说:"当时的作战室只有十来个人。住在柏坡岭前,紧挨着毛主席和周副主席的院子。参谋人员大都跟着毛主席转战过陕北的。室里分我军科、敌军科以及资料、地图等小组。人虽少,却把敌我两军的编制、序列、兵力部署、战场态势掌握得一清二楚,既要汇集敌情,又要统计战绩、公布战报。五六个参谋管全国,工作效率极高。战时活动方式跟现在不同。那时,毛主席主要管打仗。他住在北屋,卧房连着办公室,身边有两部立式军用电话和两个土造的电铃。机要室收到各战区的电报,直接送给毛、周,不经过参谋人员。逢有紧急军情,毛主席总是亲自拟写电文,注明'发后请周、朱传阅'或'传阅后发'。凡由周副主席起草的电文都呈主席阅后再交机要室发出。指挥这么大的战役,首长凡事亲自动手,这是古今中外少有的。"[1]

的确,毛泽东在指挥战略大决战期间,始终坚持亲自起草文电,从不让秘书代笔,包括中央会议上的讲话、作战指挥电报、以中央军委名义发布的贺电、为新华社写的社论和评论员文章等。从《毛泽东军事文选》中

---

[1] 张志平编著:《感受西柏坡》,中央文献出版社2005年版,第164—165页。

公开发表的来看，仅作战指挥的电报就有198份，其中辽沈战役46份、淮海战役63份、平津战役89份。这些作战电报，用词必须确切没有任何歧义，标点符号必须准确无误。每次写完，毛泽东都要亲自检查一遍才发出。

在毛泽东、周恩来身边的确有一个精干的参谋团队，作战部长李涛就是其中杰出的一位。李涛1905年出生于湖南汝城县，1926年加入中国共产党。长征路上曾任军委纵队司令员。1939年，他随叶剑英到国民政府军事委员会在南岳衡山举办的游击干部训练班任政治教官，后继任中共代表团团长。1941年回延安后，李涛任中共中央军委后勤部经济建设部部长、军委秘书长、作战部副部长兼第二局局长等职。1945年10月，任军委作战部代理部长。1948年5月，李涛任军委作战部部长兼第一局局长，成为毛泽东、周恩来等中央军委领导指挥全国解放战争的高级参谋和得力助手。

杨尚昆回忆说："（1948年）9月7日，中央军委发布《关于辽沈战役的作战方案》后，决定新中国命运的三大战役相继发动，中央领导同志没日没夜地运筹帷幄，指挥作战。军委有个不大的作战室，成天在那里的有作战部长李涛、参谋张清化、监听收抄敌人电报的戴镜元和钱江等，一共五六个人。恩来同志每天到作战室去看电报，了解战场情况，我也每天去，随时向书记处报告。李涛这个同志很厉害，他对敌人的每个军每个师，前身是什么，以后经过什么改编，现在多少人，都记得很清楚，真是个好参谋。"[①]

在军委作战部，李涛不仅要管作战，还要管情报、通信、军务、装备、训练、测绘等，负责整理中央军委重要作战资料，汇集战况，起草电文，向各野战军提供情报和作战经验。1946年6月下旬，李涛组织军委一局编印了《国军战斗序列》，全面收录了国民党政府国防部与各行营、绥署、战区、警备总部情况和15个集团军、91个军、251个师、特种部队、步骑部队、地方武装的番号、驻地、实力、隶属关系、主官姓名等，核定国民党军总兵力约为407万人。毛泽东亲笔致信给予表扬，认为很有用处，

[①] 西柏坡纪念馆编：《西柏坡记忆》第3卷，中央文献出版社2010年版，第6页。

并指示一局继续收集有关资料。1947年3月4日，在国民党当局决定大举进攻陕甘宁解放区之际，经李涛审核，作战部向中央军委上报了国民党军进攻陕甘宁边区的兵力共计7个师、24个旅、73个团，在第一时间为中央军委的决策提供了可靠情报。

战争是一个动态的过程，战斗此起彼伏，战场此消彼长，战况千变万化。为了便于中央军委、毛泽东及时掌握战争态势，李涛及时组织参谋人员认真分析解放战争的变化，第一时间把国共双方兵力的消长情况和敌军的作战方法做出总结。1948年11月2日，辽沈战役结束，李涛就组织参谋人员重新计算了国共双方的兵力消长，做出了数量分析和对比。统计结果表明，解放军的兵力已经超过了300万人，而国民党总兵力已经减少到290万人。结果统计出来后，李涛马上向周恩来做了报告。周恩来问道："是吗？你们计算得准确吗？"李涛把统计数据放在了周恩来的案头，说："我们认真核对了统计数据，没有疑问。"于是，周恩来指示李涛："马上报告主席、总司令、少奇同志和弼时同志。"

毛泽东看了李涛的这个报告后，非常兴奋。11月14日，新华社发表了他亲自撰写的评论《中国军事形势的重大变化》。评论指出："中国的军事形势现已进入一个新的转折点，即战争双方力量对比已经发生了根本的变化。人民解放军不但在质量上早已占有优势，而且在数量上现在也已经占有优势。这是中国革命的成功和中国和平的实现已经迫近的标志。""这样，就使我们原来预计的战争进程，大为缩短。原来预计，从一九四六年七月起，大约需要五年左右时间，便可能从根本上打倒国民党反动政府。现在看来，只需从现时起，再有一年左右的时间，就可能将国民党反动政府从根本上打倒了。至于在全国一切地方消灭反动势力，完成人民解放，则尚需较多时间。"[①]三天前的11月11日，毛泽东已经将这个情况向各中央局、各前委负责同志专门发了电报（详见下文）。

军委作战室参谋赵云慈回忆说："我们参谋人员负责标图。用的是战场上缴获的黑白图。我们用电光纸剪成三角旗，粘在大头针上，代表双方

---

① 毛泽东：《毛泽东选集》第4卷第2版，人民出版社1991年版，第1360—1361页。

兵力。根据战场的态势，每天将它们在地图上搬来搬去。后来就用缴获来的红蓝铅笔，再后来就赶不上用了，我们就用自己纺出来的毛线染上颜色代替铅笔，红毛线代表我军，蓝毛线代表敌军。那时，周副主席、朱总司令天天往毛主席屋里跑。再大的事，三个人一碰头，就下了决心。他们一去，敌军科的江右书就跟着去'搬旗'。一面蓝旗代表一支敌军。敌情天天变，他就天天来回'搬'。有时，下面报上来的敌情也会有出入，周副主席就找我们去核实。"①

作战室参谋成普回忆说："周副主席对参谋人员很严格，要求'及时、准确、对答如流'。不知就不知，不许用'大概''可能'这些词。有一回，我送一份战绩统计给周副主席，他看后皱起了眉头：'哎呀，歼敌总数和具体番号怎么也对不起来？少了一个旅吗！'我一查，可不是。周副主席放下笔严肃地说：'同志，我们要发的东西不光全国要看，世界上也在注意。工作不精细，要犯错误哩！'"②

时任军委二局局长戴镜元回忆说："周副主席当时兼军委总参谋长，什么事都要经过他，工作最忙，每夜都伏案到天亮。因为一到晚上，各地的电报都来了。他习惯在早上五六点钟睡觉，中午12点钟起床来吃早饭，下午接见各地来的同志。打黄百韬那回，我去送电报，连续几个上午看见他和主席都没睡，心里真有点沉重。"③

俗话说："上面千条线，下面一根针。"而在捷报频传的日子里，对指挥战略大决战的毛泽东来说，恰恰相反，正是"下面千条线，上面一根针"。三大战役，一个接着一个，还有西北等其他方向的战斗也需要协调指挥，要对全国战场数十个战役做出宏观决策和部署，谈何容易！毛泽东忙！周恩来忙！作战室的参谋们忙！而机要室的发报员们则更加忙碌。

因为毛泽东习惯于夜间工作，很多电报是在晚上拟就的，并且多数是特急件，必须立即发出。而各战场上发来的电报多为白天。这无疑给机要室人员带来了麻烦，必须日夜不停地工作。机要室主任叶子龙和大家一

---

① 张志平编著：《感受西柏坡》，中央文献出版社2005年版，第165页。
② 同上，第165页。
③ 同上，第195—196页。

样，这几个月也从未睡一个整觉，困了就一支接一支地抽烟。实在困了，就随便靠在一个地方打个盹儿。

这天，叶子龙就累得趴在办公桌上睡着了。忽然，一声"叶子龙！"把他吓了一跳，惊醒了。他赶紧站起来，一看是毛主席来到了机要室。

毛泽东笑呵呵地坐在一旁的沙发上，说道："不错啊！你还能睡这么好的觉，可蒋介石睡不着觉呢！"

听毛泽东这么一说，机要室里每个人都开心地笑起来。接着，毛泽东不紧不慢地对叶子龙说："全国解放了，我批准你睡三天三夜。现在，还要克服一下！来，把你的香烟给我一支吸吸！"

叶子龙把烟递给毛泽东，帮他点上火。这时，毛泽东交给他一份电报稿，说："这份东西写得太乱，你帮助抄一下，抄完就给我，还要改一改。"

说完，毛泽东起身走出了机要室。

看着毛主席的背影，叶子龙睡意全消，马上投入了紧张的工作。

是啊！这个时候，蒋介石才睡不着呢！

1948年11月11日这一天，毛泽东在西柏坡先后发出了四封电报。前三封电报都是发给刘伯承、陈毅、邓小平和粟裕、陈士榘、张震、谭震林等人的。

第一封是凌晨4时发出的。几个小时前刘伯承冒着夜色刚刚由豫西抵达淮海前线的宿县。毛泽东告诉刘邓，今晚他们遇到的敌人"是孙元良的一个兵团部、两个军部及三个师，望你们努力争取歼灭此敌。此战胜利，即完成了包围徐州的战略任务，然后以宿县为中心控制整个徐蚌线，构筑几道防线阻止徐敌南逃，待其南逃时协同华野全歼徐敌"。

第二封是下午4时左右发出的。毛泽东在电报中告诉刘伯承、陈毅、邓小平、粟裕、陈士榘等人，冯治安集团何基沣、张克侠部已起义，黄百韬兵团已被包围，李弥兵团已撤回徐州，蒙城孙元良兵团调回宿县，"在此种形势下，只要你们歼灭黄百韬、孙元良两兵团，占领宿县及徐蚌段铁路，徐州就处于被我包围中，就可以准备第二步歼灭邱、李，夺取徐州"。按中央军委部署，中原野战军第三、第四、第九纵队于11日夜向宿县前进,12日包围了宿县。孙元良兵团已先期自蒙城经宿县撤至徐州。

第三封电报,毛泽东在其中指出:粟、谭、陈、张在10日10时"第一步完成了对黄兵团之包围,第二步歼灭黄兵团之部署,甚好。我们前电有与此部署不相符合者,应照此部署办理"。这一天,华东野战军将黄百韬兵团四个军包围于以碾庄为中心的不到18平方公里的地域内。次日拂晓,被截断于运河以东的黄百韬兵团第六十三军被全歼于窑湾,军长陈章被击毙。

第四封电报是在这天晚些时候,毛泽东发给林彪、罗荣桓、刘亚楼、谭政并告东北局及各中央局各分局、各前委负责同志的。毛泽东在电报中指出:

> 国民党全军除后方部队外,分为徐州、沈阳、北平、汉口、西安、太原六个集团,以徐州、沈阳两个最大的集团为主干,沈阳集团业已被我解决,徐州集团如能被我大部解决,国民党即已失去主力。我全军九、十两月的胜利,特别是东北及济南的胜利,业已根本上改变了敌我形势。七月至现在四个多月的作战共歼敌军近百万人。国民党全军(连近月补充者在内)现已不足三百万人。我军则已增至三百余万人。九月上旬(济南战役前)中央政治局会议时所作的五年左右建军五百万,歼敌五百个正规师,根本上打倒国民党的估计及任务,因为九、十两月的伟大胜利,已经显得是落后了。这一任务的完成,大概只需再有一年左右的时间即可达到了。[①]

在这封电报中,毛泽东强调:"我军大约再以一年左右的时间再歼其一百个师左右即可达成这一目的。但要全部解决国民党并占领全国,则尚须要更多的时间。我党我军仍须稳步前进,不骄不躁,以求全胜。我们的口号是'军队向前进,生产长一寸,加强纪律性,革命无不胜。'以上请

[①] 中共中央文献研究室编:《毛泽东年谱:1893~1949》修订本下卷,中央文献出版社2013年版,第389页。

向干部会上宣布。"

毛泽东胸有成竹。

胜利是势如破竹。

这个时刻,从11月6日开始的淮海战役,刚刚打了5天。18天之后,也就是11月29日,平津战役也打响了。

淮海战役是人民解放军在以徐州为中心,东起海州、西至商丘、北起临城、南达淮河的广大地区进行的一次规模空前的战役。集结在这个地区的国民党军队有徐州"剿总"总司令刘峙、副总司令杜聿明指挥下的4个兵团和3个绥靖区部队,加上以后从华中增援的黄维兵团等部,总兵力达80多万人。其中,邱清泉兵团的第五军和黄维兵团的第十八军是南京政府仅存的两支精锐的主力部队。叶剑英曾这样分析:"敌人重兵密集,便于机动,增援迅速。若要攻歼其任何一部,必须首先拦住敌人的援兵,才能赢得时间,保持主动。这是华东战场与其他战场截然不同的特点,也是影响战役胜败的关键。"[1]

人民解放军参加淮海战役的,有华东野战军16个纵队、中原野战军7个纵队,还有华东、中原军区的地方部队,总共约60多万人,数量少于敌军,装备和交通运输条件更远不如对方。双方的力量对比,和东北战场上不同。也就是说,淮海战役是解放军在数量上仍处于相对劣势的情况下发动的大决战。

战场如棋。以三大战役为核心的战略大决战,对毛泽东来说是一盘棋。他在决策过程中最突出的一点是,根据全国形势的变化,及时调整战略部署,扩大战役规模,将原先准备分几步实现的战略意图一举完成。这也就是历史上被人们津津乐道的从"小淮海"到"大淮海"。

最早提出发起淮海战役这个建议的,是华东野战军代司令员兼代政治委员粟裕。在这一年的4月,粟裕因为提出"暂不过江"的建议,应毛泽东之邀来到城南庄,参加了中央书记处扩大会议。中共中央、毛泽东接受了他的建议,并决定调陈毅到中原局工作,由粟裕任华东野战军司令员兼

---

[1] 叶剑英等:《星火燎原》第10集,解放军出版社1996年版,第7页。

政治委员，但粟裕没有答应。经他再三请求，中央同意保留陈毅在华野的职务，粟裕的职务前面就增加了一个"代"字。粟裕不愧为著名的军事家，有着杰出的指挥才能，人们把"无冕元帅"的称号送给他，表达对他的敬仰。的确，在解放战争开始的第一年，人民解放军在各战场歼敌2万人以上的战役共11次，其中粟裕指挥的就有6次。后来淮海战役歼敌55万人，粟裕领导的华野（三野）就歼敌44万人。

粟裕在9月24日清晨，当人民解放军已突入济南内城进行巷战的时候，致电中央军委并报华东局、中原局，提出了为更好地改善中原战局并为将来渡江创造有利条件，建议即进行淮海战役；如果全军即进入休整，如此对部队有好处，但易失去适宜作战的秋凉气候和济南失守后加于敌人之精神压力。第二天中午，刘伯承、陈毅、李达致电中央军委："济南攻克后，我们同意乘胜进行淮海战役。"当晚7时，毛泽东为中央军委起草复电："我们认为举行淮海战役，甚为必要。目前不需要大休整，待淮海战役后再进行一次休整。"这个时候所说的淮海战役，其任务主要是消灭国民党军刘峙集团主力的一部，夺取两淮（淮阴、淮安）、海州，打通山东和苏北的联系，威胁长江北岸，为下一步在徐州、浦口的作战创造有利条件，也就是人们所说的"小淮海"。

但是，在战役发起前，战场形势又发生了新的变化，变化主要有两个：第一，10月下旬，中原野战军按照中央军委的预订部署顺利攻占郑州、开封，主力得以挥师东进；第二，辽沈战役于11月2日结束，全国军事形势发生重大变化，敌我力量的总对比改变了。这两点变化，特别是第二点变化促使毛泽东下决心打一场规模更大的战役。

60万对80万！面对强敌，毛泽东运筹帷幄，精心部署，树立了敢于斗争、敢于胜利的指导思想。

11月1日，毛泽东根据粟裕的建议，决定淮海战役由华东、中原两大野战军并肩作战，"整个战役统一受陈、邓指挥"，成立了刘伯承、陈毅、邓小平、粟裕、谭震林5位同志组成的总前委，邓小平为总前委书记。11月7日，战役按照预定计划发起的第二天，毛泽东发出指示，扩大淮海战役原定规模，准备全歼以徐州为核心的刘峙集团。

由于淮海战场局势复杂，中央军委本来打算在歼灭黄百韬兵团后，再打邱清泉、李延年、刘汝明兵团，但是因为11月22日黄百韬兵团刚刚被歼灭，黄维兵团就在23日渡过浍河，其先头部队也过了浍河，而李延年兵团则始终躲在花庄集不敢动弹。在这种情况下，邓小平抓住战机阻击黄维兵团，并于23日深夜向中央军委提出建议：歼击黄维之时机甚好，而李延年、刘汝明仍迟迟不进。因此，我们意见除王、张十一纵队外，请粟、陈、张以两三个纵队对李、刘防御，至少以四个纵队加入歼灭黄维作战。只要黄维全部或大部被歼，较之歼灭李、刘更属有利。如军委批准，我们照此实行。

十几个小时之后，毛泽东在西柏坡中央军委起草回电，说：

> 梗二十二时电悉。（一）完全同意先打黄维；（二）望粟、陈、张遵刘、陈、邓部署派必要兵力参加打黄维；（三）情况紧急时机，一切由刘、陈、邓临机处置，不要请示。①

好一个"临机处置，不要请示"！足见毛泽东对淮海战役总前委刘伯承、邓小平、陈毅等人的信任。

此前的11月1日，在谋划淮海战役战斗部署时，毛泽东就曾复电陈毅、邓小平、粟裕等：整个战役统一受陈、邓指挥，由陈、邓临机决定。11月16日，战役进入高潮时，毛泽东又致电刘、陈、邓等，"可能时开五人会议讨论重要问题，经常由刘、陈、邓三人为常委临机处置一切，小平同志为总前委书记"。淮海战役期间，毛泽东起草的发往淮海前线的电报共63件，有指示、有命令、有商议、有征询意见，其中三次电报中均有"临机处置、不要请示"八个大字。这在毛泽东军事指挥生涯中也是为数不多的。

与共产党军队的高度团结、信任、协同相比，国民党将领之间则是相互猜忌、互相推诿，各自为战。一边是上下一致，将帅同谋，士气高昂，

---

① 中共中央文献研究室编：《毛泽东年谱：1893~1949》修订本下卷，中央文献出版社2013年版，第402页。

越战越勇，越战越胜；一边是隔岸观火，离心离德，士气低落，畏战厌战，节节败退，最终导致全军覆没。

和辽沈战役一样，淮海战役也可以分为三个阶段。第一阶段从11月6日至22日，歼灭黄百韬兵团，攻占宿县，孤立徐州；黄百韬在碾庄西南的一棵大树下，自毙身亡，并留下遗书，上书"将帅无才，累死三军"。第二阶段从11月23日至12月15日，歼灭黄维兵团，合围杜聿明集团；除第八十五军一一○师廖运周将军率部起义外，歼灭全敌于双堆集，活捉黄维。第三阶段从12月16日至1949年1月10日，为配合平津战役，暂停对杜聿明集团的攻击，部队进行了20天的战场休整；同时对敌进行强大的政治攻势，先后有22.4万人缴械投降；1月6日发起总攻，短短4天即全歼杜聿明集团，俘获国民党徐州"剿总"副司令杜聿明，击毙第二兵团司令官邱清泉。

12月16日，黄维兵团昨晚被歼灭的消息传到西柏坡，军委作战室副主任张清化就把战果明细表递到毛泽东的案头。毛泽东看了看，指着表格说："错了！你们多算了一个团！"

张清化摸摸脑袋，不知道错在哪里。

毛泽东拿起铅笔指点着说："十八军的骑兵团就不在被歼之列嘛！"

什么叫用兵真如神？知己知彼，方能百战不殆。那个年代，路途遥远，地区分散，环境恶劣，通信手段落后，统计数字不准的现象难免发生。但是毛泽东一点也不马虎！决不允许在数字上弄虚作假！要知道，身边的参谋人员都知道毛泽东的脾气是很大的。不过，毛泽东认真严谨的态度对身边工作人员也是一种言传身教。他们无不佩服毛泽东，由衷地赞叹道："要不然，毛主席怎么说蒋介石什么时候完蛋，蒋介石就什么时候完蛋呢！"

淮海战役是三大战役中历时最长、歼敌最多、规模最大的一次战役。从1948年11月6日开始，到1949年1月10日结束，激战66天，歼敌55万余人。这场战役的结果，正如毛泽东在11月16日致淮海战役总前委电所说："此战胜利，不但长江以北局面大定，即全国局面亦可基本上解决。"

对于淮海战役的胜利，毛泽东在一次谈话中曾这样评价过："淮海战役打得好，好比一锅夹生饭，还没有完全煮熟，硬是被你们一口一口地吃下去了。"①

刘伯承说："60万对80万，淮海战役打得很艰难，我们就像嘴里含着一个核桃一样，咬也咬不碎，吞也吞不进去，在嘴里轱辘一番，到底还是咬碎了。"

邓小平说："把一块硬骨头啃下来了，那真是一块很难啃的骨头啊！仗打得很坚决，也很残酷。"

兵民是胜利之本。当然，淮海战役的胜利也离不开解放区人民群众的支持，80万敌人陷入了人民战争的汪洋大海，凸显了毛泽东人民战争思想的伟力。据统计，60万人民解放军，每一个战士就得到了10个民工的支持。在辽阔的华东大地上，成千上万的翻身农民抬着担架，推着小车，赶着马车，背着粮食，从四面八方向战场汇聚。黄维被俘后，在押下战场的路上看到浩浩荡荡的支前大军，感慨地说："国民党失去了老百姓的支持，气数已尽矣！"

淮海战役胜利后，苏联《真理报》在"塔斯社通告"栏下刊登了消息。斯大林看到后，在办公桌前的记事本上写下了一句话："60万战胜80万，奇迹，奇迹！"一年之后，斯大林把即将赴新中国就任大使的尤金叫到自己的办公室，说："淮海战役打得好，是中国革命战争史上的奇迹，也是世界战争史上少见的。这个战役值得我们学习研究。你到中国帮我办一件事，就是搜集和研究淮海战役胜利的原因。"

面对中国的战局，时任美国驻华大使的司徒雷登在向美国国务卿马歇尔的报告中这样写道："我们非常不愿意地得到这样的结论——国民党现政府之早日崩溃是不可避免的了。"

中国共产党把人民当作依靠，就能克服困难战胜强敌，就能推进革命事业赢得胜利。广大老百姓是通过中国共产党人的所作所为进行主动选择的，他们坚信跟着中国共产党就能争取到生存的权利，就能过上好日子。依靠千百万人民群众这铜墙铁壁，毛泽东和他的战友们在西柏坡的军委作

---

① 张震：《张震回忆录》（上），解放军出版社2003年版，第346页。

战室里，面对色彩斑斓阡陌交错的硕大军事地图，纵横捭阖，挥洒自如，置国民党百万大军于股掌之上，导演了一幕幕波澜壮阔的战争奇观。

淮海战役总前委的刘伯承、陈毅、邓小平、粟裕、谭震林出色地贯彻了中央军委和毛泽东的战略意图。战火纷飞，五位指战员在战前并没有见过面，都是按照置身千里之外的毛泽东的指挥，通过电报沟通军情，协同配合。直到12月16日晚上，刘伯承、邓小平、陈毅三人驱车50多公里，来到位于安徽萧县蔡凹村的华野指挥部，与正在围攻杜聿明的粟裕、谭震林相聚。这是淮海战役的五位总前委第一次相见，也是战役胜利前唯一的一次。他们开了整整一天的会。但会上讨论的问题，是研究部队休整、整编和下一步作战诸项问题，军事意图已经不再是淮海战役，而是如何打过长江去。总前委已经开始谋划渡江战役了。12月18日，会议结束时，在华野指挥部的泥土屋前，总前委五个人照了一张历史性的照片，这也是他们在淮海战役中唯一的合影。

1948年是胜利之年。

一个月前的11月11日，毛泽东在西柏坡起草了4封电报。然而，到了12月11日，毛泽东在一天内竟然起草了8封电报，创下了战略大决战期间的纪录。

这8封电报都写的是啥呢？

一句话——平津战役的作战方针。

这个时候，淮海战役已经战斗到最后阶段，围歼杜聿明。但毛泽东要求淮海战役总前委停止进攻，部队战场休整20天，目的就是为了配合平津战役开战。

12月11日这天，毛泽东的8封电报大多是发给东北野战军的。

上午9时，毛泽东为中共中央军委起草了致林彪、罗荣桓、刘亚楼的电报，命令东北野战军主力12月20日至25日数日内即取神速动作，以6个纵队包围天津、塘沽、芦台、唐山诸点之敌。以两个纵队位于廊坊、杨村诸点，以5个纵队插入天津、塘沽、芦台、唐山、古冶诸点之间，构筑两面阵地，防敌逃跑。我们的真正目的不是首先包围北平，而是先包围津、塘、芦、唐诸点。休整后力争先歼塘沽之敌,控制海口。只要塘沽(最重要)、新保安两点攻克,就全局皆活了。从本日起的两星期内,"基本原则是围而不打(例如对张家口、新保安),有些则是隔而不围(即只作战略包围,隔断诸敌联系,而不作战役包围,例如对平、津、通州),以待部署完成之后各个歼敌。尤其不可将张家口、新保安、南口诸敌都打掉,这将迫使南口以东诸敌迅速决策狂跑"。"为着不使蒋介石迅速决策海运平津诸敌南下,我们准备令刘伯承、邓小平、陈毅、粟裕于歼灭黄维兵团之后,留下杜聿明指挥之邱清泉、李弥、孙元良诸兵团(已歼一半左右)之余部,两星期内不作最后歼灭之部署。""攻击次序大约是:第一塘芦区,第二新保安,第三唐山区,第四天津、张家口两区,最后北平区。"

按中央军委这一部署,从次日(12月12日)起,东北野战军三个纵队由蓟县地区南下,至20日先后进抵宝坻、廊坊等地,隔断了平、津间的联系。三个纵队由丰润、抚宁沿北宁线南进,至20日解放杨柳青、唐山等地,完成了对天津的包围。两个纵队由山海关向津、塘地区前进。另以四个纵队和华北军区第七纵队自12月17日起先后占领海淀、门头沟、丰台、南口、通县、南苑机场和黄村等地,完成对北平的包围。至12月21日,平津地区国民党军被分别包围在北平、天津、塘沽、新保安、张家口诸要点。

同日,毛泽东还为中央军委起草致聂荣臻、薄一波、滕代远、赵尔陆,华北局,林彪、罗荣桓、刘亚楼、谭政电:"东北我军正陆续入关,攻击平、津、张、唐诸敌之作战业已开始。这是一个巨大的战役,不但两区野战军归林、罗、刘、谭统一指挥,冀中七纵及地方兵团,亦应统一指挥。"

12月12日,毛泽东专门致电邀请刘伯承到西柏坡商谈战略方针,主要是研究下一步的渡江战役作战计划。

12月13日,毛泽东致电聂荣臻、薄一波、叶剑英、黄敬,要求他们应时刻准备率领接收人员及工作干部乘车出发驰赴平、津。

平津战役刚刚打响,毛泽东就已经胜券在握了。

高手下棋,下一步,看三步。毛泽东正是如此。

平津战役进行了64天，毛泽东为中央军委起草的发往前线指挥部的电报是89封，在三大战役中是最多的一次。在这些电报中，我们可以看到，毛泽东对整个战役已经了然于心。怎么打？打什么？什么时候打？打到何种效果？他已经给作战前线画了一个线路图，而后来的战争似乎也正是按照他的线路图发展、结束的。更为重要的是，平津战役，毛泽东既创造性地提出了"先打两头，后取中间"的战法，又创造了北平方式和天津方式，以及后来的绥远方式。

平津战役是东北野战军、华北军区两个野战兵团和地方武装一部，进行的一次大规模联合作战。1949年1月10日，中央军委决定由东北野战军司令员林彪、政治委员罗荣桓、华北军区司令员聂荣臻组成平津前线司令部和总前委，统一指挥作战事宜。

平津战役是三大战役的最后一个。辽沈战役结束后，面对不利形势，傅作义集团需要迅速做出抉择的严重问题是固守平、津、张、唐地区，还是实行战略撤退。对解放军来说，这场战役决策的关节点首先在于能否稳住傅作义集团，为将其就地歼灭创造条件。毛泽东形容敌人已是"惊弓之鸟"，他巧妙地布下了一张天罗地网，使这只"惊弓之鸟"在不知不觉中陷入灭顶之灾。

1948年11月18日，毛泽东决定东北野战军提前结束休整，隐蔽入关，以最快速度行进，突然包围唐山、塘沽、天津三处敌人。11月23日，战役第一阶段开始，解放军按照毛泽东和中央军委的作战指示，首先攻击张家口、宣化诸点，吸引东面之敌西援，拖住平津之敌，使其难下从海路逃走的决心，同时为东北野战军主力入关，完成对天津、北平、塘沽地区之敌的分割包围争取时间。随后，毛泽东又提出"围而不打""隔而不围"的战术原则，以待整个部署完成之后，再各个歼灭。到12月20日，战役第一阶段结束，毛泽东的部署完全实现了，解放军此时已胜券在握。

平津战役共进行了64天，歼灭敌人52万人。从战斗进程上来看，也可以划分为三个阶段。第一阶段从1948年11月29日至12月21日，是分割包围、切断逃路，完成了分割包围塘沽、天津、北平、新保安、张家口的敌人，切断了平津守敌从海上难逃的道路。第二阶段从1948年12月

22日至1949年1月15日,是先打两头,后打中间,先后攻克了新保安和张家口,彻底切断了傅作义的西逃之路,随后解放了天津,俘获了天津警备司令陈长捷。第三阶段从1949年1月16日至31日,实现和平解放北平。

平津战役决策中的另一个特点是军事打击和政治争取相结合。在进行战役部署时,毛泽东就提出要"争取使中央军不战投降",并指出"此种可能很大"。从12月中旬起,毛泽东陆续发出指示,直接指导与傅作义的谈判。但是傅作义一直犹豫动摇,直到解放军解放了天津、张家口之后,才表示愿意接受中共和解放军提出的和平条件。

1月21日,傅作义与解放军平津前线司令部签署协议,接受人民解放军和平改编。

1月31日,人民解放军进入北平城区。至此,华北的解放战争结束。

三大战役结束,东北、华北连成一片,国民党、蒋介石的反动统治和军事力量已经被共产党和解放军基本上摧毁,奠定了人民战争在全国胜利的基础。从1948年9月12日至1949年1月31日,历时4个月零19天,歼灭和改编国民党军队154万余人。连同济南战役,战争第三年的7个月作战,共歼敌232万人。

这是一次波澜壮阔的战争,在几百万平方公里的土地上,几百万军队在这里完成了惊天动地的大决战,是古今战争史上的奇观,这在世界战争史上也是罕见的。美国《纽约先驱论坛报》在社论中评价说:"在生活步调一向是缓慢的中国,局势急转直下地接近高潮。这一次将是一个伟大的高潮。因为南京政府遭到的悲剧显示出一个时代的结束。"

在西柏坡,在这间只有16.3平方米的农家小屋里,毛泽东天天起草电报,天天打胜仗。而蒋介石呢?总统府有豪华的军事指挥部,天上有"美龄"号飞机,水里有"重庆"号军舰,忽而天上,忽而地下,威风八面,指挥的军队却总是打败仗。就在蒋介石垂头丧气的时候,毛泽东却潇洒得很,三大战役胜利,55岁的他"白了一根头发"。此刻,他终于可以休息一下了,或者坐在桌前偶尔奢侈地享受一下一周才能吃两次的红烧肉,或者坐在小院梨树下那把粗布做成的躺椅上,有滋有味地品尝着他最爱的龙井茶……

5
将革命进行到底！毛泽东警告全党"不要使胜利冲昏了自己的头脑"

4个月零19天，三大战役完全胜利，战略大决战完美收官。这原本是在人们眼中显得不可能的事情，现在，中国共产党人不仅把不可能变成了可能，而且变成了事实。

无论是美国人还是苏联人，无论是国民党人还是普通的中国老百姓，三年前的这个时候，一年前的这个时候，哪怕是半年前的这个时候，几乎很难有人相信共产党能够打败国民党。但是，现在，中国共产党、毛泽东真的用小米加步枪打败了国民党蒋介石的飞机加大炮。

想当初，蒋介石冒天下之大不韪，不顾共产党人的妥协忍让，不顾美国人的调停，不愿意和共产党组成联合政府，在1946年11月15日断然召开了一党包办的"国大"，关闭和谈的大门，决心把内战进行到底。

现在呢？

现在不同了。

蒋介石在军事上惨遭失败、政治上众叛亲离、经济上迅速崩溃的情况下，美国政府又拒绝了他所提出的增加美援和公开发表支持国民党政府声明的要求。这个时候，他终于放下身段，通过种种渠道，放出要进行"和平谈判"的空气来。1948年12月中旬，蒋介石甚至表示要以"主动下野"的办法来促成同中共的"和谈"。

1949年元旦，蒋介石发表要求同中共和谈的《新年文告》，提出要以保存所谓"宪法""法统"及"国军"等作为谈判的前提。这就很清楚：他的目的不过是想保存国民党政府的地位，争取喘息时间，以便重新集结力量，卷土重来。但是，事情并没有那么简单。国民党这个被陈独秀讽刺为"一盘散沙"，被蒋介石依靠"拜把子"搞"江湖"哥们义气撑起来的政党，现在再次出现内讧，打成了一锅粥。一向同蒋介石存在尖锐矛盾的桂系首领李宗仁、白崇禧趁机以"和谈"为名，密谋倒戈，要逼蒋下野以取而代之。他们这样做，是有一定的国际背景的。美国驻华大使司徒雷登曾向美国国务院提出建议：劝告"不孚众望"的"蒋委员长退休"，而让"较有前途的政治领袖李宗仁"，组成一个"没有共产党参加的共和政府"。

1948年11月中旬，李宗仁曾向司徒雷登表示：如果蒋介石"在目前军事上尚未完全失败前离职"，而新的领导能够得到美国政府"毫不含糊的支持"，那么，"它就能取得中国西南地区的有力支持，以便把共产党的部队阻遏在长江以北地区"。12月下旬，华中"剿总"总司令白崇禧两次致电蒋介石，要求蒋"乘京沪平津尚在吾人掌握之中迅作对内对外的和谈部署"，加紧施加压力，逼蒋下台。这场越来越热闹的"和平"活动，使国内一部分人产生了不切实际的幻想。有一些中等资产阶级和上层小资产阶级分子，害怕革命的进一步发展会损害他们的利益，希望革命就此止步，或者带上温和的色彩。有的资产阶级右翼分子要共产党把人民革命战争"立即停下来"，反对"除恶务尽"。在国际上，也出现各种各样的议论，似乎中国人民的革命斗争应该适可而止。[①]

是将革命进行到底，还是使革命半途而废？这是关系到中国人民命运和前途的一个必须明确回答的重大原则问题。

1948年12月30日，毛泽东用两天时间为新华社写了《将革命进行到底》的新年献词，毫不含糊地给了世界一个响亮的回答。他义正词严地指出：

> 用革命的方法，坚决彻底干净全部地消灭一切反动势力，不动摇地坚持打倒帝国主义，打倒封建主义，打倒官僚资本主义，在全国范围内推翻国民党的反动统治，在全国范围内建立无产阶级领导的以工农联盟为主体的人民民主专政的共和国。这样，就可以使中华民族来一个大翻身，由半殖民地变为真正的独立国，使中国人民来一个大解放，将自己头上的封建的压迫和官僚资本

[①] 中共中央文献研究室编：《毛泽东传（1893—1949）》，中央文献出版社2013年版，第921—922页。

（即中国的垄断资本）的压迫一起掀掉，并由此造成统一的民主的和平局面，造成由农业国变为工业国的先决条件，造成由人剥削人的社会向着社会主义社会发展的可能性。如果要使革命半途而废，那就是违背人民的意志，接受外国侵略者和中国反动派的意志，使国民党赢得养好创伤的机会，然后在一个早上猛扑过来，将革命扼死，使全国回到黑暗世界。①

瞧！多么霸气！多么威武！毛泽东不愧是语言的大师，不愧是伟大的诗人——"坚决"、"彻底"、"干净"、"全部"，再加上一个"不动摇地"，将革命进行到底——这就是中国共产党的态度——公开！透明！堂堂正正！坦坦荡荡！

不急，我们接着往下看。毛泽东还用了一则寓言来说明这个问题：

> 这里用得着古代希腊的一段寓言："一个农夫在冬天看见一条蛇冻僵着。他很可怜它，便拿来放在自己的胸口上。那蛇受了暖气就苏醒了，等到回复了它的天性，便把它的恩人咬了一口，使他受了致命的伤。农夫临死的时候说：我怜惜恶人，应该受这个恶报！"外国和中国的毒蛇们希望中国人民还像这个农夫一样地死去，希望中国共产党，中国的一切革命民主派，都像这个农夫一样地怀有对于毒蛇的好心肠。但是中国人民、中国共产党和中国真正的革命民主派，却听见了并且记住了这个劳动者的遗嘱。况且盘踞在大部分中国土地上的大蛇和小蛇，黑蛇和白蛇，露出毒牙的蛇和化成美女的蛇，虽然它们已经感觉到冬天的威胁，但是还没有冻僵呢！②

真是酣畅淋漓！痛快！读到此处，穿越时空，我们仿佛能够想象得到西柏坡那个农家小院的油灯下，毛泽东左手夹着香烟，右手握着毛笔，在

---

① 毛泽东：《毛泽东选集》第4卷第2版，人民出版社1991年版，第1375页。
② 同上，第1377页。

烟雾缭绕中奋笔疾书挥斥方遒的模样。

在这篇充满战斗精神的檄文中,毛泽东登高一呼:中国反动派和美国政府正在推行的"和平"阴谋,说明"敌人是不会自行消灭的。无论是中国的反动派,或是美国帝国主义在中国的侵略势力,都不会自行退出历史舞台"。最后,他庄严宣告:"已经有了充分经验的中国人民及其总参谋部中国共产党,一定会像粉碎敌人的军事进攻一样,粉碎敌人的政治阴谋,把伟大的人民解放战争进行到底。"

战略大决战的胜利,标志着人民解放战争在全国的胜利已成定局,制定建立新中国的各项方针政策已迫在眉睫。1948年,毛泽东在九月会议结束时说:"关于几年胜利的问题,过去所讲的只是可能性,对发展前途的分析谈谈就是了,并没有正式提到会议上,就是提出讨论了也没有结论……现在战争已有两年多了,情况更清楚一些,可以讲出带确定性的意见了。"①

1949年年初,大局已定。这时,中共中央、毛泽东对建立新中国所要解决的各种基本问题已有了比较成熟的设想。在这种情况下,中共中央决定再次召开政治局会议,对九月会议以后全国形势的发展做出总结,并提出全党在新的一年里的主要任务。

1月6日至8日,中央政治局会议在西柏坡召开了,史称"一月会议"。

参加会议的除了五大书记之外,没有参加九月会议的林伯渠、罗荣桓、陈毅、刘伯承、高岗等这次也来了。此外,参加会议的中央政治局委员还有董必武、林伯渠、饶漱石、薄一波、王明、陆定一、廖承志、邓颖超、陈伯达。列席会议的部门负责人有:李维汉、杨尚昆、李克农、李涛、傅钟、冯文彬、杨立三、安子文、胡乔木。在会上做了发言的人主要有:陈毅、林伯渠、高岗、罗荣桓、刘伯承、饶漱石、薄一波、董必武、周恩来、刘少奇。

在第一天的会议上,毛泽东发表了讲话,及时提出了值得全党警惕的

---

① 毛泽东:《毛泽东文集》第5卷,人民出版社1993年版,第142页。

几个问题，主要在三个方面。

首先是"决不要使胜利冲昏自己的头脑"。他说，胜利冲昏头脑，今天更有可能，胜利越大，包袱越大，紧张困难时易团结。这必须警惕，要教育干部，首先是要使高级干部懂得，战争打完了，真正要做的事情才开始，届时很可能感觉打仗还容易些。列宁说过"推翻敌人容易，建设国家难"。要把因为胜利而带来的思想包袱丢下，否则就会损坏一些干部。

其次，毛泽东对形势进行了分析。他指出：军事方面的形势，比九月会议时不同了。那时说五年左右根本上打倒国民党，但慢一点对外公布。九、十、十一、十二，几个月情况变了。阶级关系已发生了根本变化，现在看得很清楚：解放了的城市中，人不走，学生教师不走，资本家不走，职员不走，大群大群地脱离国民党，站到我们方面来。广大群众脱离国民党转到我们方面来了，自由知识分子也向我们找出路。现在，站到我们这方面来的民主人士中，有的是右的，来不轻易，风色看好才来的。我们已有了胜利的把握，国民党军事上、政治上、经济上都处于极大混乱与崩溃状态中。他再次强调："今年和明年是我们在全国范围内胜利的两年。我们必须将革命进行到底。"今天以前还不能下这个决心。在这种时候，必须将革命进行到底，不容妥协。

最后，毛主席提出要警惕美国直接出兵占领中国沿海若干城市和实施"内部破坏"政策的问题。他说，关于美国出兵的问题，不去讲它不出兵，而是准备它出兵，并准备与之打，以取得主动，而不至于手足无措。应该认识到，我们力量越大，美国干涉的可能越小，帮助国民党打的可能也越小。半年来美国对华政策摇摆不定，对蒋介石的兴趣也不那么高了。美帝在中国已经臭了，但害怕美帝的心理并未解决。对看不见的东西，人们就容易怕，国民党即以这些看不见的东西吓人。美帝的政策有两面，一面是帮助国民党打我，另一面是唆使右派组织反对派，要求否决权。将来，美帝甚至可能承认新中国，以便派人搞破坏工作，必须提高警惕。最近三个月，美国的政策是摇摆不定。几年来证明一点：美国人并不可怕。我们不乱搞，对侨民不损害他。党内有进步，大多数干部在过去几年、特别是去年，学会了政策和策略，1949年还要普遍地进行政策教育。

1月8日，毛泽东在会上做结论时说：如果完成了全国革命的任务，这是铲地基，花了三十年。但是起房子，这个任务要几十年工夫。他说：打完一仗之后，要立即提出新任务，这样他就不骄傲了，否则就会停止前进。会议讨论并通过了毛泽东起草的《目前形势和党在一九四九年的任务》的党内指示。这些任务共计有17项，包括：渡江南进，使人民解放军进一步正规化；提高工农业生产，继续土地改革和整党工作；召开党的七届二中全会；召开政治协商会议，宣告中华人民共和国（当时称中华人民民主共和国）成立，组织中央政府，并通过共同纲领等。

毫无疑问，随着三大战役的结束，中共中央和毛泽东开始把党的工作重心迅速地从打倒旧政权向建立新国家转移。

中共"一月会议"结束后，国民党的内讧依然在火热进行中。以李宗仁、白崇禧为首的桂系人马打算在蒋介石下野后，与中共谈判，达成所谓"局部和平"，以争取时间和美援，摆脱困境，实现划江而治。

当时，蒋介石提出的"和谈"条件主要是："只要和议无害于国家的独立完整，而有助于人民的休养生息，只要神圣的宪法不由我而违反，民主宪政不因此而破坏，中华民国的国体能够确保，中华民国的法统不致中断，军队有确实的保障，人民能够维持其自由生活方式与目前最低生活水准，则我个人更无复他求。"

来而无往非礼也。针对蒋介石国民党冠冕堂皇的"和谈"，毛泽东也提出了八项和平条件，彻底地揭露了国民党利用和平谈判来保存反革命实力的伪善嘴脸。

1949年1月14日，新华社发表了《中共中央毛泽东主席关于时局的声明》，表明了中共的严正立场。声明说：

> 虽然中国人民解放军具有充足的力量和充足的理由，确有把握，在不要很久的时间之内，全部地消灭国民党反动政府的残余军事力量；但是，为了迅速结束战争，实现真正的和平，减少人民的痛苦，中国共产党愿意和南京国民党反动政府及其他任何

国民党地方政府和军事集团，在下列条件的基础之上进行和平谈判。这些条件是：（一）惩办战争罪犯；（二）废除伪宪法；（三）废除伪法统；（四）依据民主原则改编一切反动军队；（五）没收官僚资本；（六）改革土地制度；（七）废除卖国条约；（八）召开没有反动分子参加的政治协商会议，成立民主联合政府，接收南京国民党反动政府及其所属各级政府的一切权力。中国共产党认为，上述各项条件反映了全国人民的公意，只有在上述各项条件之下所建立的和平，才是真正的民主的和平。①

针尖对麦芒。

对于蒋介石的假"和谈"，毛泽东没有留任何商量的余地。

第二天，为避免党内干部和民主人士发生误解，毛泽东专门起草并发出一份党内指示，指出："我方提出之八个和平条件是针对蒋方五个条件的。蒋方有宪法、法统、军队三条，我方亦有此三条。蒋提保持国家独立，我提废除卖国条约。蒋提保持自由生活方式及维持最低生活为一条，我则分提没收官僚资本、改革土地制度两条。此外，我方的第一条（惩办战犯）及第八条（政协、联府、接收）是严正战争责任与不承认南京政权继续存在。双方的条件都是对方不能接受的，战争必须打到底。故与新年献词毫无矛盾，而给人民解放军及国民党区域被压迫人民一个打击国民党的武器，揭露国民党所提和平建议的虚伪性及反动性，望向党内干部及民主人士妥为解释。"②

1月21日，蒋介石在看到毛泽东发表的声明后，宣布"引退"。他坐着"美龄"号专机在南京上空盘旋了一周，这是他最后一次俯瞰南京了，随后去了老家浙江奉化溪口，再也没有回来。李宗仁出任国民政府代总统。其实，不光是蒋介石自己心里清楚，他身边的人也对未来失去了信心。就在老蒋引退20天后，他的结拜兄弟、当了20年国民政府考试院院长的戴

---

① 毛泽东：《毛泽东选集》第4卷第2版，人民出版社1991年版，第1386页。
② 中共中央文献研究室编：《毛泽东年谱：1893~1949》修订本下卷，中央文献出版社2013年版，第437—438页。

季陶，在广州吞服大量安眠药告别了"党国"。此前，他的幕僚长、总统府顾问陈布雷已经先行一步。陈布雷和戴季陶，一个被称为"领袖文胆"和"国民党的第一支笔"，一个被称为蒋介石的"第一谋士"和国民党最大的理论家。陈布雷自杀前的最后一句话是"让我安静些"。戴季陶得知陈布雷自杀后曾痛苦地说："我的心已死了。"陈、戴的自我弃世，多少是自绝于他多年追随的"道"。国民党的"道"已经不再能唤起他们的希望和信心。

与此同时，毛泽东给已经升任新华社总编辑的胡乔木再次出题。1月26日，新华社播发了后来成为"中共中央第一支笔"的胡乔木撰写的《假和平与真和平》。这篇社论一播出立即在国民党高层激起轩然大波。在社论中，胡乔木不仅点名称蒋介石为中国第一号战争罪犯，李宗仁排名第二，而且还列举了陈立夫、谷正纲这两个首要战犯。毛泽东在审阅时，提笔又在战犯名单上加上了宋子文、陈诚、何应钦、顾祝同、刘峙、汤恩伯、张群、王世杰、朱家骅、刘健群、吴国桢、潘公展、蒋经国、张君劢、左舜生、戴传贤、郑介民、叶秀峰等，中共通缉的首批战犯增至21人。

到这个时候，解放战争可以说进入了最后阶段。

第四章　统　战

1
"太阳就要出来了！"中共发布"五一口号"，揭开筹建新中国的序幕

1948年4月下旬，地处华北大地河北、山西、河南三省交界的涉县下了一场大雨。俗话说："春雨贵如油。"天降喜雨，老百姓们开始在大地上忙碌起来，耕地播种，农村的繁忙景象让住在涉县东西戌村的廖承志也开始忙碌起来。

众所周知，廖承志是革命先驱廖仲恺的儿子。1938年1月，他担任八路军香港办事处负责人，领导南方各省的工作及八路军广州办事处，兼任"保卫中国同盟"秘书长。1941年皖南事变后，他创办和领导了香港的《华商报》。太平洋战争爆发后，1942年1月，他奉中央指示，到粤北参加领导中共南方工委的工作，与连贯、乔冠华由香港九龙潜入惠阳县田头山、淡水、茶园、惠州等地沿途交通接待站，组织领导秘密大营救，把困留在香港的文化和民主界人士转移到东江后方地区，其间遭国民党逮捕。1946年1月，营救出狱；5月到南京中共代表团协助周恩来工作。内战爆发后，廖承志随周恩来回到延安，9月被任命为新华通讯社社长。1947年3月，他率新华社等单位人员东渡黄河，在山西涉县建立了第二个"陕北广播电台"。在大家眼中，廖承志性格活泼乐观，说话幽默，能写会画，在革命队伍中是一个有名的"活宝"。

按照惯例，每年的五一国际劳动节，中共中央都要在这个时候通过新华社发表纪念性的社论、口号、宣言什么的。现在，五一劳动节又快到了，中央又会有什么重要的文章发布呢？廖承志就给中央发了一封电报。

负责中央机要处工作的罗青长接到廖承志的电报，赶紧送给周恩来。周恩来是4月23日和任弼时、陆定一及中央机关来到西柏坡与中央工委会合的。十天前的13日，他和毛泽东一起结束转战陕北的艰难行军，抵达了城南庄。因为准备访问苏联，毛泽东暂留城南庄。

此时，新华社驻地涉县东西戌村距离西柏坡200多公里。廖承志的电报引起了周恩来的高度重视，周恩来立即请示还在城南庄的毛泽东。

此时，延安又回到了人民的怀抱。在中国，国民党统治面临着大崩溃，应该是中共中央对外公布共产党人的政治主张、提出新中国政权蓝图的时候了。

4月25日，毛泽东致电西柏坡，要刘少奇、周恩来、朱德、任弼时在西柏坡讨论若干问题，然后赴城南庄商定。其中涉及的主要问题有：邀请港、沪、平、津等地各中间党派及群众团体代表到解放区商量召开人民代表大会成立临时中央政府；今冬召开七届二中全会；酌减人民负担和大力发展工农业生产；取消某些无政府状态和酌量缩小地方权力；区、乡、村人民代表会议组织大纲草案；陈粟兵团行动。

4月27日，毛泽东写信给晋察冀中央局城市工作部部长刘仁，请他通过妥善办法告诉张东荪、符定一，感谢他们的来信，对他们的一切爱国民主活动表示热烈同情，并邀请他们二位及许德珩、吴晗等民主人士来解放区参加各民主党派、各人民团体的代表会议，讨论召开人民代表大会成立民主联合政府和关于加强各民主党派、各人民团体的合作及纲领政策问题。会议名称拟称为政治协商会议，开会地点在哈尔滨，开会时间在今年秋季。会议的决议必须参加会议的每一单位自愿同意，不得强制。在这封信中，我们可以看到，毛泽东把加强与会各党派、各团体的合作及为加强这一合作而制定为各方认同的"纲领政策"，作为新的政治协商会议的两大任务之一。

接到周恩来转来新华社廖承志的电报，毛泽东立即安排胡乔木等人起草中共中央的《纪念"五一"劳动节口号》。口号的初稿很快就起草好了，用蓝色钢笔工工整整地竖排誊抄在一张韧性很好的道林纸上，共24条。内容如下：

（一）今年的"五一"劳动节，是中国人民走向全国胜利的日子。向中国人民的解放者中国人民解放军全体将士致敬！庆祝各路人民解放军的伟大胜利！

（二）今年的"五一"劳动节，是中国人民死敌蒋介石走向灭亡的日子，蒋介石做伪总统，就是他快要上断头台的预兆。打到南京去，活捉伪总统蒋介石！

（三）今年的"五一"劳动节，是中国劳动人民和一切被压迫人民的觉悟空前成熟的日子。庆祝全解放区和全国工人阶级的团结！庆祝全解放区和全国农民的土地改革工作的胜利和开展！庆祝全国青年和全国知识分子争自由运动的前进！

（四）全国劳动人民团结起来，联合全国知识分子、自由资产阶级、各民主党派、社会贤达和其他爱国分子，巩固与扩大反对帝国主义、反对封建主义、反对官僚资本主义的统一战线，为着打倒蒋介石，建立新中国而共同奋斗！

（五）工人阶级是中国人民革命的领导者，解放区的工人阶级是新中国的主人翁，更加积极地行动起来，更早地实现中国革命的最后胜利！

（六）一切为着前线的胜利。解放区的职工，拿更多更好的枪炮弹药和其他军用品供给前线！解放区的后方工作人员，更好地组织支援前线的工作！

（七）向解放区努力生产军火的职工致敬！向解放区努力恢复工矿交通的职工致敬！向解放区努力改进技术的工程师、技师致敬！向解放区一切努力后方勤务工作和后方机关工作的人员致敬！向解放区一切工业部门和后方勤务部门的劳动英雄、人民功臣、模范工作者致敬！

（八）解放区的职工和经济工作者，坚定不移地贯彻发展生产、繁荣经济、公私兼顾、劳资两利的工运政策和工业政策！

（九）解放区的职工，为增加工业品的产量，提高工业品的质量，减低工业品的成本而奋斗！拿更多更好的人民必需品供给市场！

（十）解放区的职工，发扬新的劳动态度，爱护工具，节省原料，遵守劳动纪律，反对一切怠惰、浪费和破坏行为，学习技术，提高生产效率！

（十一）解放区的职工，加强工人阶级的内部团结，加强工人与技术人员的团结，建立尊师爱徒的师徒关系！

（十二）解放区私营企业中的职工，与资本家建立劳资两利的合理关系，为共同发展国民经济而努力！

（十三）解放区的职工会与民主政府合作，保障职工适当的生活水平，举办职工福利事业，克服职工的生活困难。

（十四）解放区和蒋管区的职工联合起来，建立全国工人的统一组织，为全国工人阶级的解放而奋斗！

（十五）向蒋管区为生存和自由而英勇奋斗的职工致敬！欢迎蒋管区的职工到解放区来参加工业建设！

（十六）蒋管区的职工，用行动来援助解放军，不要替蒋介石匪徒制造和运输军用品！在解放军占领城市的时候，自动维持城市秩序，保护公私企业，不许蒋介石匪徒破坏！

（十七）蒋管区的职工，联合被压迫的民族工商业者，打倒官僚资本家的统治，反对美帝国主义者的侵略！

（十八）全国工人阶级和全国人民团结起来，反对美帝国主义者干涉中国内政、侵犯中国主权，反对美帝国主义者扶植日本侵略势力的复活！

（十九）中国工人阶级和各国工人阶级团结起来，反对美帝国主义者压迫亚洲、欧洲和美洲的民族解放运动、民主运动和职工运动！

（二十）向援助中国人民解放战争和推动中国职工运动的世界各国工人阶级致敬！向拒运拒卸美帝国主义和其他帝国主义援蒋物资的各国工人阶级致敬！向并肩反抗美帝国主义侵略的各国工人阶级和各国人民致敬！

（二十一）中国劳动人民和一切被压迫人民的团结万岁！
　　（二十二）中国人民解放战争的胜利万岁！
　　（二十三）中国人民的领袖毛主席万岁！
　　（二十四）中国劳动人民和压迫人民的组织者，中国人民解放战争的领导者——中国共产党万岁！

　　现在，这张密密麻麻字迹工整的五一劳动节口号初稿，就摆在毛泽东的案头。他俯下身子、右手握笔，坐在桌前，一行一行地审读。通读一遍之后，他的目光落在了第五条上面。他看了又看，思索片刻，大笔一挥，把这一条全部圈出删掉，亲笔修改为——

　　各民主党派、各人民团体、各社会贤达迅速召开政治协商会议，讨论并实现召集人民代表大会，成立民主联合政府！

　　随后，他的目光落在了最后两行的第二十三条和第二十四条上，他再次拿起笔将这两条的内容也一并删除，合并改写成一条——

　　中华民族解放万岁！

　　黑色的毛氏书法夹在蓝色的楷书中间，上下穿插，一气呵成，错落有致。就这样，《纪念"五一"劳动节口号》由24条变成了23条。

　　4月30日，刘少奇、朱德、周恩来、任弼时抵达城南庄，参加毛泽东主持召开的中共中央书记处扩大会议，史称城南庄会议。会议首先就讨论通过了这份《纪念"五一"劳动节口号》，尤其是经毛泽东改写的第五条，并决定当日授权新华社发布。

　　也就在这一天，《晋察冀日报》社社长邓拓接到了华北中央局的电话，让他迅速赶往城南庄，毛主席要接见他。好在所住的新房子村距离城南庄只有一公里左右，邓拓在通信员张成林的陪同下，不一会儿就赶到了。见到毛泽东，邓拓非常激动，紧紧握手。毛泽东告诉他，中共中央政治局讨论通过了《纪念"五一"劳动节口号》，今天就要通过新华社新华广播电台进行广播。因中央机关报《解放日报》已经停刊，中央决定明天在《晋察冀日报》上全文发表这个口号。接到毛泽东亲自布置的中央重大任务，邓拓非常激动，立即带着通信员赶回驻地，当晚就进行排版、校对、印刷。

5月1日，《晋察冀日报》在第一版头条位置以《中国共产党中央委员会发布五一劳动节口号》的大字标题，发表了23条口号。在标题正上方，还刊印了毛泽东头戴八角帽的半身标准像。

5月2日，《人民日报》又在头版头条位置全文发表了《中共中央发布纪念"五一"劳动节口号》。

中共中央发布"五一"劳动节口号，尤其是毛泽东亲笔增加的第五条，正式向全国各民主党派、各人民团体、各社会贤达发出"迅速召开政治协商会议，讨论并实现召集人民代表大会，成立民主联合政府"的号召，说明毛泽东对未来新中国蓝图已经有了基本的构想，而要想详尽描绘好这个蓝图，绝非一人一党之事。所以，协商共和，相邀开国，召开政治协商会议成为毛泽东考虑的重点，并由此揭开了筹建新中国的序幕。

协商建国，如何协商？

谈及政治协商会议，人们忘不了国民党蒋介石政府1946年1月在重庆就曾召开过这种会议。我们不妨来回顾一下这段历史——

1945年8月，世界反法西斯战争暨中国人民抗日战争刚刚结束，中共中央就发表了"和平、民主、团结"的方针，反对内战，争取和平。为了避免内战，毛泽东飞赴重庆，与蒋和谈，签署了《双十协定》。然而，蒋介石并没有执行协定，而是调集军队进犯解放区，继续打内战，从而引发全国反内战运动的兴起，国际舆论也继续呼吁中国实行和平民主。12月15日，美国总统杜鲁门发表美国对华政策声明，声称赞成中国"召开全国主要政党代表会议，以谋早日解决目前的内争——以促成中国之统一"。27日，苏、美、英三国外长在莫斯科会议上发表了关于中国问题的协议，宣称："必须在国民政府之下建立一个团结而民主的中国，必须由民主分子广泛参加国民政府的所有一切部门，而且必须停止内争。"在这种情况下，蒋介石不得不履行承诺,同意召开政治协商会议。①

1946年1月10日,在签订停战协定的当天,政治协商会议在重庆开幕。在会议参加者中,政治倾向各不相同,基本形成了左、中、右三种政治势力。以中共为代表的革命力量,力争建立一个民主联合政府,与主张通过和平改良方法建立议会制民主国家的中国民主同盟(简称民盟)为代表的中间派,在反对国民党一党专政、反对内战、要求和平民主这些基本问题上,有着许多共同点。在会议召开之前,民盟代表与中共代表约定:双方携手合作,互相支持。在中共代表周恩来的领导下,经过艰苦协商讨论,会议通过了《和平建国纲领》,明确提出:建立统一、自由、民主的新中国,保持国家的和平发展;规定政府委员会为最高国务机关,并拥有人权;委员的一半由国民党以外的人士充任,而所有涉及施政纲领之变更须有出席委员的三分之二赞成始得议决。同时,经过激烈斗争,会议通过了政府组织法案、国民大会案、军事问题案、宪法草案等五项协议。

重庆谈判和政治协商会议达成的协议,使得国内要求民主团结、和平建国的气氛更加浓厚,反对国民党一党专政的呼声日益高涨。中国共产党抓住有利时机,推动和帮助各种民主力量组成新的党派,并与各民主党派一道,为争取民主、反对内战而努力。1945年10月,民盟召开临时全国代表大会,张澜继任主席。此后,三民主义同志联合会、民主建国会、中国民主促进会、国民党民主促进会、九三学社等民主党派相继成立,致公党也在中共华南分局的帮助下恢复组织活动,一致赞同中共领导的人民民主统一战线,共同反对国民党的独裁内战政策。

面对爱国民主运动在全国范围内的兴起,国民党统治集团不能容忍、也难以承受任何的民主改革。在政治协商会议闭幕后,国民党顽固分子认为政协协议"系国民党的失败",攻击宪法草案原则"背叛孙中山的遗教"。蒋介石也对政协协议表示不满。3月1日至17日,国民党召开六届二中全会。蒋介石在会上提出政协协议要"就其荦荦大端,妥筹补救"。会议通过五项决议案,公然推翻政协协议提出的宪法原则,完全否定了政协关于国会制、

---

① 中共中央统战部编著:《中国共产党统一战线史》,中共党史出版社、华文出版社2017年版,第135页。

内阁制和省自治制的协议。4月1日，在由国民党包办、中共代表拒绝出席的国民参政会上，蒋介石宣称，政治协商会议在本质上不是制宪会议，政治协商会议关于政府组织的协议在本质上更不能代替约法，公然撕毁政治协商会议决议。这表明，国民党统治集团不仅根本反对中国人民建立新民主主义国家的要求，就连欧美资本主义国家所实行的民主制度也不能容忍。

面对国民党、蒋介石的倒行逆施，中共中央作了针锋相对的斗争。3月18日，周恩来在中外记者招待会上发表讲话，质问国民党：你们一方面要求人家来做，另一方面又把违反政协决议的东西写在国民党二中全会的决议上，这不能不说其中包含了欺骗。他严正警告说："政协的一切决议不能动摇或修改，这是由五方面的代表起立通过的，应成为中国的民主契约。谁要破坏，谁就是破坏今天中国的民主和平团结统一。"[①]

1946年5月，国民党政府从陪都重庆迁回南京。中共代表周恩来、董必武等率中共代表团也来到南京和上海，同国民党继续谈判，团结各民主党派和各界民主人士，进行维护政协协议的斗争。[②]5月5日，各民主党派、人民团体50多个单位在上海成立了上海人民团体联合会，发表宣言，要求立即停止内战，实施政协决议。

对国民党统治区内日益高涨的爱国民主运动，蒋介石终于按捺不住

[①] 周恩来：《周恩来选集》上卷，人民出版社1980年版，第231页。

[②] 1946年5月，国民党政府还都南京。为了在南京继续同国民党谈判，同时为继续团结国内各民主党派和爱国人士，巩固和发展人民民主统一战线，并领导国民党统治区地下党的斗争，周恩来于5月3日率领中共代表团由重庆到达南京，驻在梅园新村，对外称中共代表团，对内称南京局。在南京局领导下，又在上海成立"中共上海工作委员会"。南京局由中共代表团周恩来、董必武、叶剑英、吴玉章、陆定一、邓颖超、李维汉7人组成，周恩来任书记兼外事工作委员会书记，董必武协助全面工作，外事工作由廖承志协助。"上海工委"则由华岗、刘少文、章汉夫、潘梓年、刘宁一、夏衍、许涤新、陈家康、乔冠华、龚澎等组成；书记是华岗，副书记为章汉夫、刘少文；胡绳、萧贤法为候补委员，萧兼秘书长。因政治中心转移南京，但上海是中国最大的城市，很多政治要人和民主人士住在上海或往来于京沪之间。为更有利于开展统战工作和群众工作，中共中央遂在上海设办事处，但遭到国民党千方百计的阻挠。中共方面不得不花了10多根金条，顶下了思南路107号的一幢三层楼的花园洋房，对外用"周公馆"的名义开展活动。不久，又在附近顶下了117号作为办公用房。国民党特务也随即在附近98号（原上海妇孺医院）设下了秘密监视据点。当时闻名中外的"周公馆"，实际上就是中共代表团驻沪办事处。周恩来经常往来于京沪之间。同各界人士、中外记者接触，阐述中共方针，团结一切可以团结的力量，同国民党反动派的假和谈真内战的阴谋，进行了针锋相对的斗争。参见刘昂的《肝胆相照的光辉篇章》，原载《不尽的思念》，中央文献出版社1987年版。

了，采取了残酷的镇压政策，先后制造了著名的下关事件和李闻惨案。

下关事件发生在1946年6月23日。这一天，上海人民团体联合会在北火车站广场召开近十万群众参加的上海各界群众反内战大会，推举马叙伦为团长的上海人民和平请愿团赴南京向国民党当局呼吁和平。请愿团一行抵达南京下关车站时，遭到国民党暴徒特务长达五个小时的围攻殴打，致使马叙伦、雷洁琼、阎宝航等人受伤。来车站迎接的民盟总部代表叶笃义等被打成重伤。事件发生后，周恩来、董必武、邓颖超、滕代远和郭沫若等人迅速赶往医院看望慰问。马叙伦等人告诉周恩来说："中国的希望寄托在你们身上，过去劝你们少一些兵，少留一些枪，现在看来你们的战士不能少一个，枪不能少一支。"

李闻惨案，就是国民党特务1946年7月11日、15日在云南昆明先后暗杀民盟中央委员李公朴、闻一多事件。18日，民盟主席张澜电责蒋介石，揭露其四项诺言的骗局，正告蒋介石：星星之火，不但可以燎原，势亦可以焚身。

上述这些，都是国民党召开政治协商会议到撕毁政协协议的往事。

时间过得真快，但又不算太快，距离国民党召开政治协商会议才刚刚过去两年的时间。现在，中国共产党也想组织政治协商会议，两党的会议怎么区别？

周恩来提出，在"政治协商会议"前面加一个"新"字。

那么，新政治协商会议怎么开呢？

仅仅加一个"新"字还不够，毛泽东提出：关于政协会议的决定原则，必须要求到会各主要民主党派及各人民团体的共同一致，并尽可能求得全体一致。

毛泽东强调"共同一致"和"全体一致"，目的就是充分体现共产党对成立民主联合政府的诚意和决心。这也是与国民党主持召开的政治协商会议的根本区别所在。

1948年，就在中共中央发布"五一口号"，发出"迅速召开政治协商会议"的时候，国民党自3月28日至5月1日在南京召开的所谓"行宪国大"也落下帷幕，蒋介石玩弄花招再次当选所谓"大总统"。可让他高兴不起来的是，他百般阻挠的李宗仁仍顺利当选为"副总统"。毫无疑问，蒋介石的这些倒行逆施，更加激起了国统区爱国民主运动新的发展，使得民主党派和无党派民主人士更多地站到坚决反对国民党反动统治、同共产党携手奋斗的立场上来。其间，南洋爱国华侨领袖陈嘉庚向中共中央提议：解放区应紧急成立联合政府政权机构，以对抗国民党伪"国大"后的局面。民盟中央负责人沈钧儒希望中共考虑，可否由中共通电各民主党派，建议召开人民代表会议，成立联合政府。这些主张代表了当时民主党派、爱国民主人士的意见和看法，也表明国共两党力量对比发生了有利于革命的变化，国民党统治集团军事上节节败退，政治上人心尽失，日益孤立，摇摇欲坠，人心向背已经倾向共产党，从而为全国革命胜利准备了政治条件。

显然，中共中央、毛泽东迅速准确地抓住了这个历史机遇。

5月1日，蒋介石导演的"国大"闭幕，毛泽东不仅给他奉上了"打到南京去，活捉伪总统蒋介石！"的大礼包，还让新华社连日发表评论《新筹安会》《破车不能再开》，极尽嬉笑怒骂之能事。正在举行的城南庄会议上，毛泽东还确定了粟裕率领的三个纵队暂不渡江，先在中原地区打几个大仗的部署。

也就在这一天，毛泽东致函中国国民党革命委员会（简称民革）中央主席李济深、中国民主同盟负责人沈钧儒，为促进召开新政协征求意见。信中说："在目前形势下，召集人民代表大会，成立民主联合政府，加强各民主党派、各人民团体的相互合作，并拟定民主联合政府的施政纲领，业已成为必要，时机亦已成熟。""但欲实现这一步骤，必须先邀集各民主党派、各人民团体的代表开一个会议。在这个会议上，讨论并决定上述问题。此项会议似宜定名为政治协商会议。"[①]

在这封信中，毛泽东提议由民革、民盟和中共"于本月内发表三党联合声明，以为号召"。他还亲自拟了一个联合声明的草案，由当时中共驻香港的负责人潘汉年一并送达。

5月2日，中共中央电示上海局，明确指出：准备邀请各民主党派及

[①] 中共中央文献研究室编：《毛泽东年谱：1893~1949》修订本，中央文献出版社2013年版，第307页。

重要人民团体的代表来解放区商讨召开政治协商会议,同时还强调:必须由参加会议的每一个单位自愿同意,不得强制。周恩来开出了一个29人的名单,拟邀请李济深、冯玉祥、何香凝、李章达、柳亚子、谭平山、沈钧儒、章伯钧、彭泽民、史良、邓初民、沙千里、郭沫若、茅盾(沈雁冰)、马叙伦、章乃器、张炯伯、陈嘉庚、简玉阶、施复亮、黄炎培、张澜、罗隆基、张东荪、许德珩、吴晗、曾昭抡、符定一、雷洁琼及其他民主人士前来解放区参加协商。在这个29人名单中,旅居香港的就有16名。

自1946年蒋介石挑起内战后,内地商贾纷纷逃避香港,许多民主人士也避难香港。香港这个特殊的弹丸之地,似乎成了中国政治的中立地带,也成了在国内遭受迫害者的避风港,一时间成了中国政治舞台上左派的大本营。因此,中共中央特别重视香港的统战工作。周恩来特此调擅长于统战和情报工作的中共上海局委员潘汉年到香港工作。上海局兼管香港分局,潘汉年遂与香港分局书记方方密切合作,成立了以连贯为书记的统战委员会。就这样,香港分局一班人分别登门向被邀请者面致中央的意见。

登高一呼,群英响应。

同样也是在5月2日,在香港的各民主党派集会讨论,一致认为召开政治协商会议、成立民主联合政府是中国"政治上的必须的途径","民主人士自应起来响应"。旅港的中国国民党革命委员会李济深、何香凝,中国民主同盟沈钧儒、章伯钧,中国民主促进会马叙伦、王绍鏊,中国致公党陈其尤,中国农工党彭泽民,中国人民救国会李章达,中国国民党民主促进会蔡廷锴,三民主义同志联合会谭平山和无党派民主人士郭沫若等人,齐聚位于罗便臣道92号的李济深家中,讨论如何响应中共的号召。

没有参加任何党派的诗人郭沫若,是中国政坛不可缺少的人物。国民党召开的"国民大会"硬把他列入名单,他却与中共同步拒绝参会。作为无党派民主人士,郭沫若成为各党派之间穿针引线的角色,被黄炎培戏称为"第三方面的第三方面的第三者"。讨论时,他快人快语:"中共'五一口号'最重要的就是第五条!迅速召开政治协商会议,讨论并实现召集人民代表大会,成立民主联合政府。啊!一个崭新的中国摆在我们面前了。"

"伪国大,伪总统,蒋介石是三民主义的叛徒!我们现在要挖蒋根!"

提起蒋介石,中国政坛宿将谭平山的情绪愤懑,难以平静,说到激动处三绺儿胡须也随之一翘一翘。

曾违反蒋介石命令率领十九路军坚持淞沪抗战的名将蔡廷锴,外号"高佬蔡",一直是蒋介石的眼中钉。他对蒋介石撕毁政协协议义愤填膺,坚决地说道:"八年抗战结束才几天,蒋介石就把全国拖进内战的火海!我早就提议召开新政协了。"

蔡廷锴话音刚落,谭平山接着说:"共产党和我想到一起了!"

作为上海文化教育出版界的领袖人物,在下关事件中惨遭国民党毒打的马叙伦,是在1947年冬和王绍鏊、徐伯昕等中国民主促进会领导人一起在中共的帮助下,抵达香港的。一副黑框眼镜是马叙伦知识分子形象的典型装扮,他不紧不慢地说:"我们的想法,老蒋听不进去,现在的中国,还是靠共产党掌舵。"

受过国民党假民主欺骗愚弄的王绍鏊站起来,捋起袖子大声说道:"我们现在召开的政治协商会议,不是过去那个旧政协,新政协不准反动分子参加!"

"从辛亥革命到抗日救国,海外华侨有钱出钱、有力出力。我们不能容忍中国历史上最后一个封建蒋朝!"中国致公党主席陈其尤的发言更是铿锵有力。1925年在美国旧金山成立的致公党,其前身是历史悠久的洪门团体,在支持辛亥革命的过程中日渐革除自身的封建帮会色彩,1946年初在香港恢复活动,第一时间加入了反蒋阵营。因为致公党内不乏武林中人,在间谍横行的香港,他们就主动承担了民主党派活动的安全警戒工作。此刻,李济深家门口的警卫就是陈其尤的手下。

接着,中国人民救国会的李章达发言了:"封建独裁势力,纵使改头换面,必须拒绝!帝国主义侵略,无论日本美国,必须铲除!中华民族翻身了!"此刻,他不会忘记蒋介石不准人民抗日,悍然逮捕救国会沈钧儒、章乃器、邹韬奋、李公朴、史良、王造时、沙千里,制造了闻名海内外的"七君子事件"。

这时,坐在一旁的国民党左派元老彭泽民说话了,他代表的是中国农工民主党。瘦削的他,声音却十分明亮动情:"中国的农工平民大众陷于死亡线上，蒋政权已经面临全面崩溃，解救民族危亡，此其时矣！"

显然，对中共发布的"五一口号"，在座的人无不持赞赏态度。现在，与会的人们把眼光转向席中的一位长者。他个头不高，额头宽广，白髯飘飘，活脱脱一个寿星老的模样。这位老者就是堪称左派旗帜的民主人士沈钧儒。

听了大家的意见，沈钧儒说："中共'五一口号'一呼而天下应，足见召开政治协商会议以解决国是，非一党一派之主张，而是一切民主党派和民主团体乃至全国人民的共同要求。"

于是，章伯钧随即提议："应该在海内外立即发动新政协运动，号召人民起来拥护新政协。"

这时，席中唯一的女性何香凝爽快利落地说道："政协会议及早召开为好！我们要高举义旗，不给蒋介石喘息的机会！"此时此刻，她哪里知道，中共发布的"五一口号"还与她的儿子廖承志有关呢！

现在，大家就等罗便臣道92号"李公馆"的主人最后发言了。作为民革的主席，粤军名将李济深是个深沉稳重的人，在国民党内是屈指可数的谋略家，深得孙中山的信任。1925年以来，他与蒋介石多次搭档——在黄埔军校，蒋介石任校长，他是教育长；北伐时，蒋是总司令，他是总参谋长。从北伐到抗战，他数次担任蒋的副手，也数次举旗反蒋，三次被蒋介石"永远开除出党"。1948年1月1日，中国国民党革命委员会在香港成立，宋庆龄被选为中央委员会名誉主席，李济深则担任执行委员会主席。因此，对蒋介石的独裁，李济深最有发言权。他说："中共'五一口号'，坚持党派协商、联合政府，足见共产党不搞一党专政之诚意。本党同志应深刻反省，站到民主阵营中来。"但对新政协会议的地点、时间，李济深则表示，尚须从长计议……

就这样，你一言，我一语，大家商量之后，决定除了各党派发表各自的响应声明外，还应该联名响应。

5月5日，李济深等12人联名向国内各报馆、各团体及全国各界暨海外同胞发出响应中共"五一"号召的通电："南京独裁者，窃权卖国，史无先例。近复与美帝互相勾结，举凡政治、经济、军事，国命所及者，无不俯首听命。破坏政治协商会议,撕毁五大协议,遂使内战延绵,生灵涂炭。今更伪装民主,欲以欺蒙世界。""同人等正欲有所主张,中国共产党'五一'口号中,发出了'推翻独裁政府'、'迅速召开政治协商会议'、'成立民主联合政府'的号召,这一号召符合人民要求和同人等之主张,对国家民族前途,至为重要,希全国人民研讨办法,积极响应,以期根绝反动,实现民主。"①

与此同时,他们12人还联名发表"致毛泽东并解放区全体同胞电",赞同中共中央提出的"五一口号",召开新政协,成立民主联合政府。电文如下:

> 中国共产党毛泽东先生并转解放区全体同胞鉴:
>
> 南京独裁政府窃权卖国,史无前例。顷复与美国相互勾结,欲以伪装民主,欺蒙世界。人民虽未可欺,名器不容久假,当此解放军队所至,浆食传于道途,武装人民纷起,胜利已可期待。国族重光,大计亟宜早定,同人等盱衡中外,正欲主张,乃读贵党"五一"劳动节口号第五项:各民主党派、各人民团体,及社会贤达,迅速召开政治协商会议,讨论并实现召集人民代表大会,成立民主联合政府;密合人民时势之要求,尤符同人等之本旨,何胜庆企,除通电国内各界暨海外侨胞共同策进,完成大业外,特行奉达,即希朗洽。②

5月7日,台湾民众自治同盟在香港发表《告台湾同胞书》,认为中共"五一口号""正切合全国人民目前的要求,也正切合台湾全体人民的意愿",号召台湾同胞"赶快起来,响应和拥护中共中央的号召,配合全国人民的革命战争,广泛地展开反对美帝国主义、反对封建主义、反对官僚资本主义、反对台湾分离运动的各种斗争。这样,台湾人民才能从美蒋联合统治的痛苦中解放出来!"

---

① 朱学范:《我与民革四十年》,团结出版社1990年版,第125—126页。
② 同上,第126页。

5月23日，中国民主建国会驻香港代表章乃器、孙起孟受权发表声明，响应中共的倡议，支持召开新的政协会议。民建在上海召开常务理事、监事的联席会议，决议响应中共筹开新政协的号召，并指定章乃器、孙起孟为驻港代表与中共方面联系。此后，黄炎培、胡厥文和盛丕华三人经民建常务理事会授权，以"任文华"的化名与香港的孙起孟保持通信和人员沟通接洽。而中共中央也专门派潘汉年化名"严如云"与黄炎培、孙起孟保持联络。

6月4日，旅港的各界知名人士冯裕芳、柳亚子、茅盾、陈其瑗、沈志远、翦伯赞、邓初民、千家驹、曾昭抡、侯外庐等125人，以及妇女界代表人物何香凝、刘王立明等232人，紧接着先后发表声明，热烈响应中共中央的号召。

在海外，中共发布的"五一口号"同样得到了广大侨胞的支持和拥护。5月4日，南洋华侨领袖陈嘉庚就代表在新加坡的120个华侨团体致电毛泽东，表示热烈响应。随后，法国、美国、加拿大、古巴等国的华侨代表，也先后致电毛泽东，拥护中共提出的政治主张。旅居美国的"基督将军"冯玉祥，一直反对蒋介石的独裁统治，多方为祖国的和平事业奔走呼号。看到中共发布的"五一口号"后，他和夫人李德全带领全家于7月21日冲破国民党在美特务分子的阻挠，离开纽约，决心回国参加新政协会议。

的确，在国民党蒋介石政府背信弃义正在走向穷途末路的时刻，中共登高望远、振臂高呼，如群龙有首，举起了旗帜，获得了人心。时任中国民主促进会常务理事的马叙伦在香港《群众》周刊上阅读了中共"五一口号"后，心情异常激动，撰写了一篇长达五千字的长文《读了中共"五一口号"以后》，表达了自己愉悦的心情。他说：

> 在中国历史上，像唐朝陆贽替德宗写的一篇《奉天改元大赦制》，能够叫当时"骄将悍卒为之感泣"；我们如果用当时的眼光去读那篇文章，怕就是我们生在那时，也会很兴奋的。这才称得起时代文件，因为它在当时，的确起了扭转时局的作用。
>
> 同样的理由，像二十多年来反动的独裁政权发表了许多的宣

言和告什么什么文，真是"好话说尽"，形容得它怎样为国为民。但是，我们读了，固然一笑置之，就在他们自己人里，也觉得是又长又臭的裹脚带。这是为什么？因为没有起作用的可能，也就叫人感不到兴趣。那么，这种文章，不但称不得时代文件，倒是合了"擦屁股嫌罪过"的俗话。

中国共产党在本年5月1日为纪念劳动节发表了23个口号，被压迫到香港的我们，幸运地先听得了，我们感觉到无限的兴奋。现在我们并且晓得国内听到这个消息的人们，不论哪一方面，只除反动派以外，都"延颈企踵"希望即刻看到全文。因为他们都晓得，这些口号一定给新中国前途带来无限的喜慰。

是的，这些口号里最突出的是第五项："各民主党派，各人民团体，各社会贤达，迅速召开政治协商会议，讨论并实现召集人民代表大会，成立民主联合政府。"时局发展到了今日，任何中国人（包括反动派）都晓得独裁政权虽能"沐猴而冠"，玩一套换汤不换药的把戏，虽能有美帝不断的援助，都是"无济于事"，注定了它的末日快到了，换句话说，人民的胜利已经决定了。任何人对这，已经不是感觉而是信心了。所以，可以说全国一致在企望着卖国殃民的反动的独裁政权早一日消灭，新中国的人民自己的民主政权早一日成立，在企望着真正的人民革命的领导者——中国共产党，给一个鼓励和安慰的启示。现在是得到了。

这些口号，虽然是为着纪念"五一"劳动节而发的，它的精神是贯彻到世界的民族解放运动、民主运动和职工运动。它的号召是普遍到全国劳动人民、全国知识分子、自由资产阶级、各民主党派、社会贤达和其他爱国分子。它的启示是巩固与扩大反对帝国主义、反对封建主义、反对官僚资本主义的统一战线，为着结束国民党反动统治，建立新中国而共同奋斗！

然而它更重要的启示，还在第五项："各民主党派，各人民团体，各社会贤达，迅速召开政治协商会议，讨论并实现召开人民代表大会，成立民主联合政府。"这是一面对遵从美帝的命令，正披民主外衣、想骗取更合法的国际地位的反动的独裁政权下了另一个方式的讨伐令,意思是说你这种欺骗不了人民的伪装民主,只是小灯里的一点残火,告诉你吧,太阳就要出来了;一面对人民大众是像这样地说,我们的全面胜利快到面前了,我们该准备我们的新中国和世界见面了;另一面又告诉了美帝和世界:美帝制造成的伪装民主中国,不但是扶助了一个阿斗,也是像在热带地上装了一座冰山,一下子就变化了。所以,这次口号,实际上是对世界宣布了新中国将出现的姿态。

这次口号里吸引力最大的,自然是第五项了。这是任何阶级任何阶层没有不注意的。它不但是号召,已经指示了新中国形态建设的程序,和人民建立新国家基础的成分,尤其粉碎了反动集团"妖言惑众"的阴谋。

反动集团一向拿"向壁虚造"的什么共产党现在要实行无产阶级专政的口号,欺骗和恐吓人民大众,又拿什么共产党要排挤知识分子,要消灭资产阶级,不替无产阶级以外的人民谋福利等等的瞎说或故意诬蔑来离间人民大众。这固然都是它末路蠢笨的表现,但是,由于消息被它封锁,也会有人被它迷惑的。现在由于革命势力的膨胀,解放的地方天天扩大,尤其人民解放军对俘虏的宽大,被释放的俘虏凭良心的说话,已叫反动集团无法继续造谣。而这次口号是一个对全国性的号召,把一个各方最关心的问题,在第五项里很庄严地宣布了。①

"人民的胜利是已经决定了!"

马叙伦的兴奋之情,表达了所有拥护中共"五一口号"的民主党派人士的共同心声。

中共中央"五一口号"的发布,成为建立新中国政治力量集结的一个分水岭,拥护"五一口号"的都跟随中共一起参与成立了新中国,不拥护

---

① 杨胜群、陈晋主编:《亲历者的记忆:协商建国》,生活·读书·新知三联书店2009年版,第17—18页。

的都跟随蒋介石去了台湾岛。

尽管大多数民主党派对中共的"五一口号"表示强烈支持，但因为涉及各民主党派，在新政协的召开的具体细节上，依然存在诸多不同意见，需要中共香港分局的潘汉年、连贯等人做好大量的协调工作。因此，潘汉年一直没有办法准确、完整、及时地向中央报告旅港的民主党派的真实情况。而李济深等12人代表各民主党派在5月5日发给毛泽东的通电全文，直到7月中旬才报告中共中央。为此，潘汉年受到了周恩来的严厉批评。

8月1日，毛泽东亲自复电李济深等人。电文如下：

> 五月五日电示，因交通阻隔，今始奉悉。诸先生赞同敝党五月一日关于召开新的政治协商会议讨论并实现召集人民代表大会建立民主联合政府一项主张，并热心促其实现，极为钦佩。现在革命形势日益开展，一切民主力量亟宜加强团结，共同奋斗，以期早日消灭中国反动势力，制止美帝国主义的侵略，建立独立、自由、富强和统一的中华人民民主共和国。为此目的，实有召集各民主党派、各人民团体及无党派民主人士的代表们共同协商的必要。关于召集此项会议的时机、地点、何人召集、参加会议者的范围以及会议应讨论的问题等项，希望诸先生及全国各界民主人士共同研讨，并以卓见见示、曷胜感荷。谨此奉复，即祈谅察。①

与此同时，周恩来又为中共中央草拟致香港分局并潘汉年的电报，要他们按照毛泽东复电的精神，即送各民主党派征询意见，并将征询推广到上海、南洋的民主人士中去，欢迎他们到解放区商谈，共同进行筹备工作。同时，毛泽东、周恩来还致电上海局、香港分局并告吴克坚、潘汉年：美国国务院政策现在仍以支持蒋介石反共为主，同时对蒋介石无能及老吃败仗不满，并正在进行各种活动，其中包括向我党试探和谈的可能

---

① 毛泽东：《毛泽东文集》第5卷，人民出版社1993年版，第114页。

性。到蒋真正无法统治下去时，则准备以李宗仁、何应钦等代替蒋介石，希望与我停战议和，取得喘息机会，重整兵力，卷土重来。我们对这类阴谋应当揭穿，对反蒋分子应密切联系，争取他们。

从这时候起，香港便掀起了一个"迎接新政协"的热潮。

2
司徒美堂发表《国是主张》：谁为爱国爱民，谁为祸国殃民，一目了然

统战，全称为统一战线。这是共产党的一大发明。在共产党人的词典里，这是法宝之一。

1939年10月，毛泽东在《〈共产党人〉发刊词》一文中，总结了两次国内革命战争的经验教训，揭示了中国革命的客观规律。他指出："十八年的经验，已使我们懂得：统一战线，武装斗争，党的建设，是中国共产党在中国革命中战胜敌人的三个法宝，三个主要的法宝。"[①]统一战线和武装斗争，是战胜敌人的两个基本武器。统一战线，是实行武装斗争的统一战线，而党的组织，则是掌握统一战线和武装斗争这两个武器以实行对敌冲锋陷阵的英勇战士。这就是三者的相互关系。正确地理解了这三个问题及其相互关系，就等于正确地领导了全部中国革命。

十年后的1949年6月，毛泽东在《论人民民主专政》中对三大法宝的内容和意义做了更加完整的概括，他指出：一个有纪律的，有马克思列宁主义的理论武装的，采取自我批评方法的，联系人民群众的党；一个由这样的党领导的军队；一个由这样的党领导的各革命阶级各革命派别的统一战线；这三件是我们战胜敌人的主要武器。依靠这三件，使我们取得了基本的胜利。

现在，中共中央和毛泽东在西柏坡灵活机动地使用了这一法宝，而且通过召开新政协，把它发挥到了极致。

[①] 毛泽东：《毛泽东选集》第2卷第2版，人民出版社2009年版，第606页。

1948年的香港远远没有它后来繁华，富贵与贫穷随着山的海拔高度而逐级呈现。山脚下住的大都是贫民，因此多为简陋的小木屋；山腰多为三四层的砖砌楼房，系内地来港避难的各界人士；山顶则是西式花园洋房，那里是不准华人居住的欧人生活区。在山腰，有一条罗便臣道，这里可谓是卧虎藏龙。两开间三层高的92号被人们称作"李公馆"，它的主人正是大名鼎鼎的李济深。再往前走一点儿，就是111号，那里居住着著名将领蔡廷锴。

接到毛泽东8月1日的复电，李济深、蔡廷锴、沈钧儒等各民主党派首脑，奔走相告，深受鼓舞。因为相隔很近，所以经常往来，推心置腹，多方商讨，决心为促进新政协的早日召开而努力。李济深感到，形势发展很快，蒋介石政权的覆灭已为期不远。蔡廷锴对当前的政治尤其军事战局更加乐观，说："只要将东北、华北战争解决了，解放军一过长江，蒋军无法抵挡，全国很快就要解放。"

横看成岭侧成峰。风云变幻，风雨如晦，各家有各家的盘算，各家也有各家的难处。在1948年5月的这个时候，中国境内的民主党派约有12个，其中8个（总部）在香港。各民主党派的力量已经很悬殊，极个别的小党派甘愿附庸在蒋介石身上，成为国民党的傀儡。而暂避香港的民主党派虽然数量很多，但像一盘散沙，民主人士关于召开政治协商会议的看法也还远未统一。除了民主党派之外，还有无党派人士，代表人物有郭沫若、马寅初、张奚若、李达、符定一、欧阳予倩、周谷城等，那时候，国民党蒋介石称他们为社会贤达。

时为香港分局工作人员的杨奇回忆说：

为了征求各民主党派对召开新政协的时间、地点、召集人以及北上交通等问题的意见，中共中央香港分局和香港工委的负责人，一方面登门拜访各民主党派的首脑，诚恳谈心，耐心听取他们的具体意见；另一方面则召开座谈会，大家发言，集思广益，然后向中央和周恩来汇报。

座谈会有两种：一种是由中共中央香港分局和香港工委代表

方方、潘汉年出面主持，邀请各民主党派的领袖出席，每次十多人，开会地点通常是在铜锣湾天后庙道4号4楼，也曾经在李济深寓所举行。另一种座谈会由中国民主同盟的周新民主持，人数较多，地点是借用湾仔一个单位的会议室，每次参加者约有三十多人。有时先由一人专题发言，然后漫谈讨论；有时则邀请有关知名人士作政治报告。不论哪一种座谈会，主题都是目前形势与新政协会议。

由中共中央香港分局和香港工委代表主持的座谈会，先后开了八次，其中以1948年6月30日那一次的会议记录最详细，记录者是香港工委的统战委员罗培元。这次记录能够保存下来，实在难能可贵。从中可以看到，当时座谈商讨了五个问题：一、关于召开新政协的时间问题；二、关于新政协开会的地点问题；三、关于参加会议者的范围、单位、个人问题；四、关于第一届会议应解决的问题；五、关于会议由谁召开的问题。会上发言踊跃，沈钧儒、谭平山、马叙伦、李章达、郭沫若、茅盾都作了多次发言，有些问题大家的意见并不一致。李济深因当日有事请假，委托连贯转达他的意见，他主张等到解放军拿下平津之后，才在北平召开；李章达、谭平山则不同意。方方、潘汉年除了就北上的交通问题提出建议和征求意见外，对大家的发言并没有发表自己的见解，只是说明会将各人的意见如实向中共中央反映。

许多事实都表明：中共中央的征求意见是严肃认真的，是尊重民主党派人士的。不论是方方、潘汉年主持的高层民主人士座谈会，抑或是周新民主持的更大范围的座谈会，会上反映的关于新政协的各种意见，都由中共中央香港分局及时报告中共中央，后来又转给有各民主党派参加的新政协筹委会。[1]

时任中共中央香港工委统战委员的罗培元回忆说：

---

[1] 杨奇：《风雨同舟——接送民主群英离港北上参加政协始末》（上），原载《同舟共进》2004年第10期。

香港分局领导层和党外民主人士关于召开新政协会议的交换意见方式灵活多样，也是多层次的。最重要、机密级别高的问题，往往是由分局负责人亲自登门商量。双周座谈会也有上、中两个层次，像李济深、沈钧儒、郭沫若、蔡廷锴、谭平山、章伯钧、马叙伦、王绍鏊、茅盾、许宝驹、陈其尤、彭泽民、李章达、邓初民、胡愈之、梅龚彬、吴茂荪（他是冯玉祥的代表）等高层人士参加的座谈会，都在天后庙道统战委员会机关举行。每次开会，方方、潘汉年和连贯一定出席。中层的全国性民主人士约30多人参加的双周座谈会，在湾仔某单位的一个会议室举行，主持人一般是周新民。自5月起，在多种不同场合，各界人士以"目前形势与新政协"为题，连续召开座谈会、报告会，每次会议都有一二位高层民主人士参加并作主题发言或演说。各民主党派、各人民团体、文化艺术界、学术界、经济界，也各自召开多次集会，讨论新政协有关问题。所有的集会都反映出人民解放战争即将取得全国性胜利，民主联合政府即将诞生的兴奋、热烈的情绪，高、中层民主人士的集会还表现出对新政协召开的有关重大问题的高度的责任感。解放战争即将取得全国性胜利，民主联合政府即将诞生的兴奋、热烈的情绪，高、中层民主人士的集会还表现出对新政协召开的有关重大问题的高度的责任感。[①]

的确，中共的一个"五一口号"，在香港掀起了"新政协热潮"。中共代表方方、连贯、潘汉年等除了登门造访、促膝谈心、开会商讨之外，还通过新闻传媒开展了"舆论战"，批评当时社会上的一些错误论调。此其时也，美国为了阻止中国人民解放战争的彻底胜利，一方面加紧援助蒋介石，叫嚣美国空军直接参战；另一方面则加紧扶持"第三势力"，企图在爱国民主阵营中制造分裂，拉出一些自由主义人物，在国共两党之间成立

[①] 中国人民政治协商会议广州市委员会文史资料委员会编：《广州文史第四十九辑》，广东人民出版社1996年版，第39页。

所谓"中立政党"。美国驻华大使司徒雷登在南京发表《告中国人民书》，鼓吹"曾受教育的知识分子要组织新党"，"支持政府谋求和平的努力"等言论，并得到了苏联驻华大使罗申的附和与合作。美国军事评论家鲍威尔露骨地说："假使目前这个无能的政府能够由一个或几个政府取而代之，在政治上、军事上稍加革新，当然是很好……我们可能支援个别省主席及傅作义等精明能干的将领，各自割据一方。"一时间，什么"南北朝""划江而治""三分天下"，以及什么"退出内战，守土为民"等等论调，甚嚣尘上。国内一些反对国民党蒋介石的民主人士，不禁担心共产党的前途——国民党走向衰亡，共产党难以兴盛，那么就只好找第三条道路了。香港有些人甚至酝酿，给美国总统上书，要杜鲁门支持中国的"第三势力"。

香港是自由港，新闻传媒发达。这些报纸都有着圈内人都懂的政治背景，比如：《香港时报》是国民党办的，《华商报》是共产党办的，《光明报》是民盟办的，《文汇报》是民革办的，还有像《星岛日报》《华侨日报》则是中间路线办的。为了批驳美国人导演的分裂中国、分化统一战线的阴谋，在潘汉年的领导和协调下，《华商报》《正报》和《群众》周刊相互配合，同《中央日报》《大公报》打起了笔墨官司。针对所谓第三道路的言论，章汉夫和连贯在《群众》杂志先后发表了《论旧政协与新政协》《论新政协的道路》等文章，阐明中国人民解放的道路，只能是反帝、反封建、反官僚主义的统一战线的道路，只能是新的政治协商会议的道路，其他道路都是行不通的。方方还发表了《争取最后的彻底胜利》一文，揭穿了美国鲍威尔之流培植所谓"第三势力"的阴谋。《光明报》先后发表了《自由主义批判》《伪自由分子的两条道路》《答施复亮先生论"中间路线兼论自由主义的道路"》等文章，大力批判第三条道路。

马叙伦、邓初民、侯外庐、曾昭抡、翦伯赞等人在报纸上开展笔谈，说："假如中间路线在1946年还只是错误的幻想，而1947年已破产的话，那么1948年的今天，它简直变成反动阴谋的护身符了。"各民主党派也纷纷表态：在反民主的独裁统治与民主统一战线之间，没有第三条道路。凡是希望新政协成功者，不独不应有第三条道路的幻想，而且应该起来揭露这种第三条道路的阴谋。

不管是争论也好，还是讨论也罢，历史的现场不容想象。志不同，道就不合。一个不争的事实是，尽管许多民主党派和民主人士赞同共产党的主张，但尚未心服口服地接受中国共产党的领导，还有许多说不清道不明的纠结，也有许多只可意会不可言传的瓜葛，中共与他们的相互之间的关系还有微妙的地方。一句话，新政协如何召开，还是众口难调。有在旧政协时代跟着蒋介石走的某党派领导人找到连贯，说：还是由蒋介石召开政协会议，组建联合政府；或是国共两党轮流领导中国；如果不行，那也要有民社党和青年党参加新政协。民社党领导人张君劢扬言说：若要我张君劢参加新政协，中共必须放弃土改！一句话，对于许多民主人士而言，谈起民主人人喜欢，说起革命谈虎色变。

就在这个时候，一个80岁高龄的老人在香港建国酒店7楼航空厅举行了一场别开生面的记者招待会，对中央社和《华商报》《大公报》《华侨日报》《工商日报》《星岛日报》等十多家香港媒体，发表了题为《国是主张》的书面发言，轰动一时。这位老人不是别人，正是著名旅美侨领、中国洪门致公党创始人司徒美堂。这是他1946年自美国回国，拒绝参加国民党召开的"国民代表大会"，愤然赴港隐居多时后第一次以美洲洪门致公党元老身份公开发言。避居香港后，国民党派了三个特务看着他。陈其瑗去找了几次，特务都不给开门。最后还是连贯想出了办法，《华商报》的编辑司徒丙鹤是司徒美堂的老乡，派他冒充老家的亲戚才得以见面，与中共获得联系。

在这次记者招待会上，司徒美堂用他爽朗洪亮的声音告诉大家说："敝人自年前来港，格于环境，未能与新闻界诸君见面，十分抱歉。当前国内形势大变，谁为爱国爱民，谁为祸国殃民，一目了然。""中国乃四亿五千万人民之中国，非三五家族所得而私，必须给人民以民主自由。"他还表示，"本人虽然年迈，但一息尚存，爱国之志不容稍懈"。可以想象，作为追随孙中山参加辛亥革命的爱国华侨领袖，司徒美堂的这番话，立即成为香港媒体争相发布的头条新闻，如同一枚重磅炸弹震惊海内外。

记者招待会结束后，司徒美堂与李济深、蔡廷锴、陈其瑗、陈其尤、连贯等人密切接触，交换对时局的意见。1948年10月中旬，在司徒美堂从香港返美前夕，连贯在铜锣湾沈钧儒的家中设宴为之饯行。席间，司徒美堂即兴而起，挥毫写下"上毛主席致敬书"，表示衷心接受中国共产党的领导，向"出斯民于水火的毛润之先生致敬"，并郑重表示："新政协何时开幕，接到电召，当即回国参加。"因交通阻隔，投递费时，毛泽东直到1949年1月20日才收到司徒美堂的信。阅后，毛泽东当即回复说："中国人民解放斗争日益接近全国胜利，召开新的政治协商会议，建立民主联合政府，团结全国人民及海外侨胞的力量，完全实现中国人民的独立解放事业，实为当务之急。"毛泽东还热诚邀请司徒美堂"摒挡公务早日回国，莅临解放区参加会议"。①

面对共产党统一战线的节节推进与全面开花，蒋介石也没有闲着。他凭着当权者的优势和外交资源，狠出了三招——第一招：以中国合法政府的名义与港英当局交涉，要求限制香港的反政府活动。当时南京国民政府驻港外交机构叫特派员公署，直接或间接遥控特工，监视民主党派和民主人士以及社会各个角落有无反政府动向。第二招：在美国的支援下，使用最先进的无线电侦测技术侦破中共的秘密电台，破坏中共在香港的地下电信联络。第三招：大量潜伏特务，制造恐怖和暗杀事件。

面对香港复杂诡谲的形势，中共怀抱初心，因势利导，获得了民主党派和民主人士的同情、信任和支持。周恩来在为中共中央起草致上海局、香港分局并告吴克坚、潘汉年的电报中指示："与李济深、冯玉祥、章伯钧、谭平山及其他中间派反蒋分子保持密切联系，尊重他们，多对他们做诚恳的解释工作；争取他们，不使他们跑入美帝国圈套里去，是为至要。"

在西柏坡，在这个时候，中共中央负责统一战线工作的机关叫城市工作部，简称城工部。城工部部长由周恩来兼任，李维汉任副部长。城工部的任务就是根据中共中央的指示，研究与经管国民党统治区的一切工作，包括工、农、青、妇，以及与各民主党派、爱国民主人士的联系，并负责训练这方面的干部。办公地点在西柏坡以东2.5公里的李家庄。为了隐蔽，对外叫"工校研究室"，机要科对外叫"文工队"。

---

① 司徒丙鹤：《司徒美堂和毛泽东的六次函电交往》，《团结报》2003年10月14日。

1948年9月24日和26日，中共中央先后发电，决定"将中央城市工作部改名为中央统一战线工作部，管理国民党统治区工作、国内少数民族工作、政权统战工作、华侨工作及东方兄弟党的联络工作"，并具体负责筹备召开新政协的工作。中央统一战线工作部部长由李维汉担任，简称统战部。

3

西柏坡—香港，周恩来密电连连：绝对保密，保证安全，万无一失

"从1948年9月中央政治局会议以后，党中央最大的工作是两件：一是打仗，一是统战，中心是打倒蒋介石，建立新中国。"时任中共中央副秘书长、中央办公厅主任的杨尚昆晚年在回忆录中如是说。

现在，对中共来说，打仗，是"南下"；统战，是"北上"。但无论是毛泽东指挥百万雄师"南下"，还是周恩来部署民主人士"北上"，都是一着险棋，且都有可能一招不慎，满盘皆输。

毫无疑问，统战工作是当时中共中央的重大政治任务。其主要工作就是把在香港和国统区的民主人士接到解放区来，准备召开新的政治协商会议。而把他们接到解放区来的事，由周恩来亲自指挥，李克农和钱之光经办，先通过地下党的关系联络，然后组织秘密交通护送。从1948年8月至次年8月，足足历时一年，共分20批，涉及营救和护送的民主党派、无党派人士代表达350多人，其中有新政协会议代表119人，加上中共及其他工作人员北上的共计1000多人。

排除各种障碍，把在解放区之外的民主人士接到解放区来共商建国大计，保证新政协的胜利召开，这是一件十分紧迫、艰巨、危险又十分伟大的工作。真实总是比虚构更精彩。每一次接送都有传奇，每一次接送都有惊险。回顾起来堪称一部故事片或电视剧，却比电影电视更逼真更动人。

一切都在秘密地进行。

1948年8月2日，就在毛泽东电复香港各民主党派和民主人士，对他们积极响应中共"五一口号"表示"极为钦佩"之后，周恩来致电在大连工作的钱之光，要他以解放区救济总署特派员的名义前往香港，会同方方、章汉夫、潘汉年、连贯、夏衍等，接送在港民主人士进入解放区参加筹备新政协。早在1933年就担任中华苏维埃共和国临时中央政府国民经济委员会委员兼对外贸易总局局长、商业大学校长的钱之光，抗战胜利后一直跟随周恩来在重庆、南京的八路军办事处工作。1947年3月，根据周恩来、任弼时关于"去香港主持海外及内地经营，并筹划今后蒋管区地下党经济接济"的指示，他在大连组织中华贸易总公司，随后又到香港组建了华润集团总公司，任董事长，借贸易工作掩护开展上层统战工作。周恩来给钱之光专门下达了一项秘密任务，那就是打通去香港的航道。当时大连是苏联军队军管的地区，钱之光在大连组织的中华贸易总公司对外不公开，而是以中央书记处所属的一个机构在活动。

接到周恩来的电报，钱之光感到大连的机构只有十几个人，人手不够，就电请加派人员。于是，周恩来就派遣钱之光的老同事、曾一起在上海工委工作的刘昂从西柏坡来大连接替他的工作，担任中华贸易总公司负责人。其实，钱之光和刘昂是一对夫妻。刘昂是蔡和森、蔡畅的外甥女。周恩来让他们开起了"夫妻店"——钱之光负责在香港送人，刘昂负责在大连接人。两人进行了工作交接后，钱之光从大连出发，经丹东，跨过鸭绿江大桥到达朝鲜新义州，转乘火车到平壤。在平壤，他们会见了驻朝鲜办事处负责人朱理治，并同苏联办事机构办理了租船手续，然后在罗津港乘坐租用的苏联"波尔塔瓦"号货船，装载了大豆、猪鬃、皮毛等土特产，远航香港。钱之光回忆说：

> 恩来同志叫我以解放区救济总署特派员的名义，前往香港。当时与我同行南下的有祝华、徐德明和翻译陈兴华等同志。从罗津到香港，要经过朝鲜海峡、东海和台湾海峡，航程漫长，随时可能遇到国民党军舰。为了应付意外情况，我们事先商量好各自的身份，确定了假姓名。并商定到了复杂地带，必要时还要装扮成船上的职工。
>
> 在往香港的航行中，我们遇到过国民党海空军的监视，也遇

到过龙卷风。有时国民党飞机在我们船的上空盘旋，并不时呼啸而过；有时还遇到国民党的军舰。也许因为我们的船挂的是苏联旗帜，他们没有采取什么行动。当我们的船颠簸地驶进台湾海峡时，又遇到了强大的龙卷风。只见船的正前方忽然升起了擎天的水柱，海水激烈地旋转着往上升。面对这样的惊涛骇浪，真是既惊异，又担心。幸好这股龙卷风离我们的船只还远，同时船已改变了航向，因此避开了它的袭击。

旅途的风险总算过去了，当我们的船快到香港时，就看到海面上出现了许多轮船，船杆上飘着不同国籍的旗帜。香港当局的缉私快艇，也来回穿梭。当时，为了避免引起注意，我改扮成船上的锅炉工，即使熟人见了，也很难识别。等海关人员上船检查后，我才换装。我们终于安全地到了香港。[1]

终于打通了香港和解放区的通道，在西柏坡听到钱之光安全抵达香港的消息，周恩来心中的一块石头总算落地。其实，在开辟大连—香港交通线之前，周恩来还曾设想开辟经欧洲到苏联再转赴哈尔滨的路线，把在香港的民主人士安全地接到解放区，筹备召开新政协，但未能打通。刘昂回忆说：

> 1948年初秋，（周恩来）曾告潘汉年设法与港方交涉。潘找了民主党派驻港代表萨空了同志商谈，要萨先与港方接洽，说民主党派有几位负责人要经欧洲进解放区。于是萨空了找了香港大学校长施乐斯（D. T. Sloss），他是香港当局指定与中共及民主党派的联系人。萨对施乐斯说，民主党派主要负责人李济深、沈钧儒要从香港去伦敦转经苏联到东北解放区去。施表示你们两个领袖要走，这是要请示的，说要报告香港总督。过了一些时，施回答说：港督表示这件事他也做不了主，要请示伦敦，需要有一个

---

[1] 钱之光：《接送民主人士进解放区参加新政协的回忆》，《人民日报》1983年8月14日。

较长的时间才能答复。由于他们的答复旷日持久，而且可能是敷衍搪塞，因此，周恩来同志决定不走这条路线，而利用大连到香港的这条航道，来完成这项重要而机密的任务。以后施乐斯在当年12月才转来伦敦的意见，说不发护照，但可给一个证明身份的文件，离开伦敦时还可以保护。其实这时，我们早已开始了接送工作，沈老也早已到了解放区。①

与此同时，8月9日，周恩来致电香港分局，指出"为邀请与欢迎港、澳及南洋民主人士及文化界朋友来解放区"，要"为他们筹划安全的道路"，并指定由潘汉年、夏衍和连贯负责计划并协商一个名单电告中央。接到周恩来的电报，方方深感任务光荣和艰巨，随口感叹说"兴奋与担心交并"，真实表达了他和战友们的心情和心声。的确，"兴奋"的是组织香港的民主党派、民主人士座谈征询召开新政协的意见的任务基本完成，绝大多数人已做好准备，等待北上的通知，全国人民盼望已久的新政协即将召开，民主联合政府即将成立，中国人民将由革命进入建设的阶段。"担心"当然是指这么多知名的民主人士北上旅途的安全。因为那时陆上、空中都没有通路，只能由香港乘船北上，而这又要冒港英政府留难、破坏和美蒋海、空军干扰拦截的风险。这是一份艰巨光荣的工作，体现责任和担当。紧接着，香港分局和香港工委迅速成立了一个接送民主人士北上的五人小组，由潘汉年全面掌管，夏衍、连贯负责与各民主党派的头面人物联络，许涤新负责筹措经费，饶彰风负责接送的具体工作。

如何做好接送工作呢？饶彰风就从《华商报》等单位抽调人手，组成了一个秘密工作班子，有专职的，也有兼职的。他们分别同准备北上的民主人士联络、租赁汽艇、购买车票、搬运行李、餐饮住宿、护送上船等等。这些人员分头行动，你做你的事，我做我的事，分别向饶彰风和夏衍报告。

因为有解放区救济总署特派员的特殊身份，钱之光抵达香港后，苏联方

---

① 中央文献出版社编：《不尽的思念》，中央文献出版社1987年版，第156—157页。

面就派人乘小船前来接头。他们在香港设有办事机构，与船上有通信联络，事前知道"波尔塔瓦"号到达的时间，并通知了中共地下党设在香港的联和公司。为了上岸便利，他们转乘小汽艇。行在半途中，先期到港的袁超俊、刘恕也赶来接钱之光一行。上岸后，钱之光一行先到联和公司商量卸货的事宜和布置今后的任务，接着就与华南分局的方方、潘汉年见面了。

方方的寓所在九龙弥敦道108号4楼。在这里，钱之光向方方、潘汉年介绍了解放区的情况，传达了中央的指示，一起商量接送民主人士北上的问题。考虑到香港的情况复杂，同时海上航行由于国民党海军的活动，特别是要经过台湾海峡，很有风险，所以周恩来一再指示对民主人士的接送要绝对保密，保证安全。根据周恩来的指示，他们仔细研究，为了不引人注目，决定分批秘密接送；由与民主人士保持联系的党组织如香港分局、香港工委或其他方面的同志分别联络，每一批安排哪些人走，什么时候开船，要根据民主人士准备的情况、货物装运、香港的政治气候以及联系工作情况等因素来决定。他们还明确了工作的分工——凡是上船之前的联络、搬运行李、送上货船的工作，统由香港方面负责，每次都有专门的人员负责陪同；钱之光的贸易公司则承担租赁货船，并派人随船护送和照顾民主人士的生活。为了尽快与中央和大连保持直接联系，他们迅速建立了电台，随时向中共中央和周恩来汇报，并与大连的刘昂等人进行了对接。

既然是解放区救济总署的特派员，钱之光就必须运用经济贸易工作做掩护，也要从香港进口解放区缺乏的物资。因此，钱之光对设在香港的联和公司进行了改组和扩大。在皇后大道毕大行另租了几间大的写字间。他就和同志们商量要重新取个名字，既要有意义，又不能太暴露。他提出："叫华润公司。华是中华的华，代表中国；润是毛润之的润，代表我们党。就是说，这个机构是我们党办的贸易公司。"大家一致赞同，于是便挂起了华润公司的牌子，由杨琳任经理。以后，中央决定钱之光任董事长。在华润公司工作的杨琳、袁超俊、刘恕和在中华贸易总公司工作的祝华、王华生、徐德明等，都参加了这方面的工作。

就这样，接送民主群英离港北上参加新政协的这项"系统工程"，各个环节都衔接好了，马上就可以付诸行动了！

这时候，蒋介石当然没有闲着。他一边派飞机轰炸石家庄，阻挡民主人士进入华北解放区，一边布置大量特务潜伏香港监视着共产党和民主党派的风声。8月17日，国民政府行政院发布《特种刑事检举》，在报纸上公布通缉的"黑名单"，命令被检举者投案自首。紧接着又召开秘密会议，部署全国大搜捕。老蒋手段毒辣，什么卑劣的事情都干得出来。

8月22日，周恩来起草中央指示，提醒国统区地下党：必须有清醒的头脑和灵活的策略，必须依靠广大群众而不要犯冒险主义错误。他还明确规定阶段性方针："疏散隐蔽，积蓄力量，以待时机。"

就在这个时候，一个坏消息还是传来了！

——也就在8月22日这一天，民革领导人冯玉祥在黑海遇难。冯玉祥和夫人李德全一行八人，是乘坐苏联"胜利"号轮船离开美国的。马上就要回到祖国，参加新政协，冯玉祥喜上眉梢，赋诗《小燕》，歌以咏怀。8月21日，"胜利"号横渡黑海，向敖德萨港进发。22日下午1时左右，船上负责放映电影的青年在四层底楼倒回几百卷放完的电影拷贝，由于速度太快，摩擦起火，引燃所有胶卷，火势顺着木制楼梯烧到各层出口，浓烟滚滚，冲腾而上，冯玉祥不幸遇难。

煞费苦心的周恩来是在9月7日获悉冯玉祥遇难消息的。出师不利，突然痛失大将，这让周恩来对把民主人士尽早、安全地接到解放区，更加焦心。他立即致电香港，要求对民主人士乘坐苏联货轮北上事情慎重处理。风起云涌，心细如发的周恩来反复叮嘱潘汉年和钱之光：如果该船没有航行保证不能乘，如民主人士有顾虑不能乘，就是船行有保证、民主人士无顾虑也不能都乘坐一条船，应分批前来，而且，第一批愈少愈好。而在一个星期前的8月30日，周恩来、任弼时、李维汉还曾复电钱之光，同意组织第一批民主人士乘苏联货船开往朝鲜。为了防止破坏，周恩来还特别提醒"须注意绝对保密，做到万无一失"。

保守秘密是一件很不容易的事。钱之光回忆说："我们每次护送民主人士，特别是一些引人注目的知名人士上船，事先都做了比较周密的安排。要求负责联系的同志，机智灵活，特别要注意密探的跟踪。对于上船要经过的路线，事先也做了调查了解，熟悉经过地段的情况，还事先约好，从哪条路走，要经过哪些街道；什么人去接，遇上情况如何对付等等。由于民主人士社交活动多，认识的人也多，为了避免遇到熟人，每次都是安排在黄昏以后上船的。"经过努力和密切配合，在较短的时间里，他们终于做好了第一批民主人士北上的准备工作。

第一批北上的民主人士名单是9月4日才确定下来的。这天，潘汉年、连贯在李济深家中开会落实名单时，有些人说手上有工作尚待处理，来不及第一批离港；还有个别人担心经过台湾海峡时是否安全。这时，只有沈钧儒、蔡廷锴等人毫不犹豫，全无顾虑，说走就走。实际上，租借的苏联"波尔塔瓦"号货船不大，客房极少，人数也不便安排太多。就这样，沈钧儒、谭平山、章伯钧、蔡廷锴和他的秘书林一元等人，成了离港北上的第一批民主人士。由章汉夫陪同，钱之光派祝华和徐德明随船护送。

"波尔塔瓦"号离港的时间确定在9月12日黄昏。出发前，民主人士的行李由连贯派香港工委的罗培元先行运走，自己离开家时只带一个小提包。这天晚上，大家先约好到连贯家，吃过晚饭，还化了装。沈钧儒、谭平山留着长胡须，很难收藏起来，就只能扮作老大爷；章伯钧身穿长袍，头戴瓜皮帽，打扮成了一个大老板；蔡廷锴则穿着褐色薯莨绸，足蹬旧布鞋，俨然一个商业运货员。他们随着罗培元步行，大约十分钟后就走到邻近铜锣湾海边，在谭天度家中稍事休息，再坐上事先雇好的小艇，向停泊在维多利亚湾的"波尔塔瓦"号货船划去。

为了安全起见，钱之光早早地赶到船上了解情况，一方面检查带回解放区所需的物资，一方面等待他们的到来。沈钧儒年纪最大，已是七十高龄，比起在重庆、上海时消瘦了许多，但步履稳健。因为与谭平山在重庆时有过从，两人一见面，钱之光紧紧地握着谭平山的手，说："谭老，可能没有想到吧，在这里我们又见面了！"谭平山开心地说："是呀，是呀。"章伯钧攀扶着软梯上船来的时候，一抬头就看到了钱之光，惊奇地说："老兄，你也来了！"因为工作关系，他们在香港一直没有见过面，突然相遇，真是意外之喜。登船后，他们每个人手里都持有货物单据，以证明自己货商的身份，作为掩护，紧张的心情也随之松弛安静下来。

9月13日早晨，轮船起锚。16日，当航行到台湾海峡澎湖列岛时，遭遇强劲台风，风急浪高，船行缓慢。"波尔塔瓦"号被狂风恶浪冲进了一个荒岛，眼看着就要触礁了，船长下令救船。军人出身的蔡廷锴奋起参加，和船员一起，拿着工具，在风浪中合力顶住岩石，终于使得轮船脱险。

在钱之光和刘昂的记忆中，"波尔塔瓦"号在海上航行了8天。

送行的钱之光说："我下船回到住地后，立即向党中央和大连方面报告了这一批民主人士出发的情况。以后，我一直焦急地等着船开出后的消息，直到第八天接到大连刘昂同志的电报，说'船已顺利到达朝鲜的罗津，中央派李富春同志专程迎接，已前往哈尔滨'。这时，我才放了心。"

接站的刘昂说："沈老一行离港启程后，我在大连与香港始终保持密切联系，船行8天，当我知道轮船已顺利到达罗津后，立即电告香港。这一批民主人士的到达，中央派李富春同志专程迎接转往哈尔滨。"

实际上，"波尔塔瓦"号经过16天的航行，9月27日才安全抵达朝鲜的罗津港。中共中央派李富春前往码头迎接，相见甚欢。10月3日，获悉第一批民主人士到达解放区后，毛泽东、朱德、周恩来在第一时间打电报给沈钧儒一行，表示欢迎。随后，周恩来又将他亲笔起草的《关于召开新的政治协商会议诸问题（草案）》，经由高岗、李富春转送，请他们提供意见。

乘坐"波尔塔瓦"号第一批抵达东北的林一元回忆说：

> 登岸后稍事休息，即乘火车渡过图们江，当晚在图们休息，次日早改乘火车跨过牡丹江直达哈尔滨市。在中共东北局所在地的南岗会见高岗、高崇民两位同志，彼此热烈问好，大有离巢别燕，久别归来的滋味。旋被安排在东北局招待所马迭尔旅馆住宿，周秋野同志任该所主任，招待周到，使游子有归家之感。数日后，从欧洲经苏联回国的朱学范亦抵达哈尔滨，也被安排在招待所。我们住所期间，东北局的领导同志高岗、李富春、蔡畅、李立三等经常来访或共膳，对当前国内外形势和党的政策多所介绍和阐释，记得还发每人一本东北版的"毛选"。党对我们的关怀和循循善诱，使我们逐步提高了认识，对新民主主义的性质和任务有较深刻的理解。

10月21日和23日，东北局的领导同志高岗、李富春、高崇民等代表中共中央与到达哈尔滨的沈钧儒、谭平山、蔡廷锴、章伯钧、朱学范会谈中共中央关于召开新政协的章程草案的初步意见。30日，再将哈尔滨的补充意见转告在港的李济深以及民盟和其他党派负责人。经过反复协商，11月25日取得了一致意见。①

在第一批民主人士安全北上后，刘昂在大连租了苏联的"阿尔丹"号货轮，装载解放区出口的物资和一些黄金去香港，以便接回第二批民主人士，带回解放区所需的物资。按照计划，第二批民主人士是在10月中旬离港北上的。谁知，"阿尔丹"号到港时与另一艘船相撞，需要入坞检修，一时不能使用，但是香港方面已经确定了北上的行期，因此只有另外租用一艘挂挪威旗的"华中"号货船运送，迟至1948年11月23日深夜才离港。

第二批北上的民主人士有马叙伦、郭沫若、丘哲、许广平和儿子周海婴、陈其尤、沙千里、翦伯赞、宦乡、沈志远、曹孟君、韩炼成、冯裕芳、侯外庐等知名人士，由连贯同志陪同，胡绳同志同行，钱之光派王华生随船护送照料生活。

每一批民主人士北上，第一位的就是保密工作。有了保密，就有了安全。在第二批精英中，郭沫若工作较忙，从这年8月25日开始，他就在《华商报》副刊《茶亭》上连载《抗日战争回忆录》，每日一篇。为了掩饰自己离开香港北上，不让连载中断，郭沫若来了一个"金蝉脱壳"，在离港的前三天赶写了七八篇文稿，预先交给了报社，直至12月5日才连载完毕。文末，他还专门写了一个《后记》，日期署的却是"1948年11月21日于香港"。文章登出时，他已经离开香港十多天了。

在船上，许广平的儿子周海婴（当时化名朱渊，身份为船员）爱好无线电，自己组装了一台收音机。有一天，他在船上收到了新华社播发的沈阳解放的消息，大家都很兴奋，就到娱乐室开了一个热烈的庆祝会，郭沫若、曹孟君出了节目。有的唱歌、有的跳舞，还有朗诵的、讲故事的，充

---

① 杨胜群、陈晋主编：《亲历者的记忆：协商建国》，生活·读书·新知三联书店2009年版，第66页。

满了胜利的欢乐。丘哲还作诗"拼将生死任扶倾",写出了大家的豪情和希望。

周海婴喜欢摄影,临行前,想到为解放区人民服务,就和母亲商量,可不可以在香港买一台照相机。那时,中共给他们每人1000港币的置装费用。许广平就答应了儿子的要求,将置装费压缩了一半,买了一台黑色的禄莱相机。途中,周海婴为同船的前辈们拍下许多珍贵的照片,为这次本来是绝密的历史行动留下了最美好的历史见证。在海上,作为鲁迅先生唯一的孩子,他还请这些叔叔伯伯、伯母们签名留念。因为购买相机花了置装费,许广平就在出发时购买了一些毛线,在船上给海婴赶织去北平过冬的毛衣。郭沫若看到这些,就给他题写了一首诗,曰:"团团毛冷线,船头日夜编。北行日以远,线编日以短。化作身上衣,大雪失其寒。乃知慈母心,胜彼春晖暖。"

12月初,"华中"号货船终于行驶到渤海湾,大连在望。但是,大连那时候是属于苏联管辖的军港,普通船只不让靠岸的。作为一个中国人,却不能在自己国家的港口停泊靠岸,这是多么大的屈辱啊!无奈,"华中"号只能继续航行到丹东(时称安东)附近大东沟的大王岛抛锚。郭沫若、马叙伦一行在这里下船,改乘小船登岸。中共中央东北局负责人李富春、张闻天等前往迎接。十多天后,连贯在大连接到周恩来的电示,他和韩炼成(原任国民党四十六军军长)秘密进入山东解放区。

马叙伦一行到达东北时,正好遇上辽沈战役胜利结束,东北全境解放。捷报传来,大家欢欣鼓舞。马叙伦更是兴奋莫名,亲自执笔,以中国民主促进会名义,致电中共中央主席毛泽东和中国人民解放军总司令朱德,表示祝贺。电文说:

> 人民解放战争,未及三年,胜利无算;虽由同胞自觉,共起并持;实赖两先生,老谋荩画,领导有方……遂使民主之光,焕若朝阳;独裁之焰,微同爝火。全球为之刮目,美帝于焉坠心。行见敌势山崩,吾威海泻;叩秣陵于指顾,得罪人于豫期。凯歌讴遍,大业永昌;作大寰民主之矜式,为世界和平之保障。谨抒

庆贺，何任忻欢。①

马叙伦的电文文采飞扬，对共产党、解放军的拥戴之情溢于言表。

马叙伦一行不能在大连靠岸的事情，又一次引起周恩来的高度关注。他立即致电大连的刘昂、冯铉，要他们同苏联驻大连的有关部门交涉，今后租用的轮船，一定要在大连靠岸；上岸后，要安排最好的旅馆，民主党派负责人应住单间，并要确保安全。要举行欢迎宴会，并请大连市委协助做好接待工作，就连宴会的席位、座次，都有明确指示。周恩来还说：北方天气寒冷，要为他们准备好皮大衣、皮帽子、皮靴等等。

与此同时，周恩来又给香港的钱之光发了电报，说：已经送走了两批客人，很可能引起外界注意，今后行动要更加谨慎。强调要把保证安全放在首位，做到万无一失。

事实上，正如周恩来所预料的那样，两批民主人士离港北上后，已经引起了外界的注意。香港当局官员就曾以谈业务为名，来过"华润公司"暗访调查。

现在，接送第三批民主人士的工作开始了。

因为第三批北上的民主人士较多，加上中共党内的同志，共有30多人，主要有：李济深、朱蕴山、章乃器、王绍鏊、梅龚彬、李民欣、吴茂荪、彭泽民、茅盾夫妇、洪深、施复亮、孙起孟、邓初民、王一如、魏震东、徐明等，中共香港分局派人陪同，龚饮冰、卢绪章随行，钱之光派人随船照顾一切。

人多，护送工作就更需要谨慎。尤其是筹划李济深安全离港的工作，更是困难重重，精心安排，大费周章。

作为民主人士中的旗帜性人物，李济深是中国国民党革命委员会主席，国共两党都在竭力争取他。除了中共与他联系密切之外，港英当局与他常有来往，甚至以确保"任公安全"（李济深字任潮）为借口，增加岗哨，加派警力。美国正在加紧拉拢"第三势力"，一些"小蒋介石"也蠢蠢欲

---

① 中国民主促进会中央宣传部编：《中国民主促进会四十年》，上海人民出版社1985年版，第189页。

动,也想利用他在军界的声望和国内外影响,组织一个国共两党之外的第三政府来取代蒋介石。这个时候,国民党政权分崩离析,四面楚歌,各种反动势力都想争取他,以此作为政治斗争的资本。国民党军统特务暗中盯梢、监视,李稍有不慎,就有生命危险。民社党革新派人物卢广声是李公馆登堂入室的常客,两人经常促膝交谈,时不时挑拨两嘴,时不时吓唬一句,说:"你千万不要去解放区,易进难出,到那里就身不由己了。"像素有"小诸葛"之称的白崇禧,就写了亲笔信托国民党的一位大员赶往香港送给李济深,表面上是敦请任公到武汉"主持大计",实际上是妄图拉拢他,打他的旗号,由桂系与共产党"划江而治"。在何香凝、梅龚彬等人的劝说下,李济深没有上当。

在这种错综复杂的情况下,李济深要想顺利地离开香港,确实是阻力重重。

本来,中共方面是希望李济深能够第一批离港北上的,他本人虽然表示想尽早离港,但又说时间太匆促,家属人多,往后的生活还未安顿好,来不及走。李济深"光说不走",在民主人士中也议论纷纷。为这件事,何香凝也做了工作。在一次由吴茂荪约请的聚会上,李济深、何香凝、朱蕴山、梅龚彬、陈劭先、陈此生等人在座。饭后,何香凝推心置腹对他说:"任公,你还是早走为好,一则是政治形势的需要,在政治上有好处;二则为了你自身的安全。"为此,方方、潘汉年又专程上门拜访。恳谈之中,李济深透露妻子患肝癌晚期滞留,作为飞行员的儿子李沛钰也在杭州接受训练,实际上是遭国民党监控扣留作人质,且尚差2万元现钞安家。听到他的难处,方方、潘汉年当即答应表示帮助,对他的家属作好妥善安排,让他没有后顾之忧。李济深离港十多天后,白崇禧派往香港的那个大员才到达,听说李先生走了,感到大失所望。

罗便臣道92号的李公馆地面有三层,地下一层是厨房。李济深一家住在第二层。一层是国民党特务居住的,名为"保护",实则监视。三层则租给了化装了的地下党。可见,李济深的一举一动都有可能招致国民党特务的暗杀,斗争多么残酷多么激烈!因此,如何才能将李济深安全秘密地送出香港,仍然是大伤脑筋的事情。更重要的是,港英政治部和国民党保密局的特务还在马路对面租了一层楼，派了几个特工人员住在那里，开了一个小杂货铺。怎么办？

中共香港分局的方方、潘汉年等人经过研究，拟定了一个周密的计划，决定在圣诞节次日的12月26日夜间上船，12月27日凌晨驶离香港。因为香港每到圣诞节就要放假欢度节日，这是行动的最佳时机。为避人耳目，要离港北上的民主人士，事前都不通知他们和谁同船，各走各的路。有的从家里转到朋友家里再上船，有的在旅馆开个房间停留半天再上船，有的人还特意搬了家。他们把要带的行李，依旧放在原来住处，由中共方面派人去转移上船。民主人士都不随身携带行李，让人们看不出是要出门远行的样子，到达了约定地点后，再由中共方面派专人护送上船。

这真真切切发生的事情，现在看起来就像在拍电影一样。

当时在香港分局工作的杨奇清楚地记得，12月23日，饶彰风给他下达了新的任务，要他负责运送李济深的两件行李，并负责护送李济深等人登上"阿尔丹"号货船。为了完成这个秘密任务，杨奇把自己打扮成一个采购货物的小老板，花了120港元买了一件英国制造的燕子牌"干湿楼"，每次外出执行任务时就穿上它，出入都坐"的士"，并留意有无小车跟踪。接着，他到跑马地凤辉台一位朋友家里，把饶彰风、吴荻舟从李济深家提取出来暂存在那里的两个皮箱取走，作为自己的行李，到湾仔海旁的六国饭店租了一个房间住下。

12月26日，太平山下沉浸在圣诞节的欢乐气氛中，罗便臣道92号李公馆内更是热闹非常。像往常节日宴客一样，主人李济深一身家居打扮，身穿一件小夹袄，外衣则挂在墙角的衣架上。宾主频频举杯，谈笑甚欢。这一切，对门那几个持望远镜的特工看得一清二楚。晚宴开始不久，李济深离席到洗手间去，随即悄悄出了家门。在距离寓所20多米远的地方，一辆小轿车戛然停下，李济深迅速上了车，直奔坚尼地道126号。这座房子是《华商报》董事长邓文钊的寓所，被大家称为"红屋"。一进门，李济深看到方方、潘汉年、饶彰风等人早已在此等候，同船北上的民革要员朱蕴山、吴茂荪、梅龚彬、李民欣也已到达，何香凝和陈此生也前来送行。这时，晚宴才真正开始，大家纵情谈论国事，把酒共话桑麻。

时钟敲过九响，化装为"小老板"的杨奇起身向主人告辞，先行回到六国饭店打点一切。站在窗口，他看到岸边和海面平静如常，便通知服务台结账退房，由侍应生将行李搬到雇用的小汽船上。安排完毕，他拨通了邓文钊家的电话，按照约定的暗语通知饶彰风："货物已经照单买齐了。"于是，饶彰风借用邓文钊的两辆轿车，将李济深这五位"大老板"送到六国饭店对面停泊小汽船的岸边。这时，周而复负责接送的彭泽民等三位民主人士也按时来到。会合之后，杨奇和周而复便带领他们，沿着岸边的石阶走上小汽船。为了掩人耳目，他们还带了酒菜，装着泛舟游览的样子，乘着小船在维多利亚港水面上游弋于一些外轮之间。一个多小时后，天色渐渐晚了，他们才朝着停泊在内港的"阿尔丹"号货船驶去。

今夜，维多利亚湾风平浪静，海面灯光渔火辉映，岸上的烟火满树银花，特别迷人。一上船，李济深看到熟人很多，章乃器、茅盾、邓初民、施复亮等十多人已由别的护送人员陪同先行到来，感到十分惊喜，连连为中共的精心妥帖的安排点赞。钱之光特地把他和朱蕴山、李民欣安排在船长室，让他们不要露面，以避免海关检查。因为人多，这一次北上的人，有的西服革履，扮成经理模样；有的则是长袍马褂，装扮成商人。他们都事先准备了一套说辞，说是到东北做买卖的，所以每人口袋里都装有一套货单，以便应付检查时的盘问。

一切停当之后，杨奇和周而复与这些"大老板"一一握手告别，请他们放心休息。回到岸上，周而复返回英皇道的住所，杨奇则到中环临海的大中华旅店找到饶彰风汇报。两个人虽然十分疲倦，但不敢入眠，直到第二天清晨知道"阿尔丹"号已通过水师检查，驶出港口外的鲤鱼门了，才如释重负，蒙头大睡。

"阿尔丹"号离开驶离维多利亚湾5个小时后，中央统战部部长李维汉收到了香港发来的密电："货物安全出港，英姑娘没有送行。"这句暗语，即表明李济深已经顺利离港，英国和国民党特务方面没有跟踪监视。旋即，李维汉乘坐吉普车从李家庄赶到西柏坡，和周恩来一起向毛泽东报告：李济深先生已经从香港启程了。听到这个消息，毛泽东非常高兴，笑着说：好嘛！我请你吃长寿面。

这一天，1948年12月26日，正是毛泽东55岁生日。

对李济深第三批北上进解放区的民主人士，中共中央极为关心，周恩来的电示更加具体、周密，要求在大连的冯铉、刘昂与苏联有关部门交涉，保证"阿尔丹"号一定要在大连港靠岸；要安排大连最好的旅馆，民主党派领导人要住单间，确保安全。按照周恩来的指示，冯铉经交涉，得到了苏方的允诺。而为了顺利完成任务，在"阿尔丹"号开离大连之前，刘昂还特地宴请了船长、大副等人，对他们说："我们这次来回除装载货物外，还有不少人要乘船回来，请多加照顾。"船长边吃边说："请放心，船已租给你们了，由你们安排，我们尽力协助你们的工作。"

谁知，十天过去了，"阿尔丹"号还没有到达大连。钱之光十分着急，赶紧通过苏联办事机构打听，才知道航行到青岛海面时，"阿尔丹"号遇到逆风，加上坏了一个引擎，每小时只能走六海里。两天后，也就是1949年1月7日上午，"阿尔丹"号到达了大连。中共中央派李富春、张闻天和大连市委的欧阳钦、韩光、李一氓等人专程迎接，还邀请参加国际工运会议已经回到哈尔滨的民革中央常委朱学范一同前往。按周恩来的指示，这一批民主人士下榻在大连最高级的大连铁路旅馆（今大连宾馆，原为日本大和宾馆）。当天中午，在关东酒楼以丰盛的宴席举行了欢迎会。中共方面还事先设法买了御寒的皮货，李济深一行收到御寒的獭皮帽、皮靴、貂绒大衣，十分感动，有的人当即要付款。刘昂解释说："解放区实行供给制，衣帽鞋都是送的，这是周恩来同志指示我们办的。"李济深连声说："恩来先生想得真周到，吃穿住行都给我们安排这样好，真是太感谢了。"在大连逗留期间，还安排李济深等人游览了市区，参观了工厂，然后他们乘专列经沈阳前往哈尔滨。

在12天的航行中，茅盾先生还特别准备了一个手册，请同行的民主人士签名题字。李济深即兴写了一段激情澎湃的话，表达了他和同道者的心声：

> 同舟共济，一心一意，为了一件大事！一件为着参与共同建立一个独立、民主、和平、统一、康乐的新中国的大事！同舟共济，恭喜恭喜，一心一意，来做一件大事。前进！前进！努力！

努力！①

1949年1月14日，毛泽东亲笔起草电报，以他和朱德、周恩来三个人的名义致电东北局转李济深，欢迎其抵达东北解放区。这份等级AAA的电报共计22个字："任潮先生：闻公抵沈，敬表欢迎。毛泽东、朱德、周恩来 子寒。"

——字少情浓，言简意赅，皆大欢喜。

北上的统战工作顺顺当当，南下的战争也顺顺利利，捷报频传。1948年10月锦州大捷之后，沈阳、长春相继解放。由香港北上的第二批民主人士马叙伦、郭沫若一行由丹东登陆后，没有像第一批那样继续北上哈尔滨，而是直奔沈阳。于是，已经在哈尔滨的沈钧儒、谭平山、蔡廷锴、章伯钧、朱学范等民主人士便于12月19日南下沈阳会合，居住在沈阳铁路宾馆（原大和旅馆）。

1949年元旦，铁路宾馆举行了大型联合晚会，唱歌、跳舞、扭秧歌，人们沉浸在胜利的欢乐的海洋里。联欢会上，张闻天给民主人士做了《打倒三大敌人》的报告，给大家增添了必胜的信心。

第二天，意犹未尽的沈钧儒余兴阑珊，对林一元说："在这个难得大家住在一起而又有空闲时间的机会，你大可请一些同志写字，吟首诗或什么的，不是很有意义吗？"沈钧儒还说，他带有一张宣纸，可分给林一元半张。就这样，林一元便先请沈钧儒带个头，题写诗句留念。沈钧儒爽快地答应了，在送给他的那半张宣纸上，写了一首七言绝句："一串秧歌扭上楼，神灯柱为日皇留。光明自有擎天炬，照澈千秋与五洲。"还附说明："一九四八年除夕，纵饮狂欢，既睡枕上得三句，不能续，翌晨写请沫若先生续成之。"接着，林一元又请郭沫若、马叙伦、丘哲、彭泽民、邓初民、茅盾、洪深、沙千里、侯外庐等十多位都留下了墨宝。郭沫若写的是他在丹东登陆时作的诗句："烟筒林立望安东，畅浴温泉跨五龙。东北人民新汗血，化将地狱作天宫。"丘哲写的是旧作《和马夷老（叙伦）送蔡贤

---

① 李济深著，文明国编：《李济深自述》，安徽文艺出版社2013年版，第55页。

初将军北行》诗:"榕城义举倏时间,革命心情未日闲。促进党人齐奋力,先来勒马看天山。"彭泽民写的是北上路上的感怀诗句:"廿载空有还乡梦,此日公车入国门。异域尽教多蔓草,不能依旧系王孙。"茅盾写的是:"为人民服务者拜人民为老师。"邓初民写的是:"大事难事看担当,顺境逆境看胸度,临喜临怒看涵养,群行群止看识见。"

1949年1月14日,毛泽东以中共中央主席的身份发表关于时局的说明,指出:"为了迅速结束战争,实现真正的和平,减少人民的痛苦,中国共产党愿意和南京国民党反动政府及其他任何国民党地方政府和军事集团,在下列条件的基础之上进行和平谈判。这些条件是:(一)惩办战争罪犯;(二)废除伪宪法;(三)废除伪法统;(四)依据民主原则改编一切反动军队;(五)没收官僚资本;(六)改革土地制度;(七)废除卖国条约;(八)召开没有反动分子参加的政治协商会议,成立民主联合政府,接收南京国民党反动政府及其所属各级政府的一切权力。中国共产党认为,上述各项条件反映了全国人民的公意,只有在上述各项条件之下所建立的和平,才是真正的民主的和平。如果南京国民党反动政府中的人们,愿意实现真正的民主的和平,而不是虚伪的反动的和平,那末,他们就应当放弃其反动的条件,承认中国共产党提出的八个条件,以为双方从事和平谈判的基础。否则,就证明他们的所谓和平,不过是一个骗局。我们希望全国人民、各民主党派、各人民团体,大家起来争取真正的民主的和平,反对虚伪的反动的和平。南京国民党政府系统中的爱国人士,亦应当赞助这样的和平建议。"[1]声明要求中国人民解放军全体指挥员战斗员,在南京国民党反动政府接受并实现真正的民主的和平以前,丝毫也不应当松懈自己的战斗努力。对于任何敢于反抗的反动派,必须坚决、彻底、干净、全部地歼灭之。

此时,离港北上的第三批民主人士李济深一行也已经抵达沈阳,与第一批和第二批北上人员胜利会合。期间,东北局组织他们先后到过吉林、长春、丰满水电站、抚顺煤矿,以及沈阳故宫、东陵、北陵等地参观访问,

---

[1] 毛泽东:《毛泽东选集》第4卷第2版,人民出版社2009年版,第1388—1389页。

使他们对祖国的锦绣河山特别是东北地区丰富资源有了进一步的了解。

1月26日下午,中共东北局、东北政务委员会、人民解放军东北军区,集合东北各界人民代表在沈阳隆重召开欢迎大会,欢迎参加新政协会议先后抵达东北解放区的各民主党派、各人民团体,以及无党派民主人士。出席这次大会的民主人士共计34人。会上,李济深、沈钧儒、马叙伦、郭沫若、谭平山、彭泽民、章伯钧、蔡廷锴、章乃器、沙千里、陈其尤、黄振声、邓初民、王绍鏊、许广平、许宝驹、洪深、曹孟君、施复亮、孙起孟等20位民主人士先后发表演说,一致痛斥南京国民党的假和平阴谋,拥护中共中央毛泽东主席对时局的声明,主张在中共领导下把革命进行到底。欢迎会是在当天下午2时开始的,东北行政委员会主席林枫首先发表了欢迎词,最后在中共东北中央局代表李富春的讲话中结束。

1月31日,新华社发表了8000多字的长篇电讯通稿,以《各民主人士在东北欢迎会上演说,主张在中共领导下把革命进行到底》为题,摘要发表了20位民主人士的演说内容,第一次公开报道了旅港各民主党领袖和民主人士离港北上的消息。2月2日,《人民日报》全文转载了报道。

2月28日,第四批北上的民主人士出发了。这一批北上的民主人士和文化精英共27人,分别是:柳亚子、陈叔通、马寅初、包达三、叶圣陶、郑振铎、宋云彬、曹禺、王芸生、刘尊棋、徐铸成、赵超构、张绚伯、张志让、邓裕志、沈体兰、傅炳然,以及柳、叶、曹等人的夫人,包启亚小姐、邓小箴小姐。中共香港工委书记夏衍派胡绳的夫人吴全衡等陪同,负责接待工作。

这次租用的货船还是第二批北上时租用的挂挪威国旗的"华中"号货轮。谁知一张照片引来了一场惊吓。这天早上开航之前,港英海关人员上船例行检查时,在马寅初的皮箱中看到一张他抗战期间的照片,发现合影中的他西装革履、衣冠楚楚,同眼前这位货轮"账房先生"的身份很不相称,怀疑马寅初会不会是被通缉的要犯,当即下令扣船,不准出港。怎么办?船上的职员只好上岸交涉,再三解释,又私下塞了200元的"请饮茶",对方终于签字放行。真是虚惊一场。

文人浮海,诗意如潮。在船上,叶圣陶出了一个谜语,谜面是"我们这一批人乘此轮赶路",谜目为"《庄子》篇名"。大家猜来猜去,最后被宋云彬猜中——一群知识分子北上,谜底为——《知北游》。诗人柳亚子倾慕庄子的诗意,随即赋诗一首:"六十三龄万里程,前途真喜向光明。乘风破浪平生意,席卷南溟下北溟。"正用上了庄子"北溟有鱼",风鹏正举,豪气万丈!

第五批离港北上的时间是3月1日早晨。这一次是历次人数最多的一次,共有250多人,既有民主党派名流,又有文化艺术精英,主要有:李达、周鲸文、刘王立明、李伯球、周新民、黄鼎臣、杨子恒、谭惕吾、阳翰笙、史东山、曾昭抡、费振东、汪金丁、罗文玉、严济慈、沈其震、狄超白、胡耐秋、黎澍、徐伯昕、薛迪畅、臧克家、丁聪、特伟、于伶、李凌、张瑞芳、黎国荃等。其中还有应邀到北平出席全国妇女代表会议的代表杜君慧、郑坤廉、张启凡、何秋明、杜群玉,以及刚被港英当局封闭的达德学院的同学50多人。香港工委由文委副书记冯乃超陪同,邵荃麟还派了三联书店的曹健飞、郑树惠随船接待。

因为人多,这次租用的是大兴船务公司挂挪威国旗的"宝通"号货轮,载重4000多吨。杨奇回忆说:"早在1949年1月15日天津解放后,香港工委就接到通知,说华北解放区橡胶、西药等多种物资奇缺,希望香港工商界朋友尽量采购,运往天津销售。于是,饶彰风、邵荃麟便通过亚洲贸易公司、京华贸易公司,利用社会关系,大量采购急需的物资运往天津,因而租用这艘较大的远洋轮船,既装货物,也载客人。由于客房不多,特地买了200张帆布床,放在大舱和甲板上。除了少部分人住房间外,大多数人都只好睡帆布床。"

有了前四次北上的经验,考虑到这次货多、人多,避免例行检查时出现麻烦,饶彰风接受建议,专门送了3000元给港英警方政治部主任黄翠微,托他转送有关人员"饮茶"。果然,海关和水师的检查虽然严格,但是没有故意刁难。

3月7日,"宝通"号货船经过七天的航行,驶抵天津第二号码头。让大家想不到的是,这是天津解放后第一艘外国轮船进入市区,吸引了众多市民在码头观看。天津市市长黄敬、秘书长吴砚农亲自前来迎接,并于第二天举行了盛大的欢迎宴会。3月9日,《天津日报》以《津市黄市长欢宴民主人士——文教部昨召开座谈会黄松龄部长席间致词》为题,做了详细报道。这批北上人士在天津休息了三天,随后由各有关部门分别接往北平。

3月14日,第六批离港北上的民主人士只有五个人。他们是黄炎培和夫人姚维钧,还有俞澄寰、盛丕华和他的儿子盛康年等。钱之光派刘恕随船护送。他们乘坐的是挂葡萄牙国旗的客货轮。航行在公海上的时候,他们先后与两艘国民党军舰相遇,都曾受到盘问,但船长应对得宜,有惊无险。3月20日,他们抵达天津第二码头。3月25日,在天津休息参观了几天后前往北平,中共中央派董必武、李维汉、齐燕铭前往迎接。正好赶上毛泽东同日抵达北平,黄炎培当日下午前往西苑机场欢迎。26日,黄炎培又参加了北平社会各界欢迎民主党派人士的盛大集会。

第七批离港北上的人员大多数是应邀到北平出席文代会的代表,同行的主要有:于立群和她的三个子女,钟敬文、陈秋凡夫妇和两个子女,黄药眠夫妇、王亚南、陈迩冬、傅天仇、舒绣文、方青、盛此君、张文元、巴波夫妇等100多人。香港工委派文委副书记周而复带队,还派了姜椿芳、曹健飞三人随船协助。这次租用的是太古船务公司的"岳州"号客轮,客房齐备,较为舒适。5月5日下午,"岳州"号从香港起航,一路平安无事。在航行中,他们还创办了一份手抄的《岳州报》,由姜椿芳、姚平芳从收音机上收录新华社的重要新闻,老报人和书法家陈迩冬编写。这份手抄报很受大家欢迎,被誉为既是一支"轻骑队",又是一件"艺术品"。

至此,在中共中央、毛泽东指挥解放军"南下"乘胜追击的隆隆炮声中,周恩来部署的迎接民主人士秘密"北上"的统战工作也终于大功告成。

实际上,接送旅港民主人士北上的任务,除了上述七批之外,经香港分局、香港工委个别接送、坐客货轮头等舱抵达北平的还有何香凝、陈嘉庚、司徒美堂、胡愈之、沈兹九、蒋光鼐、龙云、黄绍竑、黄琪翔、钱昌照、许宝驹、千家驹、马思聪、郭大力、萨空了、刘思慕、庄明理、王雨亭等多人。在周恩来的总指挥下,接送工作的整个过程堪称一项伟大的"系统工程",上自中央,下至地方,南起香港岛,北达哈尔滨,缜密策划、精心安排、费尽心血，真正做到了忙而不乱、万无一失，为新中国的历史写下了新的传奇。

毫无疑问，统一战线同样也是一场决战，是一场没有硝烟的战役。在这一场战斗中，中共也获得了完全的胜利。

是的，正如马叙伦所说，这是人民的胜利！

4
众星拱北，哈尔滨达成协议；情动浦江，宋庆龄命驾北上

1948年的秋天，西柏坡的农民迎来了大丰收。

农村在实行土地改革之后，农民的劳动劲头就像芝麻开花节节高。但对西柏坡村民来说，比丰收更令人感到惊奇的是，这些日子里村子里的汽车来来往往，越来越多了。

那时候，农民们还不太多见这个四个轱辘的铁家伙，只是听说这是解放军在战场上缴获的战利品，是美国佬派老蒋"送"来的，更不知道这家伙还有一个洋里洋气的名字叫"吉普"。小小的山村，汽车来往不绝，老乡们不知道这是中共中央的驻地，因此就称中共中央的这一大帮工作人员叫"汽车队"。

的确，汽车队也名副其实。那时候，中共中央办公厅已经拥有十多辆吉普车，大多是从战场上缴获的美式军用威利斯吉普车。这些吉普车，毛泽东一般不怎么用，使用最多的是周恩来和李克农，主要是为了接待民主人士。因此，吉普车的行驶路线主要是石家庄至西柏坡或西柏坡至中共中央统战部所在地的李家庄。

其实，来到河北平山县李家庄的民主人士与离港北上的民主人士，属于中共中央整个邀请和护送民主人士的两条不同路线——北线是护送平、津、沪的民主人士到达李家庄；南线就是经过海路到达大连港、朝鲜罗津港或天津港，再从东北、天津或山东解放区抵达北平。

是的，1948年的秋天，李家庄热闹起来了。

9月18日，不再兼任石家庄市委书记的李维汉回到李家庄，出任由中央城市工作部改名而来的中央统战部的部长；同时，中央任命高文华任副部长，齐燕铭任秘书长，童小鹏任副秘书长，统一参加新政协的筹备工作。受命新的工作，大家立即紧张行动起来。但当时统战部的业务干部只有三十来人，连机要勤杂人员加在一起才百把人；而且李家庄只有五六十户人家，原来分散借住群众的房子已经够拥挤了，民主人士来了就没有房子住。怎么办？

办法是干出来的。统战部决定在石家庄建立交际处，由金城、申伯纯负责接待和联络民主人士的工作，再用吉普车转送到李家庄。房子的问题由周子健负责，除了挤出原来较好的民房让民主人士居住之外，同时请当地的木工、泥瓦工利用空地或旧房建起几栋木结构的平房，砌上土炕，配上木制家具，一下子成为李家庄最高级的住房了。但是，习惯住在上海、北平大城市洋房里的民主人士还是遇到了一点小麻烦，因为李家庄的茅坑是和猪圈连在一起的，他们每次如厕时都要把猪赶到一边，且气味实在难闻。为此，李家庄的统战部开始了一场"厕所革命"，为民主人士重新修建了独立、漂亮、卫生的厕所。饮食方面也是按照中央机关小灶标准供给。有些人看到自己住的、吃的条件比李维汉部长还要好，还为共产党这样的优待感到过意不去。

1948年9月，从上海、北平、天津等大城市来李家庄的民主人士，路途虽然没有像李济深、马叙伦、郭沫若这些从香港到东北解放区的那么遥远，但同样要冒着很大的风险。为了安全，他们大多经过中共中央华北局城工部设在沧州机务段的对外称作"和平教会"的交通站辗转泊镇，然后经石家庄再到位于平山县的李家庄。第一批来的民主人士符定一、吴晗、刘清扬、周建人、韩兆鹗和吴羹梅的代表何惧等23人，走的就是这一条路线。1949年1月，又有一大批民主人士抵达李家庄，雷洁琼和严景耀夫妇两人，以及费孝通、张东荪共四人是由部队护送，沿太行山南行抵达的；楚图南、翦伯赞、田汉、胡愈之、沈兹九、王蕴如、严信民、杨刚、宦乡、袁镇、张曼筠、安娥、周颖和上海工人代表朱俊欣等则是经山东解放区进入河北，再由华北局地下党安排进入李家庄的。

当年从清华大学来到李家庄的时候，费孝通还不满38岁，正是风华正茂的时候。他回忆说："回想三四十年代，我们这些知识分子，身受外敌入侵之痛，不愿当亡国奴，希望中国强大起来，凭着一股爱国热情，积极参加抗日救亡运动。1938年年底，我从英国回到昆明，也成了他们中间的一员，并于1945年加入了中国民主同盟。当时，我们虽然有着爱国的共同立场，争取抗战胜利的共同愿望，但如何实现抗战胜利，以及取得胜利之后怎样建立人民的国家？脑子里还没有明确的答案。正是中共中央'五一'劳动节口号，指明了中国的前途。中共中央'五一'劳动节口号的发布和各民主党派的热烈响应，标志着我国革命和统一战线进入了新的历史阶段，也就是从抗日救亡、反内战、争民主的斗争，转移到建立新中国的大业上来了。在这重大的转折时刻，中国共产党邀请各民主党派领导人和民主人士共同讨论联合政府、制定共同纲领筹备召开政协会议等重大事情。我有幸作为民盟的一员，参加这一具有历史意义的聚会，亲耳聆听了毛泽东主席要建立怎样的一个现代国家的教诲……"[①]

费孝通的这一席话，可谓道出了那一代民主人士共同的心声。50年后的1998年6月，作为著名的社会学家，费孝通先生回到西柏坡参加庆祝"五一"劳动节口号发布50周年纪念大会，走进毛泽东旧居时，向陪同人员说起毛主席当年接见他时的情景，眼睛里闪烁着泪花，久久不愿离去。

和费孝通一样，毛泽东的接见也成为雷洁琼一辈子都抹不去的美好回忆。西柏坡是雷洁琼第一次见到毛泽东并聆听他谆谆教诲的地方，也是她第一次与中共领导人共商大计的地方。时在燕京大学任教的雷洁琼，是在接到马叙伦从哈尔滨的来信邀请后，和丈夫严景耀作为中国民主促进会的代表来到西柏坡的。那是日暮时分，周恩来把他们一一介绍给身材魁梧、神采奕奕、容光焕发、身穿军大衣的毛泽东，他们相互亲切握手问好。晚宴上，毛泽东很重的湖南口音、风趣幽默的谈吐、平易近人的模样，一下子打消了他们拘谨的心情。

晚餐结束后，他们随着毛泽东走进了他简陋、朴素的办公室，围着书

[①] 张志平编著：《感受西柏坡》，中央文献出版社2005年版，第186—187页。

桌坐下，亲切交谈。雷洁琼饶有兴趣地观察毛泽东的住处。这不过是一间普通的农民住房，一张木桌，几把木椅，一张沙发，唯一贵重的物品就是桌子上的铜墨盒，唯一稀罕的物品就是挂在墙上的军事地图。

周恩来、刘少奇、朱德、任弼时也参加了谈话。毛泽东非常健谈，讲话的主要内容是如何把革命进行到底的问题、知识分子的问题、对民主党派的问题以及新中国建设宏伟蓝图的问题。毛泽东形象地以《农夫和蛇》的寓言故事做比喻，说明决不能怜悯恶人，要求各民主党派选择自己应该走的道路。他说：革命胜利后，就要召开新政协会议，成立中华人民共和国，希望民主党派站在人民大众的立场，和中国共产党采取一致的步调，真诚合作，不要半途拆伙，更不要建立"反对派"和"走中间路线"。毛泽东的一席话，让雷洁琼开阔了视野，坚定了胜利的信心和决心。

谈话中，毛泽东还详细询问了北平西北郊区解放后知识分子的思想、工作、生活情况。他还专门问道："老一辈知识分子中是否还有前清的翰林和进士？你们要多多为新中国建设推荐人才。"

严景耀回答："陈叔通就是。"

雷洁琼说："在国民党统治下，通货膨胀，物价飞涨，燕京和清华两校的师生生活困窘，但他们仍然坚守教学岗位，有人拒绝蒋介石派来的飞机接他们离开北平去南京。师生们还组织开展了护校运动。"

听到这些情况，毛泽东非常高兴，说："中国的知识分子绝大多数都是爱国的，是要革命的。"

接着，雷洁琼汇报说："毛主席，在北平郊区解放时，我们还看到燕京大学校门外的墙上，还有'保护外国侨民'的大标语呢！"

毛泽东说："我们要警惕美帝国主义挑拨知识分子和中国共产党的关系，要丢掉幻想。但是，美国广大人民和中国人民是友好的。"

"解放区的天，是明朗的天……"其实不论是在李家庄，还是在哈尔滨和沈阳，民主人士在解放区处处都能听到这样嘹亮、动听和喜悦的歌曲。他们高唱"父母教儿打东洋，妻子送郎上战场……"农民主动向政府缴纳公粮、新婚妻子自愿送新郎参军，这些在国统区听起来天方夜谭的事情，若不是亲眼所见，谁也不会相信。共产党搞土改，把土地分给了农民，农民就拥护共产党！得到土地的农民，最怕老蒋反攻倒算再把土地夺走，农民就要跟着共产党把革命进行到底！一首《没有共产党就没有新中国》，更是唱响了解放区的城市和乡村。

> 没有共产党就没有新中国，没有共产党就没有新中国，共产党，辛劳为民族，共产党他一心救中国，他指给了人民解放的道路，他领导中国走向光明，他坚持了抗战八年多，他改善了人民生活，他建设了敌后根据地，他实行了民主好处多。没有共产党就没有新中国，没有共产党就没有新中国！

说起这首歌的创作，背后还有一段故事。本来，这首歌的歌词是"没有共产党就没有中国"，后来才加上"新"字的。1943年3月，蒋介石出版了《中国之命运》，这本书是由他的"文胆"陶希圣执笔完成的，讽刺中共领导的武装力量和敌后抗日根据地是"新式封建与变相军阀"，叫嚣说"没有国民党就没有中国"。这年11月，离西柏坡不远的平山县铁血剧社（抗日救国青年联合会宣传队）年仅19岁的音乐队队长曹火星，在听到蒋介石所谓"没有国民党就没有中国"的叫嚣后，就有感而发创作了《没有共产党就没有中国》。1949年1月，民主建国会常务理事章乃器从香港抵达东北后，在沈阳参观时听到了这首歌，就向中共方面建议应该在歌词中的"中国"前面加一个"新"字，才能科学而准确地反映中国共产党的历史功绩。章乃器的建议得到了采纳，中共中央宣传部立即决定在歌词中加进一个"新"字，歌名也因此成了《没有共产党就没有新中国》。

后来，毛泽东在会见章乃器时，也曾对他说："你提的意见很好，我们已经让作者把歌词改了。"曹火星本人曾回忆说：当时没有新中国的"新"字是针对蒋介石《中国之命运》中'没有国民党就没有中国'的言论而写的。在解放天津的战役中，部队驻扎在天津外围，等待天津和谈的消息。在此期间，战士们时常唱起《没有共产党就没有中国》这首歌。后来，中共中央宣传部指出名字不妥，让部队暂时不要唱。我想：没有共产党就没有中国，确实不妥，便在'中国'前面加了一个'新'字。进天津时，部队就是唱着加了"新"字的这首歌进城的。①

为了使民主人士比较系统地了解中共和解放区的情况，中央统战部根据周恩来的指示，邀请了一些负责同志给他们做专题报告。如胡乔木报告文化政策，邓颖超报告解放区的妇女工作，安子文报告干部政策，李维汉报告解放战争和国民党统治区的爱国民主运动，都受到热烈欢迎。

1949年1月16日，百忙中的周恩来专程来到统战部驻地李家庄。当他乘坐的吉普车进村的时候，小小的李家庄沸腾了，统战部的全部工作人员和民主人士纷纷出门迎接，村里的农民不顾天寒地冻都拥到路边看热闹。周恩来一进村就让车停住，走下车。一身灰色布军装、头戴棉军帽的他不停地向群众招手，同民主人士和工作人员一一握手问好。齐燕铭领着周恩来和民主人士走进了刚刚建成、泥土未干的会议室就座。统战部的干部们自觉围在周围，坐的坐，站的站，挤满了一屋子。

这时，李维汉站了起来，说："大家安静，现在我们请周恩来同志做报告。"

话音未落，热烈的掌声就响起来了。

周恩来站起来，开心的微笑堆在脸上，谦逊地说："本来早就应该来看望各位先生并当面请教，因为战事紧抽不出身来。好在统战部随时都将各位先生的意见报告了毛主席和党中央。今天本想听听各位的意见，听李维汉说，许多先生要求我先讲，大家再座谈发表意见，我现在就向大家报告一些情况。"

接着，周恩来详尽地报告了解放战争的发展情况，指出：战争的发展，实在是突飞猛进。战争大局已定，今年就有可能打垮国民党。但是现在决不能手软，一定要把革命进行到底！鲁迅先生说得好，对落水的狗，还要打！天津昨日已经解放，正在争取解放北平。如北平解放得早一些，政协筹备会的工作更要加紧进行，希望大家共同努力。他又对毛泽东《关于时

---

① 关于《没有共产党就没有新中国》这首歌的修改还有一种说法。逄先知在《毛泽东和他的秘书田家英》一书中写道：1950年的一天，毛泽东的女儿在院子里唱"没有共产党就没有中国"，毛泽东听到后，立即给她纠正，说没有共产党的时候，中国早就有了，应当改为"没有共产党就没有新中国"，并把这个问题正式提到中央的会议上，从此这首歌才改了过来。参见董边、镡德山、曾自编：《毛泽东和他的秘书田家英》（增订本），中央文献出版社1996年版，第31页。

局的声明》中的八条做了全面、扼要的阐述。

周恩来讲完后，简陋的会议室里爆发了长时间雷鸣般的掌声。

会后，统战部安排了会餐。童小鹏清楚地记得："菜不多，但在当时算是难得少有的菜肴，有长征老战士、炊事班班长胡金山做的红烧肉，加上机关自己种的大白菜，还有大米饭、白干酒，再加上水饺，大家都吃得很满意。为此，总务科长乔凤咏亲自宰了自养的一头大肥猪。没用酒杯，就用大粗碗代替，大家互祝解放战争的胜利。民主人士中，年纪最大的算符定一，他曾当过毛泽东的老师，快七十岁了，大家都向他祝酒，祝他长寿。"

说起符定一和毛泽东的交往，这要追溯到1912年。那时，19岁的毛泽东第一次到长沙求学，在湖南高级中学应考时获得了第一名的好成绩，给校长符定一留下了极好的印象，认为他未来必成大器。1918年，毛泽东第一次到北京求职求学，也得到了符定一的资助。1925年，毛泽东在湖南开展农民运动，遭到省长赵恒惕的密电追捕，又是符定一疏通关系而化险为夷。1946年，毛泽东邀请符定一到延安叙旧，亲自主持欢迎大会。1948年，在北平工作的符定一响应中共中央"五一口号"，积极参加筹备新政协，来到了西柏坡。战火纷飞，师生相见格外亲。符定一向毛泽东提出和平解放北平的建议：先攻克天津，然后夺取北平；天津乃北平之门户，攻克天津后，北平则不攻自破，可获得和平解放，于国于民大为有利，造福不浅。符定一的建议，深受毛泽东赏识，并被中共中央接纳。

1月31日，北平和平解放，两天两夜没有休息的毛泽东非常高兴，专程来到李家庄看望符定一。师生二人畅谈很久，共商国是。临别时，毛泽东看到符定一的屋内家具陈旧，就关切地说："这里的条件有限，连一个软座椅都没有，我回去让他们给你送一个来，你的年纪大了，坐这种硬木家具会腰疼的。"第二天，毛泽东亲自嘱咐卫士把一件软沙发送到了李家庄。

毛泽东、周恩来与来到李家庄的民主人士都一一见面，要么邀请他们来西柏坡座谈，要么抽空去李家庄会面。有时候，他们还以书信的形式交谈。淮海战役期间，在国民党黄维兵团被歼灭之后，热爱读书的毛泽东利用间隙读完了吴晗送给他的《朱元璋传》，并给吴晗写了一封信。在信中，毛泽东说:"两次晤谈,甚快。大著阅毕,兹奉还。此书用力甚勤,掘发甚广,给我的启发不少,深为感谢。有些不成熟的意见,仅供参考,业已面告。此外尚有一点,即在方法问题上,先生似尚未完全接受历史唯物主义作为观察历史的方法论。倘若先生于这方面加力用一番功夫,将来成就不可限量。"

纸短情长,一封短信,寥寥数语,毛泽东不仅道出了他的世界观、方法论,还说出了自己的诚恳和卓见。

到西柏坡来的,不只是参加新政协的民主人士。

李宗仁组织的"上海人民和平代表团"也来了。

1949年1月14日,毛泽东发表《关于时局的声明》,提出八项和平条件(内容详见本书第三章)。这个时候,桂系的李宗仁、白崇禧趁机"逼宫"。21日,走投无路的蒋介石在南京黄埔路1号召开国民党中央常务委员会,宣布"引退",李宗仁代总统。第二天,出任代总统的李宗仁立即致信毛泽东提出和谈,说:"贵方所提八项条件,政府方面已承认可以此组织为基础,进行和谈,各项问题均可在谈判中商讨决定。"

李宗仁之所以急于递来和平的橄榄枝,其实也是在打自己的如意算盘。他想通过和谈,同中共实行"划江而治",以保住国民党的"半壁河山"。蒋介石与李宗仁也是宿敌,但在"划江而治"上却高度一致——目的是"确保长江以南若干省份的完整",同时强调"备战要旨",应"以整饬军事为重",未来在美国的支持下,反攻倒算。但他也知道和的可能性极其渺小,只有拿死马当活马医,走一步算一步。

毛泽东一眼就看穿了李宗仁缓兵之计的把戏,国民党是"口诵八条,手庇战犯,眼望美国,脚向广州",根本没有和谈的诚意,只是在拖延时间,想用时间换空间。可是,这位桂系出身的李代总统还真是动了心思,先是派甘介侯博士去上海恭请社会名流,接着在1月23日又派他的心腹黄启汉、刘仲容到北平找中共,把李宗仁、白崇禧的信交给叶剑英、徐冰。叶剑英告诉他们:"我党愿与国民党任何高级官员或军事将领进行和谈,不咎既往,实现真正的团结统一,共建新中国。"但是,也要求他们迅速与蒋介石决裂，中间道路是走不通的。

1月29日，黄启汉回南京，刘仲容作为联络员留北平。李宗仁、白崇禧、黄绍竑三人根据中共态度进行密商，拟定了三项赴北平和谈的计划，交由邵力子执行。邵力子本想通过南京市参议会，由各界组织"南京人民和平代表团"，但遭到反对，便改名"大学教授和平策进会"。2月5日，吴裕后等七位教授飞赴北平，住六国饭店。叶剑英接见了他们，并同意就地停火，欢迎南京政府派员来北平和谈，开启了北平和谈的大门。

2月8日，李宗仁亲自赴上海，终于请出了上海名流颜惠庆、章士钊、江庸三位古稀老人为代表，组成"上海人民和平代表团"，邵力子以个人身份随行，黄启汉以联络员随行。

"四老"北上，毛泽东不得不见。邵力子是共产党的老朋友，在任陕西省主席期间，和延安交好，不赞成内战。颜惠庆长期从事外交工作，反对蒋介石内战政策。江庸是著名的法学家，1948年被国民政府提名为"国大代表"候选人，他拒不参加竞选，后又被选举为"大法官"，他也力辞不就。章士钊与毛泽东的关系就更不用说了，他早在1920年就曾支援毛泽东筹集2万银圆，用于筹建共产党和湖南部分同志去欧洲勤工俭学。对这件事，毛泽东一直念念不忘，新中国成立后仍逐年"还账"，到1972年全部还清后，每年仍然从自己的稿费中送章士钊2000元。章士钊不敢当，毛泽东说，这是"还利息"。

李宗仁的这一招，确实有点妙。但毛泽东也不是没有原则，那就是有一个前提条件："四老"来京，只以私人名义参观访问，不能代表南京政府。

"上海人民和平代表团"2月13日从上海飞赴北平，受到了董必武、叶剑英、聂荣臻等人的迎接。17日，叶剑英与他们进行了会晤，并听取了意见。19日，叶剑英通知他们，毛泽东答应他们前往西柏坡。22日，"四老"飞赴石家庄，于当日傍晚来到了西柏坡，住在后沟的招待所。毛泽东、周恩来接见了他们，谈话议题主要集中在"三通"问题上。因为前些日子，全国及上海轮船工会致电中共方面，提出要与华北通航。毛泽东认为，南北"通航、通船、通邮、通电、通汇"，关系到千家万户、关系到人民的切身利益，都应当看作大事去做，而且要做好。"四老"与上海工商界关系深厚，当然对"三通"非常感兴趣，与周恩来展开了深入的交谈，结果圆满。

尽管"四老"是以私人身份来访，毛泽东还是给足了李宗仁的面子："四老"反复解释和沟通，终于做通了毛泽东的工作，中共中央答应与南京政府开始和平谈判。2月24日，毛泽东与"四老"举行了非正式会谈，达成了八点秘密协定，这个协定只交给李宗仁。全文如下：

一、谈判以中共与南京政府各派同数代表为之，地点在石家庄或北平。

二、谈判方式取绝对秘密及速议速决。

三、谈判以中共1月14日声明及所提八条为基础，一经成立协议立即开始执行。其中有些部分须待联合政府办理者，在联合政府成立后执行之。

四、谈判协议发表后，南京政府团结力量与中共共同克服可能发生之困难。

五、迅速召集新政协成立民主联合政府。

六、南京政府参加新政协及参加联合政府之人选，由中共（包括民主人士）与南京政府商定之。

七、南方工商业按照原来环境，依据中共城市政策，充分保障实施。

八、有步骤地解决土地问题，一般先进行减租减息，后行分配土地。

当天，"四老"带着毛泽东给李宗仁的信，飞返北平，为后来的北平和谈做了准备。

2月25日，"四老"在北平会晤了李济深、沈钧儒、李德全、章伯钧、朱学范等人，对达成南北通邮的前途乐观。其间，朱学范问邵力子未来作何打算，邵力子说："不是我一个人的去留问题，是要发动一些人来参加新政权的问题。"话虽简短，却道出了一个老人的远大胸怀和心声。

1956年11月，江庸曾在香港《大公报》撰文回忆在西柏坡和谈的情景，对毛泽东佩服得五体投地。他说：

（1949年）1月31日那天午前10时，李宗仁亲自来上海，邀请我们在中国银行四楼喝茶，在座有孙科、邵力子、胡适、张君劢诸人，李宗仁要我们四人同到北京去一叩和平之门……

我们呼吁和平，已蒙毛主席俯允，遂去石家庄谒见，是专为表示敬意。在22日午前9时，同机前往的，尚有傅作义、邓宝珊二位。那时石家庄市长是柯庆施。

据说毛主席是住在离市百里的一个小村里，沿途坡路崎岖，要坐吉普车才能去。我们遂于下午2时，偕同毛主席派来接我们的杨尚昆秘书长前往，7时才到招待处。周恩来总理已在那里久等了。

周总理陪同我们便饭后，毛主席出见。我虽于1945年见过毛主席一面，但并未说话。这一回才亲近风采，饱闻言论。毛主席一见面，就说：你们为和平远道而来，共产党是爱好和平的，有什么事尽可商量。只是时间、地点、人选值得考虑。所以我们不必再重复表明来意。

这次谈话约一两个小时，毛主席并未说到目前时局，只是自由自在地漫谈。但从漫谈中，也很可以窥见毛主席的思想、抱负、学问、性格。我当时忽然联想到历史上一件故事，就是马援从隗嚣那边去见汉光武。他一见光武，就五体投地地佩服光武帝的恢廓大度。我见到毛主席时，也一样有此感想。拿此后的事实来证明，对杜聿明、康泽等人既往不咎。起义的傅作义、程潜诸人无不受重用；从前参与国民党政权的一些人，因对国家有功，又身居要职；新中国一成立，就扩大统一战线，召开政治协商会议广揽各党各派、无党派人士来参与政治，其规模之恢廓，岂是汉光武所能比拟。①

的确，与"四老"同行的还有傅作义、邓宝珊和傅的机要秘书阎又文。这一行人当中，只有傅作义最为忐忑不安。前不久中共通过新华社公布了43名头等战犯，他也是毛泽东钦点的战犯之一。轰炸城南庄是他干的，当时毛泽东险遭不测；偷袭石家庄是他干的，成就了毛泽东的"空城计"。而在国民党将领中，傅作义也是极少数公开点名与毛泽东叫阵的人。

那是1946年蒋介石挑起内战不久，贺龙率领晋绥军区、聂荣臻率领晋察冀军区会同作战，目标是"进大同吃月饼"。蒋介石灵机一动，把大同的驻防从阎锡山手中转给傅作义的十二战区，他果然机智上阵，一面派周北峰去解放区和谈，一面奇袭集宁，支援大同，占领张家口，一战成功，得意忘形，发表《致毛泽东的公开电》。傅作义一边炫耀自己的战绩，一边公开谴责、讥讽、斥责、教训毛泽东："做一个自命为革命领导者，应该懂得所谓革命形势是客观实在的，并不是主观强求的，否则削足适履，以人民之所恶强加之于人民，是永远不会成功的。"他还替国民党招安共产党："我热诚希望你们能接受血的教训，立刻改变政策，放弃物力万能的观念，速参加政府，结束内乱，让全国人民开足马力建设我们的国家。"

然而，让傅作义没有想到的是，毛泽东比蒋介石更加注重傅作义的叫阵，中共中央机关报《解放日报》竟然不惜版面，全文刊登他的《致毛泽东的公开电》。让他更加想不到的是，为他起草这篇文章的阎又文竟然是中共地下党员。更令他不会想到的是，时任十二战区长官部新闻处少将副处长、《奋斗日报》社社长的阎又文，是根据周恩来的指示，要求文章骂得越狠越好，既要激起解放区军民的义愤，又要导致傅作义部队狂妄自大。还有，让傅作义根本不相信的是，他的女儿傅冬菊、智囊潘纪文也都是共产党员。

傅作义接受和平整编后，新华社在2月3日公开毛泽东为中共中央起草的给林彪、罗荣桓等的信，要告诉傅作义："他过去做的是错的，此次做

---

① 江庸：《1949年和谈回忆录》，香港《大公报》1956年11月9日，引用时略有删改。

的是对的。他的战犯罪行我们已经公开宣布赦免,断不会再有不利于他的行动。他不应当搞什么中间路线,应和我们靠拢,不要发表不三不四的通电,应发表站在人民方面即我们方面说话的通电。如果他暂时不愿发表这样的通电,也可以,等一等想一想再讲。"傅作义获悉后,提出了一个请求,希望亲自拜见毛泽东、周恩来和朱德。毛泽东答应了。

到了石家庄,傅作义的心还是七上八下。在机场,提着十几条哈德门香烟的傅作义,从中抽出两条送给前来迎接他的杨尚昆。杨尚昆笑着说:"我有烟抽,你还是送给毛主席吧。"

坐上去西柏坡的吉普车,傅作义的心就一直像这坑坑洼洼的乡村土路,忽高忽低。毛泽东该怎样处置他呢?

毛泽东是在会见"四老"之后,步行到招待所看望傅作义的。

见到毛泽东,傅作义赶紧大步走上前,伸出双手紧紧地握着毛泽东的手,诚惶诚恐地连声说:"毛主席,我有罪!我有罪!"

毛泽东笑着说:"不!你有功!抗日战争你立了功。现在,保留北平古都,又为人民立了大功!"

坐下来后,毛泽东掏出一支香烟,顺手向傅作义敬烟,傅作义不抽烟,赶忙为毛泽东点上,两人的距离一下缩短了。毛泽东平易又风趣地说:"过去我们在战场上见面,清清楚楚,今天我们是姑舅亲戚,难舍难分。蒋介石一辈子甩码头,最后还是被你把他甩掉了!"

毛泽东的一番话,让傅作义忐忑的心终于平静下来。在国民党高层多年,与蒋介石依然隔阂很深。哪里想到,与毛泽东却是一见如故。

在谈到对傅作义部原有人员的政策问题时,毛泽东大度地说:"我俘虏你的人员,都给你放回去!你可以接见他们。我们准备把他们都送到绥远去。"

毛泽东的这个举动,让傅作义大吃一惊,因为绥远的部队还没有起义呢!他疑惑地问道:"给我?我怎么处理呢?还要送到绥远去,为什么呢?"

毛泽东说:"国民党不是一贯宣传共产党杀人放火,共产共妻吗?他们到了绥远,可以现身说法,共产党对他们一不搜腰包,二不侮辱人格;可以帮助在绥远的人学习学习,提高认识嘛。这些人我们以后还要用哩!"

谈到绥远问题，毛泽东说："有了北平的和平解放，绥远问题就好解决了。可以先放一下嘛，等待他们的起义。"毛泽东还安慰傅作义，"对于你们来说，走革命的道路，要过好几个关，但是最主要的是过军事关。这一关过好了，以后的土改关、民主改革关，将来还有社会主义关等等就好过了。"

最后，毛泽东问："傅将军，你愿意做什么工作？"

傅作义说："我想，我不能在军队里工作了，最好让我回到河套一带去做点水利建设方面的工作。"

"你对水利工作感兴趣吗？那河套水利工作面太小了，将来你可以当水利部长嘛，那不是更能发挥作用吗？"毛泽东还特意说，"军队工作你还可以管，我看你还是很有才干的。"

早就听说过共产党特别会"洗脑"，然而毛泽东的"洗脑"怎么如此如沐春风呢？

与毛泽东的这次谈话，让自诩善战的傅作义备受鼓励，十分受用。

离开西柏坡时，傅作义不再忐忑，心情如"映日荷花别样红"，用军委情报部部长李克农的话说："傅作义来西柏坡见到毛主席以后，像换了一个人。"

回到北平，傅作义很快就公开发表通电。这位被共产党列入头等战犯名单中的人物，开启了与共产党合作的人生新征途，并在国民党营垒中引发地震……

不久，傅作义参加了第一届中国人民政治协商会议，并出任新中国第一任水利部部长。后来，他还担任了国防委员会副主席、全国政协副主席。

中国共产党和毛泽东一诺千金。

就在"突突突"的吉普车马达声越来越多地回响在西柏坡到李家庄的乡村土路上的时候，身在哈尔滨的民主人士正在与中共中央东北局的高岗、李富春等紧张地商谈召开新政协的各项事宜。人民民主统一战线的旗帜在东北和华北遥遥相望，共产党对国民党开始了政治总反攻。

在1948年8、9月份的时候，毛泽东就向周恩来提出，就如何具体地同民主人士商谈召开新政协，"似宜将名单及其他各项拟成一个文件，内容字句均须斟酌"。周恩来和中央统战部在同到达李家庄的民主人士符定一、周建人等人进行了认真商讨后，拟定了《关于召开新的政治协商会议诸问题（草案）》。这份草案主要内容包括：一、新政协召集问题；二、新政协参加者；三、新政协召开的时间、地点；四、新政协应讨论事项。

10月8日，中共中央将这份经毛泽东修改后的草案电发东北局。中央指示高岗、李富春约集在哈尔滨的民主人士"会谈数次"，告以这是中共中央提出的"书面意见"，请各民主人士"过细加以斟酌"。这一天，高岗、李富春拿着中共中央的这份草案，来征求沈钧儒、章伯钧、蔡廷锴、王绍鏊、高崇民、朱学范等人的意见。不久，冯玉祥的夫人李德全到哈尔滨后，又给她补发了一份。

10月15日，中共中央致电中共东北局高岗、李富春："照中央8日所发《关于召开新的政治协商会议诸问题》材料的第二项，提出七个党派及团体参加新政协的名单。请向各党派在哈尔滨的代表声明，中共所提的名单只是中共的希望，他们完全可以增减和改动。关于新政协参加者的范围必须照《关于召开新的政治协商会议诸问题》第二项所提出的原则，即在南京反动政府系统下的一切反动党派及反动分子必须除外，而由反美、反国民党反动统治、反封建、反官僚资本的各民主党派、各人民团体及无党派的民主人士的代表人士组成，也要邀请少数右派而不是公开反动的分子参加。"[1]

按照中共中央的指示，他们先后召开了两次座谈会。

10月21日，东北局的高岗、李富春在哈尔滨马迭尔旅馆会议室，与沈钧儒、谭平山、章伯钧、蔡廷锴、王绍鏊、高崇民、李德全和朱学范十人，举行了第一次"新政协诸问题"座谈会，高岗主持会议。会上，民主党派代表均表示同意中共中央《关于召开新的政治协商会议诸问题（草案）》的各项建议，并希望将出席新政协的各单位尽快组成。

因沈钧儒是唯一参加过国民党主持的旧政协的民盟代表，大家就先请

---

[1] 杨胜群、陈晋主编：《亲历者的记忆：协商建国》，生活·新知·三联书店2009年版，第105页。

他发言。他扼要地介绍了旧政协召开的过程,以及在旧政协会上民盟与中共的合作情况。他说:"旧政协是革命势力与反动势力面对面斗争的会议。蒋介石毫无诚意,在美蒋勾结下,放出通过政治协商以求和平的烟幕,争取时间发动内战。民盟为和平而奔走努力,结果不仅都归于徒劳,而且是上了一个大当。"他还说:"尽管如此,民盟为维护政协决议和反对内战、争取民主的斗争,赢得了全国人民的赞许,民盟和中共的关系益加亲密,促使民盟同志更加成熟,更加进步。"

接着,大家踊跃发言,气氛热烈。座谈会上,大家自然将新政协与旧政协进行了联系和比较。

谭平山说:"新政协不是旧政协的还原。当前有些人却以为这是旧政协的还原,一心以为被国民党反动派破坏的旧政协现在重新恢复过来了,其实新旧政协有很大的不同。当时,美帝还装着盟国的姿态,马歇尔还能装作举足轻重的公证人;国民党还以中国第一大党自居,蒋介石俨然是旧政协的中心;真正能够代表民主精神的国民党民主派被排斥在旧政协之外,特别是蒋氏利用旧政协开会期间调兵遣将,与美帝政治欺骗配合,一到时机成熟,他们就破坏旧政协,显然是一种有阴谋的行径。"

谭平山的发言一语中的,且逻辑严谨系统,得到了与会者的赞同。接着,他还说道:"现在中共号召的新政协,是代表人民利益的,绝不允许反动分子参加。美蒋已成为中国人民的敌人,当然不能参加,也不容许插手。新政协是由中国共产党和各民主党派、各人民团体以及社会贤达所组成的。新政协讨论的共同纲领,应该是新民主主义的政纲,绝不是旧政协连欧美旧民主都不如的政纲。同时,这个新政协,是中共和各民主党派分担革命责任的会议,而不是分配胜利果实的会议。为着争取革命的提前胜利,是要大家多负责任的,而领导的责任,更不能不放在共产党肩上,这是历史发展上一种不容放弃的任务。"

"没有中国共产党的坚强领导,任何革命统一战线也是不能胜利的。"听到谭平山提及领导的问题,朱学范补充道,"新政协是中国人民民主统一战线的组织形式,参加新政协的各民主党派和民主人士必须根除'第三条道路'的幻想,坚决拥护共产党的领导。""唯其如此,新中国才能强盛,孙中山先生救国救民的主张和革命的三民主义才能得以真正地实现。"

第二次座谈会是在10月23日举行的。在哈尔滨的8位民主人士除同意中共所提参加新政协筹备会各单位外，经过酝酿，一致提议增加"上海人民团体联合会"；将"平津教授""南洋华侨民主人士"两单位分别改为"全国教授""海外华侨民主人士"；将无党派民主人士单列一单位。对于筹备会召开的时间，同意半数以上的代表到齐后举行，地点在哈尔滨。筹备会组织条例，同意由中共中央起草。

10月30日，中共中央将这个初步意见转告尚在香港的民革李济深、何香凝，民盟周新民，民进马叙伦，致公党陈其尤，救国会李章达、沈志远，农工民主党彭泽民，民建章乃器、孙起孟，无党派郭沫若等11人，并由潘汉年、连贯分别征询各民主党派、无党派民主人士意见。

11月15日，高岗、李富春与沈钧儒等民主人士在哈尔滨举行了第三次座谈会。他们就中共中央11月3日给他们的答复进行商谈，表示完全同意，并提出新的两点建议：一是规定参加新政协的单位由中共及各民主党派、各人民团体、各地区代表共38个单位组成，每单位人数六名；二是如再有增加单位的提议，可随时协商，在筹备会中做正式决定。11月21日，中共中央电复，同意他们上述所提的两点意见。

11月20日，潘汉年和连贯致电中央，报告在港各民主党派、无党派民主人士座谈《关于召开新的政治协商会议诸问题》的情况及提出的意见，共九条：

1. 有人提出，民社党革新派可参加新政协筹备会，与会者均不赞同。

2. 有人提出，国民党反动集团内，特别是国民党地方派系人员中，如有赞同三反（反帝、反封建、反官僚资本）并见诸行动者，似应准其参加新政协。

3. 有人提出，中华全国文艺协会可否作为一个单位参加。与会者认为文协大多数理事均在国统区，且多系蒋系人物，无从推派代表，仍以从文化界民主人士中提名较妥。

4. 有人提出，华侨民主人士中各阶层都有代表参加筹备会则更好。

5. 有人提出，东北政治建设协会可否作为一个单位参加，与会者认为可以从哈尔滨方面征询意见。

6. 有人提出，梁漱溟的"乡村建设派"似应列为一个单位。与会者认为，梁先生个人参加是不成问题的，但其组织不应列入邀请单位。

7. 有人提出，华南各省游击区人民武装有数万人，有斗争历史（如琼崖、东江等）似应列为一个单位。

8. 有人认为，国旗、国歌应事先研讨准备。

9. 关于共同纲领草案，各党派正在研讨中。对以"新民主主义"为今后建国最高指导原则问题，民革方面有两种意见：一种赞同，一种坚持"革命的三民主义"；民盟方面有的主张用"人民民主主义"，有的主张用"民主主义"，不必加上"新"字，但大多数意见均赞成"新民主主义"。①

11月25日，在经过多轮座谈，并结合香港、李家庄等各方面讨论的情况和意见后，中共中央由高岗、李富春代表与在哈尔滨的民主人士沈钧儒、谭平山、章伯钧、蔡廷锴、王绍鏊、高崇民、李德全和朱学范，达成关于召开新的政治协商会议诸问题的协议。

——关于新政协筹备会，决定：一、由中共及赞成中共中央"五一口号"第五项（即召开新政协）的各主要民主党派、人民团体及无党派民主人士等共计23个单位的代表组成；二、新政协筹备会的任务为：负责邀请参加新政协的各代表人物，负责起草新政协文件，负责召集新政协正式会议；三、筹备会组织条例由中共起草，经各方同意后，俟筹备会集会时正式通过；四、筹备会地址，预定为哈尔滨。

——关于新政协参加范围及任务，决定：一、新政协的参加范围，由

---

① 杨胜群，陈晋主编：《亲历者的记忆：协商建国》，生活·新知·三联书店2009年版，第108页。

反对帝国主义侵略、反对国民党反动统治、反对封建主义和官僚资本主义压迫的各民主党派、各人民团体及无党派民主人士的代表人物组成，南京反动政府系统下的一切反动党派及反动分子必须排除，不许参加；二、新政协举行时间在1949年，具体时间及地点由筹备会决定；三、新政协应讨论和实现的问题有二：一是共同纲领的制定，一是中华人民共和国中央人民政府的建立。

这是第一次正式在文件中使用"共同纲领"一词。关于《共同纲领》的制定，达成的协议中明确"共同纲领由筹备会起草，中共中央已在起草一个草案"。这个草案就是指中共中央第一次起草的《中国人民民主革命纲领草稿》。它的第一稿是1948年10月27日在李维汉主持下写出来的，经周恩来审阅后又分送刘少奇、朱德、陆定一、胡乔木、齐燕铭、李维汉等人审阅。

胡乔木回忆说："在哈尔滨的民主人士讨论中共中央提出的关于召开新政协诸问题协议草案时，对如何成立中央政府一项，产生不同意见，有人主张新政协即等于临时人民代表会议，即可产生临时中央政府。中共中央赞同这种意见，在11月3日给东北局指示电中说：依据目前形势的发展，临时中央人民政府有很大可能不需经全国临时人民代表会议，即径由新政协会议产生。这一稿明确规定：由新政协直接选举临时中央政府。随后，1948年12月30日，毛主席在为新华社写的新年献词《将革命进行到底》中宣布：1949年将要召集没有反动分子参加的、以完成人民革命任务为目标的政治协商会议，'宣告中华人民民主共和国的成立，并组成共和国的中央政府'。1949年1月8日中共中央政治局会议通过相应决议。这样，关于政协的使命，又有了新的规定。"[①]

1949年1月22日，中共中央发出《关于对待民主人士的指示》，指出：我党对待已经到达解放区的民主人士的方针，应该是以彻底坦白与诚恳的态度，向他们解释政治的及有关党的政策的一切问题，积极地教育与争取他们。对政策问题，均予以正面解答，不加回避。对政策实行的情况，亦

---

① 胡乔木：《胡乔木回忆毛泽东》，人民出版社1994年版，第548页。

应据实相告。中共中央还要求，由我党各部门的负责同志做有关战争、军事政策、政权、土改、外交、经济、文化教育、妇运等方面的报告，以及通过举行座谈会、同我党负责人谈话、进行日常接触和交谈、组织参观、提供学习材料和资料、关心生活及健康等方式，做民主人士的工作。毛泽东本人身先士卒，亲自带头同许多著名民主人士书信往来或直接交谈。他写的1949年新年献词《将革命进行到底》和宣布同国民党谈判八项条件的《关于时局的声明》，更对广大民主人士提高认识起了推动作用。

也就在1月22日这一天，到达解放区的民主人士55人联合发表《我们对时局的意见》，表示完全赞同和拥护中共的革命立场，拥护毛泽东1月14日发表的八项声明，推翻蒋介石南京独裁政府。其中说："全国真正为民主革命而努力的人士，必能一致努力，务使人民民主阵线之内，绝无反对派立足之余地，亦决不容许有所谓中间路线之存在。"对毛泽东提出的"真正的人民民主和平的八项条件"，"彻底支持"。"在人民解放战争进行中愿在中共领导下，献其绵薄，共策进行，以期中国人民民主革命之迅速成功，独立、自由、和平、幸福的新中国之早日实现。"

至此，各民主党派和无党派民主人士中的绝大多数人，在彻底推翻国民党反动统治和建立新民主主义中国这两个基本问题上，与共产党取得了共识。

而就在55位民主人士发布《我们对时局的意见》的前一天，1月21日，蒋介石宣布"引退"，下午飞返家乡浙江奉化，"总统"职权由李宗仁代理。《柏林民主报》尖锐地指出：蒋"下野"是"欺骗"，"骗不了中共领袖"。有其他通讯社指出：蒋准备必要时再回来，如他以前所玩弄过的一样。

时任中共中央办公厅主任的杨尚昆在当天的日记中写道：

> 这是中国革命进程中一个极大的变化。由1924年国民党改组之第一次大会算起，已有二十五年，国民党之取得统治，全靠第一次大会，而蒋之得势，也余荫于此次大会。第一次大会正是二十五年以前今天举行的，蒋贼逐退也是今日。整个二十五年，真是历史之偶合也！

> 蒋之出走，不管其花样如何，总之是统治的崩溃象征，这是明白的了。反革命的算盘，今天是不如意的！①

同一天，中央社报道说：行政院19日决议"慎重表示愿与中共双方立即先行无条件停战，并各指定代表进行和平商谈"。

4月1日，南京政府派出以张治中为首席代表的和平代表团来北平谈判，成员有邵力子、章士钊、黄绍竑、李蒸、刘斐，屈武为顾问。第二天，蒋介石就以国民党总裁身份命蒋经国向广州国民党中央党部转达两条指示：（一）和谈必须先订停战协定。（二）共军何日渡江，则和谈何日停止。

中共方面以周恩来为首席代表，代表有林伯渠、叶剑英、林彪、李维汉和聂荣臻。李宗仁在台上进行和谈活动时，蒋介石在台下则加紧实施在三至六个月内完成大规模扩军的计划。其备战计划包括：重建400个师；征募250万新兵，重新召集退役军官；编制新的装甲兵团；扩充空军。和谈进行中，毛泽东将"和谈"改为"谈判"，焦点是南京政府是真接受"八条"还是假接受"八条"。

来北平参加谈判前，张治中多次去溪口会见蒋介石。为此，周恩来十分生气，不仅没有去机场迎接张治中，而且一见面就质问他"为什么去溪口"，明确批评他们受蒋介石的幕后操纵。

4月2日至12日，国共双方代表进行了个别商谈，交换意见。13日，举行了第一次正式会议。15日晚7时，周恩来向张治中提交了《国内和平协定（最后修正案）》，并表示这是最后的不可变动的文本，并限定南京政府答复的最后期限为20日前。

4月16日一早，黄绍竑和屈武携带"协定"乘专机飞返南京。李宗仁看了犹豫不决没有主张，何应钦、顾祝同坚决反对，白崇禧也不答应，只好再送到溪口请示蒋介石。

蒋介石看了"协定"，拍案大骂："文白无能，丧权辱国！"

---

① 杨尚昆：《杨尚昆回忆录》，中央文献出版社2001年版，第275页。

蒋介石出言不逊，令人耻笑——骂张治中"无能"，是他独裁者的脾气；"丧权"也可以理解，老蒋和他的国民党即将丧失执政的权力；"辱国"何在呢？与其说"辱国"，不如说"辱"的是"蒋家王朝"。

4月20日深夜，张治中接到李宗仁、何应钦的电报。国民党拒绝在《国内和平协定（最后修正案）》上签字。长达20天的和平谈判宣告破裂。

4月21日深夜，周恩来亲自赶到六国饭店告诉张治中：渡江已经完成，随着形势的转移，仍有恢复和谈的可能。代表团不论回到广州还是上海，国民党的特务分子是不利于你们的。周恩来语重心长地说："我代表毛主席和我本人，请南京和谈代表团全部留下，对已协议的《国内和平协定》，日后还会起作用；代表团各位，今后还会有贡献，请你们认真考虑。"最后，周恩来还深情地对张治中说："西安事变，我们对不起一个姓张的朋友，今天再不能对不起你了！"辞意诚恳、温和而又坚决。

"过去在南京、重庆和谈破裂后，我方代表也并不撤退，以保留和谈线索，现在挽留你们，也是同样的意思。"叶剑英等中共代表也劝张治中等人留下。于是，在北平的南京谈判代表张治中、邵力子、章士钊、李蒸及其随行人员，在无可奈何之中一致同意留下。

可以想象，作为首席代表，张治中陷入了人生最大的苦闷之中，脑海中有许多问题没法解答，矛盾彷徨，展开了激烈的思想斗争。令他想不到却又特别感动的是，在周恩来悉心安排照顾下，通过地下党的秘密渠道，他的夫人和孩子竟然巧妙地从南京转上海，再乘坐飞机安全地送到了他的身边。在这种情况下，毛泽东多次找他谈话，希望他参加新政协和中央人民政府的工作。张治中伤感地说："过去这一阶段的政权是我们负责的，今已失败，成为过去了，我这个人也应该成为过去了。"毛泽东笑着安慰道："过去的阶段从你发表了声明，等于过了年三十，今后还应从年初一做起！"

4月21日，赶在长江汛期来临之前，毛泽东主席、朱德总司令向中国人民解放军发布"奋勇前进"、"解放全国人民"的命令。24小时后，大军30万人飞渡长江。

4月23日，南京解放，国民党反动统治宣告灭亡。

正如毛泽东所说的那样："凡是反动的东西，你不打他就不倒。"

其实，蒋介石早就开始安排自己的后路了。半个世纪后，台湾制作的电视纪录片《一同走过从前》里是这样说的："（民国）三十八年一月，蒋中正总统引退，他在引退前，急电派令陈诚将军为台湾省政府主席，蒋经国为国民党中央省党部主任委员，开始把台湾建设为复兴基地的准备工作。陈诚跟在上海的中央银行总裁俞鸿钧联络好，趁黑夜，把120万两黄金运来台北，再加上蒋经国、徐伯元，也抢运了部分黄金来台。"国民党抢运黄金干得神不知、鬼不觉，确切的数字究竟有多少呢？仅国民政府中央银行发行局1949年的一份机密卷宗里就记载："此项移运之船只，……先将库存内之黄金二百万两，妥为装箱，备运台北。"据统计，国民党先后从大陆运走了110吨黄金以及价值1.4亿美元的外汇和白银。这在当时的中国，实在是一个天文数字。①

这个时候，蒋介石不仅在抢黄金，也在抢人才。

让我们再次把视线转移到1948年的9月，回到那个时间的中国大学校园。像争取在香港的民主人士一样，中共和国民党之间也爆发了一场人才争夺战。蒋介石一边把大量的黄金运往台湾，但他也知道，比黄金更金贵的是人才。当旅港的民主人士纷纷穿越台湾海峡北上解放区的时候，蒋介石在南京宋子文的公馆举行了一次特别的宴会，盛情邀请大部分刚刚由国民政府中央研究院评选出来的院士，劝说他们要跟党国一条心，跟他一起去台湾。受邀的中央研究院院士们还照了一张"全家福"。在这张合影上，可以看到坐在第一排的有北京大学校长胡适和浙江大学校长竺可桢。胡适的位置是前排右四，竺可桢的位置是前排左四。他们所在的位置，一左一右，或许是偶然，但这竟然暗合了他们在那个年代的人生走向，因此这似乎又是一种历史的必然。

1948年12月8日，曾任西南联大训导长的国民政府教育部代部长陈雪屏拿着一份蒋介石圈定的"抢救"名单，以青年部部长的名义来到北平，请清华大学校长梅贻琦、哲学教授冯友兰等吃饭，前来"抢救"一批教授。

---

① 杨胜群，陈晋主编：《亲历者的记忆：协商建国》，生活·读书·新知三联书店2009年版，第396页。

此时的北平、天津处于人民解放军的包围之中。面对战争的威胁、国民经济的崩溃，北平的大学校园里再次出现了大学南迁的议论。对抗战时期的西南联合大学，人们记忆犹新。终于等来抗战胜利，好不容易在1946年回到安静的象牙塔中，人们已经厌倦折腾。在北平，天主教会设立的辅仁大学首先决定不迁校，接着燕京大学、清华大学也做出了同样的决定。11月22日，北京大学召开了一次校务会议，经过两个多小时的讨论，最终做出决议：关于外间对本校迁移的传言，本会议表示北京大学没有考虑过迁校。校长胡适也不赞成迁校。

12月17日，是北京大学50周年校庆的日子，这一天也正是胡适的生日。但这一天的北大冷冷静静，胡适匆匆忙忙地走了，只给留守北京的同事们留下一张便笺："今早及今午连接政府几个电报，要我即南去，我就毫无准备地走了。"北大的校庆不了了之。在南京北大校友会举行的校庆大会上，胡适失声痛哭："我是一个弃职的逃兵，实在没有面子再在这里说话。"当晚，蒋介石在自己的官邸宴请胡适夫妇，算是为胡适做寿。胡适因26岁时在新文化运动中提出文学改良刍议而被陈独秀从美国请回来当了北大教授，从此声名鹊起。而就在几个月前的3月29日至5月1日召开的所谓国民大会期间，蒋介石为了实际掌握独裁大权，在4月3日夜亲自找胡适谈话，明确表示请胡适出任总统，自己担任行政院院长——因为国民党1946年制定的宪法规定，国家最高的行政实权在行政院。结果，因为在副总统选举中，李宗仁挫败了蒋介石推荐的孙科，让蒋介石气急败坏。4月5日，国民党中常委通过了张群提出的"赋予总统以紧急处置权"的建议，蒋介石再次接受总统宝座。4月8日，老蒋再次宴请胡适，表达歉意。胡适不仅没有看清蒋介石出尔反尔的两面派嘴脸，反而诚惶诚恐地表示理解和恭维，愿为蒋介石"尽忠"。

紧跟着胡适，清华大学校长梅贻琦也走了。冯友兰却坚持留了下来，被校务委员会推举为主席。第二天，国民党飞机轰炸海淀，竟罕见地把12枚炸弹扔进了清华园。浙江大学校长竺可桢留下来了，辞去浙江大学校长职务，到上海的中央研究院任职。上海解放后第四天，他在日记中写道："国民党不知振作，包庇贪污，赏罚不明，卒致有今日之颠覆。解放军之来，人民如大旱之望云霓。希望能苦干到底，不要如国民党之腐败。科学对于建设极为重要，希望共产党重视之。"同样参加蒋介石南京宴会的中央研究院院士、数学家苏步青也留下来了，他后来回忆说："虽然对共产党没什么认识，对国民党是看透了的，再加上我有几个学生是地下党员，在他们的帮助下，我当然不会到台湾去。"

蒋介石搬走了黄金，却搬不走人心。在1948年9月国民政府中央研究院的81名院士"全家福"中，只有9位跟随蒋介石去了台湾。

在上海，还有一个女人，让蒋介石咬牙切齿，请也请不动，骂也骂不得，抢也抢不走。

这个人就是宋庆龄。

1949年5月27日，上海解放。19日，宋庆龄收到了妹妹、蒋介石的夫人宋美龄和弟弟宋子良的来信，信中婉言相劝："我们知道你在中国的生活一定很艰苦，希望你能平安顺利。如果我们在这儿能为你做些什么的话，只要我们能办到，请告诉我们。"

此前，国民党蒋介石为了拉拢宋庆龄，派李宗仁亲自登门拜访，请她以个人身份北上，向中共领导转达"和谈诚意"。宋庆龄断然拒绝。

而为了捞取政治资本，蒋介石在败退台湾之前，开始在社会上散布宋庆龄即将在国民党政府就职的谣言。为此，宋庆龄不得不在上海的英文报纸《字林西报》上以中国福利基金会的名义发表声明："中山夫人今天宣布：关于她将在政府中就职或担任职责的一些传说，是毫无根据的。孙夫人进一步声明，她正在以全部的时间和精力致力于中国福利基金会的救济工作。她是这个福利机构的创始人和主席。"

不论是亲情感召，还是政治拉拢，或者妖言惑众，宋庆龄对蒋介石独裁的国民党一点儿也不感兴趣。

毋庸置疑，在1949年的这个时刻，宋庆龄成为中国政治上举足轻重、令人瞩目的角色。5月27日，上海一解放，陈毅就立即为宋庆龄的住处增派了一个连的警力，确保安全。

这个时候，各民主党派已经与中共中央达成了召开新政协的协议，毛泽东已经从西柏坡进驻北平，新中国的筹建工作一日紧似一日。眼看着新政协会议就要召开了，开国大典的日子也日益临近，可宋庆龄却还没有来到北平，中共的领袖们也是非常着急。

6月19日，新政协筹备会议刚刚闭幕，毛泽东就亲自提笔给宋庆龄写来了一封饱含深情的信：

庆龄先生：
　　重庆违教，忽近四年。仰望之诚，与日俱积。兹者全国革命胜利在即，建设大计，亟待商筹，特派邓颖超同志趋前致候，专诚欢迎先生北上。敬希命驾莅平，以便就近请教，至祈勿却为盼！专此。
　　敬颂
大安！　①

毛泽东与宋庆龄第一次见面是在1926年1月召开的国民党第二次全国代表大会上。1945年重庆谈判期间，宋庆龄不顾国民党特务的盯梢，在短短十天时间内先后四次拜访、宴请毛泽东，或参加毛泽东、周恩来举行的茶会、酒会。宋庆龄与中共的关系可见不一般。

宋庆龄和周恩来的个人交往就更多了，交情就更紧深了。和毛泽东一样，周恩来在1949年6月21日给宋庆龄写了一封亲笔信：

宋庆龄先生：
　　沪滨告别，瞬近三年，每当蒋贼肆虐之际，辄以先生安全为念。今幸解放迅速，先生从此永脱险境，诚人民之大喜，私心亦为之大慰。现全国解放在即，新中国建设有待于先生指教者正多，敢借颖超专诚迎迓之便，谨陈渴望先生北上之情。敬希早日

---

① 上海宋庆龄故居纪念馆编译：《宋庆龄来往书信选集》，上海人民出版社1995年版，第203页。

命驾，实为至幸。①

6月25日，邓颖超带着毛泽东和周恩来的亲笔信，在廖梦醒的陪同下来到上海。但邓颖超并没有立即前往拜访，也没有立即把毛泽东、周恩来的亲笔信送去，而是先委托廖梦醒先去探访，打前站，试探一下。

廖梦醒是廖仲恺、何香凝的女儿，廖承志的胞妹，从小就与宋庆龄熟稔。1915年10月25日，孙中山和宋庆龄在日本结婚时，11岁的廖梦醒就和父母参加了典礼，是他们婚礼上的日文"小翻译"。

见到一身灰布制服、头戴灰色帽子的廖梦醒站在自己的客厅里，宋庆龄不由吃了一惊，根本没有认出来是谁。

"Aunt!"廖梦醒激动地用英文喊道。她从小就一直这么叫宋庆龄。Aunt，也就是姑姑。

直到这时，宋庆龄才认出来站在她面前的是廖梦醒，笑着说："我还以为来了一个女兵呢。"

其实，这也是廖梦醒第二次代表中共中央盛情邀请宋庆龄北上了。早在1949年1月19日，中共中央就曾给宋庆龄发出了一封英文的绝密电报。电报的中文翻译如下：

> 中国革命胜利的形势，已使反动派濒临死亡的末日，沪之环境如何，至所系念。新的政治协商会议将在华北召开，中国人民革命历经艰辛，中山先生遗志迄今将告实现。至祈先生命驾北来，参加此一人民历史伟大的事业，并对于如何建设新中国予以指导，至祈。如何由沪北上，已告梦醒与汉年、仲华切商，总期以安全为第一。谨电致意，伫盼回音。②

这封绝密电报是由远在西柏坡的周恩来和在香港的潘汉年秘密部署和

---

① 上海宋庆龄故居纪念馆编译：《宋庆龄来往书信选集》，上海人民出版社1995年版，第206页。

② 同上，第175页。

操作的。在周恩来的指挥下，电报首先发到了中共设在上海的地下组织。发出的同时，周恩来专门做出指示："由梦醒译成英文并附信，派孙夫人最信任而又最可靠的人如金仲华送去，并当面致意，万一金不能去，可否调现在上海与孙夫人联络的人来港面商。"与此同时，周恩来还在审阅这份电报时加上了一段话："第一必须秘密，而且不能冒失。第二必须孙夫人完全同意，不能稍涉勉强。如有危险，宁可不动。"

接到中央的电报后，方方、潘汉年、刘晓认真进行了研究，决定派具有丰富地下工作经验的华克之（原名华皖，逝世后公开的名字为张建良）携带信件秘密前往上海。当时，为宋庆龄北上的设计方案是：先接她到香港，然后护送她与何香凝一起北上。华克之回忆说："对于完成这一任务的细节与可能遇到的问题，潘汉年都予以设计，详细介绍，反复交代，要求保证宋庆龄的绝对安全。"抵达上海后，华克之把中共中央的信交给了宋庆龄的秘书柳无垢。柳无垢则借春节前往拜年的时候，把中共中央的这份绝密信转交给了宋庆龄。

2月20日，华克之到柳无垢家听候消息，接到了宋庆龄用英文撰写的亲笔复函。内容如下：

> 亲爱的朋友们：请接受我对你们极友善的来信之深厚的感谢。我非常抱歉，由于有炎症及血压高，正在诊治中，不克即时成行。但我的精神是永远跟随着你们的事业。我深信，在你们英勇、智慧的领导下，这一章历史——那是早已开始了，不幸于二十三年前被阻——将于最近将来光荣地完成。[1]

经过慎重考虑，宋庆龄决定"一动不如一静"，继续留在上海领导中国福利基金会的工作，迎接解放。中共中央尊重她的意见。

"一动不如一静"。宋庆龄的决定是周全的。这个时候，正是1949年的春节，上海却没有过节的欢乐气氛，笼罩在一片白色恐怖之中。国民党

---

[1] 陈廷一：《宋庆龄全传》，中国社会出版社2014年版，第129页。

的行刑队在街上抓到所谓"共党分子",格杀勿论,就地处决。岌岌可危的蒋家王朝,在这里做最后的挣扎。对待宋庆龄,蒋介石尽管不敢轻易动手,但是对与宋庆龄有来往的人,则毫不留情。

时间一晃,又是半年时间过去了。现在,中国的政局已经天翻地覆。中共与国民党在政治和军事上的斗争结果,已经水落石出。经过廖梦醒的先行探访,时机已经成熟。

6月30日晚上,邓颖超在廖梦醒的陪伴下,终于敲响了宋庆龄宅邸的大门。在抗战时期,宋庆龄和邓颖超就非常熟悉,也曾在一起开会、工作,为妇女儿童事业奔走呼号,交谊很深。久别重逢,两人热情拥抱,并肩而坐,促膝交谈。

谈话中,邓颖超向宋庆龄讲述了自己参加解放区的土改情况,介绍了第一届全国妇女代表大会,以及准备新政协会议的筹备情况。邓颖超娓娓道来,宋庆龄听得津津有味。这时,邓颖超适时从口袋中拿出了毛泽东和周恩来写给宋庆龄的亲笔信。

毛泽东的信是用毛笔写在红头"中国共产党中央委员会"专用信笺上,毛体书法遒劲有力。全文两页纸,仅仅109个字,却堪称古今中外政界书信往来之绝唱。通过这封信,毛泽东既简约明晰地表达了邀请宋庆龄赴北京共商大计之意,又以最高的规格表达了对宋庆龄的敬重和仰望。可以说,其简约,以至于每个字都得到精确驾驭;其准确,以至于每个词都精准达意;其恭敬,以至于每句话都饱含浓重的敬意。周恩来的信也是满腔热忱、虔诚、真诚,敬重与仰望溢于言表。

宋庆龄看得非常仔细,认真地回味着,思考着……

良久,宋庆龄拉着邓颖超的手,缓缓地说:"此事容我再仔细想一想……"

邓颖超微笑着,点点头。她深知宋庆龄的绵密谨慎的性格,更何况,这件事儿不仅仅是个人的事情,而是涉及国家和民族未来的大事件。再说,北京,对宋庆龄来说,也是伤心之地。1925年春天,她陪同抱病在身的孙中山先生北上,中山先生却再也没有陪她回来。逝世前夕,中山先生签署遗嘱,包括《国事遗嘱》《家事遗嘱》和《致苏联遗书》三个文件。在

《国事遗嘱》中，孙中山总结了40年的革命经验，发出了"革命尚未成功，同志仍须努力"的号召。第二次去北平，那是1929年春夏之交，她把中山先生的灵柩迎回南京中山陵安葬。因此，一提到北平，宋庆龄就伤心不已。

看到孙夫人没有立即动身的意思，善解人意的邓颖超给予了充分理解和同情，决意安心在上海耐心等待宋庆龄的抉择。

7月18日，因新政协的筹备工作已经紧锣密鼓地展开，周恩来致电上海，要邓颖超征询宋庆龄的意见，愿以何单位推选为新政协代表。宋庆龄依然婉转地表示：身体不佳，不能参加任何团体的业务，也不愿参加任何团体，只愿以旁听资格列席新政协会议。

尽管婉拒参加各种团体，但宋庆龄表明态度愿意列席会议，这就说明她的思想有了新的变化。

在这种情况下，聪明的邓颖超立即致电中共中央，建议由特别邀请单位推举宋庆龄为代表。邓颖超安心地在上海住了下来，陪同宋庆龄出席各种社会活动，参观宋庆龄主持的中国福利基金项目。当看到宋庆龄多方筹措经费建立的福利站只是铅皮顶简易房时，邓颖超激动地说："将来，我们新中国的少年宫，要用大理石铺地！"宋庆龄听着，热泪盈眶……两位因为革命都失去了孩子、失去做母亲的机会的女人，在惺惺相惜中心心相印。

两个月不算漫长。宋庆龄答应了邓颖超，表示"同意北上"。四个字，字字千金。这是一种信仰的抉择，这也是一种同志般的信任，更是对新中国的全部寄托和希望。

现在，宋庆龄接受了毛泽东、周恩来的盛情邀请，第三次踏上了去北平的征途，邓颖超和廖梦醒随行。要知道，在邓颖超和廖梦醒刚刚到上海的两个星期里，周恩来先后连续发了7封电报。现在终于成行，周恩来早就对宋庆龄北上的行程做出了精心的安排——要备头等卧车从上海直开南京，然后再换带有餐车的卧车直开北平。

此时此刻，宋庆龄又是什么样的心情呢？她后来这样描述：

当田野在火车的窗外飞掠而过……当沿途的城市、市镇和乡村飞驰而过，当我看到……我就感觉到，我们中国是可以成为富饶之地的，一切基本的条件都具备了……这也使我明白，中国人民如果要从天然富源中获得最高生产量，必须面对巨大的工作。但是我也看到，任何成就都是我们力所能及的。人民的力量将是我们的推动力……[①]

1949年8月28日下午3点45分，北平前门火车站成为中国最为引人注目的地方。中共领袖毛泽东、周恩来、朱德，早年曾加入同盟会跟随孙中山革命的林伯渠、董必武，孙中山最重要的助手和战友廖仲恺的妻子何香凝和他们的儿子廖承志，中国国民党革命委员会领导人李济深，救国会"七君子"的领头人沈钧儒，国民党最坚定的左派代表人物、诗人柳亚子，还有著名的无党派民主人士、著名诗人学者郭沫若，国民党和谈首席代表张治中将军……此刻，他们都早早地聚集在前门火车站的站台上。细心的人数了数，共计有59位中国政坛的大人物，悉数到场。45分钟前，在中南海的菊香书屋，一向爱穿布鞋的毛泽东换上了刚刚打完鞋油的黑皮鞋，还特地穿上了平时不舍得穿、只在迎送贵宾和参加重大活动时才穿的浅色中山装。

一声汽笛长鸣，火车进站了，缓缓地停下。刚刚打开车门，毛泽东就健步登上列车，迎接这位伟大的中国女性——宋庆龄。这种礼遇，是毛泽东对中共的任何领导人都不曾有过的。而对宋庆龄来说，这也是她自孙中山奉安大典后，第一次来这座古都，其间已经相隔整整20年。一个月后，她当选中央人民政府副主席。

1956年9月，宋庆龄作为特邀代表列席中国共产党第八次全国代表大会并讲话。她说："中国人民积了几十年惨痛的经验教训，终于在中国共产党正确的领导下，很快地解脱了帝国主义的束缚，消灭了封建主义，取得了社会主义革命的决定性胜利。经过两次革命，我们已经推翻了那人吃人

[①] 《开国大典备忘录：图文版》编辑组编：《开国大典备忘录：图文版》，中央文献出版社2009年版，第61页。

的剥削制度而站立起来……"

1981年5月15日，中共中央政治局做出决定，同意接受宋庆龄的入党申请，批准她为中共党员。16日，全国人大常委会决定授予宋庆龄中华人民共和国名誉主席称号。

5
召开"城市工作会议"，毛泽东告诫"这只是万里长征走完了第一步"

春天来了。

1949年3月5日，西柏坡，中共中央机关食堂。河北平原虽然还有些春寒料峭，但下午3点钟的灿烂阳光照在身上，让人感到暖洋洋的。这间西柏坡最大的长方形的机关伙房是中共中央机关干部自己动手盖起来的。今天它将作为中共中央七届二中全会的会议室，见证辉煌历史又被历史见证。

说是开会，总应该有个主席台。这里没有，就是在伙房正面一头的墙上悬挂着毛泽东和朱德的画像，在画像下方挂着两面锤子镰刀组成的中共党旗，党旗上写着中国共产党。旗下摆放着一张长桌，桌上铺着一张虎皮，这是林彪从东北带来的，是西柏坡唯一的奢侈品。桌上还摆放着一个笔架、两支蘸水笔。整个会议期间，毛泽东始终坐在主席台的这张长桌旁，它的两侧也各有一张铺着白布的小桌，那是会议记录人员的座位。前排还放着四张沙发，是朱德、刘少奇、周恩来和任弼时坐的。沙发后面还有茶几、长条背靠椅、木椅。会场东西两侧的墙上悬挂着四面党旗，幕布的顶端有两面锦旗，书写着"我们永远作你的好学生"和"没有人民的军队，就没有人民的一切"。南墙上是一张军事地图，专门用来向大会汇报全国敌我形势的，标注的截止时间为1949年3月4日夜间12时。

会场上没有麦克风，没有录音机，也没有记者，没有频频闪烁晃眼的镁光灯和炮筒似的长镜头，没有茶水矿泉水，更没有热毛巾。会议代表都坐在台下——其实也没有所谓的台上台下之分。没有座签桌牌，与会人员没有固定的位置，来得早就靠前坐，来得晚就坐在后面。有的凳子甚至是他们从自己家中或办公室带来的，散了会又带回去。轮到谁讲话了，谁就走到那张长桌的后面，站在那里给大家讲。讲完了，又回到自己的凳子上坐好，听别人讲。

——这是一次朴素的会议，是一个抛弃了任何形式只剩下内容、只剩下思想的会议。

会议是下午3点30分准时开始的。毛泽东主持，宣布开幕。他就坐在长桌后面的那张旧藤椅上。

接着，周恩来报告了会议日程，到会人数等问题。[1] 会议通过了主席团成员名单：毛泽东、朱德、刘少奇、周恩来、任弼时。

代表们从四面八方赶到西柏坡，个个兴高采烈，眉开眼笑，为互相见面高兴，也为战争胜利而高兴。在短短的几个月时间里，共产党就获得了三四个战役的胜利，消灭国民党部队150万人，解放了大半个中国。胜利的速度，超过了共产党人的预期。毛泽东的卫士长阎长林记得："有的首长第一次到西柏坡，对党中央五位书记在这样的条件下指挥中国革命取得决定性的胜利赞不绝口。因为西柏坡的条件的确比较差，住房尤其紧张，尽管有关部门做了准备，还是难以解决，只好在一个房间里摆几张床，住得很

---

[1] 出席七届二中全会的中央委员共有34名，他们是：毛泽东、刘少奇、朱德、周恩来、任弼时、林伯渠（林祖涵）、林彪、董必武、李富春、饶漱石、李立三、康生、张云逸、贺龙、陈毅、张闻天、蔡畅、邓小平、陆定一、曾山、聂荣臻、彭德怀、邓子恢、吴玉章、林枫、滕代远、张鼎丞、李先念、徐特立、谭震林、王明（陈绍禹）、廖承志、王稼祥、陈伯达。出席会议的19名候补中央委员是：王首道、邓颖超、陈少敏、谭政、程子华、王震、张际春、云泽（乌兰夫）、赵振声（李葆华）、王维舟、万毅、古大存、马明方、吕正操、罗瑞卿、刘子久、王从吾、习仲勋、刘澜涛。12名列席会议的人员是：李井泉、杨尚昆、安子文、胡乔木、李维汉、高文华、陈刚、刘少文、李涛、傅钟、杨立三。记录人员是曾三、廖鲁言、师哲、伍云甫。请假或工作离不开未能到会的，中央委员有陈云、徐向前、高岗、罗荣桓、彭真、刘伯承、郑位三、叶剑英、薄一波、黄克诚；候补委员有刘晓、刘长胜、粟裕、宋任穷、曾冰、陈郁、张宗逊、陈赓、萧劲光。其中廖承志、王稼祥、陈伯达、黄克诚由候补委员递补为中央委员。但七届二中全会也留下了一点遗憾，中央候补委员、华东军区副政委黎玉因遭到时任华东局书记、华东军区政委饶漱石和时任山东分局书记、省政府主席康生二人联手恶意攻击和污蔑，被强加"宗派主义、山头主义、地方主义、拒绝华东局领导"等10多项莫须有的罪名，因此被会议拒之门外，会上还错误地做出了《关于黎玉问题的决议》。新中国成立后，黎玉历任上海市委秘书长、一机部副部长、农机部常务副部长，1986年3月即其去世前两个月，中共中央和山东省委为其彻底平反。

挤。工作人员向首长们解释，首长们说：'毛主席还住那么一个小平房嘛，我们这样住，也很好了。这比在红军长征路上住宿和在战壕里睡觉，已经强百倍了。'"

开幕会上，毛泽东先讲，他的报告很重要，一共讲了十个问题。

毛泽东说，辽沈、淮海、平津三战役以后，国民党军队的主力已被消灭。今后是要解决分布在从新疆到台湾的国民党剩下的100多万作战部队。他指出："在南方各地，人民解放军将是先占城市，后占乡村。"人民解放军不仅永远是一个战斗队，又是一个工作队。我们必须准备把210万野战军全部地化为工作队。这样干部就够用了，广大新解放的地区的工作就可以开展了。我们必须把210万野战军看成一个巨大的干部学校。

毛泽东对全会的地位和意义做了精辟的概括，提出了党的工作重心由乡村移到城市的问题。指出这次全会是"城市工作会议，是历史的转变点"。他说："从1927年到现在，我们的工作重点是在乡村，在乡村聚集力量，用乡村包围城市，然后取得城市。采取这样一种工作方式的时期现在已经完结。从现在起，开始了由城市到乡村并由城市领导乡村的时期。党的工作重心由乡村转到了城市。"当然，城乡必须兼顾，绝不可以丢掉乡村，仅顾城市。但是党和军队的工作重心必须放在城市，必须用极大的努力去学会管理城市和建设城市。

毛泽东强调：进入城市，管不好，学不会，不能立脚，就要亡国！在城市斗争中，必须全心全意地依靠工人阶级、团结其他劳动群众，争取知识分子，争取尽可能多的能够同共产党合作的民族资产阶级分子及其代表人物站在我们方面，或者使他们保持中立，以便向帝国主义者、国民党、官僚资产阶级作坚决的斗争。他告诫，必须以极大的努力去学会管理和建设城市，从我们接管城市的第一天起，我们的眼睛就要向着这座城市的生产事业的恢复和发展。城市中的其他一切工作，都必须围绕着生产建设这个中心工作并为这个中心工作服务。

对中国的经济状况，毛泽东分析道：中国已经有大约百分之十的现代性的工业经济，这是进步的；还有大约百分之九十的分散的个体的农业经济和手工业经济，这是落后的。在现代性的工业经济中，最大的和最主要的资本是集中在帝国主义者及中国的官僚资产阶级手里。没收这些资本归无产阶级领导的人民共和国所有，就使人民共和国掌握了国家的经济命脉，使国营经济成为整个国民经济的领导成分。这一部分经济，是社会主义性质的经济。占第二位的是私人资本主义工业，它是一个不可忽视的力量。为了整个国民经济的利益，为了工人阶级和劳动人民现在和将来的利益，对于私人资本主义经济决不可限制得太死，必须容许它们在人民共和国的经济政策和经济计划的轨道内有存在和发展的余地。在中国革命取得全国胜利，并且解决了土地问题以后，实行"对内的节制资本和对外的统制贸易"，是我国在经济斗争中的两个基本政策。

就吸收党外民主人士参加新政权的建设和工作问题，毛泽东指出：我党同党外民主人士长期合作的政策，必须在全党思想上和工作上确定下来。我们必须把党外大多数民主人士看成和自己的干部一样，同他们诚恳地坦白地商量和解决那些必须商量和解决的问题，给他们工作做，使他们在工作岗位上有职有权，使他们在工作上做出成绩来。从团结他们出发，对他们的错误和缺点进行认真的和适当的批评或斗争，达到团结他们的目的。对他们的错误和缺点采取迁就态度，是不对的。对他们采取关门态度或敷衍态度，也是不对的。每一个大城市和每一个中等城市，每一个战略性区和每一个省，都应当培养一批能够同我们合作的有威信的党外民主人士。

谈及新中国中央人民政府的主要人员配备，毛泽东说：现在尚不能确定，还需要同民主人士商量，但有两个人要报告，毛、周是否加入，周恩来是一定要参加的，其性质是内阁总理；我不参加有好处，可以有时间想问题；但不参加也有缺点，内阁上面要设主席团，设主席。请同志们看是否妥当。刘、任不加入，不要全加入进去，全加入是不行的。

关于对外政策，毛泽东指出：我们不承认国民党时代的任何外国外交机关和外交人员的合法地位，不承认国民党时代的一切卖国条约的继续存在，取消一切帝国主义在中国开办的宣传机关，立即统制对外贸易，改革海关制度。"在做了这些以后，中国人民就在帝国主义面前站立起来了。"全国胜利以后，我们愿意按照平等原则同一切国家建立外交关系，但是从来敌视中国人民的帝国主义，只要它们一天不改变敌视的态度，我们就一天不给它们在中国以合法的地位。对于普通外侨,则保护其合法的利益,不加侵犯。至于同外国人做生意,那是没有问题的,有生意就得做,我们必须尽可能地首先同社会主义国家和人民民主国家做生意,同时也要同资本主义国家做生意。

毛泽东响亮地提出:"召集政治协商会议和成立民主联合政府的一切条件,均已成熟。一切民主党派、人民团体和无党派民主人士都站在我们方面。""我们希望四月或五月占领南京,然后在北平召集政治协商会议,成立联合政府,并定都北平。"我们要建立一个"无产阶级领导的以工农联盟为基础的人民民主专政"的国家。

报告的最后部分,毛泽东在热情洋溢地指出中国革命胜利的巨大意义后,再次提醒全党要防止因胜利而骄傲、以功臣自居、停顿起来不求进步、贪图享乐不愿再过艰苦生活等情绪的滋长,要警惕资产阶级用糖衣裹着的炮弹的攻击。在这里,他说了一句特别好的名言:

> 夺取全国胜利,这只是万里长征走完了第一步。如果这一步也值得骄傲,那是比较渺小的,更值得骄傲的还在后头。在过了几十年之后来看中国人民民主革命的胜利,就会使人们感觉那好像只是一出长剧中的一个短小的序幕。剧是必须从序幕开始的,但序幕还不是高潮。中国的革命是伟大的,但革命以后的路程更长,工作更伟大,更艰苦。①

在夺取全国胜利的前夜,毛泽东特别的清醒。他充分估计了中国人民民主革命胜利以后的国内外资产阶级斗争的新形势,及时地警告资产阶级的"糖衣炮弹"将成为无产阶级的主要危险。他一再告诫全党:"务必使同志们继续地保持谦虚、谨慎、不骄、不躁的作风,务必使同志们继续地保持艰苦奋斗的作风";"我们不但善于破坏一个旧世界,我们还将善于建设一个新世界。"

---

① 毛泽东:《毛泽东选集》第4卷第2版,人民出版社2009年版,第1438页。

从第二天开始，大会代表轮流发言。

3月6日发言的有：滕代远、徐特立、林伯渠、王首道、陈毅、朱德。

3月7日发言的有：邓子恢、李富春、邓小平、张鼎丞、饶漱石、王明。

3月8日，休会。

3月9日发言的有：康生、李立三、林彪。

3月10日发言的有：王稼祥、聂荣臻、习仲勋、乌兰夫。

3月11日发言的有：吴玉章、彭德怀、李先念、张闻天、陈伯达。

3月12日发言的有：刘少奇、王明。

3月13日发言的有：任弼时、周恩来。

大会共有27位同志发言。代表们在这里热火朝天地讨论了军事、政治、党务、经济、政权接收，甚至还谈到了新中国的外交。这都是国家大事。会上，胡乔木做了新闻工作的报告。毛泽东认真听，也认真记，还不时插话。

12日，刘少奇在发言中也谈到了城市工作问题，提出了"城乡一体"的思想，要依靠工人发展生产。他还着重讲了人民代表会议是人民政权的主要组织形式，大革命时期我们没有搞，内战与抗战时期搞得不多，现在不能再拖了。如果再拖，就不足以反对官僚主义，不足以有力地克服行政命令中的一切毛病。

13日，任弼时在发言中说，全党工作重心由乡村转移到城市，是一个"带历史性的问题"。他阐释了以城市为重心的基本涵义，还分析了实现工业化的重大意义。

关于财经问题，周恩来在会议最后一天的发言中说：现在是前方打仗，后方搞生产。"后方生产，目的是为发展，但第一步是为恢复，争取全国胜利，今天还不是转入建设。"这是过渡时期。这个时期，"在组织形式上，不能一下子都集权"，"分权，区域性问题还存在"。由分散到集中将需要较长时间，因此只能"在分区经营的基础之上，有步骤有重点地走向全国统一"。一定要授权地方才能发挥其积极性。中央现在是"抓住华北，依靠东北，支援前方"。周恩来还就金融、交通、工业、城市接收、兵工厂生产等各方面发表了系统的意见。会后，根据会议精神，他主持起草了

《关于财政经济工作及后方勤务工作中若干问题的决定》，决定成立中央财政委员会，首先与华北财政经济委员会合并，并加入东北、华东、西北、华中各区财政经济工作负责人为委员，依靠华北政府各部及其直辖的各省市，进行业务工作。这个重大决策，对后来全国的经济恢复，实现财政经济根本好转起到了重要作用。

3月13日，毛泽东在七届二中全会上做总结时，又强调：我们党的理论水平低，所以要普遍地宣传马克思主义。他说：对毛泽东思想的提法应该是"马克思主义的普遍真理与中国革命的具体实践的统一"。并批评王明所说"毛泽东思想是马列主义在殖民地半殖民地的应用和发展"，"这种提法不妥当"。他说：马恩列斯是先生，我们是学生。现在编了12本干部必读的书，如果在三年之内，有3万人读完这12本书，有3000人读通这12本书，那就很好。他在结论中还谈了党委会的工作方法问题。

在山沟、在窑洞里住了20年的中共中央和毛泽东，在这里安安静静地讨论的是进城的问题。因此，代表们从这种胜利的气氛中已经强烈地感受到，党的中心工作正面临着转变——这是一个由革命战争向和平建设的转变，工作重心由乡村向城市的转变，而且更长远来看就是由新民主主义革命向社会主义的转变，由五千年的封建农业社会向新的工业国家的转变。

此时此刻，西柏坡的这间普通得不能再普通的民房里发生的事件正决定着中国革命的命运，也决定着中共在历史转折关头该如何做出抉择！历史就这样选择了西柏坡这个小山村，使其成为中国命运的一个枢纽！

根据毛泽东的提议，会议一致通过了六项决定：一不做寿；二不送礼；三少敬酒；四少拍掌；五不以人名作地名；六不要把中国同志同马恩列斯平列。

会议开幕的这天，墙上还挂着"马恩列斯毛朱"的画像，可到了3月13日大会闭幕的时候，五张画像不这样挂了。时任华北军区电影队摄影师、影片制作股股长程默，用一个小型的艾姆摄影机和一个苏联基辅牌照相机为我们留下了宝贵的历史镜头。他清楚地记得：

毛泽东在七届二中全会上的三张照片：一张是大会主席台的

党旗中间悬挂着毛泽东和朱德的照片,党旗上除印有镰刀斧头外,还有"中国共产党"的字样。这一张是我在3月5日那天拍下的,这个会场背景是中央招待所所长陈心良最初布置的。第二张是党旗中间,悬挂的是马、恩、列、斯的照片,而毛泽东和朱德的相片分别悬挂在马、恩、列、斯像的左右两旁。这张是在会议期间拍的。因为第一天主席对会场布置提出批评:开会不要挂我们的像,这样不好,应该挂马、恩、列、斯的照片。第二天就挂上四位国际伟人像。可大家议论纷,你一言,我一语,说法不一,就又将毛泽东和朱德的像挂在两旁。结果再次受到毛泽东的严厉批评。就在会议最后一天,根据毛泽东的提议,大会做了六条规定,其中第六条就是"不要把中国同志同马恩列斯平列"。第三张是党旗上面只有镰刀和斧头,没有了"中国共产党"字样。这一张是我在毛泽东做大会总结时照的。这是会议期间大家讨论的结果,大家认为共产国际的旗帜是镰刀斧头,我们加上"中国共产党"不太合适,所以后来就不用有字的了。①

作为中共中央政治局和毛泽东的秘书,胡乔木或许比在座的许多中央委员参与中央会议的次数还要多,但与以往不同,他这次不再是工作或记录人员,而是以新华社总编辑的身份作为列席代表参加会议的。胡乔木回忆说——

在政治方面,国体和政体是建立新国家时首先要回答的问题。抗日战争期间毛主席即对这个问题有所思考。在《新民主主义论》中,他提出的新民主主义共和国的"国体——各革命阶级联合专政","政体——民主集中制","并由各级代表大会选举政府";后来,在《论联合政府》中,他又对这些原则做了更具体的论述。解放战争时期,毛主席对这个问题的思考与抗战时期的

---

① 西柏坡纪念馆编:《西柏坡记忆》第二卷,中央文献出版社2010年版,第248页。

思考有承接关系。不过，在这两个时期的转换中，中国新民主主义革命的总任务虽然没有改变，但国共合作再次破裂，国内阶级关系出现重大变化。新中国的国体必然与原先设想的国共联合政府有重大不同。一九四八年九月，毛主席在政治局会议的报告中提出："建立无产阶级领导的以工农联盟为基础的人民民主专政。打倒帝国主义、封建主义和官僚资本主义的反动专政。我们政权的阶级性是这样：无产阶级领导的，以工农联盟为基础，但不是仅仅工农，还有资产阶级民主分子参加的人民民主专政。"建国前夕，毛主席自己动笔写了《论人民民主专政》。

关于政体问题，毛主席一直坚持《新民主主义论》和《论联合政府》中提出的主张，认为人民民主专政国家应该采取民主集中制的各级人民代表会议制度，中央和地方各级政府，都应由各级人民代表大会选举。

经济方面，毛主席思考的核心是怎样把中国半殖民地半封建的经济形态转变为新民主主义的经济形态，并保证这种经济形态的社会主义发展方向。建国前夕，除在全国广大地区实行土地改革之外，我们党还作出了两个具有深远影响的决定：一个是没收官僚资本归国家所有，另一个是坚持国营经济的领导地位，并对私人资本主义采取限制和利用的方针。这两个决定改变了中国现代产业最主要部分的社会属性，从整体上保证了新民主主义经济的社会主义方向。

外交方面，我们坚定不移的立场是，在原则上，帝国主义在华特权必须取消，中华民族的独立解放必须实现。采取不承认政策的目的是使我们在外交上立于主动地位，不受过去任何屈辱的外交传统所束缚，有利于肃清帝国主义在中国的势力和影响。这一方针和立场，毛主席用简练而生动的语言作了概括，就是"另起炉灶"和"打扫干净屋子再请客"。明确宣布新中国将联合苏联，站在国际和平民主阵营一边，这是建国前夕我们采取的另一项重要的外交政策。此后，毛主席《论人民民主专政》中明确地提出"一边倒"外交政策。①

蓝图在握,新中国的雏形已经出现。

会议就这样平平静静地开了整整八天。结束的时候,与会的代表们真的都没有鼓掌,也没有敬酒。

因为他们知道,历史将会替他们为自己鼓掌!人民将会为他们鼓掌!

因为他们知道,这一切,才只是1949年春天的一个序曲。

十天后的3月23日,新华社播发了一篇1500字的新闻《中共召开七届二中全会》。它的作者是胡乔木。这篇新闻稿的性质和形式,实质上就是以后中共中央全会发表的公报。毛泽东审阅时,在开头和结尾的部分各加上了一段文字。

开头曰:"中国共产党第七届第二次中央委员会全体会议在石家庄附近举行,会议经过八天,现已完满结束。全会到中央委员34人,候补中央委员19人。中央委员及候补委员因工作关系缺席者20人。毛泽东主席向全会作了工作报告。全会批准了1945年6月一中全会以来中央政治局的工作,认为中央的领导是正确的。全会批准了由中国共产党发起,并协同各民主党派、人民团体及民主人士,召开没有反动分子参加的新的政治协商会议及成立民主联合政府的建议。全会并批准1949年1月14日毛泽东主席的声明及其所提八项条件以为与南京国民党反动政府及其他任何国民党地方政府与军事集团举行和平谈判的基础。"

结尾曰:"全会认为:中国的经济遗产虽然是落后的,但是中国人民是勇敢而勤劳的,中国人民革命的胜利和人民民主共和国的建立,中国共产党的领导权,加上以苏联为首的强大的全世界反帝国主义阵线的援助,中国经济建设的速度,将不是很慢而可能是相当地快的,中国的兴盛是可以计日程功的。对于中国经济复兴的悲观论点,没有任何的根据。"②

这篇新闻罕见地打破了中共多年来一直在新闻稿中保密中央所在地的禁区,由毛泽东本人公开了中共七届二中全会"在石家庄附近"举行。

---

① 胡乔木:《胡乔木回忆毛泽东》,人民出版社1994年版,第541—551页。
② 同上,第541—551页。

也就在这一天的上午,当新华社"陕北新华广播电台"的电讯刚刚发出这篇新闻稿的时候,中共"五大书记"毛泽东、刘少奇、朱德、周恩来、任弼时,已经"在石家庄附近"整理好行装,他们又要出发了。他们要到哪儿去?

停在西柏坡村口的汽车已经发动了引擎,在马达有节奏的"突突突"声中,毛泽东站在村口通往北平方向的黄土路上,深情地环顾着这个生活了十个月的北方小山村。溢于言表的喜悦堆在毛泽东的脸上,如蔚蓝晴空的淡定和从容淹没了他内心里翻江倒海的沧桑……

出发的时刻到了。

站在村口,毛泽东对周恩来说:今天是进京的日子,进京赶考去。

第五章　外　交

1
莫斯科神秘客人访问西柏坡，毛泽东说：打扫好屋子再请客

1949年1月31日，农历正月初三。

河北，石家庄机场。凌晨的寒风中，时任中共中央书记处办公处副处长的汪东兴和中央办公厅俄语翻译师哲早早地来到这里，等在停机坪上。数天前，他们手持任弼时的亲笔信，奉命到石家庄附近找到聂荣臻，说明中央要使用石家庄机场，请他派部队打扫、清理，并派部队守护、警戒，而且要保密。

很快，一阵巨大的轰鸣声从东北方向的天空传来，一架苏联的军用飞机缓缓地降落了。不一会儿，一位头戴圆帽、身穿圆领皮大衣的大鼻子外国人走下了旋梯。他是谁？

没错，他就是斯大林的特使、苏共中央政治局委员阿纳斯塔斯·伊万诺维奇·米高扬。

这次秘密访问，是斯大林和毛泽东经过长达一年多的沟通，才做出的决定。米高扬此行化名安德烈耶夫，是从大连直飞石家庄的。和他一起来访的随员有两人，而且名字相同，一位是正在东北帮助中国进行铁路修复工作的苏联铁道部副部长伊万·弗拉基米罗维奇·科瓦廖夫；一位是担任翻译的汉学家叶甫根尼·尼古拉耶维奇·科瓦廖夫，大家称他小科瓦廖夫。

下了飞机，汪东兴和师哲就陪同米高扬乘坐吉普车直奔西柏坡。然而，在路途中，米高扬多次要求下车，要到路边村庄的群众家里参观。出

于安全考虑，汪东兴没有答应，请他不必去。但是，米高扬也有着苏联人的固执，他非要坚持下车不可。无奈，在路上他还是几次下车到村镇中访问农民，同男女老少攀谈，毫不掩饰地暴露自己是一个"老外"。

师哲对米高扬的言行感到十分奇怪，就问道："你不是生怕暴露自己的身份，极想保密吗？为何自己又要到处乱跑，不注意守密呢？"

谁知，米高扬奇怪的回答更让师哲感到奇怪了。他说："在你们这里哪能做到保密？！我看明后天我就会在路透社或美联社或其他什么通讯社的新闻消息中出现，而且不只说我访问了中国，或许还会说，俄国鬼子到中国进行破坏活动了。既然如此，躲躲闪闪又有何用呢？"

米高扬的这种傲慢，让中国人感到十分不爽。师哲也不客气地回答了他一句："这些都只是你自己的想法。"

的确，米高扬的想法是错误的。实际上，要不是后来历史档案的解密，任何一个外国通讯社甚至外国情报机构都没有报道，也不曾知道米高扬秘密访问过西柏坡。20世纪50年代初期，米高扬再次见到师哲的时候，回忆起自己的西柏坡之行，就深感内疚地道歉："你们党深深扎根于广大群众之中，群众相信你们，听你们的话，跟着你们走。你们的力量和影响当然是强大无比的。你知道，这在我们苏联就办不到。如果一个什么外国人出现在我们的村镇，那立刻就会向全县、全区、全省宣扬出去。但我仍不能懂得，这是群众觉悟水平高、纪律性强，是你们把群众训练好了，还是有别的什么因素在起作用？"

是的，米高扬永远也不会懂得中国古老的文明和中国人民高尚的品德和政治觉悟。

午后1时左右，米高扬一行抵达了西柏坡。这时，毛泽东刚刚起床，在中央大院自己住处的门口迎接米高扬的到来。在会客室，毛泽东把刘少奇、周恩来、朱德、任弼时等中共中央的几位书记一一做了介绍。米高扬转达了斯大林和苏共中央全体政治局委员的问候，祝愿中共尽快取得胜利，彻底解放全中国，接着呈上斯大林赠送给毛泽东的礼物——一块毛料。

后来，米高扬这样回忆第一次和毛泽东见面的情景：中国北方的冬天和莫斯科的冬天一样寒冷，毛泽东的旧棉大衣既没棱也没角，衣袖上还堂而皇之地补着补丁。他热情地把我们迎进他们的房间，为了给我们驱寒，他们生起了炉子，还倒了一盆热气腾腾的洗脸水。

坐下后，米高扬介绍了自己的来意，他说：中国革命形势发展迅猛异常，在这关键的时候，毛泽东同志不能离开指挥岗位；再者，中国境内交通不便，还要通过敌人的封锁线，也要考虑到安全问题；到苏联往返的时间太长，怕影响毛泽东同志的身体健康。因而，斯大林不主张毛泽东到苏联去。斯大林十分关心中国革命形势的发展，派我代表他来中国听取你们的意见。你们所讲的话，我回国后向斯大林汇报。任何事都由斯大林决定。

这样的开场白，其实米高扬也是在解释斯大林为什么一再拒绝毛泽东访问苏联的原因。

两年前的1947年，当人民解放战争迅速向着有利于人民的方向发展时，毛泽东开始萌发访问苏联的愿望。这年3月21日，国民党军队占领延安，斯大林闻讯后急电毛泽东，表示可以派专机来陕北接毛泽东等中共领导人去苏联避难。到苏联避难，这是毛泽东不愿意的，也是完全不需要的。但是到苏联去访问倒是可以考虑的。访问的目的，就是要向"老大哥"学习。毛泽东就通过苏共的联络员阿洛夫医生致电斯大林，提出了访问苏联的要求。6月15日，斯大林复电表示同意，并说："苏联共产党（布）中央委员会认为他不宜就莫斯科之行走漏任何风声。如果毛泽东认为需要这样做，那么我们觉得最好是取道哈尔滨。需要的话，我们将派飞机去接。"

斯大林希望毛泽东访苏不要走漏风声，访问必须在秘密的状态下进行。这当然是从国家利益和国际政治、外交上来考量的，也有道理。但是，两个星期后的7月1日，毛泽东又收到了来自莫斯科的电报。斯大林说："鉴于即将举行的战役，鉴于毛泽东若离开，会对战事发生不良影响，我们认为暂时推迟毛泽东的出行为宜。"毫无疑问，斯大林以中国国内战事为由，婉拒了毛泽东访问莫斯科的要求。毛泽东表示理解。

1948年4月12日，在东渡黄河抵达河北阜平县下东村宿营时，毛泽东再次与周恩来、任弼时提出了访问苏联去会见斯大林的事情，周、任二人也表示同意，于是决定到城南庄后，周、任二人先去西柏坡同刘少奇、朱德会合，毛泽东则暂时留在城南庄做去苏联的准备。本来，中共与苏共已经商定，毛泽东在这年7月访问莫斯科。但是4月26日，毛泽东致电斯大林说："我决定提前到苏联，拟5月初从河北石家庄北100公里处阜平出发，在军队掩护下过平张铁路……可能于6月初或中旬到达哈尔滨。然后从哈尔滨到贵国……我将就政治、军事和其他重要问题同苏联共产党中央委员会的同志们商量和请教……此外，如果可能，我还想往东欧和东南欧国家一行，考察人民阵线工作和其他工作形式。"

毛泽东打算带任弼时、陈云同行，另带两个秘书和几个译电员。为了表示访苏的决心，毛泽东在电报中说："如果您同意此计划，那我们就照此办理；若您不同意，那就只有一条出路——我只身前往。"

毛泽东的决心不可谓不大。

斯大林的决定不可谓不快。

4月29日，斯大林复电毛泽东，说："您4月26日的函收悉。偕行者和人数请视必要自定。两个俄国医生应与您同行。我们同意把一部电台留在哈尔滨，其他事待面议。"

于是，刚刚结束转战陕北的毛泽东决定在城南庄做访苏的准备工作。中共中央的其他四位书记则到西柏坡指挥全国的革命斗争。但是到了5月10日，斯大林致电毛泽东："鉴于您所在地区的事态发展，尤其是傅作义已经开始进攻蔚县，也就是说，您来苏途中拟经过的三个地区都在火线上。我们担心，您的出行会影响事态的进程，况且您路上也不太平。有鉴于此，不知您是否应推迟来苏。您若决定不推迟动身，请通知我们并告如何、向何处派飞机接迎。盼复。"

接到电报，已经做好准备的毛泽东心中掠过一丝不快，但还是客气地复电："斯大林同志，今天收到尊函。非常感谢，鉴于目前局势，我的出访贵国以稍做推迟为宜……我需要略加休息，尔后方可乘坐飞机。机场和空港查清情况后奉告。"

5月18日，因在城南庄晋察冀军区大院的住处遭国民党军飞机轰炸，毛泽东当晚转移到花山村；27日，毛泽东乘车抵达西柏坡，与刘少奇、周恩来等会合。

7月4日，毛泽东再次致电斯大林："与前两个月相比，我的健康状况大为好转。我拟近期动身前往贵国。有三条路线可去：海陆空。但不管怎么样，我们务必经过哈尔滨，因我要同东北的一些负责同志商谈。望派飞机于本月25日前后到潍县……如果您决定接我们走海路，望本月派船到指定的港口……如果我们不能乘飞机，也不能乘船，那我们无论如何本月15日前后要动身北上。"

很快，斯大林就来了回音，再次婉拒了毛泽东，说："鉴于粮食征购工作开始，从8月起，领导同志分赴各地，要在地方待到11月，因此联共（布）中央请毛泽东同志把来莫斯科的时间定在11月底，以便能够同所有领导同志见面。"

斯大林的话是真是假？半真半假？毛泽东无法揣摩。但毛泽东之所以急于访问莫斯科，的确是希望就许多重大问题与斯大林商量和请教，并尽可能地争取一些援助。他曾经和阿洛夫说起过的主要问题如下：一是关于民主党派及民主人士的关系问题和召开政治协商会议的问题；二是关于东方革命力量的联合问题和东方各国共产党之间的联系问题；三是关于同美国及蒋介石做斗争的战略计划问题；四是关于恢复和建立中国工业的问题；五是关于三千五百万美元的财政借款问题；六是关于同英法建立外交关系的方针问题；七是一系列其他问题。

对国内的政治和军事斗争，毛泽东已经胸有成竹胜券在握，因此他焦急地等待着斯大林的回答。阿洛夫记得："毛泽东的箱子里已经装放东西了，甚至还买了皮鞋（像这里所有的人一样，他平时穿的是布鞋），缝制了一件厚呢子大衣。事情不仅仅在于出行本身，连行期他都决定了，剩下的只是怎么样走。"

9月28日，毛泽东再次致电莫斯科，急切地说："务必就一系列问题面向苏联共产党（布）和大老板亲自汇报。为得到指示，我打算据上一封电报所示的时间到莫斯科。现在暂时先把上述内容做一笼统汇报，请您向苏联共产党（布）中央委员会和大老板转达。真心希望他们给予我从头指示。"

按照新的约定，毛泽东应于11月下旬动身。但此时，辽沈战役胜利结束，淮海战役全面激烈展开，平津战役且在紧张部署中。毛泽东一时间无法脱身。因此他又致电斯大林，请求将访问时间改为12月底。

让毛泽东没想到的是，斯大林竟然拒绝了毛泽东的要求，他说："在目前局势下我们认为您应该把您的访问再后延一段时间，因为您现在到莫斯科来，会被敌人利用来指责中国共产党是莫斯科的代理人，这无论对中共还是对苏联，都没有好处。"在谈判中曾经让罗斯福、杜鲁门和丘吉尔都败下阵来的斯大林，是一位了不起的政治家和谈判高手。他的政治考虑，不是没有道理，大国之间的博弈十分微妙。

过了1949年的元旦，斯大林在1月14日给毛泽东又发来了电报，说："我们还是主张您暂时推迟对莫斯科的访问，因为目前很需要您在中国。如果您愿意，我们可以立即派一位负责的政治局委员到您那里去，到哈尔滨或另一个地方就我们感兴趣的问题举行会谈。"

就这样，米高扬来到了中国，来到了西柏坡。

米高扬在西柏坡逗留了八天时间，住在与西柏坡中央大院有隧道相通的后沟，和朱德的住处很近。期间，中共中央五大书记与米高扬会谈了三个整天，其余时间或是个人会晤、个别交谈，或是休息、游览。

2月1日，米高扬到达西柏坡的第二天，毛泽东就以中共主要领导人身份同他开始了第一次正式会谈。毛泽东围绕着夺取全国胜利和建立新中国的问题，系统地谈了中国共产党的意见。周恩来、任弼时也参加了，偶尔插几句，做些解释。

一见面，米高扬表示："我们是受斯大林同志委托，来听取毛泽东同志意见的，回去向斯大林同志汇报。我们只是带着两个耳朵来听的，不参加讨论决定性的意见，希望大家谅解。"

毛泽东说，到目前为止，中国革命发展较为迅速，军事进展也较快，可能用不了太多时间，就会取得完全胜利。我们军队的斗志是坚强的，士气是旺盛的。对于我们，目前可以说是人心所向，民心所归。这是我们彻底打败蒋介石、国民党的有利条件和良好机会。时乎，时乎，不再来！

值得一提的是，谈话开始时，米高扬本想按照国际惯例，由他的随员小科瓦廖夫负责俄译中，师哲负责中译俄。但遗憾的是小科瓦廖夫的中文口语不行，讲不出来，于是就改由他担任中译俄，但是他却听不懂一句毛泽东的湖南话。这让小科瓦廖夫急得满脸通红、汗流浃背。米高扬急得直跺脚，生气地说："你怎么成了哑巴啦?! 要是在别的场合，今天我定要捶你一顿了。"好在有师哲在这里打了圆场，向米高扬解释毛泽东的家乡方言太重，确实难以听懂。这样，所有的翻译工作就交给师哲一个人来完成了。

就在米高扬和毛泽东在西柏坡开始会谈的这一天，北平20万国民党军队在傅作义的率领下，出城接受和平整编，北平宣告和平解放。2月3日，人民解放军举行了庄严隆重的入城仪式。北风劲吹，天气很冷，但北平市民的热情很高，从永定门直到前门大街上，人山人海。猎猎的红旗下，军乐队高奏着雄壮的《中国人民解放军进行曲》，接着就是坦克、装甲部队，再接着是炮兵、骑兵、步兵，迈着整齐划一的步伐进入了千年古都。美国造的坦克、美国造的大道奇卡车拖着美国造的大炮，战士们都武装着缴获过来的美式装备，在当时可算得上是现代化的装备了。在前门大街上，坦克、装甲车被欢迎的群众围了起来。学生们爬上坦克车去贴标语。标语用完了，就用笔在炮筒、装甲车板上写。最后，连战士们刚洗干净的棉军衣上也写上了标语："庆祝北平解放!""欢迎解放军!""解放全中国!"学生们争着往车上挤，争先恐后地与战士们握手，挤不上的就围着坦克、大炮扭秧歌。

后来，东北野战军特种兵第一副司令兼参谋长苏进在《回忆北平入城式》一文中，对当时人民解放军穿过东交民巷的情景做了如下记述——

> 钢铁洪流般的装甲车、大炮和坦克，浩浩荡荡地通过东交民巷。这个自1900年《辛丑条约》签订以来一直为帝国主义盘踞的使馆区，今天，中国的军队和人民第一次在这里扬眉吐气，昂首挺胸，自由出入。我们的游行队伍见到，美、英等国的使馆门窗紧闭，里面的人躲在玻璃窗后偷偷向外看，有的还偷偷地拍照。看到帝国主义者们的丑态，我们认识到总指挥部决定游行队伍从东交民巷穿越而过的行动实在太英明了，它真正起到了向帝国主义分子们示威的作用。钢铁的队伍隆隆驶过使馆区，大煞帝国主义的威风，大长中国人民的志气！这使帝国主义者们看到，他们送给蒋介石军队用来屠杀中国人民的先进武器，已经交到人

民解放军的手中。我军用这些武器，解放了东北，解放了天津、北平，还要解放全中国！①

喜讯传到西柏坡，毛泽东、刘少奇、周恩来、朱德、任弼时设宴隆重招待米高扬。不会使用中国筷子的米高扬很能喝酒，毛泽东请他喝的是中国汾酒，满满一杯一干而尽。毛泽东就机智地提议，不拼酒，拼吃辣椒。

刘少奇说："米高扬同志，喝酒啊，我们中国同志比不过你哦！"

"少奇同志，你和米高扬同志比吃辣椒嘛！"毛泽东笑着说。

刘少奇笑着拿起一个辣椒就在嘴里大口吃起来。米高扬也不示弱，拿起吃了一个，辣得他哇哇直嗦嘴，大口喘气。瞬间，欢乐的笑声充满了西柏坡的农家小院。

就是在这欢庆胜利的日子里，从2月1日到3日，毛泽东与米高扬一连谈了三个整天，主要谈了如下六个大方面的问题。

第一，关于胜利后建立新政权的问题。毛泽东说，这个新政权的性质简括地讲，就是在工农联盟基础上的人民民主专政，它的实质就是无产阶级专政。不过对我们这个国家来说，称人民民主专政更合适，更为合情合理。它是由各党各派、社会知名人士参加的民主联合政府，但名义上不这样叫。现在中国除共产党外，还有好几个民主党派，与我们已合作多年了，但国家政权的领导权是掌握在中国共产党的手里，这是确定不移的，丝毫不能动摇的。就是说，新政权建立后，中国共产党是核心、是骨干，同时要不断加强和扩展统一战线工作。

第二，关于胜利后恢复生产和经济建设问题。毛泽东说，中国连年战争，经济遭到破坏，人民生活痛苦。战争一旦结束，我们不但要恢复生产，而且要建设崭新的、现代化的、强大的国民经济。为此，必须要有正确的政策。中国五亿多人口，对他们的发动、组织、安排谈何容易。当前摆在我们面前的迫切任务是解决人民的衣食住问题和安排生产建设问题。国家建设这个课题对我们来说是生疏的，但是可以学会的。苏联走过

---

① 中国人民政治协商会议北京市委员会、文史资料研究委员会编：《北京的黎明》，北京出版社1988年版，第68页。

的道路可资借鉴，中国经济建设工作的开展可能会快些。人民群众拥有最强大、最可靠的战无不胜的雄厚力量。我们的工、青、妇组织在战争年代发挥了巨大的作用，在生产建设中也将会发挥更充分、更伟大的作用。目前，在全国范围内，群众还没有完全组织起来。这也是摆在我们面前的一项艰巨任务。至于现成的组织形式，工人阶级有职工代表大会；妇女有妇女联合会；而青年，这个几乎占全国近半数人口的群众，除青年团那样的组织形式外，恐怕还要建立发展其他类型的组织，如学生联合会或其他青年组织形式等。

说到这里，米高扬插话了。他说：成立几个不同的青年组织是否会分散甚至分裂青年层的力量，是否会引起青年工作中的矛盾和摩擦？为了便于对青年们组织、安排和领导，是否只要一个共青团组织就行了？

听了米高扬的插话，毛泽东有点不大高兴，说：中国青年人口总数有两亿多，怎么可以用一个组织把他们圈起来？圈起来怎么做工作？对青年工作的形式和方法应该是恰当的、灵活的，自然，也要保证他们能发挥出自己应有的作用。

听毛泽东这么一说，米高扬赶紧声明：我只是带耳朵来听的，没有权利发表意见。从此以后，米高扬再也没有插话，也没有提出过什么新的问题，只是静听而已。

第三，关于军队问题。毛泽东说，目前我们的军事力量发展得很快，除解放区的青年们踊跃参军外，我军还大批大批地收容和改造俘虏人员，缴获的武器、物资也不少。现在战争的人力、物力补充主要来源靠前线。解放军本身也需要逐步现代化。将来中国无须维持过于庞大的兵力，而应实行寓兵于民的方针。

第四，关于国际关系和中国对外政策问题。毛泽东说，我们这个国家，如果形象地把它比作一个家庭来讲，它的屋内太脏了，柴草、垃圾、尘土、跳蚤、臭虫、虱子什么都有。解放后，我们必须认真清理我们的屋子，从内到外，从各个角落以至门窗缝里，把那些脏东西通通打扫一番，好好加以整顿。等屋内打扫清洁，干净了，有了秩序，陈设好了，再请客人进来。我们的真正朋友可以早点进屋子来，也可以帮助我们做点清理工作，但别的客人得等一等，暂时还不能让他们进门。

说到这里，毛泽东点燃了一支香烟，活动了一下身子，深深地吸了一口，接着说：我想，打扫干净，陈设好了，再请客人进门，这也是一种礼貌，不好吗?！我们的屋里本来就够脏的，因为帝国主义分子的铁蹄践踏过。而某些不客气、不讲礼貌的客人再有意地带些脏东西进来，那就不好办了。因为他们会说："你们的屋子里本来就是脏的嘛，还抗议什么?！"这样我们就无话可说啦。我想，朋友们走进我们的门，建立友好关系，这是正常的，也是需要的。如果他们又肯伸手援助我们，那岂不更好么！关于这方面的问题目前只能讲到这里。但我们知道，对我们探头探脑，想把他们的脚踏进我们屋子里的人是有的，不过我们暂时还不能理睬他们。至于帝国主义分子，他们抱着不可告人的目的，一方面想进来为自己抓几把，同时也是为了搅浑水，浑水便于摸鱼。我们不欢迎这样的人进来。

这样办，我们会不会遇到一些困难呢？会的，现在就遇到某些物资短缺的困难。例如，医药和医疗器材的短缺、铁路建筑器材的不足等等。可以设想，在恢复和生产建设过程中会遇到更多的困难，如技术的落后、物资的短缺等。目前，我们已经感觉到了这个问题的存在，一待江南得到解放，那就更会成为迫不及待要解决的问题了。恢复和建设工作，只能在大陆基本解放后，才能做出全面的规划和安排。现在还只能修修补补，同时工作的重点仍是为战争服务。

第五，关于解放战争的发展进程问题。毛泽东说，目前，还有多半的领土尚未解放。大陆上的事情比较好办，把军队开去就行了。海岛上的事情就比较复杂，需要采取另一种较灵活的方式去解决，或者采用和平过渡的方式，这就要花较多的时间了。在这种情况下，急于解决香港、澳门的问题，也就没有多大意义了。相反，恐怕利用这两地的原来地位，特别是香港，对我们发展海外关系、进出口贸易更为有利些。总之，要看形势的发展再做最后决定。

说到这里，毛泽东停顿了一下，吸口香烟，喝口水润润嗓子，又接着说：比较麻烦的有两处：台湾和西藏。其实，西藏问题也并不难解决，只是不能太快，不能过于鲁莽。解决它需要时间，须要稳步前进，不应操之过急。台湾是中国的领土，这是无可争辩的。现在估计国民党的残余力量大概全要撤到那里去，以后同我们隔海相望，不相往来。那里还有一个美国问题，台湾实际上就在美帝国主义的保护下。台湾问题比西藏问题更复杂，解决它更需要时间。

在我们的解放战争进程中，还没有遇到帝国主义的严重阻拦。在长江以南会遇到什么情况，还不知道。到现在为止的经验是：美军并不想直接卷入中国内战，只是间接干预。其他帝国主义国家目前是泥菩萨过河——自身难保，实际上也没有能力出来冒险。这个形势，在往昔的中国是难以得到的。我们绝对不会放过这个机会，把解放战争进行到底。

第六，关于民族问题。毛泽东说，中国是多民族的国家，有几十个民族，汉族人数最多，其他如蒙、回、藏、维吾尔等民族大多居住在边远地区。中国人并非只指汉族，居住在我国版图内的所有民族都是中国人。我们提倡各民族互相团结、互相友爱、互相合作，共同建国。民族间出现某些摩擦或纠纷，甚至是矛盾或冲突是难免的。但是今天可以比较容易解决。目前主要的是防止和反对大汉族主义，同时也要反对地方民族主义，这两者是妨碍和破坏民族团结、共同发展的祸根子。我军向前发展，很快就要进入少数民族聚居的地区了。因此，关于民族问题将会在最近制定出一套相应的方针、政策。

在谈到民族问题时，毛泽东还十分准确地指出米高扬是亚美尼亚人，科瓦廖夫是俄罗斯人，小科瓦廖夫是犹太人。可见，毛泽东为了这次谈话，做足了功课。

此外，毛泽东介绍了中国共产党党内的状况、农村的土地改革、中国民族资产阶级的状况，以及党在各个历史发展阶段执行的独立自主、自力更生的方针等。毛泽东还介绍了中共对犯错误的干部的政策，如王明、李立三这些犯有路线错误的同志仍被选入中央委员会。这一点给米高扬留下了极为深刻的印象。1956年米高扬来华参加中共八大时，专门跟师哲提到当他向斯大林汇报这一点时，斯大林没有表态。在谈话休息期间，毛泽东有时也主动到米高扬的住处拜访他，闲聊一会儿。

2月4日，任弼时专门到后沟米高扬的住处访问，双方就苏联革命初期和卫国战争时期的经验和教训、恢复生产和发展生产方面的问题、解放战争的发展进程与转变问题，进行了深入的沟通。

这天下午，师哲陪同米高扬到西柏坡上山游览。散步时，米高扬告诉师哲：任弼时的谈话给他留下美好的印象，他是一个成熟的共产主义者，一位有马克思列宁主义理论修养的领导者，一位很有涵养、有政治修养、有丰富工作经验的难得的领导人。这说明，你们党的领导是坚强的，党内人才济济，这是取得胜利的第一个保证。

2月5日，周恩来到米高扬的住处谈话，主要涉及了两个问题：一是如何更好地做好后勤工作，保证前方，有力地支援前线；二是新政权的组成形式与各部门（政府各部委）及其职能。米高扬也对这些问题做出了一些极其谨慎的回答。

谈话结束后，米高扬在与师哲私下交谈时说，你们成立中央政府时不愁没有领导人，周恩来是当总理的最合适的人选。从哪儿找得到周恩来这样的好总理？！你们有这样一位好总理真幸运！

米高扬对中共领袖的评价是真诚的，也是准确的。

2月6日，西柏坡下了一场大雪。中午，毛泽东踏着白皑皑的雪花，来到米高扬的住处，为他送行。他们泛泛地高谈阔论了一番，天上地下，不着边际，海阔天空，轻松愉快，驱散了前一段的某些窘迫或严肃的气氛。接着，米高扬的警卫员给大家在院子里拍照合影留念。苏联人都西装革履，共产党人都穿着肥大的厚棉衣。后来，照片从莫斯科寄了过来。

2月7日凌晨，米高扬由朱德、任弼时陪同抵达石家庄，顺便乘车游览，随后便乘机回国了。在回国的路上，苏共政治局给米高扬发来电报，表彰他圆满完成了出访任务。

在西柏坡，米高扬发自肺腑地对师哲说："毛主席有远大的眼光，高明的策略，是很了不起的领袖人物。"①

在随后召开的七届二中全会上，毛泽东说：我们跟苏联，应该是盟友。

---

① 师哲口述，李海文著：《在历史巨人身边：师哲回忆录》，九州出版社2015年版。本节有关米高扬来访的内容均参考该书。

2
炮击英舰"紫石英"号，毛泽东捉刀"李涛将军声明"，另起炉灶

北平，香山，双清别墅。

从1949年3月25日随中共中央进驻，到8月23日正式搬进中南海菊香书屋，毛泽东在这里整整工作、生活了150天。

4月21日，毛泽东和朱德在香山联名发布了《向全国进军的命令》，命令中国人民解放军"奋勇前进，坚决、彻底、干净、全部地歼灭中国境内一切敢于抵抗的国民党反动派，解放全国人民，保卫中国领土主权的独立和完整。"

"打过长江去，解放全中国！"

渡江战役正式打响。然而，就在毛泽东发出号令的这一天，他同时收到了来自长江前线的一份加急电报。电报是粟裕、张震发来的，说：4月20日中午两艘外国军舰侵入扬州东南的三江营口岸第三野战军防区，一被击沉，一被击伤。

拂晓前，毛泽东亲自起草了中央军委复粟裕、张震并告渡江前线总前委的电报：

> 你们所说的外舰可能是国民党伪装的，亦可能是真的，不管真假，凡擅自进入战区妨碍我军渡江作战的兵舰，均可轰击，并应一律当作国民党兵舰去对付。[①]

这是怎么回事呢？

渡江战役还没有开始，解放军怎么就与外国军舰在长江交火了呢？

4月20日这天上午9时许，第三野战军第八兵团炮三团政委康矛召和团长李安邦在扬州参加八兵团司令部召集的作战会议。兵团司令员陈士榘

[①] 中共中央文献研究室编：《毛泽东年谱：1893~1949》修订本下卷，中央文献出版社2013年版，第486页。

正在讲话，突然从三江营方向传来了一阵急促的炮声。不久，就接到炮三团电话报告：一艘挂米字旗的英国军舰由西向东闯入我军防区，朝我军阵地方向驶来，我军向其鸣炮警告，令其停止前进；英舰不顾警告，强行溯江上驶，我左翼炮位给予炮击，英舰上的六门炮向我还击，双方展开猛烈炮战。英舰中弹30余发，挂起白旗驶向南岸，停靠在我阵地西南约7000米处。这艘英国军舰舷号是F116，舰名"紫石英"号。

"我们原来曾设想美国军舰可能阻挠我军渡江，没想到先出场的竟然是英国?!"陈士榘在向总前委报告之前，有点怀疑地问康矛召，"你们的观测员能准确地识别英国和美国的旗帜吗？"

康矛召肯定地回答："能。为了对付外国军舰，我们已经组织指挥员和观测员认真进行过识别军舰国籍的学习和训练。"

"有没有可能是国民党军舰挂上外国旗帜伪装的？"陈士榘说，"兵不厌诈啊！"

"紫石英"号升起白旗后，解放军炮兵停止了炮击。中弹后的"紫石英"号赶紧掉转船头，向长江南岸国民党军阵地方向仓皇而逃，慌忙之中失控而搁浅，舰长斯金勒少校伤重身亡。素来爱面子的英国人忽然觉得刚才挂白旗狼狈逃跑，实在是丢了英国皇家海军的颜面，于是又降下白旗，升起了米字旗。密切监视该舰的炮三团，看见米字旗后又开始炮击。"紫石英"号吃不住炮轰，只好再次升起白旗。这次，英国人唯恐解放军因浓雾观察不到而继续开炮，索性连着升起了三面白旗。炮声停歇没多久，下午1时半，另一艘英舰"伴侣"号从上游疾驶而下，赶来增援。"伴侣"号三次接近"紫石英"号，都被解放军的炮火驱离，在中弹5发后，不得不掉头逃向下游。

天黑以后，长江江面漆黑而平静。受伤的"紫石英"号熄灭了所有的灯火。晚9时以后，"伴侣"号趁着夜色将受重创的"紫石英"号拖出搁浅地区，到三江营以西的峡江口停泊下来。

此时此刻，毛泽东、朱德"打过长江去"的号令即将发布，渡江战役马上打响，而英舰停泊的位置对我步兵渡江和登陆非常不利。为保证渡江战役顺利进行，前指命令炮三团一定要将英舰从现在停泊的位置赶走。就在炮三团正准备开火时，只听得天空一阵轰鸣，一架英国海军水上飞机飞临江面。飞机盘旋片刻后，降落在"紫石英"号另一侧的水面。后来才知道，这架飞机给"紫石英"号送来了给养和新舰长。战场上，军舰岂能没有舰长？英方就临时抓差，命驻华使馆海军副武官克仁斯少校担任。当晚，克仁斯正应邀参加国民党海军总司令桂永清的宴席，据说他入席后刚刚落座摘下白手套，还来不及端起酒杯，就被急召离席，仓促地在南京登上飞机赴任了。英军的水上飞机刚刚停落水面，我炮三团的大炮就开始轰击。在猛烈的炮火中，又有8发炮弹击中"紫石英"号，溅起冲天火光。"伴侣"号舰长罗伯逊中校也被炮弹弹片击伤。

多年后，康矛召成为新中国第一批外交官，任驻印度大使馆参赞，他从英国的出版物中得知，有一发炮弹从吃水线下射入"紫石英"号的弹药舱，但没有爆炸。这枚75型野炮弹头后来被陈列在英国一家博物馆内。曾担任过前线记者的康矛召，抗战期间在山东根据地曾兼任《山东画报》的主编，爱上了摄影。为了拍摄渡江作战的历史镜头，他特地从扬州城的照相馆里买好了胶卷。然而，他绝对没想到自己拍下的"紫石英"号事件的照片，成为人民解放军终结帝国主义给中华民族带来百年屈辱的"炮舰外交"政策的历史见证。

总部设在香港的英国远东舰队得到两艘军舰受创的报告后，连夜派舰队副司令梅登海军中将乘坐"伦敦"号旗舰，并率领"黑天鹅"号驱逐舰全速驰援。4月21日清晨，英军舰队驶过当时还被国民党军占据的江阴要塞，进窥解放军控制的江面。英舰队巨炮齐指江北，气势汹汹。早已待命的三野特纵炮一团当即向英军舰队鸣炮示警。英舰自恃坚甲重炮，竟置警告于不顾，反而向解放军阵地开火。于是，渡江部队沿江炮兵多炮齐发，英舰纷纷中弹，冒起滚滚浓烟。一发美制105榴弹击中"伦敦"号的司令塔，舰长卡扎勒负伤，梅登中将的洁白制服也被弹片撕破。梅登见势不妙，只得掉转船头，带着累累弹痕逃向上海。

4月21日黄昏，渡江战役开始，万船齐发，万炮齐轰，百万雄师突破长江天堑。解放军重创英舰"紫石英"号，也为渡江战役的磅礴交响贡献了一段意味深长的序曲。

扬子江的炮声震惊了世界。日不落帝国的海军舰队被中共渡江部队炮火击溃，顿时成为国际新闻报道和政治评论的头条新闻。路透社4月21日发自纽约的综合报道称：共军在扬子江炮轰4艘英国军舰，在美国引起了轰动。美国权威方面对英国海军伤亡之惨重感到震惊，所有的纽约报纸均以特大号字体发表了这条新闻。外电对解放军炮兵极其准确的命中率也普遍感到惊讶，合众社记者高乐在上海采访被击伤的"伴侣"号时，引用了一位旁观的美国海军陆战队员的评语称："简直像在进行示范表演！"4月22日，上海的《字林西报》转载英国海军当局发布的英舰伤亡情况称："紫石英"号死亡17人，重伤20人，60人泗水登岸后从常州乘火车抵沪；"伴侣"号死亡10人，受伤12人；"伦敦"号死亡15人，受伤13人；"黑天鹅"号7人负伤。后来，英国海军当局又称：另有103名官兵"失踪"。

4月21日夜间，百万雄师过大江之时，设在北京饭店的中央办事机构收到了英国原驻北平总领事包士敦送来的一封给朱德总司令的信。当时，我方接信人员声明，只当对方是居住在北平的一个外国侨民，否则不予受理。该信内容是："请即为惠予颁发最急迫之命令致沿扬子江之贵方部队，以保证三艘军舰之安全"，并请求对"损坏船只之营救工作予以各种方便"。这封信连夜由专人从城里送至香山饭店北面来青轩的朱德住处。朱德看了信，才知长江三江营口岸被重创的两艘兵舰确实是英国军舰，便立即将此信派人急送至双清别墅的毛泽东。这时，已经是22日凌晨2时了。

一直高度关注渡江前线战况的毛泽东，刚刚以中央军委的名义给总前委发报，祝贺谭震林部渡江胜利及同意渡江后的作战部署，现在又接到朱老总派人送来的英方信函后，便于拂晓3时，再次为中央军委起草给总前委指示电：

总前委，粟裕、张震、刘伯承、张际春、李达：
（一）兹将英国驻北平总领事包士敦来函一件转你们；
（二）英国人要求我军对于英舰两艘营救被击损之英舰（紫石英号）船员一事予以便利，我们意见在英舰不妨碍我军渡江作战的条件下，可予以营救之便利；

（三）对于英国人要求该二英舰于营救事务完毕后，仍须开往南京护侨一事不能同意，应令该二英舰向下游开去。但如该二英舰不听劝告，仍开南京，只要不向我军开炮及不妨碍我军渡江，你们不要攻击他们。①

指示电发出两个小时后，渡江前线粟（裕）、张（震）就发来电报：东集团二十九、二十八、二十三等三个军全部，三十一军一部，二十军两个师，已于江阴附近过江。十兵团指挥所也已过江。几乎同时，在南京的美国驻华大使馆向华盛顿发出电报称："共军渡江是在半夜开始的。由于要害地点守军的叛变、最高统帅部意见分歧和空军未能给予有效的支持，共产党简直可笑地一下子就渡过了长江。"

渡江战役其实是20日夜间从长江的安庆、芜湖之间开始的，至21日、22日，那三天三夜，在香山双清别墅里的毛泽东几乎没有睡觉。尽管是4月下旬了，香山夜间的气温仍然很低，屋内供暖条件又差，加上长时间伏案工作，他的腿和手都是凉的。下半夜，卫士李家骥给他添衣服，看见他眼睛里布满了血丝，心里很难过，劝他休息一会儿再工作。他笑着说："不行啊，前方战士们正在乘着木船过长江呐。今天该办的事不办，明天还是要我办啊。电报晚发一分钟，我们前线的战士就不知道有多少要牺牲，白区的老百姓就不知要多遭多少罪。"

4月22日晚子时，毛泽东除了为中央军委给前线起草了庆祝第三野战军第七、第九兵团胜利渡江的贺电之外，还亲自为新华社撰写了"新华社长江前线22日20时电"与"22日22时电"，即《我三十万大军胜利南渡长江》《人民解放军百万大军横渡长江》，向全世界报道了解放军胜利打过长江的好消息。紧接着，他又执笔以"新华社长江前线22日24时电"的名义，就英国军舰进犯解放军防区，写了一篇新闻述评《人民解放军战胜英帝国主义国民党军舰的联合进攻》。一开篇，毛泽东就说："在镇江江阴段的渡江作战中，人民解放军曾于二十日及二十一日战胜英国帝国主义和国

---

① 中共中央文献研究室编：《毛泽东年谱：1893~1949》修订本下卷，中央文献出版社2013年版，第486—487页。

民党的大队军舰的联合进攻,这件事值得全国人民极大注意。"

在叙述了事情经过之后,毛泽东义正词严地指出:

> 由于这一次向敌舰作战胜利,方才将敌舰阻我渡江之计划打破,二十一日下午方得大举渡江。当我军和上述五艘敌舰作战时,江中尚泊有几艘敌舰和上述五舰相距不远,亦参加战斗,唯畏我炮火,不甚积极。直到二十一日夜间,我军还以为上述各舰都是国民党的军舰。到了二十二日,从各方面收集情报,方才知道上述诸舰中,竟有四艘是英国军舰。四艘英舰中,有三艘在战败后向江阴以东逃去,大概是逃往上海。另一艘英舰现搁浅于镇江附近不远的江中,要待我军占领镇江后才能将详细情形查清楚。在和上述诸舰作战的过程中,人民解放军伤亡二百五十二人,阵地及武器被毁一部。英帝国主义的海军竟敢如此横行无忌和国民党反动派勾结一起,向中国人民和人民解放军挑衅,闯入人民解放军防区发炮攻击,直接参加中国内战,致使人民解放军遭受巨大损失,英帝国主义政府必须担负全部责任。①

天亮了,新华社送来了内部参考。毛泽东翻了翻,看到西方各大通讯社和媒体都在评论"紫石英"号事件。当晚,毛泽东又为英舰的处置问题,起草了致总前委的电报:英舰事件,现已震动世界各地。英美报纸,均以头条新闻揭载。请粟、张加强江阴方面的炮火封锁,一则使国民党军舰不能东逃;二则使可能再来之英舰不能西犯,如敢来犯,则打击之。

4月23日,人民解放军解放南京。就在这一天,自1936年2月写下曾让蒋介石在1945年重庆谈判期间下令"围剿"的《沁园春·雪》之后,13年来已很少写诗的毛泽东②,忽然诗兴大发,写下了著名的《七律·人民解

---

① 中共中央文献研究室、新华通讯社编:《毛泽东新闻作品集》,新华出版社2014年版,第478—479页。

② 1936年2月至1949年4月间,毛泽东只写了4首诗词,即:1936年12月写的《临江仙·给丁玲同志》、1943年3月写的《五律·挽戴安澜将军》和1947年转战陕北途中写的《五律·张冠道中》《五律·喜闻捷报》。

放军占领南京》。诗曰：

> 钟山风雨起苍黄，百万雄师过大江。
> 虎踞龙盘今胜昔，天翻地覆慨而慷。
> 宜将剩勇追穷寇，不可沽名学霸王。
> 天若有情天亦老，人间正道是沧桑。

这一夜，毛泽东兴奋得彻夜未眠。第二天下午起床后，毛泽东高兴地在双清别墅院子里来回踱步，嘴里喃喃吟诵着这首《七律》，胡乔木兴冲冲地走过来，递给他一张报纸号外，说："主席，南京解放的捷报出来了。"毛泽东接过报纸，坐到椅子上，从头到尾地认真阅读起来，报纸上"南京解放"的大字标题赫然醒目。恰好摄影师徐肖冰在场，就悄声地连续拍了三四张，为历史留下了毛泽东阅读"南京解放"报道的珍贵瞬间。

解放军的炮声的确震撼了英伦三岛，引起了英国公众对政府的强烈批评。英国报刊指责英舰"介入共军的渡江"行动，质问："英国海军有何权利在中国内河航行？"有的报刊慨叹："在东方古老的土地上，大英帝国皇家海军不可战胜的神话已经被时代的浪涛席卷而去了……"但英国政府却发出了不同的声音，首相艾德礼在4月23日发表声明，称："英国军舰有合法权利开进长江执行和平使命，因为它们得到国民党政府的许可。"他还造谣说，解放军"准备让英舰'紫石英'号开往南京，但要有一个条件，就是该舰要协助人民解放军渡江"。国防大臣亚历山大则诡称，皇家军舰留在南京、上海有利于供应、无线电通信和护侨等等。前首相丘吉尔甚至要求政府"派一两艘航空母舰到远东去……实行武力的报复"。

说起丘吉尔，毛泽东不禁联想起三年前的1946年3月，这位英国的二战英雄在美国总统杜鲁门的故乡密苏里州发表了"铁幕"演说，揭开了"冷战"的序幕。毛泽东还联想起英国政府赠送给国民党政府的"重庆"号巡洋舰，1949年2月在上海吴淞口起义，加入了中国人民解放军的行列。美国和国民党反动派竟然在3月19日出动多架重型轰炸机将该舰炸沉于辽东湾的葫芦岛。3月24日，他在"进京赶考"的途中经过保定时，曾和朱德一起复电"重庆"号舰长邓兆祥和全体官兵，对他们的英勇起义表示嘉勉……

英伦三岛上关于"紫石英"号事件的各方反映，很快就传到了毛泽东的耳朵里，他笑着对朱德和周恩来说："丘吉尔张牙舞爪的，真是个战争贩子。我们不能沉默，有必要发表一个声明。"

此时此刻，毛泽东想要发表一个什么声明呢？又以什么方式发表呢？

经过深思熟虑之后，毛泽东亲自起草了"中国人民解放军总部发言人李涛为英国军舰暴行发表的声明"。李涛是中央军委作战部部长。毛泽东在声明中痛斥了丘吉尔和艾德礼为英舰侵入中国长江、并向人民解放军发炮攻击的暴行辩护，驳斥了他们"有权开军舰驶入长江"的谬论和派两艘航空母舰到中国海上实行"武力报复"的疯狂叫嚣。声明严正指出：

> 人民解放军要求英国、美国、法国在长江黄浦江和在中国其他各处的军舰、军用飞机、陆战队等项武装力量，迅速撤离中国的领水、领海、领土、领空，不要帮助中国人民的敌人打内战。中国人民革命军事委员会和人民政府直到现在还没有同任何外国政府建立外交关系。中国人民革命军事委员会和人民政府愿意保护从事正常业务的在华外国侨民。中国人民革命军事委员会和人民政府愿意考虑同各外国建立外交关系，这种关系必须建立在平等、互利、互相尊重主权和领土完整的基础上，首先是不能帮助国民党反动派。中国人民革命军事委员会和人民政府不愿意接受任何外国政府所给予的任何带威胁性的行动。外国政府如果愿意考虑同我们建立外交关系，它就必须断绝同国民党残余力量的关系，并且把它在中国的武装力量撤回去。艾德礼埋怨中国共产党因为没有同外国建立关系而不愿意同外国政府的旧外交人员（国民党承认的领事）发生关系，这种埋怨是没有理由的。过去数年内，美国、英国、加拿大等国政府是帮助国民党反对我们的，难道艾德礼先生也忘记了？被击沉不久的重庆号重巡洋舰是什么国家赠给国民党的，艾德礼先生难道

也不知道吗？①

4月30日，按毛泽东指示，新华社在第一时间发表了"李涛将军声明"，世界各大通讯社和大报纷纷报道和转载，引起了世界各国广泛的关注和研究。它向全世界表达了在中国共产党领导下的中国人民不怕任何外来威胁、坚决反对帝国主义侵略的严正立场，首次公开地向世界传递了新中国外交政策方面将"另起炉灶"的重要信息。

"李涛将军声明"在英国伦敦更是激起了不小的波澜，泰晤士河西岸的威斯敏斯特宫里爆发了激烈的辩论。这座世界上最大的哥特式建筑，古时是国王的宫殿，现在为英国议会所在地，是英国政治生活的中心。5月5日下午，英国下院围绕"紫石英"号事件（英方称为"长江事件"）进行了激烈的辩论。辩论一直进行到晚间上半夜。由于议员们的党派背景不同，观点的分歧是不可避免的。但是，在对于英舰冒着介入中国内战之险而闯入长江航道的问题上，大多数议员都不赞同或者持批评的态度，认为政府缺乏远见。

在长江前线，解放军前线司令部与英国"紫石英"号舰也展开了直接谈判。按照中央指示精神，总前委与中共南京市委决定以南京警备司令部的名义，委派第三野战军第八兵团政委袁仲贤将军以镇江前线司令员的身份为谈判代表，以英国皇家海军远东舰队为谈判对手。5月18日，袁仲贤司令员正式授权康矛召上校代表他执行谈判。英国当局则由其远东舰队司令布朗特派"紫石英"号舰长克仁斯少校作为谈判代表。随后，双方进行了多次谈判接触，解放军适当做出让步，并给予英军人道援助；英方先是承认错误并道歉，后又出尔反尔拒不道歉。

5月27日，上海解放。国民党留给上海的是一个烂摊子，人民政府接管的大米、面粉仅够全市居民吃半个月，仓储的煤只够烧一个礼拜；而且蒋介石利用尚未解放的舟山群岛控制了东海门户，对上海实行海上封锁。诚如新任上海市市长陈毅所言："工厂要关门，工人要失业，物价要

---

① 毛泽东:《毛泽东选集》第4卷2版，人民出版社2009年版，第1461页。"李涛将军声明"被收入《毛泽东选集》时题为《中国人民解放军总部发言人为英国军舰暴行发表的声明》。

高涨，市场要冷落，税收要减少，生活要困难。上海怎么办？"英国人认为时机来了！他们欲借机逼迫中共在"紫石英"号事件上妥协。在英国人看来，上海经济的基础是对外贸易，而美蒋的海上封锁使上海的对外贸易中断了，上海将无法生存。于是，英国商人纷纷出面，有的向中共说，可以用他们的商船帮助运棉花到上海，但要解放军释放"紫石英"号；有的说，如果解放军能够放行"紫石英"号的话，英国商人愿意为上海的经济恢复提供贷款，并扩大在上海的工厂。有上海工商界人士被英国人说得心动了，出面跑到市政府来做陈毅的工作。陈毅一听，瞪了一眼，不假思索地一口回绝了："这是利用我们的困难，想打开我们的缺口。他们过去攻打广州虎门、炮轰四川万县、南京下关，中国老百姓死了成千上万，他们又到我们水域里来耀武扬威，让外国军舰自由出入，还不是出让主权？这扇门绝对不能开！不能接受这种变相的侵略！"

然而，当谈判还在进行之时，"紫石英"号舰却于7月30日夜间趁中国"江陵解放"号客轮经过镇江下驶时，强行靠近该轮与之并行，借以逃跑。当人民解放军警告令其停止航行时，"紫石英"号竟然开炮射击，导致中国"江陵解放"号客轮沉没，数百名乘客死亡。逃跑中，它还撞沉我木船多只，伤亡民众数十人，卑鄙无耻地逃出了长江口。7月31日，新华社发表了胡乔木起草的《袁仲贤将军为英舰紫石英号逃跑事发表谈话》，严正批评和揭露了"英国军舰以可耻的逃跑结束了和揭穿了英国海军上将的虚伪的谈判"。

尽管"紫石英"号逃跑了，持续百日的谈判也没有取得应有的结果，但是，长江上人民解放军保家卫国的隆隆炮声与英国皇家军舰受重创后狼狈逃跑的事实，却让全世界看到中国的历史正在掀开新的一页！中国人民解放军总部发布声明说：中国领土主权，中国人民必须保卫，绝对不允许外国政府来侵犯。人民解放军要求英国、美国、法国在长江和在中国其他各处的军舰、军用飞机、陆战队等武装力量，迅速撤离中国的领水、领海、领空。从这以后，中国人民解放军所到之处，驻扎在中国大陆地区的外国武装力量被迫全部撤走，帝国列强原来享有的内河航行自由、自由经营、海关管理、领事裁判等各种特权都被一笔勾销，帝国主义"炮舰政策"

在中国横行霸道的时代一去不复返了！中华民族和中国人民真正地获得了大解放。

众所周知，中国近代海关自1859年成立到1949年，在整整90年的时间里一直掌握在外国人的手里，中国人没有管理权。直到1949年10月25日中华人民共和国海关总署的成立，中国国门的钥匙才真正掌握在中国人自己手里。

1949年4月23日，南京解放，二野司令员刘伯承出任南京市市长。5月27日，上海解放，三野司令员陈毅担任上海市市长。中共中央这样的人事任命是意味深长的：西方的殖民主义者和帝国主义者，你们瞧瞧——两大野战军在华东恭候你们登陆作战！

也就在南京解放的这一天，在江苏泰州的白马庙，华东军区海军领导机关成立了，中国人民解放军从此拥有了陆军以外的新军种——人民海军！

3
中美关系碰撞师生关系，毛泽东周恩来掌握司徒雷登的动向

1949年元旦之后，南京西康路18号（今33号）忽然变得十分寂静了，但每天晚上有好几个房间的灯光总是亮着。的确，中国的形势变化得太快，完全超出了人们的想象。蒋介石的军队兵败如山倒，失败的速度简直让世界目瞪口呆，也让年过古稀的美国驻华大使司徒雷登忙得不可开交，华盛顿有关中国问题的电报让他心神不宁，难以睡一个囫囵觉。

抗战胜利以后，在国共两党的纷争中，声望很高的国务卿马歇尔将军奉总统杜鲁门派遣来到中国。然而，马歇尔的调停政策在本质上仍没有脱开"扶蒋反共"的窠臼，其调停工作屡屡碰钉子，不得不以失败告终。1946年7月，马歇尔在无计可施的情况下，向杜鲁门提名燕京大学校长司徒雷登为美国驻华大使，希望利用这位在中国有良好声誉并与各方有着良好交往的教育家，使国共政治谈判不至于走进死胡同。当马歇尔突然派人送信来问他是否愿意出任美国驻华大使时,司徒雷登真是大吃一惊!尽管他舍不得苦心经营的燕京大学,但他本人是一个富于牺牲精神的人,觉得自己是美国人,理应服从美国政府政策的需要,加上提名人又是在美国普遍受人尊敬的马歇尔将军,他还是表示愿意接受这一职务,帮助马歇尔一起促进国共的政治谈判。一上任,他就把使馆从上海路8号搬到西康路,原馆舍改为美国新闻处。然而,他绝对不会想到,此后的人生经历跟他开了一个大大的国际玩笑——在美国充满矛盾、陷入沼泽的对华政策中,他充当了一个悲剧的角色。

1876年6月,司徒雷登出生在中国杭州一个美国传教士家庭,能讲一口纯正的杭州话。在他11岁那年,他返回美国,进入纽约协和神学院攻读神学。26岁那年,他受南长老会派遣来中国做传教士。辛亥革命后,他应美利坚合众国际通讯社邀请,担任驻南京的特约记者,结识了孙中山、蔡元培、王儒堂等政界人物。1918年年底,他受教会派遣到北京筹办燕京大学,1919年1月31日被任命为燕京大学校长。学生们"觉得他是兼有了严父的沉静和慈母的温存",对他十分敬仰。1931年"九一八"事变时,他不但在学生举行的反日爱国大会上慷慨陈词,谴责日本帝国主义对中国的侵略行径,还亲自带领学生上街游行,和学生们一起高呼"打倒日本帝国主义"的口号。日本人占领北平后,他也蹲过日本人的监狱。他熟读中国经史,挂在嘴边的三句话——"我爱美国,也爱中国";"与其说我是一个美国人,还不如说我是一个中国人";"我生在中国,也愿意死在中国"——感动了许许多多中国人。在素有尊师重教传统的中国,人们始终把他作为教育家来敬仰,而美国政府则把他当作熟悉中国社会并与中国社会各阶层有着广泛联系的"中国通"来看待。声誉远播的他,曾受到罗斯福总统的召见。罗斯福向他咨询中国问题,破解美国如何才能阻止日本侵占中国。

作为燕京大学的校长,司徒雷登与中国政坛各类人马都交往密切,但给他留下印象最深、来往最多的还是蒋介石。他是通过孔祥熙结识蒋的,政治倾向也偏向于蒋。他说他很崇敬"委员长和那位能干的夫人",并公开宣称自己是"一个彻底的蒋的人"。蒋介石赏识他,聘请他为义务顾问。因此,他一出任驻华大使,就两次上庐山与蒋介石面谈,在解决国共纷争的问题上一屁股就坐到了蒋介石一边。然而，久而久之，蒋介石领导的国民政府渐渐地成为美国当权者痛苦的"黑圈"——美国需要扶持蒋以维护其在华的利益，而扶持一个不得人心的蒋介石又使美国威信丧失、遭受谴责；美国意欲对蒋政权大声棒喝，施加压力，使其实施改革，但又担心共产党与民主进步力量借此推波助澜，反而加速蒋政权的崩溃。进退失据的对华政策使美国进退两难，使司徒雷登也感到尴尬与无奈。

现在，司徒雷登终于明白，美国援助蒋介石已经不起什么积极作用了！对于他曾经崇敬的蒋介石，对于国民党政府，他感到了深深的失望。1948年10月16日，他在给马歇尔的报告中断言："除去蒋委员长的直属亲信人员和某些高级军官以外，没有多少中国人继续心悦诚服地支持他了；这个政府，特别是蒋委员长，较之过去更加有负众望，并且愈来愈众叛亲离了。"一个星期后，他更是直截了当地向马歇尔提出了逐蒋下台的主张："我们可以劝告蒋委员长退休，让位给李宗仁或者国民党内其他较有前途的政治领袖，以便组成一个没有共产党参加的共和政府。"在此前后，他还公开地在南京进行倒蒋活动。11月下旬，蒋介石派宋美龄飞去美国面见杜鲁门总统恳求援助，杜鲁门摆出一副冷面孔说："美国不能保证无限期地支持一个无法支持的中国。"当时，国民党内的桂系等反对势力也步步进逼，要蒋下台。12月中旬，蒋抱着一丝幻想派张群前往美国使馆探询美国人的态度，司徒雷登明确答复："我所接触的大多数美国人都认为，绝大多数中国人都觉得委员长作为停止战争的一个重大障碍，应当从他现在的权威地位引退。而中国人民所想的和所要的是形成我们政策的因素。"

1949年1月18日，南京的报纸详尽报道了平津战场上诸如"本月16日国军在天津狠歼共'匪'军队后进行战略转移""华北国军固守北平、重创自东北流窜入关之林彪'匪'部"之类的消息。这时，司徒雷登已经十分看得明白，南京市民也已经看懂了这些报道背后的含义，只要反过来思考一下就可以得出真实的情况。中共在三大战役的决战中已经大获全胜，平、津解放之后，南京很快也就是共产党的天下了。

素有火炉之称的南京，冬天没有暖气，凛冽的寒风，吹在脸上像小刀子刮的一样疼。司徒雷登走出大门，来到大街上看看。在街头，他感觉到普通市民情绪很平静，在沉默中蕴含着某种期望，而政府官员们却面露仓皇之色，熟人之间见面问起的已经是怎么安排后事了。他的消息也是很灵通的，这几天他已经了解到南京政府正在考虑迁往广州，蒋介石也有可能在近几天宣告下野。鉴于人民解放军大兵压境、直逼长江，国民党政府想阻止解放军渡江，争取形成与中共隔江而治的局面。

回到使馆，国民党政府外交部已经派官员送来照会，通知国民政府迁至广州办公，要求美国使馆与其他各国使馆随同搬迁。不一会儿，司徒雷登就接到了英国大使、法国大使先后打来的电话，说次日要来与他商议对策。

1月19日，英、法等西方国家驻华大使如约来到南京西康路18号。尽管这时，司徒雷登已经得到国内的通知，杜鲁门总统正式批准了调整美国对华政策的文件。去年九十月间，美国国务院政策设计司在乔治·凯南主任主持下，提出了这份题为《重新审查并制定美国对华政策》（PPS39）的文件，现在已成为美国国家安全委员会的正式文件（NSC34）。按照这份文件的观点：美国政府不准备再拿美国的声望与财力供蒋介石去赌博，同时，美国的对华政策也不应再是过去的全力阻止中共在中国取胜，因为中国只是在可能成为苏联的政治、军事附庸这一点上才对美国有潜在的危险，美国要尽可能阻止中国成为苏联的政治、军事附庸。如果用当时通俗而形象的说法，那就是美国希望毛泽东成为亚洲的"铁托"。因此，1949年新年一过，蒋介石就吁请美、苏、英、法四大国出面调停国共内战，已经决定调整对华政策的美国反应极其冷淡。司徒雷登在1月13日向南京政府转达了美国国务院的正式答复："在目前形势下，试图扮演调解人的角色，不会取得任何有意义的结果。"英、法两国也跟随美国采取了拒绝出面调停的态度。美国的行为，颇使苏联感到意外，因为苏联原以为国民党政府要求四国调停的举动是美国人策动的花招。迟至1月17日，苏联外交部才告诉国民党政府驻莫斯科大使，苏联政府无意接受南京政府的调停请求。

现在，英、法两国的大使坐在了司徒雷登的办公室。

寒暄几句之后，司徒雷登对英、法两国同行说："国民党要和是投降，要战亦无法，我们美国只好暂时观变，留在南京观察形势的进一步发展变化，以后再做决定。"

法国大使麦里耶不无担心地问道："共军攻入南京后，会不会对我们采取过激行动？"

"人家肯定不会将我们当作高贵的客人而给予隆重的款待了，"司徒雷登说，"但我想，他们对我们这些外交官也不至于采取太过分的行动。"

英国大使斯蒂文说："我看没有什么可怕的，中共政府从农村进入大城市以后，也需要得到国际社会的承认。"

经过磋商，他们认为：中共在夺取政权之后，一定会急于争取各国的承认，西方各国便可利用这个机会，同中共进行讨价还价，从中获得实惠。英、法等国大使表示愿意与司徒雷登采取一致的行动，每一位大使可选派下属高级官员或其他随员随同国民政府南下广州，大使本人原地不动，以便继续观察形势变化。司徒雷登在经国务院批准后，派路易斯·克拉克代办带几个人随以孙科为首的国民政府行政院去了广州，一面维持与蒋的关系，一面与各种"反蒋分子"接触。

令人奇怪的是，到了最后，除了苏联驻华大使罗申去了广州而将参赞史巴耶夫留在南京外，其他西方各国的驻华大使都仍滞留在南京。后来，有历史学者认为这是斯大林对中共的不信任或不支持，这实在是一种误读。其时，米高扬正在从莫斯科秘密前往西柏坡访问毛泽东的途中。由此可见，斯大林实在是政治和外交的高手，罗申大使的广州之行，只是他精心安排的一场"外交秀"罢了，里里外外既在理又得分。

1月21日，内外交困、心力交瘁的蒋介石知道自己已无法撑持这个分崩离析、濒临覆灭的局势，宣布下野，由李宗仁代理总统。十天之后，也就是1月31日，北平和平解放，人民解放军接管北平防务。停留在南京的司徒雷登接到了驻北平总领事柯乐布发来报告，说：中共军队进城后，到东交民巷接管了日本原领事馆和德国原领事馆，作为军管会机关的办公处；美国驻北平总领事馆暂时还没有发生什么太大的意外，只是解放军进城那天，有人在领事馆的围墙外贴了"欢迎人民子弟兵进城""解放全中国"之类的标语。司徒雷登在北平生活多年，对东交民巷的历史有些了解，中共接管日、德领事馆也算是正常之事，这两个二战战败国的领事馆早就给蒋介石政权接管了，中共只是从傅作义的手里接过来而已。

2月3日晚上，柯乐布又发来了电报，报告了两则重要的情况：

其一，北京市市长兼军管会主任叶剑英签署发布的《布告》中有这样的条款：原驻北平的各国领事馆及其中人员不能再享受外交人员待遇，而只是作为居住在北平的普通侨民。这个《布告》在大街上张贴，在电台里反复广播。

其二，今日上午，北平举行了隆重的中共部队入城式，入城游行的部队没有经过北平例行集会的天安门，而是专门从外国领事馆区东交民巷穿过。美方人员在窗内可以很清楚地看到中共入城游行部队都经过了美国总领事馆的大门口，队伍中的坦克、装甲车、大炮几乎全是崭新的美式装备。据说入城的官兵们常爱说的俏皮话是——这些美国装备都是蒋介石这位"运输大队长"特别供给的。

夜深人静，司徒雷登独自一人坐在台灯下，反复揣摩柯乐布这封电报传达的信息。第一条，说明了中共不买美国人的账，人民解放军占领沈阳时也是这么宣布的，因为至今美国政府与中共还没有任何外交关系，人家当然不把原来的美国外交官当作外交人员。第二条，中共军队已经几乎全部用美国武器装备起来，并挖苦说蒋介石是"运输大队长"，这大大地触动了他内心的痛楚。几天前，他见到相识已久的金陵女子大学校长吴贻芳，在喝咖啡闲聊时，她再次直言不讳地问他两个问题，一个是，你好端端地当着大学校长，为什么要来当这个吃力不讨好的驻华大使？另一个问题是，你当初为什么要如此积极地支持这个臭名远扬的蒋介石呢？

是啊，这是为什么呢？他也在问自己。

其实，在斯大林派米高扬秘密访问西柏坡的时候，司徒雷登也没有闲着。1948年秋冬之际，解放军在战场上的节节胜利，让他对中共的态度起了变化，这位美国大使开始给周恩来写信。他和周恩来是马歇尔在华调停期间结识的，感觉很投缘。这位"中国通"很会动脑筋，递信走的是一条特别的香港渠道，通过在延安美军观察组工作时与毛泽东等中共高层领导建立了良好个人关系的谢伟思传递信件。此时的谢伟思在美国驻香港总领事馆当副武官，谢伟思把信件转交给中共驻港办事处的负责人乔冠华，由他转送到周恩来手里。

转眼间就进入春天了，坚持留在南京不走的司徒雷登又给周恩来写了一封信。这已经是第三封了。前两封周恩来是在西柏坡收到的。说来说去，就是一个内容，美方想跟不断获得胜利的中共建立联系。从援蒋反共到拒绝国民党调停国共内战的要求，再到来信主动联系，毛泽东从司徒雷登身上看到了一点有利的变化，不能不加以考虑。本来，在3月初的七届二中全会上，他在报告中对于帝国主义是否会承认新中国的问题做过基本估计：从来敌视中国人民的帝国主义，决不能很快就以平等的态度对待我们，因此，"关于帝国主义对我国的承认问题，不但现在不应急于去解决，而且就是在全国胜利以后的一个相当时期内也不必急于去解决"。但是，根据这些新情况，如果能够通过外交渠道制止美国武装干涉中国革命的可能，促使美国政府采取接受现实的立场，抛弃众叛亲离、腐朽不堪的国民党政权，承认新中国，那将极大地有利于中国革命与中国人民。因此，他与党中央除了从最坏的角度对美国可能的出兵干涉与外交不承认充分考虑在内之外，也采取了灵活、积极的态度。

一天深夜，周恩来刚刚从北平城里回到香山，就来到双清别墅向毛泽东汇报工作，其中就谈到了南京解放后，如何处理没有迁往广州的外国使馆及外交官们，特别是这个已经多次来信的美国大使。他们商量着，最后尽快派一个合适的外事干部去主持南京市军管会的外事工作。

毛泽东问道："你考虑派谁去好？"

周恩来早已考虑过了："我看黄华就合适。他在延安接待了中外记者团、美军观察组，后来又跟剑英到北平军调处跟美国人打交道。再说嘛……"

毛泽东笑着说："你看中了黄华与司徒校长的师生关系？"

周恩来会心地笑着说："这个大使校长说过要通过师生关系来影响我们，我们当然可以通过师生关系去对他做工作。"

毛泽东说："好嘛，我们反其道而行之。"

周恩来说："弼时同志也想调黄华到青年团中央工作。"

"青年团需要干部，但外事干部更缺。接管南京，影响中外，特别是要跟云集南京的好些外国人打交道。你跟弼时同志打个招呼吧。"毛泽东点燃一支烟，若有所思地说，"另外，对南京解放后的外交工作，中央要考虑及时发一个文件，要注意保护各外国使馆的安全。"

就这样，正在担任天津军管会外事处主任的黄华，改赴南京任职，天津的外事处工作由章文晋接任。

4月23日傍晚，第三野战军三十五军攻破南京城防，占领了南京。同日，总前委、华东局开始从合肥向南京移动，南京市市长兼军管会主任刘伯承率领的接收机关也赶往南京。

4月25日，毛泽东、朱德分别以中国人民革命军事委员会主席和中国人民解放军总司令的身份，发布了《中国人民解放军布告》，宣布约法八章。同日，中共中央给总前委、华东局致电，专门为南京解放后的外交工作也做出了十分具体的八条指示——

（一）对驻在南京的各国大使馆、公使馆，我人民解放军、军管会及市政府仍本我中国人民革命军事委员会和他们并无外交关系的理由，不要和他们发生任何正式的外交来往，也不要在文字上和口头上做任何承认他们为大使和公使的表示。但对各国大使馆公使馆及其中人员的安全，则应负责保护不加侮辱，同时，亦不必登记。

（二）我方人员对各国大使馆公使馆及其中外交人员仍采取冷淡态度，绝不要主动地去理睬他们。我军管会及市政府成立，只贴布告，登报纸，发广播，绝不要以公文通知他们。但他们如果经过中国有关朋友（如吴贻芳、陈裕光等人）向我们表示意见，我们可从旁听取，但不表示态度；如果他们找来我市政府、外国侨民事务处接洽，我们可以把他们当作外国侨民接待，听取他们的意见，转达上级，但须声明不以他们为外交人员来接待。

（三）各国大使馆公使馆如要求发个人出城通行证及汽车通行证，在军事戒严解除后，可以告诉他们如果以私人名义请求，可发给特别通行证，个人出城限在南京四周一定区域，汽车通行须有一定范围、数量，每个大公使馆容许使用一辆汽车。

（四）各国在南京的记者及通讯社暂时仍让他们发电发稿一个时候，不作任何表示，看其情况如何，再作处置。

（五）各国大使馆公使馆的无线电台亦暂时置之不理，听其与外间通报。

（六）各国大使馆公使馆的警卫人员及其武器装备，在其使馆范围内可暂不干涉，如出馆行动，则不容许其着军装外出。

（七）其他关于外国侨民等项仍执行今年一月十九日指示不变。

（八）派黄华为南京市政府外国侨民事务处处长，即随漱石刘晓南下。①

4月28日，毛泽东还致电渡江前线总前委和华东局负责人：如果美国（及英国）能断绝和国民党的关系，我们可以考虑和他们建立外交关系的问题。

"黄华来南京了。"这天下午，秘书傅泾波给司徒雷登带来了这个让他兴奋的消息，"中共方面已经派遣黄华来南京出任外侨事务处主任，说是专门为了与留在南京的外国外交使团及其他外国人打交道的。"

黄华是燕京大学经济系的学生，与傅泾波是同班同学。司徒雷登早就听谢伟思等去过延安的人说起过，在延安曾受到黄华的热情接待。他高兴地对傅泾波说："你看，机会来了嘛！要是黄华的这层关系能有价值的话，那么我们的工作就好做多了。"

一到南京，黄华放下行李，就开始没日没夜地忙了起来。根据周恩来交代的任务，他开始组建外事处。外事处办公地点就设在中山北路原国民党政府行政院的办公楼里。他召集南京军管会各单位的干部开了一次会，传达了中央的对外政策，宣布了若干项外事纪律和注意事项。这时，他已经获知司徒雷登急于与他见面。

---

① 陈敦德：《崛起在1949：开国外交纪实》，解放军文艺出版社2007年版，第71—72页。

5月6日，老同学傅泾波就要求先与他见面，黄华以有事为由推托了。经报告南京市委领导同意之后，约定了第二天与傅泾波见面。

5月7日，两个燕京大学的老同学见面了。黄华穿一身灰布军装，傅泾波一身西装革履。

简短寒暄，言归正题。傅泾波按照司徒雷登的面授，一上来就在黄华面前先为司徒雷登申辩，将事先准备好的一番话倾倒出来：一年多来，司徒雷登渐渐了解了自己过去对国民党认识的错误，美国现在已经停止援助蒋介石了。傅泾波说："因此，我们是不能过分责备老校长的。"黄华只是听着，没有做出什么表示。

接着，傅泾波又按司徒雷登的授意，主动谈起了《中美商约》。傅说："司徒大使说，中美两国之间，过去所签订的《中美商约》可以加以修改。"

司徒雷登知道中共方面对于蒋介石政府与美国政府签订的《中美商约》极为愤怒，认为这是蒋介石的卖国条约。《中美商约》全称是《中美友好通商航海条约》，那是蒋介石为了博得美国的大力援助来打败中共，在1946年11月4日签订的。按这个条约的内容，美国人可以完全自由地在中国居住、旅行、经商、购置土地及产业，美国商品与中国商品享有同等待遇，美国船舶、物资、人员可以自由通过中国领土、领水等等。此条约签订后，延安《解放日报》曾发表社论，指出该条约是中国历史上最可耻的卖国条约之一，是中华民族的国耻。为此，陕甘宁边区政府曾发布命令，将签约的11月4日定为国耻日。

这次，司徒雷登让傅泾波主动提出修改《中美商约》，一方面是做贼心虚，另一方面也是以退为进的策略，妄图诱使新生的人民政权与美国政府发生官方关系。

黄华依然只是听着，没有就此表态。

傅泾波继续说："此次国民党撤退以前，何应钦希望司徒大使迁往广州，他却决定留在南京不走，目的就是希望有机会同中共方面接触，建立联系，这点已经获得艾奇逊国务卿的同意。他得知你来到南京的消息非常高兴，很盼望与你见面，见面的时间、地点，都可由你定。"

黄华保持一脸平静。

"现在是美国对华政策的改变时期，能在老校长手中完成，较换一个新人好一些。"傅泾波向黄华转达了司徒雷登想继续当大使，及与中共方面办交涉的愿望，特别强调了司徒雷登的诚意，"为了促进中美外交关系，老校长便按下贵军进入其私宅及其他的事，都不提了。"

的确，4月25日，为安排部队食宿，攻入南京城的三十五军一〇三师三〇七团一营营长谢宝云带着通信员在没有请示的情况下，误入了司徒雷登的住宅。美国之音、英国的BBC等就大肆渲染，说"中国人民解放军搜查了美国驻华大使馆"。实际上，误入司徒雷登官邸的解放军官兵只是在西康路18号的屋子里转了一圈而已，什么东西也没有动过。反而是司徒雷登当时反应过激，大声呵斥，暴跳如雷。但他绝对不会想到的是，攻下南京总统府、误入美国大使馆的解放军官兵，是去年秋天在济南战役起义的原国民党军整编第九十六军军长吴化文的部队。因为起义不久，人民军队的优良传统在这支部队完全树立起来还需要一点儿时间。为此，毛泽东专门给前委发了电报，批评前线部队传达命令只动嘴不动手，要他们学会使用电报，警告部队各级都要注意外事工作，不注意就要出大乱子。

听傅泾波说起"入宅事件"，黄华不紧不慢地说："美国援蒋政策造成中国人民损失重大，创痛极深。现在美国尚未放下屠刀，何能期望人民恢复好感？空言无补，需要美国首先做更多有益于中国人民的事，才能逐步取得中国人民的谅解。至于司徒雷登，他是美国派驻国民党反动政府的外交使节，人民政府不承认他的'大使'身份。会见的事嘛，考虑以后再说。"

黄华语气虽然平和，分量却不轻。谈话结束，傅泾波就悻悻然地离开了。黄华立即将这次谈话的情况以南京市委名义电告中共中央，请示下一步的做法。

其实，关于中美关系，毛泽东自然考虑得更深更远更高。他一直亲自掌握着黄华这次到南京与美方的接触，目的也是为了去摸一摸美国政府的底。

5月10日，在收到5月7日黄华与傅泾波第一次接触的谈话内容后，毛泽东为中共中央起草复南京市委并告华东局电，十分详尽地提出了七条意见：

（一）黄华可以与司徒见面，以侦察美国政府之意向为目的。

（二）见面时多听司徒讲话，少说自己意见，在说自己意见时应根据李涛声明。

（三）来电说"空言无补，需要美首先做更多有益于中国人民的事"，这样说法有毛病。应根据李涛声明，表示任何外国不得干涉中国内政，过去美国用帮助国民党打内战的方法干涉中国内政，此项政策必须停止。如果美国政府愿意考虑和我方建立外交关系的话，美国政府就应当停止一切援助国民党的行动，并断绝和国民党反动派残余力量的联系，而不是笼统地要求美国做更多有益于中国人民的事。你们这样说，可能给美国人一种印象，似乎中共也是希望美国援助的。现在是要求美国停止援助国民党，割断和国民党残余力量的联系，并永远不要干涉中国内政的问题，而不是要求美国做什么"有益于中国人民的事"，更不是要求美国做什么"更多有益于中国人民的事"。照此语的文字说来，似乎美国政府已经做了若干有益于中国人民的事，只是数量上做得少了一点，有要求他"更多"地做一些的必要，故不妥当。

（四）与司徒谈话应申明是非正式的，因为双方尚未建立外交关系。

（五）在谈话之前，市委应与黄华一起商量一次。

（六）谈话时如果司徒态度是友善的，黄华亦应取适当的友善态度，但不要表示过分热情，应取庄重而和气的态度。

（七）对于傅泾波所提司徒愿意继续当大使和我们办交涉，并修改商约一点，不要表示拒绝的态度。[①]

就这样，在毛泽东、周恩来的指导下，黄华根据中央的指示准备以私

[①] 中共中央文献研究室编：《毛泽东年谱：1893~1949》修订本下卷，中央文献出版社2013年版，第500—501页。

人身份到西康路18号与司徒雷登见面。

自傅泾波与黄华见面回来后，司徒雷登因为黄华没有马上答应与他见面，感到有些失望和茫然，心中一直闷闷不乐。他不禁喃喃自语："几年前，黄华到北平军调部任职，我们都还见了面。这次怎么就不提见面的事啦？"

正在这时，黄华登门来访，说是以私人身份见面。这又有点出乎他的意想之外。本来，他是主动提出自己去见黄华的，现在黄华主动上门来看他，至于是以私人身份，还是官方身份，似乎并不重要了，重要的是能够见面。而且私人身份表明此人还承认是他的学生嘛，有何不好？

两人见面寒暄过后，因为刚发生过"入宅事件"，黄华就首先询问了战士进屋时的情况是怎么样的。先问此事，也符合他作为外侨处长的身份。

说起此事，司徒雷登故意显得很有风度，平静地讲述了一遍，当然也没有说他自己当时暴跳如雷。

听完后，黄华告诉他：在军管期间，解放军有权进入一切可疑的中外居民住宅检查。在没有同新中国建交之前，原外国使节不再享有外交特权，但作为外国侨民，我们自将保护其安全，请他放心。

接着，司徒雷登说了一番共产主义的世界革命给美国的安全与世界和平带来威胁的冷战言论，然后就自诩自己是要为和平做努力的。他说他乐意逗留一段时间，以表明美国人民对全中国人民幸福的关注，希望中国政府能广泛地吸取民主人士参加。

对司徒雷登所谓的共产主义威胁论，黄华给予了批驳。谈到美国承认新中国的问题时，黄华告诉他说，我们希望美国承认新中国，但是必须在平等、互利的前提下。

关于承认新中国的问题，司徒雷登提出了所谓的美国标准和条件：其一，中国必须按照国际惯例，尊重国家间签订的条约；其二，新政权必须要得到人民的完全拥护。他弦外有音地说：如果达不到这个标准，美国及其他国家只能等一等。言外之意，就是要新中国承认西方帝国主义过去在华的既得殖民利益和种种特权。他还说，美国已经停止援助蒋介石，不愿参与中国内战,他已建议将上海经济合作署所存粮食、棉花等援助蒋介石的物资,待上海解放后即移交给人民政府。

这个时候,攻占上海的战役已经打响。黄华说:这些粮食、棉花物资我们当然要直接从国民党手中接收的,我们不接收美国的物资。

但司徒雷登说美国不愿参与中国内战的话,让黄华立即想起在山东青岛的美国驻军。美国在青岛的海军舰艇和陆战队是在日本投降以后才进驻的。国共内战爆发后,驻青岛美军帮助蒋军进攻山东解放区,运送粮食、军火与蒋军部队至华北、东北,成为帮助蒋介石打内战的帮凶。美国西太平洋舰队司令白吉尔甚至扬言说:假如必要的话,他将由青岛派遣海军陆战队到上海"保护侨民"。当时,中共中央和毛泽东对于渡江南下、进占上海都是将美国出兵干涉考虑在内的。于是,黄华就向司徒雷登提出了这个敏感问题,说:美国既然表示不干涉中国内政,就应该将美国驻在青岛等地的海军陆战队和军舰撤走,以免发生冲突。

司徒雷登一听,强词夺理地辩护说,美国的驻军是由于内乱和战争造成局势混乱期间,美国侨民的生命需要保护,但他同时也答应将此意见转告有关方面。

与黄华见面之后,司徒雷登感觉自己有了"面子",立即利用会见的事做起文章来,通过种种渠道四处放风,把私人会面涂上了官方色彩,夸耀他已经与中共方面建立了联系,以此提高他在外交界的身价。傅泾波也借此在外面散布谣言,说周恩来给司徒雷登带来了亲笔信等等。司徒雷登之所以这么做,目的是乘机要挟英法等国使馆,在同中共的交往上一定要跟他采取一致的行动。他还心存幻想,如果美国承认新中国,他还可以稳坐在美国驻华大使的椅子上。

因对司徒雷登的风声不明底细,各国使节纷纷要求与黄华见面。于是,南京市委决定由黄华出面召集所有留在南京的外国使节开会,再次申明了中共关于建立外交关系的原则,以及对待原各国使节、领馆和外交人员的具体政策,并回答了各国使节及外交人员提出的问题。这次会议,黄华邀请了加拿大临时代办朗宁做英语翻译。朗宁出生于湖北襄樊的一个传教士家庭,中国话讲得很好。

在与黄华第一次见面后没多久，司徒雷登让傅泾波告诉黄华，他准备在7月初回美国，希望回国前能再见一次面。为司徒雷登返美问题，南京市委给中共中央及华东局写了报告。在此期间，经过16个昼夜的战斗，上海于5月27日解放。6月2日，驻青岛的美国海军陆战队与军舰被迫撤离，青岛解放。

6月3日，毛泽东同意黄华与司徒再次会面，审阅修改了中央关于司徒雷登返美问题给南京市委并告华东局、上海市委的复电，并加上了这么一段话：

> 美国有利用国民党逃亡政府尚存在时期提出对日和约之可能，黄华与司徒会面时可向司徒指出，我方久已宣告，不承认国民党反动政府代表中国人民的资格，现在国民党政府已经逃亡，不久即可完全消灭，各外国不应再与该逃亡政府发生关系，更不应和该逃亡政府讨论对日和约问题，否则，我们及全国人民将坚决反对。[①]

接到中央指示后，黄华约司徒雷登和傅泾波到南京外事处进行第二次会面。时间定在6月6日。司徒雷登在日记中说："黄华邀请我喝茶。在场的只有林克（黄华的助手，燕京大学校友）和傅泾波。"

谈话一开始，司徒雷登就说，他准备于6月中旬带傅泾波去上海一趟，目的是向在上海的美国商人和教会人士介绍美国政府的对华政策，并听取他们的意见。如果外交上没有什么事情可做的话，他打算7月初就返回美国。

黄华说：关于去上海与回美国的事，你可以以普通外国侨民的身份来外事处申请。

果然像毛泽东所判断的那样，司徒雷登谈到了对日和约及台湾问题。他说：罗斯福总统在开罗会议上允许台湾交中国托管，待对日和约签订后

---

① 中共中央文献研究室编：《毛泽东年谱：1893~1949》修订本下卷，中央文献出版社2013年版，第515页。

归还中国。但对日和会因种种原因，特别是美苏误解而迟迟未能召开，何时召开无法肯定。

黄华义正词严地说：台湾自古以来就是中国的领土，被日本侵占后，中国人民从未承认，也从未停止过斗争，而且台湾已经归还中国，决不容许国民党政府出卖或外国政府借口对日和约另生枝节。

然后，话题转到了新中国的外交政策上。黄华说：新中国希望同包括美国在内的外国政府建立外交关系，但是，外国政府尤其是美国政府必须停止援助及断绝与国民党逃亡政府的关系。今天，美国的援助仍然在继续运往台湾。以美国同国民党流亡政府现在的关系，这乃是继续干涉中国内政，也表明美国缺少同人民政府建立外交关系的诚意。

司徒雷登申辩说：各国使节留驻南京，而仅仅派代表去广州这一举动本身，就表明了对国民党政府的态度。如果今后国民政府从广州迁往别处，美国代表不会随往。但是，目前新的中央政府还没有成立，没有承认对象。且国共各占领一部分地区，按国际法，美国还不能断绝同旧政府的关系。如果过去对美国有所谓干涉内政的评论，今天美国更宜慎重从事，不能表明拥护或反对哪一方面，故采取被动态度，等待产生了为中国人民所拥护的民主政府，而这个政府也证明了愿意并有力量担负其国际义务时，问题自然解决。至于美援问题，现在所运来的，为国会去年通过而未运来的，所余无几，今后再无援助。

黄华说：据我个人看法，政治协商会议可能于打下广州后召开，联合政府将由政治协商会议决定产生。李涛将军的声明已表明我反对任何美援，并说明了与各国政府建立外交关系的原则。故从责任上讲，美国政府应明确断绝与国民党流亡政府的关系及停止援助蒋介石，用以表明美国放弃已经失败的干涉政策。现在美国仍支持反动政府进行反人民的战争，建立外交关系问题无从谈起。

司徒雷登继续为美国辩护，但其言论自相矛盾，漏洞百出，致使他显得甚为窘迫尴尬。最后只好拿出燕京大学的校训"为真理得自由而服务"来收场。当时世界开始进入冷战时代，美国反共的麦卡锡主义十分猖獗，司徒雷登也被美国政府所忽悠，害怕共产主义的世界革命引起第三次世界大战。因而在谈话临结束时,司徒雷登表示:中国问题不只是一个对华政策问题,也是关系世界和平的问题。他希望努力使中美关系完善解决,对美苏关系及世界和平均是一大贡献。他还说,如中美关系有第三者出来协助亦有好处。

这时,傅泾波插话说:中美关系获得解决,可以成为改善苏美关系的跳板。

黄华立即反驳说:我认为无需第三者参加。

司徒雷登说:断绝与国民党的关系是消极的,更积极的办法是运用美国自由贸易和经济援助使中国走上工业化道路。作为个人,我希望中共今后尽量吸取一切民主开明人士参加新政府。

黄华当即驳斥说:本国人民有权决定自己的道路,政府人员问题纯系内政,不许外人干涉。

傅泾波又说:中国究竟是先工业化抑或先共产化?

黄华严肃地说:你提得不对,中国人民今天实行的是新民主主义,而且这也是中国人民自己的事情,不容外人干涉。

就这样,第二次会面在略显紧张的气氛中结束了。事后,司徒雷登回忆说:"会谈是坦率的,几乎不时越出中国人的一般礼节。但两人对我十分友好,并以各种不拘小节的方式表达了他们个人的友好态度。"但他又说,他感觉到自己的这位学生"已经完全赤化了"。

与黄华的两次直接接触之后,司徒雷登没有找到感觉,似乎觉得黄华跟他说的都是外交辞令,他开始梦想着能够亲自与中共最高领导人毛泽东或者周恩来见见面。这样,他回华盛顿也就有了更多的政治筹码。其实,他哪里知道,他与黄华的任何一次接触,毛泽东、周恩来就站在背后。

6月24日是他的生日,以往每年的这一天都是在北平燕京大学度过的。于是,司徒雷登就想了一个"投石问路"的办法,给燕京大学校长陆志韦写了一封信,表达了今年仍然像往年一样回燕大过生日的意向,但不知中共北平当局是否允许,要陆志韦设法与周恩来取得联系。显然,过生日是借口,见周恩来才是目的。就在这个时候,副国务卿魏伯复电,希望他返美之前最好能赴北平与周恩来见一次面,以获知中共最高层的意见。

于是，傅泾波又找到黄华，问他同周恩来有无联络，能否转达意见。黄华告诉他说，什么话都可以谈，不必有顾虑。接着，傅泾波转达了司徒雷登的想法，希望能在返美前赴北平与周恩来会见，顺便看看燕大。

黄华把傅泾波所谈的情况，向中央做了汇报。中央研究后决定，同意司徒雷登北上，但还是通过非官方联系，由燕京大学校长陆志韦出面做民间邀请。

6月16日，陆志韦给司徒雷登发了一封英文邀请函，请他访问燕京大学，并在信中转达了周恩来感谢司徒雷登的问候。

接到北平来信，司徒雷登又惊又喜。在他看来，中共希望他北上，就是希望同美国发展关系；他还进一步想象，只要他坚持下去，也许中共会向美国妥协。于是，他头脑发热了，想借眼前这个机会摆摆架子，抬高自己的身价。于是，他通过傅泾波告诉黄华，一是想要中共方面主动向他发出邀请；二是美国国会即将休会，想抓紧时间乘坐美军飞机飞往北平。

6月30日，中共中央就司徒雷登来北平之事给南京市委发来电报，做出具体指示："望告黄华，谨守中央去电原则，即我们系准许司徒雷登去燕大一行，彼希望与当局晤面事亦有可能。因此，两事均为司徒雷登所提出，决非我方邀请。此点必须说明，不能丝毫含糊，给以宣传借口。司徒及傅如来北平只能挂一卧车，派人护送，不能许其乘美机来平。如司徒雷登借口不乘美机即无法赶回华盛顿，可置之不理。因美国国会闭幕与否，不应予以重视，我们对美帝亦决无改变其政策的幻想。"

在北平之行即将实施的时候，司徒雷登却变得小心谨慎，犹豫不决了。他在通过黄华向中共获得准许的同时，也给国务卿艾奇逊发了电报，把去北平之事提交给艾奇逊做最后决定。但他在报告中竟然撒了一个谎，说这是中共方面发出的邀请。电报中，司徒雷登用很长的篇幅陈述了他这次北平之行的利弊，称此行"将是富于想象力的，是一次大胆的行动，表示美国对改变中国的政治趋势持坦率的态度，可能对今后的中美关系产生有利的影响"；但也有不利的一面，可能在美国国内引起批评而使国务院为难，而美国大使前往北平会极大地提高中国共产党和毛泽东本人在国内外的威望。

司徒雷登对北平之行利弊瞻前顾后的分析，使艾奇逊的助手们意见也不一致，弄得艾奇逊也没法最后决定，只好"提交最高一级"决定。杜鲁门总统几经犹豫，最终还是更多地倾向于司徒雷登在报告中所列举的不利后果，从而行使了否决权。

6月30日，毛泽东发表了《论人民民主专政》，明确宣布新中国将实行"一边倒"的外交政策。华盛顿当局看到后，非常恼火。第二天，司徒雷登接到艾奇逊来的电报："根据最高层的考虑，指示你在任何情况下都不能访问北平。"

费尽心思地张罗，自作主张地犹豫，落得了一个令自己尴尬的结果。司徒雷登真是自讨苦吃。没有办法，他必须按照总统的命令，在7月25日前赶回美国。

作为美国驻华大使，享有"外交特权"，海关免检，专机可以随时起落。启程时，司徒雷登按照艾奇逊的指令，向南京外事处提出了申请，请求7月中下旬乘美国运输机离境回国。外事处答复他，准许他按一般侨民办理完相应的手续后离境，不享受外交人员的待遇，且需要担保人，携带的行李也必须接受检查。南京外事处按政策对司徒雷登提出的这些要求，让他感到有损美国大使的尊严，丢了脸面。

8月2日上午，南京明故宫机场还沐浴着一层淡淡的白雾，一架美军C-47型双引擎运输机马达轰鸣。司徒雷登站在舱门旁，回过头来，黯然神伤地向送行的人们摆了摆手，转身走进了机舱。他绝对不会想到，他就这样离开了他的出生地——中国，再也没有回来，而中美联系的门户也从此关闭。直至23年后的1972年，代替他秘密飞赴北京的，是现在中国人耳熟能详的犹太人亨利·基辛格博士了。

4
决策"一边倒"，美国送来白皮书，毛泽东为黄炎培声明叫好

站在这辆黑色防弹小轿车的门口，他深情地回头望了望，青峰叠翠的

香山真是美极了。从3月25日中共中央进驻这里，掐指算来，只差10天就满3个月了。在这短短3个月里，形势又有了迅猛的发展，百万大军渡过了长江，接着又连续解放了南京、上海、武汉等重要的中心城市，人民解放军正在江南前线乘胜追击。新政协筹备会议就是在这样的背景下召开的。

现在是1949年6月15日下午，毛泽东就要离开双清别墅赶到中南海去开会。他乘坐的这辆小轿车，是陈毅让三野部队从山东运来的战利品，据说是去年在济南战役中缴获的国民党第二绥靖区司令长官兼山东省主席王耀武的座车。

如果从"五一口号"发布算起，新政协会议的筹备工作已经有一年多了。新政协会议筹备会已经确定于今天晚上7时30分在勤政殿开幕。他除了参加会议，还要与来自全国各地的众多代表见面、谈话，洽商建国大事，如果天天奔波于香山和中南海之间，十分浪费时间，因此有时他就临时在中南海丰泽园菊香书屋和周恩来住在一起。因为美国大使司徒雷登到处找共产党人拉关系希望到北平，他答应了，也做好了在这里会见美国人的准备。因此，在准备今晚的讲话稿时，他对新中国的外交工作专门写了这样一段话：

> 我们现在所处的时代是帝国主义制度走向全部崩溃的时代，帝国主义者业已陷入不可解脱的危机之中，不论他们还要如何继续反对中国人民，中国人民总是有办法取得最后胜利的。
>
> 同时，我们向世界声明：我们所反对的只是帝国主义制度及其反对中国人民的阴谋计划。任何外国政府，只要它愿意断绝对于中国反动派的关系，不再勾结或援助中国反动派，并向人民的中国采取真正的而不是虚伪的友好态度，我们就愿意同它在平等、互利和互相尊重领土主权的原则的基础之上，谈判建立外交关系的问题。中国人民愿意同世界各国人民实行友好合作，恢复和发展国际间的通商事业，以利发展生产和繁荣经济。①

---

① 毛泽东:《毛泽东选集》第4卷第2版，人民出版社2009年版，第1466页。

会议期间，上海来的陈铭枢将军又捎来了司徒雷登的材料，包括五点意见和四份附件。毛泽东详细看了，总的印象是，司徒雷登对未来中美关系发展的意见，还是帝国主义的腔调和嘴脸，还是蔑视中国共产党和中国人民革命的态度。这不禁让他联想起6月6日司徒雷登与黄华第二次见面时所说的："只有在新中国不和苏联结盟的情况下，美国才会承认一个共产党的中国。"

——这是中国共产党和中国人民当然不会容忍和不能接受的。

坚决反对中苏结盟，这是美国人的诡计。毛泽东清醒地看到了这一点。但是，即将诞生的新中国如何才能处理好中美和中苏关系呢？这是摆在中国共产党、摆在中国人民、摆在新中国面前的一件大事。

两个月前的4月8日，那时国共两党的和谈正在北平举行。这一天，毛泽东在香山双清别墅专门宴请了国民党的首席和谈代表张治中，连谈话带吃饭进行了三个钟头。张治中，字文白，安徽人，有学问、有头脑、善思考，读过很多书。重庆谈判期间，张治中曾让出官邸给毛泽东住，又负责护送他回延安。因此，他们之间有着天然的亲近和互信。

这次谈话，胸怀坦荡的张治中对国家大事有话直说，实话实说，就新中国的对外方针也提出了自己的意见。张治中说：国民党失败的原因很多，除了反共反人民反革命，不实行三民主义之外，在对外方针上也犯了严重错误，就是长期以来推行一条亲美的一面倒政策。因此，张治中主张今后新中国的外交方针要实行苏美并重的新政策。

毛泽东听后，没有表态，只是轻轻地问道：具体怎么解释？

张治中接着说：就是亲美也亲苏，不反美也不反苏，平时美苏并重，战时善意中立。以亲美又亲苏的美苏并重政策来消除美苏的对立，促进美苏合作，使中国成为美苏关系的桥梁。这对中国有利，对美苏有利，对世界和平也有利。单就从军事观点来说，如果在美苏对立之间中国不能保持善意的中立，联合美国对付苏联，则美国为了支援中国，就会派部队越过太平洋到中国来，这样，中国就成了美国的负担。反之，如果中国要是联合苏联对美国作战，苏军也会从西伯利亚过来支援中国，不仅中国成为苏联的负担，且使苏联陷于欧亚两面作战的不利局面。因此，张治中说："在亚洲，中国处于举足轻重的地位。现在的世界是美苏两雄争长，中国在中间举足轻重，是两雄争取的对象。中国投向哪一方，哪一方就占优势。我们要好好地利用、珍视这一点。"

此前，曾听周恩来转述过张治中的这些观点，但这是第一次面对面地听他讲述，毛泽东很感兴趣。后来，张治中对秘书余湛邦重述了这次谈话，概括起来主要有以下几点：

（一）抗日战争胜利后，在国民党政权中占统治地位的是亲美派反动集团，他们一边倒亲美、死硬反苏的错误政策是一个致命的孤注，给国家民族带来严重的灾难，不仅危及国家民族的命运，而且影响到远东的和平，因此我坚决反对一边倒亲美，主张美苏并重。平时美苏并重，战时善意中立。我是一生坚持孙中山先生三大政策的，但在亲苏联共的总方针下，不妨在外交策略上美苏并重，保持同等距离。

（二）战争结束恢复和平之后，就要进行全国性的建设。以中国之大，人口之众，建设不可能只靠自己，还得寻求外援。光靠苏联帮助不够，还得向英、美等国去争取才行；光靠任何一国都不行。

（三）我们还要做生意。现在世界交通日益发达，各国人民贸易往来，有无相通，是正常的事。我们要和所有的国家做生意，尤其和苏、美、英等国做生意，而不能像清代那样闭关自守，一律排斥外来的东西。

（四）我们既然主张和平，既然要和各国建立邦交和做生意，那么就得注意态度，不能对别人采取敌对和刺激的做法。[①]

毛泽东听了之后，认为张治中所说的各点在当时具有普遍性、代表

---

① 陈敦德：《崛起在1949：开国外交纪实》，解放军文艺出版社2007年版，第110—111页。

性，因而一边吃饭，一边详做分析和解答。他还笑着对张治中说："文白先生，我准备为此进行一百年的辩论。"

在对外方针上，张治中主张不要"一边倒"，而是"美苏并重"。从表面上来看，确实很有道理。从这次筹备会议的各方发言来看，也有相当的普遍性。比如，张表老张澜主张在世界冷战两大阵营的对峙中，新中国要走中间道路，主张毛泽东"要做铁托"；还有一些要走第三条道路的人士在到达北平后，也热衷于宣传外交"向美苏两面靠"的主张。为此，毛泽东分别对张治中、张澜等都郑重地说过："我要准备写一篇文章，专门答复你以及和你具有同样观点的人。"

这个时候，美国大使表面上没有追随国民党政府逃亡广州而是留在南京，而美国政府却依旧用炮舰支持着国民党军队，对上海进行门户封锁。美国最高当局一方面无意断绝与国民党的关系，一方面还致力于同西方国家就承认新中国的问题结成统一战线对中共施压，要新中国不能和苏联结盟，要新中国承认西方帝国主义在华的殖民利益。他们不理解新中国独立自主的外交方针，愚蠢地认为中共一定会向他们乞求。

这个时候，苏联在5月30日召回了大使罗申，标志着斯大林完全放弃了国民党反动派，对华的弹性观望政策遂告结束。而且在5月初，斯大林已经同意中共中央派刘少奇访问莫斯科。

6月24日下午6时，毛泽东给自己的政治秘书兼新华社社长胡乔木写了一封信："写一篇纪念七一的论文（似不宜用新华社社论形式，而用你的名字为宜）。……请你好好安排时间，并注意抽空睡足觉。你起草后，我给你帮忙修改，你可节省若干精力。"

胡乔木很快就把论文写出来了，毛泽东看了看，觉得还不是自己想要说的，于是立即决定自己亲自重新写一篇。田家英回忆说，毛泽东在写这篇文章时，坐了一天，一动不动，专心构思，然后，又用一天时间，饭也没吃，一气呵成，完成了这篇万字著作。这就是著名的《论人民民主专政》，也是毛泽东之前对张治中、张澜说过的要给他们写一篇答复的文章。

在这篇气势磅礴的经典之作中，毛泽东明确宣布了新中国"一边倒"

的外交方针。文章说：

> 在国外，联合世界上以平等待我的民族和各国人民，共同奋斗。这就是联合苏联，联合各人民民主国家，联合其他各国的无产阶级和广大人民，结成国际的统一战线。
>
> "你们一边倒。"正是这样。一边倒，是孙中山的四十年经验和共产党的二十八年经验教给我们的，深知欲达到胜利和巩固胜利，必须一边倒。积四十年和二十八年的经验，中国人不是倒向帝国主义一边，就是倒向社会主义一边，绝无例外。骑墙是不行的，第三条道路是没有的。我们反对倒向帝国主义一边的蒋介石反动派，我们也反对第三条道路的幻想。
>
> ……………
>
> "我们需要英美政府的援助。"在现时，这也是幼稚的想法。现时英美的统治者还是帝国主义者，他们会给人民国家以援助吗？我们同这些国家做生意以及假设这些国家在将来愿意在互利的条件之下借钱给我们，这是因为什么呢？这是因为这些国家的资本家要赚钱，银行家要赚利息，借以解救他们自己的危机，并不是什么对中国人民的援助。这些国家的共产党和进步党派，正在促使它们的政府和我们做生意以至建立外交关系，这是善意的，这就是援助，这和这些国家的资产阶级的行为，不能相提并论。孙中山的一生中，曾经无数次地向资本主义国家呼吁过援助，结果一切落空，反而遭到了无情的打击。在孙中山一生中，只得过一次国际的援助，这就是苏联的援助。请读者们看一看孙先生的遗嘱吧，他在那里谆谆嘱咐人们的，不是叫人们把眼光向着帝国主义国家的援助，而是叫人们"联合世界上以平等待我之民族"。孙先生有了经验了，他吃过亏，上过当。我们要记得他的话，不要再上当。我们在国际上是属于以苏联为首的反帝国主义战线一方面的，真正的友谊的援助只能向这一方面去找，而不

能向帝国主义战线一方面去找。①

7月19日,邓小平在致华东局负责人的信中,对毛泽东提出的"一边倒"的方针,做了如下精辟的论述:

> 帝国主义的各种花样直到封锁,其目的在于迫我就范,我们的斗争也在于迫使帝国主义就范。……而一个多月的经验看出,帝国主义就我之范也非易事。这一时期双方斗争实际上都是试探的性质,直到英美摊出封锁的牌。封锁,在目前说来,虽增加我们不少困难,但对我们仍属有利,即使不封锁,我们许多困难也是不能解决的。但封锁太久了,对我则是极不利的。打破封锁之道,毛主席强调从军事上迅速占领两广云贵川康青宁诸省,尽量求得早日占领沿海各岛及台湾。同时我们提出的外交政策的一面倒,愈早表现于行动则对我愈有利(毛主席说,这样是主动的倒,免得将来被动的倒);内部政策强调认真的从自力更生打算,不但叫,而且认真着手做(毛主席说,更主要的从长远的新民主主义建设着眼来提出这个问题),毛主席说这两条很好,与中央精神一致。我们这样做,即占领全国、一面倒和自力更生,不但可以立于坚固的基础之上,而且才有可能迫使帝国主义就我之范。②

7月7日,参加新政协筹备会议的各党派各团体发表联合宣言,拥护"一边倒"方针。两个月后的9月29日,中国人民政治协商会议第一届全体会议通过了《共同纲领》,接受了这一方针,奠定了它的法律地位。

中国人民选择了"一边倒",中国人没有倒向帝国主义一边,而是倒向社会主义一边。这就意味着,美国人最不愿意看到的事实偏偏降临了——中苏结盟。

---

① 毛泽东:《毛泽东选集》第4卷第2版,人民出版社2009年版,第1472—1475页。
② 邓小平:《邓小平文选》第1卷第2版,人民出版社1994年版,第134页。

美国人着急了!

刚刚连任总统的杜鲁门在写给国会领袖范登堡的一封信里,用了一句极为形象的话来形容他当前所面临的中国问题:"远东的局势一向古里古怪,就像一场赛马中的情景——我们选择了一匹劣马,那就是中国局势发展的情况。"的确,杜鲁门从病逝的罗斯福那里接过总统宝座后,给了蒋介石大笔美元、大量武器,还派去了魏德迈将军、马歇尔将军,还把中国人喜欢的燕京大学校长司徒雷登任命为大使,可蒋介石最终还是大败惨败。"美帝"援助的"蒋家王朝"倒闭得如此之快,无疑给冷战刚刚开局的美国霸权主义当头一棒,美国人要求政府对它们的中国政策做出解释、检讨和评估,以追究谁应当承担"失去了中国"的责任。

中国问题越来越成为美国国内关注的重要问题,争论越来越激烈,并成为反对派攻击总统杜鲁门的靶子——到底是谁丢掉了中国?

在华盛顿,一些国会议员指责杜鲁门在对华问题上全错了,华府先是错在二战结束时就不应提出什么让共产党人进入联合政府的主意,后又错在马歇尔离开中国后没有全力帮助蒋介石打败毛泽东。1948年年底,国民党败局已定,国务院的外交官们就建议总统发表一个说明书,说清事实的真相。总统的女儿玛格丽特说这是个好建议,但杜鲁门拒绝了这个建议,因为这样做会加速蒋介石的垮台。1949年年初,杜鲁门连任总统后,艾奇逊受命接替马歇尔出任国务卿,他就更感受到中国问题如何使总统头痛了。性格古板冷酷的艾奇逊,在面对51名参议员上书总统要审查中国问题时,提出了一个战后美国外交史上著名的、被新闻媒体嘲笑为"等尘埃落定"的对华政策。为此,艾奇逊赶紧向新闻界解释,说他这句话不是用来描述一项政策的,而是说"我们对形势没有能力看得很远"。最终,他不得不承认无论怎么解释也没有用处了。

怎么办?老练多变的艾奇逊对杜鲁门说:"国会和新闻界对我们的对华政策提出了批评,主要是他们不了解事实的真相。过去马歇尔将军一直不愿将事实全盘托出,是因为担心损害蒋委员长日益衰落的命运。现在国民党已经接近垮台,今后美国不必再支持中国大陆上的政权。"于是,他建议杜鲁门就近五年来美中关系写一个详细的报告,以便在国民党倒台时作为政府的白皮书发表。

这一次，杜鲁门同意了，指示他尽快写出白皮书，然后交给自己审阅。艾奇逊立即付诸行动，物色了一批富有学识和专长的精英组成了写作班子，在远东事务局局长沃尔顿·巴特沃思的领导下工作，很快就完成了任务。

白皮书送到杜鲁门的手上，他也以最快的速度看了一遍，亲自写了一个简短的声明："此时发表这份坦率和翔实的报告，其主要目的是保证我们对中国和整个远东的政策将有以情报根据和明智的舆论为基础。"这个声明，后来也被媒体讥讽"像卖假药的人须强调所卖的是真药一样"。

白皮书写好了，还要选择一个最合适的时机发表。最后，艾奇逊选择的日子是8月5日，这一天是驻华大使司徒雷登离开中国的第三天，也就在这位以普通侨民身份离开中国的美国大使即将回到华盛顿却还没有到达的时刻。与白皮书同时发表的，还有艾奇逊7月30日就中国问题写给杜鲁门的信。

华盛顿发表的这份白皮书，就是著名的《美国与中国的关系——特别是1944年至1949年间的关系》，全书正文分为八章，洋洋万言，有233个附件，长达1054页，叙述了从1844年美国强迫中国签订《望厦条约》以来，直至1949年7月为止的中美关系。白皮书特别详细地叙述了抗日战争末期至1949年的五年期间，美国制定与实施扶蒋反共政策，千方百计地反对中国人民，结果惨遭失败的经过。其中披露了有关国民党如何腐败、堕落和无能的大量材料，借此说明中共取得的胜利主要是国民党的无能，从而为美国制定对华政策的错误洗刷和辩护，将美国对华政策所有失败的原因统统推卸给国民党，但却没有解释和提出"美国政策被蒋缠住不放的原因和补救方法"，也没有做出必要的历史反省。

艾奇逊沮丧地承认："不幸的但亦无法逃避的事实，是中国内战之不祥的结果非美国政府的控制所能及。美国在其能力合理限度内，已经做的或可能做的一切，都不能改变这个结果。"他坦率说，这份白皮书"是关于一个伟大的国家生平最复杂、最苦恼的时期的坦白记录"。

在华盛顿一个不僻静的饭店里，征尘未洗的司徒雷登看到了这份白皮书。与以往每次回国鲜花和掌声都应接不暇的境遇不同,这一次,司徒雷登备受冷落。沃尔顿·巴特沃思甚至建议他离开华盛顿十天半月,待总统和国务卿接见后就去隐居数月,要闭门不出,不要接见不必要见的来访者,避免同新闻界和公众接触。这使他感到十分懊丧,离开中国时就是灰溜溜的,回到了自己报效的祖国也似乎被人视作犯了错误的人员。当他听说国务院要发表关于中美关系的白皮书时,心中就十分不安,等他见到了厚厚的正式文本后,极为震惊,不禁感叹道:"在两个国家仍然保持着友好关系的时候,由一国政府发表非难另一国政府的报告,就像这份美国政府发表的非难中国及其国民政府的报告摘录那样,是迄今闻所未闻、见所未见的。"

司徒雷登是一口气把白皮书从头看到尾的,越看越感到惊诧不已。书中直接引用了许多应该属于绝密性质的文件,其中就有好些是他从南京的大使馆里发回的报告。这些秘密谈话、机密情报以及属高度机密范畴的使馆的主张、建议和计划,使他越看越感到恼火与惊骇不安。他真不明白,艾奇逊他们为什么要这么做?国务院为什么要这么做?后来,他在回忆录里这么写道:"所有这一切,将对美国、中国、美中关系产生什么影响呢?……这对那些提到了名字、引用其言论的中国人会有什么后果呢?这对那些被一字不改地重新发表其观察、估计和建议报告的美国人(其中包括我自己)会有什么影响?这对美国的外交和领事官员将来的呈文会有什么影响呢?"

不过,司徒雷登一眼就看出了杜鲁门和艾奇逊发表白皮书的目的:"它是要告诉全世界,依美国政府看来,国民党人已在'内战'中失败了。它不承认美国政策有什么错误,而将一切责任全部归咎于中华民国政府。白皮书声称,美国政府对那些'不幸的后果'没有任何责任。它暗示美国对民国政府的支持以及对该政府的生存所应尽的义务已经了结。"

可是,在华盛顿,现在谁还会相信一个以侨民身份离开中国的驻华大使呢?后来,他被允许在哈特福德神学院基金会与新泽西州拉维斯中央长老会做了两次演讲,但讲稿都须经国务院审阅、删改和批准。这种做法也是以前从来没有过的,实际上艾奇逊领导的国务院就是要封住他的嘴巴,不准他公开发表与政府口径不一致的有关美中关系和对华政策的讲话。

弃教从政的司徒雷登，就这样最终成了美国对华政策的牺牲品。

8月5日，也就是美国政府发表《美国与中国的关系》白皮书的这一天，有两件事让毛泽东特别高兴。第一件喜事，是程潜、陈明仁昨天在长沙通电起义。他在这一天，谦虚地以"弟"相称写下复电，"义旗昭著，薄海欢迎。南望湘云，谨致祝贺"。怎能不高兴呢？他一脸笑容地对身边工作人员说："这样，家乡湖南省基本可以和平解放，免遭战火。真是幸事！"第二件喜事也是在昨天发生的，莫斯科传来了好消息，刘少奇在与斯大林的谈判中获得了重大进展。他复电刘少奇、高岗和王稼祥："我们完全同意苏中两方组织共同委员会来把借款和订货等问题具体化……"

现在，司徒雷登离开南京没几天，华盛顿就迫不及待地发表了中美关系的白皮书，这不能不引起中共中央的高度警觉与关注。毛泽东觉得，美国政府是早有预谋的。他立即对胡乔木说，尽快获得此件，全文翻译。那时的资讯当然没有现在发达，加上中国还处在解放战争的最后阶段，待新华社拿到白皮书时，已是一个星期以后了。

读完美国人送来的白皮书，毛泽东立即披挂上阵，主动迎战。

毛泽东首先叫胡乔木出场迎战。

8月12日，新华社发表了胡乔木撰写的社论《无可奈何的供状——评美国关于中国问题的白皮书》。胡乔木认为，从美国政府的白皮书和美国国务卿艾奇逊的声明中，中国人应该汲取两个教训：第一个和最基本的教训"就是美国帝国主义政府对于中国民族利益和中国人民民主力量的根深蒂固的敌视"；第二个教训"就是中国人民必须继续抵抗和防备敌人，美国帝国主义的任何干涉和挑战，必须不堕入敌人美国帝国主义所设的任何陷阱"。最后，胡乔木指出："从根本上说来，美国白皮书确是一部颠倒黑白的杰作，这种颠倒黑白如果加以再颠倒，人们是可以从中获得种种有益的教训的。中国人民由美国白皮书进一步认识到了美国政府的帝国主义面貌，进一步认识到了应该如何向美国帝国主义进行斗争，最后，还可以由此进一步认识这一斗争的前途。白皮书是美国帝国主义反动政策在中国惨败的史册，因此它对于中国人民和世界人民反对帝国主义的斗争是一个重大的贡献。……美国帝国主义者自己以及任何国家的反动派的'貌似强大的力量'都是弱的,他们的暂时的猖獗的基础也都是'建立在沙上',或是更准确些说,建立在火山上,但是,美国政府并没有从中国事件中得到应有的教训。……我们相信我们的曾经貌似弱小的力量是强大的,因为我们的力量生根在中国人民中间,同时也生根在各国人民的国际主义团结中间。我们既然战胜了为1054页的白皮书所见证的过去的困难,我们也必能战胜任何新的白皮书所将要恫吓的困难。美国帝国主义政府的任何白皮书,将只能无可奈何地判决自己的失败,并且无可奈何地证实中国人民和各国人民的胜利。"①

8月13日,读了胡乔木写的社论,毛泽东意犹未尽,认为这是在新中国成立前夕揭露美帝国主义侵略嘴脸、教育全中国人民的大好机会。于是,他函告新华社社长胡乔木:"应利用白皮书做揭露帝国主义阴谋的宣传。应将各国评论中摘要评介。"随后,他亲自上阵,又接二连三地为新华社写了五篇社论。

8月14日,新华社发表了毛泽东写的社论《丢掉幻想,准备斗争》。社论指出:自从1840年英国人侵略中国以来,"一切侵略战争,加上政治上、经济上、文化上的侵略和压迫,造成了中国人对于帝国主义的仇恨,使中国人想一想,这究竟是怎么一回事,迫使中国人的革命精神发扬起来,从斗争中团结起来。斗争,失败,再斗争,再失败,再斗争,积一百零九年的经验,积几百次大小斗争的经验,军事的和政治的、经济的和文化的、流血的和不流血的经验,方才获得今天这样的基本上的成功"。"捣乱,失败,再捣乱,再失败,直至灭亡——这就是帝国主义和世界上一切反动派对待人民事业的逻辑,他们决不会违背这个逻辑的。""斗争,失败,再斗争,再失败,再斗争直至胜利——这就是人民的逻辑,他们也是决不会违背这个逻辑的。"②

毛泽东号召先进的人们,共产党人,各民主党派,觉悟了的工人,青年学生,进步的知识分子,有责任去团结人民中国内部的中间阶层、中间派、各阶层中的落后分子、一切还在动摇犹豫的人们,用善意去帮助他

---

① 胡乔木:《胡乔木文集》第1卷,人民出版社1992年版,第396—397页。
② 毛泽东:《毛泽东选集》第4卷第2版,人民出版社2009年版,第1484—1487页。

们，批评他们的动摇性，教育他们，争取他们站到人民大众方面来，不要让帝国主义把他们拉过去，叫他们"丢掉幻想，准备斗争"。

8月18日，新华社发表了毛泽东撰写的第二篇社论《别了，司徒雷登》。社论说：美国出钱出枪，蒋介石出人，替美国打仗杀中国人，借以变中国为美国殖民地的战争，组成了美国帝国主义在第二次世界大战以后的世界侵略政策的一个重大的部分。"人民解放军横渡长江，南京的美国殖民政府如鸟兽散。司徒雷登大使老爷却坐着不动，睁起眼睛看着，希望开设新店，捞一把。司徒雷登看见了什么呢？除了看见人民解放军一队一队地走过，工人、农民、学生一群一群地起来之外，他还看见了一种现象，就是中国的自由主义者或民主个人主义者们也大群地和工农兵学生等人一道喊口号，讲革命。总之是没有人去理他，使得他'茕茕孑立，形影相吊'，没有什么事做了，只好挟起皮包走路。……司徒雷登走了，白皮书来了，很好，很好。这两件事都是值得庆祝的。"①

在文章中，毛泽东大声疾呼："我们中国人有骨气的。许多曾经是自由主义者或民主个人主义者的人们，在美国帝国主义者及其走狗面前站起来了。闻一多拍案而起，横眉怒对国民党的手枪，宁可倒下去，不愿屈服。朱自清一身重病，宁可饿死，不领美国的'救济粮'。""中国还有一部分知识分子和其他人等存有糊涂思想，对美国存有幻想，因此应当对他们进行说服、争取、教育和团结的工作，使他们站到人民方面来，不上帝国主义的当。"②

8月24日这天，毛泽东醒来的时候已经是中午时分了。这两天，他确实太忙了。昨天夜里，他先是给美国共产党中央主席福斯特发了贺电，庆祝他们成立30周年；接着又就歼灭马步芳和攻占兰州问题，起草致电彭德怀、张宗逊并告贺龙和习仲勋的电报。他匆匆地填饱肚子，又坐到办公桌前。当天的《人民日报》和其他几份文件已经摆在他的案头。向来喜欢读书看报的他，一打开还散发着油墨香的《人民日报》，眼睛迅速被一篇题为《加强内部团结和警惕，答告美帝好梦做不成》的文章所吸引。这是

---

① 毛泽东：《毛泽东选集》第4卷第2版，人民出版社2009版，第1496—1497页。
② 同上，第1495—1496页。

一篇针对美国国务院白皮书发表的声明,署名为中国民主建国会北平发言人。

在白皮书中,艾奇逊将中国的民族资产阶级与知识分子视作"民主个人主义"的拥护者。他把中国这块大陆未来的希望寄托在他们身上,中国所谓"民主个人主义终于会再显身手","我认为都应当得到我们的鼓励"。

针对艾奇逊在白皮书中的这种挑拨离间,民建发言人在这篇声明文章中说:

> 谢谢美帝的提醒,我们应该大大加强内部的团结和警惕,但有一点,我们是非要答告美帝不可的,白皮书上所提的"民主个人主义"的好梦是做不成的。就拿中国民族资产阶级来说吧,抱歉得很,如果把他们当作好对象,那美帝又将多犯一次错误了。中国民族资产阶级不会变成美帝的工具。中国民族资产阶级和帝国主义基本利益的矛盾决定了它对一切帝国主义(包括美帝在内)的态度。从它在历史舞台上出现一开始,中国民族资产阶级就受封建的阻碍和帝国主义的摧残,后者的危害尤其严重。中国近百年历史中黯淡的一页也就是中国民族资产阶级受尽帝国主义打击的一页。在帝国主义者的高压下,一部分资产阶级动摇了,变成帝国主义进行经济侵略、进行殖民地化的直接或间接的工具,这就是所谓买办资产阶级和官僚资产阶级;另一部分,在经济上进行了某些程度的斗争。这就是经过考验、比较纯正的民族资产阶级。它的历程是艰苦的,以国民党反动派统治最后的几年为例吧,几乎保全了"民族",就有丧失"资产"的危险。可也正是这样的考验,改造了、提高了中国民族资产阶级的品质。它也懂得跟着中国共产党走,进行了反帝、反封建、反官僚资本的斗争,终于获得解放,从绝望中复苏过来。今后怎么样?新民主主义的经济政策订得明明白白,有利于国计民生的私人工商业会大大发展。根据过去的经验和今后的观察,中国民族资产阶级凭哪一条也不会变成美帝发展"民主个人主义"的资本或条件。只

有新民主主义,才是它唯一的光明幸福的道路。对于整个世界和新中国的方向,中国民族资产阶级是不应该也不会认错的。[①]

说得太好了!这是中国民族资产阶级对美国白皮书的绝妙回答,很有说服力!毛泽东读完后,拍案叫好!他立即提笔给胡乔木写了一封信,说:"民建发言人对白皮书的声明写得极好,请予全文文播、口播,并播记录新闻,当对民族资产阶级的教育起很大作用。"

毛泽东不仅要让美国人听到中国民族资产阶级的声音,也让全中国人都来听一听。

收到毛泽东的来信后,胡乔木立即安排新华社做好转发、转播。同时,胡乔木告诉毛泽东:"这个声明是民主建国会主任委员黄炎培老先生亲自执笔写的,而且是主动写的,并非报社专门约稿。"

听到这个消息,毛泽东更是兴奋,喜悦至极。他没想到,年过古稀的黄炎培还能写出如此高屋建瓴、思想敏锐、见地深刻的好文章。

说起黄炎培,那也是共产党的老朋友了。黄炎培,字任之,人称"黄任老",是老同盟会会员、著名的教育家。抗战胜利后,他组建了民族资本家云集的中国民主建国会。但在资本家群体中打滚的他,既不是资本家,也不经营工商业,一生清贫,两袖清风,高风亮节,受人尊敬。1945年7月,抗战胜利在即,为推动国共团结,黄炎培与褚辅成、章伯钧、左舜生等六位参政员,应中共中央和毛泽东的邀请,飞赴延安访问。毛泽东亲自到机场迎接。

那一天,让黄炎培最感动的还是当他走进毛泽东的会客室,第一眼看到了一幅题为《岁朝图》的画作。1938年10月,沈钧儒的儿子在重庆办画展,黄炎培在其中一幅《岁朝图》上看到了茅台酒,便联想到国民党报纸曾报道过红军战士长征途经茅台镇酒池以酒疗伤的事,就在画上题诗:"喧传有人过茅台,酿酒池中洗脚来,是真是假我不管,天寒且饮两三杯。"周恩来得知后,立即指示买下此画。当时中共南方局经费紧张,耗资购买

[①] 《人民日报》1949年8月24日。

一个小画家的作品，大家都不理解。周恩来说，这幅画联系到两位重要民主人士，今后可能有用。谁知，七年后的今天，黄炎培竟然在延安毛泽东的会客室里看见了这幅《岁朝图》和自己的题诗。他不禁感慨万千，佩服共产党人真是把自己当朋友，所以才与毛泽东有了"窑洞对"，直言坦陈政治的"周期律"，留下历史佳话。多年后，国民党中统负责人徐恩曾在他的回忆录中专门提到这幅画的事情，由衷感叹道："周恩来搞统战，犹如水银泻地，无孔不入。细数吾党同仁，难有与其相匹敌者也！"

这次黄炎培应邀来北平参加新政协筹备会，也是冒着生命危险。毛泽东也听说了，黄炎培是国民党保密局在上海暗杀黑名单上的"一号人物"。在中共地下党吴克坚等人的帮助下，他逃脱了国民党特务的监视和跟踪，化装潜离上海，辗转经香港来到北平，到达北平当天正好是3月25日。他立即参加了西苑机场的阅兵检阅仪式，欢迎毛泽东、朱德、周恩来等中共中央领导人进驻北平。随后，毛泽东征尘未洗，就在颐和园设宴，与沈钧儒、黄炎培等多位民主人士会面欢聚。

想到这里，毛泽东兴致盎然，立即提笔给黄炎培写信，盛赞他对白皮书发表的声明。毛泽东说："民建的这一类文件（生动的、积极的、有原则的、有前途的、有希望的），当使民建建立自己的主动性，而这种主动性是一个政党必不可少的。"

接到毛泽东的来信，黄炎培十分兴奋，立刻写了回信，"希望主席时时指教"。

8月26日，毛泽东在收到黄炎培的复信后，再次致信黄炎培，重加勖勉，说："八月二十四日大示敬悉，很高兴。""民建此次声明，不但是对白皮书的，而且说清了民族资产阶级所以存在发展的道理，即建立了理论，因此建立了民建的主动性，极有利于今后的合作。民建办事采用民主方式亦是很好的，很必要的。此种方式，看似缓慢，实则迅速，大家思想弄通了，一致了，以后的事情就好办了。"[1]

值得一提的是，1878年10月1日出生的黄炎培，一生都拒绝做官，北

---

[1] 中共中央文献研究室编：《毛泽东年谱：1893~1949》修订本下卷，中央文献出版社2013年版，第557页。

洋政府曾两次发布其担任政府教育总长的任命，都被他拒绝了。1949年新中国成立的日子，正是他71周岁的生日，在毛泽东、周恩来的劝说下，他终于"出山"，担任了政务院副总理兼轻工业部部长，成为开国时政务院的四位副总理之一。

盛赞了黄炎培发表的声明之后，毛泽东依然没有停笔，继续批驳艾奇逊送来的白皮书。8月28日，新华社发表了《四评白皮书》[①]，这是毛泽东亲自写的第三篇新华社社论。社论针对艾奇逊骂共产党领导的政府是"极权政府"的话，指出："就人民政府关于镇压反动派的权力来说，千真万确地是这样的。这个权力，现在写在我们的纲领上，将来还要写在我们的宪法上。对于胜利了的人民，这是如同布帛菽粟一样地不可以须臾离开的东西。这是一个很好的东西，是一个护身的法宝，是一个传家的法宝……"[②]

8月29日，毛泽东致信胡乔木，请找清末中国和美国订立的几个不平等条约，为写评美国国务院白皮书的社论时参考。第二天，新华社就发表了毛泽东写的第四篇社论《五评白皮书》[③]。毛泽东指出："美帝国主义侵略中国的历史，自从一八四〇年帮助英国人进行鸦片战争起，直到被中国人民轰出中国止，应当写一本简明扼要的教科书，教育中国的青年人。"[④]

9月16日，新华社发表了毛泽东写的第五篇社论《六评白皮书》[⑤]。毛泽东指出：

> 从一八四〇年的鸦片战争到一九一九年的五四运动的前夜，共计七十多年中，中国人没有什么思想武器可以抵御帝国主义。旧的顽固的封建主义的思想武器打了败仗了，抵不住，宣告破产

[①] 《四评白皮书》被收录进《毛泽东选集》时，题为《为什么要讨论白皮书？》。

[②] 中共中央文献研究室编：《毛泽东年谱：1893~1949》修订本下卷，中央文献出版社2013年版，第561页。

[③] 《五评白皮书》被收录进《毛泽东选集》时，题为《"友谊"，还是侵略？》。

[④] 中共中央文献研究室编：《毛泽东年谱：1893~1949》修订本下卷，中央文献出版社2013年版，第563页。

[⑤] 《六评白皮书》被收录进《毛泽东选集》时，题为《唯心历史观的破产》。

了。不得已，中国人被迫从帝国主义的老家即西方资产阶级革命时代的武器库中学来了进化论、天赋人权论和资产阶级共和国等项思想武器和政治方案，组织过政党，举行过革命，以为可以外御列强，内建民国。但是这些东西也和封建主义的思想武器一样，软弱得很，又是抵不住，败下阵来，宣告破产了。

一九一七年的俄国革命唤醒了中国人，中国人学得了一样新的东西，这就是马克思列宁主义。中国产生了共产党，这是开天辟地的大事变。孙中山也提倡"以俄为师"，主张"联俄联共"。总之是从此以后，中国改换了方向。

....

马克思列宁主义来到中国之所以发生这样大的作用，是因为中国的社会条件有了这种需要，是因为同中国人民革命的实践发生了联系，是因为被中国人民所掌握了。任何思想，如果不和客观的实际的事物相联系，如果没有客观存在的需要，如果不为人民群众所掌握，即使是最好的东西，即使是马克思列宁主义，也是不起作用的。我们是反对历史唯心论的历史唯物论者。

......

自从中国人学会了马克思列宁主义以后，中国人在精神上就由被动转入主动。从这时起，近代世界历史上那种看不起中国人，看不起中国文化的时代应当完结了。伟大的胜利的中国人民解放战争和人民大革命，已经复兴了并正在复兴着伟大的中国人民的文化。[①]

毛泽东的这些话，对中国革命发生和胜利的原因做了理论上的说明，是对一百多年来中国人民反抗帝国主义侵略的斗争经验的总结，把一个世纪以来中华民族奋起的历程说清楚了。

从8月12日到9月16日，毛泽东在不到一个月的时间里，亲自上阵，

[①] 毛泽东：《毛泽东选集》第4卷第2版，人民出版社2009年版，第1513—1516页。

完成了这场笔伐。"六评白皮书"文风刚柔相济，读来酣畅淋漓，既有高屋建瓴势如破竹的雄劲，又有行云流水议论风生的韵致，是对20世纪上半叶之前的中美关系的一次总结性发言，也是中共对美国政府在中国内战中所执行的错误政策的权威评价。这"六评"对今后中美关系的演变和深远的国际影响已被历史证明，今天读来依然振聋发聩，对中华民族的伟大复兴具有启示意义。

5
刘少奇秘密访问苏联，斯大林说革命的中心由西方转向东方①

就在毛泽东、周恩来、朱德等中共中央领导人为筹建新中国忙得不可开交的时候，另外一位重要的中共中央领导人却不怎么抛头露面，好像失踪了一样。他就是刘少奇。

刘少奇干什么去了？

1949年6月22日凌晨1时，一辆老式蒸汽火车头拉着有数节车厢的列车从市郊的清华园火车站悄悄地出发了。三个月前，中共中央从西柏坡迁到北平时，李克农就是看中了这个远离市区的小站，让毛泽东、周恩来等从这里下车，经颐和园去香山的。

这次，这辆专列的目的地是旅顺。乘客是刘少奇率领的中共代表团，成员有王稼祥、戈宝权、邓力群和翻译师哲等。之所以选择深更半夜出发，因为这次访问行动属于绝密。其实，他们最后的目的地是莫斯科，他们将代表毛泽东去会见斯大林。他们在抵达旅顺后，再乘坐苏军的飞机去莫斯科。陪同中共代表团去苏联的是2月初陪同米高扬访问西柏坡的苏联专家组组长科瓦廖夫。这辆专列原定21日晚10时出发，因等候科瓦廖夫，比预定时间晚了三个钟头。

科瓦廖夫为啥晚点了呢？

---

① 本节有关刘少奇访苏的内容均参考师哲口述、李海文著《在历史的巨人身边：师哲回忆录》一书，九州出版社2015年版，第286—308页。

6月21日下午，在中国代表团准备出发前，毛泽东、刘少奇在中南海特意约见了科瓦廖夫，进行了长时间的谈话。内容主要包括三个方面：一是关于胜利渡江之后解放战争发展变化的大概形势，尽管发展的道路总是曲折、迂回的，但解放战争一定要进行到彻底胜利；二是中国革命现阶段的基本特点和主要任务；三是中国革命要走一条较长、较远的路程，是需要条件的，即：人力与物力这两者缺一不可，我们目前所要准备的和要争取的是这两条。毛泽东对科瓦廖夫说：这次你陪同代表团出国走远路，会辛苦的，不过你也顺便可以同家人团聚一番，也是一次好机会。会见结束后，科瓦廖夫乘车出了中南海，车子走到西四拐弯处不小心撞倒了一个骑自行车的青年。他只好停下来，把伤者送到附近的北大医院处理，这就耽误了几个钟头。

　　临行前，毛泽东对刘少奇说：你此行肩负一个重要使命，就是利用这次高层访问的机会，向斯大林和苏共中央政治局全面地介绍一下中国革命目前进展的情况，和未来即将面对的问题，要取得苏方对中国革命和中国共产党的真正理解，也要听取他们的意见和建议。毛泽东还给斯大林写了一封亲笔信，谈到了建国日期、成立政府之事。他轻松幽默地对刘少奇说："成立政府的事还是不要着急，我不是当过江西瑞金的苏维埃主席嘛，当时做了主席还是当不了，不仅当不了，还一口气跑了二万五千里呐！"

　　其实，这次刘少奇代表毛泽东秘访苏联，是在米高扬访问西柏坡时就初步确定的，但具体时间当时没有落实。

　　1949年3月25日，中共中央从西柏坡迁入香山。一见面，时任北平市长的叶剑英就笑着告诉刘少奇，他一进城就给王光美家里打电话，告诉他们光美已经结了婚。因为在军调部工作时叶剑英是王光美的上级，和她家里人熟悉。王光美的父亲王治昌曾任北洋政府农商部工商司司长，不知女婿刘少奇是什么人，就跑到西单商场书摊上买到一本介绍中国共产党的日文小册子。小册子上说，刘少奇外号"小诸葛"，是湖南人。这就是王光美父母对女婿所知道的全部情况了。刘少奇听了，笑得挺开心。后来，刘少奇借进城办事的机会带着妻子王光美去拜访岳父岳母，王家就有些紧张地在西单一家名叫曲园楼的湖南菜馆订了一桌饭，宴请第一次见面的女婿。在家过春节没有回天津工作的六哥王光英琢磨了半天，去西单商场给妹婿刘少奇买了一条围巾作为见面礼。

随着战争的迅速胜利，中国大城市像熟透的苹果，一个接一个地落到了共产党手中。进城后，长期从事城市工作的刘少奇，按照中央分工，着重研究新民主主义经济和城市工作。那天，在看望王光美父母的时候，刘少奇就向王光英询问了一些天津工商业的情况，要他回去后多联系工商界人士，帮助宣传中共的政策，并告诉他："我过几天就要去天津一趟，天津有什么情况，请帮我搜集整理，向我反映。"回香山的路上，王光美还纳闷地问刘少奇："你过几天去天津，我都不知道，你怎么就告诉我哥哥呢？我是党员，他还不是党员呢！"刘少奇笑了。那时，天津刚刚解放，物价飞涨，人心不稳，刘少奇希望王光英到天津去传话，告诉工商界中共中央对天津十分关心，会想办法稳定社会和经济。4月10日，刘少奇到天津"走亲戚"去了，搞调查研究。

5月10日，叶子龙打电话给王光美，说毛主席要找少奇有要事，请他速回北平。原来，毛泽东与斯大林经过电报往返，确定了刘少奇秘密访苏的日期，要他速回做准备。临行前，王光美还陪他去王府井大街买鞋、衣物等出国用品，而她自己因为刚刚生了女儿平平，不便随团出访。

专列抵达沈阳后，中共中央政治局委员、东北局书记高岗也作为代表团成员之一登上了车。而作为保密措施之一，在刘少奇一行抵达莫斯科后，中共在莫斯科与沈阳都发布了一则消息称，东北人民政府主席高岗率领一个代表团访问苏联。

现在从北京飞往莫斯科，只有8个小时的航程。刘少奇当年的这次访问，整整花了7天，飞机绕道朝鲜上空到苏联远东的哈巴罗夫斯克（旧名伯力），经停赤塔、新西伯利亚、斯维尔德洛夫斯克，于6月26日中午时分到达莫斯科。中共代表团被安置在奥斯特洛夫斯卡娅8号公寓。这个公寓是沙皇时代的一位大资本家为一个走红的女歌唱家建造的豪华住宅，十月革命后被没收改造成了苏共中央的招待所。

6月27日，也就是刘少奇抵达莫斯科的第二天，斯大林就会见了他们，地点在斯大林的夏令别墅孔策沃。斯大林带领苏共中央政治局委员伏罗希洛夫、莫洛托夫、马林科夫、布尔加宁、贝利亚、卡冈诺维奇和米高扬站在门口迎接。

一见面，斯大林与刘少奇、高岗、王稼祥一一握手，首先对毛泽东的健康表示友好的祝愿。刘少奇感谢斯大林对毛泽东的关心，当即递交了毛泽东给斯大林的亲笔信。在此信中，毛泽东对苏联给予中共和中国人民的巨大援助，表示衷心感谢。

寒暄过后，刘少奇首先提出了贷款问题。在米高扬访问西柏坡时，毛泽东就向苏方提出了这个问题，要求从1949年起连续3年的过渡期内，每年获得本息1亿美元的贷款，用以帮助新中国消除战争创伤，恢复经济。双方最近在电报往返中也曾讨论过这个问题。

斯大林还从来没有遇到过受贷方竟然嫌利息太低的事，因而笑着说：毛泽东同志在电报中曾经表示，对于这笔贷款，1%的年利率太低了，应当提高。苏联向东欧国家提供贷款的年利率是2%，给中国贷款的年利率低了一个百分点。这是因为中国的情况与东欧国家不同，他们那里没有战争，经济也比较稳定，你们中国还在打仗，战争的创伤也很重，经济持续恶化。我们当然要给予优惠条件，提供大一点的帮助。

说到这里，斯大林还开玩笑地说："当然，要是你们坚持高一些的年利率，那就是你们的事情了，我们可以接受。"

最后，斯大林在贷款问题上做了肯定的答复。他说，苏方经研究决定给中国3亿美元贷款，按照年利率1%分为5年提供，每年平均6000万美元，以设备、机器、各种材料、商品的形式提供给中国，中国可以在贷款完全生效后10年之内偿还。这是在战争废墟中建立起来的新中国所获得的第一笔经济贷款。

在敲定经济援助之后，刘少奇和斯大林着重谈了目前中国急需的军事援助问题。听说蒋介石军队撤退时在长江口布下大量水雷，并对刚解放的上海进行封锁之后，斯大林当即主动表示同意派遣专家到中国工作，可以帮助中国清除上海的水雷。

由于担心英国人插手新疆事务，影响苏联在中亚地区的边境，斯大林主动提出，解放军不要拖延进军新疆的时间，以免英国趁机干预，煽动起新疆和附近国家的穆斯林，进行反对共产党的内战。他强调说：这种情况是不能容许的。新疆有丰富的石油和棉花，这些正是中国所急需的。

刘少奇说，中国西北地域辽阔，在西北的马步芳部队是一个极大的障碍。

斯大林不以为然地说：你们过高地估计了马步芳的力量。马步芳的骑兵部队好对付，只要有炮，摧毁他们是轻而易举的。如果你们愿意的话，我们可以提供40架歼击机。用这些歼击机可以非常迅速地驱散并击溃这支骑兵部队。

后来，在第二次会谈后的电影招待会上，当银幕上出现奔驰的骑兵部队时，斯大林又提起了新疆马步芳的话题。他说，第二次世界大战已经证明，骑兵在现代战争中作用不大，因为骑兵目标太大，最怕飞机袭击，一打就散。

于是，刘少奇问道：能否提供飞机将部队空运到新疆去，这样解放军部队可及早进入新疆地区。

斯大林说，由于新疆没有大机场降落大型运输机，空运部队还没有办法，但如果派战斗机帮助打马步芳骑兵，就比较简单，只要派一个团，四五十架飞机就可以解决问题。开始可以由苏联飞行员驾驶，以后再交由中国飞行员驾驶。

在第一次会见时，斯大林还问刘少奇，中共有没有建立自己的海军舰队，是不是已经从国民党那里缴获了一些军舰？

刘少奇说：我们目前还没有自己的舰队，缴获的舰只也很少，大部分吨位大些的舰只，无论是商用或军用，不是国民党撤走了，就是炸沉了。我们目前还没有力量打捞沉船。

斯大林说：我们要给予帮助，一个是要帮助你们建立自己的舰队，中国要有自己的舰队；另一个是帮助打捞那些沉船，并帮助修好这些船。

刘少奇说：希望苏联帮助建立莫斯科至北平的空中航线。

斯大林十分爽快地答应了，还主动提出可以帮助中国建立飞机装备修理厂。他说：一旦你们能自己生产歼击机，就可以很容易地培养自己的航空飞行人员了。话说到高兴时，斯大林又当场提出向中国提供"最新型的歼击机"的建议。他很爽快地说，你们不论是想要捷克斯洛伐克生产的歼击机，还是要俄罗斯生产的歼击机都行。①

大家没有想到，与斯大林的第一次会谈是如此的坦率和真诚，有着意想不到的顺利和满意。因为第一次见面商谈的是一些急于解决的问题，在会见即将结束的时候，刘少奇郑重地提议：希望能够有机会向斯大林全面报告一次有关中国政治、军事和经济形势的问题，并就一系列重要问题交换看法。

斯大林说：好！我同意你们用几天时间来准备这个报告。到时候，我们将召开一次中央政治局会议来听取这个报告。

会谈结束后，刘少奇第一时间就把与斯大林第一次会面情况向毛泽东做了报告。

斯大林提醒中共要及时进军新疆的问题，引起了毛泽东的高度关注。这时，李克农送来了一份最新的《敌情动态》：广州的"国府"面临渡江后解放军的渐渐迫近，又在酝酿搬迁，一些亲蒋人士主张迁往台北，但代总统李宗仁当然不愿迁往蒋介石已经张罗好的台湾，决定"国府"不能离开大陆，要迁往成都。斯大林的提醒和李克农的情报，让毛泽东在24小时内对原来部署的西北作战计划做了重新调整。他在6月27日致电彭德怀，调整并加强了对马作战，先打两马，后打胡宗南。这个部署后来被他形象化地称为"打马战役"，西进以"取得油源"。后来，在"打马"战役进行中，为尽早解决进军新疆问题，毛泽东又同意刘少奇意见，让随中共代表团在莫斯科的邓力群从苏联携带电台先期进入新疆伊犁，以便在新疆与北平党中央及西进的王震兵团之间建立迅速的联络。他又数次找张治中谈争取和平解放新疆问题，让张治中通过邓力群在伊犁的电台，给当时国民党

---

① 金牛在《百年潮》1997年第5期发表《刘少奇秘访克里姆林宫》一文，转引苏联解密档案说：斯大林对这次谈话的结果相当满意，许诺也非常爽快，以致有的许诺多少有点说走了嘴，比如关于"最新型的歼击机"这个问题。当时苏联已经能够批量生产最新型的米格-15歼击机，并正在开始装备部队。说要向中国提供"最新型的歼击机"，就是意味着应向中国提供米格-15歼击机，这显然是不可能的。因此，在随后审定谈话纪要时，斯大林又不得不把"最新型的歼击机"中的那个"最"字划掉了。也就是说，苏联至多只能向中国提供米格-9。只是到了朝鲜战争爆发后，实战证明米格-9比不上美国的歼击机时，斯大林才把这个决定改了过来。

在新疆的领导人陶峙岳、包尔汉转送有关电报。

7月2日，刘少奇致电中共中央，请示可否以书面报告的形式向斯大林通报中国情况。

7月3日，毛泽东复电：同意以书面报告形式向斯大林通报国内情况、提出问题和征询意见。

7月4日，经过一个星期的紧张工作，这份长达一万多字的书面报告，刘少奇以中共中央代表团主任的名义交给了苏共中央和斯大林。

这份书面报告的第一部分题为《中国目前的形势》。文中说："中国人民革命战争，现已基本取得了胜利，不久就要取得完全的胜利。"从军事形势看，今年夏秋两季即可解放华南、西南各省与西北部分省份，基本上结束对国民党的战争。"剩下台湾、海南岛、新疆和西藏。其中西藏问题须用政治方式而不能用战争方式去解决。台湾、海南岛与新疆，须待明年方能去占领。其中台湾，因为有国民党军队做内应可能提早去占领。我们完全赞成尽可能早地去占领新疆，而去占领新疆的最大困难，是肃清与维持向新疆前进的道路和缺乏必要的交通工具（如甘肃到新疆须经过漫长的没有粮食和饮水的沙漠地带），如果能够克服这个困难，占领新疆的时间可大为提早。""关于帝国主义对中国革命干涉的可能性，我们从来就充分地加以估计了的。"报告认为，"如果我们应付得当的话，帝国主义直接的武装干涉是有可能不敢来尝试的。"国民党残余力量肃清得越快，帝国主义武装干涉就越困难。从目前情况来看，斯大林所担心的帝国主义武装干涉可能不会发生。

报告的第二部分汇报了"新的政治协商会议和中央政府"的情况：中国将在今年8月份召开包括各个民主党派参加的新政协，"中国的政治协商会议，是中国革命民族统一战线的为群众所熟悉的新的便当的组织形式，准备使其成为经常的组织，并在必要的地方成立地方的政协会议"。新的中央政府的组织成分，尚未决定。联合政府准备以毛泽东为主席，周恩来为总理。刘少奇和任弼时则不参加政府。新政权将是无产阶级领导的、以工农联盟为基础的人民民主专政。它在很大程度上等同于列宁在1905年至1907年革命中所提出的"工农民主专政"，只是考虑到中国革命的反帝特点，并在将来相当长的时间内都要集中力量反对帝国主义，它包括了愿意反帝、反封建、反官僚资本势力的民族资产阶级在内。报告认为，"把目前尚能与我们合作的民族资产阶级赶到帝国主义那一边去。这在目前的中国实行起来，将是一种危险的冒险主义政策"。

报告在第三部分谈到了"外交政策"。新中国将实行民族独立、保卫世界和平和民主、平等互惠地与各国贸易通商的外交原则；新中国将集中精力先搞好国内的事情，不急于得到西方帝国主义国家的外交承认，希望苏联与东欧新民主国家在西方帝国主义国家之前承认新中国。

刘少奇在报告的第四部分毫不隐讳地汇报了苏中关系问题。首先是如何解决1945年间国民党政权与苏联政府所签订的《中苏友好同盟条约》问题。在新中国与苏联建立外交关系时，"对这个条约即须加以处理"。中共代表团提出了三种处理方式：一是由新的中国政府宣布全部承认原有条约，不加修改；二是重新签订一个新的条约；三是暂时维持旧条约，准备在以后适当的时机重新签订。但报告把疑问交给了斯大林处理："在这三种方式中，应该采取哪一种方式为好？"

接着，报告实事求是地提出了一个敏感的问题：在民主党派、学生及工人中，有人提到苏军在旅顺驻兵、运走东北机器等问题。"我们曾向这些人解释：当着我们自己还不能防守自己的海岸的时候，如果不赞成苏联在旅顺驻兵，那是对帝国主义的帮助"；"关于苏联搬运机器问题，我们说：这些机器是日本人的，苏联把这些东西当作胜利品搬走，去建设社会主义，免得落在反动派手中用来反对中国人民"。刘少奇以委婉的方式问斯大林："以上这些说法，不知是否正确？"

刘少奇还在报告中谦虚地说："我们长期处在乡村的游击战争的环境中，对外面的事情知道的很少，现在要来管理一个如此大的国家及进行经济建设和进行外交活动，我们还需要学习很多东西。在这方面，联共给我们的指示和帮助，是十分重要的，我们迫切地需要这种指示和帮助。"最后，报告说："毛泽东同志希望拜会莫斯科，但他现在已不可能秘密地来莫斯科，只有等候苏中建立外交关系时公开地来拜会。他来莫斯科的时机和方式，希望予以考虑。"

7月6日，就向苏联学习党和国家建设经验的问题，刘少奇又专门给斯大林写了一封信。信中表达了中共希望学习苏联党、政府、群众组织等的结构和相互关系，学习经济计划与管理，学习文化教育有关制度等方面的知识、经验和方法。此外，信中还谈到将斯大林在第一次会见中所说的派苏联专家、建苏中航线、帮建飞机修理厂、训练海军干部、帮助打捞沉船等问题，希望苏方能拿出具体化的行动方案和计划。同时，刘少奇还告诉斯大林，毛泽东来电完全赞成提早占领新疆，希望苏方提供关于新疆情况的材料和得到苏联空军的具体帮助。

7月11日晚上10时，刘少奇为首的中共代表团被斯大林邀请到克里姆林宫苏共中央政治局会议室。苏共中央政治局委员莫洛托夫、马林科夫、贝利亚、米高扬、卡冈诺维奇、布尔加宁、什维尔尼克等出席了会见，列席的有索科诺夫斯基及总参谋长、海军元帅等。

一见面，就可以看得出来斯大林非常高兴。因为看了中共代表团提供的报告后，斯大林对中共提出的意见、获得的成绩和胜利都极其满意，改变了从前对中国共产党和毛泽东的肤浅认识，重新发现中共领导人并不是布加乔夫式的农民领袖，而是真正的马克思主义者，是胜利者！真正的胜利者！

斯大林在报告的许多地方画了着重线，在15处写上了"好"或者"对"的批注。比如：新中国在反帝斗争中实现民族的完全独立的外交政策；不急于得到西方帝国主义的承认，先把国内的事情办好，希望苏联与东欧社会主义国家首先承认；对国民党政府与外国签订的条约和协议，重新审查、分别处理的原则；关于利用各资本主义国家的矛盾；关于平等互惠与外国通商贸易，首先是发展与苏联及新民主主义国家的贸易等等。

斯大林亲自主持了会议。他首先说明，这次会议是按照中共代表团的愿望召开的，同时向中共代表团说明，因为代表团的报告中涉及战争和军事部分的问题较多，所以邀请了元帅们列席，也让他们了解一下情况。

正式谈话开始后，斯大林首先就书面报告中他不甚明了的地方提出了一连串的问题：你们海军中有无自己的军官？空军中有无自己的飞行员？各省有没有省政府？各省政府及东北等区域政府是否服从将来的中央政府？将来中央政府是否有权力批准与撤换各省及各区域政府的主要领导人?以毛泽东为中央政府主席,主席是否等于总统?主席与内阁的关系怎么样?什么是官僚资本?买办资本是否包括在官僚资本之内?

刘少奇对斯大林提出的这些问题一一做了详细的解释。

斯大林说:少奇同志的报告写得十分清楚、明确,我们大家都看了,没有问题。然后,就中共代表团书面报告中所提出的问题,一一做了回答。

首先,斯大林谈了中共对于民族资产阶级的问题。他说:你们与民族资产阶级合作并吸收他们参加政府的观点,是正确的。中国的民族资产阶级与东欧各国的及德国的资产阶级不一样,那些国家的资产阶级在战争中与希特勒合作,自己污辱了自己,而后又与希特勒一起撤退,只留下他们的企业,因而在反希特勒胜利后,那些国家要处理的,只是他们的企业,而不是他们本人。中国的民族资产阶级不同,在对日作战时并未投降日本。战后其中一部分虽在蒋介石的支持下企图与美国建立关系以取得美国的援助,但由于蒋介石与美国签订了卖国的中美通商及航海条约,有损于民族资产阶级的利益,中国民族资产阶级因而反对蒋介石和美国。中共利用中国民族资产阶级的反美情绪,与他们建立比较长期合作的政策,这是正确的。俄国十月革命时没收了几乎全部的私人资本家的企业,实行了对外贸易的垄断。这一点上,中国不应学俄国。为了使中国民族资产阶级站在反对帝国主义的阵营内,就要制定一种对资产阶级也有利的政策,例如关税保护政策,贸易垄断是困难的。

其次,在谈到人民民主专政问题时,斯大林说:实行人民民主专政的政体,是对的。中共引用他在1926年所说的"中国未来的革命政权是偏重于反对帝国主义的政权",也是对的。

在刘少奇答复中央政府的主席团及主席团与内阁的关系(即主席团是集体的总统,内阁服从主席团,为中央政府的执行机关)的问题之后,斯大林还说:这个制度可能对于目前的中国是很适当的。

第三,关于外交问题,斯大林认为中共在报告中所说的几项外交原则是对的。关于是否要争取帝国主义国家早日承认中国新政府问题,他说:

你们不要急于要求帝国主义国家承认，以便加以观察，了解情况，看他们表现如何。你们有很好的法宝，就是帝国主义要和你们做买卖。帝国主义国家的经济危机已经开始了。我想列强很快就要承认你们的，你们可以先和他们做好买卖，再谈承认问题。谁不承认中国，中国在贸易上就不给它任何优惠。但是，他同时强调，不要把同帝国主义的关系搞僵了，目前不要没收帝国主义在华的经济事业，其他办法也不忙采取，等一等再看。

第四，对于中苏关系问题，斯大林说：中国政府一成立苏联就立即承认你们。关于《中苏友好同盟条约》，他说：在与毛泽东交换电报中已有过声明，说这个条约是不平等的，因那时与国民党打交道，不能不如此。美国在日驻兵很多，蒋介石又勾结美国，苏联在旅顺驻兵是抵制美蒋武装力量的自由行动，保护苏联，同时也保护中国革命的利益。当时联共中央内部已有决定，即在对日和约订立、美国从日本撤兵后，苏联可以考虑即从旅顺撤兵。如果中共认为要苏联从旅顺立即撤兵，以便中共在政治上有更多的回旋余地，苏联军队现在就可以从旅顺撤退。斯大林认为，中方在报告中所提出的处理《中苏友好同盟条约》的三个方案都用不着，等毛泽东来莫斯科时解决这个问题。

在谈到中苏两党的关系时，斯大林针对报告中的一段话，特别强调说：你们在报告中说中共服从联共的决定，这使我们觉得奇怪。一个国家的党服从另一个国家的党，这是从来没有过的，而且是不许可的。两个党都要向自己的人民负责，有问题互相商量，有困难互相帮助，谈不到哪一个服从哪一个。密切两党的联系，是对的，今天在政治局会议上就是一种联系。

最后，斯大林关心地问中共代表团住得是不是舒适。他还问道："你们怎么没有女同志参加？听说莫斯科住着两个中国女同志！下次我们愿意邀请她们也来。"

斯大林说的两个女同志，是指当时在莫斯科治病的江青和随团来访的王稼祥夫人朱仲丽。

会议结束时，已经是凌晨了，但斯大林意犹未尽，丝毫没有疲倦的感觉，挥了挥手说："我今晚还要请你们看电影。"

斯大林如此的热情和高兴，是外交场合少有的。当晚为中共代表团放映的四部资料片都是斯大林亲自点的。既有苏军海陆空立体作战的军事演习的纪录片，也有二战时期的资料片，其中最主要的是看一部原子弹爆炸试验现场的纪录片。斯大林一边看，一边亲自讲解。斯大林请中国人看原子弹的纪录片，含义很深：首先他是要告诉中国人，美国人能制造的东西，我们也能制造，不要迷信西方；其次是要告诉中国人，如果敌人敢侵犯我们，他们就会得到报复，而我们的朋友也会得到原子弹的保护。

这是斯大林第一次给外国客人看这样的纪录片，令苏方工作人员感到吃惊。但更让人吃惊的还在后头。

7月27日，斯大林在孔策沃别墅新建的二层楼上举行宴会，招待中共代表团。这一次，江青也参加了。

走进宴会厅，斯大林用目光扫了一下中共代表团所有成员，很感慨地说：你们中国同志都这么年轻。随后，相互问好后便就座入席，宾主们海阔天空地说了一阵轻松谐趣的话。

这时，马林科夫、贝利亚悄声建议江青给斯大林敬一杯酒。江青立刻表示同意，举起酒杯，走到斯大林跟前，说："我请大家一起举杯，为斯大林同志的健康干杯！斯大林同志的健康就是我们的幸福，我祝愿斯大林同志永远健康！请大家同我一道为斯大林干杯！"

听了这段祝词，斯大林开怀大笑，与喜气洋洋地前来与他碰杯的人一起，一饮而尽。接着，斯大林走到中国同志身边，说："我的健康，竟然可成为大家的幸福，这恐怕太抬高我了吧！"然后，他举杯庆祝中国革命的胜利，称赞中国共产党已经是政治上成熟的党，在斗争中成长成熟起来了。中国共产党主要的成就是有了在实际斗争锻炼中培养出来的干部，他们经过了实践考验，积累了丰富的经验。中国共产党是一个在烈火中锻炼成熟的党！

过了一会儿，斯大林离开了座位，忽而又转回来，带着某种伤感的情绪说："我们两兄弟之间的友好团结是最重要的，是对世界革命具有重大意义的。斯大林在世，我们两国人民应该团结，斯大林不在世了，仍然应该是团结的。团结就是力量！我们之间的团结，是与世界革命和人类息息相关的。"

大家异口同声地说:"斯大林会健在,愿斯大林永远健康!"

这时,斯大林举起酒杯,意味深长地对中国同志说:"祝我永远健康的美词和良好的愿望,使人听了快意,但事实上人总有一死的。我从来不喜欢奉承人家,但别人对我有许多奉承,我也觉得厌烦。我说的中国马克思主义者成熟了,苏联人和欧洲人要向你们学习的话,并不是奉承你们,也不是说客气话。西欧人由于他们骄傲,在马克思、恩格斯死后,他们就落后了。革命的中心由西方移到了东方,现在又移到了中国和东亚。"

斯大林建议,在国际革命运动中,中苏两家都要多承担些义务,要分工合作。他希望中国今后多负担对殖民地、半殖民地、附属国家的民族民主革命运动方面的帮助,因为中国革命本身和革命经验会对他们产生较大影响。

关于马克思主义,斯大林说:"在一般的理论方面,也许我们苏联人知道得比你们多一些,但把马克思主义的一般原则应用到实际中去,则你们有许多经验值得我们学习。在过去,我们已经向你们学习了很多。一个民族必须向另一个民族学习,哪怕是一个很小的民族,都有很多东西值得我们学习。我听到中国人特别勤劳的许多事实,这些都是值得我们学习的。今天,你们称我们为老大哥,但愿弟弟能赶上和超过老大哥。这不仅是我们大家的愿望,而且也是合乎发展规律的,后来者居上。请大家举杯,为弟弟超过老大哥,加速进步而干杯!"

刘少奇并没有接受斯大林"为弟弟超过老大哥"的敬酒。这让苏联人感到纳闷,一时间都跑过来劝酒,希望刘少奇接受斯大林的良好祝福和盛情。但在这样的外交场合,而且是祝酒仪式上,中国人一向谦逊低调的表达方式让苏联人没有看懂;而苏联人的风俗习惯,中国人也没有看懂,一时间陷入了一种不能理解的尴尬。

斯大林说:"难道弟弟不应该超过兄长吗?!我的意思是说,弟弟应该加倍努力,力求上进,争取超过兄长,这也是为了你们将来要承担更大的国际义务。"

就这样,推来让去,刘少奇始终没有接受斯大林的这杯敬酒。

接着，斯大林与刘少奇交换了亚洲各国共产党的情况和看法。当谈到关于打倒国民党的问题时，刘少奇说："其实中国共产党人在革命过程中，也有过不少的挫折，受过不少的损失。比如，在第一次国共合作时，因为国民党叛变革命，我们毫无准备，受了很大挫折、失败。第二次国共合作时，我们的头脑清醒了。所以，抗日战争结束后，蒋介石叛变，我们就有了准备。"

斯大林说："这是敌人教训了我们。"这时，或许是联想到抗战胜利后他曾经致电中共，要毛泽东必须去重庆会见蒋介石的事情，斯大林忽然带歉意地对刘少奇说："在你们的斗争中，我们是不是扰乱和妨碍了你们呢？"

刘少奇很有礼貌地说："没有。毛泽东同志当时可以不去重庆，有恩来同志去就够了，但毛泽东同志还是到重庆去了，结果还是很好的，使我们当时立即就有了政治上的主动权。"

斯大林说："毛泽东到重庆是有危险的，CC系特务有害他的可能。当时，美国人曾向我们说：中国国民党要和平，为什么中国共产党不要和平？我答复说：'中国共产党的事，我们管不着。'"

斯大林又问刘少奇："你们在美国人参与的和平运动中是否受了损失？我们是否也妨碍过你们？"

刘少奇回答说："在马歇尔使华期间，中共中央对和平运动的头脑是清醒的，但有个别的负责同志对和平有过幻想，因此受了若干不大的损失。但那次和平运动很有必要，结果是我们孤立了美蒋，使后来我们推翻国民党，打倒蒋介石，没有一个人说我们这样做得不对。"

"胜利者是不能被审判的。凡属胜利了的都是正确的。"斯大林甚为感慨地说，"中国同志总是客气的、讲礼貌的。我们觉得我们是妨碍过你们的。你们也有意见，不过不肯说出来就是了。你们当然应该注意我们讲的话正确与否，因为我们常常是不够了解你们事情的实质，可能讲错话。不过，如果我们讲错了，你们还是说出来好，我们会注意到的。"

在会谈中，斯大林特别向刘少奇做了解释，为什么苏联驻华大使罗申要随国民党政府从南京迁往广州。他说："我们是想看看国民党的动态。"

现场担任翻译的师哲明显感觉到，斯大林是以深感内疚和抱有歉意的语气讲了上面这番话的。因为1945年8月斯大林给中共中央的电报认为，如果中国内战爆发，将导致中华民族的毁灭。而历史的发展与斯大林的预见相反，他为此感到内疚和不安。这是斯大林主动地向中共代表团公开做自我批评。这令大家感到非常意外，因为代表团并没有要求他做自我批评，也没有对他提出过批评意见。不过，斯大林因此赢得了中国代表团的尊敬。

8月13日，刘少奇、王稼祥、刘亚楼同苏联空军元帅华西列夫斯基进行了专题会谈。苏方表示原则上同意中共中央关于组建空军的设想方案。

在离开莫斯科前，斯大林再次在他的别墅宴请刘少奇一行。那天参加的人不多，是一种家宴形式，格外地亲切、和谐。宴会开始前，斯大林带领中国朋友参观了他的别墅。这座别墅很大，庭院中有高大青翠的树木，有花园、菜园、果园、鱼池、小型运动场。

斯大林和刘少奇肩并肩走在园中，移步换景，观赏全园景色。菜园里的番茄、豆角、谷子等农作物长势喜人。突然，斯大林停下脚步，指着谷子说："这谷子的种子还是从你们中国的东北引来由我自己栽培的，等谷子成熟了拿来款待你们，多么有意思呀！遗憾的是你们不能久留，很快就要离开我们了。"

他们一边散步，一边交谈，高高兴兴地度过了两三个小时。连斯大林身边的人也觉得奇怪，斯大林很少以这种方式招待他的客人。

回到大厅，在交谈中，斯大林问道：你们打算何时成立中央政府？因国民党政府实际上已经瘫痪了，不复存在了。而你们现在已经具备了掌握政权的一切条件。

刘少奇回答说：我们目前正集中力量解放和解决华南各省的问题，成立中央政府要在明年（1950年）1月，可能是1月1日。

斯大林说：解决重大问题时固然要稳妥，要掌握时机，但更重要的是不可错过时机。我想提请你们注意，防止敌人可能利用所谓"无政府状态"而进行干涉。这是极毒辣的一着，不能不防。

斯大林的谈话引起了刘少奇和中共代表团的高度注意，他们立即向中共中央、毛泽东做了汇报。

8月14日，在回国的当天，刘少奇给斯大林写了一封信：根据中共中央的指示，王稼祥留莫斯科，代表中共中央与苏共中央联系，待8月下旬回国参加政协会议。后来，王稼祥出任首任驻苏大使。8月底，刘少奇带着首批苏联援华的经济、军事专家220人，回到中国。

斯大林对中国革命是很重视的，这次对刘少奇访苏，除了战略上的协调外，还确定了建立战略同盟关系的基础和范围。他尽量满足了中共与新中国对于援助的要求，许诺并亲自过问向新中国提供贷款、派遣专家、修建铁路、创办军事学院、提供军用飞机、培训飞行技术人员、进行情报合作、提供军事装备等，为毛泽东在年底访问苏联打了前站。

10月3日，苏联副外长葛罗米柯致电周恩来外长，表示苏联政府决定与广州国民党政府断绝外交关系，同中华人民共和国建立正式外交关系，并互派大使。

12月6日，北京下了新中国成立后的第一场大雪。毛泽东第一次穿上了厚厚的皮大衣，带着一车皮山东产的大葱和一车皮江西产的蜜橘，登上了开往莫斯科的专列，开始了他第一次、也是一生中最长的一次出访。第二天，国民党决定将其操控的政府机构迁往台北，从此退出了大陆历史舞台。

12月16日下午6时，毛泽东和斯大林在克里姆林宫相见，热烈拥抱。

毛泽东说："我是个有话无处说的人。"

"胜利者是不受指责的。"斯大林表示理解地说，"你这次远道而来，不能空手回去。"

毛泽东说："恐怕是要经过双方协商搞个什么东西，这个东西应该是既好看，又好吃。"

1950年2月14日，《中苏友好同盟互助条约》在克里姆林宫正式签订。当毛泽东和斯大林以及中苏双方的高级领导合影时，毛泽东的机要秘书叶子龙发现了一个不为人注意的小细节——斯大林稍稍向前挪动了一小步。回来后，叶子龙向毛泽东说起此事。毛泽东微微一笑说：这样就一般高了嘛！毛泽东身高180厘米左右，比斯大林看上去略高。但从后来的合影中来看，两人基本差不多。

至此，毛泽东在西柏坡召开的七届二中全会上提出的"一边倒"的外交政策以中苏结盟友好条约的形式正式确定。后来，毛泽东在接见阿尔巴尼亚劳动党代表团的时候，动情地说：建国之初，大工厂我们还不会设计，现在谁替我们设计？化学、钢铁、炼油、坦克、汽车、飞机等工厂，谁给我们设计呢？帝国主义国家是不会替我们设计的。国与国之间没有矛盾是不现实的，但是我们同苏联靠在一起，这个方针是正确的。

第六章 开 国

1
进京赶考：毛泽东说，共产党人要考一个好成绩，决不做李自成

"惊蛰到，暖和和，冰河开，鸟儿叫。"大地回春，柏坡岭上积存了一个冬天的雪，在阳光的照耀下悄悄地消融，滋润着山间沃土，漫山遍野的桃树、杏树、柿子树、核桃树，抽出了嫩绿的枝叶。冰封的滹沱河开了，双飞的燕子贴着河面自由自在忽高忽低地掠过。

阳春三月，春和景明。1949年3月的西柏坡，真可谓风调雨顺。

3月16日，被毛泽东称作"城市工作会议"的七届二中全会刚刚闭幕，淅淅沥沥的春雨就下了一夜，降水量达到了2.8毫米。这对于急于春耕的农民来说，真是春夜喜雨！春雨贵如油啊！

3月22日晚上，西柏坡的乡亲们都没有睡觉，有的和中央机关的工作人员依依惜别，有的一家子围坐在炕上等待天亮，有的三五成群地站在山坡上向村东头的中央大院张望着……乡亲们为什么不睡觉呢？

——毛主席和党中央明天就要离开西柏坡去北平啦！

西柏坡村的老支书阎德忠说："我一直披着夹棉袄，在中央大院门口转来转去，想和毛主席道个别。毛主席屋子里的灯光一直亮到下半夜，都是为咱穷人谋幸福啊！"村子里的老人们还记得，那天晚上漆黑漆黑的，从傍晚开始，又下起了蒙蒙细雨。乡亲们都说："老天爷也落泪哩，不愿意让咱毛主席走。"可乡亲们又担心，雨如果老是这么下，明天会不会影响毛主席的行程。

天亮了。大约八九点钟的样子，雨停了，云收了，太阳从东边升起来了。霎时间，天空万里无云，清净如洗，阳光灿烂，满坡的苍松翠柏也显得更加挺拔。乡亲们又说了："毛主席进北平是大事儿，老天爷也给好脸色哩！"

在中央大院，毛泽东工作到凌晨4点钟才躺下。临睡前，他吩咐卫士长李银桥："9点钟以前叫我起床。"

3月23日清早，细心的周恩来起床后，专门过来跟李银桥打招呼："去北平的路上太辛苦了，不要9点钟叫醒毛主席，让他多睡一会儿。"

上午10时，李银桥才叫醒毛泽东。

"几点啦？"毛泽东睁开眼睛就问。

"快10点了。"

多睡了一个小时，毛泽东很生气，责问李银桥："让你9点以前叫我，为什么现在才叫呢？"

"周副主席说，您三四点钟才休息的，不让着急叫您起床，让您多睡一会儿。怕您休息不好，路上太疲劳。"

听李银桥这么一解释，毛泽东就不再说什么了。

这时候，李银桥也把毛泽东的行李准备好了。行李十分简单，主要的就是书籍，打包装箱，把常看的《辞海》《辞源》之类的工具书带在身边。毛泽东正在阅读的《史记》和《资治通鉴》也带上了。

今天真是一个好日子。近午时分，毛泽东走出屋子，站在院里那张石磨旁，点燃一支烟，环顾了一下四周。一座座低矮的农舍，黄褐色的土墙，屋前的石磨，院角靠着的犁耙，村前的土地庙，路边的柏树林子，清清的滹沱河从村南静静地流过，一切都那么熟悉那么亲切。雨过天晴，哗哗的河水把春天的气息荡漾起来。看得出来，他的心情就像这蔚蓝的天空。他穿着与士兵们一样的棉衣、棉裤，棉衣肘部还打着两块补丁，安坐下来，在那张半旧的帆布躺椅上看书。

中央机关大院里站满了兴奋和激动的人。前几天，后勤部门给每人配发了美国咔叽布做的列宁式军装一套、背包一个、新鞋一双、毛巾一条，还发了十多个发面小饼、两筒美制牛肉土豆罐头和一个喝水杯。大清早，人们起床打好行李，洗完脸，走出门，发现大家都不约而同地穿上了灰色新军装,个个精神抖擞。

下午2时30分左右,机要室主任叶子龙走了过来,轻声地催促道:"主席,大家都准备好了。"

毛泽东站起身,把手中的书交给了叶子龙,说:"这本书你带上吧!"

叶子龙赶紧把书装进随身的背包,跟着毛泽东走出了小院。

看到毛主席出来了,大家都赶紧围上来。毛泽东和刘少奇、周恩来、朱德、任弼时一一握手。

周恩来说:"主席,没有休息好吧?"

毛泽东说:"休息好了,睡四五个小时,精神就很好了。"

周恩来说:"多休息一会儿好,长途行军坐车也是很累的。"

"今天是进京的日子,不睡觉也高兴啊。"毛泽东笑着说,"今天是进京赶考嘛!进京赶考去,精神不好怎么行呀?"

周恩来笑着说:"我们应当都能考及格,不要退回来。"

"退回来就失败喽。我们决不当李自成!"毛泽东一边笑着迈步登上了第二辆吉普车,一边向大家挥了一下手,一字一板地说,"我们都希望考个好成绩!"

汽车发动了引擎,在有节奏的"突突突"声中,毛泽东再次深情地环顾了一下这个生活了十个月的小山村。与两年前的这个时候被迫放弃生活了十年的延安相比,此刻的毛泽东已经没有了依依不舍,内心升腾起来的已经是雄赳赳的我主沉浮的英雄气!

来西柏坡搬家的车队都是东北第四野战军部队汽车团派来的,他们刚刚打完平津战役从北平赶过来,共计有200多辆,停在郭苏镇河滩里,长达一公里,蔚为壮观。今天,中央首长进京的车队一共有21辆,其中11辆是小、中型美式吉普车,10辆大卡车。叶子龙乘坐第一辆吉普车在前面开道,司机叫李育生。毛泽东坐在第二辆车的副驾驶位置,司机周西林是他在延安时期的老司机了。警卫排长阎长林和卫士李德华坐在后排。刘少奇、周恩来、朱德、任弼时和其他领导人的车辆跟在后面,中央警卫团手枪连和一个步兵排的警卫卡车随之而行。

春光灿烂,春寒料峭。北方的初春,寒意尚浓,且风大土多,蜿蜒曲

415

折的公路坑坑洼洼，有时春风夹着沙土扑面而来，让人睁不开眼睛。

车队浩浩荡荡，一路向东，尘土飞扬。因为尘土太大了，车子与车子之间都拉开了一段距离。尽管这样，还是有灰尘飞进了车里。为了挡一挡尘土，阎长林不知从哪里弄来了眼镜和口罩，给毛泽东戴上了。可能是因为昨晚还在下小雨，他们还给毛泽东披上了一件雨衣。

车队很快驶出了西柏坡，向东到了郭苏镇，尔后向北，穿过灵寿、行唐、曲阳进入了大平原。这些路线，都是经李克农、杨尚昆等人精心安排设计好的，全程大概需要两天时间。见到大平原，大家心里顿时觉得开阔起来，透过玻璃，看着窗外华北平原辽阔的风景。

李德华急切地问阎长林："排长，你说平原上有铁路，有火车，怎么看不见啊？"

"你别着急，保证叫你能看到铁路和火车。"阎长林回答道。

大家聊起来了。毛泽东兴致也很高，忽然问道："今天又是3月份，为什么老在3月份咱们有行动呢？你们记得3月里的这几次行动吗？"

阎长林赶紧回答："1947年3月18日撤离延安。"

"去年3月份呢？"毛泽东又问道。

"去年3月22日，由陕北米脂县的杨家沟出发，向华北前进。"阎长林回答。

"今年是3月23日，与去年3月22日只差一天，我们又出发向北平前进了。三年三次大行动都在3月份，明年3月份应该解放全中国了。等全中国解放了，我们再也不搬家了。"毛泽东说完，随行人员都开心地笑了。

其实，毛泽东与周恩来、任弼时是在去年（1947年）的3月21日率中央机关从杨家沟出发，前往晋绥区，当日抵达绥德县吉镇，3月22日到达佳县螅蜊峪。正好也是在3月23日这一天，毛泽东从吴堡县川口渡口东渡黄河，进入山西临县，在寨则山村过夜的。

是啊，历史有时候总会出现惊人且奇妙的巧合。3月23日，仅仅相隔一年——1947年的这一天，"不打败胡宗南，决不过黄河"的毛泽东，终于过了黄河；1948年的这一天，"农村包围城市"的毛泽东，终于告别了农村，奔向城市奔向北平，在胜利的征途上向新的胜利进军。但历史绝对不是巧合。在十天前结束的七届二中全会上,中共中央已经决定把新中国的首都定在北平。

"进北平是要进的,但是没有想到这么快。"想到这些,毛泽东不紧不慢地说,然后又问:"你们想到了吗?"

阎长林说:"毛主席讲过,三年到五年打败蒋介石,五年以后打败蒋介石也很好啊。我们也没有想到,撤离延安两年就进北平了。"

沉默了一会儿,毛泽东点上一支香烟,娓娓道来:"咱们没有想到,蒋介石更没有想到。他天天想消灭我们,反而被我们消灭了。他向他的美国主子要钱要物,要新式武器,把在抗日时期留在大后方的军队拉出来,用美械装备起来,又用美国海上的轮船、陆地的汽车和火车、空中的飞机,把军队送到前线,他向他的美国主子保证,不和共产党搞联合,利用美国的大量军援,提出三至六个月在中国的土地上消灭共产党,消灭八路军。他们的人多武器好,又有物资保证;我们人少武器差,又是缺吃少穿,什么都没有保证。但是,他没有能消灭我们,反而被我们打败了。这是什么原因呢?有什么奥妙呢?道理很简单,这就是因为蒋介石发动的战争是反人民的,是非正义的。人民反对蒋介石发动内战,人民也反对他再继续残酷地剥削人民,压迫人民。人心向背,这就决定了我们必定胜利。蒋介石必定失败。"

毛泽东的这些话,阎长林一辈子也没有忘记。汽车在高低不平的土路上继续前进。细心的阎长林发现,不管是经过村庄,还是经过田野,所看到的要么是妇女和上年纪的老人,要么就是少年儿童,很少能看见青壮年的男劳力。他就对毛泽东说:"主席,你看,农村里几乎没有青壮年男劳力了,干活的都是妇女、上岁数的老人和小孩子。"

"是呀!……"毛泽东长叹了一口气,"为了战争的胜利,农民们付出了多么大的代价啊!整个解放战争如果没有广大人民群众的积极支援,我们要想取得胜利是不可能的。"

这天晚上,毛泽东一行住在了唐县淑闾村。毛泽东住在村民李殿祥家里。工作人员照例向老乡家借来一块门板,为毛泽东在炕上支起一张床。前半夜,他召集村干部举行了座谈;后半夜,他坐在小板凳上,趴在用砖头支起的门板上批阅文件，几乎通宵未眠。听说保定市要举行庆祝大会，被毛泽东当即否决。周恩来按照毛泽东的意见，电告华北局："闻此地将举行庆贺大会，主席认为不妥，连北平也不要开庆祝大会，因以我党中央迁移名义，号召人民庆祝并不适当，望速停止北平及各地庆祝活动。"

3月24日上午9时，毛泽东一行从淑闾村出发了，中午时分就到了保定。保定是华北重镇，是李鸿章任直隶总督时的府治所在地。保定军校是中国近代成立最早的军事学院，在民国政坛也是赫赫有名，蒋介石、李宗仁都与它紧密联系，陈诚、顾祝同、白崇禧、薛岳、傅作义、余汉谋、唐生智等高级将领都毕业于此。现在，他们都一一败在了从未上过一天军校的毛泽东的手下。

快到保定的时候，公路上的车辆和行人越来越多了。老百姓的穿着也比前一段山区路上看到的要好得多，小姑娘与年轻妇女还穿着好看的花衣服。

隔着车窗，就能远远地看到保定的城墙。毛泽东问道："你们谁到过保定啊？"

阎长林等人都说，没有到过。

毛泽东说："三十年前，保定我是去过，也在保定住过，现在也不知变成什么样子了。日本人在那里八年也不会搞什么建设，国民党在战前也没有搞什么建设，这两年更不可能搞什么建设了。到了保定如果有时间的话，咱们到街上去看看。"

说话间，面前出现了一条铁路。在铁路西侧的护路沟的附近，可以看到周围的碉堡和工事都还没有动。毛泽东指着那些碉堡说："这些工事和乌龟壳，都是日本人想出的蠢办法，国民党也利用它。他们想用铁路两旁的这两条沟保护铁路，防止我们破坏。但是，他们就没有想到，人民群众的力量是阻挡不住的。结果怎么样？他们都失败了！人民群众把他们的铁路弄了一个大翻身，两条沟变成了三条沟。你们都看看，真是百闻不如一见，人民伟大啊！"

越过铁路，车队来到保定城西门外广场上，打前站的同志和省委派来的干部迎了上来。他们说，毛主席和其他中央首长们休息的地方，是在河北省机关大院里，离这里很近，往西南一拐就到了。

毛泽东对周西林说："开慢一点，等等恩来他们。"

汽车慢慢地开了一会儿，后边的车也都跟了上来。二十几辆汽车一起往省机关大院开去。因为车辆多，目标大，有许多老百姓便朝着汽车跑来。有的人边跑边说："嘿，快！哪来的这么多小汽车呀？"有的说："这么多的小汽车，里头肯定有当大官的。"

为了安全起见，阎长林对周西林说："开快点，不然老百姓会把车围住的。"

周西林正要加速，毛泽东说："不要开快了，应该慢点开。你们看，这里的人很多，开快车要出事的。万一伤着老百姓，那就不好了。他们想看就让他们看看嘛。因为他们知道这是自己人坐的汽车，如果是日本人或国民党坐的汽车，老百姓不但不看，恐怕还会远远躲开的。"

到了保定，毛泽东简单休息了一下，吃了午饭，然后听了冀中军区党委书记林铁的工作汇报，参观了古莲池。当时，出于安全考虑，保定的公安局负责同志请示是否要净街。毛泽东当即表示不赞成净街、驱赶群众的做法。周恩来说："不要净街，不要限制群众的自由，更不能影响商店开门营业，主要是把街道上的交通秩序维持好。"

下午3时，车队又继续北上，向涿州进发。

天黑时分，车队赶到了涿州县城。城门在汽灯的照耀下，雪亮雪亮的。门口设置着路障、铁栅栏，戒备森严。在城门口，毛泽东的车队被两个荷枪实弹的哨兵拦下了。

阎长林赶紧跳下车，对哨兵说："这是首长的汽车，首长有紧急任务。你不要挡车。"

一个哨兵说："那不行！你们要等一等。因为我们领导交代了，没有他们的允许，任何汽车也不能进城。"

提前打前站的通信员薛三考赶紧跑过来跟哨兵解释，可是哨兵不认识他，就是不准放行。哨兵说："上级有命令，我只听连长的。连长让我放行，我就放，连长不在，我不能私自放行。"

警卫科长李树槐都急眼了，直跺脚，对薛三考大喊大叫："我要处分你，撤你的职！"

薛三考急得满头大汗。因为北平刚刚和平解放，国民党九十四军曾在这里驻守，还有个别不愿接受和平改编的散兵游勇在县城里，前几天听说还有特务活动，所以加强了警戒。

这时，一个哨兵说："请你们等一等，我到里边去找我们领导去，领导来了才能定。领导是这么交代的，我们哨兵没有权力改变。"

一看这种情况，大家都没有什么好说的了。

和大家一样，满身尘土的毛泽东坐在车上，说："不要紧，可以等一等。"

不一会儿，守城的连长来了，哨兵终于放行了。

到了驻地，周恩来对驻地部队领导说："这次挡汽车，你们不要批评哨兵，应当表扬他们，因为他们在坚决执行命令。应当批评的，是我们打前站的同志和你们这些领导同志。你们不应该在重要的时候，离开自己的工作岗位。当然，这件事也不是什么大不了的大事，也不会出什么问题。希望你们总结一下经验教训就是了。"

进了涿州，毛泽东一行来到粉子胡同，住在路北的第四十二军军部院内。天全部黑下来的时候，叶剑英和滕代远来了。他们是前来迎接毛泽东进北平的，汇报了进京路线的具体安排。作为北平军事管制委员会主任、北平市市长，叶剑英向毛泽东说："为迎接党中央迁到北平，准备搞一个隆重的入城式。"

毛泽东说："我们进城，千万不要惊动老百姓，声势不要搞得太大。我们进入北平，不用宣传，全世界也都知道，不必花银子搞仪式。"

看到叶剑英好像还要说什么，周恩来接过话茬，对毛泽东说："他们已经准备好几天了，是不是这样，我们不进市区，可以在郊区搞个小型的阅兵式，请社会各界代表参加，大家见个面，也算出个安民告示。"

听周恩来这么一说，毛泽东高兴地同意了，说："还是恩来想得周到！"

3月25日凌晨2时，毛泽东一行在涿州换乘火车，经丰台，于上午抵达清华园火车站，和林彪、罗荣桓、聂荣臻、彭真、李克农见了面，然后改乘汽车到颐和园的益寿堂（亦说是景福阁）休息。

进入颐和园，放下行李，毛泽东对叶子龙说："走，散散步去。"

来到昆明湖边，毛泽东一看，偌大的公园空空荡荡的，竟然没有一个游人，就问："公园里怎么没有游人啦？"

叶子龙回答："为了首长的安全，今天公园不开放。"

毛泽东不高兴了，说："公园不是私园，没有游人像什么样子。好了，不游了，不游了！"

这样，大家就跟着毛泽东回到益寿堂休息。毛泽东说：肚子饿了，要吃饭。

可不是，车马劳顿一上午，肚子确实饿了。可让叶子龙感到奇怪的是，都临近中午了，这里既没有准备饭菜，连个工作人员也见不着。房间里只有一个煤炉，但看上去已经很长时间没有生火了，大家都冷得要死。

叶子龙赶紧开始生火，准备做饭。但是炉子怎么也生不着，还弄得到处都是黑烟，几个人都成了黑脸包公，也无济于事。这也难怪，过去在西柏坡，大家都是用柴锅土灶做饭，谁也没有用过这种铁炉子。搞了半天，也没有搞成。

毛泽东显然有些生气了，很不客气地说："叶子龙，你们怎么连炉子都生不着？统统撤职！"

听了毛泽东的批评，叶子龙特别委屈，心里想：人家从来没有干过这个活，连这种火炉子都是第一次见，谁知道怎么摆弄这个铁家伙？原来，叶子龙采取的办法是：先把煤块放进炉膛，再把木柴放在煤块上，然后把一些废纸点燃在木柴上。他这么做，结果自然是事倍功半了。

叶子龙实在没有办法了，看来毛主席真是肚子饿了，要不然也不会这么生气。顾不得别的事了，叶子龙赶紧跑到街上，买了芝麻烧饼和熟肉回来。等他一走进益寿堂，看到炉子不知被谁生起来了，火烧得很旺，水也开了，屋子里暖融融的。

见到叶子龙买来了芝麻烧饼，毛泽东赶紧招呼工作人员一起围在炉子边吃了起来。

这时，毛泽东早已消了气，笑盈盈地从炉台上拿起一个烤得焦黄的热烧饼，掰开，手抓了几块熟肉夹在里面，一边吃一边开心地说："子龙！你很会采购嘛！这是京城的名吃呢！我三十年前在北京时，经常吃的。"

那是1918年8月19日，25岁的毛泽东第一次来到北京。他是应在北大任教的导师杨昌济先生之邀来京的，目的是为他主持成立的新民学会的同学申请赴法勤工俭学。他和罗学瓒、张昆弟、李维汉、罗章龙、萧子升、陈赞周等24人是8月15日从长沙起程的，途中因洪水冲断铁路，在河南郾城耽搁了一天。此前他曾收到前期来京的蔡和森数封来信，催促其尽快赴京，说杨昌济先生"希望兄入北京大学"，以打下"可大可久之基"。为此毛泽东匆匆回韶山看望了卧病的母亲，临行前还致信舅舅"此行专以游历为目的，非有他意"，并给母亲开去一药方，打算等秋收之后再接母亲来长沙治疗。毛泽东在信中善意地撒了个谎，隐瞒了北京之行的真正目的，希望慈母安心养病，不要为远行的儿子操心。

那是毛泽东第一次走出湖南，来到中国的心脏。起初，他就暂住在鼓楼后豆腐池胡同9号的杨昌济家中。也就是在这里，25岁的毛泽东与杨开慧再次相遇，他们热烈又真诚地相爱了，你把我作知己，我视你为知音。后来，毛泽东和湖南来的朋友们一起搬到吉安巷东夹道7号居住，条件十分艰苦。他在1920年写的《新民学会会务报告》中形容是"隆然高炕，大被同眠"。1936年，他在陕北与美国记者斯诺谈起这段经历时，回忆说："我自己在北京的生活是十分困苦的。我住在一个叫三眼井的地方，和另外7个人合住一个小房间，我们全体挤在炕上，连呼吸的地方都没有。每逢我翻身都得预先警告身旁的人。不过在公园和故宫的宫址，我看到了北国的早春；在坚冰还盖着北海的时候，我看到了怒放的梅花。北京的树木引起了我无穷的欣赏。"

艰苦的生活，是人生美好的回忆，更是人生巨大的财富。对毛泽东来说，也是如此。

因为刚刚受到批评而感到委屈，叶子龙没有因为毛泽东的表扬变得开心起来，一声不吭地蹲在一边，低着头生闷气，一副不高兴的样子，嘴里也没有嚼出这北京名吃到底是个啥味道。

吃完烧饼，已经是下午3时左右了。这时，周恩来风尘仆仆地从西郊机场赶来了，他对毛泽东说："主席，那边已经准备就绪，请主席过去。"

毛泽东答应着，就起身走出门，登上了停在门口的一辆美国造的老道奇防弹车。

看着大家都出了门，只有叶子龙坐在那里一动不动，周恩来就走过来问道："你怎么回事儿？"

叶子龙低声说："周副主席，我手边还有工作，离不开，不想去了。"

周恩来一脸严肃地说："不行！你必须去。"

就这样，周恩来硬是把叶子龙拉上了汽车，向西郊机场奔去。

这时的北平，柳梢已经泛新绿，草皮已经冒新芽，春天的气息已经渐渐浓了，天也不怎么冷了，人们已经开始脱去厚厚的冬装，换上轻便的春装。可是毛泽东、刘少奇、朱德、周恩来、任弼时等领导同志依然穿着山沟沟里穿的冬天的衣服，厚厚的棉裤、厚厚的棉鞋，长长的羊毛露在大衣襟边的外沿。

西苑机场的阅兵式是下午5时10分开始的。毛泽东等中央领导的车队到达了机场入口处，受到了林彪、罗荣桓、叶剑英、聂荣臻的迎接。

阳光灿烂，春风徐徐，军旗猎猎，彩旗飘扬。受阅部队在四野参谋长刘亚楼指挥下，已经列队完毕，面朝东方，排成了一个凹字形的矩形方阵，炮兵、步兵、装甲兵各一个师，三万多人，整齐划一，威武雄壮。军队方阵之后，是穿着各式各样服装的北平市工农商学各界代表，再就是各民主党派、人民团体和无党派民主人士的队伍。毛泽东登上了第一辆敞篷检阅车，叶子龙立即从后排起来站在车踏板上保护着毛泽东。朱德、刘少奇、周恩来、任弼时、林伯渠依次登车。

一发照明弹升空，阅兵式正式开始。刘亚楼跑步向前，举手向毛泽东敬礼，报告："受阅部队准备完毕，请主席检阅。"毛泽东还礼后，车子刚刚启动，刘亚楼就登上毛泽东的检阅车，对叶子龙说："你还是坐后面吧，我站这里好了。"在检阅车上，他向毛泽东一一介绍接受检阅的部队。

检阅车在雄壮的军乐声中缓缓行进，500发六〇炮照明弹陆续升空，观众一起鼓掌，欢呼声震天动地。每到一个方队前，毛泽东就高呼："同志们好！""同志们辛苦了！"队列中的解放军官兵就发出响彻大地的"首长好！""为人民服务！"毛泽东举手敬礼。当检阅车行进到群众代表队伍前面，群众齐声高呼："中国共产党万岁！""中国人民解放军万岁！""毛主席万岁！""朱总司令万岁！"毛泽东微笑着向人们挥手致意，高呼"人民万岁！"。

5时45分，检阅完毕。毛泽东等中共中央领导人走下车，和李济深、沈钧儒、郭沫若、马叙伦、黄炎培、陈其瑗等各界民主人士一一握手，并面对太阳，合影留念。队列中的许多部队官兵为第一次看到毛主席，激动得热泪盈眶，甚至有战士说："死了也不亏了！"

阅兵式结束后，毛泽东乘车直接前往香山。香山位于北京西郊20多公里的地方，每年秋季以红叶闻名。中共中央进驻香山，对外号称劳动大学。毛泽东住在香山的园中之园双清别墅，此处是乾隆御题的香山二十八景之一，乃清代皇家园林香山静宜园"松坞山庄"的旧址，民国时期的平民教育家熊希龄也曾在此筑屋居住。

在车上，毛泽东对叶子龙说："现在可以向全世界宣布，中共中央和人民解放军总部已经进入北平了！"

到达香山驻地，叶子龙马上把毛泽东的指示报告了周恩来。当天晚上，新华社即播发了中共中央、毛泽东进驻北平和西苑阅兵的消息。第二天的《人民日报》也在头版头条发布了消息。

住进了香山，叶子龙打开背包，拿出毛泽东离开西柏坡时送给他的那本书，才发现这是一本延安整风运动时的必读书——郭沫若写的《甲申三百年祭》。

叶子龙清楚地记得，毛泽东曾经不止一次地说起过这篇文章，并以此引出深深的思考。1944年年底，毛泽东在给郭沫若的信中谈道："小胜即骄傲，大胜更骄傲，一次又一次吃亏，如何避免此种毛病，实在值得注意。"

叶子龙没有想到，在离开西柏坡的最后时刻，毛泽东还在阅读这本《甲申三百年祭》。这不禁让他想起，毛泽东在上车时与周恩来关于"进京赶考"的对话。

——赶考！决不当李自成！还要考一个好成绩！

在进驻北平之际，毛泽东把进城执政当作是"赶考"，这意味着什么呢？这就说明共产党人对未来的执政是何等的重视。这是一种强烈的危机意识。

在旧时的中国，对一个读书人来说，十年寒窗苦读，成败一朝赶考。赶考可以改变一个人一生的命运，改变一个家庭甚至一个家族的命运。毫无疑问，进京赶考是人生的大事件，金榜题名是家庭的大事变。现在，对中国共产党来说，自1921年成立，已经28年，历尽千辛万苦，历经千难万险，血雨腥风，血流成河，无数优秀儿女为中国人民革命的事业献出了宝贵生命，胜利来之不易啊！

现在，从农村就要走向城市了，对于共产党人来说，不就是赶考吗？

赶考，谁都希望要考个好成绩。

现在，到底是谁来考共产党人呢？

毛泽东心里都明白，是人民，也是国内外的反动派和敌人；是历史，也是现实和未来——他们都在出题，考验着共产党人。

也正因此，毛泽东念念不忘郭沫若写的这篇《甲申三百年祭》。现在，自己进京赶考的时刻到了，他要重温一遍，用李自成进京的殷鉴警醒自己。

那是1944年3月，抗日战争已由战略相持转入战略反攻，中国人民正全力以赴夺取战争的最后胜利，为迎接胜利、推动斗争，郭沫若在纪念李自成领导农民起义300周年的时候，撰写了《甲申三百年祭》，以历史唯物主义的观点精辟分析了这次农民大起义失败的经验教训。3月19日，《甲申三百年祭》在重庆《新华日报》上发表，连载四天。4月，《群众》杂志也刊载了一组纪念明王朝灭亡的文章，有柳亚子的《纪念三百年前的甲申》、翦伯赞的《桃花扇底看南朝》、鲁西良的《明末的政治风气》，配合《甲申三百年祭》，形成一股舆论风潮。

自1644年进京，到1645年以失败告终，李自成领导的那次农民大起义之所以从巨大胜利的顶峰迅速跌落下来，主要原因就是部分首领骄奢淫逸，生活腐化。李自成打了18年的仗，做了18天的皇帝。进京后，几十万大军贪图享乐，骄奢淫逸，纪律废弛，人心涣散，作风蜕变。一场本为划时代的农民革命运动，由盛而衰、从成功到失败、从顶峰跌落谷底，只用了短短的40天。这天翻地覆的40天，也是自取灭亡的40天。可见，作风一变,"其兴也勃焉,其亡也忽焉"。

"生于忧患,死于安乐。"在延安,熟读史书的毛泽东阅读了郭沫若的这本仅仅30多页的小册子后,分析时局,不仅对李自成的失败有了更清醒的认识,更对中共党内提出了要引以为戒的警示,决定将其作为整风运动的学习资料印发高级干部学习。在《甲申三百年祭》发表20多天后的1944年4月12日,毛泽东便在延安高级干部会议上专门指出:"我党历史上曾经有过几次表现了大的骄傲,都是吃了亏的……近日我们印了郭沫若论李自成的文章,也是叫同志们引为鉴戒,不要重犯胜利时骄傲的错误。"①

然而,当毛泽东在延安号召党的高级干部认真学习思考《甲申三百年祭》的时候,蒋介石的国民党政府则认为这篇文章是"影射当局",不惜组织人马以《中央日报》为阵地,发起了"围剿",围攻郭沫若。

从对《甲申三百年祭》的态度上来比对,有识之士已经做出了准确的判断,正在政治、军事上相互角力的国共双方,延安的毛泽东虚怀若谷、不断自省,而重庆的蒋介石则是掩耳盗铃、盲目自大——泾渭分明,实则胜负已分矣。

1945年,法西斯德国于5月9日宣布无条件投降,世界反法西斯战争在西方取得了胜利。但在东方主战场的中国,却迎来了抗日战争胜利前的最黑暗时刻。当时的国民党政府在"四大家族"统治下,横征暴敛,巧取豪夺,民怨沸腾,士气低落,在对日作战中一触即溃。日本侵略者一直打到了贵州的独山,重庆为之震动,人心惶惶。国民党政府甚至已经做好了把"陪都"搬迁到西康山区的准备。为了将全民族抗战坚持到底,夺取抗日战争的最后胜利,中共中央提出建立民主联合政府的主张,决定同国民党当局重开谈判。7月1日,中共中央和毛泽东邀请褚辅成、黄炎培、冷遹、傅斯年、左舜生、章伯钧等六位国民参政员,来延安访问,商谈国是。

7月4日,访问结束之际,毛泽东特地邀请黄炎培到家中做客,促膝长谈了一个下午。毛泽东问黄炎培在延安三四天的考察、谈话有什么感想,黄炎培作为一位老资格的资产阶级政治家,在饱经世事沧桑之后,向中国

---

① 毛泽东:《毛泽东选集》第3卷第2版,人民出版社2009年版,第947—948页。

无产阶级先锋队的领袖明确而尖锐地提出了一个重大而发人深省的问题。他说：

> 我生六十多年，耳闻的不说，所亲眼看到的，真所谓"其兴也浡焉"，"其亡也忽焉"，一人，一家，一团体，一地方，乃至一国，不少单位都没有能跳出这周期率的支配力。一部历史，"政怠宦成"的也有，"人亡政息"的也有，"求荣取辱"的也有，总之没有能跳出这周期率。中共诸君从过去到现在，我略略了解的了，就是希望找出一条新路，来跳出这周期率的支配。[1]

黄炎培一席话不无根据。中华民族几千年的历史从某种角度看，就是各朝各代兴亡更替的历史。历朝历代都没能跳出兴亡的周期率，只是盛衰的时间有长有短而已。

听了黄炎培的话，毛泽东深有感慨，平静地回答道："我们已经找到了新路，我们能跳出这周期率。这条新路，就是民主。只有让人民来监督政府，政府才不敢松懈。只有人人起来负责，才不会人亡政息。"

如今一晃四年多过去了，无论是郭沫若，还是黄炎培，他们提出的问题都更加紧迫地摆在了毛泽东的面前。今天下午，在西苑机场阅兵时，他们三个老朋友又见面了。现在，进城了，进京了，眼前的胜利比历史上任何时候的胜利都重大，毛泽东始终没有忘记他们的提醒。

进城前夕，毛泽东在西柏坡召开的七届二中全会上，就明确警示全党："可能有这样一些共产党人，他们是不曾被拿枪的敌人征服过的，他们在这些敌人面前不愧英雄的称号；但是经不起人们用糖衣裹着的炮弹的攻击，他们在糖弹面前要打败仗。"他还把这次会议称作"城市工作会议"。为此，他要求全党在胜利面前要保持清醒头脑，在夺取全国政权后要经受执政的考验，提出了两个"务必"——"务必使同志们继续地保持谦虚、谨慎、不骄、不躁的作风，务必使同志们继续地保持艰苦奋斗的作风"，

---

[1] 中共中央文献研究室编：《毛泽东年谱：1893~1949》修订本中卷，中央文献出版社2013年版，第609—610页。

他还提出了六条基本要求——"不做寿，不送礼，少敬酒，少拍掌，不以人名作地名，不要把中国同志同马、恩、列、斯并列"。

其实，毛泽东1948年在回复吴玉章的一封信中，就反对过"毛泽东主义"的提法。他说："现在没有毛泽东主义，因此不能说毛泽东主义。""有些同志在刊物上将我的名字和马恩列斯并列，说什么'马恩列斯毛'，也是错误的。你的说法和这后一种说法都是不合实际的，是无益有害的，必须坚决反对这样说。"

赶考之路，任重道远。毛泽东对此有着非常敏锐的警觉和清醒的忧思。1945年以来，随着中共在军事上的胜利，新的根据地不断扩大，一些党员干部在局部地区掌权之后，的确有被胜利冲昏了头脑、贪图享乐的苗头。

1947年5月，在抗战胜利后最早建立的东北根据地，东北行政委员会颁发了第一个《东北惩治贪污暂行条例》，不仅清楚地界定了贪污行为，还规定了量刑标准。《条例》颁布后，一批贪污腐化分子很快就被查处。1948年，华北解放区发出了《关于反贪污浪费的指示》。

进京赶考，是在获得胜利之后的考验：第一，应该建立一个什么样的国家，这是个大问题；其次，怎样建立一个国家，这是一个更大的问题。用老百姓的话说，就是"打江山"和"坐江山"。现在，江山是"打"下来了，如何"坐"呢？如何坐稳呢？这是摆在毛泽东和中国共产党人面前的一道试题。五千年的中国历史没有也不会有现成的标准答案，更何况现实的世界依然有着意料不到的变化。

"打江山容易，坐江山难。"这是中国的老古话，毛泽东现在用"进京赶考"来形容。由此看来，对于"赶考"二字的理解，以及在未来国家政权建设的设想上，都显示出了毛泽东远见卓识的历史观。他没有把胜利当成胜利，没有把进城当作落脚休息。

在西柏坡的七届二中全会上，关于"进城"的问题，毛泽东讲得够清楚的了。然而，在进北平的时刻，他又把中直机关各部、委、办的负责人叫来，对大家说："我们要进北平了，希望大家一定要做好准备。我说的准备不是收拾盆盆罐罐，是思想准备。要告诉每一个干部和战士，我们进北平不是去享福，决不能像李自成进北京。"

毛泽东不仅给头头们讲，还让头头们给大家、给普通的士兵们讲，给大家打预防针。中共中央机关的"搬家指挥部"由周恩来担任总指挥，杨尚昆、曾三、邓典桃等同志具体负责，组织了几次报告会。第一个请的是总政副主任傅钟，传达七届二中全会精神，着重讲了有关进城的事，"防止资产阶级思想腐蚀""防止骄傲自满"等。接着，中央外事组的王炳南讲了外交政策，中央妇委的张琴秋传达了世界妇联大会情况，上海蒋管区妇女代表汤桂芬讲了国外见闻。中央组织部副部长安子文讲了干部问题，他特别解释了毛泽东的这几句话："我们进北平以后，马上要建立我们新的国家，有许多重要工作要做，很多人要在政府里当官。但是，不管当多大的官，或分管什么工作，都是为人民服务，都是人民的公仆。如果当了官要搞享受，那就是李自成。谁要这样，为自己服务，谁就要完蛋！"

接着，中央机关各单位都举行了座谈会。这一谈，就更具体更热闹了。有请在北平做过地下工作的，有请北平到解放区来的青年大学生，还有请刚刚从北平打前站回来的，他们在会上讲了北平的风俗人情，讲了各自在北平的所见所闻，也讲了一些农村长大的同志进城后出的洋相和闹出的笑话。真是刘姥姥进大观园，真是土包子进城百门不懂——有吸烟到电灯泡上对火的；有不会看红绿灯，差点被车撞着，挨了警察一顿训的；有用自来水不知关闭水龙头、不会用抽水马桶。他们还把穿短袖旗袍、烫头发、抹口红的北平的太太、小姐们，形容为"捞鱼的胳膊，过河的腿，火烧的头发，吃死孩子的嘴"。大家听了哈哈一阵大笑。

搬家前，有一天，阎长林陪着毛泽东散步。毛泽东又说："我们要进北平了。我们进北平，可不是李自成进北平。他们进了北平就变了，我们共产党人进北平，是要继续革命，建设社会主义。教育大家不要中了资产阶级的糖衣炮弹。"

散步回来，走进院子，毛泽东来到警卫班宿舍门口，看到大家都在屋里，就问道："你们在开会吗？"

阎长林说："刚才是在开会。"

说着，毛泽东走进屋里，看了看，说："你们进城的工作都准备好了，可是，看不出来你们房间里有什么变化嘛。"

阎长林说："大家不用的东西已经打了两个大包，到时候往汽车上一放就行了。棉衣和被褥都拆洗过了。我们这里没有农民的家具，桌椅板凳都是公家的，到时交给行政科就行了。"

毛泽东望望大家，问道："进北平以后干什么，你们想过没有？你们有没有进城享福的思想？"

阎长林说："大家在讨论的时候，都认为进城以后要提高警惕，做好保密、保卫工作，要防止坏人的破坏和捣乱。面对大城市里的花花世界，要保持革命本色，决不中资产阶级的糖衣炮弹。"

"你们的准备工作还不错，有物质准备，也有精神准备。"接着，毛主席问了每个人都有什么想法。

一个战士说："进城以后，少出门，防止出车祸。"

毛主席说："不对，应当多见世面，这样才能长知识。"

另一个战士说："进城以后，大概不吃小米饭了吧。我吃小米饭实在吃伤了，看到小米饭就饱了。"

"这不是思想问题出来了吗！吃小米吃了那么多年，不要忘掉我们是用小米加步枪，打败了日本侵略者和美蒋反动派的。就是革命胜利了，进了大城市，可能在粮食上有些调剂，但中国现在还很落后，在短期内也很难完全做到想吃什么就吃什么。"毛泽东谆谆教诲大家，"我们进城后还要建立新中国政府，很多人要在政府里当官。不管当多么大的官，做什么样的工作，都是为人民服务，都是革命工作，都需要努力奋斗，把我们伟大的祖国建设得繁荣富强。"

阎长林报告毛泽东说："周副主席早就给中央机关人员做了指示，所有的人员三个月内一律不准进城。"

"好，好。还要有纪律作保障。军队向前进，生产长一寸，加强纪律性，革命无不胜。你们要守纪律。谁也不准违犯纪律。"

这是一段意味深长的对话，这是一段寓意深刻的对话。

时间只隔了一天，阎长林和他的警卫班与中央机关所有即将搬家的人们一样，收到了一份中央办公厅印发的"进京守则"，也叫"进京八项注意"。内容一共八条：

一、把党的艰苦朴素的优良作风、光荣传统带进城市；

二、严格执行三大纪律八项注意；

三、不准进人民家，不准随便进入戏院、电影院等公共场所；

四、绝对保守党中央机关的秘密，不知者不应求知，自己知道的不得外传；

五、出门不准携带武器，不准携带机密文件；

六、进城三个月不准通信、会客、访友，不准外出游览名胜古迹；

七、不许贪污浪费，不被金钱美女收买利用，不被阿谀奉承迷了心；

八、手不许乱动，嘴不许乱说，脚不许乱走。

这八项规定，都是八句大白话、大实话，杠杠的，管用！没有一个人违反。

进城了，进京了，在赶考的路上，中国共产党和毛泽东都明白，夺取全国胜利，这只是万里长征走完了第一步，建设国家、治理国家的路还很长，过程更艰苦、更伟大。而要想考一个好成绩，不仅要敢于斗争，更要敢于胜利；要想考出好成绩，不仅一切为了人民，更要一切依靠人民；要想考出好成绩，不仅要善于破坏一个旧世界，更要善于建设一个新世界；要想考出好成绩，不仅务必保持谦逊谨慎、不骄不躁的作风，更要务必保持艰苦奋斗的作风。

进京，不忘初心；赶考，砥砺前行。

毛泽东知道，执政之考，没有结束的时候，永远在路上……

2
协商建国：共襄盛举，肝胆相照；工作艰苦，前途光明

1949年1月1日，中国出现了两份元旦文告。

一份发自南京。一份发自西柏坡。

这一天，《中央日报》等各大报纸在醒目位置，刊登了"中华民国总统"蒋介石的《中华民国三十八年元旦告全国军民同胞书》。在这篇"新年文告"中，人们没有看到新年伊始万物复苏的景象，而是感觉到老蒋无可奈何的情绪。蒋"总统"在文告中提出了议和："只要和议无害于国家的独立完整，而有助于人民的休养生息；只要神圣的宪法不由我而违反，民主宪政不因此而破坏；中华民国国体能够确保；中华民国的法统不致中断；军队有确实的保障；人民能够维持其自由的生活方式与最低生活水准……则我个人更无复他求，个人的进退出入绝不萦怀，而一惟国民的公意是从……"

这篇文告，罕见地一反老蒋的常态语气，从居高临下变为谦恭温和，令人大吃一惊。他承认"戡乱"失败，并说自己愿意与已经解放北方大片土地的共产党"求和"，还惺惺然地说："政府卫国救民的志职未能达成，而国家民族的危机更加严重，这是中正个人领导无方，措施失当，有负国民付托之重，实不胜惭惶悚栗，首先应当引咎自责的。"

有人说这并非蒋介石的心态，而有赖于执笔人的功劳。老蒋在"文胆"陈布雷自杀后，特聘江南才子陈方执掌文案，果然文笔不俗。但也有人说，此乃蒋"总统"的"罪己诏"。中国古代历代皇帝每临重大危机之时，就下诏检讨自己的失误，赢得臣民的感动与谅解，以期获得民心拥戴。蒋介石也没有走出封建皇帝的思想窠臼。

在新年的钟声里，国民党官僚们看到蒋"总统"的新年文告，不禁人心惶惶，有的一声叹息，有的失声痛哭。美国大使司徒雷登却对这篇文告印象甚佳：内容庄严，倾向和解，对共产党也不骂"匪"了。最高领导承担过错，符合民主观念。但司徒雷登也发现，蒋介石这份新年文告中的五个"只要"，说明他依然没有放弃执政的意念，却转而把责任推卸给共产

党,说什么:"国家能否转危为安,人民能否转祸为福,乃在于共产党一转念之间。"由此,这位在中国出生的美国人,得出了一个结论:"共党之反应甚易揣度,其态度必然为不妥协者。"

司徒雷登的猜测和判断没错!

就在蒋介石发布新年文告的同时,毛泽东也发表了新年献词。

与蒋介石不同的是,毛泽东的新年献词,执笔者就是毛泽东本人。他还给这篇文告起了一个大气磅礴的标题——《将革命进行到底》,斗志昂扬,意气风发,豪情满怀,信心十足,胜利的心情溢于言表。他说:

> 中国人民将要在伟大的解放战争中获得最后胜利,这一点,现在甚至我们的敌人也不怀疑了。
>
> …………
>
> 一九四九年中国人民解放军将向长江以南进军,将要获得比一九四八年更加伟大的胜利。
>
> …………
>
> 一九四九年将要召集没有反动分子参加的以完成人民革命任务为目标的政治协商会议,宣告中华人民共和国的成立,并组成共和国的中央政府。这个政府将是一个中国共产党领导之下的、有各民主党派各人民团体的适当的代表人物参加的民主联合政府。①

毛泽东说:"已经有了充分经验的中国人民及其总参谋部中国共产党,一定会像粉碎敌人的军事进攻一样,粉碎敌人的政治阴谋,把伟大的人民解放战争进行到底。"

当天,蒋介石就通过新华社的新华广播电台收听到了毛泽东的新年献词。他在元旦这天的日记中写道:"去年一年的失败与耻辱之重大为从来所未有,有赖上帝的保佑,竟得平安过去了,自今年今日起必须做一新

---

① 毛泽东:《毛泽东选集》第4卷第2版,人民出版社2009年版,第1372—1379页。

的人,新的基督人,来做新民,建立新中国的开始,以完成上帝所赋予的使命。"

但"上帝"再也没有给蒋介石这个机会,去完成这个使命了。1949年4月25日,他在继离开南京之后又离开了家乡溪口,踏上了一条不归路。

不相信"上帝"的毛泽东,把人民当作"上帝"的共产党人,历史性地承担起了建设新中国的使命。

果不其然,元月还没有结束,共产党人就来了!

1949年1月31日,人民解放军入城接管北平,古都换了旗帜,和平解放。2月3日,大年初三,人民解放军盛大的入城式,分别从永定门和西直门进来,整整走了六个小时。沿途欢迎的群众挥动着小旗,喊哑了嗓子,年轻人跟着坦克跑,往上贴标语,有的干脆爬上去欢呼胜利。更多的普通百姓则扭起了大秧歌,唱起了"解放区的天,是明朗的天"。

2月1日,周恩来约统战部的齐燕铭、周子健到西柏坡领受任务,要他们立即赶往北平,准备接待民主人士进北平的住处和政协筹备会的会场,以及准备车辆护送李家庄的民主人士进北平。第二天他们就出发了,并在华北局和北平军事管制委员会的协助下,接管了中南海,成立中南海办事处,负责中南海的房屋管理和卫生工作;接管北京饭店、六国饭店、德国饭店等大饭店,准备接待民主人士和参加政协筹备工作的人员。

2月10日,雷洁琼、费孝通等在李家庄的民主人士首批抵达北平。

2月25日,在东北的民主人士李济深、沈钧儒、马叙伦、郭沫若等一行35人,由中共元老林伯渠和东北行政委员会副主席高崇民陪同,乘专列"天津解放"号到达北平,林彪、罗荣桓、聂荣臻、董必武、薄一波、叶剑英、彭真,以及刚刚从李家庄先行到达北平的民主人士等100多人到车站欢迎。欢迎仪式十分隆重。民主力量大会师!老友久别重逢,大家乐得忘情,纷纷把同伴抛向空中……诗人郭沫若更是激动不已,在专列抵达北平东站还没有下车的时候,就即兴赋诗一首:"多少人民血,换来此尊荣。思之泪欲堕,欢笑不成声。"

2月26日,以中国人民解放军平津前线司令部、北平市军管会和中共北平市委、市政府的名义,在中南海怀仁堂举行了盛大的欢迎会,欢迎由东北、天津、李家庄来北平及留在北平的民主人士和各界代表人士。

在欢迎会上，李济深结合自己进入解放区后耳闻目睹的事实，发表演说："为什么这一空前未有的人民大团结会出现于今日呢？最重要原因，是中国共产党领导革命路线的正确。他们所提出的反帝、反封建、反官僚资本的三大主张，正是全国各民主党派一致的要求，也是全国人民一致的要求。在为实现此三大目标而采取的方法方面，中国共产党能本于过去中国历次革命失败的教训，而有恰合实际需要的措施。全国各民主党派，也都能本于过去革命失败的教训，而认定中国革命的胜利，只有这一条道路。因之，全国各民主党派都衷心地愿在中共主席毛泽东先生领导之下，团结在中国共产党的周围，而贡献其可能贡献的力量。"

浪漫主义诗人郭沫若的演讲，更是令人听了热血沸腾。他激情澎湃地说道：

> 反动派一面尽管在喊和平，如丧考妣地在那儿仿佛为民请命。但他们干的是什么呢？南京在屠杀青年，上海在屠杀工友，把多少爱国志士秘密地投进长江水葬，昆明、西安等地都在加紧屠杀。而在另外一方面呢？把国家财产拼命地破坏，拼命地转移到美洲、香港、台湾，死心塌地地和美帝、日帝勾结，荒谬绝伦地竟把日酋冈村宁次宣判无罪，加以释放，而同时还把260名日本战犯也送回日本去了。真是了不起，这真可以算是古今中外空前伟大的一个卖国行为。大约这就是他们所说的"光荣"了吧？他们在以这样的"光荣"喊叫和平，对不住得很，只好把他们"光荣的帽子"揭下来！有了卖国贼的光荣，便没有人民的光荣。我们要把我们人民的光荣扩展到华南、华西、海南岛、台湾，把毛泽东的旗帜插遍全中国。
>
> 我们享受着今天的光荣，我们还应该把这光荣永远保持下去，不要使它降低、变质、失坠。这是我们每一个中国人的神圣的使命。这只有全国各党派，各人民团体，各进步人士同心同德，一致团结，在最富有革命性的无产阶级先锋队的领导之

下，一面把革命战争进行到底，一面从事生产建设，然后才能办到。中国的地方大，落后得太远，发展得太不平衡，今后在建设工作上，无论在精神生产方面或物质生产方面，都须要我们特别的努力，真真正正地做到"人一能之己百之，人十能之，己千之"。然后才能够很快追上世界上最进步的国家，要这样一个人做一百个人的事，才能够保持我们的人民的光荣，而使它永不降低，永不变质，永不失坠。这个光荣而神圣的使命，我们是应该努力完成的。在反动派统治之下，中国没有搞好，我们有话可以推诿。在今天人民政权之下，假使依然把中国搞不好，那我们就要成为历史的罪人了。我兄弟今天是这样感觉着，为了扩大我们的光荣，为了巩固我们的光荣，我们每一个人都应该扫除一己的私心，摒除一切的门户之见，要把全部的力量，全部的精神，全部的生命，无条件地拿出来，在中共领导之下，在毛主席领导之下，完成反帝、反封建、反官僚资本主义的任务，为建设新中国而鞠躬尽瘁。[1]

林伯渠、董必武、彭真、林彪、薄一波、聂荣臻等中共负责人，李济深、沈钧儒、郭沫若等从东北来的民主人士，雷洁琼、周建人、符定一、胡愈之等从李家庄来的民主人士，刚刚从西柏坡回北平的"上海人民和平代表团"的颜惠庆、章士钊、江庸、邵力子也应邀参加。会后，北京饭店举行盛大宴会，傅作义、邓宝珊也应邀赴宴，宾主共四百多人欢聚一堂，真是北平有史以来罕有的盛会，堪称民主力量的大会师。

群英荟萃，群贤毕至。对民主人士的到来，中共中央毛泽东、周恩来专门发电，要求召开欢迎会、举行宴会，而党中央移驻北平，却禁止开欢迎会。两相对照，甚为鲜明。时任华北局第一书记的薄一波说："看来是两件具体事，却有深意。它不仅体现了我们党严于律己和谦虚谨慎的态度，更重要的是体现了我们党对各民主党派和一切爱国进步人士真

---

[1] 杨胜群、陈晋主编：《亲历者的记忆：协商建国》，生活·读书·新知三联书店2009年版，第94页。

诚合作的政策。"

3月25日，毛泽东、周恩来、刘少奇、朱德、任弼时中共五大书记率领中共中央和解放军总部进驻北平。筹建新中国的任务，从越来越多的人的共同要求，开始提到了现实的议事日程上来。

这时，各种全国性的人民团体也相继建立起来。1948年8月，全国第六次劳动大会在哈尔滨举行，恢复了中华全国总工会的组织。接着，根据毛泽东的提议，1949年3月至7月间，中华全国学生联合会、中华全国民主妇女联合会、中国新民主主义青年团、中华全国民主青年联合会、中华全国文学艺术界联合会相继成立。全国自然科学工作者、社会科学工作者、教育工作者、新闻工作者等组织的筹备会也分别成立。这些全国性群众团体的成立，把社会各界群众进一步组织起来，是召开新的政治协商会议的重要组织准备之一。这样，不仅工农基本群众，就是原国民党统治区的城市小资产阶级、民族资产阶级、开明绅士以及其他爱国民主人士，都已团结在中国共产党的周围，使新的政治协商会议的召开有了广泛的社会基础。

从西柏坡来到北平后，毛泽东、周恩来广泛地同民主人士、各界代表人物接触，和他们共商建国大计。一天下午，毛泽东由香山乘车来到北平城内，拜访北平师范大学代校长汤璪真、文学院院长黎锦熙、地理系主任黄国璋。他们有的是毛泽东在长沙读书时的老师或同学，有的是北平九三学社的成员。毛泽东和他们畅叙旧情后，黎锦熙对毛泽东说：新政协会议就要召开，新中国将要诞生，北平九三学社的人数不多，这个团体的历史任务已经完成，正准备宣布解散。毛泽东听后，诚恳地对他们说："九三学社不要解散，应该认真团结科学、文教界的知名人士，积极参政，共同建设新中国。"

毛泽东要民主党派"积极参政，共同建设新中国"，这将是新中国政治生活中的一件大事，具有深刻的政治意义。时任中共中央统战部部长的李维汉说：关于民主党派参加新政协并将担任中央人民政府各项职务，"所有这些，标志着民主党派地位的根本变化。他们不再是旧中国反动政权下的在野党，而成为新中国人民民主专政的参加者，在中国共产党的领导下，和共产党一道担负起管理国家和建设国家的历史重任。从此，各民主党派走上了新的历史道路"。①

就新政协所要讨论的各项问题，毛泽东同各民主党派领导人和其他爱国民主人士进行交谈，先后会见了张澜、李济深、沈钧儒、陈叔通、何香凝、马叙伦、柳亚子等。他的卫士长李银桥回忆说：毛泽东对这些民主人士很尊敬，十分亲切有礼，一听说哪位老先生到了，马上出门到汽车跟前迎接，亲自搀扶下车、上台阶。一些民主人士见到毛泽东总要先竖起大拇指，连声夸耀"毛主席伟大"。对于这种情况，毛泽东十分不安。一次，毛泽东出门迎接李济深，李老先生一见面就夸毛泽东了不起，毛泽东扶他进门坐下后说："李老先生，我们都是老朋友了，互相都了解，不要多夸奖，那样我们就不好相处了。"

有一天，毛泽东准备会见张澜，就吩咐卫士李银桥："张澜先生为中国人民的解放事业做了不少贡献，在民主人士中威望很高，我们要尊敬老先生，你帮我找件好些的衣服换换。"李银桥赶紧在仅有的几件衣服里找，挑了半天也没选出一件没有补丁的衣服，心里很不是滋味，就对毛泽东发牢骚："主席，咱们真是穷秀才进京赶考，一件好衣服都没有。"听了李银桥的诉苦，毛泽东笑着说："历来纨绔子弟考不出好成绩，安贫者能成事，嚼得菜根百事可做，我们会考出好成绩！"李银桥说："现在做衣服也来不及了，要不先找人借一件穿？"毛泽东摆摆手，说："不要借，有补丁不要紧，整齐干净就行。张老先生是贤达之士，不会怪我们的。"这一天，毛泽东就穿着这件补丁衣服会见了张澜。后来，他还穿着它会见过许多客人。

6月11日，周恩来主持召开了新政治协商会议筹备会预备会议。会议商定参加新政协筹备会的单位为23个，共134人，确定了筹备会常务委员会人选。15日，在第二次预备会上，通过了新政协筹备会议事日程等方案。

6月15日晚上7时30分，新政协筹备会议在中南海召开了，勤政殿一下子变得热闹起来了。过去，这里也曾热闹过——慈禧太后在这儿垂帘听政独掌国家大权；窃国大盗袁世凯把这儿据为大总统府策划复辟称帝；李

---

① 李维汉：《回忆与研究》（下），中共党史资料出版社1986年版，第693页。

宗仁把这儿当作国民党北平行辕。如今,在这里进进出出、欢聚一堂、谈论议决国事的,都是当代中华民族的精英人物。真是天翻地覆,这里已是人民的中南海了。

今夜的勤政殿,简单、朴素、庄严。主席台上装饰着6面鲜红的解放军军旗,金黄的五角星和"八一"二字分外耀眼,这也是前不久在中共七届二中全会上通过决议、今天第一次公布启用的。60面红旗分别排列在12个方柱上。会场的议席成弧形,饰以紫色幕布。解放军代表全部身穿清一色的草绿军装,其他代表既有穿西装的,也有穿中山装的,还有穿长袍马褂的,农民代表石振明、朱富胜穿着白色土布裤褂。从内地到边疆,从本国到海外,从青年到老者,有工人、农民、军人、教师、妇女与学术、产业各界人士,代表着中国各个革命的阶层。

7时40分,身穿深灰色中山装的毛泽东、朱德偕同李济深、沈钧儒等人走进了会场。他们悄悄地进来,似乎不愿意引起人们特别的注意。但是还是被人发现了,场内立即响起热烈的掌声。毛泽东满面春风,含笑答礼,向大家挥手致意,坐在了主席台右前排的一〇一号座位上。周恩来坐在他的右侧,朱德坐在他的左侧。

周恩来担任大会临时主席,宣布:"新的政治协商会议筹备会开幕!"会场内再次爆发热烈的掌声,新闻摄影记者立即扛着"开麦拉"(即摄像机)把这个庄严的仪式一一摄入了镜头,掀开中国历史新的一页的大会正式揭幕。

首先,毛泽东代表中国共产党发表讲话,总结了中国革命的进程,指出了中国将往哪里走。毛泽东说:"这个筹备会的任务,就是:完成各项必要的准备工作,迅速召开新的政治协商会议,成立民主联合政府,以便领导全国人民,以最快的速度肃清国民党反动派的残余力量,统一全中国,有系统地和有步骤地在全国范围内进行政治的、经济的、文化的和国防的建设工作。全国人民希望我们这样做,我们就应当这样做。"

会场上,安静极了,大家都紧张地、睁大眼睛、聚精会神地听着毛泽东用他那浓重的湖南口音,洪亮地发出了人民的声音。如果有听不懂的地方,就同时看着事先印发的讲演稿。毛泽东说:全国人民拥护自己的人民解放军，取得了战争的胜利。这一次伟大的人民解放战争，"是全中国人民的胜利，也是全世界人民的胜利。整个世界，除了帝国主义者和各国反动派，对于中国人民的这个伟大胜利，没有不欢欣鼓舞的"。最后，毛泽东庄严宣告：

> 我们向全世界声明：我们所反对的只是帝国主义制度及其反对中国人民的阴谋计划。任何外国政府，只要它愿意断绝对于中国反动派的关系，不再勾结或援助中国反动派，并向人民的中国采取真正的而不是虚伪的友好态度，我们就愿意同它在平等、互利和互相尊重领土主权的原则的基础之上，谈判建立外交关系的问题。中国人民愿意同世界各国人民实行友好合作，恢复和发展国际间的通商事业，以利发展生产和繁荣经济。
>
> …………
> 中国人民将会看见，中国的命运一经操在人民自己的手里，中国就将如太阳升起在东方那样，以自己的辉煌的光焰普照大地，迅速地荡涤反动政府留下来的污泥浊水，治好战争的创伤，建设起一个崭新的强盛的名副其实的人民共和国。[①]

坐在台下的人们发现，当毛泽东最后说到"中华人民民主共和国万岁"的时候，立刻会心地笑了——那是胜利的微笑！

紧接着，朱德代表人民解放军，声明人民解放军是中国民主运动的最忠实的支持者，现在将成为这个人民政府的坚定不移的柱石。《人民日报》记者记录下当时的场景："人们狂热地鼓掌，谁都知道，没有解放军的英勇奋战，在北平召开这种会是不可想象的。解放军推进了中国的历史。"

接下来，李济深、沈钧儒、郭沫若、陈叔通、陈嘉庚等五位民主人士发表讲话。他们一致说出了同一个道理：人民的努力、中共的领导、解放军的作战，使中国有了今天的胜利，也保证了建国的成功。因而对于自己

[①] 毛泽东：《毛泽东选集》第4卷第2版，人民出版社2009年版，第1446—1467页。

能在这样的会议上讲话，感到无上的光荣。他们一致表示：愿在中共和毛主席的领导下，从事神圣的建设新中国的伟大工程。

作为产业界民主人士的代表，飘着半尺银髯的陈叔通先生，愉快地走上主席台，当他说到中国的胜利、中国人民的光荣，他诚恳地向毛主席致敬。坐在他面前的毛泽东，也立刻起身，谦虚地折腰致谢。而每当有讲话的代表路过毛泽东坐的地方，都向他点头致意，毛泽东也时时诚挚地欠身答礼。

陈嘉庚先生是接到毛泽东的亲笔邀请函，辗转从国外飞赴北平的。他结合自身的经历真诚地说："海外华侨盼望祖国和平、民主、统一和富强，十分迫切。但由于蒋介石的狡诈无信，和国民党反动集团的贪污残暴，人民依然得不到翻身。当抗战时期，本人回国慰劳，亲到重庆、延安，看得十分明白。重庆蒋介石政府，只知道搜刮民脂民膏，恣意挥霍；而延安毛主席和其他中共领导者，则勤劳刻苦，处处为人民打算。抗战结束之后，旧政协开会，本人当时估计要蒋介石还政于民，等于与虎谋皮，绝无成功可能。当时中国共产党毛主席却不避危险，亲到重庆和蒋介石商量合作。毛主席一定明白蒋介石狡诈无诚，推因战后中国人民都盼望和平，为了减少人民的痛苦，有意忍让。本人以为当时毛主席去重庆的原因，也许在此，所谓尽其在我而已。但蒋介石却因此骄纵，把双方同意签订的协定都撕毁了。"

郭沫若的讲演，还是那样激情飞扬，还是那样诗意盎然。

> 今天新政治协商会议筹备会开幕，这在中国历史上，乃至世界史上，应该是划时代的一件大事。
>
> 时局进展得异常迅速。从去年"五一"，中共中央号召召开新政治协商会议以来，仅仅13个月的期间，一切的步骤都仿佛在以超音速的速度，而且比以前所预期的规模更加壮阔地逐步实现着。
>
> 单拿参加新政协的代表人数来说，去年所拟议的筹备会代表人数只在20人左右，而今天参加筹备会的代表是134人了。仅

仅是筹备会,比起四年前国民党反动派所勉强召开的旧政治协商会议,已经大到了四倍以上。将来的新政协正式会,预计会有500人左右的代表参加,更要大到16倍以上了。

旧政协是反动派做主体,反动分子占绝对多数;新政协是革命的民主势力做主体,反动分子是一个也不会参加了。

因此我感觉着,今天的新政协筹备会的开幕,正好像在黑暗中苦斗着的太阳,经过了漫漫长夜的绞心沥血的努力,终于吐着万丈光芒,以雷霆的步武,冒出地平线上来了。

我不能不以满怀的热诚,庆贺这新生的太阳出土。我更不能不以满怀的热诚,庆贺这新生的太阳永远上升,永远不会下降。

这是规模宏大的新民主形式的史诗的序幕,是畸形儿的旧民主主义转换到新民主主义的光荣的开始。

我们中国在两千多年来的封建统治之下,在一百年来的帝国主义侵袭之下,在三十年来的买办资本主义蠹蚀之下,国家生产落后了,人民受着三重的奴役。一百年来我们的祖先为了抢救落后,免除奴役,不屈不挠地作着流血的斗争,然而连旧民主主义形式的革命,一直都是没有得到完成的。

这在我们今天看来,倒是无须乎惋惜的事了。

旧民主主义是资产阶级做领导,当它从封建制度蜕化出来,走着上坡路的时候,它的确把生产提高了,满足了一部分人民的民主自由的要求。但等到资产阶级政权一经巩固,一切的生产财富与民主自由便都为资产阶级所垄断,于是便不能不走着反动的下坡路,而成为人民革命的对象。——这是一切旧民主主义的国家所呈现在我们眼前的现实。

旧民主主义形式的革命在中国未能完成,在今天看来,与其说是不幸,倒毋宁说是一件幸事了。我们今天在全心全意为人民服务的中国共产党和毛主席的领导之下,在毛主席所提倡的新民主主义的照耀之下,我们将要永远走着上坡路,而永远不会下降了。[1]

听着这样激动人心的演说，谁能不点头称赞呢？

郭沫若的讲话引起了大家的共鸣。《人民日报》女记者柏生在现场采访了来自太岳解放区的农民代表石振明："你对于会上的讲话有什么感想？"石振明摸着自己的短须，微微笑着说："每一位说得都很好。郭先生说跟着毛主席，永远走上升的路，这句话我实在爱听。"

每次会议中间都要休息10分钟。毛泽东就离开座位，借机和代表们握手寒暄问好。他走到哪里，哪里就成了会场的中心，代表、来宾和会务工作人员，都向他招呼问候。见到黄炎培，毛泽东握着他的手说："你好，身体怎么样？"见到周新民，毛泽东连声说："久闻，久闻。"看见谭平山，两位老朋友亲切握手，亲热谈话。看见身穿长袍马褂的符定一先生，毛泽东关心地问长问短："身体好吗？眼睛好了没有？"符定一笑着，用手摸着毛泽东的肩头，连声说："很好，很好。"

这时，毛泽东走到了上海小教联主席葛志成身边，在询问了姓名之后，说："噢！你是上海的教师代表，是从山东解放区来的吧！"接着，就坐下来两人聊起了上海教师的民主运动的斗争情况。毛泽东称赞说："你的工作做得很好嘛！上海教师工作做得好，是支援解放战争的一支重要力量。"葛志成回答说："我们的工作有一点成绩，是党和您领导的结果。上海的教师让我向您问好！"毛泽东笑着说："谢谢！向上海的老师们问好！"过去，葛志成阅读过毛泽东的《新民主主义论》《论联合政府》等著作，得到很大教育和启迪，这次亲眼见到了毛主席，心情格外兴奋。

筹备会第一次全体会议进行了5天，会议一致通过了《新政协筹备会组织条例》《关于参加新政治协商会议的单位及其代表名额的规定》，选出了21人组成的常务委员会，负责办理经常工作。常务委员有：毛泽东、朱德、李济深、李立三、沈钧儒、沈雁冰（茅盾）、周恩来、林伯渠、马叙伦、马寅初、乌兰夫（云泽）、章伯钧、张澜、张奚若、郭沫若、陈叔通、

---

[1] 杨胜群、陈晋主编：《亲历者的记忆：协商建国》，生活·读书·新知三联书店2009年版，第201—202页。

陈嘉庚、黄炎培、蔡廷锴、蔡畅、谭平山（以姓氏笔画为序，当时为繁体字）。

常务委员会推选毛泽东为主任，周恩来、李济深、沈钧儒、郭沫若、陈叔通为副主任，李维汉为秘书长。副秘书长有余心清、沈体兰、周新民、连贯、宦乡、孙起孟、齐燕铭、阎宝航、罗叔章。

常务委员会下设六个小组。第一小组的工作是拟定参加新政协的单位及其代表名额，组长是李维汉，章伯钧担任副组长；第二小组的工作是起草新政协组织条例，组长是谭平山，周新民担任副组长；第三小组的工作是起草共同纲领，组长是周恩来，许德珩担任副组长；第四小组的工作是拟定中华人民民主共和国政府方案，组长是董必武，黄炎培担任副组长（离京时由张奚若代）；第五小组的工作是起草宣言，组长是郭沫若，陈劭先担任副组长；第六小组的工作是拟定国旗、国徽及国歌方案，组长是马叙伦，叶剑英担任副组长。

"政治协商会议"，是中国人的一大发明。有人把它的组织形式比喻作英美等国的参议院，也有人形容是当年苏联的苏维埃代表会议。说起它的由来，还得从抗日战争胜利后国共两党的谈判说起，那时双方谈判的重点，一是停战整顿军队，二是召开政治会议讨论建国方案。后来，在谈判中，国民党首席代表王世杰为政治会议加上了"协商"二字，得到了中共首席代表周恩来的认可。尽管这次政治协商会议制定的"民主契约"，后来被国民党蒋介石撕毁了，旧的政治协商会议也随之终结。但"政治协商"，却成为中国民主政治建设的重大实践和标识。1948年中共发布"五一口号"，倡议并邀请召开民主人士参加的会议依然叫"政治协商"。

1949年6月18日，周恩来在主持起草共同纲领小组第一次会议，研究纲领的起草问题时，说：我们的政协会议，加上一个"新"字，以区别于旧的政治协商会议。到了8月26日，周恩来主持新政协筹备会常委会第四次会议，在讨论政协组织法时，周恩来指出：在人民民主国家中需要统一战线，即使在社会主义时期，仍然要有与党外人士的统一战线。要合作就要有各党派统一合作的组织。如果形成固定的统一战线组织，名称也要固定，建议将新政协称为"中国人民政治协商会议"。规定在人民代表大会召开前，由它的全体会议执行人民代表大会的职权；还规定了在中心城市、重要地区和省会设立它的地方委员会，为该地区民主党派及人民团体协商并保证实行决议的机关。

6月16日，周恩来在新政协筹备会第一次全体会议上强调，在这次会议期间，"凡是重大的议案不光在会场上提出"，而是早在提出之前就"有协商的"。

周恩来说："协商这两个字非常好！"

然而，协商还真不是一件简单的事儿。

比如，拟定参加新政协的单位及代表名额和名单，也就是谁能参加谁不能参加的问题，可是令筹备会第一小组的李维汉、章伯钧等人大伤脑筋。因为是政治协商会议，就决定了参加会议的单位和代表必须符合这一阵容的特点：一是它的代表性是极其广泛的；二是它的政治标准是严肃的；三是这一名单既能保证中共的领导地位，又能实现中共同党外民主人士的团结合作，巩固和扩大统一战线。因为新政协将要执行全国人民代表大会的职权。

新政协的代表提名有两种情况，一种是由组织或个人推荐，一种是本人申请。也就是说除了国民党反动政府系统下的一切反动派及其反动分子不允许参加之外，新政协的代表包含了各民主党派、各人民团体、各地区、人民解放军、少数民族、国外华侨和宗教界等方面的代表，要充分反映新民主主义革命各民族、各民主阶级和一切爱国民主力量的大团结；同时又包含了近百年来我国民族民主革命各个历史时期为人民事业做出过贡献的知名人士和代表人物。从辛亥革命、北伐战争、五四运动、抗日战争到解放战争，各个革命时期的代表人物都要吸收进来，乃至前清末期和北洋时期较有声望以及后来同情革命，并为人民做过好事的人物，都加以物色，推选为政协代表。

由此可见，选出新政协的代表确实是一项复杂的工作，工作量大不说，还有可能得罪人，引起矛盾。因此，对所有提名都要进行逐个审查，反复研究，时常为了某一个代表的适当与否，函电往返，多方协商，斟酌再三，费时达数周之久。有时毛泽东、周恩来也参与讨论。代表名单初步产生之后，又经过筹备会反复协商，征求各方意见，一共花了三个月工夫，才确定了参加新政协的单位、名额和名单。参会人员共分为五类：党派代表、区域代表、军队代表、团体代表、特邀代表。前四类共45个单位，正式代表510人，候补代表77人；第五类特邀代表75人；正式代表和候补代表总数共662人。

中央统战部把新政协筹备会确定的参加新政协的单位人选和各项统计，印制成一本很厚的表册，送到中央，最后送到毛泽东手中审阅。

毛泽东从头至尾，一一审阅，幽默而风趣地对身边工作人员说："这是一部包罗万象的天书嘛。"

"天书"上的名字的确是经过来回修改才最后确定下来的。尤其是特邀代表这一阵容，更是广泛罗致，各类人马，星汉灿烂。比如：有在中国革命进程中始终站在正义一边的坚强战士、孙中山先生夫人宋庆龄；有戊戌变法领导人之一梁启超之子、著名建筑学家梁思成；有前清翰林、著名出版家张元济；有海军耆宿萨镇冰；有老同盟会会员张难先；有在北洋时期任过教育总长、司法总长的章士钊、江庸；有曾经是南京政府的和谈代表的张治中、邵力子等；有国民党起义将领傅作义、程潜等；有老解放区的民主人士陈瑾昆、安文钦等；有文教界知名人士陶孟和、陆志韦等；有艺术界知名人士周信芳、梅兰芳、袁雪芬等；有少数民族的知名人士赛福鼎、阿里木江等；还有工农方面的劳动模范、英雄人物刘英源、阎存林、戎冠秀等。这一阵容，也从组织上充分反映了中国革命从旧民主主义到新民主主义复杂曲折的历程，可谓是一个全面生动的总结。

名单出炉，众人反应不一，有大发牢骚的，有痛哭流泪的，还有生气抵触的。

先说说发牢骚的吧。1948年5月，中共中央邀请各党派参加政协会议的名单中，柳亚子排名第五，这次却连新政协筹备会的资格都成了问题，这是他自己万万没有想到的。来解放区的路上，春风得意；进了解放区，无事可做。柳亚子闹情绪了。因为中共与到达解放区的各党派领导人已经商定：新政协筹备会代表，每党只能推举7人参加，在柳亚子抵达解放区之前，中国国民党革命委员会已经确定李济深、何香凝、李德全、张文、李锡九、陈劭先、梅龚彬。看到名单，柳亚子当然不服气，想当初在1948年1月民革组建时，他可谓核心人物，被公推为秘书长，目前也是中央监察委主席，怎么连个代表都当不上？

想当年，国民党1946年开政协会议的时候，一向热衷政治的诗人柳亚子被蒋介石拒之门外。于是，共产党将其作为社会贤达举荐，他本人还捎话给老蒋"谁反对柳亚子就要报复谁"，可是蒋介石不怕报复，说他是个诗人，硬是拒绝了他。后来组建民革，大家酝酿由李济深主持工作，柳亚子不悦："不论年龄，要讲权威和声望，除了小区区以外，不客气，任潮先生自然是首屈一指的了。"还说："可以推举李济深为大哥哥，但要把大哥哥来代替父亲，这是比地球更大的笑话！"如果说前一句是自傲的话，这后一句就相当不恭了。

柳亚子的确是诗人的脾气，狂放不羁。1945年重庆谈判，他少有地诚服于毛泽东的《沁园春·雪》，一下让政治家毛泽东的诗歌名冠天下。因此，在诗歌中他曾这样描绘自己与毛泽东的关系："除却毛公即柳公，纷纭余子虎龙从"，"一代文豪应属我，千秋历史定称翁。"这口气，简直有些狂妄了。于是，政治家们鄙夷柳亚子是诗人，诗人们谴责柳亚子是政治家，他在诗坛和政坛就两边不讨好，都没有得到应该得到的地位。

现在，李济深却成了新政协不可或缺的人物！这令柳亚子实在不爽，他不能忘记李济深的反动历史。同住北平六国饭店，柳亚子不服，在他看来，"这些见风使舵的政客又投机革命，成了共产党的座上宾！屈原道'薰莸异路'，香草怎能与毒草同器？"于是，进京赶考的毛泽东刚刚落脚香山的第三天，就收到了柳亚子的来信。诗人的信也是诗歌代言，这首《感事呈毛主席一首》就送到了香山双清别墅：

    开天辟地君真健，说项依刘我大难。
    夺席谈经非五鹿，无车弹铗怨冯谖。
    头颅早悔平生贱，肝胆宁忘一寸丹！
    安得南征驰捷报，分湖便是子陵滩。

毛泽东读懂了柳亚子：失意的政治家柳亚子要归隐江湖，回老家当诗人去。豪华饭店不能给柳亚子带来好心情，时时处处事事都看不顺眼，发言生气，由生气而骂人，由骂人而伤神伤身，血压升高了，柳亚子不愿意再出席任何会议，请假一月。毛泽东明白柳亚子，就把他从六国饭店接到颐和园的益寿堂休养，还专门配备了生活管理员、警卫员、厨师等等。

那时候，颐和园还没有开放，偌大的皇家园林也没有抚平大诗人的心伤。出手打人了！因为不吃干菜要吃新鲜的黄瓜，柳亚子打了生活管理员一个耳光，还说："再没人管，就吊死在这里……"

周恩来知道后，立即带着一桌酒席前往看望，在听鹂馆宴请柳亚子。周公礼遇，柳公大悦。席间，柳亚子再次进言："李任潮那样的人不能重用，新政协的人事不能大权旁落。"酒过三巡，干杯之后，周恩来却说："柳老，给你提个意见，可以吗？"柳亚子看见周恩来表情严肃，连忙放下筷子。

"柳先生，打人，在我们人民队伍里是不允许的。"周恩来话音未落，柳亚子一时语塞，场面尴尬。接着，周恩来和蔼地说："柳先生，我们进城事多，安排不周，今后还有许多工作请你做，多多保重。"未及反应，周恩来起身，"不当之处，请你原谅，我还有工作，先走一步，请邓颖超同志陪你们。"说罢，离席而去。没想到，"一团和气"的周恩来也有脾气。

离开听鹂馆，周恩来特地来到后厨，对管理员交代说："柳老是我们党的老朋友，帮过我们许多。他的生活一定要照顾好。"

刚才酒席上的一幕，管理员看得清清楚楚，感动得热泪盈眶，说："周副主席，您别批评柳老，还是我的工作没有做好。"

周恩来叮嘱道："凡是柳老要求的，必须完成，他没有提出来的，我们也要想到。不要限制经费标准，这里不是陕北，也不是西柏坡，北平有高级市场嘛！"

4月29日，柳亚子收到了毛泽东的回信。回信的内容也是诗歌《七律·和柳亚子先生》一首：

饮茶粤海未能忘，索句渝州叶正黄。
三十一年还旧国，落花时节读华章。
牢骚太盛防肠断，风物长宜放眼量。
莫道昆明池水浅，观鱼胜过富春江。

毛泽东不忘旧谊，柳亚子实感欣慰，又奉和二首。"倘遣名园长属我，躬耕原不恋吴江。"柳亚子考虑在北平定居了。

5月1日，国际劳动节。颐和园向北平市民开放。这天下午，毛泽东偕妻子江青和女儿李讷，专门从香山双清别墅乘车到颐和园，前往益寿堂拜望诗人柳亚子。时过中午，柳亚子还在午睡。院落中没有遮阳处，毛泽东站在烈日下等候。柳亚子夫妇穿戴整齐，一个西装革履，一个粉黛旗袍，走出门来，并排而立，恭恭敬敬地给毛泽东行了鞠躬大礼。两人漫步长廊，边走边谈，春风拂面，甚为畅快。

随后，二人泛舟昆明湖。交谈中，柳亚子感慨万端地问毛泽东："今天胜利了，这是我们盼望已久的。我们都很清楚，蒋介石早晚是要垮台的，因为他们腐败无能，太不得人心了。共产党要胜利，这是肯定的。共产党的政策正确，合乎民意，人民拥护支持，这是胜利的基础。但是，我们没有想到胜利会这么快，人民解放军很快渡江成功，并且占领了南京。我们不知道毛主席用的什么妙计？"

毛泽东听后，呵呵一笑，说："打仗没有什么妙计，如果说有妙计的话，那就是知己知彼，根据实际情况，做出正确的决策。还有，就是先生说的，人民的支持是最大的妙计。我们有一百万军队渡江，如果没有人民的大力支持，是不能成功的。"

游船绕过湖心岛龙王庙，通过十七孔桥，至湖东靠岸。毛泽东还对柳亚子说："你现在可以赤膊上阵发表文章、讲话了，现在与蒋介石时代不一样了，你的人身安全是有保证的，你的意见会受到尊重的。"

5月5日上午，毛泽东又派秘书田家英去颐和园接柳亚子夫妇，先是参观了碧云寺、拜谒孙中山灵堂与衣冠冢，而后又赴毛泽东香山寓所叙谈，谈诗论政，言谈极欢。中午，毛泽东设宴，请朱德一起作陪。

5月28日，柳亚子63岁寿辰。周恩来再次赶到颐和园祝寿，恰逢柳亚子进城赴宴，周恩来还是召集众人在谐趣园雅聚。

诗人就是骚人，但在共产党人的真心真意面前，又怎能还有牢骚呢？

不过，没有参加新政协筹备会议的柳亚子，还是当选为第一届中国人民政治协商会议代表。

当选代表当然高兴，没有当选的虽然都没有发牢骚，但是毛泽东却听说有人哭了。这是怎么回事儿呢？

原来，在筹备会议拟定的代表总数中，少数民族代表少了些，共有28位，占4.23%。主要是因为当时边疆少数民族地区多数还没有获得解放。李维汉还专门找朱早观、奎璧、杨静仁、天宝等少数民族代表进行座谈讨论，但在物色人选以及交通方面都有困难，工作还是出现了疏漏，即在少数民族单位中没有安排满族代表，尽管在其他单位中有满族人如齐燕铭、罗常培等。名单公布后，北平有些满族人哭了。民国推翻清朝后，许多在政坛上的满族人，隐瞒了民族身份，直到新政协召开，满族人民终于有了盼头。可是，在会议少数民族单位名单中，却没有满族代表单位！他们既不知道以其他单位代表名义出席会议的齐燕铭是满族人，又不敢提意见，北平有些满族人因此只能悄悄地哭了……

毛泽东听说此事后，郑重地说："一个民族没有代表，整个少数民族为之不欢。"对这个教训，他在政协会议上提及多次。后来，在召开政协第二届全国委员会时做了补救。

在新政协的五类代表中，中共尤其关注和照顾到各方面的代表性人物，比如陈嘉庚、司徒美堂、江庸，毛泽东都是亲笔写信邀请。筹备会议中有张治中、傅作义、邵力子这样的大佬级人物，大家还没敢有什么意见，但最引人注目的还是吴奇伟、曾泽生、张轸、赵寿山、王世泰这些国民党军队的起义将领，竟然作为解放军代表出席了会议。于是，就有中共党员提出：这些人前不久还是国民党大员，现在怎么就一翻身成为新政协的代表了？也有民主人士提出：我们这些长期受到国民党迫害的人，血雨腥风，还没有得到名额呢？也有工农兵代表说话了：我们出生入死打天下，现在是民主人士坐天下。

霎时间，一句"老革命不如新革命，新革命不如不革命，不革命不如反革命"的牢骚话，悄悄地传遍了京城。

这话表面上看起来好像是那么回事儿，琢磨起来就有些不大好听了。八一电影制片厂1999年拍摄的电影《肝胆相照》中，把刚刚从前线赶来参会的许世友将军的故事写了进去。曾经在济南战役立下赫赫战功的许世友，对把国民党起义将领列入新政协代表名单，感到非常不爽。这天，心直口快的他找到了周恩来。

许世友：周副主席！

周恩来：哦！小许啊，你好吗，来坐嘛！

许世友：周副主席，如果说党需要团结民主人士，做些工作的话，我还能想得通。可为什么让他们掌实权？

…………

许世友：宋庆龄先生，我们都服气，她一向是党的朋友，可有些本来就是唱反调的人，革命胜利了，他们来搭伙来了！……

…………

周恩来：革命和不革命，总是要变化的，过去不革命的，现在革命了，这就是进步啊，过去是革命的，现在自己不允许别人革命，这就是落后啊！

许世友的声音不是他一个人的，而是当时流行的一种声音的代表。

昨天还是战场上的敌人，今日却要参加国家事务的领导决策，这确实让中共党内的一些人思想上一时间转不过弯子来，产生了抵触情绪。流行的这句牢骚话，也让参加新政协的这些代表感到了紧张，国民党那边骂他们是叛徒，民主阵营这边也似乎不待见，这样下去，别说参加新政协，就是人身安全也成了问题。就连张治中这样的老朋友心中也感到不踏实。据说，他为此还特意邀请自己住宅的解放军警卫战士吃饭。从国民党阵营出来的人，都知道警卫的厉害啊！解放军战士吃得挺满意，只是在喝咖啡时连连说："这'茶'太苦了！"

怎么办？

毛泽东、周恩来、刘少奇赶紧出面，一方面在党内反复进行政策教育，一方面向党外民主人士多方解释，苦口婆心。周恩来还专门做了几场报告。道理一说就明白了——虽然他们原来属于反动阵营，但在和平谈判和起义中立了功，站到了人民一边，就应当不念旧恶，采取欢迎的态度。这正是政策的严肃性和灵活性相结合的表现。而且，邀请他们参加新政协，对于争取、教育他们的下属和分化瓦解敌人，有不可替代的作用，对人民是有利的。事实证明：他们在新中国的国家事业中，确实做出了贡献，再次充分表明中共邀请他们参加新政协的决策是完全正确的，也树立了共产党的形象，践行了对民主协商的庄严承诺。

陈毅也两次召集二野、三野代表开会，平时同大家乐呵呵、和气幽默的他，非常严厉地批评了一些同志不懂得统战工作，他还以傅作义、程潜为例，肯定了他们起义，和平解放大城市，保护民族文化遗产的功劳，说："如果不这样，敌人伤亡一千，我们伤亡八百，有什么好处！"

共襄盛举，肝胆相照。诚如民盟代表章伯钧所言："参加会议的团体或个人，诚然可以有不同的意见，但不能有原则的区别；譬如同走一条大道，有的可以走得快点，有的可以走得慢点，但不能走东西两个方向，那就越走越远，不能同行了。希望各党派团体都共同向政治负责，不以什么在野的身份来个什么反对派。我们相信这次新政协一定会开得成功的，在共产党的领导下，订立一个大家遵守的共同政治纲领，确立联合政府组织的方案。在国际间粉碎英美在太平洋上的侵略阴谋，在国内彻底完成土改，实施工商业政策，文化教育能很好发展，财政金融方面整理并统一币制，同时在外交方面独立自主，与社会主义国家及新民主主义国家更密切地合作，保障世界的和平。"[①]

"工作艰苦，前途光明。"周恩来每天只能睡三四个小时，李维汉工作劳累摔断了腿。但筹备工作一切按计划顺利进行。最终，在确定的662名代表中，共产党员约占44%，工农和各界的无党派代表约占26%，各民主

---

① 杨胜群、陈晋主编：《亲历者的记忆：协商建国》，生活·读书·新知三联书店2009年版，第207—208页。

党派的成员约占30%；党外人士中，进步人士约占1/3，共产党员加党外进步人士约占总数的2/3。若以党员人数计算代表比例，各民主党派的总份额比中共还要高。各方满意，皆大欢喜。

6月19日下午6时20分，新政协筹备会第一次全体会议召开闭幕会。

就在大会主席周恩来正准备宣布大会休会时，民主教授的代表邓初民先生突然站起来，抢着说道："我这里有一个临时动议：新政协筹备会的召开，是一件划时代的大事情，所以能召开这个大会，首先应归功于中国共产党领袖毛主席和中国人民解放军朱德总司令，因此我们提议，应向毛主席和朱总司令通电致敬，请主席把这列入议程中去表决。"

周恩来一脸微笑，高兴地回答说："这是否可留在将来开正式会议时再谈？"

邓初民又站起来，坚持自己的提议，说："筹备会也是会议，还请主席提交表决！"

话音一落，会场上掌声笑声一片。

这时，毛泽东忽然从自己的座位上站起来了，稳重地说："代表们！我提议，我们在筹备会期中，正逢着七七纪念，请各党派共同发表纪念文件，庆祝抗日战争胜利！解放战争胜利！"

毛泽东的提议，全体代表立即报以雷动的掌声。

掌声停下来后，周恩来接着说："这样邓初民先生的意见也都包括在内了，大家既然都表示同意，我们是否就交常委会决定以筹委会名义发出电文？"

这时，许德珩教授站起来了，说："大会已经进行了五天，但我们对国内外还没有什么表示，我们的提议向毛主席和朱总司令致敬，不仅在会场上是表现了我们大家的精诚团结，同时在国际上也表现了我们的大团结。"

年过古稀的沈钧儒先生也兴奋地站起来说："各位代表都知道，由于中国共产党领袖毛主席和朱总司令的领导，我们才能在这里开会，所以我提议在散会前，我们全体代表起立向毛主席、朱总司令致敬。"

这时，有一位民主人士说了一句："不必了吧。"

没想到，这句话刺激了来自察哈尔解放区的农民代表杨耕田，他迅速站起来激动地说："我们工人、农民，就认共产党、解放军！今天毛主席、朱总司令都在这里。如果没有毛主席、朱总司令的领导，我们不能有今天，我们应该向领袖致敬！"

话音一落，沈钧儒老先生就领头从座位上站起来了，高喊道："全体起立，向毛主席、朱总司令致敬！"

全体代表都站起来了，雷鸣般的掌声响起来了，长达三分钟之久。

毛泽东和朱德也立即从座位上站起来，转过身面向全体代表，连连答礼致谢。

也就在这天晚上，毛泽东回到香山双清别墅，笔走龙蛇，给上海的宋庆龄写了一封信，敬希命驾北上（本书第四章已述）。

十天后的6月30日，毛泽东在《人民日报》发表了《论人民民主专政》。文章进一步阐明将要诞生的人民共和国的性质、国内各阶级的地位和相互关系、对外政策及国家的前途等基本问题。他在文章中说：

> 人民是什么？在中国，在现阶段，是工人阶级，农民阶级，城市小资产阶级和民族资产阶级。这些阶级在工人阶级和共产党的领导之下，团结起来，组成自己的国家，选举自己的政府，向着帝国主义的走狗即地主阶级和官僚资产阶级以及代表这些阶级的国民党反动派及其帮凶们实行专政，实行独裁，压迫这些人，只许他们规规矩矩，不许他们乱说乱动。如要乱说乱动，立即取缔，予以制裁。对于人民内部，则实行民主制度，人民有言论集会结社等项的自由权。选举权，只给人民，不给反动派。这两方面，对人民内部的民主方面和对反动派的专政方面，互相结合起来，就是人民民主专政。

> 总结我们的经验，集中到一点，就是工人阶级（经过共产党）领导的以工农联盟为基础的人民民主专政。这个专政必须和国际革命力量团结一致。这就是我们的公式，这就是我们的主要

经验，这就是我们的主要纲领。

人民民主专政的基础是工人阶级、农民阶级和城市小资产阶级的联盟，而主要是工人和农民的联盟，因为这两个阶级占了中国人口的百分之八十到九十。推翻帝国主义和国民党反动派，主要是这两个阶级的力量。由新民主主义到社会主义，主要依靠这两个阶级的联盟。

严重的问题是教育农民。农民的经济是分散的，根据苏联的经验，需要很长的时间和细心的工作，才能做到农业社会化。没有农业社会化，就没有全部的巩固的社会主义。农业社会化的步骤，必须和以国有企业为主体的强大的工业的发展相适应。人民民主专政的国家，必须有步骤地解决国家工业化的问题。

党的二十八年是一个长时期，我们仅仅做了一件事，这就是取得了革命战争的基本胜利。这是值得庆祝的，因为这是人民的胜利，因为这是在中国这样一个大国的胜利。但是我们的事情还很多，比如走路，过去的工作只不过是像万里长征走完了第一步。残余的敌人尚待我们扫灭。严重的经济建设任务摆在我们面前。我们熟习的东西有些快要闲起来了，我们不熟习的东西正在强迫我们去做。这就是困难。

我们必须克服困难，我们必须学会自己不懂的东西。我们必须向一切内行的人们（不管什么人）学经济工作。拜他们做老师，恭恭敬敬地学，老老实实地学。不懂就是不懂，不要装懂。不要摆官僚架子。钻进去，几个月，一年两年，三年五年，总可以学会的。[①]

[①] 毛泽东：《毛泽东选集》第4卷第2版，人民出版社2009年版，第1475—1481页。

是的，这是人民的胜利！也是大国的胜利！

7月7日，北平突降暴雨。老天爷似乎是有意安排了这样的气氛。北平各界20万群众在天安门广场举行纪念"七七"抗战12周年纪念大会，并庆祝新政协会议筹备会成立大会。城楼正面墙上悬挂着毛泽东和朱德的大幅画像，中间挂着一颗巨大的红五星。

晚上9时20分，毛泽东冒着滂沱大雨到了会场，这也是他第一次登上天安门城楼。

全场群情激奋，高呼："毛主席万岁！"

毛泽东也带领大家高呼："中国人民万岁！""全中国人民团结起来，打倒帝国主义，建设新中国！"

在各界代表讲话后，毛泽东又带领全场高呼："全国人民团结起来，全世界人民团结起来，打倒帝国主义！召集新的政治协商会议，成立民主联合政府！"

共产党不搞一党独大，不独裁。

毛泽东不当皇帝，一辈子不进紫禁城。

9月17日，新政协各项筹备工作基本就绪。当日下午3时35分，筹备会议的最后一次全体会议在中南海勤政殿举行。筹备会议委员134人，除6人缺席、2人请假外全部到齐。会议表决通过了各项文件，接受周恩来的建议，正式决定将新政治协商会议定名为"中国人民政治协商会议"。

散会后，毛泽东把所有代表留下，邀请他们前往中南海瀛台参加夜宴。

瀛台位于南海中央，是模仿东海仙山堆就的一个岛屿。

是夜，南海瀛台，济济一堂，仙山岛国，金碧辉煌，群英汇聚，人间盛事。人们惊喜地发现昔日的皇家园林摆开了十几个大圆桌。

新中国的第一次国宴马上就要开始了。

第一桌的主人是毛泽东。与他同桌的有李立三、郭沫若、许德珩、陈叔通、何香凝、陈嘉庚、司徒美堂……席间还有两个年轻人，一位是陈嘉庚的翻译庄明理，一位是司徒美堂的翻译司徒丙鹤。

不胜酒力的毛泽东，今夜开怀畅饮，谈兴大发，古今中外，幽默风趣。他说："自从鸦片战争109年以来，中国人民进行长期的革命斗争，第一个是鸦片战争，其后有太平天国、义和团、戊戌变法、辛亥革命，直至现在的解放战争。历史学家、文学家把这一段时间的历史写成一部书，我看是蛮好的！"

郭沫若插话说："我们宴会的场所，就是戊戌变法时光绪帝被囚禁的地方。"

"戊戌政变前期与后期的意义不同。康有为、梁启超在前期是进步的，没有后来变成保皇党那样反动。梁启超在中国文学的贯通上有他一手，以前我爱读他的文章。"毛泽东乘兴侃侃而谈，忽然稍做停顿，张望了一下别处，"梁启超的儿子，清华大学教授梁思成也是我们的政协代表！我们政协的怀仁堂会场，就是他设计的。"

话题忽然转到年龄与健康上来。毛泽东恭敬地问司徒美堂老人高寿。

司徒美堂兴奋地说："83啦！在美国生活了69年！"

毛泽东笑道："好啊！老当益壮，干一杯！"

在给司徒美堂敬酒之后，毛泽东一一走到每个代表跟前，举杯相庆。

放下酒杯，司徒美堂从口袋中掏出一盒雪茄递给毛泽东。这盒雪茄是孔祥熙送给他的。毛泽东接过铁皮烟盒，前拉后压，左摇右晃，却怎么也打不开烟盒，不禁自嘲地笑起来："美国生活方式不那么好过啊！"

司徒丙鹤连忙走过来替毛泽东打开烟盒，再剥开雪茄的封口胶布，给毛泽东点上。后来，他发现了一个小小的细节——毛泽东并没有扔掉自己手中还没有吸完的半支香烟，而是把它掐灭，装进了上衣的兜里。共产党人艰苦朴素啊！

司徒美堂是纽约安良工商总会总经理，这是和毛泽东第一次见面。1月20日，毛泽东给他和南洋新加坡南侨总会主席陈嘉庚同时分别发了电报，邀请他们回国参加新政协，爱国侨领，众望所归。

毛泽东抽了一口雪茄，称赞味道十分浓厚。这时，有人问道："主席工作这么忙，又抽烟，健康可好？"

毛泽东笑着说："超过预算了！1938年，苏联医生说我肺痨，只能活十年！三八四八，十年过去了，我还不是在这里和大家喝酒？"接着，他话锋一转，"不过，我的生活方式也有自由主义的缺点……"大家听了，感到十分诧异，眼睛都吃惊地盯着毛泽东，等他回答。他说：战争年代就养成了"白天睡觉，晚上工作"的习惯。

一说完，毛泽东便哈哈大笑起来。后来，司徒美堂用16个字总结了他对毛泽东的印象："刚强幽默，很有风趣，海阔天空，放言无忌。"

夜宴之后，毛泽东和诸位代表步行至怀仁堂看戏。当晚，国宴嘉宾助兴的是袁世海、李少春的拿手好戏《野猪林》。

南海波光粼粼，天上明月皎皎，好戏还在后头。

9月21日，毛泽东正式入住中南海丰泽园菊香书屋。

一个月前，叶剑英给毛泽东送来一份报告，请毛泽东和中央入住中南海。毛泽东征求周恩来意见，周说他知道，同意。毛泽东说："中南海过去是什么人住的地方，这个你是知道的，我们住进去不妥，我是不想进去！"

怎么办？开会。中央政治局专门召开会议，认真讨论研究，决定中共中央和毛泽东迁居中南海。会议结束后，毛泽东坐在双清别墅的凉亭里，对机要秘书叶子龙说："听人劝，吃饱饭。搬就搬吧。你也准备准备，咱们进城！"

3

大业跫音：我们的工作将写在人类的历史上，中国人站起来了

622——这是第一届中国人民政治协商会议全体正式代表的数字。当印刷工整的代表花名册摆在毛泽东的面前时，他说这是一部"天书"。的确，"天书"中的代表人数对会议筹备工作来说也是一个"天文数字"。在1949年刚刚和平解放的这个时刻，北平哪儿有这样一个能容纳这么多人的大会堂呢？

距离9月21日会议召开的时间，如果从6月15日新政协筹备会第一次全体会议算起，满打满算也才只有3个月时间。真是迫在眉睫。怎么办？

这个难题没有难倒共产党人。他们找到了著名建筑学家、清华大学教授梁思成。作为人民政协的代表，梁思成同时参与了国旗、国徽的设计，人民英雄纪念碑也是他设计的。

北平和平解放，梁思成欢欣鼓舞。1948年3月，他的老朋友张奚若曾秘密地带着两个解放军军官来到他家，请求他在一幅军事地图上对北京的重点文物进行标注，以免遭到炮击。从对待文物的态度上，梁思成对夺取政权的共产党有了一定的认识。也正因此，他拒绝了跟随蒋介石去台湾的邀请。这次，当把新政协设计会堂的任务交给他时，病中的梁思成毅然接受了。在考察完中南海所有建筑之后，梁思成找到了理想的改造目标——怀仁堂。①

1949年的这个时候，怀仁堂是一个大四合院，四维建筑高大轩廊，中间天井宽敞方正。梁思成破天荒地想出了一个大胆的思路——给这个巨大的皇家四合院加盖一个顶棚！

经过两个月的改造，怀仁堂的大院天井有了一个大顶，露天的院落变成了千人大会堂。梁思成把顶棚设计成琉璃瓦屋檐，使得会场与中南海古典风格浑然天成，焕然一新，静静地等待着第一届中国人民政治协商会议的召开。

走进会堂，映入眼帘的是"中国人民政治协商会议万岁"和"全国人民大团结万岁"的醒目标语，只见主席台上方悬挂着孙中山、毛泽东的两幅巨像，正中是中国人民政治协商会议的会徽。一个接一个的水银灯把会场照耀得如同白昼。走廊两侧排列着红色的宫灯，一直延伸到新华门。

9月21日，下午7时，中国人民政治协商会议第一届全体会议即将在

---

① 怀仁堂原名仪鸾殿，营造于1885年（清朝光绪十一年），1888年落成，成为慈禧日常起居之所，实际上是晚清实际的权力中心。1900年，八国联军攻占北京，仪鸾殿被德军首领瓦德西占用，成为联军指挥部。1901年4月不幸起火焚毁。1902年慈禧回京后，耗资500万两白银重建。1911年，中华民国成立后，袁世凯将此地改名怀仁堂。北洋政府结束后，怀仁堂长期闲置，成为当时北平市政府举办集体婚礼的场所。

怀仁堂召开。

开会前，每个代表都拿着一个贴有近照的证件，交警卫查验之后入场，毛泽东也不例外。人民政协代表报到处分勤政殿和怀仁堂等几个地方，会场入口的桌上，摆着一本"中国人民政治协商会议第一届全体会议签名册"，原木制作，八开，棕色底版，浅绿色字样，由林伯渠题字。打开来，是折叠的宣纸，上端水印着人民政协的会徽，文武线的大边框内又用细线分为竖排五格。会务组要求代表签名时一律用毛笔，第一行写单位名称，由各单位的首席代表填写，第二行由首席代表签名，自第三行开始是各单位的其他代表签名，每行上下可以写两个名字。因此工作人员必须按规定认真负责地完成好。

刚刚从贝满女中毕业的17岁的孙小礼，担任了大会工作人员，负责中共代表团的签到工作。中共代表团正式代表16人，候补代表2人。陈云是第一个来报到的。孙小礼就请他在第三行上端签了名，之后，刘少奇、周恩来等先后报到签名，首席代表毛泽东却是最后一个来报到的。因为有摄影记者拍照、拍摄，孙小礼赶紧准备好笔墨纸砚，可是宣纸上的后三行已经写满了领导人的名字，拍摄起来肯定不怎么好看，怎么办？最后还是议事科的副科长迟先达想出了办法，用一张未用过的签到纸，沿着第三行的竖线折叠起来，盖上已经签字的后三行。现在，就等毛泽东来签字了。这时，四周灯光一下亮了起来，照相机、摄像机的镜头也对准了位置。

待毛泽东坐下来，孙小礼大声说："毛主席，请你在第一行写党派名称：中国共产党，在第二行写您的名字，不要写到第三行里去。"

"什么，到底要我怎么写？"毛泽东有些诧异地问道。

孙小礼重复了一遍，又补充道："就是只在这两行之内写，不要写到上面这张纸上。"

毛泽东好像看穿了他们的小秘密，笑着说："好吧，我照你说的写。"

说完，毛泽东拿起笔，蘸了蘸墨，大笔一挥，在第一行写下了"中国共产党"，在第二行写下了"毛泽东"。然后，放下毛笔，起身离开，向会场走去。

孙小礼如释重负，看着毛泽东的背影，开心极了。

那天出席人民政协会议的中国共产党、各民主党派、无党派民主人士、各人民团体、各地区、人民解放军、各少数民族、海外华侨及其他爱国分子共54个单位，634名代表（实际参加人数），被邀来宾300人。代表中年纪最大的萨镇冰92岁，其次司徒美堂、张元济、周善培也都在83岁以上，年龄最小的学生代表只有22岁，周恩来称之为"四世同堂"。

　　毛泽东身穿一身崭新的深色中山装，头戴八角帽，阔步走向主席台，全场顿时响起了暴风雨一样的掌声。大会由毛泽东、朱德、李济深、沈钧儒、郭沫若担任执行主席。大会全体代表通过了89人组成的主席团名单。主席团又推选了毛泽东、刘少奇、周恩来、宋庆龄、李济深、张澜、马叙伦、马寅初、郭沫若等31人组成主席团常务委员会。林伯渠任大会秘书长。

　　待主席团就座后，毛泽东庄严宣布"中国人民政治协商会议第一届全体会议开幕"。这时，军乐团奏响了《中国人民解放军进行曲》，场外的仪仗兵鸣礼炮54响，全体代表在雄壮、昂扬、坚定的旋律中起立，热烈鼓掌达五分钟之久。

　　军乐齐奏，礼炮齐鸣。这是一个历史性的庄严时刻！

　　就在这时，天气突变，电闪雷鸣，大雨倾盆。

　　龙行于水，虎行生风。

　　在热烈的掌声中，毛泽东致开幕词：

　　　　诸位代表先生们，我们有一个共同的感觉，这就是我们的工作将写在人类的历史上，它将表明：占人类总数四分之一的中国人从此站立起来了。

　　　　我们的民族将从此列入爱好和平自由的世界各民族的大家庭，以勇敢而勤劳的姿态工作着，创造自己的文明和幸福，同时也促进世界的和平和自由。我们的民族将再也不是一个被人侮辱的民族了，我们已经站起来了。我们的革命已经获得全世界广大人民的同情和欢呼，我们的朋友遍于全世界。

> 随着经济建设高潮的到来，不可避免地将要出现一个文化建设的高潮。中国人被人认为不文明的时代已经过去了。我们将以一个具有高度文化的民族出现于世界。
>
> 让那些内外反动派在我们面前发抖吧，让他们去说我们这也不行那也不行吧，中国人民的不屈不挠的努力必将稳步地达到自己的目的。①

全场鸦雀无声，毛泽东用他那特色的湖南口音发出了中国声音，发出了时代最强音，他向世界宣告中国半封建半殖民地的历史彻底结束了，一个新的时代开始了。毛泽东这些话，说出了中国人民的共同心声。

一句"中国人从此站立起来了"，顿时让人们情不自禁地热泪盈眶，全场瞬间掌声翻滚雷动，热烈而沸腾。经过历史岁月的沉淀，毛泽东的这些话，依然散发着中华民族伟大精神的光芒，今天读来依然令人震动感奋。

毛泽东不愧是语言艺术的大师！一句"中国人从此站立起来了"喊出了几代中国人救亡图存、奋发图强的全部心声，所有的愤怒、耻辱、委屈、血泪从此如滚滚东逝水，一泻千里，全部释放。有意味的是，这句话被人们无数次地引用重述，但总是一不小心就出错变成了"中国人民从此站立起来了"。毛泽东为什么用"中国人"而不用"中国人民"呢？这实在是一件值得用心琢磨的事情。我们知道，毛泽东在《论人民民主专政》中，对人民的概念做出了定义和解释，即："人民是什么？在中国，在现阶段，是工人阶级，农民阶级，城市小资产阶级和民族资产阶级。"但在新中国成立的时刻，毛泽东知道，改变祖国命运，洗雪百年耻辱，这不仅仅是人民的事情，这份苦难辉煌，这份光荣梦想，应该是全体中国人——包括国内的反动派，还包括港澳同胞和海外华人、华侨，一句话就是包括海

---

① 毛泽东：《毛泽东文集》第5卷，人民出版社1993年版，第343—345页。

内外所有的华人。因此，毛泽东说"中国人从此站起来了"，而不说"中国人民"，一字之差，天壤之别，胸怀天下，意义非凡。你不能不佩服毛泽东，伟人的家国情怀，也是包容寰宇气象万千。

——"中国人从此站立起来了！"

——这是扬眉吐气的一声呐喊！

——这是团结奋斗的一声召唤！

紧接着，大会宣布为人民解放战争和人民革命中牺牲的人民英雄致哀，全体代表起立，整个会场寂静无声，向烈士默哀三分钟。

紧接着中共代表刘少奇，特邀代表宋庆龄、张治中、程潜，民革代表何香凝，民盟代表张澜，解放区代表高岗，人民解放军代表陈毅，民建代表黄炎培，总工会代表李立三，新疆代表赛福鼎，华侨代表司徒美堂等先后讲话。

中华全国教育工作者代表、科学家竺可桢在这一天的日记中记下了每个人发言的准确时间：毛泽东18分钟，刘少奇14分钟，宋庆龄12分钟，何香凝15分钟，高岗18分钟，陈毅5分钟，黄炎培11分钟，李立三16分钟，赛福鼎连翻译16分钟，张澜11分钟，程潜9分钟，司徒美堂连翻译13分钟。

轮到宋庆龄发言，大家都极为关注，很想听听这位"国母"的声音。宋庆龄说："这是一个历史的跃进，一个建设的巨力，一个新中国的诞生！我们达到今天的历史地位，是由于中国共产党的领导。这是唯一拥有人民大众力量的政党。孙中山先生的民族、民权、民生三大主义的胜利实现，因此得到了最可靠的保证。""让我们现在就着手工作，建立一个独立、民主、和平与富强的新中国"。

可是，就在大家全神贯注倾听宋庆龄的讲话时，突然停电了。但是，全场依然保持安静，宋庆龄依然平静地继续讲话，不慌不忙。那个时候，停电是难免之事，尽管只有几分钟，工作人员还是紧张得心都跳出来了。令人难忘的是，宋庆龄从容地结束了讲话，在全场热烈的掌声中，含笑走下讲台。

救国会代表宋云彬在这一天的日记中记载："讲演词以宋庆龄的最为生

辣，毫无八股气，可惜她不会说国语，用一口道地的上海话念出来，就没有劲了。陈毅的最简单，也很得体。……宋庆龄讲话时，正雷雨大作，电灯忽灭，幸不久就亮。"

在开幕式大会上，最后通过了一项临时动议：以中国人民政治协商会议第一届全体会议的名义，向杨杰代表的亲属及国民党革命委员会致唁。9月19日，也就是大会开幕的前两天，因策划西南五省国民党军队起义，杨杰将军被蒋介石的军统毛人凤的特务在香港杀害。杨杰曾任驻苏、驻德大使和陆军大学校长，是国民党传言中的"两个半军事家"中的一个，另一个是蒋介石，半个是白崇禧。20日，噩耗传来，周恩来非常悲痛，在最后确定会议代表名单时，依然保留他的名字。

其实，在召开人民政协会议前夕，蒋介石企图暗杀的目标何止杨杰一个，已经启动的暗杀计划至少有六项，政协会议代表李济深、龙云、程潜、张治中、傅作义都榜上有名，而且由毛人凤、沈醉等人负责的暗杀行动都已经付诸了实施，只不过都以失败而告终。

晚上11时，开幕大会结束。

会议代表、著名记者徐铸成在日记中写道："今日大会开幕时，雷电交加，大雨如注；散会时，步出会场，已满天星斗矣。"

9月21日，《人民日报》发表社论《旧中国灭亡了，新中国诞生了！》。它的作者是毛泽东的政治秘书、新华社社长、中华新闻工作者协会代表胡乔木。社论指出：这是"中国光辉灿烂的人民的新世纪的开端。这是全中国人民空前大团结的会议"。"全国人民早已渴望召开这样的一个真正由人民自己做主人的人民政治协商会议。""这是一个天翻地覆的伟大胜利。""从此，全世界的人都将看到中国人民以空前英勇的姿态站起来，成为有高度文明的新社会新国家的光荣的主人。"

9月22日，大会第二天，由刘少奇、何香凝、章伯钧、黄炎培、陈毅任执行主席。会议听取了主席团的报告，通过主席团提议设立政协组织法草案整理委员会，共同纲领草案整理委员会，政府组织法草案整理委员会，宣言起草委员会，国旗、国徽、国都、纪年方案审查委员会，代表提案审查委员会等六个分组委员会。

大会还听取了四个报告，分别是人民政协筹备会代理秘书长林伯渠的"筹备工作经过报告"；筹备会第二小组组长谭平山的"中国人民政治协商会议组织法起草经过的报告"；筹备会第四小组组长董必武的"中华人民共和国中央人民政府组织法起草经过的报告"；筹备会第三小组组长周恩来的"中国人民政治协商会议共同纲领起草经过的报告"。

这一天，英国共产党总书记波利特致电毛泽东，祝贺中国人民政治协商会议召开，英共政治委员会通过决议，致电毛泽东预祝中华人民共和国成立，并要求英政府与中国人民建立互惠关系。

这一天，香港《华商报》《大公报》《文汇报》以巨大标题刊载人民政协盛典消息，并发表社论。

9月23日，大会第三天。

上午，人民政协全体代表分组讨论国旗、国徽的图样。

下午，全体会议继续举行。出席大会的共628人。由马寅初、张奚若、乌兰夫、李德全、陈云担任执行主席。代表大会发言的分别是李济深、黄克诚、刘伯承、傅作义、成仿吾、陶孟和、章乃器、杜国庠、粟裕、陈伯达、廖承志、陈铭枢、陈叔通、蔡廷锴、茅盾、梁希、谢雪红、胡乔木，共计18人。

徐铸成日记记载："以刘伯承、粟裕、傅作义、梁希的发言最受欢迎。刘、粟代表二野、三野向大会保证，短期内肃清西南、华南残敌，解放台湾，完全统一。"

宋云彬日记记载：傅作义发言最坦率，谓"此次赴绥远，蒋介石曾来电邀往重庆，有'足下此次脱险，颇与十年前余自西安脱险相似，深可庆幸'之语，然余决不为所动。今日得参加大会，站在讲台上发言，真是既惭愧，又荣幸，更无限兴奋"云云。此前，8月22日，毛泽东告诉傅作义和邓宝珊："蒋介石造谣说你们失去自由，今请君等自由复归绥，如你们愿意返回蒋那边，也给你们自由。"

傅作义报告了绥远和平解放的经过，还说今后将以将功折罪的心情，为新中国的建设尽力，全场热烈鼓掌。

晚上，中国共产党中央委员会毛泽东主席和中国人民解放军朱德总司令举行宴会，宴请程潜、张治中、傅作义、邓宝珊、黄绍竑、李书城、李明灏、刘斐、陈明仁、孙兰峰、李任仁、吴奇伟、高树勋、张轸、曾泽生、何基沣、刘善本、林遵、邓兆祥、左协中、廖运周、李明扬、张骙村、黄琪翔、周北峰、程星龄等26位国民党起义将领。应邀作陪的有李济深、陈铭枢、蔡廷锴、蒋光鼐、周恩来、陈毅、刘伯承、粟裕、黄克诚、聂荣臻、罗瑞卿、邢肇棠、周保中、赵寿山、张学思、杨拯民。毛泽东说：由于国民党军中一部分爱国军人举行起义，不但加速了国民党残余军事力量的瓦解，而且使我们有了迅速增强的空军和海军。

对国民党起义将领，毛泽东极其尊重。比如程潜到北京时，毛泽东亲自去火车站迎接。摄影师徐肖冰回忆说："当程潜走下火车后，毛主席快步迎上去，紧紧握住他的双手。就在握手的刹那间，程潜的泪水流了下来，激动得说不出话来。还是毛主席先开了口，风趣地说：多年未见，您历尽艰辛，还很康健，洪福不小啊！这次接你这位老上司来，请你参加政协，共商国家大事。"接着，毛泽东把程潜扶进车里，两人同乘一辆车，来到中南海的菊香书屋。晚宴时，毛泽东对程潜说："二十多年来，我是有家归不得，也见不着思念的乡亲。蒋介石把我逼成个流浪汉，走南闯北，全靠这一双好脚板，几乎踏遍了半个中国。""我们这个民族真是多灾多难啊！经过八年浴血抗战，打败了日本侵略者，也过不成太平日子。阴险的美帝国主义存心让蒋介石来吃掉我们。我们是被迫打了四年内战，打出一个新中国。这是人心所向啊。"

毛泽东、周恩来等共产党人的真诚，打动了很多像程潜这样的国民党高级将领，统一战线的思想光芒照亮了他们的心田。比如，陈明仁是原国民党军中一位骁勇能战的将领，曾英勇抗日。抗战胜利后，一开始没有认清蒋介石的面目，在内战中为蒋介石卖过死力。1949年8月，在湖南任程潜的第一兵团司令时，他协助程潜起义，使湖南得以和平解放。这次他作为特邀代表参加了新政协，深有感慨地说："共产党真是说话算话，毛主席了不起！我过去给蒋介石那么卖命，最末说我不是老头子一派的，不要我了。蒋介石不讲道理，只讲个人恩怨。共产党才是以团结为怀，对人真心诚意。我过去同解放军打得那么凶，起义了，共产党不记前仇，这么优待我，信任我。不光是对我呀，那些被捉住的，也是很优待。"

在会议期间，经周恩来批准，陈明仁曾专门去探望了原黄埔同学、关押在山东的王耀武和李仙洲，亲眼看到了共产党的宽大政策和俘虏政策。他从共产党的实际行动中，认识了共产党，靠近了共产党。他说："我看到和懂得了毛主席的思想。"前几天（9月19日），毛泽东邀请张元济、程潜、陈明仁、李明扬等民主人士同游天坛，陈明仁为湖南起义前没有扣留蒋介石派员的失误而自责。毛泽东笑着说："没错没错，不要扣，革命不分先后，不要勉强人家嘛！今后，凡是愿意过来的，我们派飞机接，凡是愿意走的，我们派飞机送……"

在这天的晚宴上，毛泽东客气地对起义将领们说："开会期间很忙，没有同大家单独见面。会议结束了，你们也快回去了，今天请大家吃顿便饭。"毛泽东谦恭、诚挚、平易地端着酒杯到每桌同每个人都亲切碰杯，一再说："感谢大家。"

9月24日，全体会议继续举行，由各单位代表发言。

这一天，大会执行主席是高岗、马叙伦、蔡廷锴、陈嘉庚、史良。

这一天，先后发言的有22位，分别是朱德、沈钧儒、陈嘉庚、马明方、邵力子、高崇民、彭泽民、刘英源、张云逸、乌兰夫、张难先、沙千里、梅兰芳、陈其尤、陈瑾昆、邓颖超、潘震亚、冯文彬、沙文汉、许德珩、连贯、谢邦定。

这一天，捷克斯洛伐克共产党致电中共中央，祝贺中国人民政治协商会议的召开和新中国的成立。

这一天，大会发言也有生动有趣的一面。比如，爱国侨领陈嘉庚先生平时颇善讲话，虽然说的是土话，必须翻译，但是今天照发言稿一个字一个字地念，却像过去私塾学生念书一样，听起来颇有滑稽之感。梅兰芳善唱戏，但上台读演讲词，可不成。

这一天，大会发言也有不落窠臼的一面。比如，张难先代表的发言给人印象深刻,他在最后一段说:"本席这个小组的代表中如张代表元济、周代表善培,都是七十、八十多岁的人,数十年不愿参加什么政治性的会议。再如李代表书城、宁代表武等都是中国同盟会的老人,好多年看见旧政府所作所为,都是背叛孙中山先生的主张,遇到什么政治性的会议都是不肯参加的。却是此次所召开的人民政治协商会议,大家都欢欣鼓舞,不顾衰老,毅然参加,这实在是看见解放军军纪之好,政府人员之刻苦努力,以及毛主席、朱总司令之英明领导所感召。就这几位老先生之参加看来,真可以代表全国人民心悦诚服地拥护人民政府。这个意义是非常重大的,故本席附带报告一下。"生面别开,毫无八股气息,博得全场掌声。

9月25日,继续举行第一届全体会议。

这一天,大会执行主席由谭平山、刘伯承、蔡畅、刘格平、董必武担任。

这一天,大会发言的有郭沫若、刘晓、贺龙、朱学范、陈明仁、薄一波、刘格平、马叙伦、张晔、邓宝珊、孙兰峰、蒋光鼐、黄绍竑、黄敬、朱俊欣、吴奇伟、李秀真、吴耀宗、钱昌照、周信芳。大会发言时,也闹了一个笑话。徐铸成在日记中记载:"最使全场惊奇者,吴奇伟发言末,举手高呼'中国国民党万岁!'盖拟喊'中国共产党万岁!'因过去习惯,脱口而出此。此'精彩'录音,定不能编入广播矣。""禁不住'感极泪下'"。

这一天,新疆警备总司令陶峙岳等发表通电,新疆和平解放。

这一天,晚上8时,毛泽东、周恩来在中南海丰泽园召开协商国旗、国歌等问题的会议。

早在6月16日举行的新政协筹备会常委会第一次会议上,专门设立的第六小组负责研究草拟国旗、国徽、国歌、纪年、国都等方案,组长是著名教育家、中国民主促进会负责人马叙伦,副组长是叶剑英,后增加茅盾担任主持日常工作的副组长。组员有张奚若、田汉、马寅初、郑振铎、郭沫若、翦伯赞、钱三强、蔡畅、李立三、张澜、陈嘉庚、欧阳予倩、廖承志等16人。这项工作是新中国的标志性工作,紧迫、严肃、庄重,责任重大,全国人民都很关心、都在期盼,关系中国的大国形象。

7月4日，叶剑英在中南海主持召开了第六小组的第一次会议。会后拟定了国旗、国徽、国歌的征集启事。经周恩来审批后，7月10日报新政协筹委会常委会批准。启事条例如下：

一、国旗，应注意：（甲）中国特征（如地理、民族、历史、文化等）；（乙）政权特征（工人阶级领导的以工农联盟为基础的人民民主专政）；（丙）形式为长方形，长阔三与二之比，以庄严简洁为主；（丁）色彩以红为主，可用其他配色。

二、国徽，应注意：（甲）中国特征；（乙）政权特征；（丙）形式须庄严富丽。

三、国歌，（甲）歌词应注意：（1）中国特征；（2）政权特征；（3）新民主主义；（4）新中国之远景；（5）限用语体，不宜过长；（乙）歌谱于歌词选定后再行征求，但应征国歌歌词者亦可同时附以乐谱（须用五线谱）。

四、应征国旗国徽图案者须附详细之文字说明。

五、截止日期，八月二十日。

六、收件地点：北平本会。[①]

从7月18日至26日，《人民日报》《北平解放报》《新民报》《大众日报》《光明日报》《进步日报》《天津日报》发表了上述启事，连续8天，得到了工、农、兵、学、商全国各阶层人民和港澳同胞、海外侨胞的热烈响应。至8月20日，一个多月收到应征稿件共计：国旗有1920件，图案2992幅；国徽有112件，图案900幅；国歌有632件，歌词、歌谱694首；意见书24封（未附图案或歌词）。

从8月6日至20日，第六小组的专家团队开始审阅征集作品。他们在北京饭店413会客室开设了选阅室，分类陈列应征稿件。至9月14日，小组先后召开了4次全体会议和多次座谈会，经全体组员和参加评审的专家

[①] 杨胜群，陈晋主编：《亲历者的记忆：协商建国》，生活·读书·新知三联书店2009年版，第259页。

们审阅、讨论，拿出了一个初步意见：

第一，关于国都。大家一致同意建都北平，改称北京，没有不同意见。

第二，关于国歌。应征的词、谱比较多，包括郭沫若、马叙伦、欧阳予倩、冯至、柯仲平等也都创作报送了作品。大家审阅后，似乎都觉得不理想，认为短时间创作出理想的国歌词谱是困难，倾向于国歌未制定前，以《义勇军进行曲》代国歌。《义勇军进行曲》是由田汉作词、聂耳作曲，原为上海电通影片公司1935年拍摄的电影《风云儿女》的主题歌，后在抗日救亡运动中广泛流传，电影本身反而没有那么大的名气了。但个别同志主张修改一下歌词，提出了歌词中"中华民族到了最危险的时候"这句话是否适用的问题。于是，小组请郭沫若修改了一份歌词，于9月13日印发了200份交给大家和常委审阅。

最早建议用《义勇军进行曲》作为国歌的是周恩来。7月初，在审批"征集条例启事"时，他就说：我个人的意见最好用《义勇军进行曲》为国歌，不过你们大家可以讨论，再征求一下群众的意见。他认为这是一首家喻户晓且鼓舞中国人民争取民族解放、代表中国人民呼声的雄伟的歌曲，是战斗的号角，起过巨大的历史作用。应征稿中果然也有很多人提出了这样的建议。

第三，关于纪年。一开始有争议，有人主张用中华人民共和国纪元，有人主张从孙中山建立中华民国开始纪元，有人主张从几千年前的黄帝即位时开始纪元。经查阅，世界各国采用本国纪元的只是少数国家，绝大多数都采用公元纪元。经反复讨论，考虑国际通用，大家一致同意采用公元纪元。

第四，关于国旗。这是争论最多的一个问题，因为应征的方案也最多。应征稿件主要分为四类：第一类用国际式镰锤交叉并加五角星，大家觉得有模仿苏联国旗之嫌，形式也不美观；第二类拟用嘉禾齿轮，形式上难以配合，图案复杂难以简洁美观；第三类一半模仿美国星条旗，一半模仿苏联国旗，构思设计均不足取；第四类是以红旗上排列五星图，或者红旗中加五角星和在红旗中加一或两条黄杠代表黄河和长江等，朱德和郭沫若设计稿也是类似图案。

经研究，第一、二、三类因模仿、不简洁不能采用，就在第四类中评选出几十幅较好的图案，再征求大家意见。周恩来专门指示，要把选出的几十幅图案按类型编成一册，每幅以编号匿名的方式送给专家和委员审阅、挑选。9月22日，小组秘书彭光涵将大家复选出的38幅国旗图案编为一册，作为最紧急件，请新华印刷厂连夜赶印出《国旗图案参考资料》。其中的复字32号就是后来大家一致通过的五星红旗图案，草拟的说明是大五角星代表中国共产党，周围四颗小五角星代表工、农、小资产阶级和民族资产阶级。

第五，关于国徽。因投稿者大都把国徽误以为是国标，设计方案基本上不能采用。经初选委员会商议，筹备委员会常委会同意，国徽在这次大会上暂不决定。

9月22日，中国人民政治协商会议第一届全体会议通过决议，成立大会国旗、国歌、国徽、国都、纪年方案委员会，并委任55人为审查委员，马叙伦为召集人。

9月23日，人民政协全体代表分为11个小组讨论国旗、国徽、国歌等方案，共计600多人，大家的意见一开始主要倾向于复字32号，但又觉得四颗小五角星代表四个阶级的说法不妥。而对复字1号、复字4号、复字3号方案，即左上方一颗大五角星，中间加一条黄杠或两条黄杠代表黄河和长江等的图案，赞成者甚多，但反对的声音也甚为激烈。因为南方还没有解放，有人认为这是否意味着南北分家、不体现统一，所以坚决反对。双方争执不下，彭光涵就把争论的情况写了请示，向周恩来做了报告。

为这件事，张治中就找到毛泽东，问道："毛主席，你对这些国旗图案，喜欢哪一个？"

毛泽东说："我还没有决定。"

张治中说："主席，那我就不客气了，我认为复字1号这个旗帜啊，一个是我们是革命，中间画一道杠杠，那是分裂革命。另外呢也分裂我们的国家。"

毛泽东哈哈大笑起来，说："哎哟，是有这么一个问题，我再同大家商量商量。"

这天晚上，周恩来亲自来到北京饭店找彭光涵，问道："你接触那么多国旗图案，到底哪个图案代表意见比较一致？"

"一颗大五角星加一道黄杠的图案赞成意见较多，但反对的意见也不少，而且很坚决，即使勉强通过了，意见一定还很大。"彭光涵一边说，一边翻开画册，"大家比较欣赏复字32号这个五星红旗图案，但是有人不赞成用四个小五角星代表四个阶级，总的看，五星红旗的图案比较好，容易通过。"

周恩来说："好！你按这个图案再画一幅大一点的，并做一面大旗明天下午交给我。"

复字32号图案的作者叫曾联松，是上海一名普通的经济工作者。在他的原稿中，那颗大五角星中间还有镰刀锤头的图案，后来在第六小组的修改中删除了。

因为距离10月1日开国大典只有五天时间了，而且9月27日大会要通过的四个决议中，其中一个就是关于国旗的议案，满打满算只有两天时间了。也就是说，9月25日晚上必须把方案确定下来。

好了，万事俱备，现在开会。这天晚上，大家齐聚丰泽园毛泽东住处的会议室，做最后的讨论。毛泽东、周恩来在审定工作人员拟定的出席者名单时，特意删除了几位共产党，增加了一些党外的民主人士。现在出席会议的有郭沫若、沈雁冰、黄炎培、陈嘉庚、张奚若、马叙伦、田汉、徐悲鸿、李立三、洪深、艾青、马寅初、梁思成、马思聪、吕骥、贺绿汀等18人，都是大名鼎鼎的人物。彭光涵做会议记录。

首先讨论了国歌的方案。

作为第六小组组长的马叙伦在介绍了此前讨论的情况后，说："新政府就要成立，目前国歌一下还制不出来，是否可用《义勇军进行曲》暂代国歌。"

李立三说："这个歌的曲子很好，但歌词中有'中华民族到了最危险的时候'，不妥，最好修改一下。"

张奚若说："这是历史的产物，词曲都不要修改。"

梁思成说："我同意，要保持它的完整性，词曲不能修改。"

徐悲鸿说："该进行曲只能暂代国歌。"

郭沫若说："我赞成暂用它当国歌，因为它不但中国人民会唱，而且外国人民也会唱。但是歌词修改一下好些。"

的确，二战结束之际，《义勇军进行曲》与贝多芬、柴可夫斯基等大师的作品一道并列为"盟军凯旋之歌"。著名的黑人音乐家保罗·罗伯逊曾经灌制了一张名为《起来》的唱片，而且在多个场合用汉语演唱了这首歌。

黄炎培说："我觉得词不改好些。"

田汉谦虚地说："该曲是好的。我写的歌词在过去有它的历史意义，但现在应该让位给新的歌词。"

周恩来接着说："要么就用旧歌词，这样才能激励感情，修改了唱起来就不会有那种感情了。"

毛泽东说："旧的还是要。我国人民经过艰苦斗争虽然全国快解放了，但还是受帝国主义的包围，不能忘记帝国主义对我国的压迫，我们要争取中国完全独立、解放，还要进行艰苦卓绝的斗争，所以还是保持原有歌词好。大家认为以《义勇军进行曲》做国歌最好，意见比较一致，我看就这样定下来吧！"

生于忧患，居安思危。中国的历史和现实就是如此，毛泽东一语中的。大家热烈鼓掌，深表赞同。

接下来，议定国旗的方案。

毛泽东说："过去我们脑子里老想在国旗上标出中国特征，因此画一条横杠代表黄河，其实许多国家国旗也不一定有什么该国特征，苏联之斧头镰刀，也不一定代表苏联特征，哪一国都可以有同样的斧头镰刀；英、美等国的国旗也没有什么该国的特征。代表国家特征可在国徽上表现出来。"

这时，毛泽东停顿了一会儿，拿起放在面前的放大了的五星红旗图案说："大家都说这个图案好，中国的革命胜利就是在共产党领导下以工、农为基础，团结了小资产阶级、民族资产阶级，共同斗争取得的，这是中国革命的历史事实。今后还要共同努力进行社会主义建设，我看这个图案反映了中国革命的实际，表现了我们革命人民大团结。现在要团结，将来也要团结，我看这个图案是较好的国旗图案。"

听到毛泽东这么一解释，大家一致热烈鼓掌，表示赞同。

陈嘉庚激动地站起来，说："我从东北回来，我很关心国旗问题，我完全赞同毛主席讲的复字32号国旗图案。"早在1940年，他就曾带着专家设计的新国旗方案到重庆找到国民党政府，谁知国民政府官员态度专制蛮横，遂作罢。他还说："辛亥革命胜利后，孙中山在南京就职，公决用五色旗，代表汉满蒙回藏五族，共和立国之义。到蒋介石当权，却把青天白日党旗换作国旗，这是我最不满意的。"

梁思成说："我觉得复字32号图案很好，多星代表人民大团结，红代表革命，表示革命人民大团结。"

就这样，大家达成了共识，赞成复字32号国旗图案，热烈鼓掌通过。

在会上，徐悲鸿、梁思成、翦伯赞、陈嘉庚、张奚若等都希望国旗制定后，全国的国旗制作要认真严肃，要规定哪一号颜色，将来由国家指定工厂专门生产国旗用的红布，就叫"国旗红"。

国徽象征着国家的尊严。对国徽的设计方案，大家的意见与初审时一样，对当时报送的所有方案均不满意。最后，毛泽东说："国旗决定了，国徽是否可慢一点决定，原小组还继续设计，等将来交给政府去决定。"

毛泽东的话让大家有了定心丸。新一轮的设计竞赛也就此展开。这年10月23日，梁思成的夫人林徽因和莫宗江提交了一个方案，首次将五星红旗的五颗金星设计入国徽；此后，中央美院的张仃、钟灵等设计小组将天安门设计进了国徽造型。但评审小组对提交的7个方案依然不满意。

1950年5月，周恩来总理直接请梁思成教授在清华大学组成设计小组，再次展开竞赛，并决定以天安门为主体设计国徽样式。6月17日，清华大学营建系国徽设计小组在梁思成、林徽因的领导下，提交了设计方案。6月20日，人民政协一届二次全会召开国徽审查会议，周恩来亲自主持，顺利通过了清华提交的第二图。当周恩来询问"清华的梁先生来了没有"时，张奚若回答："梁先生和林先生都因为昼夜劳累，现在都病倒了。"周恩来十分感动，叮嘱要照顾好。

6月23日，经毛泽东提议，全体代表起立，以鼓掌的方式通过了由梁思成、林徽因主持设计的国徽图案。毛泽东亲自向代表们说明了国徽的内容含义："国旗、天安门、齿轮和麦穗，象征着中国人民自五四运动以来的新民主主义革命和工人阶级领导的以工农联盟为基础的人民民主专政的新中国的诞生。"随后，按照周恩来提出的"向上"（表现新中国蓬勃向上）和"响亮"（色调要明快）的要求，清华大学营建系的高庄完成了国徽的立体石膏模型（浮雕图案）艺术造型设计，莫宗江又据此完成了"国徽方格墨线图"和"国徽纵断面图"。

9月20日，中央人民政府主席毛泽东颁布施行国徽的命令。

1950年10月1日，是新中国成立一周年的日子，国徽悬挂在了天安门城楼上，梁思成、林徽因夫妇和国旗的设计者曾联松一起，也在这一天登上了天安门城楼，见证了这一庄严的时刻。

对于定都北平，改名北京，这是在西柏坡时就决定了的。毛泽东和大家一样，赞成。

关于纪年问题，大多数人赞成公元纪年，但有人说我们采用公元为纪年，老百姓也可能同时采用其他纪年。

毛泽东说："老百姓要用其他纪年我们也没有办法，我们不能制定法律去处罚他们。过去用中华民国，老百姓用甲子年，他们还是用了。但是，我们的政府还是要有个决定，采用哪个年号。"

黄炎培第一个发言，同意毛主席的意见。他说："有人说采用公元纪年是以耶稣降生之年为纪元，是基督教国家的年号。据我们调查了解，其实许多非信仰基督教的国家也采用公元为纪年，现在公元纪年已成为国际习惯通用的年号。少数国家采用本国纪元，但在行文写到本国纪年时，常常还要加注公元多少年，很麻烦。"

听到这里，毛泽东风趣地插话说："就是耶稣也不坏，耶稣和今天某些国家借推行基督教进行帝国主义侵略并不一样。"

经过热烈讨论，大家一致鼓掌同意采用世界公元为新中国纪年。

会议进行到这里，所有的问题都获得了共识。这时，时针已经指向了23时了。最后，毛泽东提议说："今天国歌、国旗、国都和纪年等问题都确定了，开了一个很成功的会议。我提议，请恩来指挥，我们大家一起来唱我们新中国的国歌。"

毛泽东的提议，赢得了热烈的掌声。大家立即全体起立，挺直脊梁，庄严肃立，随着周恩来的指挥，放声歌唱《义勇军进行曲》："起来！不愿做奴隶的人们，把我们的血肉筑成我们新的长城……"

9月26日，人民政协一届一次会议休会一天。

这一天，下午3时，大会国旗、国徽、国歌、国都、纪年方案审查委员会在北京饭店召开第一次全体会议，经大家讨论一致通过将《国旗、国歌、国都、纪年的决议（草案）》提交大会主席团审核，再提交大会讨论。

这一天，周恩来在六国饭店主持了一场特别的午宴，意义重大而深远。

应邀参加午宴的黄炎培、司徒美堂、何香凝、马寅初、沈钧儒等二三十人都是70岁以上的长者。他们是昨天深夜在下榻的北京饭店突然接到这封周恩来和林伯渠的联名请柬的，上面写着："9月26日上午11时半在东交民巷六国饭店举行午宴，并商谈重要问题，请出席。"

到底是要商谈什么重要的事情呢？会议议程上似乎也没有这一项安排。

时间到了，受邀的长者也都到齐了。周恩来主持宴会。在宴会开始之前，他悄悄地叫人把餐厅的大门关上，开始讲话："今天请来赴宴的，大都是辛亥革命时期的长辈，有三个人不是，来听长者的发言。我国有句老话，叫作'请教长者'，今天的会就是如此。在讨论文件时，各位看见国号'中华人民共和国'之下，有一个简称中华民国的括号。这个简称，有两种不同意见，有的说好，有的说不必要了。常委会特叫我来请教老前辈，看看有什么高见。老前辈对'中华民国'这四个字，也许还有点旧感情。"

大家一听，这才明白过来。

新的时代，新的国名是革故鼎新的标志。大家还记得，6月15日，毛泽东在新政协筹备会第一次全体会议上致辞时，最后呼喊的三个口号中，其中有一个就是"中华人民民主共和国万岁"。在新政协筹备委员会组织法草案中，也提到要建立中华人民民主共和国政府之方案。

到了7月9日，在举行的第四小组第二次会议上，清华大学教授张奚若对"中华人民民主共和国"的称呼提出了质疑。他说："有几位老嫌中华人民民主共和国的名字太长，他们说，应该去掉'民主'二字，我看叫中华人民共和国好。"他强调"焉有人民而不民主哉？"对国家政体来说，"共和"同"专制"相对，本身就有民主的意思。

其实，在发出新政协号召前后，中共中央文件和领导人的著作中，即多次有"中华人民共和国"的提法。如1948年1月18日毛泽东为中共中央起草的党内指示《关于目前党的政策中的几个重要问题》和2月15日完稿的《中共中央关于土地改革中各社会阶级的划分及其待遇的规定（草案）》等，都把新中国定名为"中华人民共和国"。但毛泽东在《新民主主义论》中称"中华民主共和国"。后来在8月1日，毛泽东复香港各民主党派与民主人士电等，10月上旬提出、11月25日达成协议的《关于召开新的政治协商会议诸问题》及随之起草的《新政治协商会议筹备会组织条例草案》和《中华人民民主共和国政府组织大纲草案》中，又改用"中华人民民主共和国"的名称，直至新政协筹备会的召开。

筹备会议期间，大家认为："人民"与"民主"同义，"民主"又与"共和"重复。黄炎培、张志让等人主张用"中华人民民主国"，张奚若主张用"中华人民共和国"。最后经过讨论，决定采用后一种意见。国名确定下来并没有引起太大争论，倒是国名的简称问题引起了激烈的争论。民革的陈劭先提出："中华人民共和国之后，应加括号简称中华民国。"这就引起了争论。最后，会议只好把大家的意见整理为书面意见："我国国名拟可将原拟中华人民民主共和国改为中华人民共和国，简称中华民国或中华民主国，将来进入社会主义阶段即可改称中华社会主义民主国。"

既然关于国名的简称问题，不能达成一致的意见，中共中央就决定采取民主的方法，邀请各方人士再行商讨。于是，周恩来就把这些长者邀请到一起来做最后决定。

周恩来说完后，民建代表黄炎培首先发言。他说："我国老百姓教育很落后，感情上习惯用中华民国。一旦改掉，会引起不必要的反感，留个简称，是非常必要的。政协三年一届，三年之后，我们再来除掉，并无不可。"

辛亥革命老人、72岁的何香凝接着说："中华民国是孙中山先生革命的一个结果，是用许多烈士鲜血换来的。关于改国号问题，我个人认为，如果能照旧用它，也是好的，大家不赞成，我就不坚持我的意见。"

这时，辛亥革命后归隐38年的前清进士周致祥说话了："我反对仍要称什么中华民国，这是一个群众毫无好感的名称！我主张就用中华人民共和国，表示两次革命的性质不同。"

接着，司徒美堂老人激动地站起来要求发言。他说："我也是参加辛亥革命的人，我尊敬孙中山先生，但对中华民国四个字，则绝无好感！我的理由是，那是中华官国，与民无涉！"司徒美堂说一句，司徒丙鹤就翻译一句，宴会厅里安静极了，大家都静静地听这位老华侨的意见。"我们试问，毛泽东先生领导的这次革命，是不是跟辛亥革命不同？如果大家认为不同，那么，我们的国号应该叫中华人民共和国。国号是个庄严的东西，一改就改好，为什么要三年后再改呢？"

翻开中国近现代史就知道，从1912年到1949年，中华民国这个国号在中国大陆叫了38年。在1928年之前的17年间，控制北京中央政权的军阀首领，像走马灯一样不停地变换。出任过总统或国家首脑的有7人，当过总理的有26人。政府内阁变动次数就更多了，据不完全统计有47次，其中最长的存在17个月，最短的只有两天。1928年国民党统一中国，在围绕国民政府的首都应该设在哪里的问题上，蒋介石和北方的阎锡山、冯玉祥出现了分歧。北方的人说，南京是六朝金粉之地，是亡国之都，而北京是元明清以来传统的首都。南方的人则说：南京是孙中山先生生前指定的首都，总理遗训不能违背。南北的政治家和文人，都引经据典，打了好一阵子笔仗，反映出国民党内部的派系之争，都想就近控制首都。有意思的是，这种争论早在1912年建立中华民国时就出现过，孙中山等革命党人要求袁世凯到南京就职担任临时大总统，而袁世凯则坚决在北京就职。1928年这次争论的结果，同上次一样，谁有实力，谁说了算，控制中央大权的蒋介石，干脆把北京改成了北平，中华民国的首都便确定在了南京。

司徒美堂目光炯炯有神，声音洪亮如钟："语云'名不正则言不顺，言不顺则令不行'。你看看,仍然叫中华民国,何以昭告天下百姓?我们好像偷偷摸摸似的,革命胜利了,连国号都不敢改?我反对简称中华民国,坚决主张光明正大地使用中华人民共和国这一称号,抛掉中华民国的烂招牌!"八十高龄老人家的这番话,快言直语,痛快淋漓,掷地有声,听者无不动容。司徒美堂一说完,大厅里顿时响起一片热烈的掌声。

马寅初立即表示赞同:"加一个简称,简直不伦不类,不像话!"

张澜、陈叔通也表示赞成。

车向忱说:"关于人民群众一时不能接受,这只是宣传教育问题。慢慢教育,可以使人民认识这次革命政权的性质,万万不可因噎废食!老百姓是否反对新国号?我看不见得。"

沈钧儒是法学家,他从法律的角度做了阐述:"有些群众还在写中华民国,那是他们的一时之便,我们也不必明令禁止。至于堂堂的立国文件里加上简称中华民国的括弧,这的确是法律上的一大漏洞。遍观世界各国国号,只有字母上的缩写,而没有载之文件的其他简称。"

像司徒美堂说话需要翻译一样,陈嘉庚的厦门话也需要翻译了大家才听得懂。他说:"大家对中华民国绝无好感,人们初时不习惯,久了就会成自然。"

在这次午宴上,先后有18人发言,其中16个人都主张不用"中华民国"这个简称,因为"中华民国"并不是一个简称,而是代表旧中国统治的一切,反动派标榜"中华民国",而人民对它已发生反感,人民的新中国是新民主主义的,不能与之混同,如果要用简称,就简称"中国"。还有的代表主张,既不应简称"中华民国",也不必在纲领条文中注明简称"中国",因"中国"是习惯用法,不是简称。最后,所有政协文件均没有写简称。

9月26日,这一天,凌晨3时,还没有睡觉的毛泽东突然想起明天大会发言就要结束了,于是提笔给周恩来写信:"尚未讲话而应讲话或想讲话的人们,如林遵、邓兆祥、刘善本、章伯钧、张元济、周善培、李书城、柳亚子、张学思、杨拯民、罗隆基、李锡九、李烛尘……等人(名单应加斟酌),本日上午或下午必须逐一通知他们写好讲稿,否则明天即来不及讲了，请注意及时组织此事。"

人不讲话不行，民主政治的规则包括发言权。毛泽东一向主张在党内畅所欲言，现在是人民政治协商会议，共产党更应特别给民主党派、民主人士说话的机会。

9月27日，人民政协第一届全体会议继续举行。

今天出席大会的代表有632人。会议有两项议程。

第一项议程是大会发言，由张澜、李立三、贺龙、茅盾、薄一波任执行主席。在会上发言的有李任仁、阿里木江、蓝公武、赵寿山、李锡九、张轸、李达、林遵、范小凤、邓兆祥、张冲、黄琪翔、王国兴、林砺儒、朱德海、朱早观、田富达、天宝、汪世铭、罗隆基、刘善本、李承干、杨拯民、张学思、刘清扬。

至此，在人民政协一届一次会议上，各民主党派、各界代表共计有88人在大会上做了发言。

第二项议程由周恩来、宋庆龄、张云逸、陈叔通、赛福鼎担任执行主席，讨论通过了中国人民政治协商会议组织法；还通过了中华人民共和国中央人民政府组织法和中华人民共和国国都、纪年、国歌、国旗四个议案：（一）中华人民共和国的国都定于北平，自即日起北平改名为北京；（二）中华人民共和国的纪年采用公元，本年为一九四九年；（三）在中华人民共和国的国歌未正式制定前，以《义勇军进行曲》为国歌；（四）中华人民共和国的国旗为红地五星旗，象征中国革命人民大团结。

这一天，时任第一届政协会议民盟代表的费孝通回忆说：

> 我记得去年这个时候，在石家庄附近的一个村子里和朋友们闲谈，我一直用着"我们怎样，你们怎样"的语调。当时中共统战部的一位朋友就说："什么时候你不再这样分别'我们''你们'就好了。"是的，我想，我能自发地运用"咱们"两字时，统战工作才算真的成功了。这问题常常在我心上，但是"咱们"两字总是不容易出口。

新政协通过国旗那天，我和吴晗先生约定一同从城里赶回清华来参加庆祝新政协的大会。城里的会开得很晚，过了9点才散，我们老是挂念学校里7时已在开的庆祝会。所以我们两个人，一散会就拼命地把好消息带回来，买了两个烧饼在路上吃，到校已经10点钟。在不断欢呼声中走上台去，"咱们的新中国诞生了！"——这是我的第一句话。也是我第一次这样自然地用了"咱们"两字。新中国把"我们""你们"消融了，成为"咱们"。

我记起这一段故事，因为这也许是一把钥匙。我和许多朋友都是解放之后才和共产党发生接触的。我们对于反动统治的厌恶是深刻的，但是以那时为止，我们多少认为和共产党只有相似的目的，所以是朋友。朋友之间只是携手、合作，而还缺乏一种"一家人"的感觉，所以有你我之别。不但如此，我们还有一种"进步的包袱"，自己以为很有主张，很有办法，要和共产党往来，比朋友更进一步，成为一家人，似乎会失去了独立性。这是一开口就是"我们""你们"这一套的原因。[①]

4
绘制蓝图：全票通过《共同纲领》，毛泽东最后一个起立鼓掌

9月29日，人民政协一届一次会议已经进行到了第七天。

这一天，大会会议的主要议程是讨论和通过四项议案：一是中国人民政治协商会议共同纲领；二是中央人民政府副主席和全体委员名额；三是中国人民政治协商会议第一届全体会议关于选举中国人民政治协商会议全国委员会和中央人民政府委员会的规定；四是主席团常务委员会关于代表提案的审查报告。

出席今天大会的代表有633人。大会执行主席是彭真、张东荪、陈铭

---

① 杨胜群、陈晋主编：《亲历者的记忆：协商建国》，生活·读书·新知三联书店2009年版，第278页。

枢、章乃器、周恩来。

众所周知，建立新中国准备工作的主要任务，是起草《共同纲领》。对这个具有临时宪法性质的《共同纲领》，毛泽东高度关注，亲自修改，慎之又慎。今天在来到怀仁堂开会之前，他在菊香书屋又审看了两遍，仔细琢磨是否还有什么考虑欠妥之处。像往常一样，他手提文件袋，提前数分钟信步走进了会场。

早在中央1948年发布"五一口号"倡议召开新政治协商会议之时，就提出了制定共同纲领的问题。同年11月25日，高岗、李富春代表中共中央与在哈的民主人士达成了《关于召开新的政治协商会议诸问题》的协议，其中第二项第五款规定：新政协应讨论和决定两项重要问题："一为共同纲领问题，一为如何建立中华人民民主共和国（当时的临时称谓。下同。作者注。）临时中央政府问题。共同纲领由筹备会起草，中共中央已在起草一个草案。"这里所说中共起草的"草案"，是由李维汉在10月27日主持起草完成的《中国人民民主革命纲领草稿》。这份"草案"除简短的序言外，分总则、政治、军事、土地改革、经济财政、文化教育、社会政策、少数民族、华侨、外交等10部分，共46条。因为这个"草案"重点是在"人民民主革命"方面，稿子是"勉强凑起来"的，李维汉在11月主持修改又形成了第二稿。

到了1948年12月30日，毛泽东在为新华社写的新年献词《将革命进行到底》中宣布：1949年将要召集没有反动分子参加的、以完成人民革命任务为目标的政治协商会议，"宣告中华人民民主共和国的成立，并组成共和国的中央政府"。因此，关于政协的使命，又有了新的规定。1949年2月27日，周恩来对"草案"第二稿进行了文字修改，把它同《关于新的政治协商会议诸问题的协议》《新政治协商会议筹备会组织条例草案》《参加新政协筹备会各单位民主人士候选名单》《中华人民共和国政府组织大纲草案》一起编印成册，名为《新的政治协商会议有关文件》。

就在中共中央起草《共同纲领》草案的同时，在香港的各民主党派也展开了有关纲领问题的讨论。围绕要不要以"新民主主义"作为建国指导原则问题，出现多种意见。除大多数人赞成"新民主主义"外，有人主张用"革命的三民主义",有人主张用"人民民主主义",有人主张用不加"新"字的"民主主义"。个别人还拟定了与共产党讨价还价的"纲领"。为了推动各民主党派和无党派民主人士进一步统一思想,更加坚定地站到新民主主义立场上来,并解除他们之中某些人对共产党和人民革命的一些疑虑,中共中央做了大量工作。讨论和修改《共同纲领》草案,那可真叫字斟句酌。关于新中国的国家性质,开始有人提议直接提"社会主义",而多数人还是觉得提"新民主主义"的好,因为前途虽然已经肯定了,但还要让实践来证明,让全国人民真正认识到这一点,他们才会更加郑重地对待社会主义。这个意见被会议采纳,于是《共同纲领》规定,新的国家为"新民主主义即人民民主主义国家"。

1949年3月,毛泽东在七届二中全会上的报告中,根据中国的经济状况阐述了中共的经济政策,指出新中国的经济主要由五种成分构成:"国营经济是社会主义性质的,合作社经济是半社会主义性质的,加上私人资本主义,加上个体经济,加上国家和私人合作的国家资本主义经济,这些就是人民共和国的几种主要的经济成分,这些就构成新民主主义的经济形态。"国营经济、合作社经济、个体经济、私人资本主义经济、国家资本主义经济"五种经济成分"在国营经济领导下"分工合作,各得其所"。二中全会后,毛泽东又提出了"四面八方"的经济方针,即"公私兼顾、劳资两利、城乡互助、内外交流"的"四面",和"公与私、劳与资、城与乡、内与外"的"八方",以达到"发展生产,繁荣经济"的目的。"五种经济成分"理论和"四面八方"政策,构成了《共同纲领》中经济政策的基本内容。6月底,毛泽东又发表了《论人民民主专政》,进一步丰富了中国共产党有关革命和建国的理论,从而也就为共同纲领的制定奠定了更坚实的理论基础和政策基础。

1949年6月15日,新政治协商会议筹备会在北平成立。筹备会常委会下设六个小组,负责起草共同纲领的是第三小组,组长是周恩来,副组长是许德珩。组员有陈劭先、章伯钧、章乃器、李达、许广平、季方(严信民代)、沈志远、许宝驹、陈此生、黄鼎臣、彭德怀(罗瑞卿代)、朱学范、张晔、李烛尘、侯外庐、邓初民、廖承志、邓颖超、谢邦定、周建人、杨静仁、费振东。

6月18日，第三小组成立。周恩来在成立会上说明了起草共同纲领工作的重要性及以往工作的情况。他说："起草共同纲领，任务繁重。这个纲领决定联合政府的产生，也是各党派各团体合作的基础。去年在哈尔滨的各党派代表曾委托中共方面拟定一个草案，中共方面也曾两度起草。但去年工作重心在动员一切力量参加和支援解放战争，而现在的重点却在建设新民主主义中国及肃清反动残余，这是长期性的工作，因此，中共方面的第二稿也已不适用，必须根据新的形势的需要重新起草。"

会议决定委托中共方面再次草拟初稿，而小组成员则按照自愿参加的原则分为政治法律、财政经济、国防外交、文化教育、其他（包括华侨、少数民族、群众团体、宗教等问题）五个分组进行讨论和拟定具体条文，供起草人参考。参加新政协筹备会的各单位、各代表及第三小组各成员亦可提出自己的书面意见。至7月上旬，各分组均拟就了具体条文。

中共方面再次草拟初稿，且仍在周恩来领导下进行。大约过了两个月时间，写出一个草案初稿。由于要建立的新中国是一个新民主主义性质的国家，所以把题目定为《新民主主义的共同纲领》。8月22日，周恩来将草案初稿送交毛泽东审阅。毛泽东仔细阅读了这份初稿，并对其中的一些段落作了删改，重新改写了几段文字。

因为《共同纲领》具有临时宪法的性质和地位，新中国的国体和政体都要在这部事实上的开国宪法里确定下来。对这个问题，毛泽东和共产党人已经反复考虑过。毛泽东在一次会议上说道：我们将来建立的政权，是采取议会制呢，还是采取民主集中制？过去，我们叫苏维埃，这是死搬苏联的名词，议会制袁世凯和曹锟都搞过，已经臭了，我看我们可以这样决定，不必搞资产阶级的议会制和三权鼎立那一套，在中国采用民主集中制是合适的，我们用人民代表会议这个名词。

进入1949年9月后，《共同纲领》的起草工作进入最后阶段。因政协由"新政治协商会议"改名为"中国人民政治协商会议"，因此纲领也定名为《中国人民政治协商会议共同纲领》。其结构也做了改动，不再分一般纲领和具体纲领，而是在序言之后平列七章。这就进入了第三次起稿阶段。毛泽东亲自参加了各次过程稿的修改工作。作为毛泽东的政治秘书，胡乔木自然也加入进来，成为《共同纲领》的主要起草人之一。这也是胡乔木一生中最难忘的工作。

胡乔木回忆说：从9月3日至13日，毛泽东在短短十天时间内，至少对四次草案稿进行了细心修改，改动总计达200余处，并亲自校对和督促印制。从毛泽东频繁写给胡乔木的信件中可见一斑——

9月3日："乔木：纲领共印三十份，全部交我，希望今晚十点左右交来。题应是《共同纲领》。你应注意睡眠。"

9月5日："乔木：今晚付印的纲领，请先送清样给我校对一次，然后付印。""即刻付印，一小时内交我。"

9月6日："照此改正，印成小册子一千本。"

9月11日下午4时30分："乔木：即刻印一百份，于下午六时左右送交勤政殿齐燕铭同志，但不要拆版，俟起草小组修正后，再印一千份。"

《共同纲领》最后的修改和印制工作是在毛泽东直接参与和细心指导下进行的。在这些日子里，毛泽东一边要不停地发电报指挥南方的战役，部署攻歼国民党军白崇禧部，又要关心大西北与新疆当局接洽和平谈判事宜，以及各种人事问题。可谓日理万机，夜以继日。胡乔木随时配合，睡眠时间极少。在9月3日毛泽东写给胡乔木的便条上就可以看出，细心的毛泽东特意嘱咐胡乔木"你应注意睡眠"。大爱无声，领袖与秘书之间的这种情义落在洁白的信笺上，温暖却像阳光照在心间。

《共同纲领》草案修改后，再交付筹备会及所有代表，经过了字斟句酌、反复推敲的七次讨论，才最后通过。在胡乔木的记忆中，《共同纲领》真正做到了集思广益，提出的意见究竟有多少条，是无法统计清楚的，其中"社会主义目标"问题、"爱国民主分子"问题、"人身自由"问题、"联苏"问题，在代表中引起了较多的争论。

9月17日，经各方反复讨论和毛泽东亲自修改的《中国人民政治协商会议共同纲领》，为筹备会第二次全体会议所接受。

9月22日，周恩来就共同纲领草案起草的经过，向人民政协第一届全体会议做了报告。28日，政协各单位及纲领草案整理委员会分别举行会议，对纲领草案做最后一次讨论，收到代表意见21件，除对9月20日印稿中的不正规字体加以规整和增添一处标点外，全体一致通过保持原文送交大会主席团。

《中国人民政治协商会议共同纲领》分序言和总纲、政权机构、军事制度、经济政策、文化教育政策、民族政策、外交政策七章，总计60条，7000余字。这是一部中国人民的临时宪法。

9月29日这一天，中共负责起草完成的《中国人民政治协商会议共同纲领》在宣读之后，提交大会表决，全体代表起立，热烈鼓掌，一致通过。

细心的人们注意到，毛泽东是最后一个站起来鼓掌的，表现了不强加于人的谦虚态度。

胡乔木回忆说："历史证明，《共同纲领》是中国共产党和中华人民共和国历史上非常成功的文件之一。由于它切合实际而又坚定明确，清楚地指出了哪些事是应该做而且必须做的，哪些事是不应该做而且不允许做的，所以对刚刚诞生的人民共和国的各项工作，都起了规范和指导作用。它凝结了以毛泽东为代表的中国共产党人、民主党派和无党派民主人士的心血，又经过反复讨论、修改，所以得到了全国各方面人士的一致拥护。召开政协和拟定纲领的过程，突出体现了共产党领导下的党派协商精神。毛泽东、周恩来等共产党领导人大智大勇，虚怀若谷，既能提出完整正确的立国方案，又能虚心听取其他党派和无党派民主人士的意见，平等协商国家大事。其他党派和无党派人士亦能本着共同负责的精神，竭智尽虑，为国献策，大胆发表意见，敢于进行争论。这种精神，为我国政治生活留下了一种宝贵的传统。"[①]

这种宝贵的传统，也得到了民主人士的珍视和褒奖。费孝通回忆说：

> 新政协对我的教育是极大的。最大的一点收获就是我开始很自然地用"咱们"两字了。这就是说，那一道鸿沟填实了。怎样填实的呢？主要是共产党的作风感化了人。共产党是有主张

---

① 胡乔木:《胡乔木回忆毛泽东》,人民出版社1994年版,第566—568页。

的，而且所主张的和我在解放前的主张是有距离的。我经过了长期学习之后，才认识到这一点。共产党是以整个人类历史为出发点的，是全盘的；继往开来，从整个社会的发展来看问题的，是整体的；因为是全盘的和整体的所以能包括局部，指出片面的错误，因而说得服人的。所谓"服"必须是"悦"的，悦就是发现了真理的高兴。没有这一点就变了力屈。力屈就不甘心。

这里当然还有一个客观的基础，就是阶级立场。像我一样的知识分子，在旧社会里是个靠薪水收入来生活的，事实上是被剥削的阶级，所以是可以有革命倾向的；但是浸染了很深的小资产阶级的个人主义和优越感，所以是富于动摇性和缺乏斗争性的。在无产阶级领导下，他们是可以改造的，也就是说可以说得服的。新政协的成就，在我看来，就是使所有革命的人民都悦服于一个共同纲领。因为悦服了，所以"咱们"两字也很自然地流露在口头了。基本认识的改变才能有语言的改变。①

"新政协的成就，在我看来，就是使所有革命的人民都悦服于一个共同纲领。"费孝通的这句话，实事求是地说出了人民政协的贡献。

9月29日，人民政协第一届全体会议主席团在晚间的会议上做出决定：全国机关、学校、工厂、部队，除因执行不能请假的任务必须照常工作者外，一律于10月1日、2日、3日放假三天，以庆祝中华人民共和国中央人民政府成立。

而这天开会之前，毛泽东还亲自修改了以周恩来、林伯渠名义发出的中国共产党人民政协党组关于选举问题的紧急通知。通知指出：我们全体中共党员代表应负责保证这次会议中的两次选举（中央人民政府委员选举、中央人民政府副主席选举）获得成功；我们要有精神准备，即使有几十票不选我们，也一点不要难过，不要表示不满，而要看出是全体代表中真实情况的反映。

---

① 杨胜群，陈晋主编：《亲历者的记忆：协商建国》，生活·读书·新知三联书店2009年版，第278—279页。

为什么呢？

因为人民政协第一届全体会议将在明天进行中央人民政府主席副主席及全体委员的选举工作。毛泽东之所以强调选举工作，就是要表明中国共产党不仅说话算话，而且说到做到，要在人民政协中带头发扬和践行民主协商。

9月30日这一天，大会选举结果出炉：

毛泽东当选中央人民政府主席。

朱德、刘少奇、宋庆龄、李济深、张澜、高岗当选副主席。

陈毅、贺龙、李立三、林伯渠、叶剑英、何香凝、林彪、彭德怀、刘伯承、吴玉章、徐向前、彭真、薄一波、聂荣臻、周恩来、董必武、赛福鼎、饶漱石、陈嘉庚、罗荣桓、邓子恢、乌兰夫、徐特立、蔡畅、刘格平、马寅初、陈云、康生、林枫、马叙伦、郭沫若、张云逸、邓小平、高崇民、沈钧儒、沈雁冰、陈叔通、司徒美堂、李锡九、黄炎培、蔡廷锴、习仲勋、彭泽民、张治中、傅作义、李烛尘、李章达、章伯钧、程潜、张奚若、陈铭枢、谭平山、张难先、柳亚子、张东荪、龙云等56人当选为中央人民政府委员。

在这个名单中，人们发现党外人士有27名，占比近50%。

值得一提的是，10月9日，人民政协第一届全国委员会，在北京中南海勤政殿举行第一次会议。选举中国人民政治协商会议第一届全国委员会主席、副席、常务委员和秘书长。毛泽东当选为主席，周恩来、李济深、沈钧儒、郭沫若、陈叔通当选为副主席，李维汉当选为秘书长，当选的常务委员28人。会议通过"以十月一日为中华人民共和国开国的国庆纪念日"的建议案。

10月19日，中央人民政府委员会举行第三次会议，任命董必武、陈云、郭沫若、黄炎培为政务院副总理，李维汉为政务院秘书长；任命董必武为政务院政治法律委员会主任，陈云为财政经济委员会主任，郭沫若为文化教育委员会主任，谭平山为人民监察委员会主任；任命谢觉哉为内务部部长，罗瑞卿为公安部部长，薄一波为财政部部长，叶季壮为贸易部部长，陈云为重工业部部长，陈郁为燃料工业部部长，曾山为纺织工业部部长，杨立三为食品工业部部长，黄炎培为轻工业部部长，滕代远为铁道部部长，朱学范为邮电部部长，章伯钧为交通部部长，李书城为农业部部长，梁希为林垦部部长，傅作义为水利部部长，李立三为劳动部部长，史良为司法部部长，陈绍禹为法制委员会主任委员，李维汉为民族事务委员会主任委员，何香凝为华侨事务委员会主任委员，郭沫若为科学院院长，邹大鹏为情报总署署长，孔原为海关总署署长，胡乔木为新闻总署署长，胡愈之为出版总署署长，南汉宸为人民银行行长；任命朱德、刘少奇、周恩来、彭德怀、程潜为人民革命军事委员会副主席，徐向前为总参谋长。

10月21日，中央人民政府政务院成立。21名政务委员中，民主人士占9位；政务院所辖34个部、会、院、署、行中，担任正职的党外人士达14人；105个部长和副部长职位中，民主人士占49个。

——这是一个真正的联合政府！

——这是一个人民当家做主的政权！

9月30日这一天，大会选举时还是出了一件意外的事。时任筹备会秘书处副处长的王仲方负责选举计票工作，见证了选举的全过程。他回忆说："在选出的监票人监督下，打开票箱计票，突然发现毛泽东少了一票。再反复计算，仍然是少了一票，大出我们的意外，大家认为选举毛泽东做新中国主席，不仅是全体代表，也是全国军民众望所归，绝对一致的。缺一票，太不应该，太遗憾了。"

毛泽东缺了一票！

怎么办？

在现场，王仲方赶紧跑过去向周恩来报告，并反映选举工作人员意见，这一票可能是写票人一时疏忽，可作为废票处理。

周恩来马上向毛泽东做了报告。

谁知，毛泽东从容淡定地说："缺一票就缺一票，不管什么人，都有选不选毛泽东的权利，要尊重事实。"

就这样，这项表决结果记入了史册。它反映的不是缺一票的遗憾，而是反映了毛泽东尊重事实的态度。这给参与人民政协会务工作的王仲方留下了一辈子难忘的回忆，他说："这是极其珍贵的时刻，我们这些工作人员不仅如释重负，而且为之感动，留下了深刻的回忆。"

9月30日这一天，大会还讨论和通过了由毛泽东起草的《中国人民政治协商会议第一届全体会议宣言》。

《宣言》说："当着我们举行会议的时候，中国人民已经战胜了自己的敌人，改变了中国的面貌，建立了中华人民共和国。我们四万万七千五百万中国人现在是站立起来了，我们民族的前途是无限光明的。""中国的历史，从此开辟了一个新的时代。"

全国同胞们，中华人民共和国现在宣告成立，中国人民业已有了自己的中央人民政府。这个政府将遵照共同纲领在全中国境内实施人民民主专政。它将指挥人民解放军将革命战争进行到底，消灭残余敌军，解放全国领土，完成统一中国的伟大事业。它将领导全国人民克服一切困难，进行大规模的经济建设和文化建设，扫除旧中国留下来的贫困和愚昧，逐步地改善人民的物质生活和提高人民的文化生活。它将保卫人民的利益，镇压一切反革命分子的阴谋活动。它将加强人民的陆海空军，巩固国防，保卫领土主权完整，反对任何帝国主义国家的侵略。它将联合一切爱好和平自由的国家、民族和人民，首先是联合苏联和各新民主国家，以为自己的盟友，共同反对帝国主义者挑拨战争的阴谋，争取世界的持久和平。

全国同胞们，我们应当进一步组织起来。我们应当将全中国绝大多数人组织在政治、军事、经济、文化及其他各种组织里，克服旧中国散漫无组织的状态，用伟大的人民群众的集体力量，拥护人民政府和人民解放军，建立独立民主和平统一富强的新中国。

为人民解放战争和人民革命而牺牲的人民英雄们永垂不朽！

中国人民大团结万岁！

中华人民共和国万岁！

中央人民政府万岁！ ①

9月30日，是人民政协一届一次会议的闭幕日。这一天，参加大会的代表共638人。刘少奇、李立三、沙千里、梁希、盛丕华担任执行主席。

大会讨论通过了给中国人民解放军的致敬电；通过了竖立"为国牺牲的人民英雄纪念碑"的决定和纪念碑的碑文，并决定在天安门广场举行人民英雄纪念碑奠基典礼。朱德副主席致闭幕词。

毛泽东宣布大会闭幕。

全体代表起立。军乐队奏响国歌。

在雄壮的旋律中，五星红旗在主席台上冉冉升起。

大会闭幕了。走出怀仁堂，明亮的霞光透过西边的云层，给这座正在焕发青春的故都抹上了一道靓丽的色彩。

这天下午6时，毛泽东和与会的代表们，走出新华门，一起来到天安门广场，为人民英雄纪念碑举行隆重的奠基典礼。

整齐肃立，庄严肃穆，天地静安，人间温暖。

周恩来代表主席团致词："我们中国人民政治协商会议第一届全体会议为号召人民纪念死者，鼓舞生者，特决定在中华人民共和国的首都北京建立一个为国牺牲的人民英雄纪念碑。现在，一九四九年九月三十日，我们全体代表在天安门举行这个纪念碑的奠基典礼。"

全体代表脱帽，静静默哀。

默哀毕，毛泽东满怀激情地朗声宣读了由他撰写的纪念碑碑文：

三年以来，在人民解放战争和人民革命中牺牲的人民英雄们永垂不朽！

---

① 毛泽东:《毛泽东文集》第5卷，人民出版社1993年版，第348—349页。

三十年以来，在人民解放战争和人民革命中牺牲的人民英雄们永垂不朽！

　　由此上溯到一千八百四十年，从那时起，为了反对内外敌人，争取民族独立和人民自由幸福，在历次斗争中牺牲的人民英雄们永垂不朽！①

　　最后，毛泽东和各单位代表一一执锹铲土，表示对先烈的崇敬。后来，毛泽东亲笔手书了"人民英雄永垂不朽"八个闪闪发光的大字，周恩来手书了碑文。

　　这一夜，毛泽东彻夜未眠。

　　日出东方，中国将迎来一个新的纪元。

5
开国大典：毛泽东说，胜利来之不易啊！这样才对得起人民啊！

　　早晨是从中午开始的。对毛泽东来说，几乎每一天都是如此。

　　1949年的10月1日这一天，也不例外。

　　下午1时，卫士李家骥提醒值班卫士马武义叫醒上午9时左右才入睡的毛泽东，自己则赶紧给毛泽东准备好"早餐"。不一会儿，毛泽东穿着新做的礼服和新买的一双棕色皮鞋来了。这套礼服料是黄色的，美国出产的将校呢，是专门为参加开国大典请北京服装专家王子清给做的。在17岁的李家骥看来，毛主席穿着这套新衣服更加威风凛凛，气宇轩昂。不过，他看到毛主席贴身穿着的仍然是那件补了又补的旧衬衣。

　　这顿"早饭"，毛泽东吃得很快，就像连队的战士一样，端起碗筷，呼呼啦啦，不到十分钟，碗筷一放，就兴冲冲地朝办公室走去。

　　下午2时，毛泽东从丰泽园来到勤政殿，主持召开中央人民委员会第一

---

① 毛泽东：《毛泽东文集》第5卷，人民出版社1933年版，第350页。

次会议，标志着中华人民共和国中央人民政府委员会正式在首都北京就职。

会议选举林伯渠为秘书长，任命周恩来为中央人民政府政务院总理兼外交部部长，毛泽东为人民革命军事委员会主席，朱德为人民解放军总司令，沈钧儒为最高人民法院院长，罗荣桓为最高检察署检察长。决定接受《中国人民政治协商会议共同纲领》为中央人民政府施政方针。决定向外国政府宣布中华人民共和国中央人民政府为唯一合法政府，并愿与各国建立平等的外交关系。随后，各位政府领导人宣誓就职。

整个会议气氛严肃而又兴奋，会后大家相互交谈。

毛泽东风趣地说："我们打了几十年的疲劳战，打出来了一个中华人民共和国，今天是建国的第一天，又是一个疲劳战了。我没睡几个小时到天安门上还要站几个小时。看来咱们的命运就是打疲劳战吧！"

开国大典，对毛泽东来说的确是一场"疲劳战"，但也是一场"初战"。尤其是对大阅兵，毛泽东更是非常重视。他说："我们历来主张慎重初战，这次阅兵也是初战，开国第一次嘛。一定要搞好！"

开国大典筹备委员会是1949年7月初成立的，时间紧张，满打满算不到三个月。中共中央副主席周恩来被推选为大典筹备委员会主任，彭真、聂荣臻、林伯渠、李维汉等人为副主任。筹委会很快就拿出了开国典礼的方案，主要内容有三项：一是举行中华人民共和国中央人民政府成立典礼；二是举行中国人民解放军阅兵式；三是举行人民群众游行活动。大典的地点定在天安门广场，时间定在10月1日下午3时。

为什么选择下午3时呢？要知道，那时中国大陆还没有完全解放，西南、西北、中南及华南的战事仍在继续，国民党空军在舟山群岛及台湾都有可以远程轰炸的飞机，随时可能对北平进行空袭。阅兵指挥部为此也做好充足准备，在天安门城楼北面特别临时进驻两门高射炮，随时待命。因为入秋时节，天黑得比较早，按照当时国民党空军飞机的性能，如果下午来袭，天色晚了就难以返回。更何况，在这天清晨，就有一架高空侦察机潜入北京市郊，被解放军炮兵部队击落。

阅兵指挥机构也很快成立了，朱德亲自挂帅担任阅兵总司令，总指挥由聂荣臻担任，副总司令由杨成武、唐延杰（华北军区参谋长）、唐永健

（华北军区司令部作战处处长）、刘仁（中共北京市委副书记）、肖明（北京市总工会主席）、肖松（共青团北京市委书记）等人担任。

阅兵地点到底选在哪里好呢？阅兵指挥部反复论证，提出了两套方案：一是市中心的天安门广场，一是西苑机场。8月份，他们把这两套方案送到了周恩来的办公桌上。经过反复思考权衡，周恩来的思考重心落在了天安门广场。9月2日，他向毛泽东、朱德和刘少奇进行了口头报告，同意在天安门前举行开国大典。

天安门，原名承天门。这座矗立于北京城中央的巍峨壮丽的古代阙楼，取"承天启运，受命于天"之意，始建于明永乐十五年（1417年）。毁于兵火后，清顺治八年（1651年）重建，改称天安门。它是旧皇城的正门，城门五阙，重楼九楹。从天安门广场上放眼眺望，天安门城楼金碧辉煌、熠熠生辉，显得无比的庄严、雄伟，大有"横空出世"之象。从广场整体布局上看，周边所有的建筑都是围绕天安门城楼为主体而建筑的，这就是为什么它看上去气势非凡的奥秘。历史文化上看，明清两代帝王的"金凤颁诏"和每逢冬至到天坛祭天、夏至到地坛祭地，以及皇帝大婚和出兵亲征等隆重典礼，也都要从天安门出入。现在，新中国的开国大典将让这座封建时代北京城最高的建筑，彻底告别封建皇权的陈痕旧迹，赋予全新的格局和意义，使它从此拥有崭新的时空。

这时，距离开国大典只有一个月时间了。天安门城楼的整修工作紧张有序地进行起来。

8月初，北京市召开第一届各界代表会议，做出了为迎接开国大典修整天安门广场的决议，成立国庆筹备组，由齐燕铭、张致祥、薛子正总负责。广场整修工程主要工作有五项：（一）开辟一个能容纳16万人的大广场，清除广场地区多年遗留的渣土和障碍物，平整碾压54000平方米的广场；（二）修缮天安门城楼主席台，清除楼顶杂草，粉刷城楼和广场四周红墙；（三）修建升国旗的设施；（四）修补天安门前、东西三座门之间的沥青石渣路面1626平方米；（五）美化环境，种树、种草等绿化工程，整个修整工程于9月底前全部竣工。

9月9日，北京市团委组织6000名团员和青年学生到天安门，参加修整天安门广场的义务劳动。几个月前，天安门还是一个并不那么出色的无人问津的城楼，有人回忆说，当时城楼上主要的生物是狗尾巴草和野鸽子，仅发霉的鸽子粪就拉了几卡车。经过修缮、粉刷和装饰，特别是城楼上吊的八盏大红宫灯，大得需要三个人环抱才能抱过来，长长的黄色流苏随风飘动，使灯笼更加红火，更加引人注目。观礼台下方正中央的城墙中间悬挂着毛泽东巨幅画像。城楼重檐中间挂着"中华人民共和国中央人民政府成立典礼"巨大横幅标语，两侧分别是"中华人民共和国万岁"和"中央人民政府万岁"的标语口号，气势磅礴。这些标语都出自时任中南海俱乐部主任、布置科科长钟灵之手。城楼东西两端插着四面红旗。

这些日子，或许没有人比周恩来更忙的了。昨天（9月30日）上午11时，他利用会议间隙来到天安门城楼，检查大典的准备情况。他带着卫士长成元功走到天安门城楼西侧的台阶上，一步一步地走上去，又一步一步地计算时间。他为了确保中央领导人登上城楼的时间正好是下午3时，他要用自己的步伐来计算，充分考虑到宋庆龄、张澜的身体和年龄因素，计算出登楼的时间为8分钟。再看看升旗的情况，谁知红绸子卷在了滑轮上，只好让人爬上去拿下来，遂决定改成了电动的。

就在周恩来准备快步离开城楼时，天安门城楼上毛泽东的巨幅画像刚刚完成。这张毛泽东头戴八角帽的巨幅画像是解放区老百姓非常熟悉的，也是根据毛泽东自己的意愿选定的照片放大而绘制的。这张照片取自毛泽东和"炮兵元帅"朱瑞1945年6月在延河散步时的一张合影，由摄影师郑景康拍摄。这是毛泽东画像第三次挂上天安门城楼。第一次是在1949年的2月12日，解放军入城后的第一个元宵节，北平市民在天安门广场集会庆祝和平解放，这一次毛泽东的画像共挂了3张，最大的一张挂在二楼上，另两张与朱德、林彪、罗荣桓、聂荣臻、叶剑英的画像一起挂在城墙上。第二次是在7月7日纪念抗战12周年的大会上，那是一张与这幅相同的画像，是和朱德画像一起同时挂在城墙上的。两个星期前，开国大典毛泽东画像的任务交给了北平国立艺术专科学校讲师周令钊和他的爱人陈若菊。画像高6米，宽4.6米。绘制时，周令钊夫妇还在画像的下方用红色颜料绘上了毛泽东的亲笔题词"人民的胜利"。

看到这幅画像，步履匆匆的周恩来忽然停住了脚步。他思考了一会儿，发现了一个必须改正的问题。周恩来觉得在毛主席画像下面绘上"人民的胜利"五个字，显得毛泽东不太谦虚，而且毛主席也不可能为自己题词。于是，他建议赶快将这几个字涂掉。接到修改画像的任务时，离开国大典只有不到半天的时间了。周令钊夫妇奉命赶到现场，拆画框已经来不及了，急中生智，就爬上梯子用颜料把下方"人民的胜利"白底红字的区域一点一点地涂成中山装的颜色。涂好之后，周令钊看了又看，觉得有点欠协调，又在中山装上添画了一粒扣子。

秋高气爽，风和日丽。秋天，是北京最美丽的季节。

10月1日上午8时，解放军受阅部队已经到达指定地点。10时，1万多受阅人员完成受阅准备。上午，30万群众陆续从四面八方汇集到天安门广场，广场上人山人海，到处都是热情的欢呼声和嘹亮的歌声。

10月1日下午，中央人民政府委员会就职仪式结束后，毛泽东和与会委员们分别乘车，出中南海东门到达天安门城楼北面，在西侧台阶处下车。

下午2时50分，毛泽东穿着黄呢中山装，胸前缀着写有"主席"烫金字的绸带，和朱德、宋庆龄等中央政府领导，沿着城楼西侧的100个台阶，踏着《东方红》的旋律，拾级而上。

等毛泽东登上城楼，广播里立刻传出播音员的欢呼声："毛主席来啦！""毛主席健步登上天安门城楼。"顿时，天安门广场上一片欢腾，30万群众齐声欢呼："中国共产党万岁！""毛主席万岁！"毛泽东情不自禁地探身向广场上的群众频频招手，并高呼："人民万岁！""同志们万岁！"城楼上下，领袖群众，同心同德，打成一片，声彻长空。新华社特派记者李普还记得，那天领导人穿的几乎都是中山装，周总理穿着黑色的呢子中山装，满城楼上只有"美髯公"张澜穿着长衫。

下午3时整，中央政府成立典礼正式开始。中央人民政府秘书长林伯渠担任大典司仪。63岁的林伯渠提起全身的力气，以洪亮的声音宣布开国大典开始。广场上顿时鸦雀无声。

这时，红光满面的毛泽东走向麦克风前，用他浓重的湖南乡音向全世界庄严宣告："中华人民共和国中央人民政府今天成立了！"

刹那间，广场上欢声雷动，犹如山呼海啸。接着，林伯渠大声宣布："请毛主席升国旗！"

这时，广场上200人组成的军乐队奏响了庄严激越、威武雄壮的国歌《义勇军进行曲》。乐曲声中，毛泽东扭动电钮，把它旋到"升"的位置，第一面五星红旗在天安门广场上冉冉升起。所有的军人都庄严地举起了右手致以崇高的军礼，所有的群众都起立向国旗行注目礼。音乐毕，巨大的国旗在二分半钟内一点不差地升到了22米高的银白色旗杆顶端。22米，象征着中国共产党进行了22年艰苦卓绝的革命战争，终于赢得了胜利。

这时，背倚天安门的108门山炮分成两组，每组54门，齐鸣28响。震天的28响，象征着中国共产党已经走过28年的历程，象征着中国人民钢铁般的团结力量。

礼炮响过，毛泽东宣读《中华人民共和国中央人民政府公告》。毛泽东说："本政府为代表中华人民共和国全国人民的唯一合法政府，凡愿遵守平等、互利及互相尊重领土主权等项原则的任何外国政府，本政府均愿与之建立外交关系。"

升旗，奏乐，鸣礼炮。

在《三大纪律八项注意》《军队和老百姓》《保卫胜利果实》等军乐乐曲联奏中，大阅兵开始了。朱德在聂荣臻的陪同下检阅陆海空三军。检阅完毕，朱德下达阅兵令，分列式开始，由聂荣臻站在指挥车上率领，受阅部队4个师的部队以连为单位列成方队，自东向西由主席台前的金水桥边通过，接受党、国家领导和人民的检阅。

此时此刻，张澜含着激动的泪花说："我的心愿终于实现了！"

此时此刻，陈毅满怀感慨地说："看了这，总算此生不虚度！"

此时此刻，在天安门城楼上采访的新华社记者李普，第一时间向全世界报道了开国大典的盛况。他当日写下的新闻特写《开国大典》，后来编入了我们的小学语文课本。他在文章中这么写道：

1949年10月1日，中华人民共和国中央人民政府成立，在首都北京举行典礼。参加开国大典的，有中华人民共和国中央人民政府主席、副主席、各位委员，有中国人民政治协商会议全体代表，有工人、农民、学校师生、机关工作人员、城防部队，总数达三十万人。观礼台上还有外宾。

会场在天安门广场。广场呈丁字形。丁字形一横的北面是一道河，河上并排架着五座白石桥；再北面是城墙，城墙中央高高耸起天安门的城楼。丁字形的一竖向南直伸到中华门。在一横一竖的交点的南面，场中挺立着一根电动旗杆。

主席台设在天安门城楼上。城楼檐下，八盏大红宫灯分挂两边。靠着城楼左右两边的石栏，八面红旗迎风招展。

丁字形的广场汇集了从四面八方来的群众队伍。早上六点钟起，就有群众的队伍入场了。人们有的擎着红旗，有的提着红灯。进入会场后，按照预定的地点排列。工人队伍中，有从老远的长辛店、丰台、通县来的铁路工人，他们清早到了北京车站，一下火车就直奔会场。郊区的农民是五更天摸着黑起床，步行四五十里路赶来的。到了正午，天安门广场已经成了人的海洋，红旗翻动，像海上的波浪。

下午三点整，会场上爆发出一阵排山倒海的掌声，中华人民共和国中央人民政府主席毛泽东出现在主席台上，跟群众见面了。三十万人的目光一齐投向主席台。

中央人民政府秘书长林伯渠宣布典礼开始。中央人民政府主席、副主席、各位委员就位。乐队奏起了中华人民共和国国歌——《义勇军进行曲》。正是这战斗的声音，曾经鼓舞中国人民为新中国的诞生而奋斗。接着，毛泽东主席宣布："中华人民共和国中央人民政府在今天成立了！"

这庄严的宣告，这雄伟的声音，使全场三十万人一齐欢呼起来。这庄严的宣告，这雄伟的声音，经过无线电的广播，传到长城内外，传到大江南北，使全中国人民的心一齐欢跃起来。

接着，升国旗。毛主席亲自按动连通电动旗杆的电钮，新中国的国旗——五星红旗徐徐上升，三十万人一齐脱帽肃立，一齐抬起头，瞻仰这鲜红的国旗。五星红旗升起来了，表明中国人民从此站起来了。

升旗的时候，礼炮响起来。每一响都是54门大炮齐发，一共28响。起初是全场肃静，只听见炮声，只听见国旗和许多旗帜飘拂的声音，到后来，每一声炮响后，全场就响起一阵雷鸣般的掌声。

接着，毛主席在群众一阵又一阵的掌声中宣读中央人民政府的公告。他用强有力的语调向全世界发出新中国的声音。他读到"选举了毛泽东为中央人民政府主席"这一句的时候，广场上的人们热爱领袖的心情融成一阵热烈的欢呼。观礼台上同时响起一阵掌声。

毛主席宣读公告完毕，阅兵式开始。中国人民解放军朱德总司令任检阅司令员，聂荣臻将军任阅兵总指挥，朱总司令和聂将军同乘汽车，先检阅部队，然后朱总司令回到主席台，宣读中国人民解放军总部的命令。受检阅的部队就由聂将军率领，在《中国人民解放军进行曲》的乐曲声中，由东往西，缓缓进场。

开头是海军两个排，雪白的帽子，跟海洋一个颜色的蓝制服。接着是步兵一个师，以连为单位，列成方阵，齐步行进。接着是炮兵一个师，野炮、山炮、榴弹炮、火箭炮，各式各样的炮，都排成一字形的横列前进。接着是一个战车师，各种装甲车和坦克车两辆或三辆一排，整整齐齐地前进；战士们挺着胸膛站在战车上，像钢铁巨人一样。接着是一个骑兵师，"红马连"一色红马，"白马连"一色白马，五马并行，马腿的动作完全一致。以上这些部队，全部以相等的距离和相同的速度经过主席台前。当战车部队经过的时候，人民空军的飞机也一队队排成人字形，飞过天空。毛主席首先向空中招手。群众看见了，都把头上的帽子、手里的报纸和别的东西抛上天去，欢呼声盖过了飞机的隆隆声。

两个半钟头的检阅，广场上不断地欢呼，不断地鼓掌，一个高潮接着一个高潮。群众差不多把嗓子都喊哑了，把手掌都拍麻了，还觉得不能够表达自己心里的欢喜和激动。

阅兵式完毕，已经是傍晚的时候。天安门广场上的灯笼火把全都点起来，一万支礼花陆续射入天空。天上五颜六色的火花结成彩，地上千千万万的灯火一片红。群众游行就在这时候开始。游行队伍分东西两个方向出发，他们擎着灯，舞着火把，高呼"中国共产党万岁！""中华人民共和国万岁！""中央人民政府万岁！"他们一队一队按照次序走，走过正对天安门的白石桥前，就举起灯笼火把，高声欢呼"毛主席万岁！""毛主席万岁！"毛主席在城楼上主席台前边，向前探着身子，不断地向群众挥手，不断地高呼"人民万岁！""同志们万岁！"

晚上九点半，游行队伍才完全走出会场。两股"红流"分头向东城、西城的街道流去，光明充满了整个北京城。

——新中国就这样诞生了！

李普或许不知道——地上，受阅部队使用的兵器有60多种，既有中国的，又有日式的、美式的，五花八门，堪称兵器大展览。

李普或许不知道——天上，涂着"八一"军徽的17架空军战斗机，为了壮军威和鼓舞士气，其中9架P-51战斗机又掉头飞了一次，所以人们看到的是26架飞机。

李普或许不知道——这一天，56岁的毛泽东在城楼上整整站了六个小时。当群众队伍来到天安门城楼时，人们不自觉地放慢了脚步，向城楼上眺望，想看清楚一点，想多看几眼敬爱的毛主席。虽然播音员齐越、丁一岚劝说、指挥游行群众按规定通过天安门，也无济于事。周恩来说："主席，游行群众不走，要见您啊！"毛泽东说："好吧，到群众中去，疲劳也得去啊！"扩音器中不断地传出毛泽东洪亮的声音："人民万岁！""同志们万岁！"广场上的30万群众挥舞着帽子、围巾、报纸，热烈的欢呼声像波浪一样，此起彼伏，一个高潮接着一个高潮。

庆典活动结束后，卫士李银桥、李家骥陪同毛泽东回到中南海丰泽园。女儿李敏、李讷拉着父亲毛泽东的手,高高兴兴地向紫云轩走去。李讷边走边好奇地问毛泽东:"爸爸,人民群众喊你万岁,你喊人民万岁,真有意思!"

毛泽东激动地说:"这样才对得起人民啊!"

10月1日,《人民日报》发表了胡乔木撰写的社论《中华人民共和国万岁!》。

胡乔木在社论中这么写道:"前程无限的中华人民共和国已经诞生,四万万七千五百万中国人民开始自己当权管理国家,我们这个古老的东方民族揭开了历史的新的巨册!"——这是一声发自心灵深处的真诚呼喊!这是一声代表中国共产党向中国人民作出的庄严承诺!作为中央人民政府发言人,胡乔木用自己的笔让世界听到了四万万七千五百万中国人民的声音!这也是一个古老又年轻的东方民族将独立自主地屹立于世界民族之林的最强音!

毛泽东在审阅的时候,一字未改,无限感慨地说:"乔木,胜利来之不易啊!"

开国大典这一天,马叙伦心潮澎湃,挥毫泼墨,饱含激情地写下了两个大字——"得宿",表达了自己追求真理、为正义事业流血奋斗终于安得归宿,庆祝中华民族独立解放、人民幸福的共同夙愿终于实现。也正是这位民主斗士、共和国第一任教育部长,提议把每年的10月1日作为新中国的"国庆节"。

开国大典这一天,迎来自己72岁生日的黄炎培心潮难平,思绪万千,不能自已地写下《永远纪念着的1949年:"人"的地位被发现了,群众的力量被认识了》。他说:"有人问:中华人民共和国,中央和各级人民政府,为什么都把'人民'两个字大书特书起来?好!这问题发得好,要知道就在这个年头发现了'人'认识了'人'。就从这里起,人的生命宝贵起来了,人的生活被重视起来了,人的言论和行动的自由,被重视起来了,我都可以从中间提出证据来。"

开国大典这一天,戊戌变法领袖梁启超的儿子梁思礼正乘坐一艘叫

"总统"号的海船在返回祖国的途中。学无线电的他带着收音机爬到轮船最高的地方，把天线接上，收听来自新中国的广播。他回忆说："听到毛主席宣布新中国成立啦！还听到新中国的五星红旗升起来了。船上所有进步同学都欢欣鼓舞，就说应该开个庆祝会。当时只听是五星红旗，到底五个星是怎么个放法谁也不知道，只好根据我们自己的想象，拿一块红布，然后剪了五颗星，也知道有一个大星，四个小星，结果把一个大星就放在中央，然后四个小星放在四个角，这就是我们当时心目中的五星红旗。当时的新中国，像一个巨大的磁铁一样吸引着我们这些国外的游子。"

开国大典这一天，诗人胡风"体验到了生平最大和最强烈的欢乐，内心充满了对领袖的崇敬和对祖国的热爱"，整个身心被一种"宏大的幸福感"所包围，感到"时代太伟大了"。躬逢盛典，岂可无诗？于是，他夜不能寐地写下了包括《欢乐颂》《光荣赞》《青春曲》《安魂曲》《又一个欢乐颂》5个乐章、长达4600行的长诗。《人民日报》连续数期以整版篇幅发表了他这首气势磅礴的高峰之作："海！/欢呼的海！/歌唱的海！/舞蹈的海！/闪耀的海！/从一切方向流来的海！/向一切方向流去的海！/劳动着，战斗着，创造着/向未来流去的海！"诗人还给自己的这首"神来之笔"起了一个充满无限想象力的标题——《时间开始了》。

是的，时间开始了！

——这是人民的时间！

——这是胜利的时间！

是的，新中国就这样诞生了！

1949年10月1日，崭新中国的时间开始了！

1949年10月1日，中国崭新的时间开始了！

现在，1949年10月1日开始的时间，已为时间作证，写在了人类的历史上。

时间开始了，就永远不会结束……

图书在版编目（CIP）数据

人民的胜利：新中国是这样诞生的 / 丁晓平著. --北京：中国青年出版社，2024.8

ISBN 978-7-5153-7145-0

Ⅰ. ①人… Ⅱ. ①丁… Ⅲ. ①中国历史—现代史—1946-1949 Ⅳ. ①K27

中国国家版本馆CIP数据核字（2024）第006195号

责任编辑：李文华
书籍设计：龙丹彤

出版发行：中国青年出版社
社　　址：北京市东城区东四十二条21号
网　　址：www.cyp.com.cn
编辑中心：010-57350504
营销中心：010-57350370
经　　销：新华书店
印　　刷：北京汇瑞嘉合文化发展有限公司
规　　格：710 mm×1000 mm　1/16
印　　张：32.25
字　　数：480千字
插　　页：4
版　　次：2024年8月北京第1版
印　　次：2024年8月北京第1次印刷
印　　数：1-10000册
定　　价：88.00元

本书如有印装质量问题，请凭购书发票与质检部联系调换
联系电话：010-57350337